中央大学附属中学校

〈収録内容〉

2024年度 ……………………… 第1回（算・理・
第2回（算・理・

2023年度 ……………………… 第1回（算・理・
第2回（算・理・社・国）

2022年度 ……………………… 第1回（算・理・社・国）
第2回（算・理・社・国）

2021年度 ……………………… 第1回（算・理・社・国）

2020年度 ……………………… 第1回（算・理・社・国）

2019年度 ……………………… 第1回（算・理・社・国）

平成30年度 ……………………… 第1回（算・理・社・国）

便利なDLコンテンツは右のQRコードから

解答用紙

過去年度

国語の問題は
紙面に掲載

⇒

※データのダウンロードは2025年3月末日まで。
※データへのアクセスには、右記のパスワードの入力が必要となります。 ⇒ 776000

〈合格最低点〉

	第1回	第2回
2024年度	198点／217点	210点／229点
2023年度	210点／223点	206点／213点
2022年度	非公表	
2021年度	非公表	
2020年度	非公表	
2019年度	189点／190点	201点／208点
2018年度	202点／209点	202点／208点

※点数の内訳は、男子／女子

本書の特長

実戦力がつく入試過去問題集

- ▶ 問題 …………… 実際の入試問題を見やすく再編集。
- ▶ 解答用紙 …… 実戦対応仕様で収録。
- ▶ 解答解説 …… 詳しくわかりやすい解説には、難易度の目安がわかる「基本・重要・やや難」の分類マーク（下記参照）。各科末尾には合格へと導く「ワンポイントアドバイス」を配置。採点に便利な配点つき。

入試に役立つ分類マーク

基本 確実な得点源！
受験生の 90%以上が正解できるような基礎的、かつ平易な問題。
何度もくり返して学習し、ケアレスミスも防げるようにしておこう。

重要 受験生なら何としても正解したい！
入試では典型的な問題で、長年にわたり、多くの学校でよく出題される問題。
各単元の内容理解を深めるのにも役立てよう。

やや難 これが解ければ合格に近づく！
受験生にとっては、かなり手ごたえのある問題。
合格者の正解率が低い場合もあるので、あきらめずにじっくりと取り組んでみよう。

合格への対策、実力錬成のための内容が充実

- ▶ 各科目の出題傾向の分析、合否を分けた問題の確認で、入試対策を強化！
- ▶ その他、学校紹介、過去問の効果的な使い方など、学習意欲を高める要素が満載！

解答用紙ダウンロード 解答用紙はプリントアウトしてご利用いただけます。弊社ＨＰの商品詳細ページよりダウンロードしてください。トビラのＱＲコードからアクセス可。

UD FONT 見やすく読みまちがえにくいユニバーサルデザインフォントを採用しています。

中央大学附属中学校

「自主・自治・自律」
附属校の特性を生かし
明るい雰囲気に包まれた学校

URL	https://www.hs.chuo-u.ac.jp/

生徒数　518名
〒184-8575
東京都小金井市貫井北町 3-22-1
☎ 042-381-5413
中央線武蔵小金井駅　徒歩18分
またはバス5分
西武新宿線花小金井駅　バスと徒歩13分
西武新宿線小平駅　バス10分

プロフィール

きめ細かな少数教育

2010年4月開校した本校は、附属高校の自由な校風を受け継ぐとともに、少数教育を導入し、生徒一人ひとりの個性をきちんと把握し、“face to face”のきめ細かな教育・指導を行うことで、将来必要とされる基礎学力の習得と人格の形成を図っている。

環境

整った学びのフィールド

本校は、武蔵野の静かな自然環境の中に広い敷地を擁し、野球場やグランドを初めとして多くの施設・設備を整えている。中学校校舎は、体育館と一体化した地下1階地上5階建てで、自然の採光・換気や雨水を利用した環境重視の建物になっている。体育館の屋上グリーンテラスは、樹木が植えられ、緑あふれる憩いと語らいの場である。また、高校の施設も共用でき、各種特別教室が入った免震構造7階建ての1号館、蔵書数約20万冊を数える3層独立棟の図書館、1564席を持つ大講堂、体育館2棟、独立棟の柔道・剣道場、プールなどがあり、教育環境に万全を期している。

また、中高それぞれの食堂、売店(中大生協小金井支店)、各種自動販売機があり、生活環境も整っている。

校舎

カリキュラム

中高大一貫したカリキュラム

中高の一貫した計画的・継続的な学習が展開できるようにカリキュラムを編成している。中高だけではなく、中央大学・大学院・ロースクール・経理研究所等との連携もはかり、生徒の学習意欲を高めながら、キャリア教育にもつなげていく。中学校では、生徒一人ひとりの到達度・理解度に合わせた数学の習熟度別授業、ネイティブ・スピーカーの指導の下に身近なテーマを英語で発表する「プロジェクト・イン・イングリッシュ」を実施。高校では大学の先生による「ステップ講座」・「特別授業」などがある。

また、豊かな教養を身につけ、感性を育て、「考える力」・「判断する力」などの基礎学力をつけるために、3年間に60冊の課題図書が、そして、高校に進むと、100冊の課題図書と卒業論文が課せられる。

図書館

学校生活

自由に学び、自由に個性を伸ばす

学校生活においては、生徒たちの自主・自治・自律の精神を尊重し、学習や学校行事・クラブ活動・生徒会活動などに積極的に取り組む姿勢を作り、指導性・協調性・社会性を養い、規律ある生活習慣の確立をはかっている。こうした教育環境の中から、自由に個性を伸ばしながら、他者への思いやりと自己への責任を重んじる社会の形成者を育てている。クラブは、運動部8、文化部8の計16クラブがあり、ほぼ100%の中学生が参加している。

体育祭

進路

幅広い進路選択

卒業生は、原則、全員が推薦で附属高等学校に進学する。高校1年次は、外からの進学生とは別クラスであり、2年次から内進生高入生混合となる。3年次には中大の文系・理系，他大の文系・理系のコースに分かれる。

中央大学への推薦枠は卒業生の9割程度だが、中央大学への進学は例年約85～90%で「他大学併願受験制度」があり、中央大学への推薦資格を保持したまま、国公立大学は無制限に、他の私立大学は中央大学にない学部・学科への併願受験が認められている。

2024年度入試要項

試験日　1/8(帰国生)　2/1(第1回)
2/4(第2回)

試験科目　国・算（帰国生）
国・算・理・社（第1・2回）

2024年度	募集定員	受験者数	合格者数	競争率
第1回	約100	434	134	3.2
第2回	約50	492	87	5.7
帰国生	若干	24	8	3.0

過去問の効果的な使い方

① **はじめに**　ここでは，受験生のみなさんが，ご家庭で過去問を利用される場合の，一般的な活用法を説明していきます。もし，塾に通われていたり，家庭教師の指導のもとで学習されていたりする場合は，その先生方の指示にしたがって，過去問を活用してください。その理由は，通常，塾のカリキュラムや家庭教師の指導計画の中に過去問学習が含まれており，どの時期から，どのように過去問を活用するのか，という具体的な方法がそれぞれの場合で異なるからです。

② **目的**　言うまでもなく，志望校の入学試験に合格することが，過去問学習の第一の目的です。そのためには，それぞれの志望校の入試問題について，どのようなレベルのどのような分野の問題が何問，出題されているのかを確認し，近年の出題傾向を探り，合格点を得るための試行錯誤をして，各校の入学試験について自分なりの感触を得ることが必要になります。過去問学習は，このための重要な過程であり，合格に向けて，新たに実力を養成していく機会なのです。

③ **開始時期**　過去問との取り組みは，通常，全分野の学習が一通り終了した時期，すなわち6年生の7月から8月にかけて始まります。しかし，各分野の基本が身についていない場合や，反対に短期間で過去問学習をこなせるだけの実力がある場合は，9月以降が過去問学習の開始時期になります。

④ **活用法**　各年度の入試問題を全問マスターしよう，と思う必要はありません。完璧を目標にすると挫折しやすいものです。できるかぎり多くの問題を解けるにこしたことはありませんが，それよりも重要なのは，現実に各志望校に合格するために，どの問題が解けなければいけないか，どの問題は解けなくてもよいか，という眼力を養うことです。

算数

どの問題を解き，どの問題は解けなくてもよいのかを見極めるには相当の実力が必要になりますし，この段階にいきなり到達するのは容易ではないので，この前段階の一般的な過去問学習法，活用法を2つの場合に分けて説明します。

☆偏差値がほぼ55以上ある場合

掲載順の通り，新しい年度から順に年度ごとに3年度分以上，解いていきます。

ポイント1…問題集に直接書き込んで解くのではなく，各問題の計算法や解き方を，明快にわかるように意識してノートに書き記す。

ポイント2…答えの正誤を点検し，解けなかった問題に印をつける。特に，解説の 基本 重要 がついている問題で解けなかった問題をよく復習する。

ポイント3…1回目にできなかった問題を解き直す。同様に，2回目，3回目，…と解けなければいけない問題を解き直す。

ポイント4…難問を解く必要はなく，基本をおろそかにしないこと。

☆偏差値が50前後かそれ以下の場合

ポイント1～4以外に，志望校の出題内容で「計算問題・一行問題」の比重が大きい場合，これらの問題をまず優先してマスターするとか，例えば，大問2までをマスターしてしまうとよいでしょう。

理科

理科は1から順番に解くことにほとんど意味はありません。理科は，性格の違う4つの分野が合わさった科目です。また，同じ分野でも単なる知識問題なのか，あるいは実験や観察の考察問題なのかによってもかかる時間がずいぶんちがいます。記述，計算，描図など，出題形式もさまざまです。ですから，解く順番の上手，下手で，10点以上の差がつくこともあります。

過去問を解き始める時も，はじめに1回分の試験問題の全体を見通して，解く順番を決めましょう。得意分野から解くのもよいでしょう。短時間で解けそうな問題を見つけて手をつけるのも効果的です。くれぐれも，難問に時間を取られすぎないように，わからない問題はスキップして，早めに全体を解き終えることを意識しましょう。

社会

社会は1から順番に解いていってかまいません。ただし，時間のかかりそうな，「地形図の読み取り」，「統計の読み取り」，「計算が必要な問題」，「字数の多い論述問題」などは後回しにするのが賢明です。また，3分野(地理・歴史・政治)の中で極端に得意，不得意がある受験生は，得意分野から手をつけるべきです。

過去問を解くときは，試験時間を有効に活用できるよう，時間は常に意識しなければなりません。ただし，時間に追われて雑にならないようにする注意が必要です。“誤っているもの”を選ぶ設問なのに“正しいもの”を選んでしまった，“すべて選びなさい”という設問なのに一つしか選ばなかったなどが致命的なミスになってしまいます。問題文の“正しいもの”，“誤っているもの”，“一つ選び”，“すべて選び”などに下線を引いて，一つ一つ確認しながら問題を解くとよいでしょう。

過去問を解き終わったら，自己採点し，受験生自身でふり返りをしましょう。できなかった問題については，なぜできなかったのかについての分析が必要です。例えば，「知識が必要な問題」ができなかったのか，「問題文や資料から判断する問題」ができなかったのかで，これから取り組むべきことも大きく異なってくるはずです。また，正解できた問題も，「勘で解いた」，「確信が持てない」といったときはふり返りが必要です。問題集の解説を読んでも納得がいかないときは，塾の先生などに質問をして，理解するようにしましょう。

国語

過去問に取り組む一番の目的は，志望校の傾向をつかみ，本番でどのように入試問題と向かい合うべきか考えることです。素材文の傾向，設問の傾向，問題数の傾向など，十分に研究していきましょう。

取り組む際は，まず解答用紙を確認しましょう。漢字や語句問題の量，記述問題の種類や量などが，解答用紙を見て，わかります。次に，ページをめくり，問題用紙全体を確認しましょう。どのような問題配列になっているのか，問題の難度はどの程度か，などを確認して，どの問題から取り組むべきかを判断するとよいでしょう。

一般的に「漢字」→「語句問題」→「読解問題」という形で取り組むと，効率よく時間を使うことができます。

また，解答用紙は，必ず，実際の大きさのものを使用しましょう。字数指定のない記述問題などは，解答欄の大きさから，書く量を考えていきましょう。

算数 出題傾向の分析と合格への対策

●出題傾向と内容

例年，大問は4～6題，小問は15～20問出題されている。近年は全体の問題数，思考力を試す問題が増えてきており，やや難易度の高い問題も数問ある。なかでもここ数年は，特に図形問題にやや難しい出題が見られる傾向がある。

主な出題分野は「平面図形」・「立体図形」・「速さ」・「割合と比」・「数列・規則性」であり，後半の問題では読解力も必要とされる。

基本問題・標準問題は全問正解しよう。できる問題を選択して，これらを優先して解き，やや難しい問題では時間配分に気をつけて，確実に得点するように努めよう。

学習のポイント

基本・標準問題のミスで差がつく。速さはグラフの問題を練習しておこう。数年間出題のない分野についても，練習しておこう。

●2025年度の予想と対策

出題内容は，思考力を試す問題が重要になっていく。基本問題の定着を図るとともに，標準レベル以上の練習問題に慣れておく必要があり，特に秋以降は過去問を利用して出題傾向，出題レベルをつかんでおこう。過去問を使って練習をする場合は，どの問題を選んで優先して取り組み，どの問題を後回しにするか，問題のレベルを判断して解いていこう。「図形」・「速さ」・「割合」・「規則性」の4大分野を意識して，練習しよう。

この数年の出題分野をみると，ほぼ全範囲が対象となっており，かたよりのない学習を心がけよう。

▼年度別出題内容分類表

※　よく出ている順に☆，◎，○の３段階で示してあります。

出題内容			2022年 1回	2022年 2回	2023年 1回	2023年 2回	2024年 1回	2024年 2回
数と計算		四則計算	○	○	○	○	○	○
数と計算		概数・単位の換算	○	○		○	○	◎
数と計算		数の性質	☆	☆	○	○		◎
数と計算		演算記号						
図形		平面図形	☆	☆	☆	☆	☆	☆
図形		立体図形	◎	○	◎	☆	○	◎
図形		面積	○	○	☆	☆	○	○
図形		体積と容積	○	○	◎		○	◎
図形		縮図と拡大図	○	◎				
図形		図形や点の移動			☆			
速さ		三公式と比	☆	☆		☆	☆	☆
速さ	文章題	旅人算		◎				○
速さ	文章題	流水算		◎				
速さ	文章題	通過算・時計算				○		
割合		割合と比	☆	☆	☆	☆	☆	☆
割合	文章題	相当算・還元算						
割合	文章題	倍数算				○		
割合	文章題	分配算						
割合	文章題	仕事算・ニュートン算		○	☆		☆	○
文字と式								
2量の関係(比例・反比例)								
統計・表とグラフ						☆	☆	☆
場合の数・確からしさ			○		○		○	○
数列・規則性			☆	☆			☆	◎
論理・推理・集合								
その他の文章題		和差・平均算				○		
その他の文章題		つるかめ・過不足・差集め算	○				○	○
その他の文章題		消去・年令算	○	○			◎	◎
その他の文章題		植木・方陣算						○

中央大学附属中学校

算数 ——グラフで見る最近3ヶ年の傾向——

最近3ヶ年に出題されたすべての問題を内容別に分類・集計し，全体に対して何パーセントくらいの割合になっているかを示しました。

……50校の平均　　　　……中央大学附属中学校

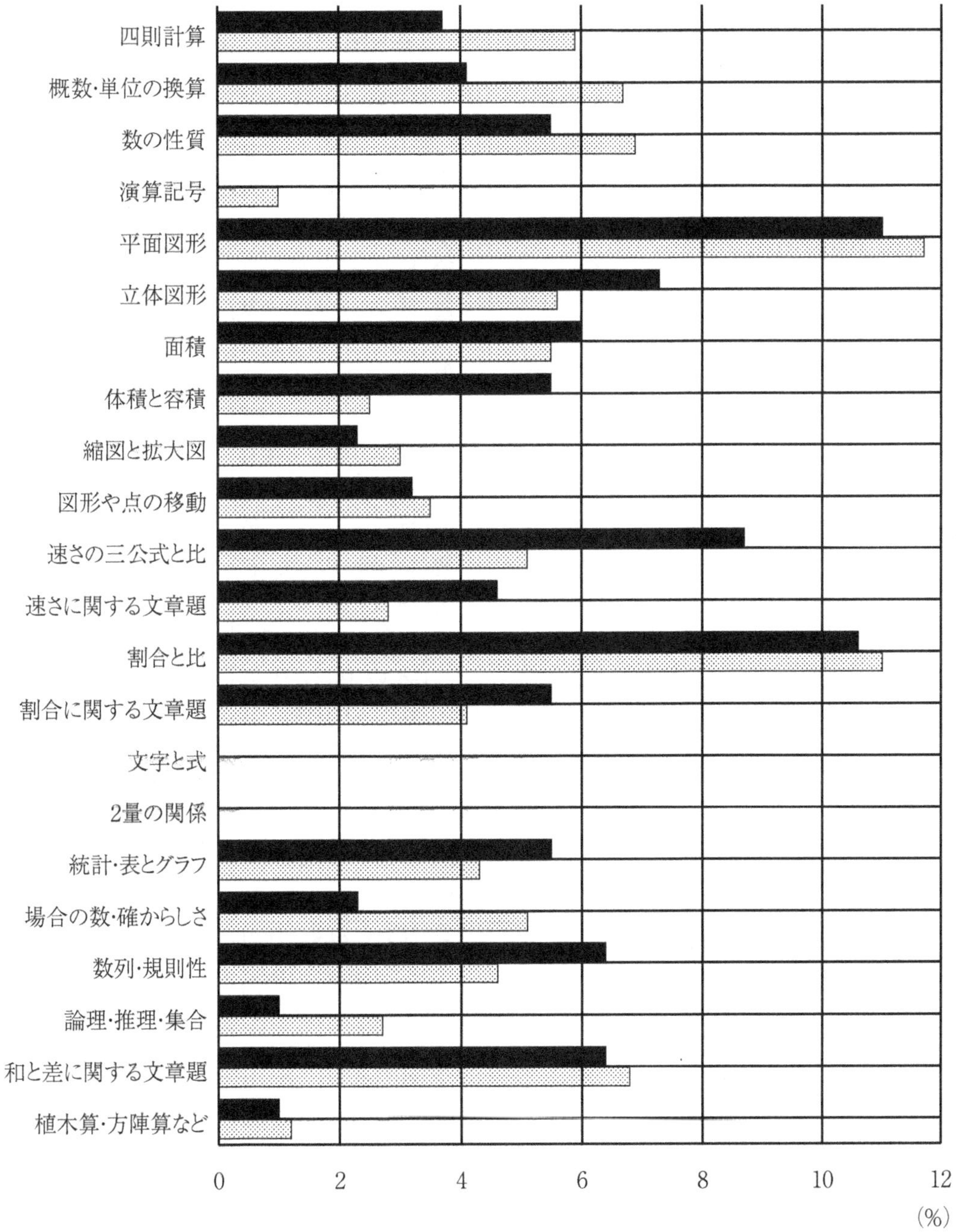

理科　出題傾向の分析と合格への対策

●出題傾向と内容

問題は大問が3題であり，小問数は15～20題程度で，時間は30分である。問題のレベルは標準的であるが，やや難しい内容のものも出題されている。

解答形式は，記号選択式が大半であるが，論述式の解答もあり，文章を短くまとめる力が求められる。

実験に基づいて思考させる問題が多く，説明文を読み込んだり，与えられた図，グラフ，表などをもとにして，その場で考えるような思考力を試す問題になっている。問題文の要点を確実に読み取り，何をたずねられているのか把握する読解力が鍵となる。

✔学習のポイント

物理・化学分野については，高いレベルの学力を習得したい。

●2025年度の予想と対策

基本的な問題をしっかり練習し，さらにすべての分野においてできるだけ多くの標準レベルの問題を解いておく必要がある。

また，実験や観察を題材にした出題が多く，グラフを読み取ったり，データからどのようなことがわかるのか考える力を身に付けたい。そのような実験を題材にした問題には十分慣れておきたい。

問題文の要点を理解し，その内容から結論を導く問題が出題される。これらに対応するには，読解力が求められる。普段から長めの文章を読み，要点を理解する練習をしておきたい。

▼年度別出題内容分類表

※　よく出ている順に☆，◎，○の３段階で示してあります。

出題内容		2022年		2023年		2024年	
		1回	2回	1回	2回	1回	2回
生物	植物						
	動物	○	☆	◎			○
	人体	☆			☆	☆	○
	生物総合						○
天体・気象・地形	星と星座				◎		
	地球と太陽・月					☆	
	気象			○			○
	流水・地層・岩石		☆				○
	天体・気象・地形の総合						
物質と変化	水溶液の性質・物質との反応		○				
	気体の発生・性質		◎				◎
	ものの溶け方						
	燃焼			○	☆		
	金属の性質					○	
	物質の状態変化	◎					
	物質と変化の総合			☆	◎		
熱・光・音	熱の伝わり方					☆	
	光の性質				◎		
	音の性質						
	熱・光・音の総合						
力のはたらき	ばね						
	てこ・てんびん・滑車・輪軸						☆
	物体の運動	◎	☆				
	浮力と密度・圧力	◎		○		○	
	力のはたらきの総合	☆					
電流	回路と電流			☆			
	電流のはたらき・電磁石						
	電流の総合						
実験・観察		☆	☆	◎	◎	☆	☆
環境と時事／その他							

理科 ——グラフで見る最近３ヶ年の傾向——

最近３ヶ年に出題されたすべての問題を内容別に分類・集計し，全体に対して何パーセントくらいの割合になっているかを示しました。

……50校の平均　　……中央大学附属中学校

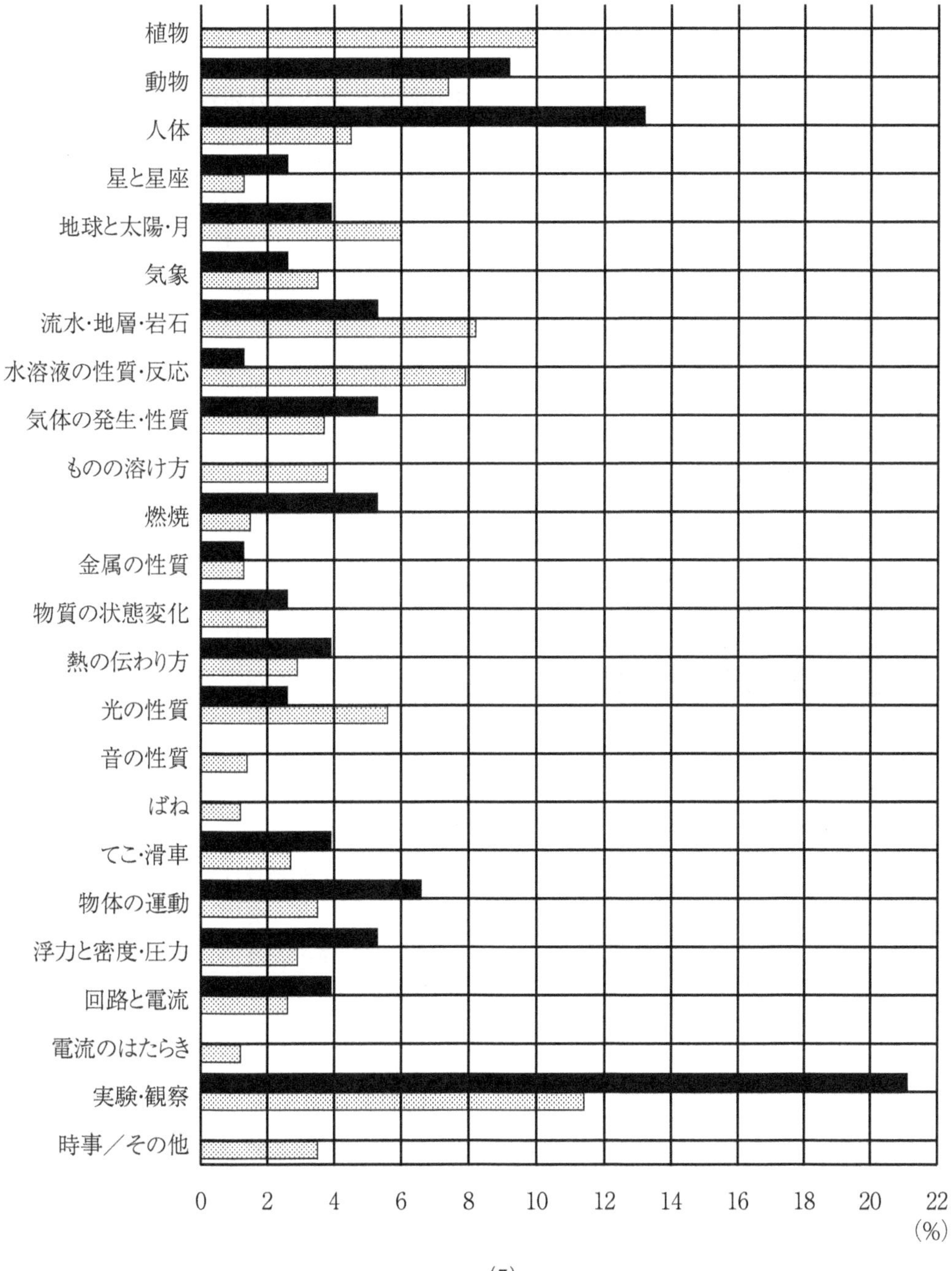

社会　出題傾向の分析と合格への対策

●出題傾向と内容

第1，2回とも大問が2題，解答欄もどちらも30ほど，2題とも大問が融合問題で，分野ごとの大問の出題はない。どちらの回でも短文の説明問題が1～3問出されている。

全体に政治分野の出題は少なめで，歴史の比重が比較的高い。地理の設問でやや中学受験で問うにはレベルの高いものもあったり経済分野のものもあったりするが，あとはレベル的には妥当なところ。ただ，試験時間の割には問題数が多く，短文の説明問題もあり，読まねばならない文も多いのでかなりスピードが要求されているといえる。

時事的な事柄が問われるものもあり，それの説明ができることが求められている。

学習のポイント

地理は歴史の舞台としての勉強も！
歴史は人物について説明できるように！
政治は時事問題をしっかりおさえよう！

●2025年度の予想と対策

地理では地形図の読図をできるようにしておく必要がある。また，オーソドックスな勉強の他，歴史の舞台としての地理や世界の主要国の位置などの勉強もしておく必要がある。

歴史は各時代の特色をおさえるとともに，法制度や土地制度，経済などのテーマにそっても歴史の流れをおさえたい。また，人物について問われることが多いので，人名だけでなくその人の時代や業績もおさえること。

政治は一般的な事柄の他，ニュースや新聞などで時事についても必ずおさえておきたい。単に言葉を知っているだけではなく，その説明ができるようにしておくことが必要である。

また，料理や食べ物関係の設問もあるので，ある程度普段の生活の中で注意をはらっておくことが必要である。

▼年度別出題内容分類表

※　よく出ている順に☆，◎，○の３段階で示してあります。

出題内容			2022年		2023年		2024年	
			1回	2回	1回	2回	1回	2回
地理	日本の地理	地図の見方	○	○		○	○	
		日本の国土と自然	◎	○	○	○	○	○
		人口・土地利用・資源	○		○	○	○	○
		農業	○	○	○	◎	○	○
		水産業		○	○		○	
		工業		○			○	
		運輸・通信・貿易		○	○			
		商業・経済一般						
	公害・環境問題					○		
	世界の地理		○				○	◎
日本の歴史	時代別	原始から平安時代	◎	◎	◎	◎	◎	◎
		鎌倉・室町時代	○	○	◎	○		○
		安土桃山・江戸時代	○	○	◎	◎	◎	◎
		明治時代から現代	◎	○	◎	◎	◎	◎
	テーマ別	政治・法律	◎	○	◎	◎	◎	◎
		経済・社会・技術	○	○	◎	○	○	◎
		文化・宗教・教育	◎	◎	○	◎	○	◎
		外交	○		◎	○	○	○
政治	憲法の原理・基本的人権			○		○	○	
	政治のしくみと働き		○	○	○	○	◎	○
	地方自治		○					○
	国民生活と福祉			○	○			
	国際社会と平和		○	○	○		○	
時事問題			○	◎	○	○	○	○
その他			○	◎	○	◎	◎	○

中央大学附属中学校

社会

——グラフで見る最近3ヶ年の傾向——

最近3ヶ年に出題されたすべての問題を内容別に分類・集計し，全体に対して何パーセントくらいの割合になっているかを示しました。

□…… 50校の平均　■…… 中央大学附属中学校

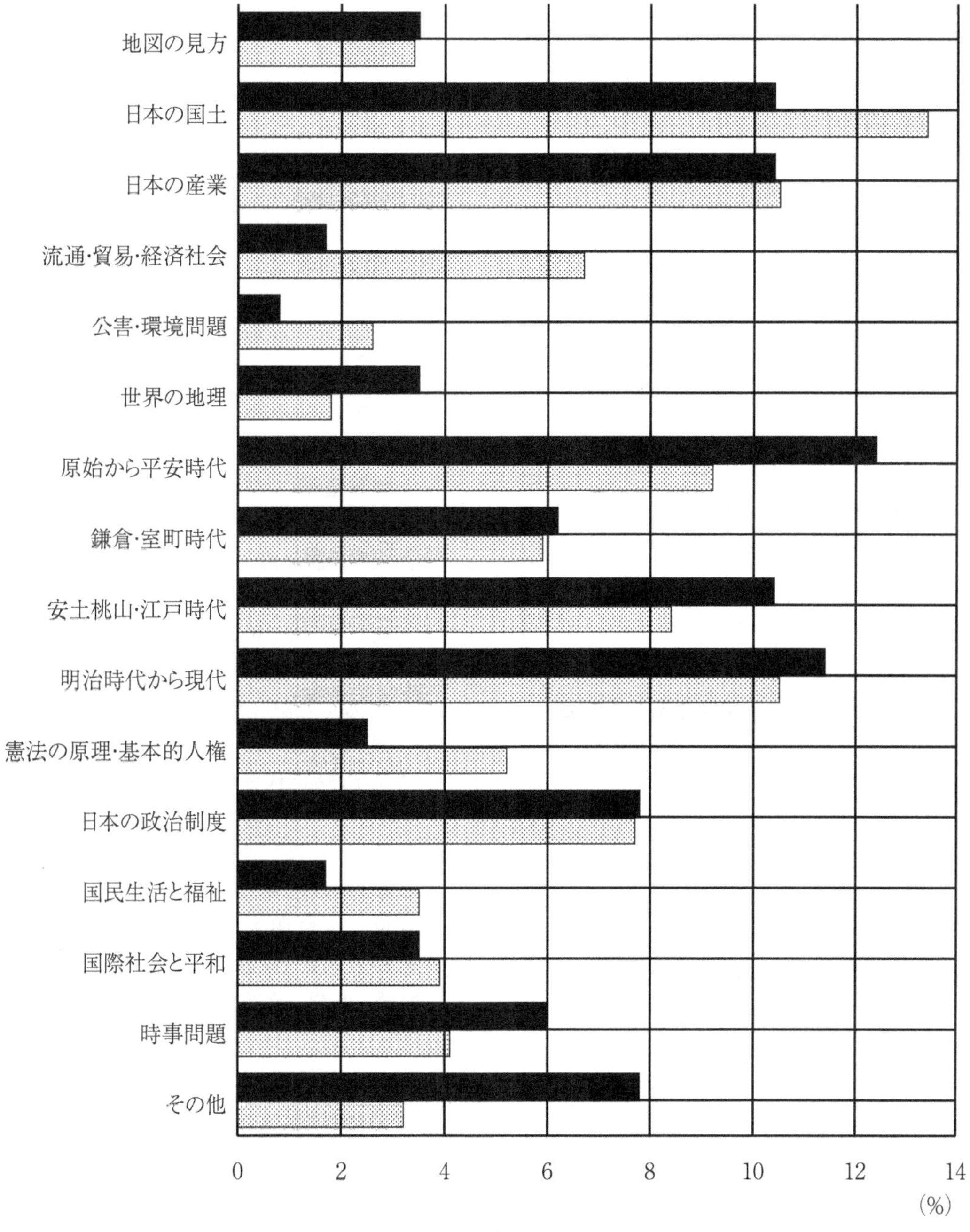

国語　出題傾向の分析と合格への対策

●出題傾向と内容

第1，2回とも小説と論説文の大問2題構成の読解問題だった。

読解問題は，小説，論説文とも長文で，問題数もかなり多い。心情や細部の読み取りとともに，場面や段落を要約した説明をまとめる設問が頻出されているのが非常に特徴的である。

問題文の難易度は標準的で，選択問題が中心であるが，設問の難易度は中～高程度で，語彙や別の言葉に置き換える力が必要とされる設問が多い。漢字や空欄補充，ことばの意味など出題は多岐にわたり，限られた時間内での正確な読解力が不可欠である。

学習のポイント

要約力を着実につけるようにしよう！
ねばり強く問題に取り組もう！

●2025年度の予想と対策

来年度以降も，同様の形式で出題されることが予想される。

本文の要旨や大意の要約力が必須なので，新聞の社説など様々な文章を読み，自分なりにまとめる練習を積んで要約に慣れておくようにしよう。空欄に適語をあてはめる問題も特徴的であるので，出題形式にも慣れておきたい。

標準的な難易度ではあるが，長文で設問数も多いので，時間配分に注意が必要だ。ほとんどが選択問題ではあるが，的確な判断力で最後の問題まで集中力を途切れさせずに根気よく取り組むことが重要である。

▼年度別出題内容分類表

※　よく出ている順に☆，◎，○の３段階で示してあります。

出題内容			2022年		2023年		2024年	
			1回	2回	1回	2回	1回	2回
内容の分類	読解	主題・表題の読み取り	○	○	○	○	○	○
		要旨・大意の読み取り	☆	☆	☆	☆	☆	☆
		心情・情景の読み取り	☆	☆	☆	☆	☆	☆
		論理展開・段落構成の読み取り	○	○	○	○	○	○
		文章の細部の読み取り	☆	☆	☆	☆	☆	☆
		指示語の問題		○				
		接続語の問題		○		○		
		空欄補充の問題	☆	☆	☆	☆	☆	☆
	知識	ことばの意味	○	○	○	○		○
		同類語・反対語		○				
		ことわざ・慣用句・四字熟語		◎	◎	◎		○
		漢字の読み書き	○	○	○	○	○	○
		筆順・画数・部首						
		文と文節						
		ことばの用法・品詞					○	○
		かなづかい						
		表現技法						
		文学作品と作者						
		敬語						
	表現	短文作成						
		記述力・表現力						
文の種類		論説文・説明文	○	○	○	○	○	○
		記録文・報告文						
		物語・小説・伝記	○	○	○	○	○	○
		随筆・紀行文・日記						
		詩(その解説も含む)	○					
		短歌・俳句(その解説も含む)						
		その他						

国語 ——グラフで見る最近３ヶ年の傾向——

最近３ヶ年に出題されたすべての問題を内容別に分類・集計し，全体に対して何パーセントくらいの割合になっているかを示しました。

（網かけ）……50校の平均　（黒）……中央大学附属中学校

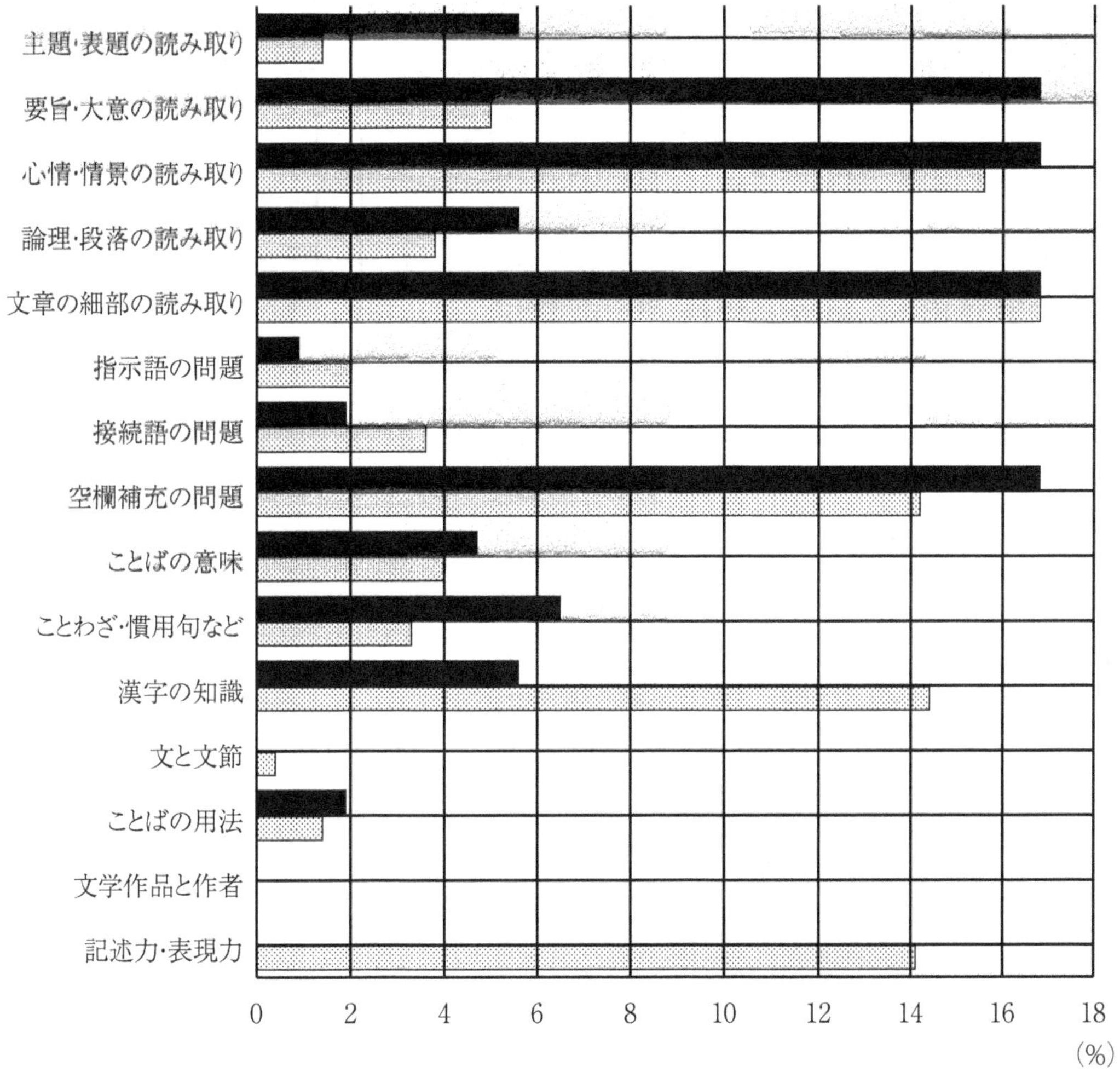

	論説文 説明文	物語･小説 伝記	随筆･紀行 文・日記	詩 (その解説)	短歌･俳句 (その解説)
中央大学附属 中学校	46.2%	46.2%	0%	7.7%	0%
50校の平均	47.0%	45.0%	8.0%	0%	0%

2024年度　合否の鍵はこの問題だ!!

（第1回）

算　数　1 (7)

「直方体の一部をくりぬく立体」の問題であり，よく出題される。複数の解き方があるが，どの方法が最適なのか？

【問題】

右図1は，1辺1cmの立方体を60個重ねた直方体である。色がついている部分を表面に垂直な方向に反対側までくり抜いてできる立体の体積は何cm^3か。

図1

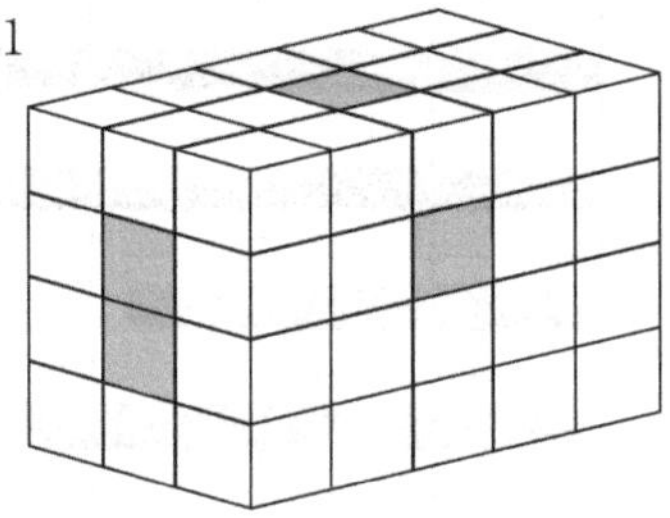

図2

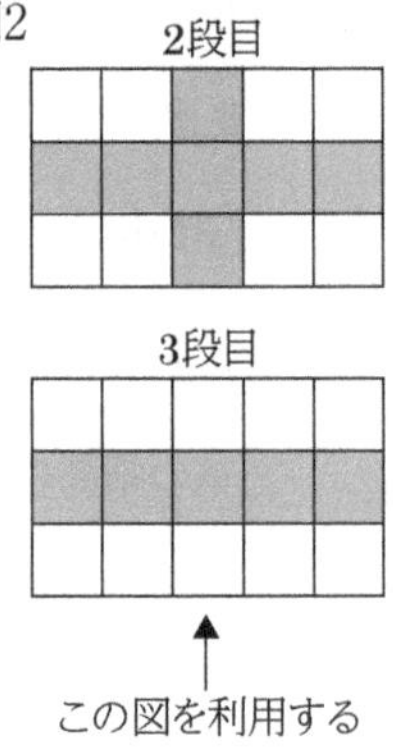

【考え方】

上から1・4段目の立方体の個数の和…

(3×5－1)×2＝28(個)

上から2段目の立方体の個数…2×4＝8(個)

上から3段目の立方体の個数…5×2＝10(個)

したがって，求める体積は1×(28＋8＋10)＝46(cm^3)

理　科　3 問2～問4

大問が3題で内容は基本的なものが多いが，実験に基づく出題が多く問題文が長い。そのため要点を読み取る力が求められる。

今回合否を分けた問題として，第1回の3の問2，問3，問4を取り上げる。月の運動に関する問題である。

問2　満月は0時に真南に見える。写真の満月は19時に撮影されたので，真夜中の5時間前である。1時間に月は15度東から西へ移動するので，5時間前には真南から15×5＝75(度)東の方角にある。

問3　月は地球の周りを公転していて，30日で一周する。そのため1日あたり360÷30＝12(度)西から東へ移動する。よって前の日と同じ時刻には東の方角に12度ずれている。

問4　前日と同じ場所に月が来る時刻は，12度移動するのにかかる時間だけ後になる。1度は4分に相当するので，12度では12×4＝48(分)になり，19時48分に前日と同じ場所に来る。

2回のテストとも，問題文が長く要点を読み取る力が求められる。このような問題では，問題文にある考え方のヒントをしっかりと読み取ることが必要になる。読解力が求められる。

また，全般的に実験や観察をもとに出題する形式の問題が多く，表やグラフからデータを読み取ったり，データの規則性に気づいてそこから答えを求める力が必要である。問題集などで類題の演習を数多く解いて力をつけてほしい。

社　会　Ⅰ 問6

試験時間は30分，60点満点という問題構成の中で2点(推定配点)という配点は1問の配点としては高いものではない。しかし設問数が30題と時間の割に比較的多く，問題全体のページ数も20ページ以上あり，かつ多様な地図・グラフ・図版などの読み取りを必要とする設問も複数含まれており，効率よく各設問をこなしていかなければ時間が足りなくなる。そのような状況の中で，それなりに思考を必要とする説明問題にきちんと解答出来たか否かは合否の分かれ目になったと思われる。

解答の形式については1行分のスペースが与えられているだけで，その他に解答形式上の条件はないので，そのスペースに匹敵する分量(30字程度)で解答すれば特に問題はないと思われる。他方，解答内容については設問文中に「これが作成された背景には，戸籍としての役割のほかにも，江戸幕府の特別な意図がありました。それは何ですか」とあるので，その点を意識した答えるべきポイントがあると思われる。設問中に示された「宗門人別改帳(宗門人別帳)」という名称を参考にして，①キリスト教の信者を見つけること，②仏教への改宗を強制することの2つのポイントで，1ポイントが1点で合計2点の配点になると思われる。本設問では「江戸幕府」，「宗門人別改帳(宗門人別帳)」という設問文中の言葉から，江戸幕府の行った宗門改という制度に結び付けることができたか否かが大きなポイントであろう。

国　語　Ⅰ 問12

★合否を分けるポイント(この設問がなぜ合否を分けるのか？)。

傍線⑧に「母は慎の横顔をみつめた」とある。見つめることによって，母は慎の変化に気づく。そして，その気づきがきっかけとなり，母自身も変化する。このような二人の関係を読み取り，問12に書かれた文章の細部も意識しながら，ていねいに解き進める必要がある。

★この点に注意する！

文章中の「きっぱりとした言い方」と選択肢の中の「毅然とした態度」は，同じような意味で用いられている。文章中の「満足そうに」と選択肢の中の「充足感や爽快感」も，同じような意味で用いられている。文章中の表現は選択肢の中で別の表現に置き換えられている。この点に注意して，それぞれの選択肢を比較したい。

★これで「合格」！

慎も母も，慌ただしい日々を生き続け，少しずつ強くなっている。母はいら立ちながらも，毎日を精一杯生きる。慎も苦しい状況に立ち向かっていく。このような二人の変化を文章中から読み取り，問12に書かれた文章と照らし合わせて，当てはまる言葉を選んでいきたい。選ぶ際，表現が置き換えられていることを意識する。ていねいに解けば，高得点が可能である。

MEMO

大切なことはメモしておこうネ！

2024年度

入　試　問　題

2024年度

2024年度

中央大学附属中学校入試問題(第1回)

【算　数】（50分）〈満点：100点〉

【注意】

1. 定規，コンパス，分度器を使ってはいけません。
2. 円周率は，3.14を用いなさい。

1　次の問いに答えなさい。

（1）　$7-6\div(9-2\times3)+5\times(8-1\div4)$を計算しなさい。

（2）　次の$\square$にあてはまる数を答えなさい。

$$2.1-\left\{8-\left(\frac{1}{5}+\square\times\frac{2}{3}\right)\right\}=\frac{3}{10}$$

（3）　A，Bの2チームで試合を行い，先に3回勝った方を優勝とします。優勝が決まればそのあとの試合は行わず，引き分けもないとき，優勝の決まり方は何通りありますか。

（4）　容器A，B，Cにそれぞれ食塩水が入っています。Aの食塩水100gとBの食塩水200gをよくかき混ぜると15％の食塩水が，Bの食塩水100gとCの食塩水50gをよくかき混ぜると12％の食塩水が，Aの食塩水200gとCの食塩水250gをよくかき混ぜると16％の食塩水ができあがります。容器Aの食塩水の濃《のう》度は何％ですか。

（5）　図のように，長方形と正六角形を重ねました。角xは何度ですか。

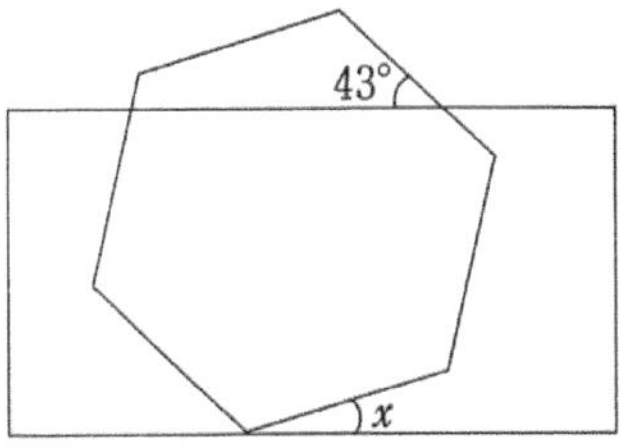

（6）　図のように，半径3cmの円の周を6等分しました。斜《しゃ》線部分の面積は何cm^2ですか。ただし，円周率は3.14を用いなさい。

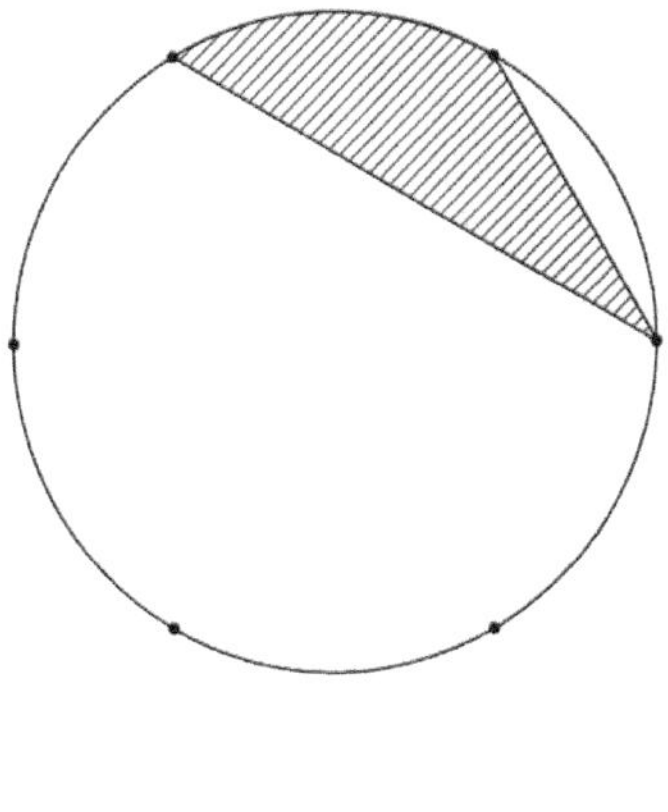

（７） 次の図は，1辺1cmの立方体を60個積み重ねた直方体です。色のついている部分を表面に垂直な方向に反対側までくりぬいてできる立体の体積は何cm³ですか。

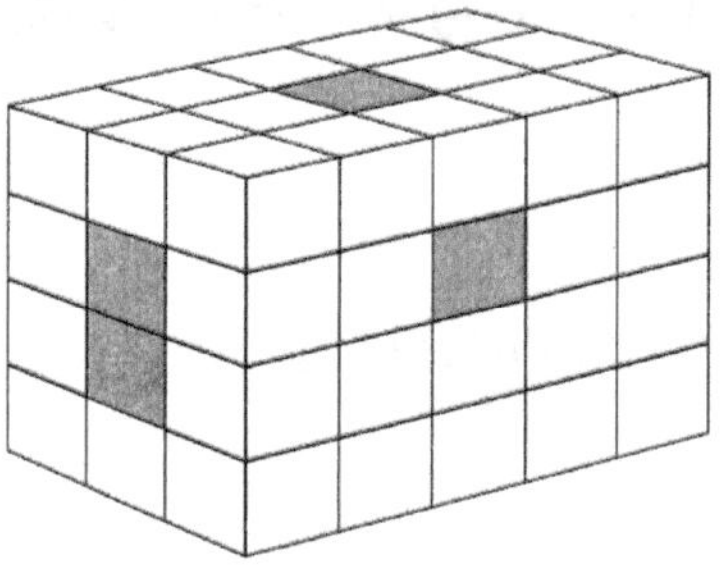

2 整数をある規則にしたがって，次のように並べます。

1, 2, 3, 3, 4, 5, 4, 5, 6, 7, 5, 6, 7, 8, 9, 6, 7, ……

（１） はじめから数えて50番目の数はいくつですか。

（２） 51は全部で何個ありますか。

（３） 52個ある数はいくつですか。すべて答えなさい。

3 ある遊園地の前に客が405人並んでいます。毎分一定の割合でこの列に客が並びます。4つの入場ゲートから入場すると45分で行列がなくなり，7つの入場ゲートから入場すると15分で行列がなくなります。

（１） 1つの入場ゲートから毎分何人入場できますか。

（２） 5つの入場ゲートから入場すると，何分で行列がなくなりますか。

（３） はじめ3つの入場ゲートから入場して，途《と》中から入場ゲートの数を6つに増やしたところ，入場を始めてから39分で行列がなくなりました。入場ゲートの数を6つに増やしたのは，入場を始めてから何分後ですか。

4 C中学校・高校には，中学校から高校へ向かう動く歩道①と，そのとなりに並行して高校から中学校へ向かう動く歩道②があります。光さんは中学校から動く歩道①に，あゆみさんは高校から動く歩道②に同時に乗りました。光さんはあゆみさんとすれ違《ちが》うと同時に動く歩道①の上を一定の速さで歩き始め，高校へ着くとすぐに動く歩道②に乗り，これまでと同じ速さで歩きながらあゆみさんを追いました。あゆみさんが中学校に着いてからしばらくして光さんも中学校に着きました。次のページの図は，2人が動く歩道に乗ってから光さんが中学校に戻《もど》るまでの時間と2人の間の距離《きょり》の関係を表したものです。

ただし，光さんはあゆみさんとすれ違うまでは動く歩道の上は歩きません。あゆみさんは動く歩道の上は歩かず，中学校に着いてからは動きません。動く歩道の速さは①も②も同じで，光さんの乗り換《か》え時間は考えないものとします。

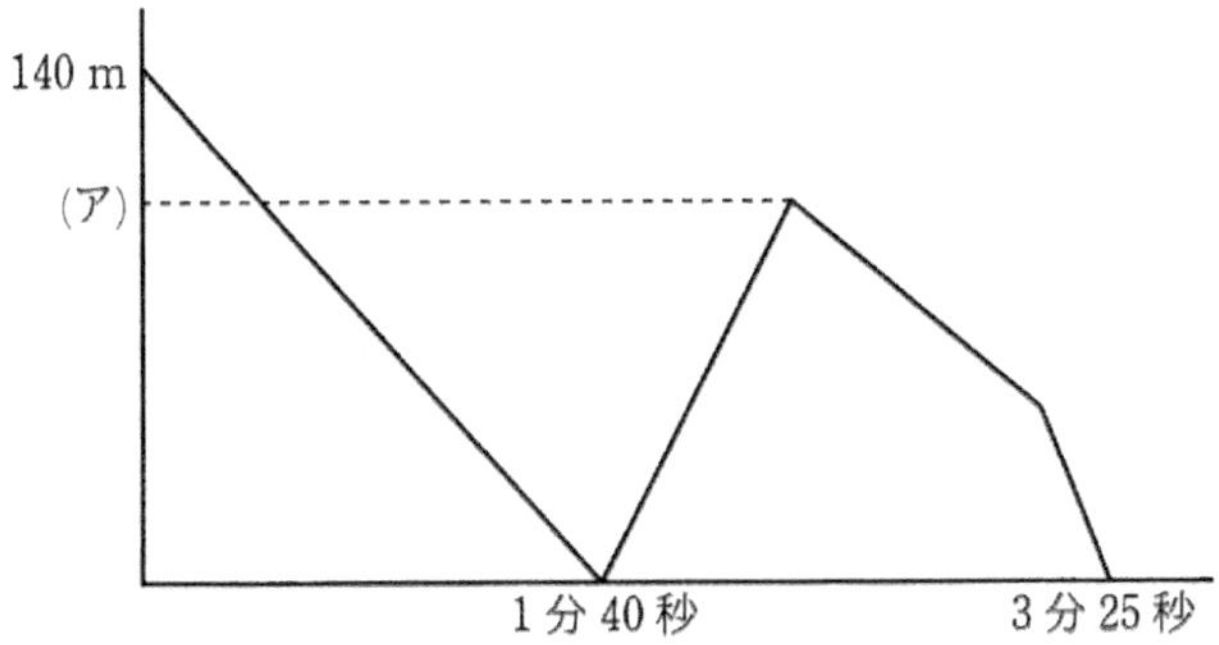

(1) 動く歩道の速さは毎分何 m ですか。

(2) 光さんが動く歩道の上を歩いた速さは毎分何 m ですか。

(3) 図の(ア)は何 m ですか。

【理　科】（30分）〈満点：60点〉

1　からだが動く仕組みについて，以下の文章を読んで，あとの問いに答えなさい。

図１は人が腕《うで》を曲げるときの骨と筋肉の様子を示したものです。腕には曲がる部分と曲がらない部分があります。曲がる部分は骨と骨のつなぎ目で，図１では★の部分になります。腕を曲げると，Aの筋肉は（　a　）状態から（　b　）状態に変化し，Bの筋肉は（　c　）状態から（　d　）状態に変化します。

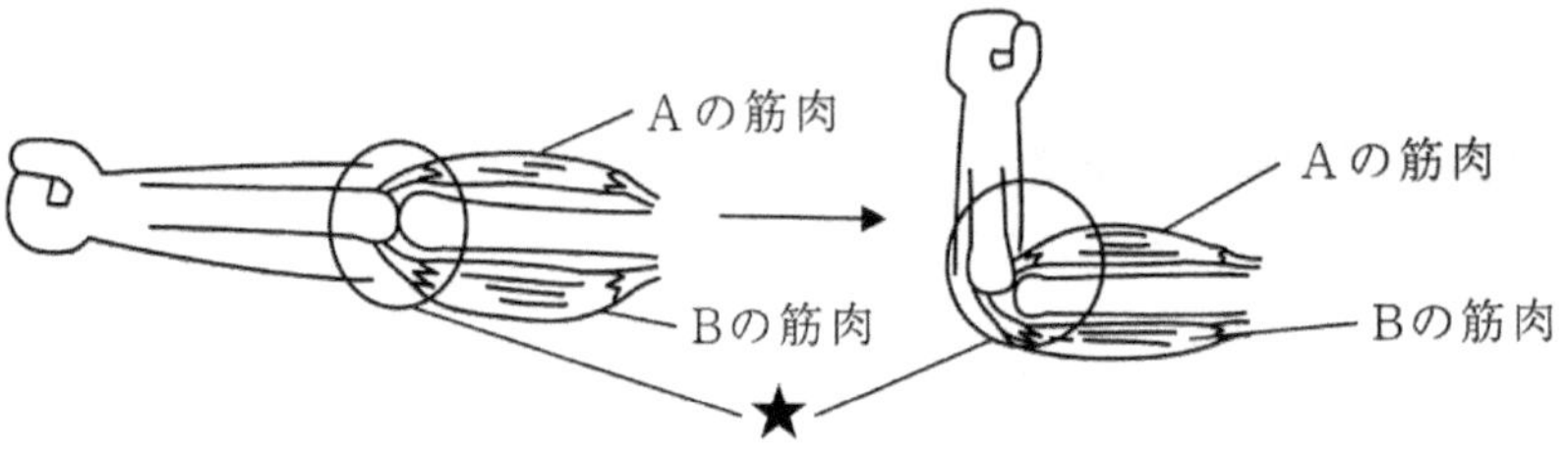

図１

〔問１〕骨のはたらきとしてふさわしいものはどれですか。次の（ア）～（オ）の中から２つ選び，記号で答えなさい。

（ア）内臓を守るはたらき
（イ）痛みを感じるはたらき
（ウ）ウイルスがからだの中に入るのを防ぐはたらき
（エ）からだを支えるはたらき
（オ）食べ物を分解するはたらき

〔問２〕からだの各部分にある，図１の★のような骨と骨のつなぎ目で曲がる部分のことを何と言いますか。漢字で答えなさい。

〔問３〕文章中の空らん（　a　）～（　d　）に当てはまる語句として正しい組み合わせはどれですか。次の（ア）～（エ）の中から１つ選び，記号で答えなさい。

	（　a　）	（　b　）	（　c　）	（　d　）
（ア）	縮んだ	ゆるんだ	ゆるんだ	縮んだ
（イ）	縮んだ	ゆるんだ	縮んだ	ゆるんだ
（ウ）	ゆるんだ	縮んだ	縮んだ	ゆるんだ
（エ）	ゆるんだ	縮んだ	ゆるんだ	縮んだ

人は手をにぎるとき，脳から手の筋肉に「手をにぎる」という電気信号を出します。その電気信号は神経という部分を通って手の筋肉まで伝わり，その後，手の筋肉が動いて手をにぎります。図２は，この様子を示したものです。電気信号は神経を素早く伝わっていき，その速さはおよそ毎秒120mと言われています。

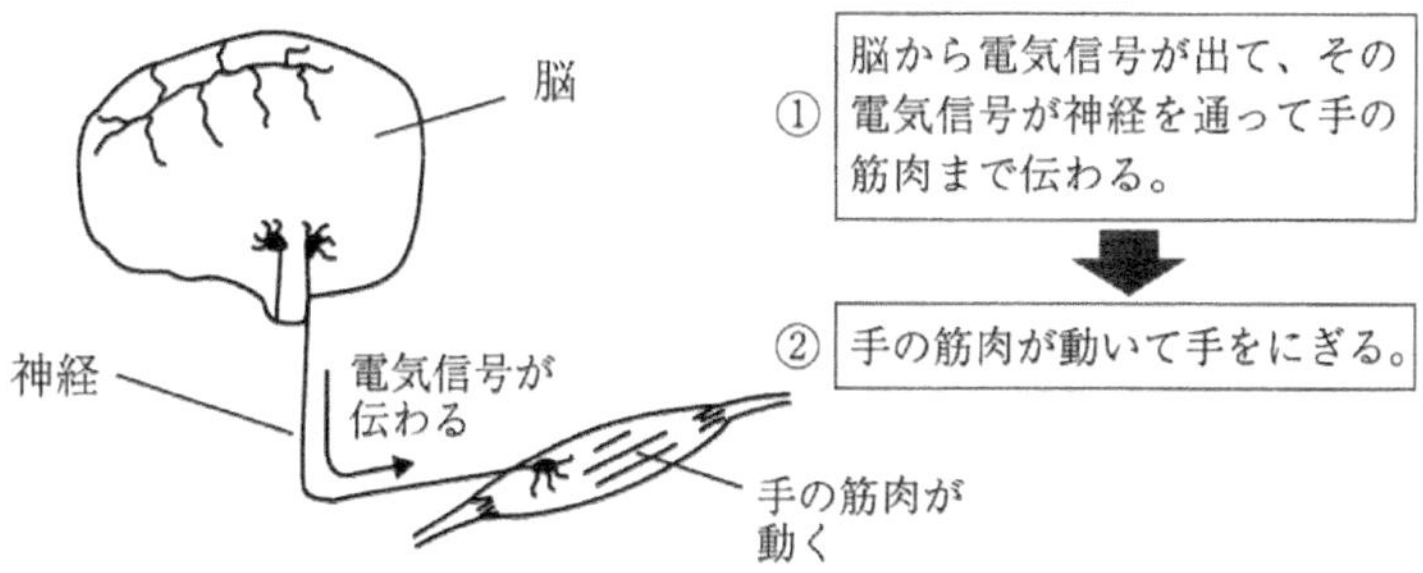

図2

脳から「手をにぎる」という電気信号が出されてから手をにぎるまでにかかる時間は，図2の①と②にかかる時間の合計となります。

〔問4〕図2の①と②にかかる時間の合計は何秒ですか。割り切れない場合は，小数第5位を四捨五入して，小数第4位まで答えなさい。ただし，電気信号が神経を伝わる速さは毎秒120m，脳から手の筋肉までの神経の長さは0.9m，図2の②の時間は0.06秒とします。

次に，ある人が他の人から手首をにぎられた時，脳が「にぎられた」と感じるまでの様子を考えてみましょう。図3は，図2に手首の皮ふと神経と脳のつながりを加えた図です。手首をにぎられたとき，図3のように，手首の皮ふから神経を通って電気信号が脳に伝わります。このとき，手首をにぎられてから脳が「にぎられた」と感じるまでの時間は，図3の③にかかる時間となります。

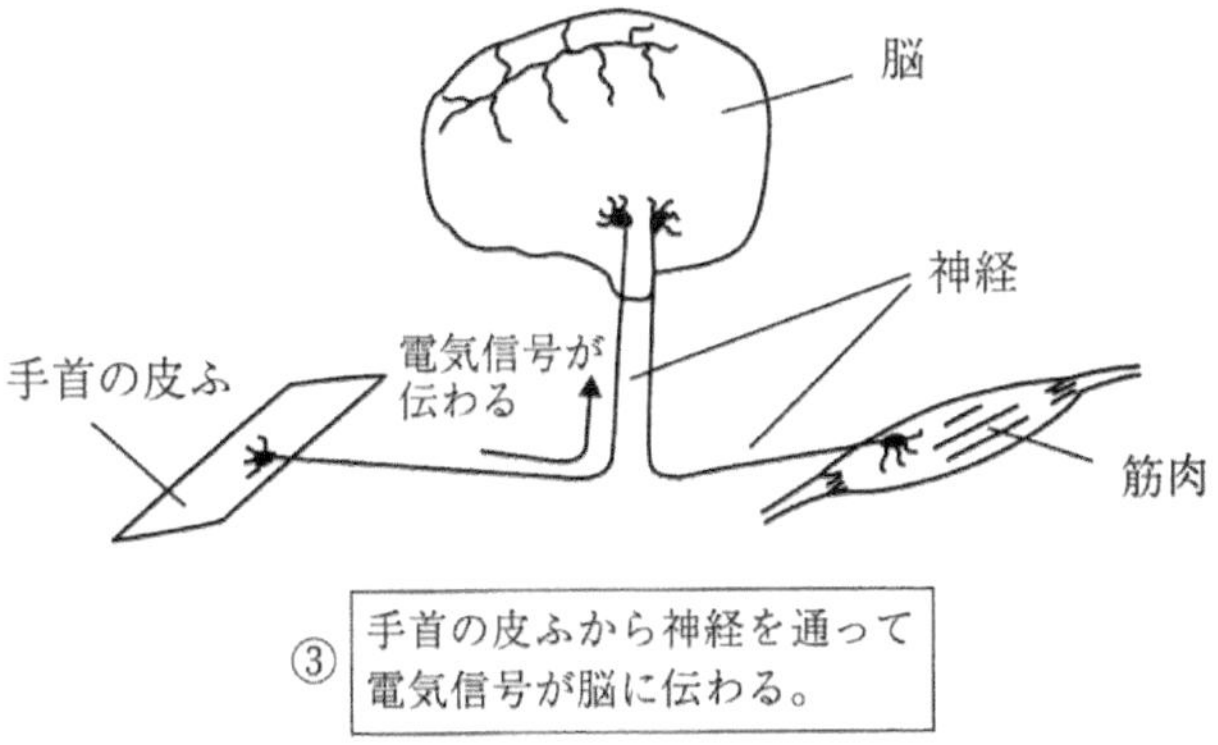

図3

手首をにぎられてから手の筋肉を動かすまでの反応の速さを調べるために，次のような実験を行いました。

<実験>

図4のように，10人が目を閉じて円形に並びます。1人目は片手にストップウォッチを持ち，反対の手で2人目の手首を持ちます。2人目以降はとなりの人に持たれていない反対の手で，次の人の手首を持ちます。10人目は1人目のストップウォッチを持っている手の手首を持ちます。1人目はストップウォッチをスタートするのと同時に，2人目の手首を軽くにぎります。2人目は自分の手首がにぎられたと感じたら，次の人の手首をにぎります。これを繰り返していき，10人目の人は自分

の手首がにぎられたと感じたら１人目の手首をにぎり，１人目は自分の手首がにぎられたと感じたら，ストップウォッチをストップします。

図４

＜結果＞

１人目がストップウォッチをスタートしてからストップするまでの時間は３秒でした。

〔問５〕この実験において，自分の手首がにぎられてから次の人の手首をにぎるまでにかかる平均の時間は何秒ですか。ただし，ストップウォッチをストップする動きと手首をにぎる動きは，同じ時間がかかるとします。

問５で求めた時間を「時間A」とします。また，図２の①と②，図３の③の合計時間を「時間B」とします。このとき，「時間A」は(e)「脳が考えている時間」の分だけ「時間B」より長くなります。

〔問６〕上の文の下線部(e)「脳が考えている時間」は何秒になりますか。ただし，図２の①と図３の③は同じ時間であるものとします。また，実験に参加した10人全員において，電気信号が神経を伝わる速さは毎秒120m，脳から手の筋肉までの神経の長さは0.9m，図２の②の時間は0.06秒とします。割り切れない場合は，小数第４位を四捨五入して小数第３位まで答えなさい。

2　金属について，あとの問いに答えなさい。

金属の棒や板を，図１のようにガスバーナーの弱い火で熱しました。

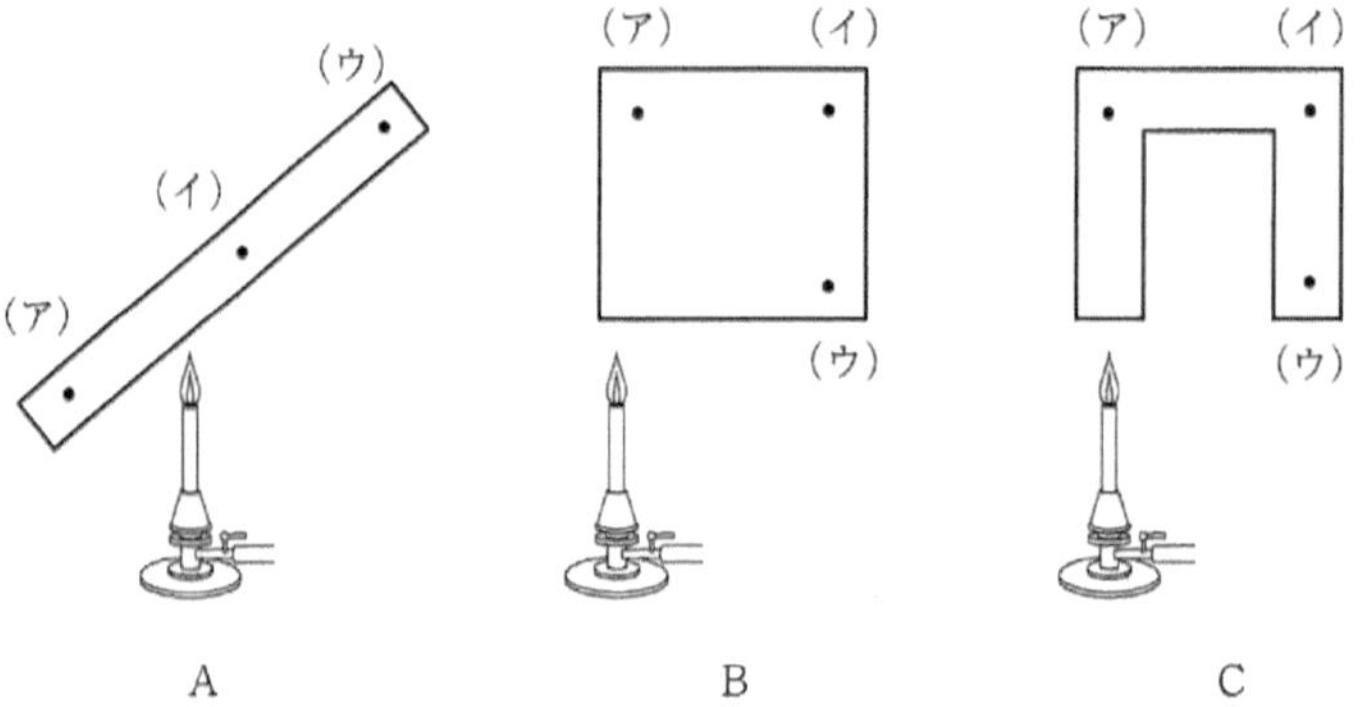

図１

［問１］図１のA～Cについて，それぞれ最後にあたたまる所はどこですか。（ア）～（ウ）の中からそれぞれ１つずつ選び，記号で答えなさい。

金属は，温度によって体積がわずかに変化します。鉄道のレールも金属でできているため，あたためると伸《の》びます。

［問２］25mのレールが０℃から30℃にあたたまりました。このとき，０℃のときに比べたら何cm伸びていますか。ただし，レール１mは１℃の温度変化で0.0114mm伸び縮みするものとします。

金属の種類によって，あたためたときに体積がどれだけ変化するかは異なります。図２のように，同じ大きさの鉄とアルミニウムをはり合わせた金属の板を用意します。この板をガスバーナーであたためると，図３のように変形しました。なお，鉄とアルミニウムは常に同じ温度になっているものとします。

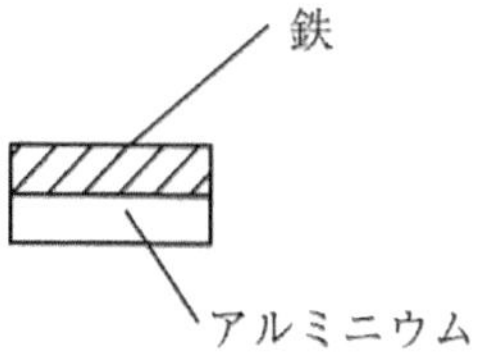

図２

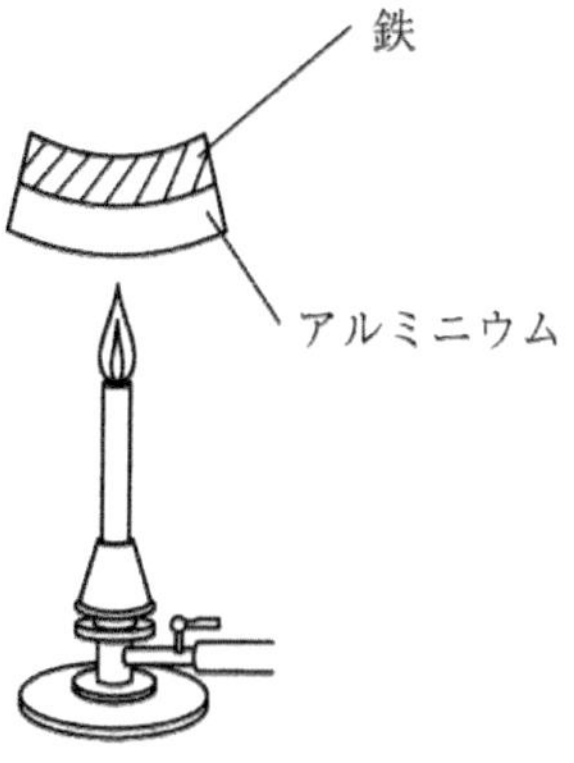

図３

［問３］同じ大きさの鉄とアルミニウムをあたためたときの体積変化について，この実験からわかることを次の（ア）～（ウ）から１つ選び，記号で答えなさい。

（ア）アルミニウムより鉄の方が，体積が大きくなる。
（イ）鉄よりアルミニウムの方が，体積が大きくなる。
（ウ）この実験からでは，鉄とアルミニウムのどちらの体積が大きくなるかわからない。

同じ温度で同じ体積でも，金属の種類により重さは異なります。下の表は，20℃における$1cm^3$の金属の重さを示したものです。

金属の種類	$1cm^3$の重さ（g）
アルミニウム	2.7
鉄	7.9
銅	9.0
金	19.3

〔問４〕アルミニウム，鉄，銅，金のいずれかの金属でできた球があります。これを，20℃で$50cm^3$の水が入ったメスシリンダーに入れると，図４のようになりました。また，この球の重さをはかると39.5gでした。この球は，どの金属からできていますか。次の(ア) ～ (エ)から１つ選び，記号で答えなさい。

(ア)アルミニウム　(イ)鉄　(ウ)銅　(エ)金

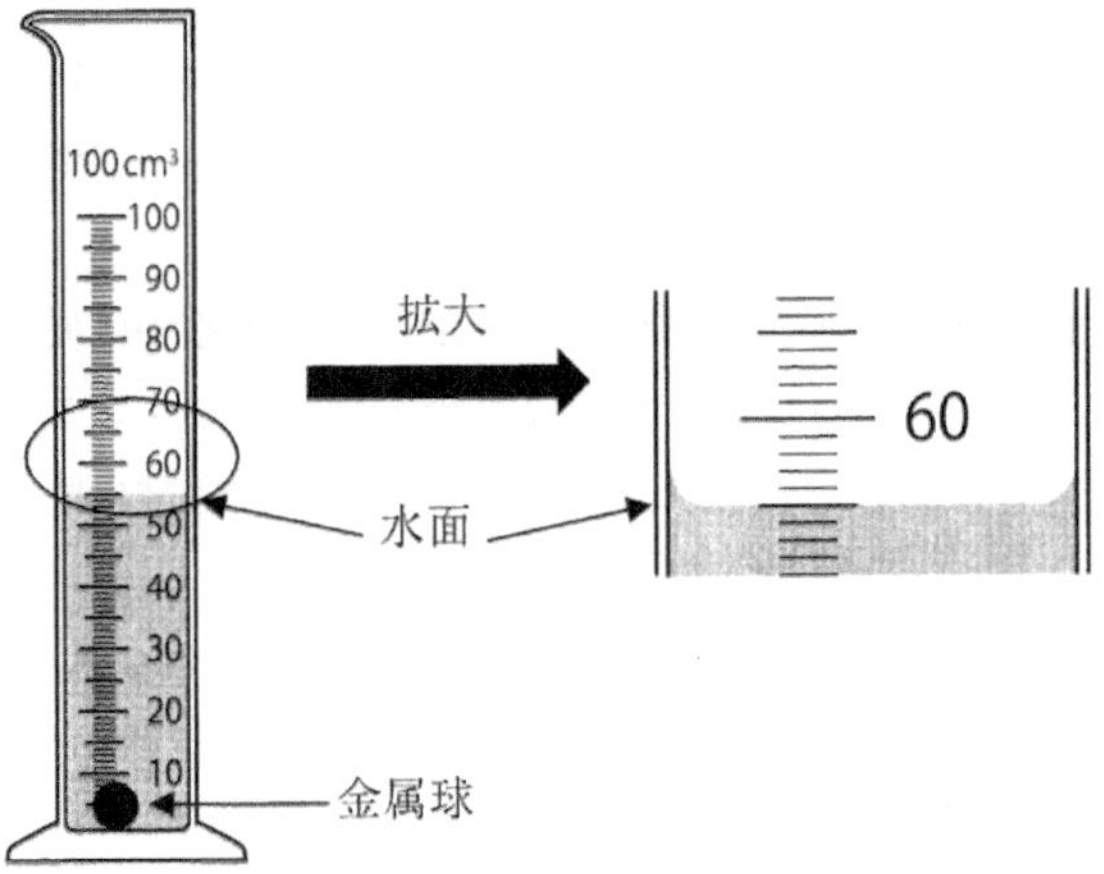

図４

銅板を用いて次の実験１～３を行いました。

【実験１】銅板をガスバーナーで強く加熱すると，銅板の色が変わった。

【実験２】実験１で加熱して色が変わった銅板の部分が電気を通すか調べた。

【実験３】新たに小さな銅板を用意し，この銅板を試験管に入れたあと，うすい塩酸を加えた。

〔問５〕この実験に関する(ア) ～ (エ)の文について，正しければ○を，まちがっていれば×を解答らんに記入しなさい。

(ア)実験１で，加熱するときは素手で銅板を持つ。

(イ)実験１で，ガスバーナーで強く加熱した銅板は黒くなる。

(ウ)実験２では，電気を通さない。

(エ)実験３では，水素が発生する。

3　ある日の夜に，相澤《あいざわ》さんは家の近くの丘《おか》の上で，大きなりんごの木の上に満月がある素敵な景色を写真におさめました。図１は，その写真を表しています。以下の文章を読んで，あとの問いに答えなさい。ただし，相澤さんは日本に住んでいるものとします。

また，この問題では30日かけて月は地球の周りを１周するものとします。

図１

満月，半月，三日月，新月など，月には様々な見え方があります。太陽からの光は，いつも月の半面だけを明るく照らしていますが，月が地球の周りのどの位置にあるかによって月の見え方が異なります。

図２は，地球の周りをまわる月の位置を表しています。この図において，⑤の位置に月があるときは満月に見えます。また，⑦の位置にあるときは半月に見えます。30日かけて月は地球の周りを１周するので，月の満ち欠けも同じ30日でくり返されます。例えば，ある日の０時に満月が真南に見えると，その日から30日後の０時に再び満月が真南に見えることになります。また，北極側から地球と月を見ると，図２のように地球の自転の向きも月が地球の周りをまわる向きも反時計回りになっています。

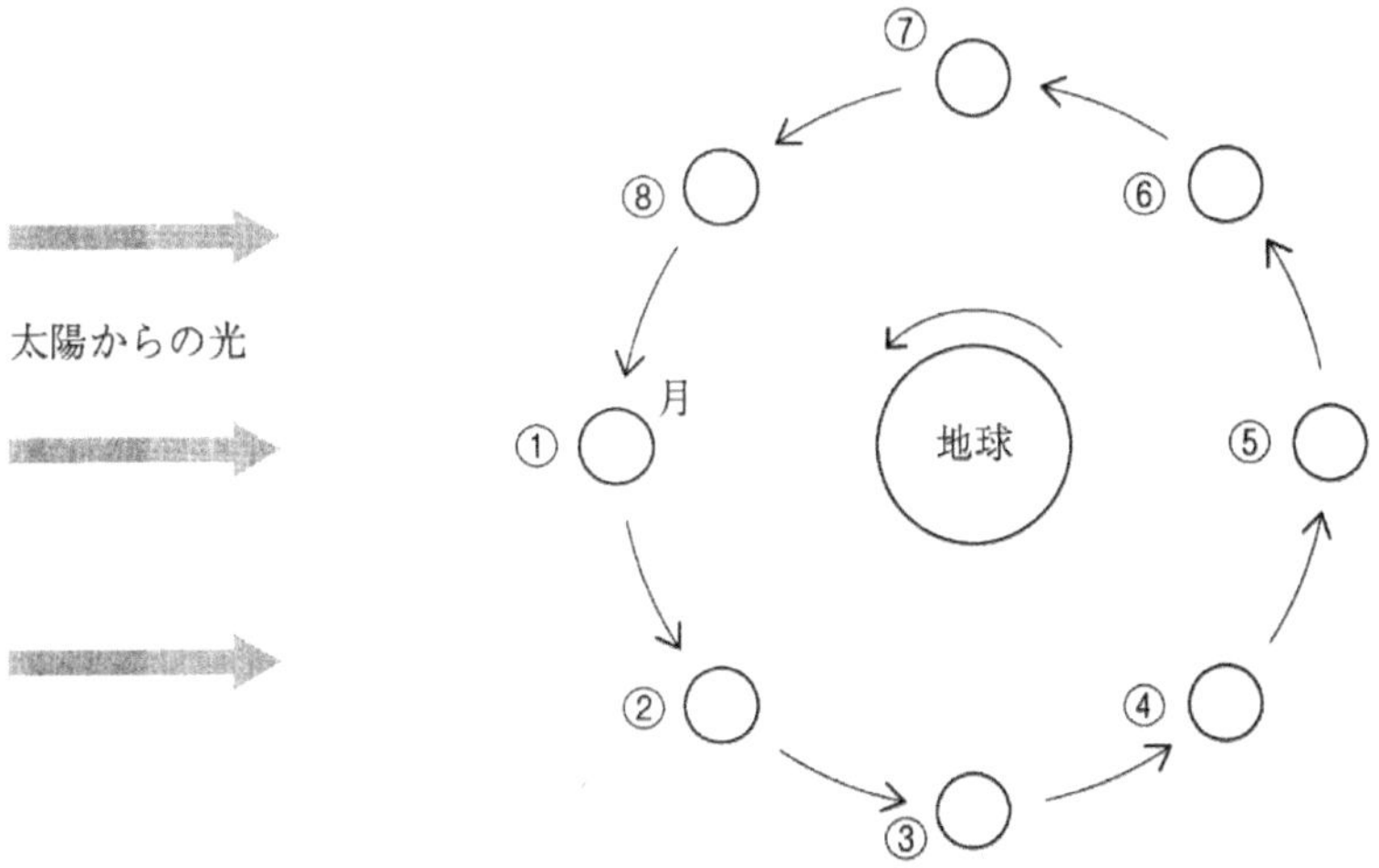

図２

〔問１〕日食が起こることがあるのは，月がどのような見え方のときですか。最もふさわしいものを次の(ア) ～ (エ)の中から１つ選び，記号で答えなさい。

(ア)新月　(イ)三日月　(ウ)半月　(エ)満月

相澤さんが図１の写真を撮《と》ったのは，８月１日の日没《にちぼつ》直後の19時でした。

〔問２〕相澤さんが図１の写真を撮った方角はどちらですか。次の(ア) ～ (エ)の中から最もふさわしいものを１つ選び，記号で答えなさい。

(ア)東　(イ)西　(ウ)南　(エ)北

〔問３〕８月１日に比べて，８月２日の同じ時刻の月の位置は，どちらの向きに何度ずれていますか。向きについては，右の図の(ア) ～ (エ)の中から最もふさわしいものを１つ選び，記号で答えなさい。角度は整数で答えなさい。

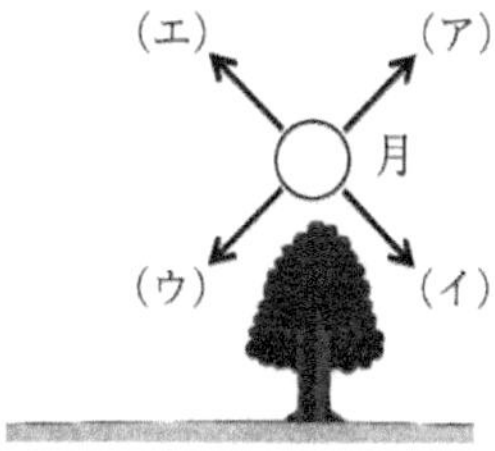

〔問４〕相澤さんが８月１日に見た月とほぼ同じ位置に月を見るためには，８月２日の何時に写真を撮った場所にいればいいですか。次の(ア) ～ (カ)の中から最もふさわしいものを１つ選び，記号で答えなさい。

(ア)18時12分　(イ)18時24分　(ウ)18時36分
(エ)19時24分　(オ)19時36分　(カ)19時48分

〔問５〕図２の⑥の位置に月があるとき，月から地球を見るとどのように見えますか。次の(ア)～(オ)の中から最も ふさわしいものを１つ選び，記号で答えなさい。

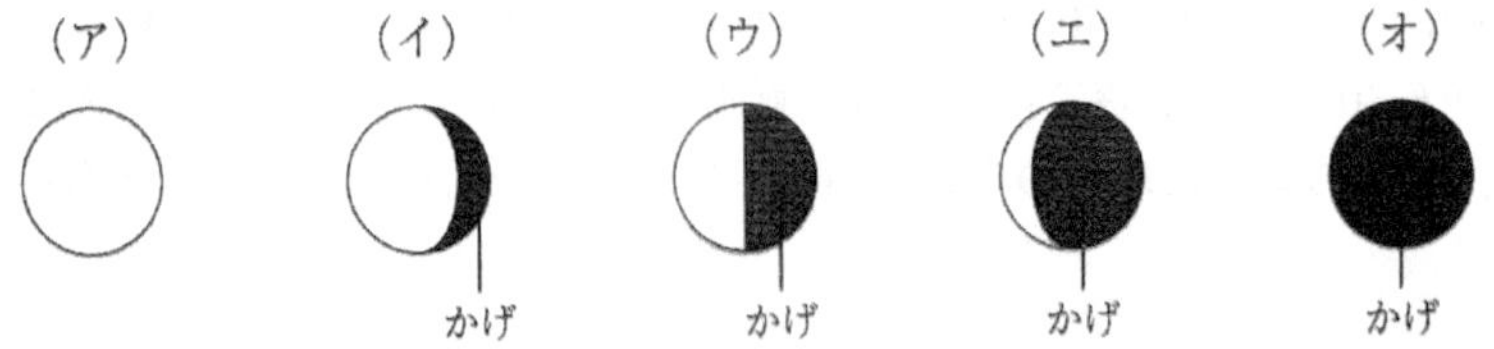

【社　会】（30分）〈満点：60点〉

Ⅰ　三鷹さんと武蔵くんは，戸籍《こせき》と家系図について話し合っています。二人の会話を読んで，以下の問いに答えなさい。

武蔵くん：このあいだ，ぼくのお祖父さんに「お祖父さんのお祖父さんって，どんな人だったの？」って聞いてみたんだ。

三鷹さん：面白そう！　**1）私の家の先祖の話も，少しだけお母さんから聞いた**ことがあるけれど……。武蔵くんの「お祖父さんのお祖父さん」は，どんな人だったの？

武蔵くん：それが，お祖父さんが生まれたときにはもういなかったから，よく分からないんだって。代わりに，お祖父さんが役所から過去の戸籍を取り寄せて作った，家系図を見せてもらったんだ。僕の高祖父《こうそふ》（注：お祖父さんのお祖父さん）は，**2）明治18年生まれの長男**，東京ではなくて**3）三重県生まれの滋賀県育ち**，27歳で結婚《けっこん》した人だったそうだよ。

三鷹さん：へぇ，戸籍からは，いろいろな情報が読みとれるのね。そのひとの人生を想像すると，家族の歴史のイメージがどんどん膨《ふく》らんでいく気がするわ。

武蔵くん：**4）生まれた年から亡くなった年**，家族構成，住んでいた場所まで，かなりのことが分かるんだよ。ほら，この家系図を見て。戸籍に残された僕の先祖のうち，いちばん昔の記録は，文化４年（1807年）生まれの**5）「すわ」さん，なんと江戸時代の人**だよ。

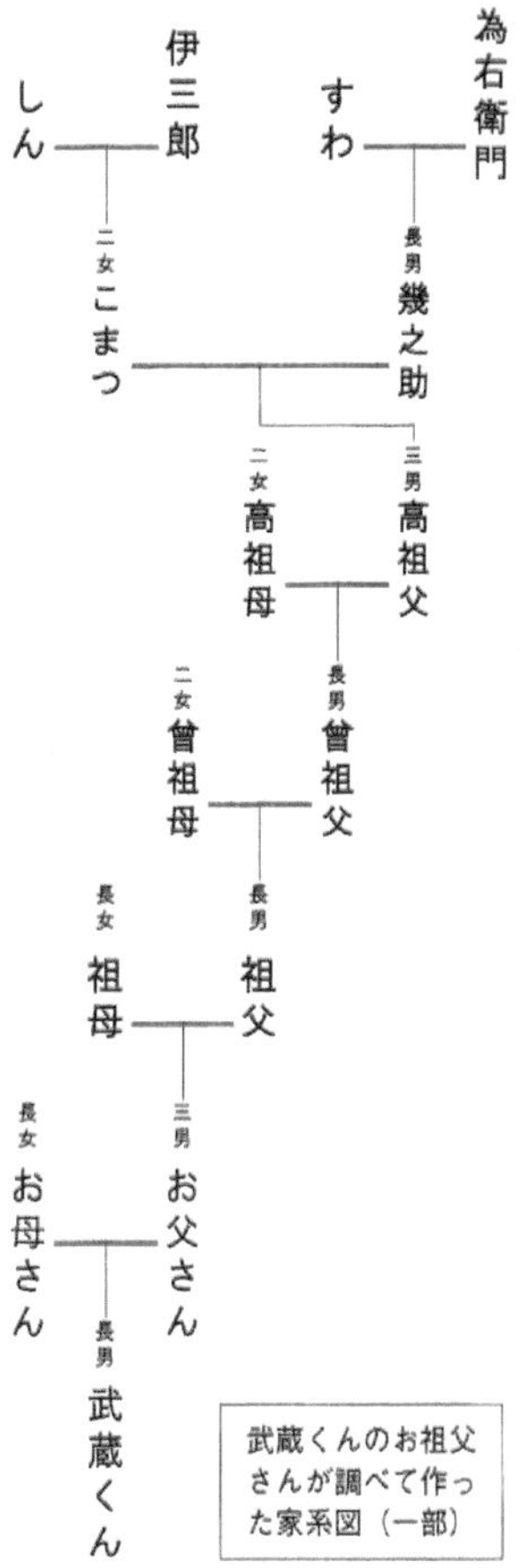

武蔵くんのお祖父さんが調べて作った家系図（一部）

三鷹さん：「お祖父さんの，お祖父さんの，お祖母さん」だから，武蔵くんから数えて，えーっと……６代前？　役所の戸籍から200年以上も歴史をさかのぼることが出来るなんて，すごい！

武蔵くん：お祖父さんはやる気になって，**6）400年前とか1000年前とかの昔にさかのぼれるんじゃないかって，さらに調査を進めている**よ。もしかして，**7）平氏とか源氏とかの子孫**だと分かったりして。

三鷹さん：歴史上の人物も，なんだか身近に感じられそうね。

武蔵くん：ただ，ぼくらと歴史上の偉人《いじん》とに「血のつながり」があるかどうかは，別の話になりそうだよ。家系図をよく見てみると，昔は，別の家から「養子」のかたちで家を継《つ》ぐケースも多かったんだ。「家族」がそのまま「血のつながり」をあらわすという考え方には，注意が必要かも。

三鷹さん：**8）「家」や「家族」の考え方も時代によって変化していく**ってことね。ところで，先祖のことがよく分かる戸籍だけれど，国によって戸籍がきちんと管理されるのはなぜなのかしら？　歴史の授業でも，古代の王朝が「戸籍」を作った，などと習ったけれど。

武蔵くん：古代日本では，**9)中国から学んで律令国家をつくるうえで，戸籍を整えることが必要だった**と教わったね。いまでも，相続税などの**10)税金**を課したり，公的なサービスを提供したりするために，戸籍や住民票を作成するのと同じかな。

三鷹さん：なるほど。武蔵くんの家系図作成のもとになった明治時代の戸籍も，徴税や徴兵の基礎《きそ》データに活用されていたのかもしれないわね。最近では，行政とのやりとりで，マイナンバーカードが利用されたりして，**11)ＤＸ化を進めよう**なんて話もよく聞くわ。

武蔵くん：家族の考え方が変化している，という話も出たけれど，お隣《となり》の**12)韓国では2005年に戸籍制度が廃止《はいし》**されているんだ。技術の変化や社会の変化にあわせて，日本の戸籍の未来も，**13)法改正などで柔軟《じゅうなん》に変わっていく**のかもしれないね。

三鷹さん：古い戸籍は，先祖のファミリー・ヒストリーを教えてくれる貴重な情報源だけれど，いろいろな改善点をふまえて，より良い戸籍のあり方を考えていけるといいわね。

問１．下線１)に関する問題です。三鷹さんは先祖に「伊予国《いよのくに》今治藩主であった戦国武将・藤堂高虎《とうどうたかとら》」がいると，お母さんから説明してもらいました。右の写真は，今治城と藤堂高虎の銅像です。お母さんの説明として正しい内容のものを，次の①～④から１つ選びなさい。

①伊予国はいまの福岡県にあった，『魏志』倭人伝にも登場する国よ。

②現在の今治市は，しまなみ海道での観光やタオルの生産でも有名ね。

③藤堂高虎が仕えた主君・浅井長政は，上杉謙信に滅《ほろ》ぼされたのよ。

④城づくりで有名な藤堂高虎は，今治城のほかに熊本城も完成させたわ。

問２．下線２)に関する問題です。高祖父が生まれた「明治10年代(1877～1886年)」に起きた出来事として**誤っているもの**を，次の①～④から１つ選びなさい。

①板垣退助らの活動によって自由民権運動が盛り上がったことをうけて，明治天皇は国会の開設を約束する勅諭を出した。

②イギリスで法律を学んだ増島六一郎《ますじまろくいちろう》が，のちに中央大学へと発展する英吉利法律学校を仲間とともに設立した。

③佐賀県では大隈重信に率いられて，廃刀令や俸禄《ほうろく》の停止などに不満をもった士族たちが反乱を起こした。

④ノルマントン号が紀州沖で座礁《ざしょう》する事故が起き，日本が外国に対して領事裁判権を認めていることが大きな問題となった。

問３．下線３)に関する問題です。次のページの地図で，三重県と滋賀県の県境付近を南北に連なる「A山脈」の名前を，**漢字で**記しなさい。

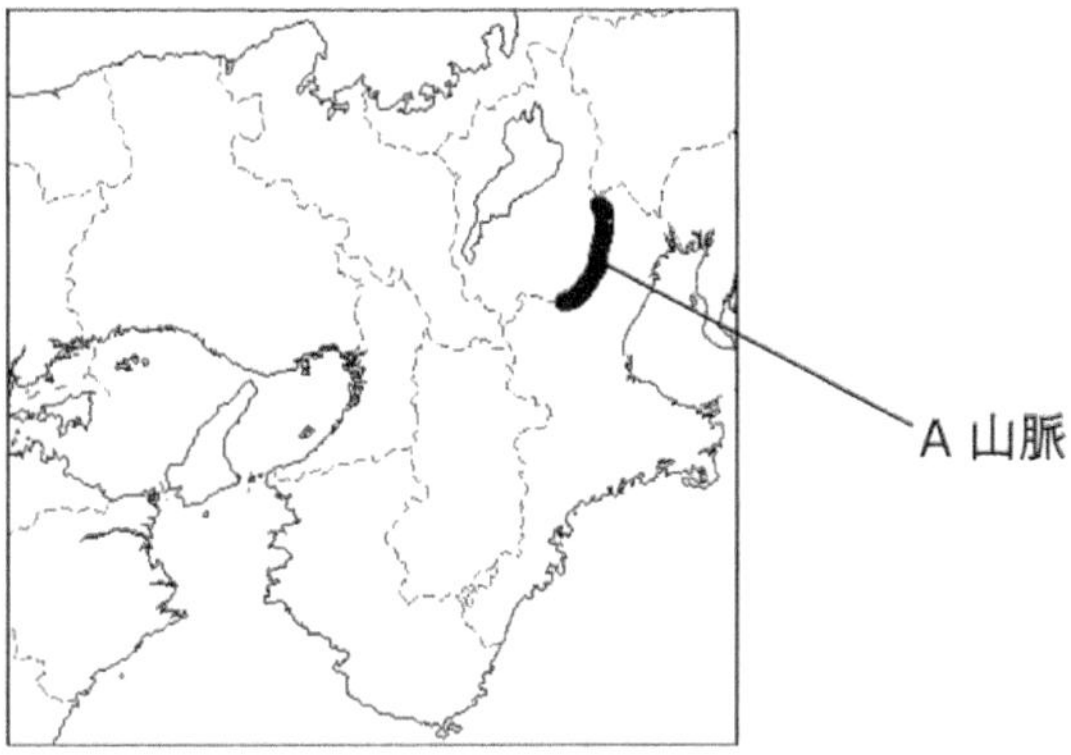

問4．下線4)に関する問題です。武蔵くんの「曾祖父《そうそふ》の弟」の戸籍には，右のような戦死者情報が書かれていました。

昭和十九年七月三日
「時刻不詳黄海方面にて戦
死 中部第二十三部隊長
松本〇〇報」

「黄海《こうかい》」とは，中国大陸と朝鮮半島にはさまれた海域で，アジア・太平洋戦争のほかにも，日清戦争，日露戦争，第一次世界大戦の舞台《ぶたい》となった場所です。これらの戦争について述べた文として，**誤っているもの**を次の①～④から1つ選びなさい。

①日清戦争に勝利した日本は，朝鮮半島での優越《ゆうえつ》権とともに，中国東北部(満州)の鉄道の一部と南樺太を譲《ゆず》り受けた。

②桂太郎内閣のもとで始まった日露戦争のさなか，詩人・与謝野晶子は「君死にたまふことなかれ」という詩を発表した。

③日英同盟を理由に参戦した第一次世界大戦で，日本はドイツの拠点《きょてん》であった青島を占領《せんりょう》した。

④アジア・太平洋戦争では，日本はドイツ・イタリアと同盟を結んで，アメリカ・イギリス・中国・ソ連などの連合国と戦った。

問5．下線5)に関する問題です。江戸時代の説明としてふさわしいものを，次の①～④から1つ選びなさい。

①二代将軍であった徳川秀忠は，守るべき法律として禁中並公家諸法度を定め，これに違反《いはん》した大名は厳しく処分された。

②老中・水野忠邦による享保の改革では，江戸に出稼《でかせ》ぎなどに来ていた人々を村に帰すための政策などが計画された。

③異国船打払令を命じていた江戸幕府のもと，浦賀沖にあらわれたアメリカ船モリソン号に対して砲撃《ほうげき》がおこなわれた。

④杉田玄白が前野良沢とともに『ターヘル・アナトミア』を英語から日本語に翻訳《ほんやく》し，『解体新書』の題名で出版した。

問6．下線6)に関する問題です。江戸時代以前の先祖を調べるためには，次のページの写真のように，人びとが所属する寺院について記された「宗門人別改帳(宗門人別帳)」が役に立つことがあります。

これが作成された背景には，戸籍としての役割のほかにも，江戸幕府の特別な意図がありました。それは何ですか，簡単に説明しなさい。

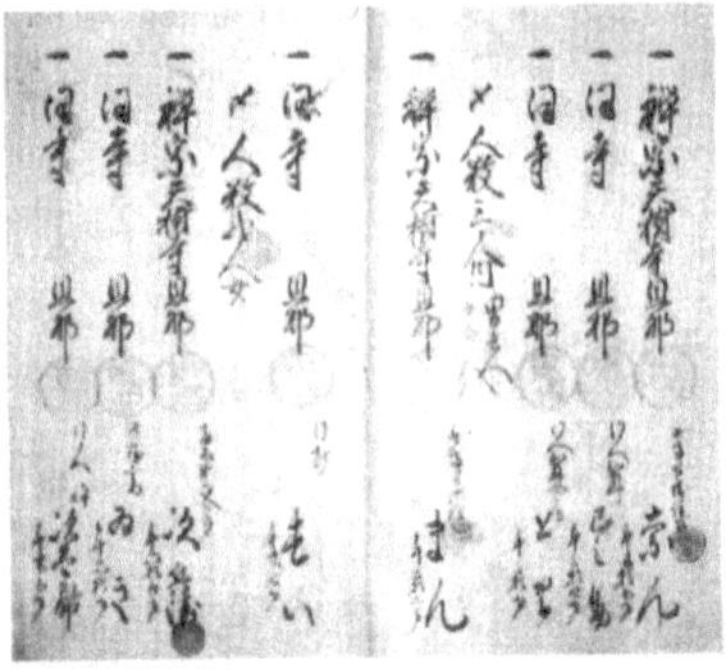

問7．下線7)に関する問題です。源氏と平氏の各人物と，説明の組み合わせとして**誤っているもの**を，次の①～④から1つ選びなさい。

①平将門－兵をあげて東国を支配し，新皇を名乗った。

②源頼義－前九年合戦で，陸奥の安倍氏の反乱をおさえた。

③平清盛－平治の乱で源義朝を破ったのち，征夷大将軍となった。

④源義経－兄・頼朝の命を受けて，平氏を壇ノ浦の戦いで滅ぼした。

問8．下線8)に関する問題です。現在，民法や戸籍法では，結婚した夫婦は男性または女性のいずれか一方が，氏《うじ》を改め，同じ氏(姓，名字)を名乗らなければならないと定められています。これを「夫婦同姓制度」といいます。

その一方で，戸籍について担当する(　★　)では，夫婦が希望すれば別の氏を名乗ることのできる「選択的夫婦別氏《べつうじ》(別姓《べっせい》)制度」についても検討しています。次のイ)ロ)ハ)の問いに答えなさい。

イ)(　★　)には中央省庁の名前が入ります。この機関では，ほかにも刑務所や少年院の運営や管理，外国人の出入国の管理などの仕事を行っています。空らんにあてはまる言葉を，**漢字で**記しなさい。

ロ)「選択的夫婦別氏(別姓)制度」が認められないことは，憲法違反だとする訴《うった》えが裁判所でしばしば争われています。これに関連する憲法の条文には，次のようなものがあります。空らんにあてはまる語の組み合わせとして正しいものを，次のページの①～④から1つ選びなさい。

憲法13条
「すべて国民は，個人として尊重される。(　A　)，自由及び幸福追求に対する国民の権利については，(　B　)に反しない限り，立法その他の国政の上で，最大の尊重を必要とする。」
憲法14条 第1項
「すべて国民は，法の下に平等であつて，人種，信条，性別，(　C　)又は門地により，政治的，経済的又は社会的関係において，差別されない。」
憲法24条 第1項
「婚姻は，両性の合意のみに基いて成立し，夫婦が同等の権利を有することを基本として，相互の協力により，維持されなければならない。」

	(A)	(B)	(C)
①	生命	公共の福祉	社会的身分
②	身体	公の秩序	政治的立場
③	身体	公共の福祉	社会的身分
④	生命	公の秩序	政治的立場

ハ)「選択的夫婦別氏(別姓)制度への賛成意見」として**ふさわしくないもの**を，次の①～④から1つ選びなさい。なお，ロ)の条文を参考にしてもかまいません。

①名字を変えるのは女性が9割以上なのに，男性が1割にも満たない現実を考えると，憲法14条の「法の下の平等」の観点から問題だよ。

②ずっと親しんできた自分の名前を変えなければならないのは，憲法13条の「幸福追求権」にも反しているんじゃないかな。

③憲法24条にあるとおり，結婚は「両性の合意」のみに基づくべきなのに，この制度にはばまれて結婚を選べない人もいると思うよ。

④「個人の尊重」を定めた憲法13条の考え方から，同じ名字で家族の一体感を大切にする国であるべきだという意見も，尊重するべきだね。

問9．下線9)に関する問題です。古代における戸籍の作成について述べた文(あ)・(い)の内容について，正・誤の組み合わせとしてふさわしいものを，下の①～④から1つ選びなさい。

(あ)『日本書紀』によると，大化の改新で発せられた「改新の詔」において，戸籍・計帳をつくり，班田収授を行うことが定められた。
(い)都が平安京に移されたあと，藤原不比等らが「大宝律令」を編さんし，戸籍を6年ごとに作成することなどが定められた。

①(あ)正　(い)正　　②(あ)正　(い)誤
③(あ)誤　(い)正　　④(あ)誤　(い)誤

問10．下線10)に関する問題です。次のグラフは，国の税収にしめる，主要な3つの税の金額の変化を大まかに示したものです。図中の(A)～(C)にあてはまる組み合わせとして正しいものを，次のページの①～④から1つ選びなさい。

国の税収（一般会計）の変化

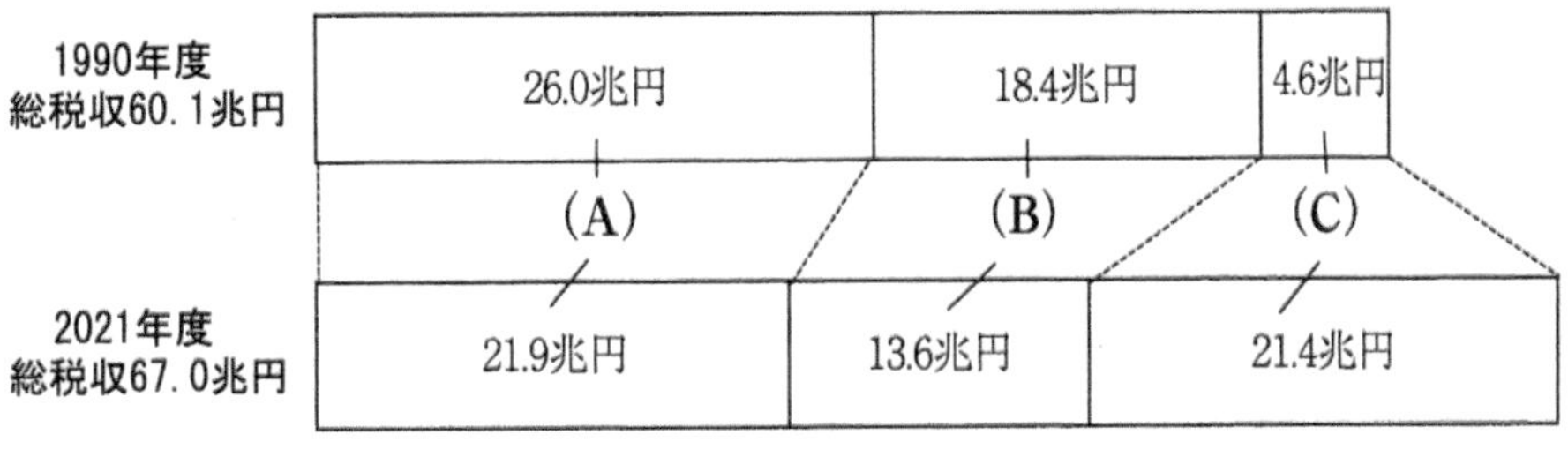

「一般会計税収の推移」財務省HPより作成

	(A)	(B)	(C)
①	消費税	法人税	所得税
②	所得税	法人税	消費税
③	法人税	消費税	所得税
④	消費税	所得税	法人税

問11. 下線11)に関する問題です。「ＤＸ化」とは何のことですか，ふさわしいものを次の①～④から１つ選びなさい。

①デジタル・トランスフォーメーション

②ディープ・エクスピリエンス

③データ・トランスポーテーション

④ディバイド・エクスプロージョン

問12. 下線12)に関する問題です。2022年５月に就任した韓国の大統領として正しいものを，次の①～④から１つ選びなさい。

① 習近平《しゅうきんぺい》　② 蔡英文《さいえいぶん》　③ 尹錫悦《ゆんそんにょる》　④ 文在寅《むんじぇいん》

問13. 下線13)に関する問題です。より良い社会の変化をもたらすためには，法律の作成や改正が大切です。国会で法律が作られるプロセスについて述べた文として，正しいものを次の①～④から１つ選びなさい。

①参議院と衆議院で法律案の議決が異なった場合には，話し合いのために，かならず両院協議会が開かれることになっている。

②委員会で専門的な審議《しんぎ》を行ったのち，参議院と衆議院の本会議で法律案が可決されると，成立した法律は内閣によって公布される。

③参議院と衆議院の議決が異なった場合でも，衆議院は出席議員の３分の２以上の賛成で再可決することで，法律案を通すことができる。

④立法権をもつ国会議員のみが国会に法律案を提出でき，行政権をになう内閣や司法権をになう裁判所には，法律案の提出権がない。

Ⅱ　さくらさんのもとに，静岡県に住むおばあちゃんから手紙が届き，お父さんと二人で読んでいます。二人の会話を読んで，以下の問いに答えなさい。

さくらへ

今年の夏も暑いですが，元気にしていますか？

昨日，おじいちゃんが久しぶりに**1)漁から帰ってきました**。たくさんの魚をお土産に持って帰ってきたので，さくらの家にも送りますね。

最近，おばあちゃんはお寺や神社巡《めぐ》りが好きで，よく出かけています。みんなが健康に過ごせますように，さくらが合格しますようにといつも願っているよ。あとは，**2)お寺や神社でいただく(　★　)を集める**ことにも夢中になっています。全国を旅行して手帳いっぱいに集めるのが，今のおばあちゃんの夢です。

さいごに，昨年の誕生日に**3)おばあちゃんの町の自慢《じまん》のピアノ**を贈《おく》りましたが，とても上達したと聞きましたよ。今度，遊びに行ったときに聞かせてくださいね。それでは，お元気で。

おばあちゃんより

さくら　：おばあちゃん，立派なマグロを送ってくれたね。お礼に，早くピアノを聞いて欲しいな。

お父さん：そうだね。さくらが中学生になったら，おばあちゃんに会いに行こうか。地図を見ながら静岡の旅行計画を考えてみよう。

さくら　：そうだなぁ。まずは**4)伊豆**の温泉は欠かせないよね。

お父さん：お父さんは**5)サッカー**を観戦したいから，清水のスタジアムにも行こう。

さくら　：静岡市内を観光するなら，**6)世界遺産に登録された三保松原《みほのまつばら》**にも行ってみたいな。そこから見える富士山は絶景だと聞いたわ。

お父さん：富士山といえば，昔から多くの人々がその景色に魅《み》せられ，そのときの気持ちを歌に込《こ》めてきた。**7)百人一首にも富士山について詠《よ》まれた歌があるね。**

さくら　：富士山を見たら私も一句思い浮《う》かぶかしら。

お父さん：じゃあ，お父さんも一緒《いっしょ》に挑戦《ちょうせん》してみよう！　あとは行ってみたい場所はある？

さくら　：歴史の授業で習った**8)弥生時代**の遺跡《いせき》も見てみたいな。

お父さん：お，いいね。教科書に載《の》っている建造物や作品を，実際に見ると感動するぞ。

さくら　：ほかには，そういう場所ないかなぁ。

お父さん：それだったら，駿府城や**9)浜名湖**はどうだい？

さくら　：駿府城は授業で習ったよ。**10)徳川家康**が築城したのよね。この**11)静岡市**葵《あおい》区という地名は徳川家の家紋《かもん》に由来しているのかしら？

お父さん：きっとそうだね。静岡は徳川氏の縁《ゆかり》の地だから，中学の歴史を学んだらさらに行きたい場所が増えるぞ。

さくら　：わぁ，楽しみだな。一回の旅行では，全部周りきれないや。何回もおばあちゃんの家に遊びに行かなきゃ。あとは旅行といえば，ご飯とお土産だよね。道の駅にも寄って行こう。

お父さん：もちろん！　**12)自然エネルギー**を利用して温められた足湯に浸《つ》かりながら，ご飯が楽しめる道の駅もあるよ。直売所には**13)静岡のおいしい果物や野菜**がたくさんあるから，それをおばあちゃんの家に持っていったら，きっと美味しい料理を作ってくれるはず。

さくら　：早くおばあちゃんに会いたいな。それまで勉強を頑張《がんば》るね！

問1．下線1)に関する問題です。次のグラフは日本の主な漁業種類別生産量の推移を示したものです。A～Dの生産量が減少した理由について述べた文のうち，ふさわしいものを下の①～④から1つ選びなさい。

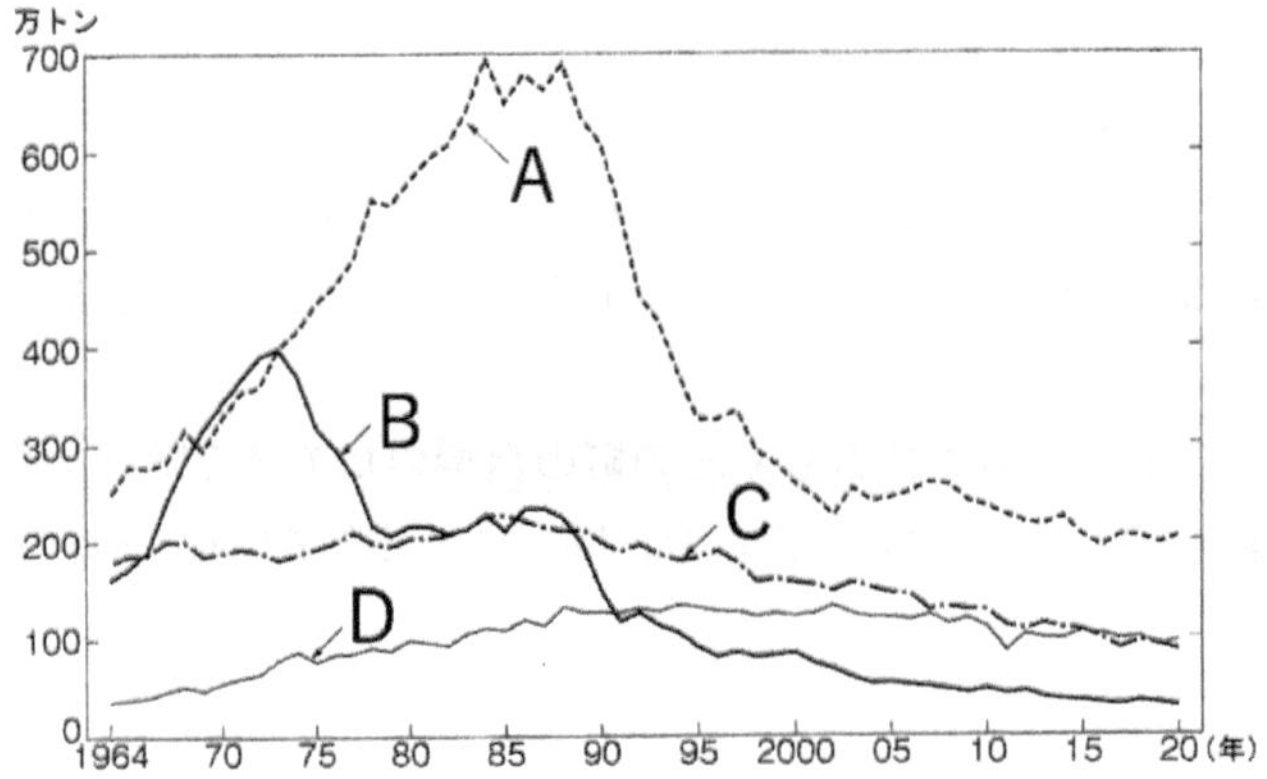

矢野恒太記念会『日本国勢図会2022／23』より作成

①Aは沖合漁業を示し，底引きあみ漁法や魚群探知機の使用に規制が設けられたことなどにより，生産量が減少した。

②Bは遠洋漁業を示し，燃料費の値上がりや各国が排他的経済水域を設定したことなどにより，生産量が減少した。

③Cは海面養殖業を示し，赤潮の発生や海岸の埋《う》め立てなど漁場の環境《かんきょう》変化などにより，生産量が減少した。

④Dは沿岸漁業を示し，東日本大震災の津波の影響《えいきょう》で多くの漁船が流されてしまったことなどにより，生産量が減少した。

問2．下線2)に関する問題です。文中の(　★　)には，次の写真のように，お寺や神社で参拝者に向けて押《お》される印《いん》の名前が入ります。この印のことを何といいますか，答えなさい(ひらがなでもかまいません)。

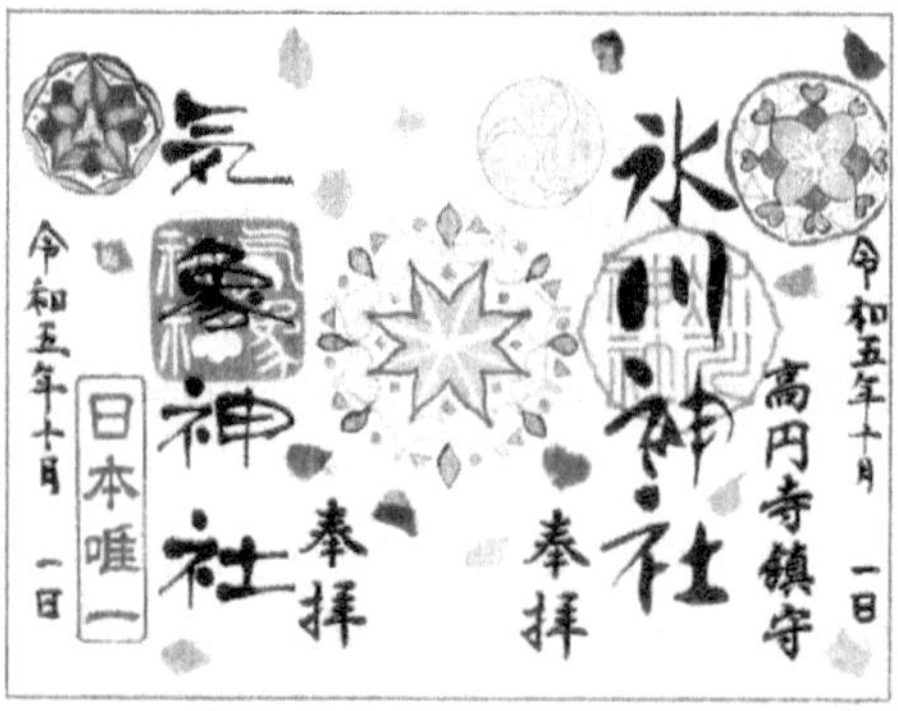

問3．下線3)に関する問題です。次のグラフは中京工業地帯，瀬戸内工業地域，東海工業地域，京葉工業地域の出荷額と各工業の割合(2019年)を示したものです。東海工業地域にあてはまるものを，次のページの①～④から1つ選びなさい。

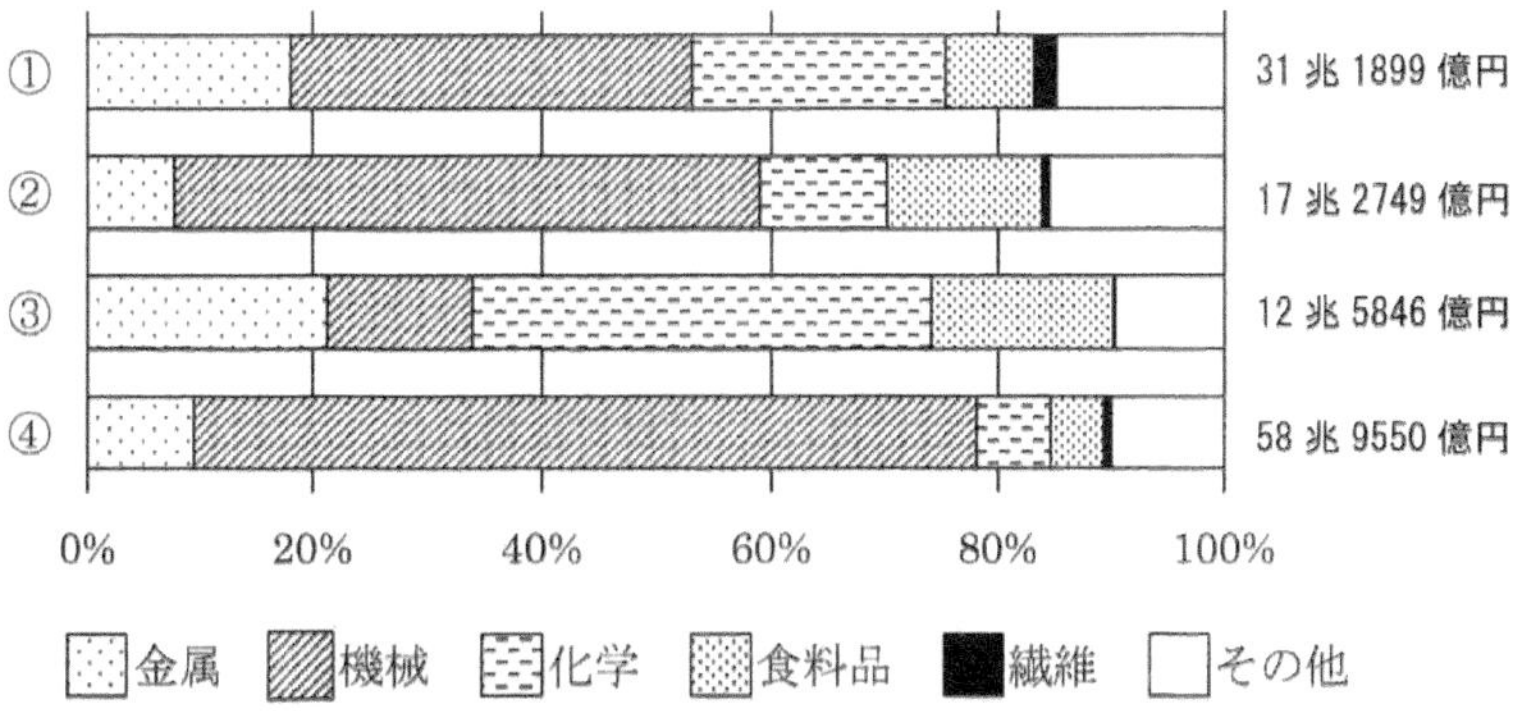

矢野恒太記念会『日本国勢図会2022／23』より作成

問4．下線4)に関する問題です。小説『伊豆の踊子』は，作者自身が伊豆を旅した思い出をもとに書かれたと言われます。ノーベル文学賞を受賞したこの作者の名前として，正しいものを次の①～④から1つ選びなさい。

①三島由紀夫　②宮沢賢治　③大江健三郎　④川端康成

問5．下線5)に関する問題です。2026年のサッカーワールドカップは，アメリカ・メキシコ・カナダによる共同開催です。その3カ国が関税を引き下げ，自由貿易を行うために結んだ協定が，2020年に発効しました。この協定の名前として正しいものを，次の①～④から1つ選びなさい。

①ＴＰＰ　②ＡＳＥＡＮ　③ＵＳＭＣＡ　④ＭＥＲＣＯＳＵＲ

問6．下線6)に関する問題です。次のイ)ロ)の問いに答えなさい。

イ)次の図は『東海道名所《めいしょ》図《ず》会《え》』に描《えが》かれた三保松原です。この図はどの方角から見たものだと考えられますか。図にある「三穂神社(御穂《みほ》神社)」と「羽衣松」の位置関係を参考にして，もっとも近いものを，次のページの地図中にある矢印①～④から1つ選びなさい。

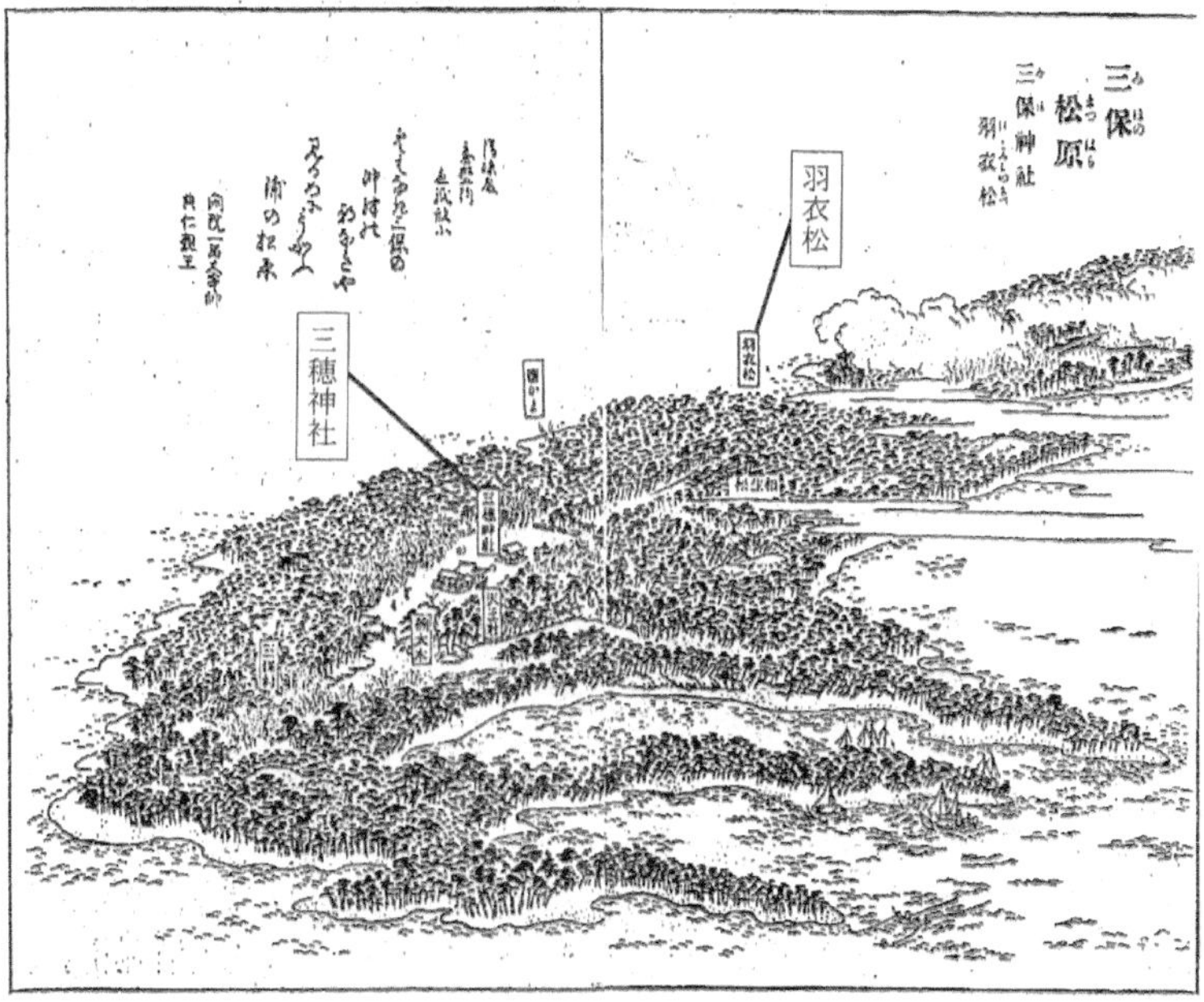

出典：秋里籬島『東海道名所図会』

※編集の都合で75%に縮小しています。

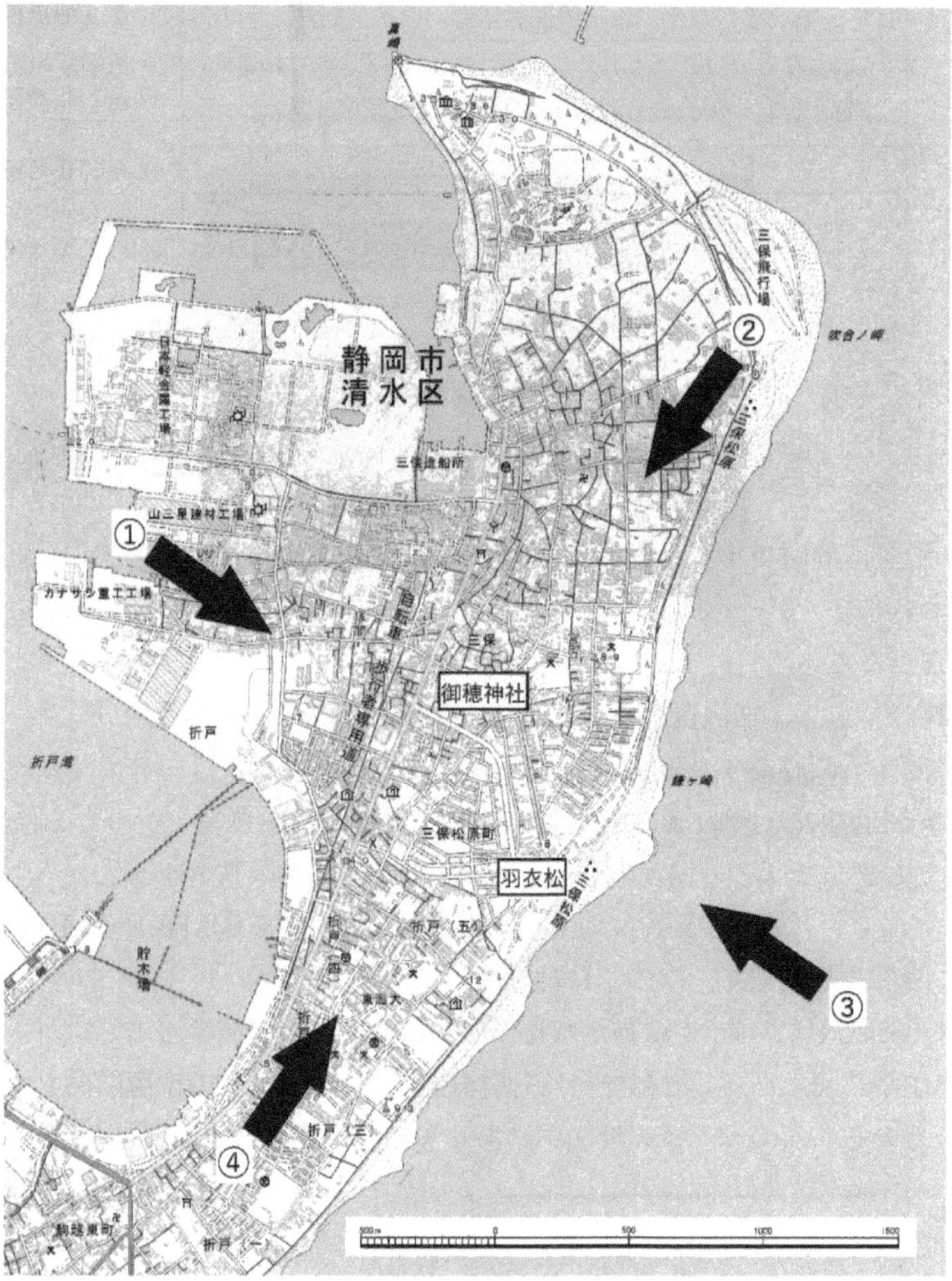

2万5千分の1電子地形図(令和5年10月調製)

ロ)三保松原のほかにも，静岡県では，韮山《にらやま》反射炉《ろ》(下の写真)が「明治日本の産業革命遺産」として世界遺産に登録されています。韮山反射炉の説明として，正しいものを①～④から1つ選びなさい。

①金属を溶《と》かして優良な鉄をつくる施設《しせつ》であった。

②伊豆沖を行き来する船のための灯台であった。

③地中深くの石炭を，地上に引き上げる施設であった。

④火力方式による，日本初の発電施設であった。

問7．下線7)に関する問題です。次のイ)ロ)の問いに答えなさい。

イ)右の歌は「小倉百人一首」に選ばれたものです。『新古今和歌集』に収められており，その元になった歌は『万葉集』にみられます。ふたつの歌集について述べた文(あ)・(い)の内容について，正誤の組み合わせとしてふさわしいものを，下の①～④から1つ選びなさい。

> (あ)『万葉集』は日本最古の和歌集であり，天皇や貴族のほか，農民，防人の歌も収められている。
> (い)『新古今和歌集』は，平安時代に醍醐天皇の命令で，紀貫之らによってまとめられた。

①(あ)正　(い)正　　②(あ)正　(い)誤

③(あ)誤　(い)正　　④(あ)誤　(い)誤

ロ)日本は，富士山の噴火《ふんか》など自然災害の危険性が高い国です。こうした災害に対して，国や地方公共団体が行っている取り組みについて述べた文のうち，**誤っているもの**を次の①～④から1つ選びなさい。

①防衛省は，震度6弱以上の地震が発生して大きな揺《ゆ》れが起こる前に，緊急地震速報を出している。

②地方公共団体は，被害状況《じょうきょう》を予測し，災害時の避難《ひなん》場所や経路なども示すハザードマップを公表している。

③政府は，伊勢湾台風をきっかけに制定された災害対策基本法を通して，計画的な防災を呼びかけている。

④政府は，東日本大震災後に復興庁を設置し，地方公共団体の支援を行っている。

問8．下線8)に関する問題です。弥生時代のくらしについて述べた文のうち，**ふさわしくないもの**を次の①～④から1つ選びなさい。

①土器が，食料を煮炊《にた》きするために使われた。

②木製の鋤《すき》や鍬《くわ》が，田を耕すために使われた。

③石包丁が，稲の穂先《ほさき》をつみとるために使われた。

④青銅製《せい》の棺《ひつぎ》が，くにの有力者のお墓に使われた。

問9．下線9)に関する問題です。浜名湖は，淡水《たんすい》と海水が混ざり合う汽水湖《きすいこ》です。日本の湖のうち，汽水湖として**あてはまらないもの**を，次の①～④から1つ選びなさい。

①サロマ湖　　②十三湖　　③芦ノ湖　　④宍道湖

問10．下線10)に関する問題です。右の写真のお菓子《かし》は，つきたての餅《もち》にきな粉をまぶし，砂糖をかけたものです。その名前は，徳川家康が命名したという説があります。静岡市内を流れる川

に由来して付けられた，このお菓子の名前を答えなさい(ひらがなでもかまいません)。

問11. 下線11)に関する問題です。静岡市は政令指定都市のひとつです。現在，政令指定都市は全国に20ありますが，1956年の創設時は「五大都市」と呼ばれる都市のみでした。最初に指定された５市に**あてはまらないもの**を，次の①～④から１つ選びなさい。

①神戸市　　②京都市　　③名古屋市　　④川崎市

問12. 下線12)に関する問題です。次の表は，アメリカ，ブラジル，フランスの発電量の内訳(2019年，単位：%)を示しています。(あ)～(う)の国名の組み合わせとして正しいものを，下の①～④から１つ選びなさい。

	(あ)	(い)	(う)
水力	63.5	7.1	10.8
火力	23.8	64.2	10.9
原子力	2.6	19.2	69.9
その他	10.1	9.5	8.4

矢野恒太記念会『日本国勢図会2022／23』より作成

①(あ)アメリカ　(い)ブラジル　(う)フランス
②(あ)ブラジル　(い)アメリカ　(う)フランス
③(あ)フランス　(い)アメリカ　(う)ブラジル
④(あ)ブラジル　(い)フランス　(う)アメリカ

問13. 下線13)に関する問題です。下の表は，静岡県で多く収穫《しゅうかく》される果物や野菜について，それぞれ全国３位までの都道府県を示したものです。右の写真の作物にあてはまるものを，①～④から１つ選びなさい。

	①	②	③	④
1位	静岡	和歌山	長野	静岡
2位	愛知	愛媛	静岡	鹿児島
3位	茨城	静岡	東京	三重

農林水産省「作況調査・特用林産物生産統計調査(令和４年)」より作成

もし、個人の事情は取《と》り払《はら》って、同じ人物と別の場所で偶然に三度出会う確率を考え、計算によってその答えを求めようとするなら、それは［ b ］によるものといえます。これは、「ふしぎ」を説明するのに、個人の［（3）］事実を一切排除《いっさいはいじょ》しようとする態度です。ニュートンが発見した物理学の法則が、「万有《ばんゆう》引力」と呼ばれるように、その説明は［ c ］を持っています。

近代における［ d ］を目にした人々は、「自然科学」の知に対して絶対的な信頼《しんらい》を寄せてきました。しかし、そのような態度によっては、［ e ］が軽視されることになる、と筆者は指摘《してき》しています。人には、それぞれの［（4）］事実に根ざしたものの見方があるのです。「自然科学」によって切り捨てられがちな「物語」に注目し、自分の心のありようの重要性について改めて考えてみても良いのではないでしょうか。

（ア）　普遍的な性格　（イ）　関係性の希薄《きはく》さ
（ウ）　根拠《こんきょ》のない判断　（エ）　追究していく責任
（オ）　テクノロジーの発展　（カ）　安心できる平和な世界
（キ）　「自然科学」的な発想　（ク）　「神話」を解釈すること
（ケ）　世界と自分とのかかわり

【出典】
Ⅰ　長嶋有『猛スピードで母は』（文春文庫、二〇〇九年）一四四頁～一六〇頁
Ⅱ　河合隼雄『物語とふしぎ』（岩波書店、二〇一三年）一頁～一〇頁

らの体験、その存在のなかに生じる感動、それらを表現するのには、太陽を黄金の馬車に乗った英雄《えいゆう》として物語ることが、はるかにふさわしかったからである。

（イ）しかしそれと同時に、彼らは太陽を四頭立ての金の馬車に乗った英雄として、それを語った。

（ウ）古代ギリシャの時代に、人々は太陽が熱をもった球体であることを知っていた。

（エ）これはどうしてだろう。

【問8】――⑥「神話をまったく放棄《ほうき》すると、自分の心のなかのことや、自分と世界とのかかわりが無視されたことになる」とありますが、なぜだと考えられますか。最も適当なものを次の中から選び、（ア）～（エ）の記号で答えなさい。

（ア）「神話」とは、自分たちを取り巻く世界に対して各人や各民族・部族が行う独自の解釈のあらわれであり、ものの見方や考え方の特徴《とくちょう》が色濃《いろこ》く示されたものであるから。

（イ）「神話」とは、人間にとっての根本的な「ふしぎ」について説明するものであり、時代的な制約にもかかわらず客観的な説明をしようという努力がみられるものだから。

（ウ）「神話」の方法と「自然科学」で導かれる普遍的《ふへんてき》な説明とは、ともにあってこそ効果的なのであり、一方だけでは自分がかかわる世界を説明することはできないから。

（エ）「神話」とはちがって、「自然科学」による科学技術の発展は著《いちじる》しく社会を変化させてしまうので、自分の心と向き合うだけの精神的な余裕《よゆう》を人々に与《あた》えないから。

【問9】――⑦「自然科学は外的事実に、妄想《もうそう》は内的事実に極端《きょくたん》に縛《しば》られた『物語』ということになる」とありますが、このことに関する次の説明文を読み、［a］～［e］に当てはまる言葉をそれぞれ選び、（ア）～（ケ）の記号で答えなさい。また、［（1）］～［（4）］には、「内的」・「外的」のいずれかが入ります。「内的」＝（A）、「外的」＝（B）としたとき、当てはまるものをそれぞれ選び、（A）もしくは（B）で答えなさい。

　すべてが真っ赤な服装の「おじさん」とまったく別の場所で偶然《ぐうぜん》に三日連続で出会ったとき、人はその奇抜《きばつ》な服装の人物との度重《たびかさ》なる出会いに驚《おどろ》くことでしょう。そして、この「ふしぎ」な出会いの意味を読み解こうとするはずです。こうして導き出されたものが「物語」です。

　赤い服装の人物との三度の遭遇《そうぐう》を、「CIAが自分をつけ回している」と説明するとき、自分がCIAに追われるような何かをした、という［（1）］事実でもない限り、これは「妄想」といえます。「妄想」とは、［a］に基《もと》づいた個人的な見解です。したがって、「妄想」は、その人の不安や恐《おそ》れという［（2）］事実が極端に強く込《こ》められているのであり、その人なりの「物語」であるともいえるでしょう。

六歳《さい》のまさひろ君は、米屋なのにパンを食べるお父さんに「ふしぎ」を感じているようです。大人であれば米屋であってもパンを食べることは「あたりまえ」なことでしょうが、ここに「ふしぎ」を見出しているまさひろ君の感性は、

（1）
（ア）常識的な考えにとらわれがちな大人をハッとさせます
（イ）ユニークで独創的な行為《こうい》を嫌《きら》う大人をがっかりさせます
（ウ）わが子の成長を強く願う子煩悩《こぼんのう》な大人をホッとさせます
。

いつもの生活の中で

（2）
（エ）「ふしぎ」なことこそが「あたりまえ」だと感じ取れる
（オ）「ふしぎ」だと感じたことを「ふしぎ」だと口にできる
（カ）「あたりまえ」なことが「ふしぎ」の中に存在《そんざい》している

子どもの感覚に寄《よ》り添《そ》うことで、

（3）
（キ）かつて自分が体験した懐《なつ》かしい風景が、まざまざと思い出されるのです
（ク）いつか出会うはずの風景の中に、自分の未来の姿が映し出されるのです
（ケ）大人の目にも、いつもの風景がいつもとは違った形で見えてくるのです
。

【問6】 ――⑤『お母さん、お母さんと言って、せみが呼んでいるんだね』と子どもが答える」とありますが、どういうことですか。最も適当なものを次の中から選び、（ア）～（エ）の記号で答えなさい。

（ア）この子どもは、せみがミンミン鳴く声を子どもが母親を呼んでいる声であるとたとえることで、物語における表現技法の一つである擬人法《ぎじんほう》を実践的《じっせんてき》に習得した、ということ。

（イ）この子どもは、せみがミンミン鳴くという出来事に自分の気持ちや経験を重ね合わせることで、せみが鳴く理由についての自分なりの解釈《かいしゃく》を見つけ出している、ということ。

（ウ）この子どもは、せみがミンミン鳴く姿に自分の感情を重ね合わせるうちに、自身とせみとの境界線を失い一体化していくことでファンタジーを生み出している、ということ。

（エ）この子どもは、せみがミンミン鳴く理由について大人に知識を与《あた》えられるのでなく、自分なりの答えを導いていく中で、自ら成長していくきっかけをつかんだ、ということ。

【問7】 E には、次の（ア）～（エ）の文が当てはまります。意味が通るように並《なら》べ替《か》え、その順番を解答欄《かいとうらん》の指示にしたがって（ア）～（エ）の記号で答えなさい。

（ア）夜の闇《やみ》を破って出現して来る太陽の姿を見たときの彼《かれ》

（ウ）　人は「ふしぎ」なことに出会ったとき、納得《なっとく》できるような自分なりの答えを見つけようとする、ということ。

（エ）「ふしぎ」にとらわれた人は、いつの間にか答えを追い求めること自体が目的になってしまう、ということ。

【問3】――②「『ふしぎ』と人間が感じるのは実に素晴《すば》らしいことだと思われる」とありますが、なぜですか。次の中から最も適当なものを選び、（ア）～（エ）の記号で答えなさい。

（ア）　今では「あたりまえ」として受け止められていることにも、多くの人が力を合わせて「ふしぎ」なことを「あたりまえ」にしてきた偉大《いだい》な過程があったから。

（イ）「あたりまえ」を「ふしぎ」から区別して考えていくことによって、人類はそれまでになかった多くの科学的な発見を手に入れ、進歩することができたから。

（ウ）「ふしぎ」に心をとらわれ、その「ふしぎ」について「あたりまえ」に考え続けていくこと自体に大きな価値があると、これまでの歴史が証明しているから。

（エ）「あたりまえ」とされていることであっても、それを「ふしぎ」ととらえ、その「ふしぎ」について考え続けていくことが、大きな成果につながりうるから。

【問4】――③「この人は『嫌《きら》われ者《もの》』になってくる」とありますが、これに関する次の説明文を読み、[a]～[d]に当てはまる語をそれぞれ選び、（ア）～（カ）の記号で答えなさい。ただし、**同じ記号を2度以上用いてはいけません**。

「釈迦牟尼《しゃかむに》」は、「人間が死ぬ」という「ふしぎ」について、持っているものを全て棄《す》てて、[a]の中で努力し考え続けた結果、仏教を創始するに至りました。一方、「この人」も答えを求めて努力しますが、書物で見出《みいだ》せないと分かると、周囲の人に答えをたずねるようになりました。しかし、ふつうの人は「人間が死ぬ」という「ふしぎ」にとりつかれていては、[b]の生活もままなりません。そもそも、自分で考え続けなければ、自分にとっての「ふしぎ」に、[c]な答えが出るはずがありません。自分の本来の仕事もせず、周囲の人を自分の「ふしぎ」に巻《ま》き込《こ》もうとする「この人」は、他の人の[b]をかき乱す迷惑《めいわく》な存在ともなってくるのです。

　さらに言えば、「この人」は、「ふしぎ」に心をとらわれるなかで、この謎《なぞ》に興味のない他者に[d]とも思える態度をとるようにもなっていくのです。こうして、「この人」はますます「嫌われ者」となっていきます。「釈迦牟尼」が問題の答えを自分で追究し続けたのとは大きく違《ちが》うのです。

（ア）　曖昧《あいまい》　（イ）　充分《じゅうぶん》　（ウ）　丁寧《ていねい》

（エ）　傲慢《ごうまん》　（オ）　孤独《こどく》　（カ）　日常

【問5】――④「おおたにまさひろ君の詩」とありますが、これに関する次の説明文を読み、（1）～（3）について適当なものを選び、それぞれ記号で答えなさい。

しぎ」を納得させてくれるが、そのすべての現象について説明するのには都合が悪いことも明らかになってきた。たとえば、せみの鳴くのを「お母さんと呼んでいる」として、しばらく納得できるにしても、しだいにそれでは都合の悪いことがでてくる。

そこで、現象を「説明」するための話は、なるべく人間の内的世界をかかわらせない方が、正確になることに人間がだんだん気がつきはじめた。そして、その傾向《けいこう》の最たるものとして、「自然科学」が生まれてくる。「ふしぎ」な現象を説明するとき、その現象を人間から切《き》り離《はな》したものとして観察し、そこに話をつくる。

このような「自然科学」の方法は、ニュートンが試みたように、「ふしぎ」の説明として普遍的《ふへんてき》な話（つまり、物理学の法則）を生み出してくる。これがどれほど強力であるかは、周知のとおり、現代のテクノロジーの発展がそれを示している。これがあまりに素晴らしいので、近代人は「神話」を嫌い、自然科学によって世界を見ることに心をつくしすぎた。これは外的現象の理解に大いに役立つ。しかし、⑥神話をまったく放棄《ほうき》すると、自分の心のなかのことや、自分と世界とのかかわりが無視されたことになる。

せみの鳴き声を母を呼んでいるのだと言った坊《ぼう》やは、科学的説明としてはまちがっていたかも知れないが、そのときのその坊やの「世界」とのかかわりを示すものとして、最も適当な物語を見出《みいだ》したと言うことができる。

ところで、すでに述べた赤づくしの服装の人に二度も出会った人が次に三度目に出会う。そして、「わかった。あれはＣＩＡ（注：米国の中央情報局）の人物が僕をつけ回しているのだ」と判断したとする。このような解釈《かいしゃく》は、自分の心の状態を表現するのにはピッタリかも知れないが、外的事実の吟味《ぎんみ》をまったく怠《おこた》っている。あるいは、内的事実と外的事実が取《と》り違《ちが》えられていると言える。このようなときは、妄想《もうそう》と言うことになる。

このことは逆に考えると、精神病的な妄想と言えども、それを「異常」としてのみ見るのではなく、その人が世界と自分とのかかわりを、何とか自分なりに納得しようとしたり、それを他人に伝えようとしたりする努力のあらわれとして見ることもできる。

自然科学と妄想との間に「物語」があると考えてみると、その特性がわかる。簡単に言うと、⑦自然科学は外的事実に、妄想は内的事実に極端《きょくたん》に縛《しば》られた「物語」ということになる。

【問1】 A ～ D に当てはまる語を次の中からそれぞれ選び、（ア）～（オ）の記号で答えなさい。ただし、**同じ記号を2度以上用いてはいけません。**

（ア） なかなか　（イ） とうとう　（ウ） だいたい
（エ） あくまで　（オ） せっかく

【問2】 ――①「人間というのは『ふしぎ』を『ふしぎ』のままでおいておけない」とありますが、どういうことですか。次の中から最も適当なものを選び、（ア）～（エ）の記号で答えなさい。

（ア） 不安を抱《かか》えている人は、「ふしぎ」なことから目をそむけて、自分の心を閉ざしていってしまう、ということ。

（イ） 人は知識や経験を積み重ねていくにつれて、「ふしぎ」だと思っていたこともそう感じなくなる、ということ。

日常の「あたりまえ」の世界に、異なる角度から照らす光源ができて、それによって今まで見過ごしてきたことに注意を向けられたり、関心を寄せたりする。子どもの「ふしぎ」に対して、大人は時に簡単に答えられるけれど、一緒《いっしょ》になって「ふしぎだな」とやっていると、自分の生活がそれまでより豊かになったり、面白くなったりする。

2　ふしぎが物語を生む

納得《なっとく》のいく答

子どもは「ふしぎ」と思う事に対して、大人から教えてもらうことによって知識を吸収していくが、時に自分なりに「ふしぎ」な事に対して自分なりの説明を考えつくときもある。子どもが「なぜ」ときいたとき、すぐに答えず、「なぜでしょうね」と問い返すと、面白い答が子どもの側から出てくることもある。

「お母さん、せみはなぜミンミン鳴いてばかりいるの」と子どもがたずねる。

「なぜ、鳴いてるんでしょうね」と母親が応じると、

⑤「お母さん、お母さんと言って、せみが呼んでいるんだね」と子どもが答える。そして、自分の答に満足して再度質問しない。これは、子どもが自分で「説明」を考えたのだろうか。

それは単なる外的な「説明」だけではなく、何かあると「お母さん」と呼びたくなる自分の気持ちもそこに込《こ》められているのではなかろうか。だからこそ、子どもは自分の答に「納得」したのではなかろうか。そのときに、母親が「なぜって、せみはミンミンと鳴くものですよ」とか、「せみは鳴くのが仕事なのよ」とか、答えたとしても「納得」はしなかったであろう。たとい、せみの鳴き声はどうして出てくるかについて「正しい」知識を供給しても、同じことだったろう。そのときに、その子にとって納得のいく答というものがある。

「そのときに、その人にとって納得がいく」答は、「物語」になるのではなかろうか。せみの声を聞いて、「せみがお母さん、お母さんと呼んでいる」というのは、すでに物語になっている。外的な現象と、子どもの心のなかに生じることとがひとつになって、物語に結晶《けっしょう》している。

物語ること

人類は言語を用いはじめた最初から物語ることをはじめたのではないだろうか。短い言語でも、それは人間の体験した「ふしぎ」、「おどろき」などを心に収めるために用いられたであろう。

E

かくて、各部族や民族は「いかにしてわれわれはここに存在するのか」という、人間にとって根本的な「ふしぎ」に答えるものとしての物語、すなわち神話をもつようになった。それは単に「ふしぎ」を説明するなどというものではなく、存在全体にかかわるものとして、その存在を深め、豊かにする役割をもつものであった。

ところが、そのような「神話」を現象の「説明」として見るとどうなるだろう。確かに英雄《えいゆう》が夜ごとに怪物《かいぶつ》と戦い、それに勝利して朝になると立ち現われてくるという話は、ある程度、太陽についての「ふ

わない人がいる。

　リンゴが木から落ちるのを見て、「ふしぎだな」と思った人がいる。この人はそれだけではなく、その「ふしぎ」を追究していって、最後は「万有《ばんゆう》引力の法則」などという大変なことを見つけ出した。リンゴが木から落ちることは、それまで誰《だれ》にとっても「あたりまえ」のことだったのに、ニュートンにとっては、それを「心に収める」のに大変な努力が必要だった。そして、彼《かれ》の努力は人類全体に対する大きい貢献《こうけん》として認められた。

　「人間は必ず死ぬ」。これもあたりまえのことである。しかし、これをあたりまえと思わず、「人間はなぜ死ぬのか」と考え続けた人がいる。釈迦牟尼《しゃかむに》は、それを心に収めるために、家族を棄《す》て、財産も棄てて考え抜《ぬ》いた。彼の努力の結果、仏教という偉大《いだい》な宗教が生まれてきた。これも人類に対する偉大な貢献となった。

　このように考えると、②「ふしぎ」と人間が感じるのは実に素晴《すば》らしいことだと思われる。特に他の人たちが「あたりまえ」と感じていることを「ふしぎ」と受けとめる人は、なかなか偉大である、と言えそうである。

　こんな人はどうだろう。この人も「人間が死ぬ」という「ふしぎ」に心をとらわれた。それを解決しようとして、仏教やキリスト教や、あれこれの本を読んだ。しかし、どれにも満足できないので、何かにつけ他人に問いかけるようになったし、この大きい「ふしぎ」に取りつかれているので他の仕事にあまり手がつかなくなった。そして残念ながら、この人は周囲の人たちに敬遠され、ますます孤独《こどく》になって心の状態までおかしくなってきた。こうなると、③この人は「嫌《きら》われ者《もの》」になってくる。

　「他の人はごまかして生きているのに、自分だけが考えるべきことを考えている」などというので、こんな人はますます嫌《きら》われる。それは「ふしぎ」を自分の力で心に収めることをしないだけではなく、せっかく平安に生きている人の心を乱すので嫌《いや》がられるのである。「ふしぎ」と思ったからには、自分でそれを追究していく責任がある。

子どもとふしぎ

　子どもの世界は「ふしぎ」に満ちている。小さい子どもは「なぜ」を連発して、大人に叱《しか》られたりする。しかし、大人にとってあたりまえのことは、子どもにとってすべて「ふしぎ」と言っていいほどである。「雨はなぜ降るの」、「せみはなぜ鳴くの」、あるいは、少し手がこんできて、飛行機は飛んで行くうちにだんだん小さくなっていくけど、なかに乗っている人間はどうなるの、などというのもある。これらの「はてな」に対して、大人に答を聞いたり、自分なりに考えたりして、子どもは、自分の知識を貯《たくわ》え、人生観を築いていく。

　六歳《さい》の子ども、④おおたにまさひろ君の詩につぎのようなものがある。

　おとうさんは
　こめやの に
　あさ　パンをたべる

（灰谷健次郎編『児童詩集　たいようのおなら』サンリード、一九八〇年）

　こんなのを見ると、「人間てふしぎなもんだな」と思ったりする。

自分の車の前に連なるドイツ車を一気に抜き去り、[e]を覚えているようです。慎の変化を目にした母もまた、[f]ができたといえるでしょう。

（ア）日常的な風景　（イ）不適切な振《ふ》る舞《ま》い
（ウ）めまぐるしい変化　（エ）充足《じゅうそく》感や爽快《そうかい》感
（オ）めったにない光景　（カ）意外にも毅然《きぜん》とした態度
（キ）安定感や安堵《あんど》感　（ク）自分らしさを取《と》り戻《もど》すこと
（ケ）自分の意志を表現すること
（コ）恋人との仲を取《と》り戻《もど》すこと
（サ）反抗心《はんこうしん》を芽生えさせること

Ⅱ

次の文章を読んで、以下の設問に答えなさい。

1　ふしぎの体験

人間は毎日生活している間に、「あれ、ふしぎだな」と思うときがある。それにも大小さまざまがあり、ふしぎだと思いつつすぐ心から消えてしまうのと、[A]そのふしぎさを追究していきたくなるのと、相当に程度の差がある。

非常に簡単な例をあげよう。夜中にふと目を覚ますと、ビーンと変な小さい音が聞こえる。「あれ、ふしぎだな」と思う。それが気になって眠《ねむ》れない。[B]起き出して、音を頼《たよ》りに調べてみると、「なあーんだ、冷蔵庫の音だったのか」とわかって安心する。「ふしぎ」ということは、人間の心を平静にしておかない。「わかった」という解決の体験があって平静に戻《もど》る。

電車に乗っていると、赤い帽子《ぼうし》に赤い靴《くつ》、鞄《かばん》まで真赤《まっか》という服装のおじさんが乗ってくる。「あれ、ふしぎな人」と思うが、おじさんがどこかで降りてしまうと、「変な人だったな」と思い、それで忘れてしまう。この際は、「わかった」というところはないが、「変な人」ということで、自分の人生にかかわりのない事柄《ことがら》として、心の中から排《はい》除《じょ》してしまうことにより、心の平静をとり戻す。

[C]平静をとり戻したのに、翌日まったく違《ちが》うところで電車に乗っていると、また例のおじさんがやってきた。こうなるとそのままではおれない。「偶然《ぐうぜん》だ」、「あんな服装流行しているのかな」、「あのおじさん、僕《ぼく》をつけているのかな、まさか」などと心がはたらきはじめる。つまり、①人間というのは「ふしぎ」を「ふしぎ」のままでおいておけない。何とかして、それを「心に収めたい」と思う。

大人になって毎日同じようなことを繰《く》り返《かえ》していると、あまり「ふしぎ」なことはなくなってくる。何もかもわかったような気になると、今度は面白《おもしろ》くなくなってきて、「ふしぎ」なことを提供してくれるテレビ番組や催《もよお》しものなどを見る。これらは必ず「ふしぎ」なことが最後には心に収まるようになっているので、少しの間心をときめかして、後は安心、ということになる。

あたりまえの事

「ふしぎ」の反対は「あたりまえ」である。大人は[D]「あたりまえ」の世界に生きている。ところが、それを「あたりまえ」と思

（エ）自分から現状を打破しようとは思っていません

（2）｛（オ）母が自分にもっと注目するよう策を練っています
（カ）自分が我慢《がまん》しても友達を喜ばせたいと思っています｝。

しかし、

（3）｛（キ）母が須藤君に話しかけたことで、慎は須藤君に心を許せるようになったのです
（ク）母が自分の願いを聞き入れたことで、慎は母を信じられるようになったのです
（ケ）母や須藤君との関わりを通して、慎は主体的に生きるきっかけをつかむのです｝。

その最初の一歩が、

（4）｛（コ）「須藤君に手提げを預ける」こと、つまり「命令に従わないこと」
（サ）「須藤君に話しかける」こと、つまり「新しい友だちをつくること」
（シ）「慎」という母の呼びかけに応えること、つまり「母と会話すること」｝

に表れています。

【問12】――⑧「母は慎の横顔をみつめた」とありますが、この時の慎と母親について説明した次の文章を読み、[a]～[f]に当てはまる言葉をそれぞれ選び、（ア）～（サ）の記号で答えなさい。ただし、**同じ記号を2度以上用いてはいけません**。

落書きの文字は、中学生によって書かれたものだと知った母は、「馬鹿が多いんだね」と言いつつ引《ひ》っ越《こ》しの提案をします。引っ越した先でも慎に対するいじめは起こるかもしれないことを母はそれとなく言いますが、このときの慎は、母にとって[a]をみせたと言えるでしょう。

家族の死をきっかけにした[b]の中で母が毎日を精《せい》一杯《いっぱい》生きていたように、慎も日々を生き抜きながら少しずつ強くなっていたようです。慎は、母が危険を顧《かえり》みず、手提げのためにベランダ伝いに家に入ったことや、須藤君が慎に対するいじめを知っていながらも普段《ふだん》どおりに接してくれたことをきっかけに、少しずつ他者に向かって[c]ができるようになります。二人の気遣《きづか》いに触《ふ》れることで、慎は苦しい状況から回復しつつあるのです。

こうした慎を見て、母もまた変わっていきます。月に二度ほどある早朝出勤のため国道を車で走っていた時、慎と母は色とりどりのドイツ車が連なって走るという[d]を目にします。かつて早朝の渋滞《じゅうたい》の中、母は開かずの踏切を前にしていらだちを爆発《ばくはつ》させ、慎はそれに戸《と》惑《まど》うばかりでした。しかし、いま母はいらだつこともなく

母が四階にたどりついた当初は、慎は周囲を気にしていました。しかし、母が各戸のベランダを移動し始めると、ただぼんやりと立《た》ち尽《つ》くすばかりで、慎は、

（2）
- （エ）母の言いつけの真意をようやく理解したのです
- （オ）母の姿が誰かに見つかるとは思わなくなります
- （カ）母の奇怪《きかい》な行動になげやりな気持ちになります

。

そのうち、母の姿が濃い霧に包まれて見えなくなっていくとともに、

（3）
- （キ）母がふいに消えてしまうという思いにわけもなくとらわれるのです
- （ク）自分自身もこのまま消えてしまうのではないかと不安になるのです
- （ケ）すべてが消えてなくなってしまえばいいと考えるようになるのです

。

その後、母は無事に慎のもとに戻り、声をかけます。慎はその声を聞いて、

（4）
- （コ）母は自分を愛していたのだと確信するのです
- （サ）自分自身を見失っていたことに気づくのです
- （シ）母が生きていたことが信じられないのです

。

【問11】 ――⑦「慎は上着の裾《すそ》で顔をぬぐうと『これ預かってくれない』といって手塚治虫《てづかおさむ》の本を手提げごと須藤君に渡した」とありますが、この時の慎について説明した次の文章を読み、（1）～（4）について適当なものを選び、それぞれ記号で答えなさい。

手塚治虫は戦後から昭和時代が終わる頃《ころ》まで活躍《かつやく》した有名な漫画家《まんがか》です。当時の子どもたちにとって手塚治虫のサイン本は価値の高いものでした。十一月のある日、慎は「学校で数人から本をもってくるように命令され」ます。この時の慎は、

（1）
- （ア）命令に従うことにためらいつつも、友達を喜ばせようとして学校にサイン本を持っていくのです
- （イ）母の恋人からもらったサイン本を早く手放したいと思い、ためらうことなく本を持参するのです
- （ウ）貸した本は返ってこないと予想しつつも、サイン本を持って行くことにはためらいがありません

。

つまり、慎は、

（ア） 恋人《こいびと》を作る上では、僕の存在が足かせになっていることに母は気づいていない。二人がよりを戻すには僕を捨てる勇気が必要だ。

（イ） 二人が旅行に行った時から僕は捨てられる覚悟《かくご》はできていた。でも、そのことを伝えたら、本当に捨てられるのではないだろうか。

（ウ） 母が僕より恋人を優先したって構わないと思っていた。そのことを母に直接伝える勇気はないが、いつかどこかで気づいてほしい。

（エ） 母は恋人とうまくいかなかったけど、二人の関係にはなにも問題はなかった。僕のような難しい年頃《としごろ》の息子《むすこ》がいることが問題なんだ。

【問8】 ――⑤「母は焦げたパンをみるような目でドアをみた」とありますが、ここでの母の様子について説明したものとして、最も適当なものを次の中から選び、（ア）～（エ）の記号で答えなさい。

（ア） 思うようにいかないことが連続する中、自らもミスをしてしまい、言葉を失っている。

（イ） 現実には起こりえないはずの光景を目の前にして、ひどく驚き、ぼうぜんとしている。

（ウ） 焦げたトーストにいらだったかつての朝を思い出し、再度ミスをしたことに取り乱している。

（エ） 恋人とうまくいかなくなった日のことをふと思い出して、うんざりした気持ちになっている。

【問9】 ［H］～［K］に当てはまる会話文を次の中からそれぞれ選び、（ア）～（オ）の記号で答えなさい。

（ア） 須藤君にはいつ手提げを渡《わた》すの？

（イ） 事情を先生にいって、友達に借りなさい

（ウ） 手提げに大事なものでも入っていたのかい？

（エ） 今日はもう仕方ないから、そのまま学校にいきなさい

（オ） この状況が分からないの。どうしたらいいっていうわけ

【問10】 ――⑥「誰に呼ばれたかも一瞬《いっしゅん》分からなかった」とありますが、ここでの慎の気持ちについて説明した次の文章を読み、（1）～（4）について適当なものを選び、それぞれ記号で答えなさい。

冬の早朝に母親が裸足《はだし》で団地の梯子《はしご》を登るという姿を見て、慎は母に驚きつつも心配しながら、この団地に関する様々な記憶を呼び起こします。慎に嫌《いや》がらせをするために梯子に登った中学生、かつてこの団地の四階から落ちて死亡したという女の子。慎はこれらの記憶《きおく》とともに普段《ふだん》の母の様子を思い出しながら、

（1）｛
（ア） 昔の母はおだやかで優《やさ》しかったことをなつかしく思い出しています
（イ） 無造作に置かれた母のストッキングを見て不安な気持ちになります
（ウ） 母が行《おこな》おうとしていることの意図を今ひとつ理解できないでいます
｝。

【問4】 ［D］～［G］に当てはまる語を次の中からそれぞれ選び、（ア）～（カ）の記号で答えなさい。ただし、**同じ記号を2度以上用いてはいけません。**

（ア） 徐々《じょじょ》に　（イ） 一概《いちがい》に　（ウ） 滅多《めった》に
（エ） 乱暴に　（オ） 偶然《ぐうぜん》に　（カ） 意外に

【問5】 ――②「それから自分がそういわれたみたいにうつむいた」とありますが、この部分の説明として最も適当なものを次の中から選び、（ア）～（エ）の記号で答えなさい。

（ア） 慎は、祖母の死を受けていらだつ母親をなぐさめたいと思い黒焦《くろこ》げのパンを拾ったが、怒鳴《どな》った直後にすぐ気落ちする母親の感情の起伏《きふく》の激しさに直面して戸惑《とまど》ってしまった。

（イ） 母は、朝の忙《いそが》しい時間にもかかわらずパンを黒焦げにしてしまったことにいらだって怒鳴ったが、慎は、母親の怒りを自分に対する怒りだと勘違《かんちが》いして、自分自身を責めている。

（ウ） 慎は、パンを拾って皿に戻そうと思った途端《とたん》に、母親に怒鳴られたので驚いたが、怒鳴った母親の方は自分の怒鳴り声が祖父に聞こえて叱《しか》られるのではないかと焦《あせ》ってしまった。

（エ） 母は、いろいろなことがうまく運ばない現実にいらだって思わず慎を怒鳴ったが、自分と同じように大変な状況《じょうきょう》にある慎に八つ当たりをしてしまったことで、少し落《お》ち込《こ》んでいる。

【問6】 ――③「踏切《ふみきり》の警笛の鳴《な》り響《ひび》く中を牛が横切るとき慎は本当に救われたような心持ちになった」とありますが、なぜですか。理由として最も適当なものを次の中から選び、（ア）～（エ）の記号で答えなさい。

（ア） 張りつめた空気がただよう中、車両に押し込まれた牛たちが穏《おだ》やかな表情で踏切を通り過ぎるのを見るたびに、慎も穏やかな気持ちになることができ、とてもありがたかったから。

（イ） 渋滞《じゅうたい》中のドライバーがいらだつ中で、場違《ばちが》いな牛の登場とのんびりとした牛の様子を見て母は満面の笑《え》みになり、その笑みにつられて慎も笑顔《えがお》になれたことをありがたく思ったから。

（ウ） いらだってはいるが、牛を積《つ》み込《こ》んだ車両が通り過ぎさえすれば踏切が開くことがわかっており、母は牛を見ると自然と表情をゆるめるので、慎は牛の登場をありがたく思ったから。

（エ） いらいらが高まる状況《じょうきょう》の中、その場に似つかわしくない牛を満載《まんさい》した車両がゆっくり通り過ぎることで、慎は母の様子が少し穏やかになったように感じ、とてもありがたく思ったから。

【問7】 ――④「慎は念力をおくるようにそのことばかり考えつづけた」とありますが、ここでの慎の気持ちを言い表したものとして、最も適当なものを次の中から選び、（ア）～（エ）の記号で答えなさい。

うもない。母は慎に短くなった煙草を手渡した。「そこから捨てて」という。まだ先端《せんたん》の赤く灯《とも》る煙草を受け取った慎は、あわてて空いている方の手で窓を開けた。左手の海岸に向けて慎はそれを放った。煙草はガードレールの向こうのテトラポッドの合間に消えた。

【問1】 ――ⓐ～ⓔのカタカナを漢字に改めなさい(楷書《かいしょ》で、ていねいに書くこと)。

ⓐ ヘンセイキ　ⓑ ハズす　ⓒ シンロウ
ⓓ カンビョウ　ⓔ イコウ

【問2】 [A]～[C]に当てはまる語を次の中からそれぞれ選び、(ア)～(オ)の記号で答えなさい。

(ア) どん　(イ) ぎくっ　(ウ) かつん
(エ) ぴょん　(オ) ひたひた

【問3】 ――①『全然、大丈夫《だいじょうぶ》』と母はいったが祖父は言葉の間違《まちが》いを訂正《ていせい》することもなく目をつぶった」とありますが、「言葉の間違い」について説明した次の文章を読んで、[a]～[d]に当てはまるものをそれぞれ選び、(ア)～(ク)の記号で答えなさい。ただし、**同じ記号を2度以上用いてはいけません。**

祖父は、日頃《ひごろ》から慎の母のいい加減な言葉遣《ことばづか》いを注意する人物でした。今回も「全然、大丈夫」という母の言葉遣いに目くじらを立てそうなものの、祖母の死後に体も弱り、母の世話にもなっているので、注意するには至らなかったようです。この部分からは、「全然、大丈夫」という母の言葉遣いは「間違い」という前提があることがわかります。

明治時代にさかのぼると、「僕は全然恋《こい》の奴隷《どれい》だった」のように、「全然」の後ろに[a]表現をともなう使い方も、「全然おいしくない」のように、「全然」の後ろに[b]表現をともなう使い方もあったようです。いずれの使い方にせよ、ある状態を[c]表現として使われていました。一方、ある時期からは、[b]表現との結びつきが強まり、「全然」は「～ない」のような表現とともに用いることが「正しい」とされるようになりました。しかし、近年では「全然、すごいよ」のように、[a]表現を[c]意味で使用される例が、再び増えてきました。慎の母親が使う「全然」は、この意味のものだと言えます。母親は、祖父のような世代の人にとっては「間違い」と思われてもおかしくない形で、「全然」という言葉を[d]のです。このように、言葉は時代によってその使われ方が変化するので、「間違い」と決めつける前に一度立ち止まってみる必要があるのではないでしょうか。

(ア) 仮定する　(イ) 否定する　(ウ) 創造する
(エ) 強調する　(オ) 想像する　(カ) 運用する
(キ) 肯定《こうてい》する　(ク) 命令する

藤君もトドの声を気にかけていたのを六年間、知らずにいた。

　しばらく二人は立っていた。須藤君は慎の横顔を何度かのぞきこんだ。

「なんで泣いているの」須藤君はいつもより困った口調でいった。

⑦慎は上着の裾《すそ》で顔をぬぐうと「これ預かってくれない」といって手塚治虫の本を手提げごと須藤君に渡した。

　慎はときどきだが再び須藤君と一緒に登校するようになった。自分からいろいろ話すようになった。母も新しい生活のリズムに慣れてきたようだった。祖父もだんだん回復して、車の運転もして詩吟《しぎん》の集《つど》いにも出かけるようになった。

　ある朝S市から国道に入るT字路で赤信号になった。

「そういえばどうでもいいけど」母は停車すると煙草《たばこ》に火をつけてからいった。

「あんた、キャッスルのスペル間違《まちが》ってるよ」C・A・S・T・L・Eだよ。CASSLEじゃないよ。

「僕《ぼく》が書いたんじゃない」中学生がやってきて、僕の名前で勝手に書いたんだ。正直にいってみると、それはなんでもないことだった。

「馬鹿が多いんだね」母は眉間《みけん》に皺《しわ》を寄せて、煙草をふかした。

「おじいちゃんずっと一人暮らしだと寂《さび》しいから、私たちが引《ひ》っ越《こ》しをしなきゃ」

「うん。いいよ」

「今度の学校も馬鹿がいないとは限らないよ」母はすでに吸殻《すいがら》でいっぱいの灰皿に煙草を無理矢理《むりやり》押《お》し込《こ》んだ。

「平気だよ」自分でも意外なほどきっぱりとした言い方になった。

⑧母は慎の横顔をみつめた。

　左手の方で信号待ちをしている車がワーゲンだった。

「こんな朝に」母は、呟《つぶや》いた。

　国道側が青に変わり最初のワーゲンが行くと次もワーゲンだった。道の左手には大きな家具屋の店舗《てんぽ》があってみえなかったが、つづく三台目もワーゲンだった。

「すごい」慎はいった。

「次もだ」母の声もうわずっていた。

　どこかで見本市でもあったのか、これからあるのか、どれも真新しい色とりどりのワーゲンが数珠《じゅず》のようにつづいた。二人は声を揃えてワーゲンを数えた。全部で十台が通《とお》り抜《ぬ》け終わると計ったように信号が切《き》り替《か》わった。

　二人の乗ったシビックはワーゲンに先導される形で早朝の国道を走った。慎は母が喜ぶと思い自分も嬉《うれ》しくなった。しかし見通しのよい上り坂になって前方をワーゲンばかりが行進するのをみているうちに母は急になにかがこみあげてきたみたいになった。母はまた煙草をくわえ火をつけると、アクセルを思い切り踏《ふ》み込《こ》んだ。

　追《お》い越《こ》し車線に入って数台抜いたところでトンネルに入った。母はさらに加速させた。キンコン、キンコンとスピードの出しすぎを警告するチャイムが鳴った。

　トンネルを抜けるころには十台のワーゲンをすべて追い抜いて先導する形になった。母は満足そうにバックミラーを覗いた。やっと少し速度をゆるめたが、ワーゲンの列はどんどん遠のいた。

　根元まで吸った煙草を捨てようとしたが、灰皿にはもう押し込めそ

本当なら今度はベランダの向こう、室内の人影《ひとかげ》も慎は見張らなくてはならなかった。B棟の窓から覗《のぞ》く人もいるかもしれない。どこかの部屋のカーテンが不意にさっと開くのではないか。しかし慎はなにもしなかった。呆然《ぼうぜん》としていた。この軽業《かるわざ》が途中で見とがめられるなどということは想像できなかった。母は足と手を動かして各戸を移っていった。

　たとえ四号室まで辿《たど》り着《つ》いたとして、窓の鍵《かぎ》は開いていただろうか。霧が慎の視界を奪《うば》った。やがて母の姿はまったくみえなくなってしまった。それでも慎は上をみあげたが、心がざわつきはじめた。濃い霧に包まれると、狭《せま》いような広いような気持ちになると母はいっていた。暗示にかけられたように、慎も同じような気持ちになった。

　母は自分の家に入ろうとしている。だが慎は母がこれからどこかに消え去ってしまうような気がする。

「どこにいるの」と声がしたとき、まだ慎は何もみえない上空をみあげていた。⑥誰に呼ばれたかも一瞬分からなかった。

「慎」母が自分の名前を呼んでいる。近くか遠くか、上からなのか横からなのかも分からない。返事をしようとしたら口の中が乾《かわ》ききっていることに気付いた。慎も霧の中にいた。慎の名を呼ぶ声が団地の間をかすかに反響《はんきょう》している。ずいぶん長い間、慎という名前を呼ばれていなかったような気がする。声の方向がだんだん定まってくる。小走りで近づいた。

　突然《とつぜん》目の前に姿をあらわした母に慎はぶつかりそうになった。お互《たが》い少し驚いて、顔をみあわせた。母はだらんと下げた手に手提げ袋《ぶくろ》とキーホルダーを持っている。

　母はほら、といって手提げを手渡《てわた》した。書道の道具の入っていないことは明らかだが、なにもいわない。母がストッキングをはきおえたとき「おはようございます」と声がした。二人振《ふ》り向《む》くと、須藤君が立っていた。

「おはよう。すごい霧だね」母は会釈《えしゃく》をかえした。いつもの母ならおはようしかいわないだろう。

　久しぶりに慎は須藤君と歩いた。寒いねという須藤君に相槌《あいづち》をうったが、体はまだ少し亢奮《こうふん》で火照《ほて》っている。くらくらとめまいもする。

　須藤君はなにもいわなかった。続いている慎へのいじめのことも、アパート脇に揃《そろ》えられていた母のブーツのことも。霧は晴れてきた。それでも街は曇《くも》っていた。

「今日も朝練？」慎はきいてみた。

「うん。もうすこししたら屋内練習になるけど、今が一番寒いよ」須藤君は気弱そうにいったが、それでも久しぶりに改めてじっくりみると須藤君の肉体はがっしりと引《ひ》き締《し》まり、背もずいぶん高くなっている。

「でも、少し前からスパイク履《は》かせてもらえるようになったんだ」というと、袋《ふくろ》から黒いスパイクシューズを取り出した。そして靴底《くつぞこ》を上にしてスパイクをみせてくれた。

「いいでしょう」試合は補欠だけど、とそのことはどうでもいいことのように付け足した。それから不意に立ち止まった。

「最近、あまり夜中に鳴かないよね」と須藤君はいった。水族館のプールの前だ。今は結婚《けっこん》してつがいになったトドを二人で眺《なが》めた。須

「でもなに」慎の「でも」よりも速い言い方だった。

「［ I ］」

「書道の道具」慎は嘘《うそ》をついた。

「［ J ］」

「でも」

「でも、いったいなんなのさ」母の苛立《いらだ》ちはどんどん高まっていた。

「［ K ］」慎は黙《だま》った。母は自分の家のベランダのあたりを見上げた。

　霧《きり》が出てきた。霧は土手の向こうからきて、団地全体を包み始めている。

「わかった、もう」と母はいった。なにをどうわかったのか、母は慎を押《お》しのけるようにして歩き出した。団地の側面まで行くと梯子に手をかけた。そのまま上を見上げている。夜が明けつつあった。慎が追いつくと
「誰かこないか見張ってて」といって母はブーツを脱《ぬ》いだ。でも、という言葉を飲《の》み込《こ》んだ。さっきから何度「でも」をいっただろう。何を思ったか母はストッキングも脱《ぬ》いで裸足《はだし》になった。コートのボタンもはずすと慎が驚《おどろ》いているのも構わずに梯子を登り始めた。

　母はどんどん登っていった。中学生の「こえーよ」という叫《さけ》び声《ごえ》。四階から落ちた女の子。Ｃの横のくだらない落書き。ジャッキを回す母の手。慎はなにもいうことが出来ずに立っていた。足下にはたった今脱いだブーツとストッキングがある。ブーツは去年の冬に買ったものだ。ストッキングはブーツの上に丸めて置いてある。ずっと昔にも似た光景をみたことを思い出した。ガソリンスタンドから帰ってきた母が風呂《ふろ》に入るときにも、こんなふうに脱いで丸めて床《ゆか》に置いていた。制服はズボンだったからストッキングは冬場の防寒のつもりだったのだろう。今もあのときと同じように、まるで無造作にそれは置かれている。

　霧が母を包み始めた。かすんではいるが、母が登っていくのはみえた。周囲は明るくなってきている。母はやみくもに登り続けたわけではなかった。

「今、四階？」朝露《あさつゆ》を含《ふく》んだ空気が母の声をかすかにこだまさせた。慎はまだ母がなにをしようとしているのか飲み込めていなかった。

「四階だよね」母は慎の返事を待っていなかった。母はちゃんと横をみて確認《かくにん》しながら登っていたのだ。

　母は梯子の左端《ひだりはし》に寄ると、左手を端《はし》の家のベランダの手すりに伸《の》ばしはじめた。届かないと分かると、今度は左足も大きく宙に踏《ふ》みだした。右手右足を梯子に残したまま、体を思い切り伸ばす……と左手が手すりにかかった。

　慎はあわてて周囲を見渡《みわた》した。ウインドブレーカーを着た男が不意に団地の脇から現れた。Ｃ棟の脇を巻くようにして、慎には一瞥《いちべつ》もくれずに走り去っていった。慌《あわ》てて慎は上をみた。母も動作をとめ、鋭《するど》い目つきでウインドブレーカーの男をみつめている。

　母は再び手を伸ばした。霧は土手の向こうから広がってきている。さらに濃《こ》くなるだろう。

　慎の体はすくみっぱなしだった。母の左足のつま先が、端《はし》の家のベランダのでっぱりにかかり、左手が鉄柵《てっさく》をつかむと母はためらわずに重心を移動させた。右手と右足をベランダの方に移す。

「私も武道館にいきたかったけど、いけなかったんだ」といった。学校のＬＬ教室で音楽の授業で聴《き》いた陽気なビートルズと趣《おもむき》がずいぶん違《ちが》う。道はすいている。車は時速百キロ以上出している。慎は心が軽くなってしまい、ついいった。

「こないだ病院で、慎一さんにあったよ」

「こないだって、いつ」母は驚《おどろ》いた様子だ。慎は最初から説明しなければいけなくなった。水の流れるトイレでの出会いから、交《か》わした会話まで。すべて明るく喋《しゃべ》ったあとで、母の気配が一変していることに気付いた。

それでも慎は、その話を今までしなかったことで怒《おこ》っているのだと考えた。

「葬式《そうしき》とかで、忙《いそが》しかったから、いえなくて」ごめんなさいと付け加えたが、母はわかったとだけいって黙《だま》り込《こ》んでしまった。

「そんなこと、子供にいうかね。しっかし」やがて母は滅多《めった》にみせない北海道訛《なま》りを出していった。

（お母さんがうろたえている！）慎は母の横顔をみつめてしまった。すぐに睨《にら》みかえされた。なにかいわれるかと思ったが母は無言のままだ。

車の中は鉛《なまり》に満たされたようになった。口にしたのは慎一への怒《いか》りだったが、母は目の前の慎に腹を立てているように思えた。実際、慎は自分が軽率《けいそつ》なことをしたという気がした。

このときまで慎は母が慎一をふったのだとばかり思っていた。これまでがそうだったからだ。しかし、これまでがそうだったというのも思いこみではないのか。慎は急に思いついた。母の恋愛《れんあい》がうまくいかないとしたらその原因は自分の存在にあるのかもしれない。なぜ今まで考え付かなかったのだろう。重苦しい雰囲気《ふんいき》の車内で窓の外ばかりみた。

母が帰ってこなかった夜を思い出す。母があの夜、慎一と二人でいなくなってしまっても自分は納得《なっとく》していたのだと心の中で考えた。自分が一瞬《いっしゅん》でもそう思ったことを母は知らない。④慎は念力をおくるようにそのことばかり考えつづけた。

十一月のある日、慎は学校で数人から本をもってくるように命令された。昔、慎一がくれた手塚治虫《てづかおさむ》のサイン本だ。貸せという話だったが多分返してはもらえないだろう。学校から帰宅すると忘れないように手提《てさ》げにいれて、明朝団地に戻《もど》ってきたときすぐに手に取れるように玄関《げんかん》に置いた。

翌朝は月に二度の早出の日だった。二人は夜明け前にＳ市を出発した。団地についたのは午前六時をまわったところだった。慎は母に起こされた。外はまだ夜の暗さだ。

二人ともうっかりしていた。母はＣ棟《とう》の前に停《と》めて、キーをさしたまま車のドアを閉めてしまった。慎も家の鍵《かぎ》のついたキーホルダーを助手席においたままドアを閉めていた。⑤母は焦《こ》げたパンをみるような目でドアをみた。恐《おそ》ろしい沈黙《ちんもく》が続いた。

「手提げがないと学校にいけない」慎はおずおずといってみた。

「　Ｈ　」母は慎の方をみない。車の処置のことで頭がいっぱいのようだ。

「でも」

らしく、いっせいに自転車に乗ると元気よく帰っていってしまった。慎はもう一度上を見上げたがしみが読みとれないことで気持ちを納得《なっとく》させた。

葬式《そうしき》が終わりしばらくすると祖父がⓒシンロウで倒《たお》れてしまった。ⓓカンビョウのため母はS市の実家からM市の勤め先に通うことにした。団地に一人で寝泊《ねと》まりさせるわけにはいかないと、慎もS市から車で登校することになった。朝五時に起きる生活がはじまった。

床《とこ》に就《つ》いた祖父はすまないな、とだけいった。

①「全然、大丈夫《だいじょうぶ》」と母はいったが祖父は言葉の間違《まちが》いを訂正《ていせい》することもなく目をつぶった。

母は毎日往復三時間の移動で D 疲労《ひろう》していった。電車賃がかかるので、慎は夕方から夜までを団地で過ごして、晩御飯《ばんごはん》は実家で夜遅《よるおそ》く食べる。しかも月に二度ほど、母は職場に早朝出勤しなければならなかった。その日は午前四時過ぎに家を出て車内でパンを食べる。

まだ真っ暗なうちに団地に着くと、駐車場《ちゅうしゃじょう》に入る途中で須藤《すどう》君の姿をみた。朝練に向かう途中のようだ。今、慎がいじめられていることは体育の合同授業で一緒《いっしょ》になるから、多分知っている。自分一人がかばっても何も変わらないだろうということも分かっているようだ。

須藤君は車内の慎には気付かず、野球道具の入った袋《ふくろ》を背負いながら黙々《もくもく》と歩いて行く。須藤君と野球という組み合わせは今でも E 感じるが「誰《だれ》とでも仲良くしろ」という親の言葉にすこぶる素直《すなお》だったことを思えば、運動に関しても親のⓔイコウがあって、須藤君はそれに従っているだけのことかもしれない。慎は遠ざかる須藤君の背中をそっと見送った。

母は霊柩車《れいきゅうしゃ》に乗《の》り込《こ》んだときのやつれた表情がそのまま張りついてしまったようだ。慎は息詰《いきづ》まる思いだった。

祖父の家では F 使わなくなっていた古いトースターから黒《くろ》焦《こ》げになったパンが飛び出してきたとき、母はそれを G 摑《つか》んで台所のシンクに向かって思い切り投げつけた。パンは台所の壁《かべ》に当たって跳《は》ね返《かえ》り、慎の足下《あしもと》に落ちた。焦《こ》げていても構わないからと手を伸《の》ばすと「ばかっ」と怒鳴《どな》った。②それから自分がそういわれたみたいにうつむいた。

朝早くS市を出ても国道の手前の踏切《ふみきり》によく捕《つか》まった。早朝は貨物列車のラッシュだった。左からの列車が行き過ぎてもすぐに右からやってくる。どの列車もひどく速度が遅《おそ》い。母は苛々《いらいら》してハンドルを叩《たた》いたりしたが、時折、牛を満載《まんさい》した車両がゆっくり通り過ぎると我にかえったように慎の方を向いた。少し笑っているようにもみえる。牛は顔の先を貨車からわずかに覗《のぞ》かせて、二人の乗った車をみおろした。慎は母の機嫌《きげん》が少しでもよくなるように毎朝牛の登場を渇望《かつぼう》した。③踏切の警笛の鳴《な》り響《ひび》く中を牛が横切るとき慎は本当に救われたような心持ちになった。

ある朝珍《めずら》しく母の機嫌がよかった。前日から祖父の状態もよく、踏切にも捕《つか》まらず、早朝のラジオの流した一曲目が母の気に入っているらしいものだった。

「ビートルズの『シーズ　リービング　ホーム』っていう曲」尋《たず》ねないのに教えてくれた。

【国　語】（五〇分）〈満点：一〇〇点〉

Ｉ　次の文章を読んで、以下の設問に答えなさい。

　慎《まこと》はシングルマザーの母と暮らしている。母には慎一《しんいち》という恋人《こいびと》がいたが、先日二人で北海道旅行に行って車が横転する事故にあって以来、家を訪ねてくることもなくなった。ある日、祖母が交通事故にあって救急搬送《はんそう》された。その頃《ころ》、慎は５時間目の体育の授業中で、給食の時間に食べたものを吐《は》いてしまった。教師が急いで早退し病院に向かうよう促《うなが》したため、慎は吐《は》いたものの後始末をできず、結果として慎が予期していたとおりにいじめが始まった。一方、祖母は交通事故後に帰らぬ人となってしまった。

　ある放課後、Ｃ棟《とう》の脇《わき》の梯子《はしご》に登れと命令された。自分の住まいの側までいじめが迫《せま》ってきたのは生々しい恐怖《きょうふ》だった。慎は数人に取り囲まれた。誰《だれ》かの兄か、中学生も一人二人混じっていた。皆《みな》、なにがおかしいのかにやにやしていた。梯子《はしご》にのぼって、上の方のゴシック体のＣの脇に「ａｓｔｌｅ　Ｈｏｔｅｌ」を書き足せというのだった。
「おまえの親はそこが好きなんだからちょうどいいだろう」といわれ、慎は怒《いか》りを飲《の》み込《こ》んだ。自分のことなら脅《おび》えるだけだったが母のことを揶揄《やゆ》されるのは悔《くや》しい。

　にらみ返すと「なんだよ」「やるのか」と四方から小突《こづ》かれはじめた。仕方なく背伸《せの》びしてやっとのことで梯子の一番下にとりついた。皆《みな》が取り囲み、その背後を彼《かれ》らの乗ってきた自転車が囲んでいた。

　慎はぶらさがったままはやされつづけた。梯子の先には、かすかに屋根のでっぱりと、あとはいつもの曇《くも》り空《ぞら》がみえる。しばらくぶらさがって皆が飽《あ》きるのを待つほかない。

　実際、慎の様子にあきてしまうと中学生の一人が慎を引っ張りおろした。そのまま［Ａ］と突《つ》き飛《と》ばすと「貸せよ」といって慎から極《ごく》太字《ぶとじ》のサインペンを奪《うば》い取《と》った。それから［Ｂ］と梯子にとりついた。本当は最初から自分が登りたかったのだ。

　皆、揃《そろ》って真上をみあげた。中学生は、ひょーっと奇声《きせい》をあげながらどんどん登っていく。ⓐヘンセイキの途中《とちゅう》みたいで、ときどき叫《さけ》び声《ごえ》がかすれている。梯子の終わり、Ｃの真下に来ると片手で梯子を摑《つか》み、口でサインペンのキャップをⓑハズした。

「こえーよ」と叫《さけ》んだが、その声には笑いが混じっている。サインペンのキャップが落ちてきたが地上の皆は安心しきっていた。キャップは皆の背後のアスファルトに［Ｃ］とあたって大きくバウンドした。全員振《ふ》り返《かえ》ったが見失ってしまった。皆、上のほうが気になってすぐに視線を戻《もど》した。Ｃの字の大きさに比べて中学生の書き足した文字は小さすぎた。かすかな黒い染《し》みにしかみえなかった。

　もっと大きく書け、と下から声が飛んだが中学生は降り始めた。しかしキャップを落としたときに下をみたせいか、降りる足取りは登るときよりもかなり慎重《しんちょう》になっている。

「足、震《ふる》えてんぞ」下から別の中学生が叫《さけ》んだ。

「おまえの名前も書いておいてやったからな」降りてきた中学生は恐怖をごまかすようにいうと、サインペンを慎に投げた。全員満足した

MEMO

大切なことはメモしておこうネ！

2024年度

中央大学附属中学校入試問題(第2回)

【算　数】(50分)〈満点：100点〉

【注意】

1. 定規，コンパス，分度器を使ってはいけません。
2. 円周率は，3.14を用いなさい。

1 次の問いに答えなさい。

(1) $23\div\{19-3\times(17-13)\}+\left(12-2.8\times\frac{5}{7}\right)\div1\frac{3}{4}$ を計算しなさい。

(2) 次の□にあてはまる数を答えなさい。

$1\frac{2}{3}+\square\div4.5\times6+7\frac{8}{9}=10$

(3) $\frac{3}{7}$を小数で表したとき，小数第32位の数はいくつですか。

(4) ある仕事を6人で休まずやると4時間で終わります。この仕事を1時間やるごとに15分間休みながら4人でやると，何時間何分で終わりますか。ただし1人あたりの仕事量は同じです。

(5) 3種類のおもりA，B，Cがあります。Aを4個，Bを3個，Cを4個入れた袋《ふくろ》と，Aを1個，Bを4個，Cを4個入れた袋と，Aを4個，Bを4個，Cを2個入れた袋の重さがすべて等しくなりました。Aを1個，Bを2個，Cを3個入れた袋の重さが46gのとき，Aを3個，Bを2個，Cを1個入れた袋の重さは何gですか。ただし，袋自体の重さは考えないものとします。

(6) 図の角xは何度ですか。

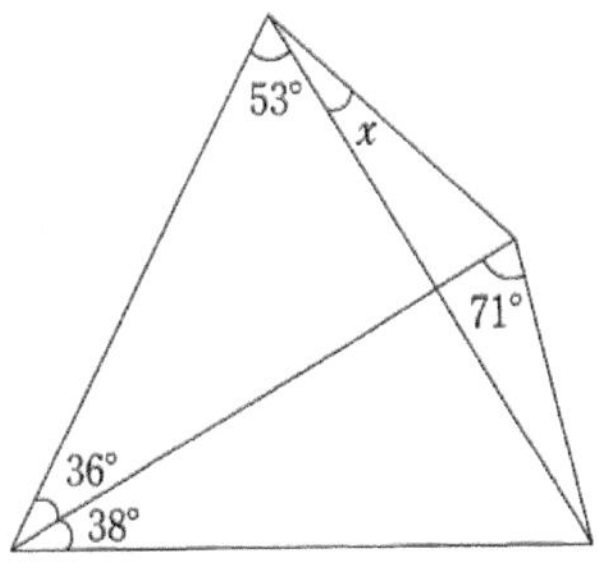

(7) 図の斜《しゃ》線部分の面積は合わせて何cm^2ですか。ただし，円の半径はすべて2cmとし，円周率は3.14を用いなさい。

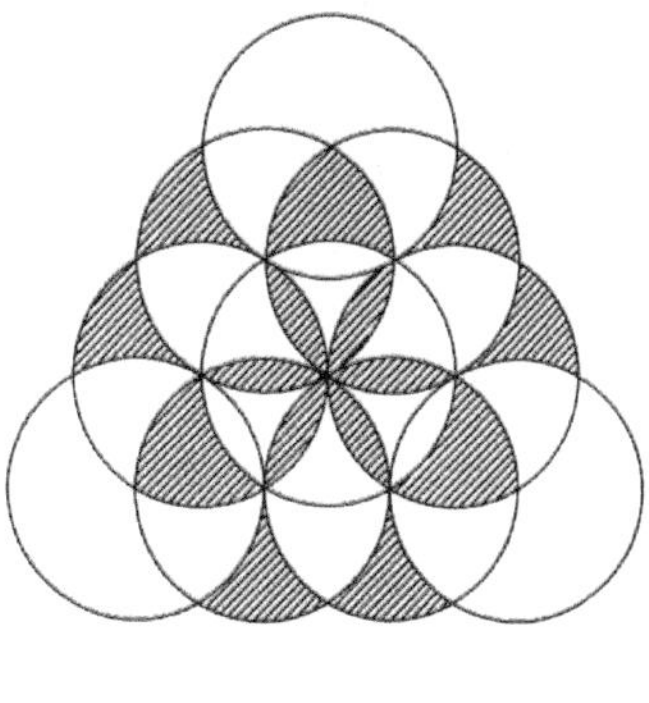

2　次のように，1に2を2回かけて，続けて3を3回かけて，続けて4を4回かけて，以後これを繰《く》り返し，最後に9を9回かけて得られる数をNとします。

$$N=1\times2\times2\times3\times3\times3\times4\times4\times4\times4\times5\times5\times5\times5\times5\times6\times\cdots\times9$$

（1）　Nは6で最大何回割り切れますか。

（2）　Nの約数のうち，奇数は何個ありますか。

3　図のように，AB＝4cm，AD＝6cm，AE＝2cmの直方体ABCD－EFGHがあります。

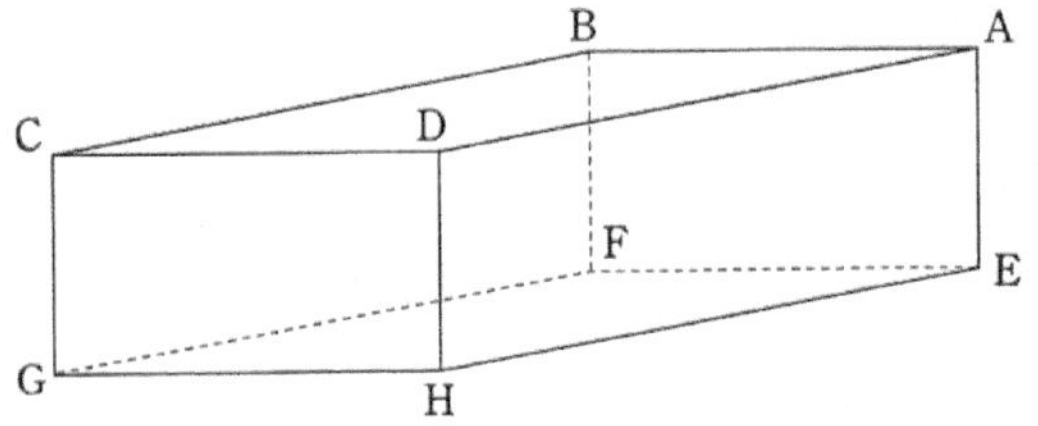

（1）　3点B，C，Hを通る平面で切ったとき，頂点Aが含《ふく》まれる立体の体積は何cm^3ですか。

（2）　（1）で体積を求めた立体を，さらに3点B，D，Hを通る平面で切ったとき，頂点Aが含まれる立体の体積は何cm^3ですか。

4　ある水族館の水そうには，2つの給水管A，Bと4つの同じ排《はい》水管がついています。4つの排水管を閉めて，2つの給水管を開くと，空の水そうは3時間20分で満水になりました。その後，2つの給水管を開いたまま4つの排水管を開きましたが，水そうの水はあふれることなく満水のまま水面の高さが変わりませんでした。

次に，給水管Bを閉めました。給水管Bを閉めてから2時間5分で水そうの水は満水の$\frac{3}{4}$の量になりました。その後，排水管を1つ閉め，しばらくしてから給水管Aも閉めると，排水管を1つ閉めてから6時間40分で水そうは空になりました。

（1）　給水管A，Bを閉めたまま排水管を1つだけ開くと，満水の水そうは何時間何分で空になりますか。

（2）　4つの排水管を閉めたまま給水管Aだけを開くと，空の水そうは何時間何分何秒で満水になりますか。

（3）　給水管Aを閉めてから何時間何分で水そうは空になりましたか。

5　1周2400mの池の周りを太郎は時計回りに一定の速さで歩き，次郎は反時計回りに一定の速さで走ります。ただし，次郎は太郎と出会うたびに6分間その場で休み，太郎は次郎が休んでいる間も歩き続けます。太郎が地点Pから出発すると同時に，池の反対側にある地点Qから次郎が出発したところ，太郎と次郎が，地点Pからどれだけ離れているかを表すと図のようになりました。

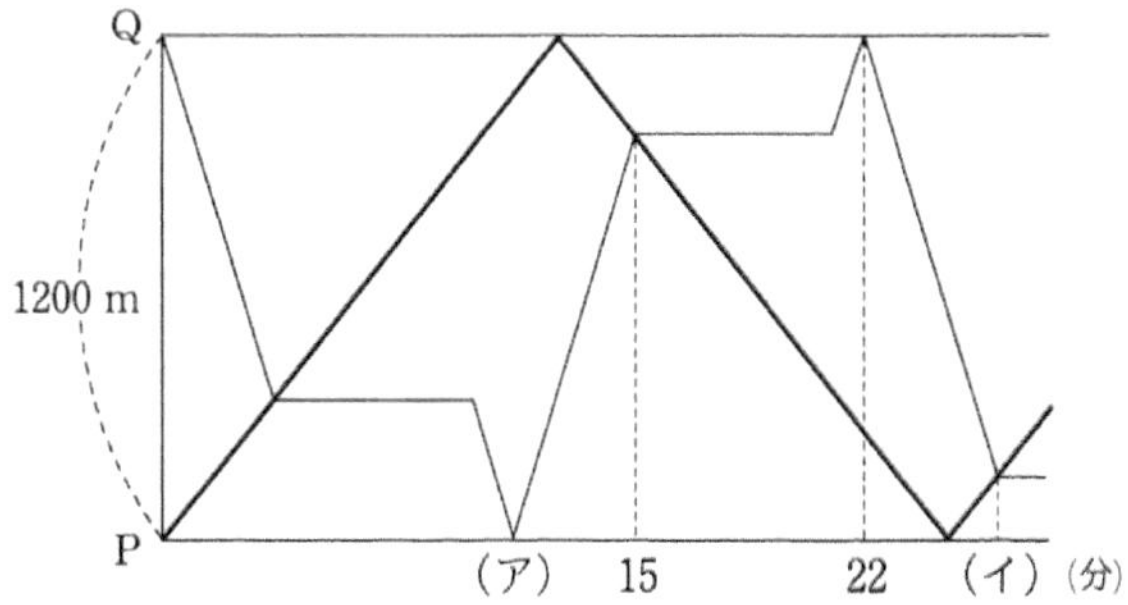

(1) 図の(ア)にあてはまる数はいくつですか。

(2) 太郎の歩く速さは毎分何 m ですか。

(3) 図の(イ)にあてはまる数はいくつですか。

【理　科】（30分）〈満点：60点〉

1　私達の身の回りには，てこの原理を利用した道具がたくさんあります。それらについてそれぞれの問いに答えなさい。

てこの原理を使うと，小さな力で大きな力を生むことができます。このはたらきを利用した道具には，はさみや爪《つめ》切りがあります。

〔問１〕図１は，はさみの写真です。はさみの支点，力点，作用点は図１のA～Cのどの部分ですか。正しい組み合わせを下の(ア)~(カ)から１つ選び，記号で答えなさい。

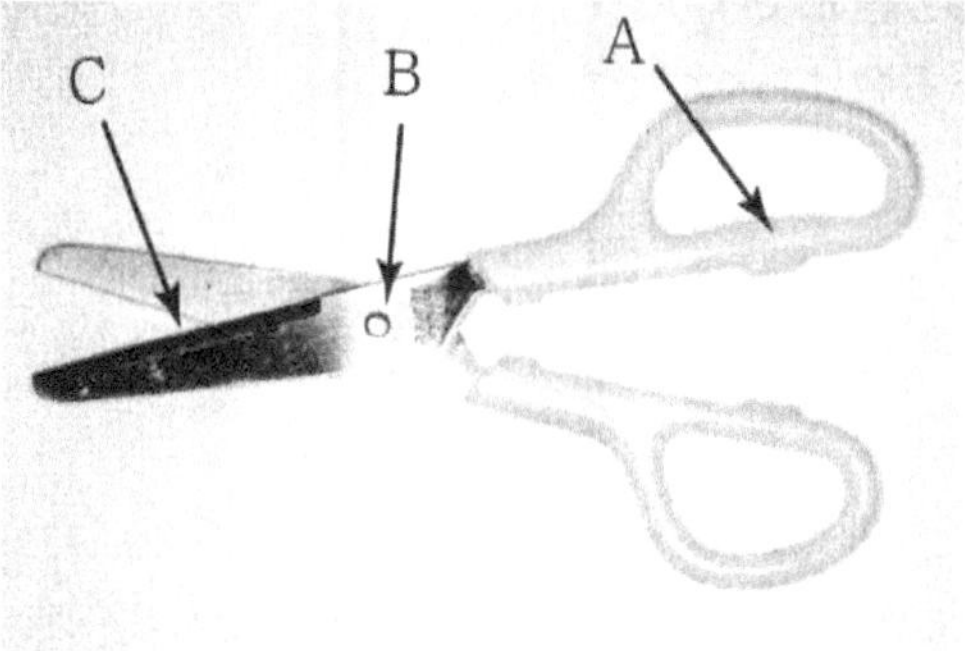

図１

	支点	力点	作用点
(ア)	A	B	C
(イ)	A	C	B
(ウ)	B	A	C
(エ)	B	C	A
(オ)	C	A	B
(カ)	C	B	A

〔問２〕図２は，爪切りの写真です。このようなタイプの爪切りは，２つのてこが組み合わさってできています。１つ目のてこは，Aを力点，Bを作用点，Cを支点とするものです。２つ目のてこはBを力点，Dを支点，Eを作用点とするものです。この爪切りについて書かれた次のページの(ア)～(ウ)の文のうち，正しいものを１つ選び，記号で答えなさい。

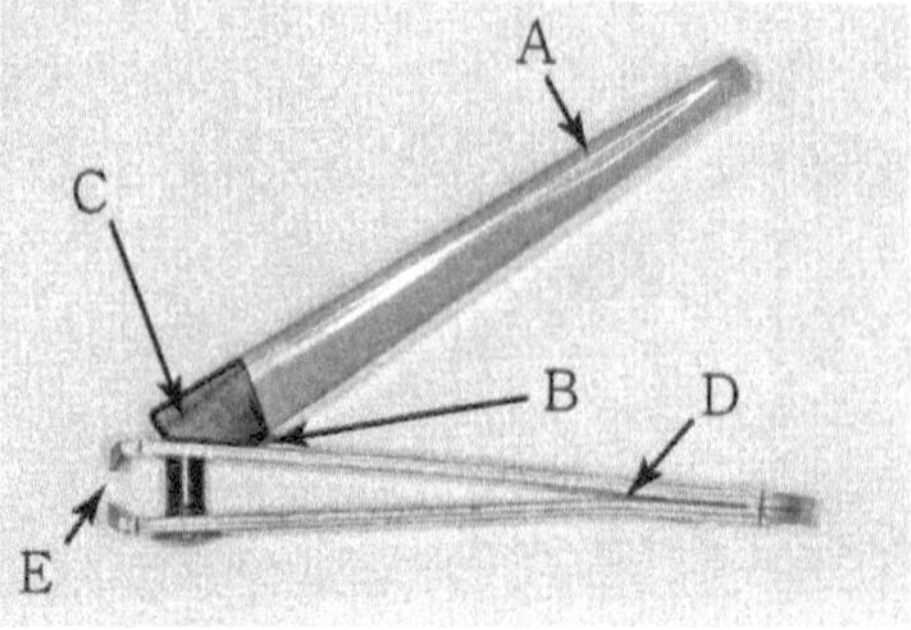

図２

(ア)Aに力を加えたとき，Eで生じる力はBで生じる力よりも大きくなる。
(イ)Aに力を加えたとき，Eで生じる力はBで生じる力よりも小さくなる。
(ウ)Aに力を加えたとき，Eで生じる力とBで生じる力は等しくなる。

てこの原理を応用すると，ものの重さや力の大きさをはかる道具をつくることができます。たとえば，日本では江戸時代から昭和の中頃《なかごろ》まで，「さおばかり」という道具が使われていました。これは，次の図３のようなめもりを付けた棒，下げ紐《ひも》，皿，分銅の４つの部品でできています。使い方は，棒の一端《いったん》に吊《つ》るされた皿に重さをはかりたいものを乗せ，下げ紐を支点として棒が水平につりあうように，反対側にかけた分銅の位置を動かします。棒がつりあったとき，分銅の位置のめもりを読むことでその重さがわかります。

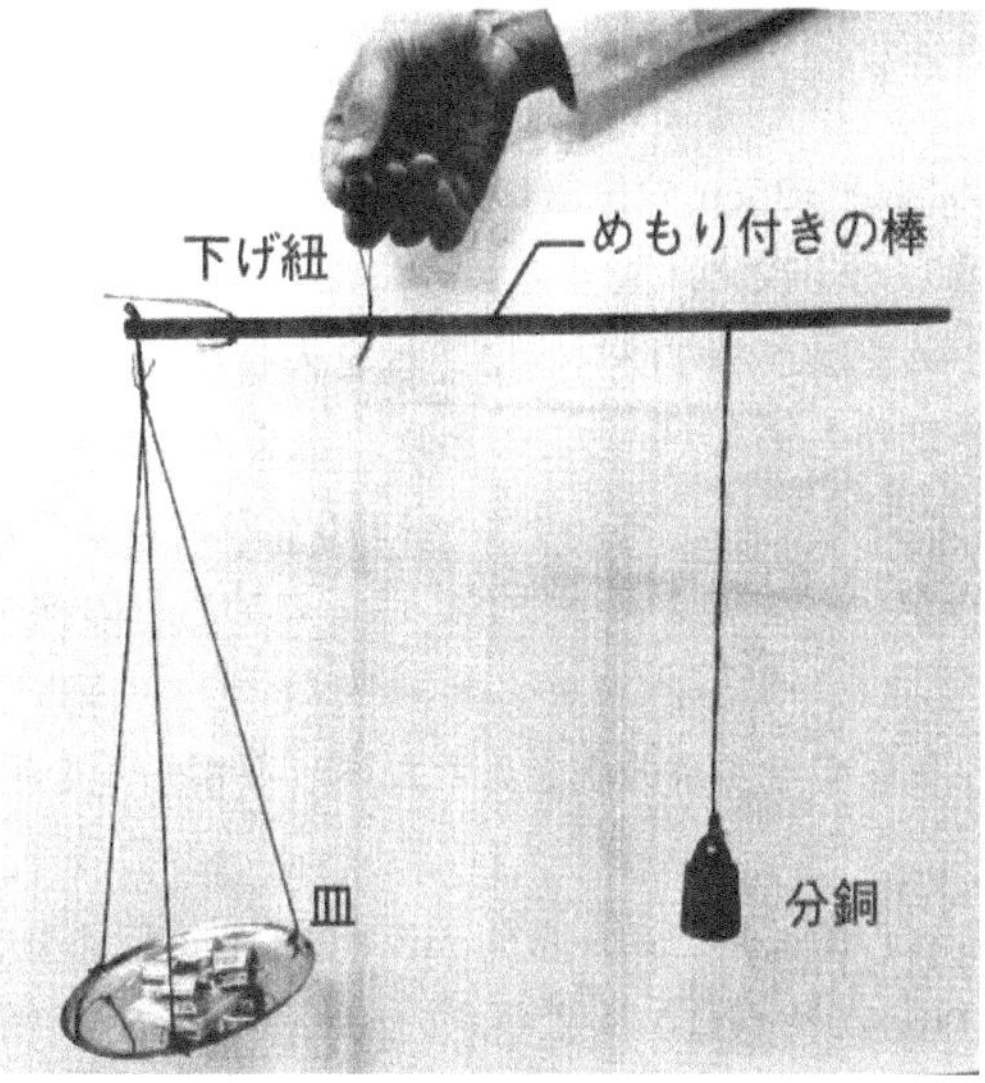

図３

さおばかりの仕組みはとても簡単なため，身近なものを使って作ることができます。そこで表１の材料を使ってさおばかりをつくりました。

表１

部品	使った材料
めもりつきの棒	さいばし(重さ20ｇ，長さ60cm)
下げ紐	たこ糸
皿	食品トレー（重さ10ｇ）
分銅	水を入れたペットボトル(重さ100ｇ)

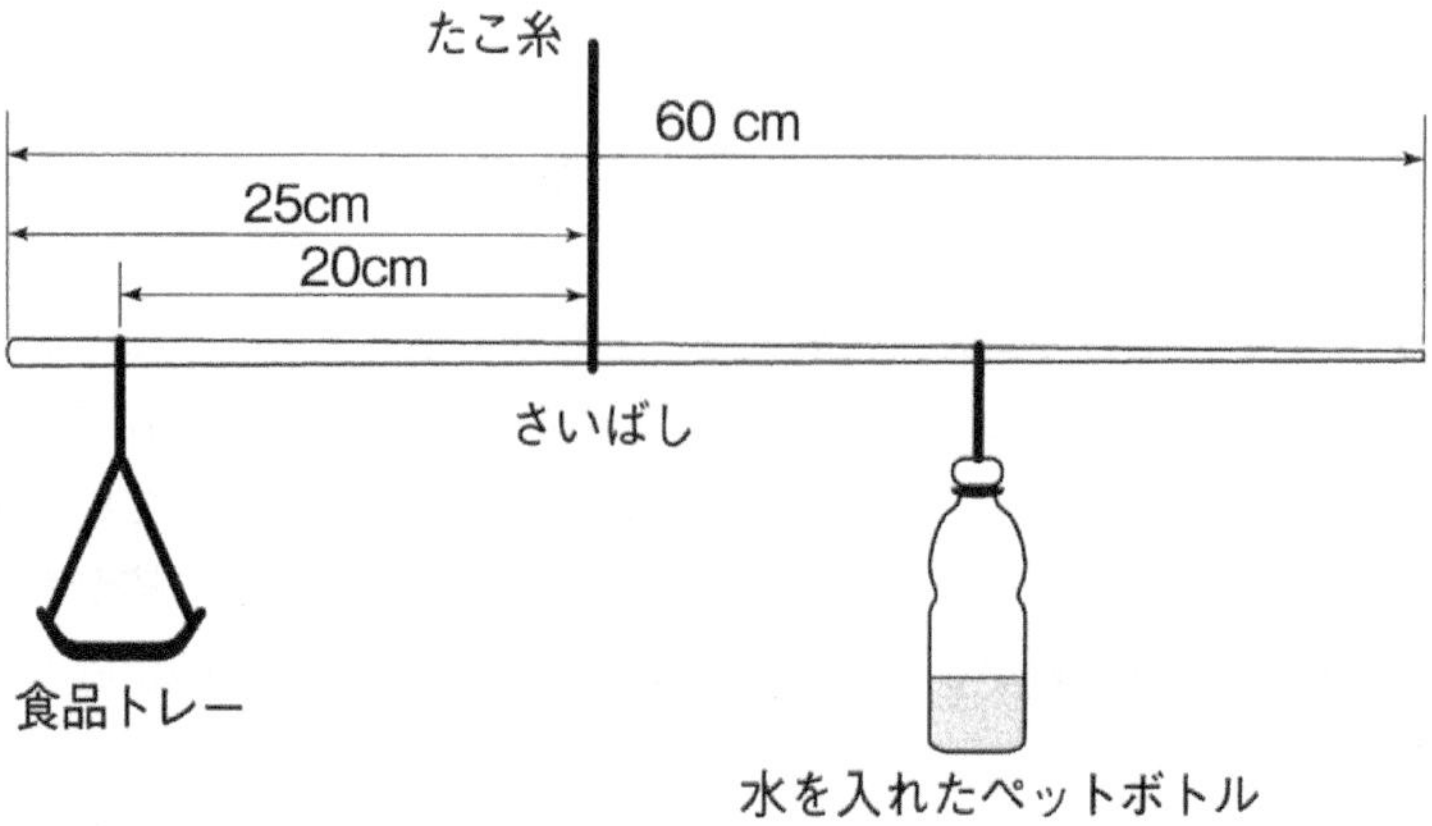

図４

まず，さいばしの太い方の端《はし》から25cmの位置にたこ糸をつけて吊るしました。このとき，さいばしは水平になってつりあいました。次に，図４のようにたこ糸から左に20cmの位置に食品トレーを吊るしました。そして，たこ糸をはさんで反対側には水を入れたペットボトルを吊るし，さいばしが水平になるようにその位置を調整しました。①このとき，水を入れたペットボトルを吊るした位置に０ｇのめもりの線をつけました。さらに，食品トレーに10ｇのおもりを1個ずつ乗せるたびにペットボトルを移動させ，②1めもりが10ｇを表すようにさいばしにめもりの線をつけていきました。

以下の問いでは，食品トレーを吊るす糸と水を入れたペットボトルを吊るす糸の重さは考えなくてよいこととします。

〔問３〕下線部①について，０ｇの印はたこ糸から何cmの位置になりますか。

〔問４〕下線部②について，100ｇのめもりの線は０ｇの印から何cmの位置になりますか。

〔問５〕下線部②について，めもりの線はどのようにつけられましたか。次の（ア）～（ウ）の文のうち正しいものを１つ選び，記号で答えなさい。

（ア）食品トレーに乗せるおもりの数が増えるにつれて，めもりの線の間隔《かんかく》は広くなった。

（イ）食品トレーに乗せるおもりの数が増えるにつれて，めもりの線の間隔は狭《せま》くなった。

（ウ）食品トレーに乗せるおもりの数が増えても，めもりの線の間隔は一定のまま変化しなかった。

2　2023年の先進国首脳会議は日本の広島で開催《かいさい》され，「Ｇ７広島サミット」とよばれています。このサミットでは，世界全体の課題である気候危機に対処し，遅《おそ》くとも2050年までに「カーボンニュートラル」を達成できるように協力を深めました。カーボンニュートラルとは二酸化炭素の排出《はいしゅつ》量と吸収量の差し引きを０にするということです。

〔問１〕真鍋淑郎《まなべしゅくろう》博士は，二酸化炭素濃度《のうど》が地球温暖化に影響《えいきょう》することをいち早く指摘《してき》し，現代の気象研究の基礎《きそ》を築きました。この功績により真鍋博士は2021年にノーベル賞を受賞しました。真鍋博士が受賞したのは何賞ですか。次の（ア）～（カ）の中から正しいものを１つ選び，記号で答えなさい。

(ア)ノーベル物理学賞　(イ)ノーベル化学賞
(ウ)ノーベル医学・生理学賞　(エ)ノーベル文学賞
(オ)ノーベル平和賞　(カ)ノーベル経済学賞

〔問２〕二酸化炭素は身のまわりのいろいろな場面で発生しますが，次の(ア) ～ (オ)のうち気体の二酸化炭素が**発生しないもの**はどれですか。もっともふさわしいものを１つ選び，記号で答えなさい。

(ア)ロウソクを燃やしたとき。
(イ)ドライアイスに水をかけたとき。
(ウ)殻《から》付きのニワトリの卵をお酢《す》につけたとき。
(エ)アルミニウム缶《かん》に酸性の洗剤《せんざい》を入れたとき。
(オ)重曹《じゅうそう》を加熱したとき。

ヒトの呼気(口から吐《は》く息)の二酸化炭素量と吸気(口から吸う息)の二酸化炭素量を考えてみましょう。ヒトは1回の呼吸で約500mLの空気を吸って，吸った空気と同じ量を吐いています。ヒトが呼吸したときの呼気に含《ふく》まれる二酸化炭素量を調べるために，石灰水を用いて２つの実験をしました。

石灰水に二酸化炭素を通すと白くにごり，しばらくすると白色の炭酸カルシウムが底に沈《しず》みます。このような，液体の底に沈んだものを沈《ちん》でん物といいます。

【実験１】

三角フラスコに十分な量の石灰水をいれ，ストローを使って２回息を吹《ふ》きこみました。三角フラスコの中身をすべてろ過して，ろ紙に残った沈でん物を乾《かわ》かしたあと，重さをはかりました。その結果，沈でん物の重さは，0.20ｇでした。

【実験２】

三角フラスコに十分な量の石灰水を入れ，二酸化炭素ボンベで二酸化炭素を吹きこみ，実験１と同様の手順で沈でん物の重さをはかりました。その結果，吹きこんだ二酸化炭素の体積とできた沈でん物の重さの関係は，次の表のようになりました。

吹きこんだ二酸化炭素の体積(mL)	30	42	60
沈でん物の重さ(g)	0.15	0.21	0.30

ヒトが１回呼吸するときの呼気と吸気の量をそれぞれ500mLとして，あとの問いに答えなさい。

〔問３〕１回の呼気に含まれる二酸化炭素と十分な量の石灰水からできる沈でん物は何ｇですか。

〔問４〕１回の呼気に含まれる二酸化炭素の体積は何mLですか。

〔問５〕呼気に含まれる二酸化炭素量は吸気に含まれる二酸化炭素量の何倍ですか。小数第１位を四捨五入して整数で答えなさい。ただし，吸気に含まれる二酸化炭素の体積の割合は0.03%とします。

3　ヒロさんは夏休みの自由研究として水道博物館《すいどうはくぶつかん》を見学し，そこで気になったことについて実験を行いました。次の文章はヒロさんの作成中のレポートです。これについて，それぞれの問いに答えなさい。

私は8月20日に水道博物館へ行き，そこで次の３点のことを学んだ。

1．水は大気，陸地，海を循環《じゅんかん》している。

2．私たちが利用している水は，山から川を通って，途中《とちゅう》で浄水処理《じょうすいしょり》されてから家庭まで送られている。そのとき，山の森の浄化《じょうか》作用も受けている。

3．私たちが利用した水は，下水処理場できれいな水に戻《もど》してから，再び川に流されている。そのとき，バクテリアという小さな生物が重要なはたらきをしている。

これらについて，くわしく記述する。

1. 水の循環

図１は，水の循環の模式図《もしきず》である。

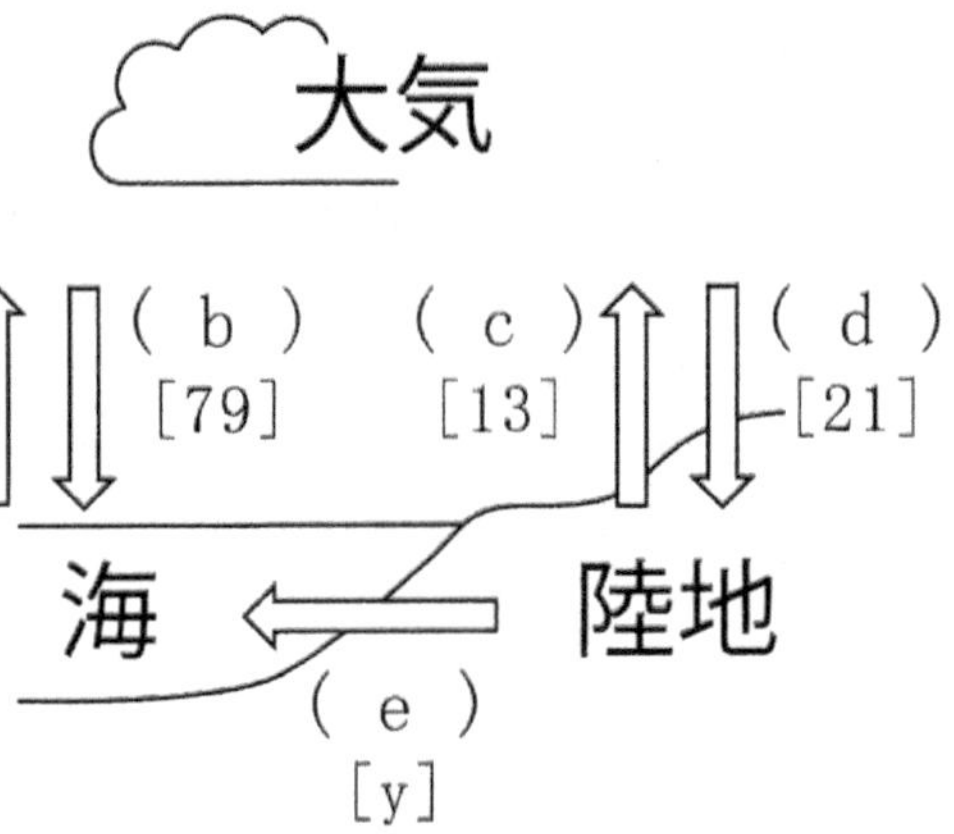

図１　水の循環

水は液体と気体，ときには固体に変化しながら，大気と陸地と海の間を循環している。ただし，海から陸地に水が直接移動することはほとんどない。図中の[　]内の数値は，１年間に大気から陸地と海に移動する水を足し合わせた量を100として，それぞれの移動する量を相対的に表したものである。

ふだん，私たちは，高いところから低いところへ移動する水の姿しか見ることはないが，このように循環しているのである。

2. 森の浄化作用と浄水処理

大気から陸地に移動した水は，空気中のちりなどをふくみ，よごれている。陸地の中でも，山の森を通る水は浄化作用を受けてきれいになる。(f)豊かな森林があることで，水道水として「おいしい水」となる。

浄水場の浄水処理では，川から取り込んだ水のごみやよごれを取り除き，(g)薬品によって消毒をし，最後にろ過をして水道管に水を送っている。

3. 下水処理場のはたらき

下水処理場では，ろ過や消毒のほかに，バクテリアなどの小さな生物(微生物《びせいぶつ》)も利用している。トイレの排水《はいすい》や残飯が混ざった水には有機物《ゆうきぶつ》という栄養分が多く含《ふく》まれる。これが川に流れ出すとよごれの原因となるため，微生物に分解してもらっている。この微生物のかたまりを「活性汚泥《かっせいおでい》」という。

身のまわりの土や泥《どろ》にもこのようなはたらきをもつバクテリアが含まれると考え，次の実験1，2を行った。なお，有機物を調べたときに，デンプンが代表例としてでてきたため，実験ではデンプン水(デンプンをとかした水)を使った。事前の実験で，デンプンは温度変化のみでは分解されないことを確かめた。

【実験1】

① 公園の植えこみから落ち葉や土を拾い，ビーカーの中に広げた布に入れた。そこに水を入れてよくかき回し，布でこした。(図2)こした水を50mL入れたビーカーをAとした。

② Aと同じ大きさのビーカーに，50mLの蒸留水を入れた。これをBとした。

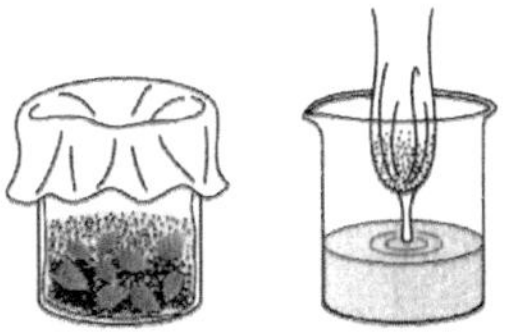

図2　Aの準備

③ AとBのビーカーそれぞれに，デンプン水を10mL加え，ふたをし，20℃に保たれた暗い部屋に置いた。

④ 3日後，AとBの液を試験管にとり，ヨウ素液を加えて，液の色の変化を調べた。(図3)

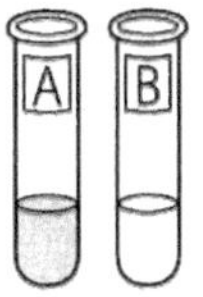

図3
AとB

【結果1】

Aの液体の色はヨウ素液の元の色で，(h)Bの液体の色は変化した。

【実験2】

実験1で，デンプンを分解したのは落ち葉や土に含まれるバクテリアだと考えた。このバクテリアがデンプンをよく分解する条件を考え，次の3つの仮説を立て，(実験2－1)～(実験2－3)を行った。

(仮説1)このバクテリアは，40℃より高い環境《かんきょう》ではデンプンを分解しなくなる。

(仮説2)このバクテリアは，10℃より低い環境ではデンプンを分解しなくなる。

(仮説3)このバクテリアは，1℃に冷やしても，その後20℃にもどしたら，デンプンを分解できる。

(実験2－1)【実験1】と同様の実験を，③の20℃を80℃に変えて行った。

(実験2－2)【実験1】と同様の実験を，③の20℃を5℃に変えて行った。

(実験2－3)【実験1】と同様の実験を，①と②の後に，AとBそれぞれを1℃に冷やしてから，③と④の手順で進めた。

【結果2】

(実験2－1)(　i　)

(実験2－2)(　j　)

(実験2－3)(　k　)

〔問1〕図1「水の循環」について，水の動きを表す(a)～(e)には何という言葉が当てはまりますか。次の(ア)～(ケ)の中からもっともふさわしいものをそれぞれ1つずつ選び，記号で答えなさい。ただし，同じ記号を2度以上用いても構いません。

（ア）運搬《うんぱん》　（イ）浸食《しんしょく》　（ウ）流水　（エ）降水

（オ）風化　（カ）沸騰《ふっとう》　（キ）そ上　（ク）堆積《たいせき》

（ケ）蒸発

〔問２〕図１「水の循環」の水の動きの量を表す［ｘ］，［ｙ］に当てはまる数値を答えなさい。

〔問３〕レポート中の下線部（ｆ）に関連して，日本の森で起きている現象としてふさわしいものはどれですか。次の（ア）～（オ）の中から２つ選び，記号で答えなさい。

（ア）森の落ち葉や動物のフンなどが，ミミズやダンゴムシ，そのほかの小さな生き物のはたらきによって土になる。

（イ）トナカイが木の葉を食べ，オオカミがトナカイを食べる。

（ウ）森の葉の光合成により，酸素から二酸化炭素がつくられる。

（エ）木の根が土にはりめぐらされることで，土砂が流出するのを防いでいる。

（オ）森林に雷《かみなり》が落ちて，木が倒《たお》れると，生物の多様性が損なわれる。

〔問４〕レポートの下線部（ｇ）に関連して，日常生活で使われる消毒液として，ふさわしいものはどれですか。次の（ア）～（オ）の中から２つ選び，記号で答えなさい。

（ア）次亜塩素酸《じあえんそさん》水　（イ）エタノール水　（ウ）食塩水

（エ）蒸留水　（オ）アンモニア水

〔問５〕レポートの下線部（ｈ）において，Bの液体は何色に変化したか，答えなさい。

〔問６〕次の（１），（２）のとき，レポートの（　ｉ　）～（　ｋ　）に当てはまるものを下の（ア）～（エ）の中からそれぞれ1つずつ選び，記号で答えなさい。なお，同じ記号を用いても構いません。

（１）すべての仮説が正しかった場合。

（２）仮説２が正しく，仮説１と仮説３が誤っていた場合。

（ア）AとBの液体の色は変化した。

（イ）AとBの液体の色はヨウ素液の元の色だった。

（ウ）Aの液体の色は変化し，Bの液体の色はヨウ素液の元の色だった。

（エ）Aの液体の色はヨウ素液の元の色で，Bの液体の色は変化した。

【社　会】（30分）〈満点：60点〉

Ⅰ　次の文章を読み，あとの問いに答えなさい。

ここは中央大学附属中学校･高等学校前の古書店「小金井湧泉堂《ゆうせんどう》」。店主の静《しずか》おじさんは，近くに住む中附中１年生中太君のお母さんの伯父《おじ》さんにあたります。中太君は，お母さんに託《たく》された晩御飯《ばんごはん》を持って湧泉堂へやって来ました。

中太：こんにちは，静おじさん。今日の夕飯は**1)長野**で買ってきたおやきだよ。

静　：信州を代表する郷土料理じゃな。具材には野沢菜《のざわな》などの**2)野菜**が使われていて，外はふっくらしている。おいしそうじゃ。

中太：コロナも落ち着いたから，家族旅行のお土産で買ってきたんだ。**3)善光寺**にも行ったんだけど，どこも**4)外国人観光客**が増えていたね。

静　：善光寺にお参りしたのか。およそ1400年の歴史を誇《ほこ》る寺院で，全国的に知られておる。1707年に再建された本堂は，江戸中期を代表する建築として，国宝に指定されているんじゃ。

中太：そうなんだね！　**5)源頼朝**も善光寺に来たことがあるみたいだよ。近くに石橋があって，彼の乗っていた馬の蹄《ひづめ》がそこにはさまってしまったみたい。

静　：よく調べておるのぅ。さすが，歴史好きの中太じゃ。

中太：夏の宿題の自由研究で調べていてね。もっと長野の歴史を教えてよ。

静　：よろしい。長野は，旧石器時代や縄文時代の遺跡《いせき》が数多くあることでも知られている。**6)ナウマンゾウ**の化石は見てきたかのぅ？

中太：授業で聞いたけど，見ることはできなかったな。昔は日本列島が大陸と陸続きだったから，今の長野のあたりまで動物が移動してきたんだよね。

静　：そのとおりじゃ。石器の材料となる黒曜石が長野でも採掘《さいくつ》されている。日本で採れた黒曜石は，海を渡って大陸にも運ばれているぞ。

中太：そのときから**7)外国との交流**もあったんだね。長野は昔，「信濃」と呼ばれていたと聞いたことがあるけど，いつごろからそう呼ばれたの？

静　：およそ８世紀ごろだといわれておる。千曲川流域の屋代《やしろ》遺跡には，「信濃」と書かれた木簡が見つかっておるぞ。

中太：木簡は，**8)税**として納められた品に付けられたんだよね。何が税として運ばれたのかな。

静　：稲や特産品が都に運ばれたんじゃ。なかでも麻布は特産品で，正倉院には信濃産の布で作られた服が残っておるぞ。11世紀前半には，あの藤原道長が信濃の布を使用していたことも有名じゃ。

中太：知らないことばかりで，びっくり。でも戦国から**9)江戸時代**ならまかせて。武田信玄と上杉謙信が対戦した川中島の合戦でしょ。関ヶ原の戦いのあとには，中山道などの街道が整備されたみたい。

静　：よく調べておる。**10)長野は山や谷が多い**が，江戸時代中期以降，馬を利用した交通と運輸が発達して，商品の流通がしだいに盛んになったんじゃ。近代に入ると養蚕や製糸業が発達するぞ。

中太：糸を吐《は》き出す蚕の幼虫は，お蚕さまと呼ばれて大切に育てられたんだよね。今でも養蚕が盛んなの？

静　：**11)高度経済成長期**になると，機械産業を中心とする製造業が盛んになったんじゃ。

中太：そうなんだね。でも，急激に工業化や開発が進むと公害や**12)環境破壊《はかい》**が問題になりそう。反発はなかったのかな？

静　：工場だけではなく，別荘《べっそう》やゴルフ場がたくさん建設された。それに対して，長野出身の新田次郎は『霧《きり》の子孫たち』という小説で警告を発しておる。**13)住民**の要望で，今は自然保護条例も制定されておるぞ。

中太：豊かな自然を守ることは，大切だもんね。小説も読んで，長野の歴史と自然に注目して，自由研究を仕上げてみるよ。

静　：良い心がけじゃ。その調子で中附中でいろんなことを学ぶんじゃぞ。わしは，もらった晩ごはんをいただきます。

中太：はーい！　また晩ごはんを持ってくるね。

問１．下線１)に関する問題です。長野県について述べた文として，**ふさわしくないもの**を次の①～④から１つ選びなさい。

①都道府県別平均標高が最も高く，この県に水源をもつ信濃川と天竜川は太平洋に注いでいる。

②信州サーモンや信州大王イワナなどのブランド魚が有名で，サケ・マス類の養殖《ようしょく》が盛んである。

③隣《とな》り合う県の数が多く，富山県や新潟県，群馬県など８つの県と接している。

④果樹の栽培《さいばい》が盛んで，りんご・ぶどう・もも・あんずの生産量は日本有数である。

問２．下線２)に関する問題です。下の表は，おやきの具となる，かぼちゃ・レタス・だいこん・なすの収穫量《しゅうかくりょう》(2020年)について，全国４位までの都道府県を示したものです。「かぼちゃ」にあてはまるものを次の①～④から１つ選びなさい。

	①	②	③	④
１位	高知県	千葉県	長野県	北海道
２位	熊本県	北海道	茨城県	鹿児島県
３位	群馬県	青森県	群馬県	長野県
４位	茨城県	鹿児島県	長崎県	茨城県

矢野恒太記念会『データでみる県勢2022年度版』より作成

問３．下線３)に関する問題です。次のイ)ロ)の問いに答えなさい。

イ)善光寺の歴史が記された『善光寺縁起』には，厩戸皇子(聖徳太子)が登場します。厩戸皇子について述べた文として，ふさわしいものを次の①～④から１つ選びなさい。

①推古天皇の摂政となり，蘇我稲目と協力してヤマト政権を支えた。

②個人の能力よりも家柄《いえがら》を重んじ，役人を登用する冠位十二階を定めた。

③小野妹子に国書を持たせ，隋の皇帝であった光武帝のもとに派遣《はけん》した。

④「和を以て貴《たっと》しとなし」から始まる，十七条の憲法を制定した。

ロ)善光寺は，天台宗・浄土宗の両宗派によって運営されています。それぞれの宗派の教えを日本で広めた人物として，正しい組み合わせを次の①～④から１つ選びなさい。

①天台宗－空海　浄土宗－法然

②天台宗－空海　浄土宗－親鸞

③天台宗－最澄　浄土宗－法然

④天台宗－最澄　浄土宗－親鸞

問４．下線４)に関する問題です。近年，新型コロナウイルス感染症《かんせんしょう》への対策がゆるめられるなどして，日本を訪れる外国人観光客の「(　◆　)需要《じゅよう》」が拡大しています。(　◆　)にあてはまる言葉を，**カタカナ6文字**で答えなさい。

問５．下線５)に関する問題です。源頼朝について述べた文(あ)・(い)の内容について，正・誤の組み合わせとしてふさわしいものを，下の①～④から１つ選びなさい。

(あ)平治の乱で平清盛によって源義朝が倒《たお》され，息子の源頼朝は伊豆に流されたが，のちに兵を挙げて平氏と戦った。

(い)源頼朝は弟の義経を捕《と》らえることを口実に，荘園や公領ごとに守護を，国ごとに地頭をおくことを朝廷に認めさせた。

①(あ)正　(い)正　　②(あ)正　(い)誤

③(あ)誤　(い)正　　④(あ)誤　(い)誤

問６．下線６)に関する問題です。長野県では，ナウマンゾウの牙《きば》とオオツノジカの角の化石が並んで発見されており，その形から「月と星」とも呼ばれています。この化石が発掘《はっくつ》された湖の名前を，**漢字で**答えなさい。

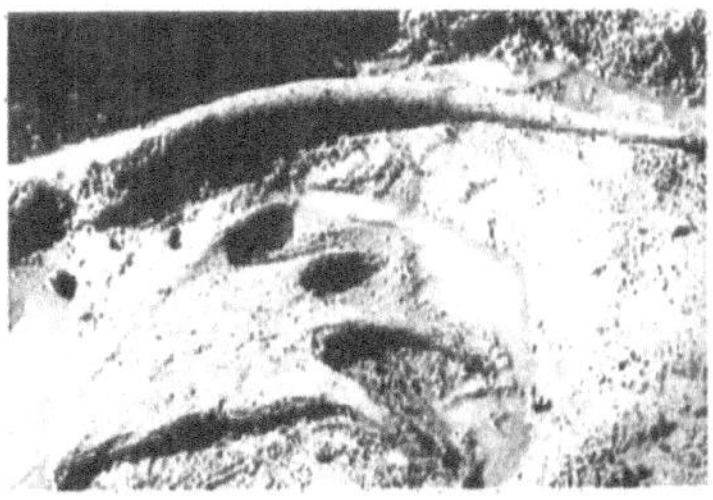

問７．下線７)に関する問題です。日本と外国の交流の歴史について述べた文として，**ふさわしくないもの**を次の①～④から１つ選びなさい。

①倭には100余りの国があり，楽浪郡に定期的に使者を送っていたと，『漢書』地理志に記されている。

②平氏が大輪田泊での貿易を奨励《しょうれい》したため，明から銅銭や陶磁器が輸入され，日本からは金や刀剣などが輸出された。

③フビライ・ハンは日本に使節を送り，モンゴル帝国にしたがうように要求したが，鎌倉幕府はこれを拒否《きょひ》した。

④徳川家康は商人や大名などに朱印状をあたえて貿易を奨励したため，多くの船が東南アジアに進出した。

問８．下線８)に関する問題です。税に関する次のイ)ロ)の問いに答えなさい。

イ)次の文章は，古代の税制度について説明したものです。空らん(あ)～(う)に入る言葉の組み合わせとして，正しいものを下の①～④から１つ選びなさい。

> ６年ごとに戸籍《こせき》を作成し，６歳《さい》以上の男女に口分田を与《あた》える(　あ　)を実施《じっし》した。その代わり，収穫量の３%をおさめる租，地方の特産物をおさめる(　い　)，10日間の労役または麻布をおさめる(　う　)などの税を農民に課した。

①(あ)墾田永年私財法　(い)調　(う)庸

②(あ)墾田永年私財法　(い)庸　(う)調

③(あ)班田収授法　(い)調　(う)庸

④(あ)班田収授法　(い)庸　(う)調

ロ)現代の税には，国に納める国税と地方公共団体に納める地方税があります。このうち地方税にあたるものを，次の①～④から１つ選びなさい。

①固定資産税　－　持っている土地や建物にかかる税

②法人税　－　会社が出した利益などにかかる税

③所得税　－　会社からもらう給料などにかかる税

④相続税　－　亡くなった人からもらい受けた財産にかかる税

問９．下線９)に関する問題です。次の(あ)～(え)の文は，江戸時代の出来事について述べています。それらを年代が古い順に並べたものとして，正しいものを下の①～④から１つ選びなさい。

> (あ)裁判の基準を設けるために，公事方御定書が定められた。
> (い)孔子を祀《まつ》った湯島の聖堂が建てられ，そこに林家の私塾《しじゅく》も移された。
> (う)天候不良や浅間山の噴火《ふんか》により，天明のききんが起こった。
> (え)物価上昇《じょうしょう》を防ぐため，株仲間の解散が命じられた。

①(い)→(あ)→(う)→(え)　②(い)→(あ)→(え)→(う)

③(う)→(い)→(あ)→(え)　④(う)→(い)→(え)→(あ)

問10．下線10)に関する問題です。本州中央部に位置する日本アルプスのうち，北アルプスにあたる山脈の名前を**漢字で**答えなさい。

問11．下線11)に関する問題です。1955年から1973年までの高度経済成長期の出来事について述べた文として，**誤っているもの**を次の①～④から１つ選びなさい。

①東京－新大阪間を結ぶ東海道新幹線，東京－小牧間を結ぶ東名高速道路など，東京を起点とする交通網《こうつうもう》が整えられた。

②第１次オイルショックが起こり，国内ではトイレットペーパーの買い占《し》めなどの現象がみられた。

③「三種の神器」と呼ばれた白黒テレビ・電気洗濯機《せんたくき》・電気冷蔵庫が普及《ふきゅう》して，人々の家庭生活が大きく変わった。

④東京や長野でオリンピックが開催《かいさい》され，日本経済の復興と発展が世界に知られるようになった。

問12. 下線12)に関する問題です。2015年に開催された国際会議では，温室効果ガスの排出削減《はいしゅつさくげん》に向けて努力することが約束されました。この会議が開かれた都市はどの国にありますか。地図上の①～④から１つ選びなさい。

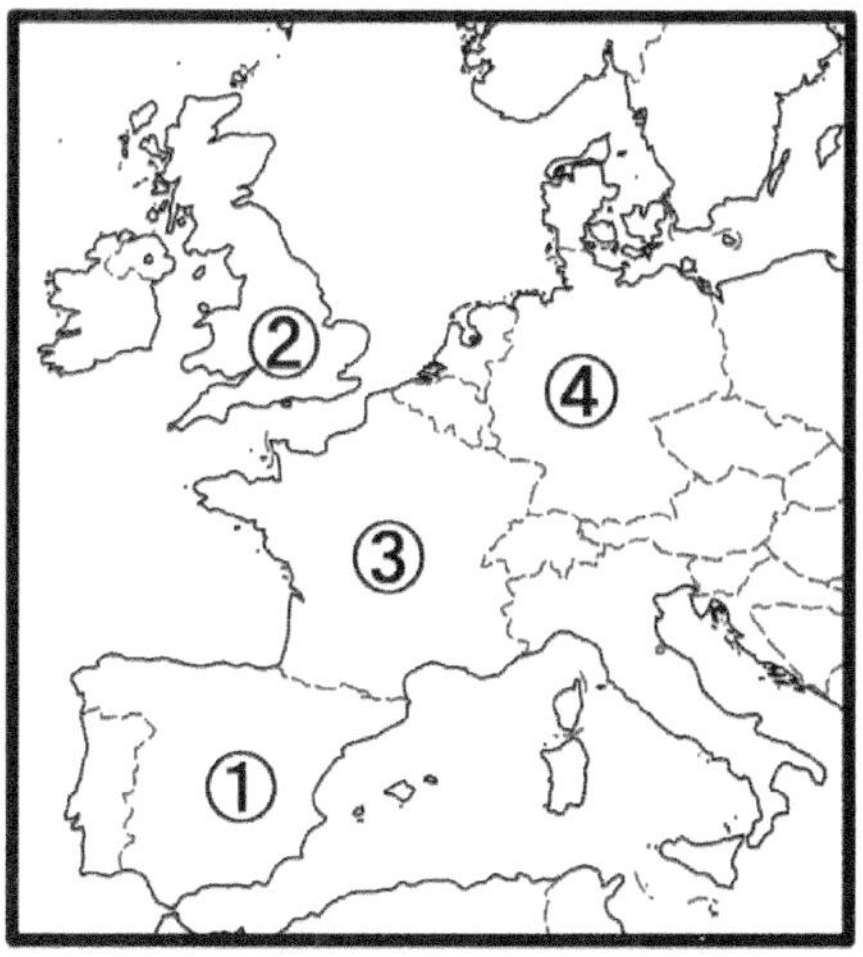

問13. 下線13)に関する問題です。次の表は，地方自治における住民の直接請求権についてまとめたものです。空らん(あ)～(う)に入る言葉の組み合わせとして，正しいものを下の①～④から１つ選びなさい。

直接請求権の種類	必要な署名数	請求先
条例の制定・改廃を求める	有権者の(　あ　)以上	(　う　)
議員の解職を求める	有権者の(　い　)以上	選挙管理委員会

※ただし有権者数が40万人をこえる場合は，署名数の基準がゆるめられます。

①(あ)３分の１　(い)50分の１　(う)首長
②(あ)３分の１　(い)50分の１　(う)議長
③(あ)50分の１　(い)３分の１　(う)首長
④(あ)50分の１　(い)３分の１　(う)議長

Ⅱ　小学６年生の陽菜《ひな》さんは，お父さんと横浜に遊びにきています。２人の会話を読み，あとの問いに答えなさい。

陽菜　　：ここが**1)山下公園**なの？　海が目の前なんだ。あっ，船もあるわ。
お父さん：あれは氷川丸だよ。**2)横浜からアメリカのシアトルまで**生糸を運んだんだ。
陽菜　　：カイコの繭《まゆ》から作る糸よね。生糸をあんな大きな船で運んだの？
お父さん：そうだよ。せっかくだから，シルク博物館に行ってみない？
陽菜　　：おもしろそうね。自由研究のテーマが決まっていなかったのよ。
お父さん：じゃあ，歩きながら生糸の話をしよう。養蚕は約5000年前に**3)中国で始まり，シルクロードで西アジアやヨーロッパに広まった**んだ。
陽菜　　：そんな昔からカイコを育てていたの？

お父さん：そうだよ。日本では，**4)弥生時代の遺跡から絹織物が見つかったり，『魏志』倭人伝にも記録が残っていたりする**から，そのころに伝わったとされているよ。

陽菜　　：稲作と同じころね。卑弥呼もカイコを見たのかな？

お父さん：卑弥呼は，絹織物を中国の皇帝に送っていたよ。その後，国内の養蚕では必要な量が作れなかったし，質もよくなかったので，生糸や絹織物を中国から輸入していたんだ。

陽菜　　：そういえば，**5)安土桃山時代や江戸時代の初めに，ポルトガルが中国産の生糸を日本に持ちこんでいた**と教わったわ。

お父さん：そう。でもポルトガルはその後，江戸幕府に来航を禁止されたので，生糸の輸入が減ったんだ。

陽菜　　：ひょっとして，それで国内でつくるようになったの？

お父さん：そうだよ。幸い，江戸時代は大きな戦争がなかったから，技術も進歩し，各地で生産されるようになった。そして江戸時代の終わりに，**6)日本がアメリカなどと条約を結んで**貿易が始まった。ちょうどそのころ，ヨーロッパではカイコの病気が広がって，生糸が不足していたんだ。

陽菜　　：それで，日本の生糸が輸出されるようになったのね。

お父さん：その通り。日本では生糸が輸出品目のトップになったんだ。

陽菜　　：生糸は輸入品から輸出品になったのね。

お父さん：明治になると，政府は生糸を国の産業の中心にしようと，**7)群馬県**に富岡製糸場をつくった。そこで製糸技術者を育て，生糸の生産技術を広めたんだ。

陽菜　　：富岡製糸場は，生糸をつくるだけでなく，技術も広めていたのね。

お父さん：そう。そして**8)日本から海外に輸出される生糸**のほとんどが，横浜からアメリカに向けて船で運ばれたんだ。

陽菜　　：それで氷川丸もつくられたのね。

お父さん：そうなんだ。でも氷川丸が運航を始めた**9)1930年には，アメリカで日本の生糸が売れなくなったんだ**。

陽菜　　：日本の生糸農家も大変だったのね。

お父さん：その後，日本は戦争の時代に入った。生糸は輸出されなくなり，氷川丸は海軍の病院船として使われた。戦争が終わると，氷川丸は戦地にいた軍人や，**10)海外に移住していた日本人**を日本に連れて帰った。

陽菜　　：何か悲しいお話ね。

お父さん：日本の独立後に，氷川丸はシアトルまでの運航を再開した。このころには，日本からの留学生もアメリカに運んだ。留学生の中には，のちに**11)ノーベル賞を受賞した人**もいたんだ。

陽菜　　：氷川丸は日本を支えた人々も運んだのね。

お父さん：いいこというね。でも，氷川丸はそれから間もない**12)1960年**に引退した。そのころには，日本の生糸の輸出も減っていったんだ。

陽菜　　：そうなの。じゃあ，日本ではもうカイコは育てられていないの？

お父さん：最近はほんのわずかなんだ。でも新しい研究がされている。たとえば，カイコの成長の速さや栄養価が注目され，宇宙飛行士の食事にも活用される可能性があるんだ。**13)食糧《しょくりょう》**

問題解決のために，**14)「昆虫《こんちゅう》食」**が注目されているしね。

陽菜　　：昆虫食？　虫を食べるの？　え～。

お父さん：はは。でも**15)科学技術**の進歩によって，私たちの課題を解決し，生活や未来の可能性を広げるために，こうした研究は大切なんだよ。

陽菜　　：たしかにそうだけど，私には昆虫食はちょっと……。

お父さん：分かるよ。でも，カイコは世界中で食べられていたんだ。少しずつ知識を深めていけば，その意義や可能性も理解できるようになるさ。

陽菜　　：じゃあ，昆虫食も少しは考えてみようかな。

お父さん：いいね。さあ，そろそろ博物館に着くよ。

陽菜　　：歩いたらお腹が空いたわ。カイコよりシュウマイが食べたい！

問1．下線1)に関する問題です。山下公園は，関東大震災のがれきを利用して作られました。次の(あ)～(う)の文は，日本で起きた地震《じしん》と関係のある出来事について述べています。それらを年代が古い順に並べたものとして，正しいものを下の①～④から1つ選びなさい。

(あ)文禄年間に起きた地震で倒壊《とうかい》した方広寺を再建する際に，鐘《かね》に刻まれた文字がきっかけとなり，戦いが始まった。 (い)嘉永年間に起きた地震による津波が下田に押しよせ，来航していたロシア使節の船も被《ひ》害《がい》を受けた。 (う)宝永年間に起きた地震のあと，紀州藩の財政を立て直した藩主は，のちに幕府の将軍となった。

①(あ)→(う)→(い)
②(あ)→(い)→(う)
③(う)→(あ)→(い)
④(う)→(い)→(あ)

問2．下線2)に関する問題です。横浜が2月4日午前10時のとき，シアトルは何月何日の何時となりますか。次の地図を参考にして，次のページの①～④から1つ選びなさい。なお，横浜はA，シアトルはBの経線を使って計算することとします。地図中の経線は15度おきに引かれています。

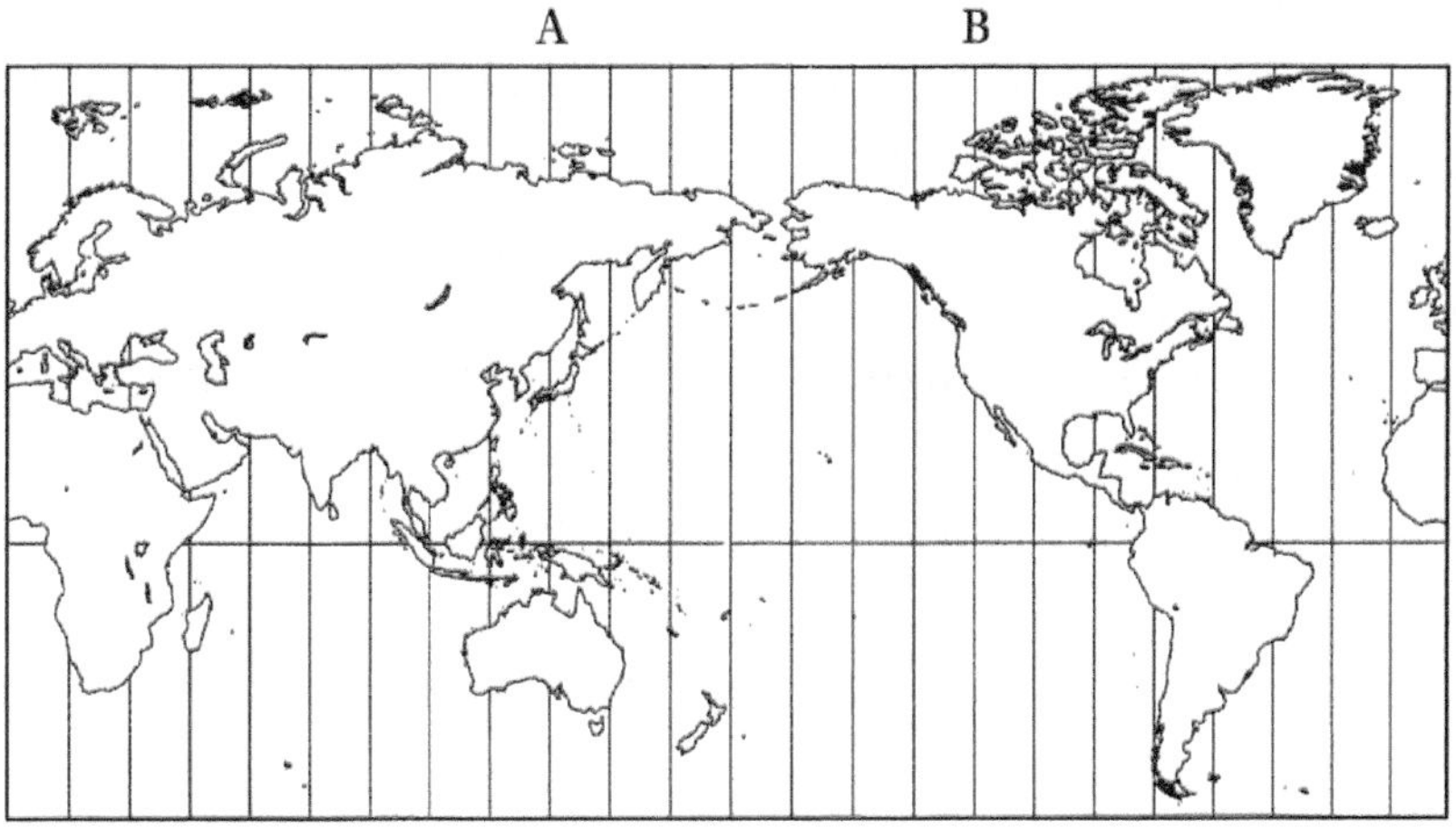

①２月３日・午前５時　　②２月３日・午後５時
③２月４日・午前５時　　④２月４日・午後５時

問３．下線３）に関する問題です。次の写真はアジア各地でみられる衣装《いしょう》です。このうち，おもに西アジアでみられるものを①～④から１つ選びなさい。

①

②

③

④

問４．下線４）に関する問題です。弥生時代の遺跡には，『魏志』倭人伝に記された邪馬台国との関係が議論されているものがあります。2023年の調査で，邪馬台国の時代の有力者のものと思われる石棺《せっかん》墓が発見された遺跡を，次の①～④から１つ選びなさい。

①吉野ヶ里遺跡　　②纒向《まきむく》遺跡　　③三内丸山遺跡　　④板付遺跡

問５．下線５）に関する問題です。このころの日本とヨーロッパの交流についての説明として，**誤っているもの**を次の①～④から１つ選びなさい。

①ポルトガル人によって鉄砲が伝えられると，その使用法や製造法が広まり，堺や国友などで大量に生産されるようになった。

②ポルトガルやスペインの宣教師が日本を訪れ，豊臣秀吉から長崎を領地として与えられ，キリスト教の布教をおこなった。

③大友宗麟らのキリシタン大名は，伊東マンショ，千々石ミゲルら４名の少年を使節としてローマに派遣《はけん》した。

④九州に漂着《ひょうちゃく》したイギリス人のウィリアム・アダムズは，徳川家康の外交の相談役となった。

問６．下線６）に関する問題です。次の文は，日本とアメリカの間で結ばれた条約の一部です（わかりやすく現代の日本語に直してあります）。この条約の名前を**漢字で**答えなさい。

> 一，すべての輸出入品について，別に定めた関税を，日本の役所におさめること。
> 一，日本人に対して法をおかしたアメリカ人は，領事裁判所で取り調べ，アメリカの法律で罰《ばっ》すること。

問７．下線７）に関する問題です。次の説明は，群馬県にある，生糸と関係の深い市のものです。（　★　）にあてはまる市を，下の①～④から１つ選びなさい。

> 県の南東部にあり，『上毛かるた』（右写真，一部を修正）に「（　★　）は日本の機《はた》どころ」と詠《よ》まれているように，古くから生糸や絹織物が生産されていた。近年では，夏に気温が高いことでも知られるようになった。

①足利　　②熊谷　　③益子　　④桐生

問８．下線８）に関する問題です。右の写真は，生糸商品に付けられたラベルで，浮世絵が描かれた会社のマーク（商標）は古くから使われています。

浮世絵について述べた次の文（あ）・（い）の内容について，正・誤の組み合わせとしてふさわしいものを，下の①～④から１つ選びなさい。

> （あ）喜多川歌麿は，町人の風俗を題材とする浮世絵を制作し，『見返り美人図』などの作品を描いた。
> （い）十返舎一九の『東海道五十三次』には，江戸から京都までの東海道にある宿場町の風景などが描かれている。

①（あ）正　（い）正　　②（あ）正　（い）誤
③（あ）誤　（い）正　　④（あ）誤　（い）誤

問９．下線９）に関する問題です。1930年に，日本から輸出された生糸がアメリカで売れなくなった原因を述べなさい。

問10．下線10）に関する問題です。次の文章は，戦前に日本が勢力下においた地域に移住した人が，1945年の出来事について語ったものです。この人が移住した地域として正しいものを，下の①～④から１つ選びなさい。

> 八月八日の晩の十時から十二時まで不寝番《ふしんばん》やって起きてたんですよ。で，今でも思い出すけど，交代して寝床《ねどこ》に入ってウトウトしかけた時に，俺《おれ》の後の不寝番が「星が降ってくる」って。出てみたら照明弾《しょうめいだん》でもって昼間と同じように明るい。そのうちに機銃射撃《きじゅうしゃげき》が始まって，暗がりでやってたんだけども，まだその時はソ連だって分からなかった。

『証言　それぞれの記憶』内田辰男氏の証言より

①ビルマ　　②満州　　③グアム　　④台湾

問11. 下線11)に関する問題です。日本のノーベル賞受賞者と，その業績の組み合わせとして**誤っているもの**を，次の①～④から１つ選びなさい。

①湯川秀樹　－　中間子理論の提唱
②小柴昌俊　－　宇宙ニュートリノの観測
③大江健三郎　－　iPS細胞の作製
④大村智　－　イベルメクチンの開発

問12. 下線12)に関する問題です。戦後日本の外交について述べた文のうち，1960年以前の出来事として正しいものを，次の①～④から１つ選びなさい。

①田中角栄首相が中華人民共和国を訪問し，国交を正常化した。
②佐藤栄作首相がニクソン米大統領と会談し，沖縄の返還《へんかん》が実現した。
③鳩山一郎首相がソビエト連邦を訪問し，国交を回復した。
④小泉純一郎首相が北朝鮮を訪れ，国交正常化に向けた宣言に署名した。

問13. 下線13)に関する問題です。次の折れ線グラフは，日本における，ある穀物(X)の自給率の推移を，また，右の表は(X)の輸出量の国別ランキングを示しています。(X)にあてはまる穀物として正しいものを，下の①～④から１つ選びなさい。

日本の（X）の自給率の推移

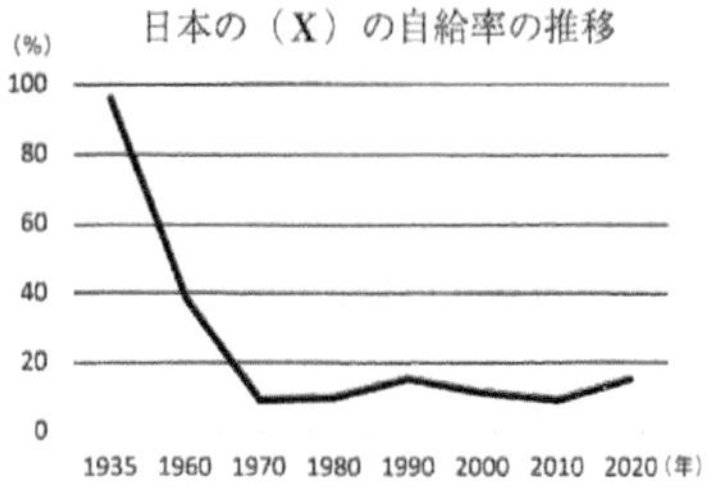

（X）の輸出量（2020年）

順位	国名	万トン
1	ロシア	3,727
2	アメリカ合衆国	2,613
3	カナダ	2,611
4	フランス	1,979
5	ウクライナ	1,806

二宮書店『データブックオブ・ザ・ワールド2023』より作成

①米　②小麦　③大豆　④さつまいも

問14. 下線14)に関する問題です。次の文章は，日本で古くから食べられてきた昆虫についての説明です。この昆虫の名前を**カタカナ**で答えなさい。

> バッタの仲間で，からだは緑色や茶色をしている。イネを食べることから，この名前がつけられた。江戸時代には大量に発生して，ききんの原因にもなった。食べるときには，佃煮《つくだに》にされることが多い。

問15. 下線15)に関する問題です。日本の科学技術の現状について述べた文として，正しいものを次の①～④から１つ選びなさい。

①蛍光灯《けいこうとう》や白熱電球に比べて価格の安いLED照明が発明され，新築のビルやマンションには利用が義務づけられるようになった。
②原子力を利用した発電所で大きな事故が起きたため，現在はすべての原子力発電所の運転が停止されている。
③「カーボンニュートラル」を実現するために，化石燃料を使用しない電気自動車が開発され，普及《ふきゅう》率が60%を超《こ》えた。
④日本初の月面調査を目指す探査機などを搭載《とうさい》した，国産のH2Aロケットの打ち上げに成功した。

(ア)　傷心の日々　　(イ)　祖母の容態《ようだい》
(ウ)　大津の未来　　(エ)　日々の生活
(オ)　希薄《きはく》な日々　　(カ)　祖母の病室
(キ)　西武大津店　　(ク)　安心や安全
(ケ)　濃密《のうみつ》な時間　　(コ)　最期《さいご》の時間
(サ)　大津の全域　　(シ)　社会的立場

【出典】
Ⅰ　帚木蓬生『ネガティブ・ケイパビリティ』（朝日選書、二〇一七年）一八五～一九三ページ
Ⅱ　宮島未奈『成瀬は天下を取りに行く』（新潮社、二〇二三年）二一ページ～三六ページ

(オ) 他のことに気をとられ、目の前のことに注意が向かないこと。

(カ) 結果はどうなろうと、運を天にまかせてやってみること。

【問11】 [E] ～ [H] に当てはまる会話文を次の中からそれぞれ選び、(ア)～(オ)の記号で答えなさい。

(ア) お通夜《つや》は明日なんだ

(イ) 来ちゃダメだって言ったのに

(ウ) そりゃ災難だったな。遅《おそ》くなってごめん

(エ) さっき、知らないおじさんに偽者《にせもの》だって絡《から》まれたの

(オ) ううん。来てくれてよかった。おばあちゃんの件は大《だい》丈夫《じょうぶ》?

【問12】 ――⑪「多少は意識してたけど、一番の理由ではない。こんな時期でもできる挑戦《ちょうせん》がしたかったんだ」とありますが、どういうことですか。このことに関する次の説明文を読み、[a] ～ [f] に当てはまる言葉をそれぞれ選び(ア)～(シ)の記号で答えなさい。ただし、**同じ記号を2度以上用いてはいけません**。

コロナ禍《か》が拡大し、様々な活動が制限される中で、自分の夏休みを [a] としないために、成瀬は一つの目標を立てました。八月になったら、土曜と日曜を除く毎日、西武大津店から「ぐるりんワイド」の生中継《なまちゅうけい》が行われるので、その映像の中に映り込《こ》むというのが、成瀬の立てた目標です。自分なりの目標を設定し、それに挑戦することが、[b] を過ごすことにつながるはずだと、きっと成瀬は考えたのでしょう。

「ぐるりんワイド」が中継を行う西武大津店は、この夏、四十四年の歴史に幕を下ろし、八月三十一日で営業を終了《しゅうりょう》することになっています。地域住民の [c] を支えてきたデパート。成瀬が生まれた時から、成瀬のすぐ近く（自宅から徒歩五分）にあったデパート。毎日、西武大津店に通うという成瀬の行為《こうい》は、身近で親しい人が亡《な》くなろうとする時、その [d] を一緒《いっしょ》に過ごそうとするのと同じような意味を持つものであったと言えるかもしれません。

そして、「一番の理由ではない」と成瀬は言いますが、成瀬が [e] を案じていたことは間違《まちが》いないでしょう。一番の理由ではなく、二番以下の理由だっただけです。大津と彦根《ひこね》。めったに行けないほど離《はな》れてはいませんが、コロナ禍が拡大していく中、感染《かんせん》拡大防止のために、病院では面会やお見舞《みま》いが制限されたり、禁止されたりしていきました。でも、「ぐるりんワイド」という番組を通して、成瀬は毎日のように [f] に顔を出していたのです。それは、成瀬流の「お見舞い」だったのだと言ってもいいでしょう。

（ウ）今でもたくさんの人に愛されている西武大津店なのに、あと一週間でその歴史に幕を下ろすことになるのだと思うと、成瀬は悲しくて悲しくて、涙《なみだ》が出そうになっている。

（エ）勝手にやっていることなのに、それを応援《おうえん》してくれる人たちがいることを実感し、自分を気にかけてくれる人たちからの好意や声援《せいえん》を、成瀬は心からうれしいと感じている。

【問7】――⑥「成瀬が珍《めずら》しく弱気なことを言ったが、わたしは深く気にしていなかった」とありますが、成瀬が「弱気なことを言った」のはなぜだと考えられますか。次の中から最も適当なものを選び、（ア）～（エ）の記号で答えなさい。

（ア）病気で入院している祖母のことが、気がかりだったから。

（イ）暑い日が続いていて、自分の体力のことも心配だったから。

（ウ）新聞に載《の》ったことが、悪く影響《えいきょう》するような気がしたから。

（エ）西武大津店からの中継が、なくなるという噂《うわさ》もあったから。

【問8】 D に当てはまる語句として最も適当なものを次の中から選び、（ア）～（エ）の記号で答えなさい。

（ア）猫《ねこ》の子一匹《ぴき》いない

（イ）閑古鳥《かんこどり》が鳴いている

（ウ）蟻《あり》のはい出る隙《すき》もない

（エ）長蛇《ちょうだ》の列ができている

【問9】――⑦「不謹慎《ふきんしん》かもしれないと思いながらも、訊《き》かずにはいられなかった」とありますが、この時の「わたし」の思いはどのようなものだったと考えられますか。次の中から**適当でないものを1つ**選び、（ア）～（エ）の記号で答えなさい。

（ア）祖母の葬儀《そうぎ》が最優先されるべきであることは、十分に分かってはいる。

（イ）無茶《むちゃ》な願いだとは思うが、今日も西武大津店の中継現場に行ってほしい。

（ウ）西武大津店に行くことをあきらめられるのか、成瀬の気持ちを確かめたい。

（エ）こんなことになるなら、最初から無理な目標は立てるべきではなかったのだ。

【問10】――⑧「上の空」、⑨「万が一」、⑩「見納め」の意味として適当なものを次の中から選び、それぞれ（ア）～（カ）の記号で答えなさい。

（ア）突然《とつぜん》のトラブルなど、思いがけないことが起きた場合のこと。

（イ）それを目にするのが、もうこれで最後になるということ。

（ウ）よくなる見込《みこ》みがないと考え、もう会わないようにすること。

（エ）ことを成しとげようとする気力や意欲を欠いていること。

レビ局が求めるのは、いかにも女子中学生らしい感想であり、多くの視聴者《しちょうしゃ》が同感できるような意見なのです。［ d ］や意見、と言ってもいいでしょう。

　他人の目を気にせず、わが道を行く中学二年生——成瀬あかりは、だからレポーターからマイクを向けられることなど期待してはいなかったのです。

（ア）月並みな感想　（イ）奇天烈《きてれつ》な少女
（ウ）堅苦《かたくる》しい応対　（エ）悪趣味《あくしゅみ》な衣装
（オ）場違《ばちが》いな発言　（カ）普通《ふつう》の中学生
（キ）人任せな態度　（ク）一癖《ひとくせ》ある風体《ふうてい》

【問4】［ A ］～［ C ］に当てはまる語を次の中からそれぞれ選び、（ア）～（オ）の記号で答えなさい。ただし、**同じ記号を2度以上用いてはいけません。**
（ア）おそらく　（イ）しっかり　（ウ）あいにく
（エ）どうして　（オ）もうすぐ

【問5】——④「自分から下りたはずなのに、成瀬に外されたような気持ちになる」とありますが、この時の「わたし」の気持ちはどのようなものだったと考えられますか。次の中から最も適当なものを選び、（ア）～（エ）の記号で答えなさい。
（ア）自分から西武大津《せいぶおおつ》店に行くことをやめたのに、その結果、成瀬が「わたし」との間にちょっと距離《きょり》を置いたように感じられて、「わたし」は何だかさびしいような気持ちになっている。
（イ）「わたし」を責めるのではなく、「これまで付き合ってくれてありがとう」と礼を言う成瀬の態度に、「わたし」はあきれるとともに、何だかはぐらかされたような気分になっている。
（ウ）いつも冷静で、決して熱くなりすぎない成瀬への反発から、「わたし」は西武大津店に行くのをやめたのに、成瀬がまったくそれに気づかないので、「わたし」は少しイライラしている。
（エ）西武大津店に行かなくなったのは自分の意志によるものだ、と「わたし」は思っていたのに、実は成瀬によって排除《はいじょ》されたのだと分かり、「わたし」はちょっと腹立たしく感じている。

【問6】——⑤「成瀬の目が潤《うる》んでいたのでぎょっとした」とありますが、この時の成瀬の気持ちはどのようなものだったと考えられますか。次の中から最も適当なものを選び、（ア）～（エ）の記号で答えなさい。
（ア）成瀬のパフォーマンスに感動して、西武大津店までやって来た人がいたことに驚《おどろ》くとともに、自分の知名度が大津市《おおつし》内で急上昇《きゅうじょうしょう》したことを、成瀬は大いに喜んでいる。
（イ）五歳《さい》の女の子までが西武大津店の閉店を惜《お》しみ、最後の別れをするために、こうして西武大津店までやって来たことを知って、成瀬は感動で胸がいっぱいになっている。

【問1】――①「わたしはなぜこのことに気付かなかったのか」とありますが、「このこと」とはどういうことですか。次の中から最も適当なものを選び、（ア）～（エ）の記号で答えなさい。

（ア）人の口に戸は立てられないから、いったん広まったうわさを打ち消すことは難しい、ということ。

（イ）服装など身なりを気をつけて観察すれば、その人物が考えていることも見えてくる、ということ。

（ウ）過去の事例を参考にすることで、この先どうなるのかを予測することも可能である、ということ。

（エ）断片《だんぺん》と断片とをつなぎ合わせることで、おおよその全体像が見えてくることもある、ということ。

【問2】――②「胃のあたりから嫉妬《しっと》がせり上がってくるのがわかる」とありますが、どういうことですか。次の中から最も適当なものを選び、（ア）～（エ）の記号で答えなさい。

（ア）遥香《はるか》と瑞音《みずね》がテレビに映り、インタビューまでされたのは「わたし」のおかげなのに、感謝の言葉も口にしない二人の態度を見たら、「わたし」は何だか腹が立ってきた、ということ。

（イ）レポーターからマイクを向けられなかった「わたし」は、インタビューされたことで大喜びしている遥香と瑞音の様子を見て、二人のことがうらやましくてならなかった、ということ。

（ウ）遊び半分で中継《ちゅうけい》現場に来た遥香と瑞音が、成瀬《なるせ》を差し置いてインタビューを受け、しかもそのことに浮《う》かれている様子を見たら、「わたし」は二人が憎《にく》らしくなってきた、ということ。

（エ）毎日のように中継現場に来ているのに、成瀬と「わたし」は番組のレポーターから歓迎《かんげい》されていないのだと分かり、「わたし」はあきれると同時に激しい憤《いきどお》りを感じた、ということ。

【問3】――③「当然インタビューのマイクは向けられない」とありますが、どういうことですか。このことに関する次の説明文を読み、[a]～[d]に当てはまる言葉をそれぞれ選び、（ア）～（ク）の記号で答えなさい。

中継のある日には、必ず現れる女の子。ファッションも、気合いの入れ方も、[a]という感じがしません。ライオンズのユニフォームを着て、両手にミニバットを持って。この子、何者って感じです。

そんな成瀬の[b]を目にして、レポーターはこう思ったのではないでしょうか――「この子にマイクを向けたら、[c]をしそう。この子は、やめといた方がいいかな」と。

そして、成瀬自身も、自分がレポーターの求めるキャラではないことを、よく分かっていたようです。成瀬はこう言っていました――「テレビ局はああいう女の子のコメントが欲《ほ》しかったんだ」。

「ああいう女の子」とは、同級生の遥香と瑞音のこと。テ

ではないかと期待したが、四組目でインタビューは終わってしまった。撮影クルーはぞろぞろと移動をはじめる。

「[E]」

「[F]」

成瀬が謝《あやま》るとは思わなかった。

「[G]」

「[H]。親戚《しんせき》みんな、今日も行ったほうがおばあちゃんが喜ぶって言うから」

成瀬を送り出してくれた親戚一同に感謝した。

撮影クルーは一階の食品売り場、二階の婦人服売り場、四階の紳士《しんし》服《ふく》売り場と、西武大津店を振《ふ》り返《かえ》るかのごとく上がっていく。ついていくのは成瀬とわたしと小学生グループぐらいだ。小学生から「なんで野球のユニフォーム着てるん?」と突っ込まれ、成瀬は「これがわたしの制服なんだ」と答えていた。

番組の最後は六階のテラスからだった。西武大津店を背に店長が立ち、カメラに向かってレポーターと話をしている。わたしたちギャラリーは店長の後ろで密にならないよう間隔《かんかく》をあけて立っていた。

「夏でよかった」

成瀬が言う。

「なんで?」

「暗くて寒かったら、今頃《いまごろ》もっと寂《さび》しいから」

こうして成瀬は中二の夏を西武大津店に捧げたのだった。

九月三日、忌引《きびき》明けの成瀬と、部活が終わってから西武大津店を見に行った。

人のいない西武大津店は急激に老《ふ》け込《こ》んだようだった。三日前と同じ建物とは思えないほど傷《いた》みが目立つ。入口にあったＳＥＩＢＵのロゴは剥《は》がされ、看板はシートで覆《おお》われていた。片付けのために店員が出入りしているようだが、そのうち解体工事がはじまるのだろう。

病気で入院していた成瀬の祖母は、ぐるりんワイドを見るのを楽しみにしていたそうだ。八月二十八日の放送まで「今日もあかりが映っとる」と喜んでいたが、三十日の深夜に容態《ようだい》が急変し、八月三十一日の朝、息を引き取ったらしい。成瀬の定位置だった閉店へのカウントダウンが祖母の寿命《じゅみょう》になってしまった。

「成瀬はおばあちゃんのために西武に通ってたの?」

「⑪多少は意識してたけど、一番の理由ではない。こんな時期でもできる挑戦《ちょうせん》がしたかったんだ」

わたしは成瀬がもっとバズるところを見たかったのだが、そこまで盛り上がらなかった。びわテレとぐるりんワイドの限界を感じた。

それでも何人かは西武大津店の閉店時の思い出として、成瀬を覚えていてくれるだろう。西武グッズをくれた人たち、絵を描いてくれた子ども、ツイートしてくれたアカウント、取材してくれた新聞記者、ぐるりんワイドの視聴者、すべてが成瀬あかり史の貴重な証人だ。

「将来、わたしが大津にデパートを建てる」

「がんばれ」

成瀬の発言が実現するといいなと思いながら、わたしは元西武大津店になった建物を見上げた。

多くの人で混《こ》み合《あ》っているらしい。

　検索ワードを「ぐるりんワイド」に変えると、今日の書《か》き込《こ》みがぐっと減る。早い時期から成瀬を追ってくれているタクローさんは、金曜日に「ライオンズ女子ももうすぐ⑩見納めか―」とつぶやいていた。成瀬は身内の不幸で行けなくなったと伝えたいところだが、本人でもないのに個人情報を明かしてはいけないと習っている。マスクに「成瀬は欠席です」と書こうかとも思ったが、熱心な視聴者《しちょうしゃ》でもない限りわたしと成瀬の違いはわからないだろう。

　しかしせっかくだからマスクに何か書いておきたくなり、「ありがとう」と大きく書いた。

　番組開始十分前に正面入口前に着いて、失敗したと思った。すでにたくさんのギャラリーが集まっている。最終日だからと出かけてきた人たちが、テレビカメラを見て立ち止まっているのだろう。

　カウントダウン表示は記念写真を撮《と》る人たちに取り囲まれている。人々はスマホで「あと1日」の表示を撮影していた。

　ひとまず態勢を整えるためユニフォームを羽織ると、ギャラリーの視線を感じた。

「一ヶ月お疲《つか》れさまでした」

　四十歳ぐらいの女性がわたしに近付き、西武ライオンズのタオルをくれた。さらには「一緒に写真撮ってもらっていいですか？」と問われ、なぜかツーショット写真を撮る。少しでも喜んでくれるならいいだろうと思っていたら、「そいつは偽者《にせもの》だ」という声がした。見ると、白髪《はくはつ》の男性が厳しい目を向けている。

「いつも映ってる子と顔が違う」

　まさかこんなところに熱心な視聴者がいたとは。皆勤《かいきん》の成瀬と比べたらわたしは出席日数が足りない。成瀬の添《そ》え物《もの》に徹《てっ》したのが仇《あだ》となった。

「あれは友達です」

「嘘《うそ》言え！　そうやって誤魔化そうったってダメだからな！　帽子だってかぶってないじゃないか！」

　タオルをくれた女性はどうしたらいいのかわからない様子で立っている。成瀬の友達だと証明できるものはなにもない。成瀬の祖母が死んだ話をしても信じてはもらえないだろう。周りは関《かか》わり合《あ》いになりたくないような顔で見ている。しかももうすぐぐるりんワイドがはじまってしまう。

「島崎！」

　声がする方に目をやると、背番号1番のユニフォームを着た本物が横断歩道を渡ってくるのが見えた。帽子もリストバンドも身につけている。

　成瀬は「間に合った」と言いながらわたしに駆《か》け寄《よ》った。成瀬のマスクにも「ありがとう」と書かれている。

「何かあったのか？」

　わたしは安堵《あんど》で泣きそうだった。絡《から》んできた男性はいつの間にか消えている。タオルをくれた女性もほっとした様子だ。

「あとで説明する」

　わたしは青いタオルを成瀬の首にかけた。

　中継がはじまり、レポーターがギャラリーにマイクを向ける。いつもは一組だけだが、二組、三組と声をかけた。成瀬にも回ってくるの

八月二十八日の中継は法則どおり館内で、五階の育《はぐ》ママセンターからだった。子ども向けのすべり台やおままごとセット、絵本が置かれた遊び場があるが、春先からコロナの影響《えいきょう》で使用禁止になっていたという。子ども連れの女性が「ここは子どもが初めて歩いた思い出の場所なんです」とコメントする後ろで、成瀬はおもちゃ売り場に紛《まぎ》れて立っていた。

中継の最後、レポーターが「次回放送は八月三十一日、西武大津店の営業終了日です。最終日ということで、ぐるりんワイドはまるごと西武大津店からお届けします！」と告げた。ぐるりんワイドの終了時刻は十八時四十五分。部活が終わってからでも十八時三十分には到着《とうちゃく》できる。思いがけず巡《めぐ》ってきたラストチャンスに、行きたい気持ちが湧《わ》いてくる。ユニフォームを返さなくてよかった。成瀬には月曜日の登校中に、最後の中継に行くことを伝えようと思った。

八月三十日には母と西武大津店に行った。ファイナルバーゲンの商《しょう》品棚《ひんだな》はすでにスカスカで、レジには［　D　］。こんなに賑《にぎ》わっている西武大津店を見るのははじめてだ。母も「普段《ふだん》からこれだけ人がいたらつぶれなかったのにね」と閉店あるあるみたいなことを言う。

中継ではよくわからなかったが、入口のメッセージボードには琵琶《びわ》湖《こ》の形が描かれていた。琵琶湖部分にはブルーのカード、陸地部分にはオレンジのカードを貼《は》るきまりらしい。ざっと目を通してみたが、成瀬のカードは見つからなかった。「大津に西武があってよかった」「初デートは西武でした」「たくさんの思い出をありがとう」「大好きな場所でした」など、一人ひとりの思いが伝わってきて胸が熱くなる。わたしもメッセージを残したくなって、「小さいときから何度も来ていました。今までありがとう」と書いて貼った。

八月三十一日の朝、いつもの時間に家を出ると、マンションのエントランスに私服姿の成瀬がいた。

「今日、学校休む」

わたしは一瞬、ぐるりんワイドに備えて学校を休むのだと思った。さすが最終日、気合いが入ってるねと返そうとしたら、成瀬はいつになく沈痛《ちんつう》な表情をして「おばあちゃんが死んだんだ」と言った。

「おばあちゃんって、彦根《ひこね》の？」

「そう。今から家族であっちに行く」

「ぐるりんワイドは？」

⑦不謹慎《ふきんしん》かもしれないと思いながらも、訊《き》かずにはいられなかった。成瀬は黙《だま》って首を横に振った。そんなこと訊くなと言っているようにも見えた。

「島崎には一応伝えておきたかったんだ。それじゃ」

成瀬はそう言い残してエレベーター方向に消えていった。

通常どおり登校したものの、ずっと⑧上の空だった。授業中も成瀬とぐるりんワイドのことばかり考えてしまう。こんな事情では仕方ないという気持ちと、どうにかならなかったのかという気持ちが渦巻《うずま》く。成瀬から⑨万が一を託《たく》された者として、せめてわたしだけでも番組冒頭《ぼうとう》から出ようと思い、部活は途中で切り上げて帰宅した。

自宅で最後の中継に向けて準備をしつつ、Twitterで「西武大津店」を検索すると、閉店を惜《お》しむ人たちの声であふれていた。今日も

「こんなことあるんだな」

わたしは成瀬にファンアートを渡した。成瀬はそれを大事そうにリュックにしまい、ミニバットを持って正面を向く。今日はファイナルバーゲンに来た母娘《おやこ》と思われる女性二人組にインタビューしていた。

中継が終わってユニフォームを脱《ぬ》いだら、夏が終わった気がした。高校球児もこんな気持ちになるのだろうか。一緒にするなと怒《おこ》られそうだ。

「これ、洗って返すね」

「いや、島崎《しまざき》がしばらく持っていてくれたらいい」

また何か頼《たの》まれるかもしれないと思いながら、ユニフォームをバッグにしまった。

八月二十五日、部活が終わって帰宅してから録画を確認《かくにん》した。成瀬は誰かにプレゼントされたのか、西武ライオンズのマスコットのぬいぐるみを持っている。マスク広告枠《こうこくわく》の計画は頓挫《とんざ》したが、西武ライオンズの広報に一役買っている気がしないでもない。事実、わたしは成瀬がきっかけで栗山を知った。

八月二十六日もいつもの場所で映っていた。母は「もう景色みたいになじんでるね」と感想を述べた。

計画がはじまったころ、成瀬を模倣《もほう》する人が現れると思っていた。そんな暇人《ひまじん》はいないのか、ぐるりんワイドの視聴率《しちょうりつ》に魅力《みりょく》を感じないのか、カウントダウン表示の隣のベストポジションを狙《ねら》う人は現れない。

十九時過ぎに成瀬が訪ねてきた。

「新聞に載《の》ったんだ」

成瀬はローカル紙「おうみ日報」を見せてくれた。西武大津店の閉店に関する連載《れんさい》で、近隣《きんりん》住民を取り上げている。

成瀬は複数の登場人物のうちの一人だ。写真も掲載《けいさい》されているが、野球帽とマスクで顔が隠れてよく見えない。

〈近くに住む中学二年生の成瀬あかりさん（14）は西武ライオンズのユニフォームで西武大津店に通っている。「今年の夏はコロナでやることがなくなったので、お世話になった西武大津店に通うことを思いついた。最後の日まで続けるのが目標」と話した〉

記事の中の成瀬あかりさん（14）と目の前の成瀬が結びつかなくて笑える。

「あと三回だね」

いくら自宅から徒歩五分とはいえ、同じ時間に暑い中通うのは大変だっただろう。残す平日はあと三日である。

「最後まで出られたらいいのだが」

⑥成瀬が珍《めずら》しく弱気なことを言ったが、わたしは深く気にしていなかった。

八月二十七日は木曜日にもかかわらず館内からの中継で、総合案内所そばのメッセージボードを紹介《しょうかい》していた。約二メートル四方のボードが時計台を囲む形で三枚設置されていて、どれも来館者のメッセージカードで埋《う》まりつつある。

中継にはメッセージを書く成瀬が映り込んでいた。何を書いているか気になるが、あの中から探すのは至難の業《わざ》だろう。

「構わない。これまで付き合ってくれてありがとう」

成瀬はそう言い残して帰っていった。④自分から下りたはずなのに、成瀬に外されたような気持ちになる。

日曜日の午後、テレビをザッピングしていると、西武対オリックスの試合が放送されていた。なんとなく見る気になって、リモコンを置く。父に「みゆきも野球見るようになったのか」と突《つ》っ込《こ》まれ、「今日だけね」と適当に返答する。

西武の選手たちは成瀬とわたしが着ている白いユニフォームではなく、紺《こん》のユニフォームを着ていた。六回表、打席に立ったのは背番号1番の栗山《くりやま》である。ぐるりんワイドの中継に映り込む成瀬の姿と栗山が重なる。栗山のバットは初球をとらえ、打球は客席へと入っていった。野球のルールに詳《くわ》しくないわたしでも、これがホームランであることはわかる。栗山は精悍《せいかん》な顔立ちで、サッカー部の杉本《すぎもと》くんに似ていた。

八月二十四日は二学期の始業式で、部活は休みだった。隣の席の川《かわ》崎《さき》くんに「おまえ西武のユニフォーム着てテレビに出てたな」と指摘《してき》された以外、特筆すべきことはなかった。

「成瀬はクラスの人から『テレビ出てたね』とか言われなかった？」

「言われなかった。本人に言うのはごく一部だから、気付いてる人はいるだろう」

たしかにわたしもあまり話したことがないクラスメイトがテレビに出ていてもわざわざ言いに行かない。

「今日、わたしも行っていい？」

明日からは部活で帰りが遅《おそ》くなるため、わたしにとっては最後のチャンスになる。許可を取る必要もないかと思いつつ尋ねると、成瀬は「もちろん」と答えた。

代理エゴサーチを忘れていたことに気付き、帰宅してTwitter検索《けんさく》をした。最初にライオンズ女子と呼んでくれたタクローさんはその後も何度かわたしたちに言及《げんきゅう》している。草津《くさつ》に住む主婦の「西武ユニ子、私がぐるりんワイド見ると毎回出てるけど毎日来てるのかなｗ」というつぶやきもあった。

番組開始十分前に西武大津店正面入口に着くと、成瀬は「あと8日」と書かれたカウントダウン表示を難しい表情で見ていた。

「このままだと最終日が『あと1日』になるが、本来『あと0日』になるべきではないだろうか」

言われてみればそのとおりだ。しかしこんなに堂々と間違えているわけがない。仮に間違いだったとしても、明日いきなり二日減らすわけにはいかないだろうと話し合っていたら、五歳《さい》ぐらいの女の子が近づいてきた。

「野球のおねえさん、今日はふたりいるね！」

女児はわたしに紙を差し出した。見ると、同じ服装の人物がふたり描《えが》かれている。片方は青い帽子《ぼうし》をかぶっていて、片方はかぶっていない。母親らしき人物は「テレビでいつも見てるんです」と言う。わたしが反射的に「ありがとうございます」と応《こた》えると、女児は「ばいばーい」と手を振《ふ》って母親と店内に入っていった。いつも見ていると言いながらこの時間に西武にいるのは変じゃないかと思いつつ隣に視線を移すと、⑤成瀬の目が潤《うる》んでいたのでぎょっとした。

に分厚いアクリル板が出現したかのようだった。

中継が終わり、帰り支度《じたく》をする。遥香と瑞音は「話しかけられちゃった」と興奮気味に報告してきた。②胃のあたりから嫉妬《しっと》がせり上がってくるのがわかる。「よかったね」と素っ気なく言って、成瀬と一緒《いっしょ》に帰路についた。

「成瀬のほうがインタビューされるべきなのに」

わたしが本音を漏《も》らすと、成瀬は笑った。

「そんなことない。テレビ局はああいう女の子のコメントが欲《ほ》しかったんだ」

強がりではなく、純粋《じゅんすい》に受け入れているようだった。その冷静さに腹が立つ。

「せっかくだからインタビューされたいとか、もっと映りたいとかないの？」

成瀬は「ない」と即答《そくとう》する。なぜわたしがこんなにムキになっているのかわからない様子だ。わたしは成瀬を取り残し、早足で帰った。

八月十八日、一晩寝《ね》たら気持ちが切《き》り替《か》わり、遥香と瑞音とはいつもどおり接することができた。きのうの顛末《てんまつ》について「まさか話しかけられるとは思わなかったね」と話したあと、わたしが極力軽い調子で「また行く？」と尋《たず》ねると、二人は「もういいかな」と笑った。

わたしも「もういいかな」に気持ちが引きずられ、その日は西武に行くのをやめた。なんとなく成瀬に会いたくない気持ちもあった。中継は正面入口前からで、成瀬は14と書かれたカウントダウン表示の隣《となり》にいる。③当然インタビューのマイクは向けられない。

成瀬のように毎日通っているわけでもなく、遥香や瑞音のようにインタビューされるわけでもない。そんなわたしが行く必要はあるのだろうかと考えたら嫌《いや》になってしまった。

八月二十一日、中継帰りの成瀬が訪ねてきた。

「どうだった？」

成瀬に訊《き》かれて、「テレビを見ていてほしい」という当初の依頼《いらい》を思い出した。わたしが行かなくても、成瀬は気に留《と》めていなかったに違いない。

「ちゃんと映ってたよ」

例によってわたしも毎日見ていた。見なくていいかと思っても、十七時五十分になると［A］ぐるりんワイドの時間だと気付くのだ。

中継は六階からで、ロフトのファイナルバーゲンの様子を伝えていた。成瀬はほかの客の視線を集めながら［B］映り込んでいた。

「金曜日は館内から中継するのかもしれない」

その法則でいくと、来週の金曜日も館内からである可能性が高い。

「来週から学校だけど、部活ある日はどうするの？」

「間に合うように抜《ぬ》けさせてもらう。ユニフォームも全部持っていって、学校から直行する」

［C］成瀬は誰《だれ》からも咎《とが》められずに最終日まで遂行《すいこう》するのだろう。

「大変だね」

すっかり他人事のように感じる。部活は十八時までだから、途中《とちゅう》で抜けてまで中継に行くつもりはなかった。

「わたしもリアタイでは見られなくなるけど」

週明けの八月十七日、お盆休《ぼんやす》みだった部活が再開された。朝九時から十一時半までの気楽なものだ。

「みゆき、この前テレビに映ってなかった?」

同じ部活の遥香《はるか》が話しかけてきた。

「うん。成瀬に付き合ってる」

遥香は「大変だね」と笑った。

「わたしも見たよ。金曜日だよね? 西武の写真展のやつ」

瑞音《みずね》も話に入ってきた。

「え、わたしが見たのは入口の前だったけど。野球のユニフォーム着てたよね?」

そうだ、①わたしはなぜこのことに気付かなかったのか。日常的に見ていなくても、たまたまぐるりんワイドにチャンネルを合わせることはあるだろう。二人が見たのは一瞬《いっしゅん》ずつでも、パズルのように組み合わせればわたしのしていることがバレてしまう。

「ほぼ毎日行ってるの。成瀬と」

成瀬に責任を押《お》し付《つ》けようとしているが、ユニフォームを着て付き合っているのはわたしの意志である。ドン引きされるかと思いきや、遥香と瑞音は大笑いした。

「毎日中継してるなんて知らなかった! わたしも行ってみたい」

「わたしも行く」

仲間が増えてうれしいはずなのに、わたしは気が乗らなかった。成瀬モードと部活モードでは力の入れ方が違《ちが》うのだ。だからといって二人を拒絶《きょぜつ》するわけにもいかず、番組が十七時五十五分からはじまることと、中継場所はたいてい正面入口前だが、正確な場所は当日行ってみないとわからないことを伝えた。

今週は適当にサボるつもりだったが、遥香と瑞音が行くとなればわたしも行かざるを得ない。少し早めに着くと、正面入口前に撮影《さつえい》クルーがいてほっとした。成瀬は宣言どおり、ライオンズの野球帽《やきゅうぼう》をかぶっている。これをくれたご婦人がテレビで見ているといいなと思った。

「さっき、また知らない人からこれを渡《わた》された」

成瀬は左手首につけた青いリストバンドを見せた。

「めっちゃライオンズ好きな人みたいじゃん」

「西武ファンであることは間違《まちが》いない」

そう言ってミニバットを構える。

「今日、バド部の子が来るかもしれない。わたしと成瀬が毎日来てること話したら、行ってみたいって」

成瀬は興味なさそうに「そうか」と言うだけだった。

遥香と瑞音は中継の直前に店内から出てきた。成瀬はすでにカメラに集中している。

「ここでやってたんだ」

二人がわたしのそばで足を止めたので、ソーシャルディスタンスを取るよう促《うなが》した。ここで密になってしまっては明日以降の中継が打ち切られてしまう可能性がある。

遥香と瑞音が少し離《はな》れた場所にポジションをとると、レポーターが二人にマイクを向けた。わたしは驚《おどろ》きを隠《かく》せなかった。全身から西武愛を発信している成瀬ではなく、私服姿の女子中学生二人組に話しかけるとは。遥香と瑞音は笑顔《えがお》で質問に答えている。わたしと二人の間

【問13】 ——⑪「人生の本質は、そこにあるような気がします」とありますが、これに関する次の説明文を読み、[a]～、[f]に当てはまる言葉をそれぞれ選び、（ア）～（シ）の記号で答えなさい。

これまでの日本の教育は「ポジティブ・ケイパビリティ」を養成することに力を注いできた、と筆者は言います。たしかに、[a]に基《もと》づいた教育活動を行う日本の学校では、丸暗記した知識を素早《すばや》くはき出すことのできる生徒が優等生と見なされます。しかし、教育は覚えた知識を素早くはき出すための訓練の場ではないはずです。むしろ、教育の本来の役割は、物事と真摯《しんし》に向き合い、じっくりと考え続けるための[b]にあるのではないでしょうか。

考えてみれば、人生は他者との関係性や自分の将来のことなど、問いを立てることすらままならず、答えもすぐにはわからないような未知の事柄であふれています。そのような事態に直面したとき、すぐに問いを立てて、答えを得ても何の意味もありません。そこで得られるのは、[c]にすぎないからです。

芸術というものは、それに触《ふ》れる人々が世界の奥深《おくぶか》さに[d]を秘《ひ》めています。しかし、それを味わうためには、じっくりと時間をかけることが必要です。教育もそれと同じです。役に立つか立たないか、丸暗記した知識をいかに早くはき出せるか。本当に大切なのはそんなことではありません。先行き不透明《ふとうめい》で、将来の予測が困難な時代を生きる子どもたちには、この本のタイトルである「ネガティブ・ケイパビリティ」、つまり、[e]にたえる力が求められます。それゆえ、筆者は『論語』の芸術論に触れながら、[f]は理屈《りくつ》を超《こ》えたわけの分からないところにあるのかもしれない、と言うのです。

（ア）安易な解答　（イ）抵抗《ていこう》する意志
（ウ）感動する可能性　（エ）欧米《おうべい》諸国との比較《ひかく》
（オ）批判的意見　（カ）人生の醍醐味《だいごみ》
（キ）自然を愛する心　（ク）答えの出ない事態
（ケ）平和的解決　（コ）画一的な計画
（サ）姿勢を養うこと　（シ）知識に対する情熱

Ⅱ

次の文章を読んで、以下の設問に答えなさい。

「わたしはこの夏を西武《せいぶ》に捧《ささ》げようと思う」——一学期の最終日に、成瀬《なるせ》あかりはそう宣言した。大津市《おおつし》唯一《ゆいいつ》のデパートである西武大津店が、四十四年間の歴史に幕を閉じ、八月三十一日に営業を終了《しゅうりょう》する。そして、びわテレの番組『ぐるりんワイド』は、八月になったら西武大津店からの生中継《なまちゅうけい》を行うことになっていた。成瀬あかりは、中継の初日となる八月三日から毎日、西武大津店に通い、『ぐるりんワイド』の中継映像に自分の姿が映り込《こ》むようにしようと決意したのだった。

とを強《し》いる日本の教育制度は間《ま》違《ちが》っているということを確信し、危機感を抱《いだ》いている。

(イ) 息子の友人が一年生を繰《く》り返《かえ》しているという事実を堂々と口にしたことに驚きつつも、フランス語が理解できない息子もいずれは同じ状況《じょうきょう》におちいってしまうのではないかと思い、心配している。

(ウ) 息子の友人が現状に対して少しも恥《は》じるようなそぶりを見せないことで、日本社会の常識からはかけ離《はな》れた価値観を子ども自身が身につけているということがわかり、驚きつつも感じ入っている。

(エ) 息子の友人が覚えの悪いことについて開き直った態度を示したことで、ヨーロッパで生活している移民の子どもたちの厳しい生活環境《かんきょう》を目《ま》の当《あ》たりにすることになり、驚きつつもとまどっている。

【問10】 ――⑧「市民マラソンと同じで、遅《おく》れた走者は車が拾っていきます」とありますが、この表現はどのような状況《じょうきょう》をたとえていますか。次の中から最も適当なものを選び、(ア)~(エ)の記号で答えなさい。

(ア) 学習内容について理解が及《およ》んでいない生徒に対して補習を行い、必要最低限の学力を保障すること。

(イ) 学齢《がくれい》に応じた到達《とうたつ》目標に達していなかったとしても、強制的に次の学年へと進級させてしまうこと。

(ウ) 勉強が苦手な生徒には早めに見切りをつけさせ、スポーツなど勉強以外の分野に取り組ませること。

(エ) 授業中にわからないことがあったとしても、塾《じゅく》や予備校に通わせて効率的に学力を上げていくこと。

【問11】 ――⑩「こうした教育の現場に働いているのは、教える側の思惑《おもわく》です」とありますが、どういうことですか。次の中から最も適当なものを選び、(ア)~(エ)の記号で答えなさい。

(ア) 目標を達成させたいという思いにかられ、試験にかかわらない内容を無《む》駄《だ》なものとして省き、効率を重視した教育活動を推《お》し進《すす》めている、ということ。

(イ) 注目を集めたいという一心で、わかりやすくておもしろい授業を実施《じっし》することにばかり気をとられ、複雑な問題を単純化して教えている、ということ。

(ウ) 優秀《ゆうしゅう》な先生という評価を得ようと努力した結果、あらかじめ手取り足取り教えすぎてしまって、生徒たちの考える余地をうばっている、ということ。

(エ) 生徒の成績を高めたいという使命感から、かえって数字にあらわれた結果ばかりが気になって、生徒の実態に見合わない指導をしている、ということ。

【問12】 [D]~[F]に当てはまる語の組み合わせとして適当なものを次の中から選び、(ア)~(エ)の記号で答えなさい。

(ア) D―さらに　E―まるで　F―きっと

(イ) D―やがて　E―だから　F―しかし

(ウ) D―かりに　E―ただし　F―やはり

(エ) D―たとえ　E―つまり　F―むしろ

ことの意義についての認識《にんしき》も不十分である、ということ。

（イ）問われていることの重要性を認識せず、ただひたすら言われたことをやらされているに過ぎない、ということ。

（ウ）問題を解決しようとする発想はなく、純粋《じゅんすい》に作品のすばらしさを味わいたいという意欲しかない、ということ。

（エ）早急《さっきゅう》に解決すべき問題は存在せず、何のために学んでいるのかすらわからないような状態にある、ということ。

【問7】――⑤「むしろ反対かもしれません」とありますが、どういうことですか。次の中から最も適当なものを選び、（ア）～（エ）の記号で答えなさい。

（ア）「素養や教養、あるいはたしなみ」とは、選《よ》り好《ごの》みなどせずに、この世に存在する多種多様な事物をあるがままに受け入れようとする姿勢を示したものである、ということ。

（イ）「素養や教養、あるいはたしなみ」とは、すぐには答えの出せないような問いに直面したとき、何かしらの教訓を見いだそうとする発想に基《もと》づいたものである、ということ。

（ウ）「素養や教養、あるいはたしなみ」とは、生きていくうえで必要かどうかわからないような事柄についても深く感じ入り、味わおうとすることそのものである、ということ。

（エ）「素養や教養、あるいはたしなみ」とは、物質的豊かさの追求をやめて自分らしく生きることで、精神的豊かさを手にしようとする営みを意味するものである、ということ。

【問8】――⑥「B を抜《ぬ》かれました」、⑨「C をかけている」とありますが、B 、C に当てはまる語を（ア）～（オ）の中から選び、それぞれ記号で答えなさい。また、「B を抜く」、「C をかける」の意味として適当なものを（カ）～（コ）の中から選び、それぞれ記号で答えなさい。

語	意味
（ア）群《ぐん》	（カ）ひときわすぐれていること。
（イ）輪	（キ）とてもびっくりさせること。
（ウ）命	（ク）死をいとわずに立ち向かうこと。
（エ）度肝《どぎも》	（ケ）じっくりとものごとに取り組むこと。
（オ）手間	（コ）程度をいっそうはなはだしくすること。

【問9】――⑦「悪びれもせず、明るく答えたので二度驚《おどろ》いたくらいです」とありますが、二度目に驚いたときの筆者の様子を説明したものとして最も適当なものを選び、（ア）～（エ）の記号で答えなさい。

（ア）息子の友人が人に知られたくない事柄についても誇《ほこ》らしげに語ったことに驚きつつも、みんなと同じであるこ

【問3】［　A　］には、次の（ア）～（エ）の文が当てはまります。意味が通るように並《なら》べ替《か》え、その順番を解答欄《かいとうらん》の指示にしたがって（ア）～（エ）の記号で答えなさい。

（ア）この「早く早く」は学校だけでなく、家庭にも浸透《しんとう》しています。

（イ）しかも、問題解決に時間を費《つい》やしては、賞讃《しょうさん》されません。

（ウ）平たい言い方をすれば、問題解決のための教育です。

（エ）なるべくなら電光石火の解決が推賞されます。

【問4】――②「ここに迅速《じんそく》さの落とし穴があります」とありますが、「ここ」における「迅速さの落とし穴」とはどういうことですか。次の中から最も適当なものを選び、（ア）～（エ）の記号で答えなさい。

（ア）いくら思いやりをもって「早く早く」と急《せ》かす声をかけたつもりでも、どうしても死を心待ちにする気持ちが表に出てしまう、ということ。

（イ）たしかに「早く早く」と急かされる高齢者《こうれいしゃ》をよく見かけるが、結局のところその声かけは息子《むすこ》や娘《むすめ》のストレス発散でしかない、ということ。

（ウ）そもそも「早く早く」と急かすと失敗が増えるので、あえて気長に待つことによって結果的に物事を早く進めることができる、ということ。

（エ）もちろん死をせまる意味合いで「早く早く」と急かしているわけではないが、はからずもそういう意味を含《ふく》んでしまっている、ということ。

【問5】――③「こうなると解答は、そもそも机上《きじょう》の空論になります」とありますが、どういうことですか。次の中から最も適当なものを選び、（ア）～（エ）の記号で答えなさい。

（ア）誰《だれ》でも答えられるような問いを立てようとするあまり、身近な問題ばかり取り上げることになってしまい、考えること自体がほとんど意味のないものとなってしまいがちである、ということ。

（イ）現実の複雑さから目をそむけて問いを設定した結果、問いそのものが的外れなものとなってしまっているので、当然のことながらその答えも見当違《けんとうちが》いのものとならざるを得ない、ということ。

（ウ）すばやく答えを出すことにばかり価値が置かれることで、問いについてじっくり考えることが軽視されてしまい、根拠《こんきょ》のない思いつきのような解答ばかり目立ってしまっている、ということ。

（エ）ありきたりな答えが導かれる問いにばかり接しているため、現実離《ばな》れした事柄《ことがら》にも疑問を覚えることがなくなり、残念ながら同じような発想の人ばかりが世の中にあふれている、ということ。

【問6】――④「そもそも土俵としての問題設定がありません」とありますが、どういうことですか。次の中から最も適当なものを選び、（ア）～（エ）の記号で答えなさい。

（ア）問いの意味を共有する知性が身についておらず、学ぶ

学習と言えば、学校の課題、塾《じゅく》の課題をこなすことだと、早《はや》合《が》点《てん》してしまいがちです。世の中には、もっと他に学ぶべきものがあるのに、親はそれを子供に伝えるのさえも忘れてしまいます。

星の美しさ、朝日や夕日の荘厳《そうごん》さ、木々の芽ぶきの季節のすこやかさ、花々の名前や木々を飛《と》び交《か》う鳥の姿と鳴き声も、まず大人の感受性はとらえられなくなっています。子供に伝えられるはずがありません。

美術館で、ひとつの絵や彫刻《ちょうこく》を前にしたときの感動も、大人が関心を持っていなければ、子供が感動を覚えるはずがありません。

まして、音楽や美術には、問題設定もその解決もありません。

[F]、解決できない宙ぶらりんの状態で、その芸術家が何とかして自分なりの仮の解答をさし出したのが芸術だからです。芸術には、問題解決という課題が課せられていないので、学習がまだその本質を失っていません。見た者、聞いた者は、何かを感じ、生の喜びを実感します。人生の無限の深さに感動するのかもしれません。

詩もそうでしょう。詩はそもそも、何かを解決するため、結着をつけるために書かれるものではありません。音のつながり、意味の連関を味わい、感動するものです。

孔子《こうし》の言行を集録した『論語』は、およそ三分の一が芸術論になっているそうです。論じられているのは、絵画、詩、演劇、音楽で、真の人間になるためには、芸術を学ばねばならないと強調されていると言います。

おそらくそれは、わけの分からないもの、解決不能なものを尊び、注視し、興味をもって味わっていく態度を養成するためなのかもしれません。崇高《すうこう》なもの、魂《たましい》に触《ふ》れるものというのは、ほとんど論理を超越《ちょうえつ》した宙ぶらりんのところにあります。むしろ⑪人生の本質は、そこにあるような気がします。

【問1】——ⓐ〜ⓔのカタカナを漢字に改めなさい（楷書《かいしょ》で、ていねいに書くこと）。

ⓐ デンジュ　ⓑ フシメ　ⓒ ドクトク

ⓓ ケイアイ　ⓔ ホウシン

【問2】——①「保育士や先生がすべてをお膳立《ぜんだ》てして、幼児はそれに乗っかっていけばいいのです」とありますが、どういうことですか。次の中から最も適当なものを選び、（ア）〜（エ）の記号で答えなさい。

（ア）園児たちが先生の指示にしたがって言われたとおりのことをこなしてさえいれば、教育の目的は十分に達成されると思われている、ということ。

（イ）園児一人ひとりの自由な発想に先生の創《そう》意《い》工《く》夫《ふう》が加わることによって、幼児期における理想の教育が実現すると勘違《かんちが》いされている、ということ。

（ウ）先生がさまざまな知識を教《おし》え込《こ》もうとするために、園児たちの健《すこ》やかな成長が妨《さまた》げられてしまっているかのように誤解されている、ということ。

（エ）先生が先回りして準備を整えたプログラムに園児はすなおにしたがうが、それは園児たちが本当に望んでいることだとは限らない、ということ。

標も、個々人に合った目標ではありません。あくまで一年毎《ごと》の建前としての到達目標です。私は学校教育が到達目標を設定したときから、学校が変質したような気がします。

小学一年はこれこれ、小学三年はこれこれという具合に、目標が決められると、必ず落ちこぼれが出ます。⑧市民マラソンと同じで、遅《おく》れた走者は車が拾っていきます。何時間も道路を封鎖《ふうさ》できないからです。

車に拾われた子供はどうなるのでしょうか。次の年のマラソンでも、やはり車に拾われて、とうとう小学校を卒業するまで、毎年車に拾われる六年間を過ごします。中学校でどうなるかは、もう自明です。これでは、学校が苦業の場となる子供が出ても仕方がありません。

ところてん式の進級と進学に⑨ C をかけているのが、試験です。この試験突破《とっぱ》こそが、学習の最終目標と化してしまうと、たしなみ、素養としての教育ではなくなります。問題解決のための学習、勉強になってしまうのです。

⑩こうした教育の現場に働いているのは、教える側の思惑《おもわく》です。もっと端的《たんてき》に言えば「欲望」です。教える側が、一定の物差しを用いて教え、生徒を導くのです。物差しが基準ですから、そこから逸《いっ》したさまざまな事柄は、切り捨てられます。何よりも、教える側が、問題を狭《せま》く設定してしまっています。そのほうが「解答」を手早く教えられるからです。

しかしここには、何かが決定的に抜《ぬ》け落《お》ちています。世の中には、そう簡単には解決できない問題が満ち満ちているという事実が、伝達されていないのです。前述したように、むしろ人が生きていくうえでは、解決できる問題よりも解決できない問題のほうが、何倍も多いのです。

そこでは教える側も、教えられる側も視野狭窄《きょうさく》に陥《おちい》ってしまっています。無限の可能性を秘《ひ》めているはずの教育が、ちっぽけなものになっていきます。もう素養とか、たしなみでもなくなってしまいます。

この教育の場では、そもそも解決のできない問題など、眼中から消え去っています。いや、 D 解決できても、即答《そくとう》できないものは、教えの対象にはなりません。

教育者のほうが、教育の先に広がっている無限の可能性を忘れ去っているので、教育される側は、閉塞感《へいそくかん》ばかりを感じとってしまいがちです。学習の面白《おもしろ》さではなく、白々しさばかりを感じて、学びへの興味を失うのです。

学べば学ぶほど、未知の世界が広がっていく。学習すればするほど、その道がどこまでも続いているのが分かる。あれが峠《とうげ》だと思って坂を登りつめても、またその後ろに、もうひとつ高い山が見える。そこで登るのをやめてもいいのですが、見たからにはあの峰《みね》に辿《たど》りついてみたい。それが人の心の常であり、学びの力でしょう。 E 、答えの出ない問題を探し続ける挑戦《ちょうせん》こそが教育の真髄《しんずい》でしょう。

教育の現場が視野狭窄に陥っているため、親はそれ以上に視野が狭くなっています。学校の課題だけを早くこなすように、子供に強制しがちです。早くやりなさい、ぐずぐずしないで宿題を先にしなさい。これが口癖《くちぐせ》になります。

ます。その漢籍が自分にまだ理解できないような、深い内容を含《ふく》んでいるのかもしれません。教える内容を、教える者自身が充分《じゅうぶん》に分かっていない可能性もあります。それでも教える素材にⓓケイアイの念をいだいているのは確かです。子供に音読させながら、自分もその文章の背後にある真実を見極《みきわ》めようとしているのかもしれません。

　ここには、④そもそも土俵としての問題設定がありません。ひたすら音読して学ぶだけです。さらに言えば、学びの先にあるものも、判然としません。簡単に言えば、素養でしょうか。たしなみです。現代風な表現では教養です。

　素養や教養、あるいはたしなみは、問題に対して早急《さっきゅう》に解答を出すことではありません。⑤むしろ反対かもしれません。解決できない問題があっても、じっくり耐《た》えて、熟慮《じゅくりょ》するのが教養でしょう。

　そうなると、今日の学校での教育がどこか教育の本質から逸脱《いつだつ》しているのが分かります。

　もう三十年以上も前、私は精神医学を学ぶために南仏のマルセイユに住んでいました。恩師のムーラン先生が、かつての自分の自宅兼診《けんしん》療所《りょうじょ》を無料で貸してくれたので、かなり広い家でした。私たちの住まいは建物の二階全体を占《し》めていて、ベランダから中庭に降りて行く階段があり、その中庭も、私たち一家の占有《せんゆう》物になっていました。このたたずまいは、『ヒトラーの防具』で、主人公が住む家として描出《びょうしゅつ》しています。【『ヒトラーの防具』は著者帚木蓬生の著作】

　長男は小学一年、次男は幼稚園に通っていたのです。フランス語が分からなくても、どうせ一年生ですから、必要になったら、その場で覚えればいいというくらい、学校のⓔホウシンはゆるやかでした。

　そもそも、就学のために近くの小学校に行ったその日から、「はいそれでは、お子さんを預ります」だったのです。この鷹揚《おうよう》さと大胆《だいたん》さには、⑥［B］を抜《ぬ》かれました。

　あるとき、長男が友人を家に連れて来ました。マルセイユは多人種の集まりで、北アフリカのアラブ系の人やアフリカからの黒人、それに東南アジアの旧フランス領からの移民も多く、人種の坩堝《るつぼ》【多様な民族が混在して暮らしている場所】と言っていい町でした。

　そのとき家に来た長男のクラスメートは、大半がアラブ系の子弟でした。驚《おどろ》いたのは、そのうちのひとりが、大人顔負けの背丈《せたけ》をしていたからです。普通なら、小学六年か中学生の体格です。不思議に思って訊《き》くと、覚えが悪いので、一年生を何年かやっているという返答でした。⑦悪びれもせず、明るく答えたので二度驚いたくらいです。

　そうかマルセイユの小学校は、落第があるのだと感心しました。日本でなら子供が落第させられたとなれば、親が学校に乗《の》り込《こ》んでいくでしょう。

　学習の速度が遅《おそ》い者は、その学年を何度でも繰り返す。考えてみれば、これが当然のやり方です。それぞれ、人によって学習速度に差が出るのは当然です。早く覚えてトントン拍子《ひょうし》で進級したあと、頓挫《とんざ》する学生もいれば、スタートは遅くても、いったんのみ込《こ》んでしまえば、あとは学習が円滑《えんかつ》に進んで、追《お》い越《こ》す子もいるでしょう。

　本来、教育というのはそれが本当のあり方ではないでしょうか。

　ところが、今日の教育は画一的です。横並びで一年一年を足並揃《そろ》えて、上級学年に上がっていく体制になっています。

　その結果、採用されたのが到達《とうたつ》目標とその達成度です。その到達目

【国　語】〈五〇分〉〈満点：一〇〇点〉

Ⅰ　次の文章は帚木蓬生《ははきぎほうせい》『ネガティブ・ケイパビリティ』の一部です。文章を読んで、以下の設問に答えなさい。

教育は一見すると、分かっている事柄《ことがら》を、一方的にⓐデンジュすればすむことのように思えます。

保育園や幼稚園《ようちえん》の勉強や遊戯《ゆうぎ》にしてもそうです。①保育士や先生がすべてをお膳立《ぜんだ》てして、幼児はそれに乗っかっていけばいいのです。

小学校はどうでしょうか。学科は増え、漢字や計算を学習し、動植物、星、世の中の仕組みも、教えてもらえます。

中学では、勉強の幅《はば》が広がり、深さも増します。覚えることだらけです。期末テストや実カテストがⓑフシメフシメに実施《じっし》されて、記憶《きおく》したものを素早《すばや》く吐《は》き出《だ》す訓練を受けます。

高校になると、商業高校でも工業高校でも、座学と実学で習い覚えなければならない事柄は、朝から夕方までびっしり詰《つ》まっています。普通《ふつう》高校では、それこそ受験に向けての知識の詰《つ》め込《こ》みと、頻繁《ひんぱん》に行われる試験での敏速《びんそく》な吐き出しを覚えさせられます。

そうした幼稚園から大学に至るまでの教育に共通しているのは、問題の設定とそれに対する解答に尽《つ》きます。

その教育が目ざしているのは、ポジティブ・ケイパビリティの養成です。［　A　］わが子に対して、「早く早く」を母親がひと言も口にしない日はないのではないでしょうか。

「早く早く」を耳にするたび私は、九十歳《さい》の高齢者《こうれいしゃ》に、息子《むすこ》と娘《むすめ》が「早く早く」と急《せ》かす光景が重なります。足元もおぼつかない高齢者に、「早く早く」と言うのは、「早く死ね」と言うのと同じだからです。②ここに迅速《じんそく》さの落とし穴があります。

問題解決が余りに強調されると、まず問題設定のときに、問題そのものを平易化してしまう傾向《けいこう》が生まれます。単純な問題なら解決も早いからです。このときの問題は、複雑さをそぎ落としているので、現実の世界から遊離《ゆうり》したものになりがちです。言《い》い換《か》えると、問題を設定した土俵自体、現実を踏《ふ》まえていないケースが出てきます。③こうなると解答は、そもそも机上《きじょう》の空論になります。

教育とは、本来、もっと未知なものへの畏怖《いふ》を伴《ともな》うものであるべきでしょう。この世で知られていることより、知られていないことのほうが多いはずだからです。

江戸《えど》時代、武士の子弟《してい》が小さい頃《ころ》から、返り点をつけただけの漢籍《かんせき》を内容がよく分からないまま素読させられたのは、現在の教育とは正反対の極にあります。

子供は何のために素読をするのか、まず分かりません。ただ声を出すだけで、意味も分からないままです。しかし何十回と繰《く》り返《かえ》していくうちに、漢文ⓒドクトクの抑揚《よくよう》が身についてきます。漢字の並びからぼんやり意味が掴《つか》めるようにもなります。

この教育には、教える側も教えられる側にも、分からないことへのいらだちがありません。分からなくてもいいのです。子供は、言われるがままに何回も音読を繰り返します。つっかえつっかえ読んでいたものが、いつの間にかすらすらと読めるようになります。

一方の教える側も、手取り足取りは教えません。ゆっくり構えてい

第1回

2024年度

解　答　と　解　説

《2024年度の配点は解答欄に掲載してあります。》

＜算数解答＞《学校からの正答の発表はありません。》

1　(1)　43.75　(2)　9　(3)　20通り　(4)　21%　(5)　17度　(6)　4.71cm^2
(7)　46cm^3

2　(1)　14　(2)　26個　(3)　103・104

3　(1)　毎分6人　(2)　27分　(3)　23分後

4　(1)　毎分42m　(2)　毎分78m　(3)　94.5m

○推定配点○

3(3)，4　各7点×4　他　各6点×12(2(3)完答)　計100点

＜算数解説＞

1　(四則計算，場合の数，割合と比，消去算，割合と比，平面図形，立体図形)

(1)　7－2＋40－1.25＝43.75

(2)　□＝(8－1.8－0.2)×1.5＝9

重要　(3)　Aが優勝する場合…以下の10通り
○○○　×○○○　○×○○　○○×○　××○○○　×○×○○　×○○×○
○××○○　○×○×○　○○××○　したがって，全部で10×2＝20(通り)

(4)　それぞれの濃度…A，B，Cで表す　100g：200g＝1：2　1×A＋2×B＝(1＋2)×15＝45…ア　100g：50g＝2：1　2×B＋1×C＝(2＋1)×12＝36…イ　200g：250g＝4：5　4×A＋5×C＝(4＋5)×16＝144…ウ　イ×5－ウ…10×B－4×A＝180－144＝36…エ　ア×5…5×A＋10×B＝225より，10×B＝225－5×A…オ　エとオ…225－5×A－4×A＝225－9×A＝36　したがって，求める濃度は(225－36)÷9＝21(%)

(5)　角ABC…右図1より，120－43＝77(度)　角DCB…180－77＝103(度)　したがって，角xは120－103＝17(度)

(6)　斜線部分の面積…右図2より，3×3×3.14÷6＝1.5×3.14＝4.71(cm^2)

図1

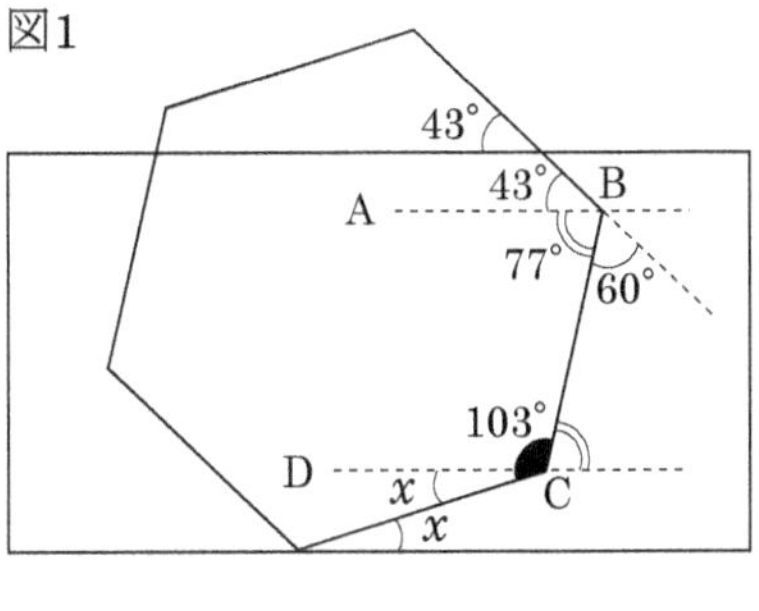

図2

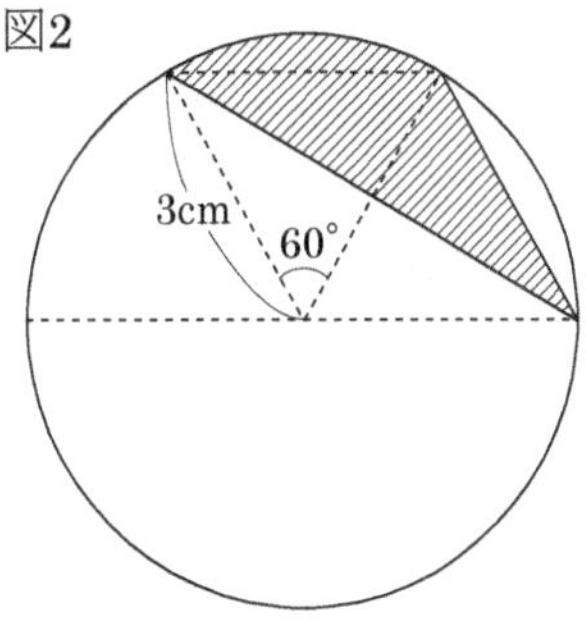

(7)　上から1・4段目の立方体の個数の和…(3×5－1)×2＝28(個)　上から2段目の立方体の個数…2×4＝8(個)　上から3段目の立方体の個数…5×2＝10(個)　したがって，求める体積は1×(28＋8＋10)＝46(cm^3)(次ページ図参照)

2 (数列)

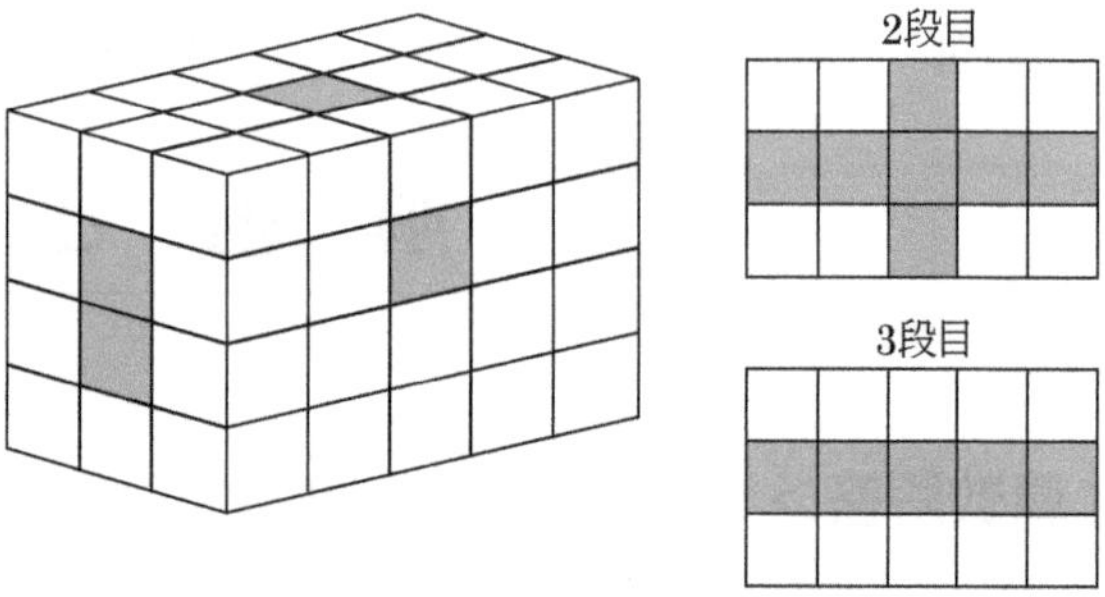

重要 (1) 右下表1 9段目までの数の個数…(1+9)×9÷2=45(個) したがって，50番目の数は10+4=14

やや難 (2) 初めて51が現れる段数…(51+1)÷2=26(段目) 26段目に51が現れる順番…51−25=26(番目)
したがって，51は26個ある

(3) 1と2…1個ずつ 3と4…2個ずつ 5と6…3個ずつ
したがって，52個ずつある数は52×2=104と104−1=103

表1 1
2 3
3 4 5
4 5 6 7
5 6 7 8 9
6 7 8 9 10 11
⋮

重要 **3 (ニュートン算，割合と比，消去算，鶴亀算)**

初めの客数…405人 4つの入場ゲートで行列がなくなる時間…45分 7つの入場ゲートで行列がなくなる時間…15分 1分で増える行列の人数…○ 1つの入場ゲートで1分に通る人数…□

(1) □×4−○…405÷45=9(人) □×7−○…405÷15=27(人) したがって，1つの入場ゲートで1分に通る人数は(27−9)÷(7−4)=6(人)

(2) ○…(1)より，6×4−9=15(人) したがって，求める時間は405÷(6×5−15)=27(分)

(3) 3つの入場ゲートで1分に減る人数…(1)・(2)より，6×3−15=3(人) 6つの入場ゲートで1分に減る人数…6×6−15=21(人) したがって，求める時刻は(21×39−405)÷(21−3)=414÷18=23(分後)

重要 **4 (速さの三公式と比，グラフ，割合と比，単位の換算)**

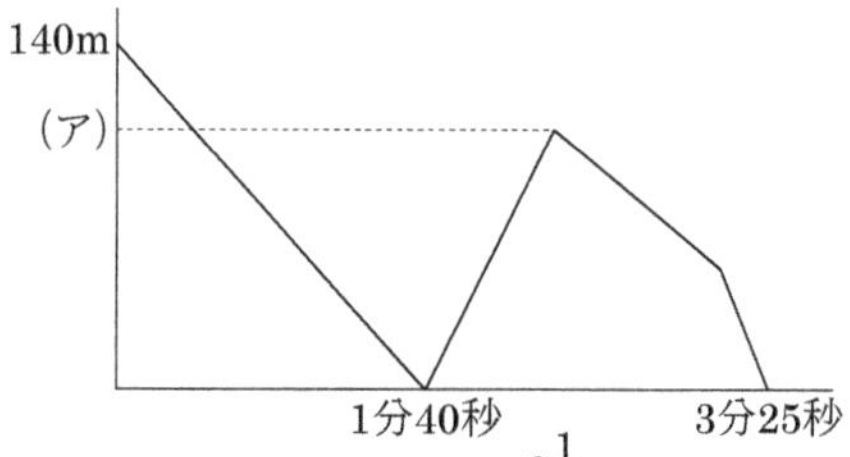

動く歩道①…中学校から高校まで動く
動く歩道②…高校から中学校まで動く
①と②の速さ…等しい
光さん…①に乗り，あゆみさんとすれ違うと①の上を歩き始め高校に着くと，すぐに②に乗って歩く
あゆみさん…光さんと同時に②に乗る
グラフ…2人の間の距離の変化を表す

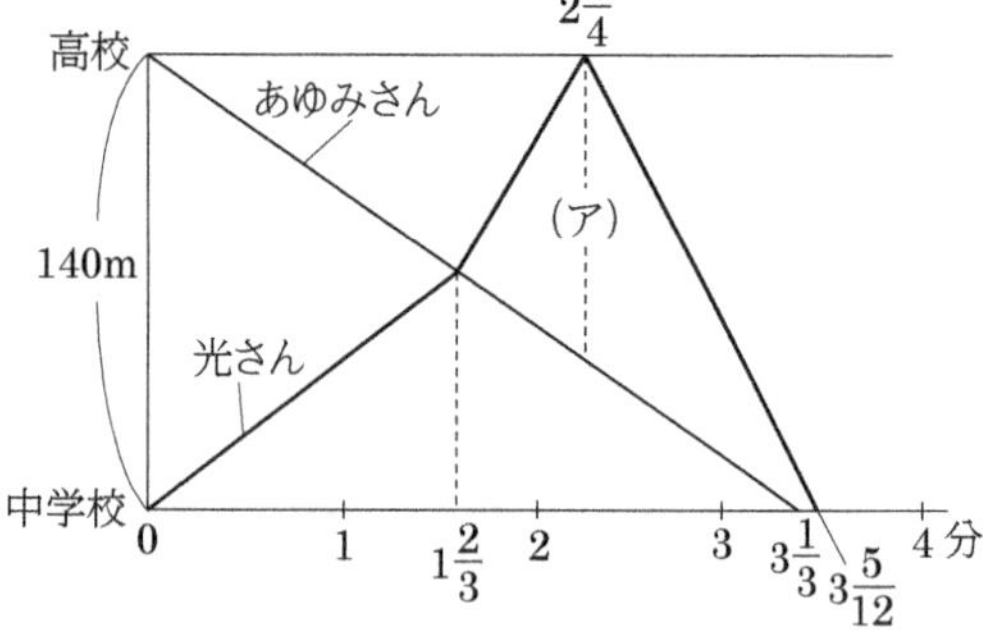

(1) 動く歩道の分速…$140\div2\div1\frac{40}{60}=42$(m)

(2) 光さんが動く歩道を歩いた時間…3分25秒−1分40秒=1分45秒 光さんが動く歩道を歩いて70m移動した時間…1分45秒÷3=35(秒)=$\frac{7}{12}$(分) したがって，(1)より，歩く分速は$70\div\frac{7}{12}-42=78$(m)

(3) 光さんが高校に着いた時刻…(2)より，1分40秒+35秒=2分15秒後 したがって，(1)より，(ア)は$42\times2\frac{15}{60}=94.5$(m)

★ワンポイントアドバイス★

[1](7)「4段の直方体」は各段ごとに立方体の個数を確認する方法が簡単であり，[2]「数列」は簡単ではないが，1個・2個・3個～という区切りに気付くことがポイントになる。[3]「ニュートン算・鶴亀算」は，正解すべき問題である。

＜理科解答＞《学校からの正答の発表はありません。》

[1] 問1 ア，エ　問2 関節　問3 ウ　問4 0.0675秒　問5 0.3秒　問6 0.225秒

[2] 問1 A ウ　B イ　C ウ　問2 0.855cm　問3 イ　問4 イ

問5 ア ×　イ ○　ウ ○　エ ×

[3] 問1 ア　問2 ア　問3 (向き) ウ　(角度) 12度　問4 カ　問5 イ

○推定配点○

[1] 各4点×6(問1完答)　[2] 問1，問5 各1点×7　他 各3点×3

[3] 各4点×5(問3完答)　計60点

＜理科解説＞

[1] (人体―筋肉・神経)

基本 問1 骨の役割は，脳や内臓を保護すること，体を支えること，血液を造り出すことなどである。

基本 問2 骨と骨をつなぐ部分を関節という。

基本 問3 Aの筋肉が縮み，Bの筋肉がゆるむと腕が曲がる。

問4 脳から手の筋肉までの神経の長さは0.9mであり，電気信号が神経を伝わる速さは秒速120mなので，この長さを伝わるのに0.9÷120＝0.0075(秒)かかる。②の時間が0.06秒なので，①と②にかかる時間の合計は0.0075＋0.06＝0.0675(秒)である。

問5 10人が輪になっているので，自分の手首が握られてから次の人の手首を握る動作が10回繰り返されることになる。それにかかる時間が3秒なので，1回あたりの時間は3÷10＝0.3(秒)である。

問6 手首の皮膚から神経を通って電気信号が脳に伝わるのにかかる時間③は，①と同じ0.0075秒である。②の時間は0.06秒なので合計で2×0.0075＋0.06＝0.075(秒)である。問5の時間は0.3秒なので，脳が考えている時間は0.3－0.075＝0.225(秒)である。

[2] (熱の伝わり方―金属の熱の伝わり方)

基本 問1 加熱した場所から遠い場所ほど熱が伝わるのが遅くなる。Aでは(ウ)，Bでは(イ)，Cでは(ウ)が最後にあたたまる。

問2 レール1mは1℃の温度上昇で0.0114mm伸びる。25mのレールで30℃温度が変化するので，25×30×0.0114÷10＝0.855(cm)伸びる。

問3 アルミニウムの方が体積が大きくなるので，鉄より伸びが大きくなる。

重要 問4 球の体積が$5cm^3$で重さが39.5gなので，密度は39.5÷5＝7.9(g/cm^3)である。表よりこの金属は鉄とわかる。

問5 (ア) × 銅板は熱を伝えやすいので，素手で持つと火傷の危険がある。 (イ) ○ 加熱された銅は空気中の酸素と反応して黒色の酸化銅になる。 (ウ) ○ 酸化銅は電気を通さない。 (エ) × 銅は塩酸とは反応しない。

3 (地球と太陽・月一月の動き)

基本 問1　日食が起きるときは，太陽，月，地球が一直線上に並ぶ時である。このとき月は新月である。

基本 問2　満月は0時に真南に見える。月は1時間に15度東から西へ移動する。19時の月は真南の方角から15×5＝75(度)東にある。よって図1の写真は東の方角を向いている。

重要 問3　月は30日かけて地球の周りを一周する。1日あたり360÷30＝12(度)西から東に移動する。よって次の日の8月2日の同じ時刻には，(ウ)の方向に12度移動する。

問4　角度1度は4分に相当する。12度は12×4＝48(分)である。8月1日に見た月と同じ位置に月が来るのは前の日から48分後の19時48分である。

基本 問5　⑥の位置に月があるとき，向かって左側が光る(イ)の月が見られる。

★ワンポイントアドバイス★

実験に基づく問題が出題される。問題文が長めであり，要点や数値の規則性を読み取る力が求められる。

<社会解答>《学校からの正答の発表はありません。》

I　問1　②　問2　③　問3　鈴鹿(山脈)　問4　①　問5　③　問6　(例)　キリスト教の信者をみつけて，強制的に仏教へ改宗させるため。　問7　③　問8　イ)　法務省　ロ)　①　ハ)　④　問9　②　問10　②　問11　①　問12　③　問13　③

II　問1　②　問2　御朱印　問3　②　問4　④　問5　③　問6　イ)　②　ロ)　①　問7　イ)　②　ロ)　①　問8　④　問9　③　問10　安倍川(餅)　問11　④　問12　②　問13　③

○推定配点○

各2点×30　計60点

<社会解説>

I (総合一戸籍と家系図から見た諸問題)

問1　今治市は愛媛県の北東部に位置し，同市と尾道市を結んだ「しまなみ海道」は観光で有名である。また同市は東予新産業都市として製造業が栄え，特にタオル・造船で繁栄し，タオルは日本一，造船でも有数の生産地となっている。　①　伊予国があったのは，いまの福岡県ではなく愛媛県である。　③　浅井長政は上杉謙信ではなく，織田信長に滅ぼされた。　④　熊本城を完成させたのは，藤堂高虎ではなく加藤清正である。

問2　佐賀県で廃刀令などに不満をもった士族たちが反乱(佐賀の乱，1874年)を起こしたのは，大隈重信(1838～1922年)ではなく江藤新平(1834～1874年)である。大隈重信は，佐賀県出身の政治家である。彼は佐賀藩の武士の家に生まれ，幕末には幕府を倒す運動に参加した。明治維新の時期に外交などで活躍したことで中央政府に抜擢されて大蔵卿などの政府の要職を歴任した。1881年には国会の早期開設を主張し，明治14年の政変(1881年)で一時失脚した。その後，1882年に立憲改進党を設立するなどの政党の活動に関与しながらも，たびたび大臣の要職も務めた。

1898年には初めて内閣総理大臣となり，さらに1914年には再び内閣総理大臣となって第一次世界大戦に参戦した。なお，①の国会の開設を約束する勅諭を出したのは1881年，②の英吉利法律学校が設立されたのは1885年，④のノルマントン号事件が起こったのは1886年のことである。

問3　鈴鹿山脈は岐阜県・三重県・滋賀県との県境沿いに位置している山脈で，通常は関ケ原の南方にある霊仙山から鈴鹿峠までの範囲を指している。この山脈は北部と南部はなだらかの石灰岩質で，三重県側は比較的険しく，滋賀県側はなだらかな山並みとなっている。

基本　問4　朝鮮半島での優越権とともに，中国東北部(満州)の鉄道の一部と南樺太を譲り受けたのは，日清戦争(1894～1895年)ではなく日露戦争(1904～1905年)に勝利したポーツマス条約においてである。日清戦争に勝利した日本が結んだ講和条約は下関条約で，この条約で①清は朝鮮を完全な独立国であることの承認，②遼東半島・台湾・澎湖諸島の割譲，③賠償金2億両の支払いなどを認められた。

問5　モリソン号事件は，1837年に日本人の漂流民の返還と通商のための交渉を求めて来航したアメリカ船モリソン号が現在の神奈川県の浦賀と鹿児島県の山川で，異国船打払令によって砲撃された事件である。　①　二代将軍の徳川秀忠が定め，違反した大名が厳しく処分された守るべき法律は禁中並公家諸法度ではなく，武家諸法度である。禁中並公家諸法度は，天皇や公家を統制する法令である。　②　老中・水野忠邦による改革は，享保の改革ではなく天保の改革である。享保の改革は，八代将軍の徳川吉宗による改革である。　④　『ターヘル・アナトミア』は英語からではなく，オランダ語から日本語に翻訳され，『解体新書』として出版された。

やや難　問6　宗門人別改帳(宗門人別帳)は江戸幕府が毎年作成させたもので，その背景には幕府が行った宗門改がある。宗門改は幕府がキリスト教の信者を発見し，キリスト教から仏教へ宗教を変えることを強制するための信仰調査である。宗門人別改帳は，幕領と諸藩に宗門改役という役職を設置し，家ごとに宗派と檀那寺を記入させたものである。

基本　問7　平清盛(1118～1181年)は，平治の乱(1159年)で源義朝を破った。その後，1167年に武士として初めて太政大臣に就任すると一族を朝廷の主な役職や国司に任命し，また娘の徳子を高倉天皇のきさきにして天皇の外戚として政治の実権を握ろうとした。さらに1179年に院政を停止し，1180年には徳子の産んだ子を安徳天皇として即位させ，朝廷の中で強い力を持つようになり，平氏は全盛期を迎えた。したがって，平清盛は征夷大将軍になったことはない。

重要　問8　イ)　法務省は国の行政機関の1つであり，検察，刑の執行，人権擁護，出入国管理などの仕事を行い，出入国在留管理庁も監督している。　ロ)　A・B　日本国憲法第13条には，「すべての国民は，個人として尊重される。生命，自由及び幸福追求に対する国民の権利については，公共の福祉に反しない限り，立法その他の国政の上で，最大の尊重を必要とする。」とある。したがって，空欄(A)には生命，(B)には公共の福祉があてはまる。　C　日本国憲法第14条には，「すべての国民は，法の下に平等であって，人種，信条，性別，社会的身分又は門地により，政治的，経済的又は社会的関係において，差別されない。」とある。したがって，空欄(C)には社会的身分があてはまる。　ハ)「選択的夫婦別氏(別姓)制度」とは，夫婦が希望すれば別の氏を名乗ることができることである。他方，選択肢中の「同じ名字で家族の一体感を大切にする国であるべきだという意見も，尊重するべきだね。」という意見は，結婚した夫婦は男性または女性のいずれか一方が，氏を改め，同じ氏を名乗らなければならないとする「夫婦同姓制度」に連なるものである。したがって，この意見は「選択的夫婦別氏(別姓)制度への賛成意見」としてはふさわしくない。

問9　(あ)　この文は正しい。大化の改新のなかで示された新しい政治の方針とは，改新の詔である。この詔は646年に孝徳天皇(位645～654年)によって出されたもので，その内容は公地公民制，地方制度，班田収授，税制の4項目からなり，はじめての全国的な戸籍をつくることも目指された。　(い)　この文は誤っている。都が平安京に移されたのは，794年のことである。他方，大宝律令は701年に文武天皇(位697～707年)の命令によって刑部親王や中臣(藤原)鎌足の子である藤原不比等ら19名で編集した，日本で最初の律令である。したがって，「都が平安京に移されたあと，藤原不比等らが「大宝律令」を編さん」したということはない。

重要　問10　図中(A)は総税収の中で1990年は約40％占めていたが，2021年は約33％に減少しているので所得税，(B)は1990年には約30％占めていたが，2021年には約20％に減少しているので法人税，(C)は1990年の約8％から2021年には約32％に増加しているので消費税である。

問11　「DX化」の「DX」とは，デジタル・トランスフォーメーション(digital transformation，選択肢①)のことである。これはデジタルの技術を使用して，ビジネスや文化などを新たに創造・改良し，変化を続けるビジネスや市場の求めに応じようとすることである。なお，②のディープ・エクスピリエンス(Deep Experience)とは魅力的な体験やガイドツアーを探し出せる旅行体験予約サイト，③のデータ・トランスポーテーション(Data Transportation)は分析やレポート作成などのためにデータを変換し，最適化すること，④のディバイドは「分裂」，エクスプロージョンは「破裂」を意味する言葉である。

問12　2022年5月に就任にした韓国の大統領は，尹錫悦(選択肢③)である。彼は，第20代の韓国大統領就任前は，検察官や検察総長を務めていた。なお，①の習近平は中華人民共和国の国家主席，②の蔡英文は中華民国(台湾)の総統，④の文在寅は第19代韓国大統領(任2017～2022年)である。

基本　問13　参議院と衆議院の議決が異なった場合でも，再度衆議院の本会議で出席議員の3分の2以上の賛成で再可決することで，法律案を通すことができる。　①　参議院と衆議院で法律案の議決が異なった場合には，両院協議会は必要な時に開かれ，かならず開かれることはない。両院協議会がかならず開かれるのは，予算案の議決や条約の承認，内閣総理大臣の指名で議決が一致しない場合である。　②　参議院と衆議院の本会議で法律案が可決されると，成立した法律は内閣ではなく天皇によって公布される。　④　法律案を提出できるのは立法権をもつ国会議員のみではなく，内閣も提出することができる。

Ⅱ　**(総合—静岡県から見た日本)**

基本　問1　遠洋漁業は大型船を使って数か月かけて行う漁業で，主に太平洋やインド洋で行われる。しかし沿岸各国による排他的経済水域の設定や燃料となる石油価格の高騰などにより，日本の遠洋漁業は1970年代から漁獲高が減少し始めて，現在では養殖業・沿岸漁業・沖合漁業と比べて最も漁獲高は最も少なくなっている。　①　沖合漁業の生産量の減少の理由は，底引きあみ漁法や魚群探知機の使用に規制が設けられたことではなく，海の環境変化や水産資源を適切に管理せずに乱獲を行ったためである。　③　海面養殖業の生産量の減少の理由は，赤潮の発生や海岸の埋め立てなどで漁場の環境が変化したのではなく，消費者の要求に対応できないことや生産調整，輸入価格の安さなどである。　④　沿岸漁業の生産量の減少の理由は，東日本大震災の津波の影響で多くの漁船が流されてしまったことではなく，磯焼けの発生や沿岸開発による水産生物の減少などである。

問2　お寺や神社で，参拝者に向けて押される印のことを御朱印という。御朱印には一般的に印章，お寺・神社の名前，仏様や神様の名前などの墨書きで構成されている。御朱印はもともと巡礼者がお寺で納経した時にその証として「納経印」を与えたものが始まりとされ，後にお経を納めなくとも御朱印がもらえるようになったといわれる。

問3　東海工業地域は静岡県の太平洋側に発展した工業地域で，主として自動車工業を中心とした機械工業や製紙・パルプ工業が発達している。他方，中京工業地帯，瀬戸内工業地域，東海工業地域，京葉工業地域の中で機械工業の割合が高いのは，中京工業地帯と東海工業地域である。設問中のグラフの中で機械工業の割合が高いのはグラフ②とグラフ④であるが，出荷額が多いグラフ④が中京工業地帯，少ないグラフ②が東海工業地域にあてはまる。なお，グラフ①は瀬戸内工業地域，③は京葉工業地域の出荷額と各工業の割合である。

問4　川端康成(1899～1972年)は小説家・文芸評論家で，その代表作には『伊豆の踊子』の他，『雪国』や『古都』などがある。彼は1968年に日本人で最初に，ノーベル文学賞を受賞した。なお，①の三島由紀夫(1925～1970年)は小説家・評論家，②の宮沢賢治(1896～1933年)は詩人・童話作家，③の大江健三郎(1935～2023年)は現代日本文学を代表する作家の1人である。

問5　アメリカ・メキシコ・カナダの3ヵ国が関税を引き下げ，自由貿易を行うために結んだ協定で2020年に発効したのは，USMCA(米国・メキシコ・カナダ協定，選択肢③)である。この協定は，アメリカ合衆国のトランプ政権の主導のもとで北米自由貿易協定(NAFTA)を抜本的に見直して結ばれたものである。なお，①のTPPは環太平洋経済連携協定，②のASEANは東南アジア諸国連合，④のMERCOSURは南米南部共同市場である。

重要　問6　イ)『東海道名所図会』の中の「三穂神社(御穂神社)」は「羽衣松」よりも近くに見え，また「三穂神社」の手前には海岸線と海が見えている。他方，「2万5千分の1電子地形図」の中でそのような景観に見えるのは，矢印②の方向から見た場合である。　①　この方向から見ると，海は「三穂神社(御穂神社)」や「羽衣松」の先に見えることになる。　③　この方向から見ると，「羽衣松」の方が「三穂神社」よりも近くに見えるようになる。　④　この方向から見ると，「羽衣松」が「三穂神社(御穂神社)」より手前になり，また海も「三穂神社」の先に見えている
ロ)　韮山反射炉は静岡県伊豆の国市にある反射炉跡で，2015年に「明治日本の産業革命遺産」として登録された。反射炉は金属を溶かして優良な鉄をつくるための施設であり，韮山反射炉は実際に鋳鉄の溶解が行われた反射炉としては，世界で唯一現存するものである。

重要　問7　イ)（あ）　この文は正しい。『万葉集』は奈良時代の770年頃にまとめられた日本最古の和歌集で，仁徳天皇(位4世紀末～5世紀前半)のころから奈良時代までの約4500首の和歌が集められている。収められた歌には天皇・皇族や貴族の歌の他，農民や防人の歌とされるものや大和をはじめとする地方の歌も多い。　（い）　この文は誤っている。平安時代に醍醐天皇の命令で，紀貫之らによってまとめられたのは『新古今和歌集』ではなく，『古今和歌集』である。『新古今和歌集』は後鳥羽上皇の命令で，藤原定家らが編集したものである。　ロ)　緊急地震速報が出るのは，震度6弱以上ではなく震度5弱以上の大きな揺れが起こる前である。また緊急地震速報を出しているのは，防衛省ではなく気象庁である。防衛省は日本の安全を守り，災害などから人々の命や財産を守る国の行政機関で，自衛隊の管理・運営を行っている。

問8　弥生時代には死者を木や石や土器の棺におさめて村の近くの共同墓地に葬ったが，それらの棺の中に銅剣・銅鏡・勾玉などの貴重な副葬品をおさめた棺がみられるようになる。そのことから村の首長が人々を支配する権力を持つようになり，人々の間に貧富や身分の差が出て来たと考えられる。したがって，銅が副葬品に使用されたことはあるが，青銅製の棺がくにの有力者のお墓に使われたことはない。

基本　問9　芦ノ湖は神奈川県足柄下郡箱根町にある，箱根山のカルデラ湖である。この湖は神奈川県南西部にある県内最大の湖で，水源の大部分が湖底からの湧き水である。なお，①のサロマ湖は北海道，②の十三湖の青森県，④の宍道湖は島根県にある汽水湖である。

問10　安倍川餅は和菓子の一種で，静岡県静岡市の名物である。本来はつきたての餅にきな粉をまぶし，その上から白砂糖をかけた物であるが，現在ではきな粉をまぶしたものとこしあんを絡

めたものの二種類を皿に盛ったものが一般的である。安倍川餅は江戸時代初期に安倍川岸で，徳川家康が茶店に立ち寄ったところ，そこの店主がきな粉を安倍川上流で取れる砂金に見立て，つきたての餅にまぶして献上したところ，徳川家康は大いに喜んで，安倍川にちなんで「安倍川餅」と名付けたといわれる。

問11　政令指定都市は1956年に横浜・名古屋(選択肢③)・京都(選択肢②)・大阪・神戸(選択肢①)の「五大都市」と呼ばれた5市が初めて指定され，次いで北九州・札幌・川崎(選択肢④)・福岡・広島・仙台・千葉・さいたま・静岡・堺・新潟・浜松・岡山の各市が指定され，さらに2010年4月に相模原市，2012年4月に熊本市が指定され，全部で20市となった。したがって，川崎市は最初に政令指定都市に指定された5市にはあてはまらない。

基本　問12　表中の(あ)は水力発電の割合が全体の約3分の2を占めているので発展途上にあるブラジル，(い)は火力発電の割合が全体の約3分の2を占めているのでアメリカ，(う)は原子力発電が全体の約3分の2を占めているので原子力発電が盛んなフランスである。

問13　設問中の作物はわさびで，その生産量の割合(2022年)は1位の長野県が33.1%，2位の静岡県が28.5%であり，この上位2県で全体の約3分の2を占めている。なお，表中の①はチンゲンサイ，②はみかん，④は茶の生産量の全国3位までの都道府県を示したものである。

★ワンポイントアドバイス★

大問2題の総合問題という形式はこれまでと同様であるが，両問とも地理・歴史・政治の各分野の様々な視点から問われるので，1行の説明問題を含めてしっかりと基本的な知識を押さえるようにしよう。

＜国語解答＞《学校からの正答の発表はありません。》

Ⅰ　問1　a　変声期　b　外(す)　c　心労　d　看病　e　意向　問2　A　ア　B　エ　C　ウ　問3　a　キ　b　イ　c　エ　d　カ　問4　D　ア　E　カ　F　ウ　G　エ　問5　エ　問6　エ　問7　ウ　問8　ア　問9　H　エ　I　ウ　J　イ　K　オ　問10　(1)　ウ　(2)　オ　(3)　キ　(4)　サ　問11　(1)　ウ　(2)　エ　(3)　ケ　(4)　コ　問12　a　カ　b　ウ　c　ケ　d　オ　e　エ　f　ク

Ⅱ　問1　A　エ　B　イ　C　オ　D　ウ　問2　ウ　問3　エ　問4　a　オ　b　カ　c　イ　d　エ　問5　(1)　ア　(2)　カ　(3)　ケ　問6　イ　問7　ウ→イ→エ→ア　問8　ウ　問9　a　ウ　b　キ　c　ア　d　オ　e　ク　(1)　B　(2)　A　(3)　A　(4)　A

○推定配点○

Ⅰ　問2・問3・問4・問12　各1点×17　問9　4点(完答)　他　各2点×17

Ⅱ　問1・問9(1)～(4)　各1点×8　問7　5点　他　各2点×16　計100点

＜国語解説＞

Ⅰ　(物語文－主題・心情・細部表現の読み取り，空欄補充，漢字の書き取り)

基本

問1　a　声変わりする年ごろのこと。「声変わり」とは，中学生の頃に子どもっぽい声が大人のような声に変わること。おもに男子に起こる。　b　ここでは，取ってしまうこと。「ねらいを外す」という表現の場合，「外す」の意味はそらすとなる。　c　気をつかって，いろいろと心配すること。ひどく疲れることを「過労」という。　d　病人の世話をすること。医者の手助けや病人の世話を仕事にする人を，「看護師」という。　e　どうしたら良いかという考えのこと。「親の意向」とは，物ごとに対する親の考えのこと。

問2　A　強引な感じに突き飛ばしている。そのような様子を意味する言葉は，アの「どん」である。　B　梯子に飛びついたのである。飛びついた様子を意味する言葉は，エの「ぴょん」である。　C　サインペンのキャップが落ちてアスファルトの地面にあたるときの音を表す言葉。ウの「かつん」である。

問3　a・b　aとbは組み合わせて考えると分かりやすい。bは「全然おいしくない」のように「ない」をともなうのである。「……ない」とあるのだから，イの「否定する」があてはまる。aはbの反対があてはまる。否定ではない，キの「肯定する」があてはまる。　c　「全然恋の奴隷だった」という表現は，「恋の奴隷」である程度が大きいことを意味している。「全然おいしくない」の場合は，「おいしくない」という程度が非常に大きいことを意味している。程度の大きさなどを表しているため，空欄cには，エの「強調する」があてはまる。　d　祖父が「間違い」だと思っている形で，母は「全然」という言葉を使っている。カの「運用する」があてはまる。

問4　D　空欄Dよりも少し前の部分に「母はS市の実家からM市の勤め先に通うことにした」とある。そのようになり，「毎日往復三時間の移動」になってしまったのである。そして，疲労が蓄積されていったのである。空欄Dには，アの「徐々に」があてはまる。　E　空欄E以降に「親の言葉にすこぶる素直」「運動に関しても親の意向があって，須藤君はそれに従っているだけ」とある。野球部は，須藤君の希望というよりも，親の意向なのである。その点から考えると，空欄Eにはカの「意外に」があてはまるとわかる。須藤君の野球部は，意外なのである。　F　「古いトースター」に関する表現である。古いのだから，あまり使わなくなったのである。ウの「滅多に」があてはまる。　G　思い切り投げつける前の動作である。空欄Gにはエの「乱暴に」があてはまる。乱暴に掴んで，投げつけたのである。

問5　傍線②を含む場面の状況を正確におさえて，選択肢の内容を比較する。祖母の死，祖父の心労，祖父の看病など，母にはたいへんなことが続いている。そして，傍線②ではパンが黒焦げになった。その黒焦げのパンを母はいらだちのあまり投げつけたが，その後，足下に落ちたパンを慎は「構わないから」と手を伸ばした。そこで母は「ばかっ」と慎に対して怒鳴ったが，傍線②のうつむいた「自分」とは，母自身を表す。母はパンや慎に当たり散らしているような状況を，自ら申し訳ないと思って，自分が「ばかっ」と言われたような気持ちになり，反省してうつむいたと考えられる。以上の状況をおさえる。「母……いろいろなことがうまく運ばない」「思わず慎を怒鳴った」「慎に八つ当たり……少し落ち込んでいる」とある，エが解答になる。アは「慎……母親をなぐさめたいと思い黒焦げのパンを拾った」とあるが，母親をなぐさめるためにパンを拾ったのではない。イは「慎は……自分自身を責めている」とあるが，おかしい。「うつむいた」のは，母の行動だと読み取れる。ウは「祖父に聞こえて叱られるのではないかと焦ってしまった」とあるが，おかしい。祖父に叱られるのではないかと思って，うつむいたのではない。

問6　傍線③を含む場面の状況をおさえて，選択肢の内容を比較する。早朝は貨物列車のラッシュなのである。母は苛立ち，ハンドルを叩いたりしているのである。だが，牛を満載した車両がゆっくり目の前を通り過ぎると，我にかえって，母は多少おだやかな心持になる。イライラした状況と牛を満載してのんびりした車両の不釣り合いな感じが，母の苛立ちをやわらげ，母の機嫌を少しでも良くしたのである。慎は救われた気持ちになり，ありがたく思う。「いらいらが高まる状況」「牛を満載した車両がゆっくり」「母の様子が少し穏やかに」「ありがたく思った」とある，エが解答になる。アは「慎も穏やかな気持ちになることができ」とあるが，おかしい。アには母の変化について書かれていない。イは「母は満面の笑み」とあるが，おかしい。傍線③よりも少し前には「少し笑っているようにみえる」とある。ウは「牛を積み込んだ車両が通り過ぎさえすれば踏切が開く」とあるが，おかしい。「貨物列車のラッシュ」とある，牛を積み込んだ車両が通り過ぎた後，常にすぐ踏切が開くかどうかわからない。

問7　傍線④よりも前の部分に，「母があの夜，慎一と二人でいなくなってしまっても自分は納得していたのだと心の中で考えた」とある。慎は，母の恋愛に関して，自分のことよりも恋愛を優先してかまわないと思っているのだ。だが，そのような思いを直接母に伝えることができず，念力を送るようにしていて，気づいてほしいと思っているのである。「恋人を優先したって構わない」「母に直接伝える勇気はない」「気づいてほしい」とある，ウが解答になる。ア，イ，エは「念力をおくるように」して母に伝えようとした慎のメッセージについて記されていない。誤答になる。

問8　思うようにいかないことが続いていた母の大失敗である。傍線⑤直前に「二人ともうっかりしていた」とはある。だが，車のキーをさしたままドアを閉めたのは，運転手である母の大失敗ともいえる。これまで，祖母，祖父，貨物列車のラッシュ，慎一と，自分以外のことを中心に苛立っていた母は，自らもたいへんなことをしてしまった。自らしてしまった大失敗に，何も言えなくなっている状況なのである。パンは焦がしたら，取り返しがつかない。車のキーもさしたままドアを閉めれば，開けることができない。「焦げたパンをみるような目」とは，どうしようもないことをしてしまった母の，戸惑いや苦悩を表していると考えられる。「思うようにいかないことが連続」「自らもミス」「言葉を失っている」とある，アが解答になる。イは「現実には起こりえないはずの光景」とあるが，おかしい。起こったことは，現実には起こりえないような光景ではない。ウには「焦げたトーストにいらだったかつての朝」，エには「恋実とうまくいかなくなった日のこと」とある。特定の何かを思い出しているかどうかは，読み取れない。

重要 問9　H　手提げは車の中にあり，しばらくは取り出すことができない。慎に「手提げがないと学校にいけない」と言われても，母親としては，今日は手提げなしで行きなさいとしか言えない。エの「……そのまま学校に行きなさい」が解答になる。　I　直後で，慎は「書道の道具」と発言している。「書道の道具」という言葉を引き出したのであるから，ウの「手提げに大事なものでも入っていたのかい？」があてはまる。　J　空欄J直前にある「書道の道具」という言葉とのつながりで考える。手提げに入っているのは「書道の道具」→「借りなさい」とつながるのである。イが解答になる。　K　空欄Kの直後に，「母の苛立ちはどんどん高まっていった」とある。母の苛立ちが高まった様子が読み取れる選択肢を選ぶ。「どうしたらいいっていうわけ」とある，オが解答になる。

問10　(1)　空欄K以降，「なにをどうわかったのか」「何を思ったか母は」「慎はまだ母がなにをしようとしているのか飲み込めていなかった」とある。慎は母の意図を理解していない。「意図……理解できないでいます」とある，ウが解答になる。アは「おだやかで優しかったことをなつかしく思い出しています」とあるが，物語の状況にあわない。イは「ストッキング……不安な気持ち」とあるが，ストッキングを見て不安になどなっていない。　(2)　(1)で答えた状況の後を読み進める。文章中の「本当なら今度は……」で始まる段落には，「この軽業が途中で誰かにとがめられるなどということは想像できなかった」とある。慎は，母の様子が誰かに見つかるなどということを，考えなくなっていたのである。「誰かに見つかるとは思わなくなります」とある，オが解答になる。エは「言いつけの真意」とあるが，おかしい。この場面で母に言われたことは「見張ってて」であるが，真意を考えるようなことではない。カは「なげやりな気持ち」とあるが，おかしい。なげやりな様子は読み取れない。　(3)　傍線⑥直前の部分に目を向ける。「母がこれからどこかに消え去ってしまうような気がする」とある。「母がふいに消えてしまうという思いにわけもなくとらわれる」とある，キが解答になる。クの「自分自身も消えてしまう」，ケの「すべてが消えてなくなってしまえばいい」は，傍線⑥直前の文章に書かれた慎の思いに合わない。　(4)　「どこにいるの」「近くか遠くか，上からなのか横からなのかも分からない」などの表現と，コ～シの表現を参考にして，解答を見つける。「僕も霧の中にいた」とあるが，慎はさまざまな意味で，自分を見失っていたのである。「自分自身を見失っていた」とある，サが解答になる。コの「母は自分を愛していた」，シの「母が生きていた」という選択肢は，「僕も霧の中にいた」という文章中の表現に合わない。

重要　問11　(1)　傍線④よりも後の部分に着目する。手塚治虫の本を持ってくるように命令されたのである。慎は「多分返してはもらえないだろう」と思いながらも，持っていく用意をしている。「貸した本は返ってこない」「持って行くことにはためらいがありません」とある，ウが解答になる。アの「友達を喜ばせよう」，イの「早く手放したい」は，文章で示された状況に合わない。
(2)　言われるがままに本を持って行こうとした慎の様子を意識する。「自分から現状を打破しようとは思っていません」とある，エが解答になる。オの「母が自分にもっと注目」，カの「友達を喜ばせたい」は，文章の内容と合わない。　(3)・(4)　傍線⑥が含まれる場面で，慎は母に呼ばれ，見失いかけていた自分を取り戻す。そして須藤君に会って，霧は晴れる。それは，ぼんやりした状況から自分自身の思いを見つけ出し，主体的に生きられるように変わる慎の様子を表していると考えられる。傍線⑦で，慎は須藤君に手提げを渡す。それは，誰かに命令されたことではない。慎の主体的な選択である。つまり，手提げを須藤君に手渡すことは，ケの「主体的に生きる」ことや，コの「命令に従わない」ことにつながる。解答は，(3)がケ，(4)がコになる。キの「須藤君に心を許せる」，クの「母を信じられる」は，慎がこの場面で手提げを須藤君に渡そうとしたことが意味する内容だとは言えない。サの「新しい友だちをつくること」，シの「母と会話すること」も，慎が手提げを須藤君に渡したことが意味する内容をしてふさわしくない。

やや難　問12　a　「馬鹿」たちによって，ひどい目にあわされていたにも関わらず，慎は「平気だよ」ときっぱり言う。解答は「意外にも毅然とした態度」とある，カになる。　b　家族の死をきっかけに，祖父の看病をしなくてはならなくなったり，そのために日常生活がたいへんになったりするなど，ウのような「めまぐるしい変化」があった。解答は「めまぐしい変化」とある，ウになる。　c　「これ預かってくれない」と須藤君に頼んだり，命令に従わない選択をできるようになったりするなど，ケのように「自分の意志を表現すること」ができるようになったのである。
d　「色とりどりのドイツ車が連なって走る」ような状況である。オの「めったにない光景」が解答になる。　e　連なるドイツ車を一気に抜き去ったのである。一気に抜き去った状況から考え，合う選択肢を探す。エの「充足感や爽快感」があてはまる。抜き去って，とても気持ちよく感じているのだ。　f　祖母の死以降，たいへんな状況が続いていた。だが，慎の変化を目にして，母も状況がより良くなってきたのである。クの「自分らしさを取り戻す」があてはまる。

Ⅱ　(論説文－要旨・論理展開・細部表現の読み取り，空欄補充，ことばの用法)

問1　A　空欄Aよりも後の部分に「相当に程度の差がある」と書かれている。「不思議だと思いつつすぐ心から消えてしまう」と「［ A ］そのふしぎさを追究していきたくなる」の二つに，相当に程度の差があるのだ。程度の差が大きいのだから，空欄Aには，エの「あくまで」があてはまる。「あくまで」は，意志を持ってやりぬくという意味。すぐ心から消えてしまうのと，あくまで追究していくというのは，相当に程度の差があるということになる。　B　気になって，ついに起き出したという文脈である。ついにという意味を持つ言葉は，イの「とうとう」である。

C　何とか心の平静を取り戻したのに，また心の平静が失われるとの文脈である。努力などが残念な状況に変わってしまうときに用いられる言葉は，オの「せっかく」である。　D　大人は「ふしぎ」を持ち続けているのではなく，ほとんど「あたりまえ」の世界の中に生きているという文脈である。ほとんどという意味を持つ言葉は，ウの「だいたい」である。

基本　問2　傍線①よりも前の具体例に着目する。「赤い帽子に赤い靴，鞄まで真赤という服装のおじさん」を再度見かけたことに関して，「偶然だ」「流行」「僕をつけている」などと，自分なりに答えを見つけようとしている。「納得できるような自分なりの答えを見つけようとする」とある，ウが解答になる。アの「『ふしぎ』なことから目をそむけ」，イの「『ふしぎ』だと思っていたこともそう感じなくなる」は，おかしい。自分なりの答えを見つけようとしていることに結びつかない。エは「答えを追い求めること自体が目的」とあるが，それが目的だとは読み取れない。

問3　傍線②より前の部分に「このように考えると」という表現がある。「このように」が指す内容を確認して解答を考えていく。「このように」の部分には，2つの具体例が書かれている。ひとつは，ニュートン。リンゴが木から落ちることはあたりまえだが，「ふしぎ」だと思って追究を続け，万有引力の法則を見つけた。ふたつ目は釈迦牟尼。「人間は必ず死ぬ」のはあたりまえだが，「ふしぎ」だと思って考え抜き，仏教を生み出した。ともに「あたりまえ」のことを「ふしぎ」ととらえ，突き詰めることで偉大な成果を出したのである。「『あたりまえ』とされていること」「『ふしぎ』ととらえ」「大きな成果につながりうる」とある，エが解答になる。アは，「多くの人が力を合わせて」とあるが，おかしい。ここでは，多くの人が力を合わせたわけではない。イは，「『あたりまえ』を『ふしぎ』から区別して考えていく」とあるが，「『あたりまえ』とされていることを「ふしぎ」ととらえる」とは，意味が異なる。ウは「『ふしぎ』について『あたりまえ』に考え続けていく」とあるが，「『あたりまえ』とされていることを「ふしぎ」ととらえる」とは，意味が異なる。

問4　a　設問の文の中の空欄bより後の部分に着目する。「自分で考え続けなければ……答えが出るはずがありません」とある。自分自身で考える努力を続ける必要があるのだ。釈迦牟尼も，自分で考え続けたのである。そのような意味にできる表現は，オの「孤独」になる。「孤独の中で努力をして考え続けた……」という形になる。　b　「ふしぎ」と受け止めている人以外が生活する場を表す言葉があてはまる。カの「日常」がふさわしい。　c　自分自身で考え続けないと満足できる答えが見つからない，という文脈である。イの「充分」があてはまる。「充分」には，不足がなく満足できるという意味がある。　d　文章中の「他の人はごまかして生きているのに，自分だけが考えるべきことを考えている」という言葉に着目する。非常に傲慢な考え方になっている。空欄dには，エの「傲慢」があてはまる。「傲慢」とは，思いあがったえらそうな様子を意味する。

問5　「おおたにまさひろくん」について書かれた部分に着目して，解答を考えていく。

(1)　おおたにくんの詩を読むことで「今まで見過ごしてきたこと」に注意を向けられたり，関心を寄せたりすることができるのである。常識的なものの見方から離れて，気づきがあったと考えられる。「常識的な考えにとらわれがちな大人」「ハッとさせ」とある，アが解答になる。イの「大人をがっかり」，ウの「子煩悩な大人をホッと」は，傍線④近くに書かれた内容に合わない。

(2)　大人にとって「あたりまえ」のことの中に，子どもの「ふしぎ」がたくさんあるのだ。「『あたりまえ』なことが『ふしぎ』の中に存在」とある，カが解答になる。エは「『ふしぎ』なことこそが『あたりまえ』」とあるが，おかしい。子どもは「ふしぎ」だと考えているのである。「あたりまえ」とは感じていない。オは「……口にできる」とあるが，口にできるかどうかの問題ではない。　(3)　傍線④より後の部分に「こんなのを見ると……日常の『あたりまえ』の世界に，異なる角度から照らす光景ができて……今まで見過ごしてきたことに注意を向けられたり，関心を寄せたり」とある。おおたにまさひろくんの詩から，今までとは異なる世界が見えて，新しい気づきが生まれてくるのである。「いつもの風景がいつもとは違った形で見えてくる」とある，ケが解答になる。キの「懐かしい風景」，クの「自分の未来」は，文章中で述べられている内容に合わない。

問6　傍線⑥以降に，「子どもは自分の答に『納得』した」とある。その点を解答の手がかりにできる。「自分なりの解釈を見つけ出している」とある，イが解答になる。アの「擬人法を実践的に習得した」，イの「ファンタジーを生み出している」，エの「自ら成長していくきっかけをつかんだ」の部分は，傍線⑥以降に明示された「子どもは自分の答に『納得』した」という表現に合わない。

重要　問7　初めに，疑問の中心となる話題を明示する。ウ「太陽が球体なのを知っていた」→イ「しかし，金の馬車としてそれを語った」という形。そして，エの「どうしてだろう」で，読み手に問いかける。その問いかけの答えが，アの「……英雄として物語ることが，はるかにふさわしかった」になる。このつながりにすると，文として意味が通る。

問8　傍線⑥直後の「坊や」の説明が参考になる。神話的なとらえ方をしないと，「世界」との関わりは説明できなかったのである。つまり，現在のテクノロジーの発展につながる自然科学的な物の見方も重要だが，個人の内面の説明につながる神話的な物の見方も重要であり，一方だけでは不十分になるのだ。「ともにあってこそ効果的」「一方だけでは自分がかかわる世界を説明することはできない」とある，ウが解答になる。ウ以外は，自分のかかわる世界を説明することができなくなる点にふれていない。

やや難　問9　a　「妄想」とは，内的事実に極端に縛られた「物語」なのである。つまり，ウの「根拠のない判断」に基づく。外的事実には結びつかない。ウが解答になる。　b　空欄bよりも前に，「個人の事情は取り払って」とある。個人の事情，つまり内的世界を関わらせないようにしたものは，文章中の表現では，「『自然科学』の方法」になる。キの「『自然科学』的な発想」があてはまる。　c　「自然科学」の方法は，普遍的な話を生み出すのである。普遍的とは，すべてのものに共通するという意味である。空欄cには，アの「普遍的な性格」があてはまる。　d　文章中の傍線⑥より前の部分を参考にする。「『自然科学』の知」に対する信頼のきっかけになったのは，オの「テクノロジーの発展」である。　e　文章中の傍線⑥よりも前の部分を参考にする。近代人は「神話」を嫌うようになるのである。クの「『神話』を解釈すること」が解答になる。「神話」を解釈することを嫌うようになるのだ。

(1)　何かをしたという根拠にあたる事実のことである。「外的事実」である。空欄(1)には，Bの「外的」があてはまる。　(2)　不安や恐れは心の中にあるものである。空欄(2)には，Aの「内的」があてはまる。　(3)　空欄(3)以降を見ると，空欄(3)を含む部分の態度が，物理学の法則の発見につながっていることが分かる。空欄(3)にはAの「内的」があてはまる。内的事実を一切排除しようとする態度が物理学の法則の発見につながったのである。　(4)　自然科学によって切り捨てられがちな，自分の心のありように関係する言葉が空欄(4)にあてはまると考えられる。Aの「内的」があてはまる。

★ワンポイントアドバイス★

文章の一部分が空欄になり，選択肢を並べ替え，その空欄を埋めるという設問が出題されている。論理構成を十分に考えて，選択肢を並べ変える必要がある。それぞれの選択肢の表現に注意して，論理構成を組み立てていきたい。

第2回

2024年度

解　答　と　解　説

《2024年度の配点は解答欄に掲載してあります。》

＜算数解答＞《学校からの正答の発表はありません。》

1 (1) 9　(2) $\frac{1}{3}$　(3) 2　(4) 7時間15分　(5) 42g　(6) 19度
(7) 18.84cm^2

2 (1) 27回　(2) 1056個　3 (1) 24cm^3　(2) 16cm^3

4 (1) 13時間20分　(2) 5時間33分20秒　(3) 2時間30分

5 (1) 11　(2) 毎分96m　(3) $26\frac{3}{7}$

○推定配点○

1 (1)・(2) 各5点×2　他 各6点×15　計100点

＜算数解説＞

1 (四則計算，規則性，割合と比，仕事算，植木算，単位の換算，消去算，平面図形)

(1) $23\div7+40\div7=9$

(2) $\square=\frac{4}{9}\div6\times\frac{9}{2}=\frac{1}{3}$

重要 (3) $3\div7=0.428571$～　$32\div6=5$余り2　したがって，求める数は2番目の2

(4) 全体の仕事量…$6\times4=24$　4人で仕事をする時間…$24\div4=6$(時間)　したがって，休みもふくめた時間は6時間＋15分×5＝7時間15分

(5) それぞれのおもり1個の重さ…A，B，Cで表す　A＋B×2＋C×3＝46(g)…ア　A×4＋B×3＋C×4＝A＋B×4＋C×4より，A×3＝B…イ　A×4＋B×3＋C×4＝A×4＋B×4＋C×2より，C×2＝B…ウ　A：B：C…イとウより，1：3：1.5＝2：6：3…エ　アとエ…2＋6×2＋3×3＝23が46g　したがって，2×3＋6×2＋3＝21は46÷23×21＝42(g)

図1

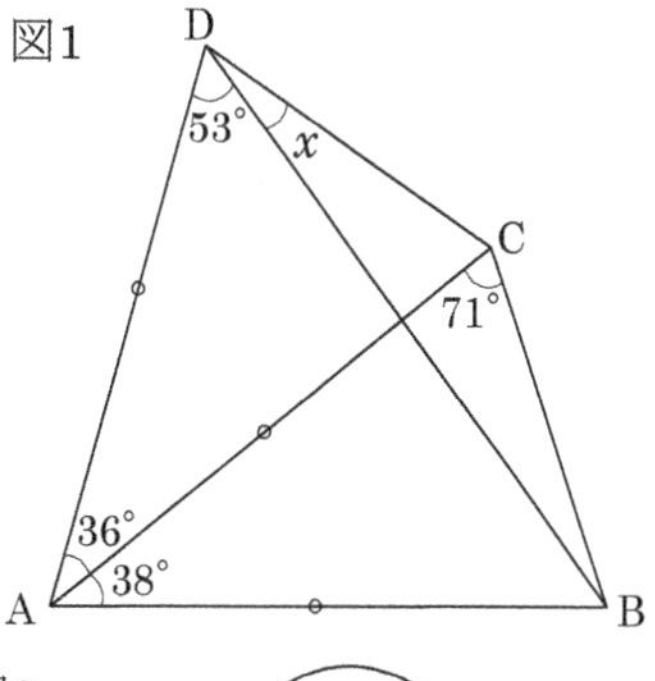

(6) 角ABD…右図1より，180－(53＋36＋38)＝53(度)　角ABC…180－(71＋38)＝71(度)　角CDA…(180－36)÷2＝72(度)　したがって，角xは72－53＝19(度)

(7) 右図2…2×2×3.14÷6×9＝6×3.14＝18.84(cm^2)

図2

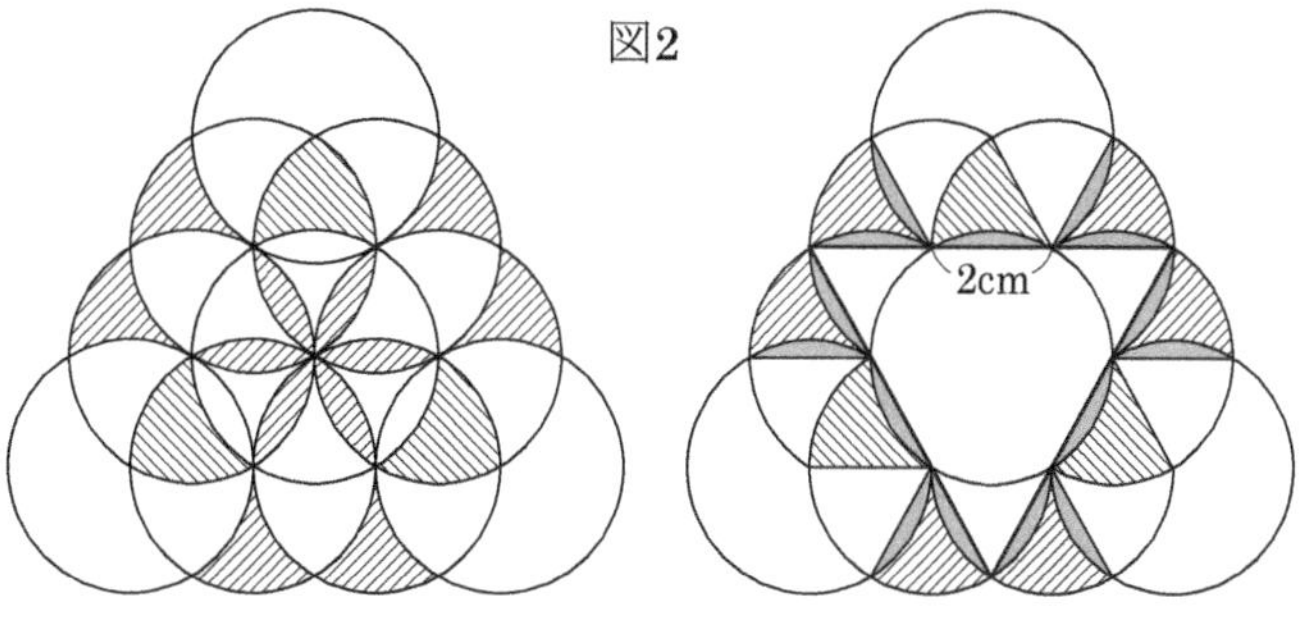

2 (数の性質，規則性，場合の数)

N＝1×2×2×3×3×3×4×4×4×4×5×5×5×5×5×6×…×9

重要 (1) 3…3が3個　6＝3×2…3が6個　9＝3×3…3が9×2＝18(個)　2…2が2個　4＝2×2…2が4×2＝8(個)　6＝3×

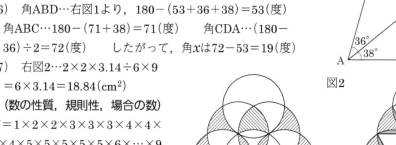

2…3が6個　8＝2×2×2…2が8×3＝24(個)　したがって，Nは6で3＋6＋18＝27(回)割り切れる

やや難 (2)　(3×3×3)×(5×5×5×5×5)×(7×7×7×7×7×7×7)×(3×3×3×3×3×3×3×3×3×3×3×3×3×3×3×3×3×3)の約数の個数…(3＋2×9＋1)×(5＋1)×(7＋1)＝22×6×8＝1056(個)

重要 3　**(平面図形，立体図形，割合と比)**

(1)　4×6×2÷2＝24(cm^3)

(2)　下図より，2×6×4÷3＝16(cm^3)

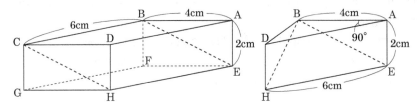

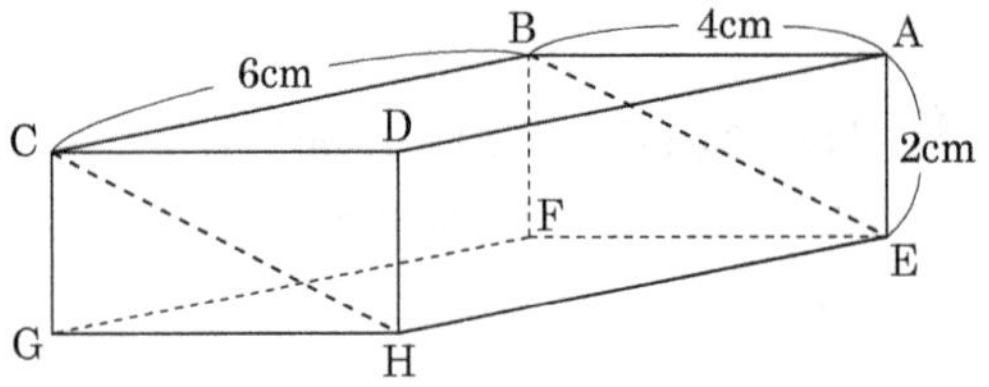

やや難 4　**(割合と比，消去算，鶴亀算，単位の換算)**

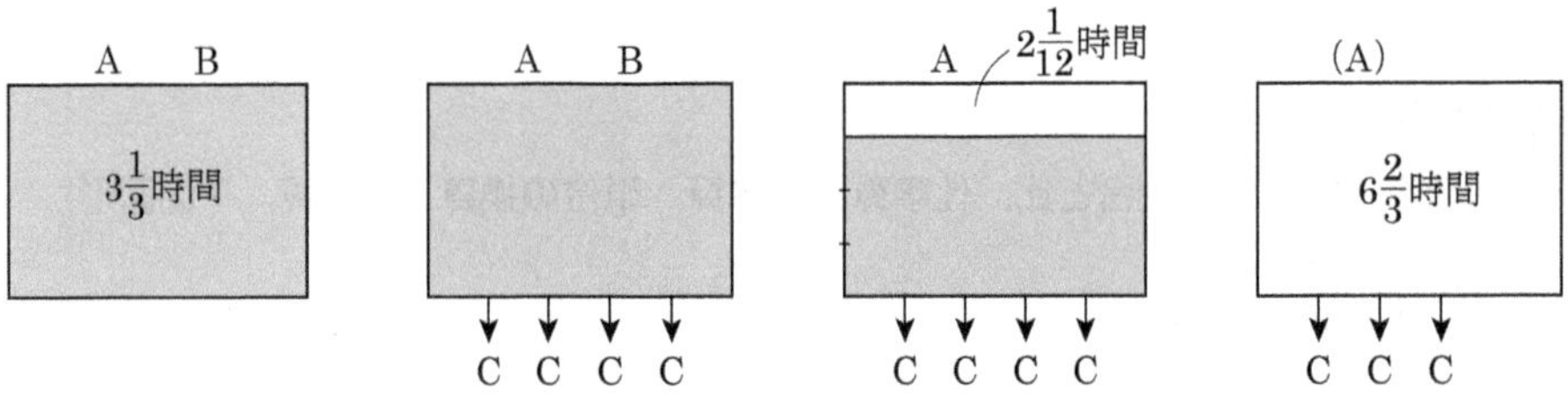

それぞれの給水管1時間の給水量…A，Bとする　排水管1本1時間の排水量…Cとする

A＋B＝C×4－ア　水そうの容量…C×4×$3\frac{1}{3}$＝C×$\frac{40}{3}$－イ　水そうの容量÷4…(C×4－A)×$2\frac{1}{12}$＝C×$\frac{25}{3}$－A×$\frac{25}{12}$＝C×$\frac{40}{3}$÷4＝C×$\frac{10}{3}$より，C×5＝A×$\frac{25}{12}$より，C＝A×$\frac{5}{12}$－エ

エ…A：C＝12：5　ア…B＝5×4－12＝8

(1)　A＝12，B＝8，C＝5　水そうの容量…5×4×$3\frac{1}{3}$＝$\frac{200}{3}$　したがって，求める時間は$\frac{200}{3}$÷5＝$13\frac{1}{3}$(時間)すなわち13時間20分

(2)　(1)より，$\frac{200}{3}$÷12＝$5\frac{5}{9}$(時間)すなわち5時間$33\frac{1}{3}$分＝5時間33分20秒

(3)　減った水量…$\frac{200}{3}$×$\frac{3}{4}$＝50　空になるまでの時間…$6\frac{2}{3}$時間　C×3－A…5×3－12＝3　C×3…5×3＝15　したがって，求める時間は$\left(50-3\times6\frac{2}{3}\right)$÷(15－3)＝30÷12＝2.5(時間)すなわち2時間30分

重要 5　**(速さの三公式と比，旅人算，割合と比，グラフ)**

グラフ…2人それぞれのPからの距離を表す　次郎…太郎に会うと6分間，休む　(次ページの図参照)

(1)　次郎が1200m走る時間…グラフより，A＋B＝C＋D，(22－6×2)÷2＝5(分)　したがって，(ア)は6＋5＝11(分)

(2)　次郎の分速…(1)より，1200÷5＝240(m)　次郎が15－11＝4(分)で進んだ道のり…240×4＝960(m)　太郎が15分で進んだ道のり…2400－960＝1440(m)　したがって，太郎の分

速は1440÷15＝96(m)

(3)　太郎がPに着いた時刻…2400÷96＝25(分)　　25分のとき，2人の間の道のり…(2)より，1200－240×(25－22)＝480(m)　　したがって，(イ)は25＋480÷(240＋96)＝$26\frac{3}{7}$(分)

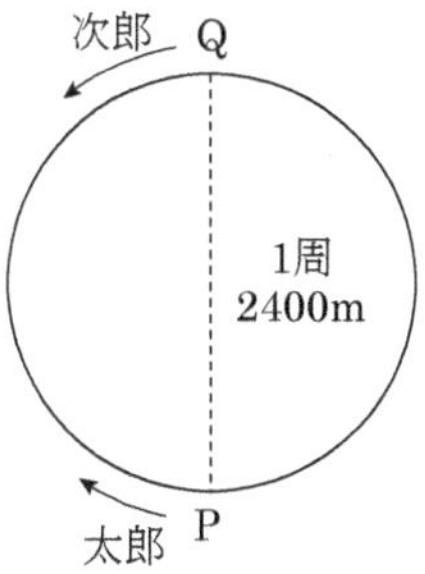

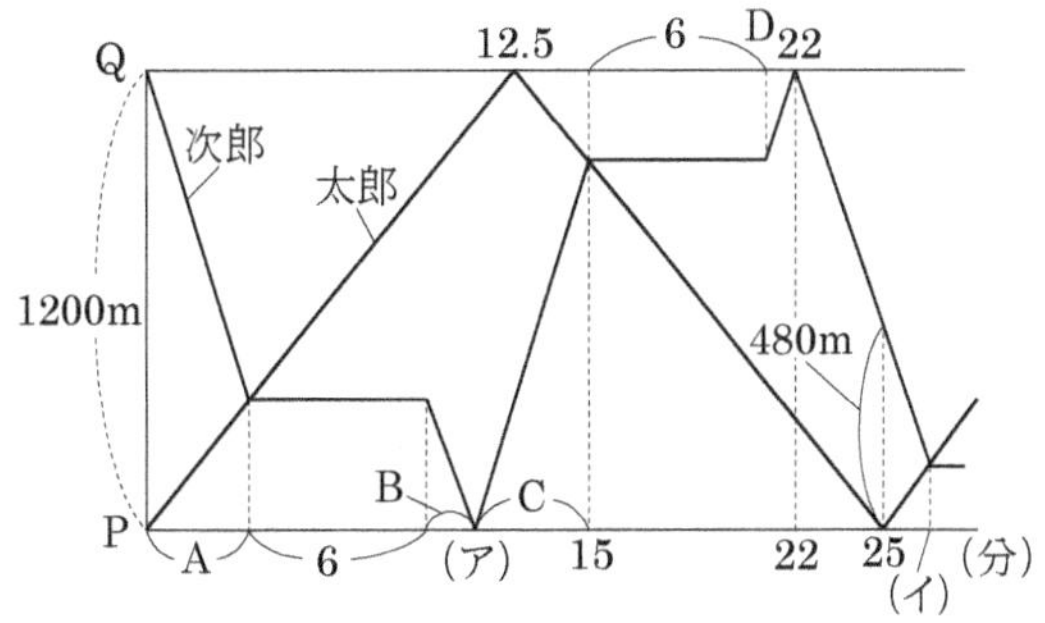

★ワンポイントアドバイス★

[1](5)「おもりA・B・C」の問題，[4]「給水管A・Bと排水管」の問題で効率よく「消去算」が利用できるかが鍵になる。また，[2](2)「Nの奇数の約数の個数」も，簡単ではない。解きやすい問題を優先して解いていこう。

＜理科解答＞《学校からの正答の発表はありません。》

[1]　問1　ウ　　問2　イ　　問3　2cm　　問4　20cm　　問5　ウ

[2]　問1　ア　　問2　エ　　問3　0.10g　　問4　20mL　　問5　133倍

[3]　問1　a　ケ　　b　エ　　c　ケ　　d　エ　　e　ウ　　問2　x　87　　y　8

問3　ア，エ　　問4　ア，イ　　問5　青紫(色)　　問6　(1)　i　ア　　j　ア　　k　エ

(2)　i　エ　　j　ア　　k　ア

○推定配点○

[1]　問4　4点　　他　各3点×4　　[2]　問1，問2　各3点×2　　他　各4点×3

[3]　問1，問6　各1点×11　　他　各3点×5(問3，問4各完答)　　計60点

＜理科解説＞

[1]　(てこ・てんびん・滑車・輪軸―てんびん)

基本　問1　図1のAが力点，Bが支点，Cが作用点である。

問2　図2では，Bが力点，Dが支点，Eが作用点になる。BDの距離がEDの距離より短いので，Eで生じる力の方がBで生じる力より小さくなる。てこでは，支点の両側で(力の大きさ)×(支点からの距離)の値が等しくなるためである。

問3　さいばしは水平になったのでタコ糸がさいばしの重心につるされており，さいばしの重さを考えなくてもよい。支点の左側20cmの位置に10gの食品トレーが吊るされ，右側に100gのペットボトルをつるす。ペットボトルをつるす位置を支点から□cmの位置とすると，10×20＝100×□　　□＝2(cm)になる。

重要　問4　支点から□cmの位置とすると，トレーとおもりの合計の重さが110gでありペットボトルは

100gなので，110×20＝100×□　□＝22(cm)　支点から0gの印までが2cmなので，0gから100gの目盛りの線までの長さは22－2＝20(cm)である。

問5　おもりが1個のとき支点からの長さは，20×20＝100×□　□＝4(cm)　よって0gの位置からは2cmの位置にくる。同様におもりが2個の時は30×20＝100×□　□＝6(cm)　0gの位置からは6－2＝4(cm)になる。同様に3個では0gの位置から8cm，4個では10cmになり，のせるおもりの数が1個増えると，目盛りは2cm移動する。目盛りの間隔は一定のまま変化しない。

2　(気体の発生・性質―二酸化炭素の発生・呼気と吸気の二酸化炭素量)

基本　問1　真鍋淑郎博士はノーベル物理学賞を受賞した。

基本　問2　アルミニウムは酸と反応して水素を発生する。

基本　問3　2回の呼気で生じる沈殿の重さが0.20gなので，1回では0.10gである。

問4　二酸化炭素の体積が30mLのとき沈殿の重さは0.15gなので，1回の呼気に含まれる二酸化炭素を□mLとすると0.10gの沈殿が生じるので，30：0.15＝□：0.10　□＝20(mL)である。

重要　問5　1回呼吸するときの吸気は500mLであり，その中に含まれる二酸化炭素は500×$\frac{0.03}{100}$＝0.15(mL)である。呼気に含まれる二酸化炭素の量20mLは，吸気に含まれる量の20÷0.15＝133.3≒133(倍)である。

3　(総合問題―水の循環・生態系)

問1　a　海からの蒸発　b　降水　c　陸地からの蒸発　d　降水　e　川などによる流水

重要　問2　水の蒸発量と降水量がつり合うので，x＋13＝79＋21　x＝87　また，陸地に降った雨の量と陸地から蒸発する水の量の差が海に流れ込む水の量になるので，y＝21－13＝8。

重要　問3　落ち葉や動物のフンをミミズやダンゴムシ，さらに微生物が分解する。木の根は土砂の流出を抑えている。日本ではトナカイは生息しておらず，光合成では二酸化炭素から酸素がつくられる。また，倒れた木は(ア)の説明のように生物のはたらきで土に変えられ，植物の栄養素となり生物の多様性を守る役割をする。

問4　次亜塩素酸水とエタノールは消毒液として使われている。

重要　問5　Bの溶液ではデンプンが分解されず，ヨウ素液とデンプンの反応で青紫色になる。

問6　(1)　(i)　80℃ではバクテリアがデンプンを分解しないので，Aの溶液でも青紫色になる。(j)　5℃ではバクテリアがデンプンを分解しないので，Aの溶液でも青紫色になる。　(k)　1℃にした後20℃に戻して実験するので，バクテリアはデンプンを分解する。それでAの溶液はヨウ素液の元の色になる。Bではデンプンが残り青紫色になる。　(2)　(i)　80℃でもバクテリアがデンプンを分解するので，Aの溶液はヨウ素液の元の色になる。Bではデンプンが残り青紫色になる。　(j)　5℃ではバクテリアがデンプンを分解しないので，Aの溶液でも青紫色になる。(k)　1℃にした後20℃に戻して実験すると，バクテリアはデンプンを分解しなくなる。それでA，Bの溶液はどちらもデンプンが残り青紫色になる。

★ワンポイントアドバイス★

実験に基づいて考えさせる問題が出題される。問題文の長い問題が多く，文章をよく読んで要点をつかむ力が必要である。

＜社会解答＞《学校からの正答の発表はありません。》

Ⅰ　問1　①　問2　④　問3　イ)　④　ロ)　③　問4　インバウンド　問5　②
問6　野尻湖　問7　②　問8　イ)　③　ロ)　①　問9　①　問10　飛騨(山脈)
問11　④　問12　③　問13　③

Ⅱ　問1　①　問2　②　問3　③　問4　②　問5　②　問6　日米修好通商(条約)
問7　④　問8　④　問9　(例)　前年の株価大暴落をきっかけにしてアメリカが大不況になったから。　問10　②　問11　③　問12　③　問13　②　問14　イナゴ
問15　④

○推定配点○

各2点×30　　計60点

＜社会解説＞

Ⅰ　(総合―長野県から見た日本に関する問題)

基本　問1　信濃川は山梨県・埼玉県・長野県の3県の境にある甲武信ヶ岳を水源とし，長野県と新潟県を流れて日本海に注いでいる。他方，天竜川は諏訪湖を水源とし，長野県・愛知県・静岡県を経て太平洋へ注いでいる。したがって，信濃川と天竜川はともに長野県に水源をもつが，信濃川は太平洋に注いでいるわけではない。

問2　「かぼちゃ」の都道府県の収穫量(2020年)は1位が北海道(49.5％)，2位が鹿児島県(4.0％)，3位が長野県(3.5％)，4位が茨城県(3.5％)という順になっているので，「かぼちゃ」にあてはまるのは表中の④である。なお，表中の①はなす，②はだいこん，③はレタスの収穫量の全国4位までの都道府県を示したものである。

重要　問3　イ)　604年に厩戸皇子(聖徳太子)は，「和を以て貴しとなし」で始まる，十七条の憲法を制定した。この法令は，それまでの有力豪族による連合政権であった状態から天皇を中心とする国づくりを目標としている。その中には天皇の命令に従うこと，国家の役人としての心構え，仏教をあがめること，重要な問題は一人で決めずに多くの人と相談すること，人の和を大切にすることなどが規定された。　①　厩戸皇子が協力してヤマト政権を支えたのは，蘇我稲目ではなく蘇我馬子である。蘇我稲目は，蘇我馬子の父親である。　②　冠位十二階は家柄を重んじたのではなく，家柄にとらわれず個人の才能や能力を重んじた。　③　小野妹子を派遣したのは，隋の皇帝であった光武帝ではなく煬帝のもとである。光武帝は，奴国の王が使者を派遣した後漢(25～220年)の皇帝である。　ロ)　最澄(767～822年)は，12歳で出家して19歳で比叡山に登って思索の生活に入った。その後，桓武天皇の命令によって804年に遣唐使とともに唐に渡って，天台の教えや禅などを学んで805年に帰国し，日本に天台宗を伝えて広めた。他方，法然(1133～1212年)は12世紀後半の平安時代末期に浄土宗を開き，「南無阿弥陀仏」と念仏を唱えれば，誰でも極楽浄土に往生できると説いた。また彼は，『選択本願念仏集』を著した。なお，選択肢中の空海(774～835年)は真言宗を広めた僧，親鸞(1173～1262年)は浄土真宗を開いた僧である。

問4　インバウンドとは元々は「外から中に入り込む」という意味の言葉であるが，通常は外国人の訪日旅行に対して使用される。この言葉は近年，日本を訪れる外国人が急速に増加していることやかつては中国人観光客が日本で大量に商品を買い入れたことが注目され，2015年ごろから使用されるようになった。

問5　(あ)　この文は正しい。源頼朝(1147～1199年)は平治の乱後，伊豆に流された。その後，

1180年に関東武士を味方にして挙兵して平氏と戦い，1185年に平氏を滅ぼした。 (い) この文は誤っている。源頼朝は弟の義経を捕えることを口実に，1185年に荘園や公領ごとに守護ではなく地頭を，国ごとに地頭ではなく守護をおくことを朝廷に認めさせた。

基本 問6 野尻湖は長野県北部の上水内郡信濃町に位置する，面積約4.4km²の湖である。この湖の湖底の数万年前の地層からナウマンゾウの牙やオオツノジカの角の化石(それらが並んだ形から「月と星」とも呼ばれる)，および打製石器が発掘された。

問7 平清盛は日宋貿易のために，大輪田泊(現在の神戸港の一部)を修築した。したがって，っこの貿易では明(1368～1644年)からではなく，宋(960～1276年)から銅銭や陶磁器が輸入され，日本からは金や刀剣などが輸出された。

重要 問8 イ) (あ) 班田収授法は，律令国家の基本となる土地制度である。この制度では6年ごとに作られる戸籍に基づいて，6歳以上の男子には2段，女子にはその3分の2を支給し，死後に返還させた。なお，墾田永年私財法(743年)は，田畑を拡大するために新たに開墾した土地の私有を認めた法令である。 (い) 「調」は律令国家で17歳以上の成年男子に課された税の1つで，絹・麻布・塩などの地方の特産物を中央に納めた。 (う) 庸は21歳以上の男子に課された税で，本来は10日間の労役であったが，多くは労役に変えて1人につき約8mの布を納めることが一般的になった。 ロ) 固定資産税は持っている土地や建物のかかる税であるが，この税の種類は市区町村に納める地方税で，かつ納税者が実際に負担する直接税である。なお，②の法人税，③の所得税，④の相続税はいずれも国税，かつ直接税である。

問9 選択肢(あ)の公事方御定書が定められたのは1742年，(い)の孔子を祀った湯島の聖堂が建てられたのは1690年，(う)の天明のききんが起こったのは1782～1787年，(え)の株仲間の解散が命じられたのは1841年である。したがって，これらの出来事を古い順に並べると，(い)→(あ)→(う)→(え)となる。

基本 問10 飛驒山脈は富山，新潟，岐阜，長野の各県にまたがって連なる山脈で，日本アルプスの中で北アルプスと呼ばれている。この山脈の最高峰は標高3190mの奥穂高岳で，山脈の主要部分は中部山岳国立公園になっている。

問11 高度経済成長期とは1950年代後半～1970年代前半(1955～1973年)のことで，この時期には「三種の神器」と呼ばれた白黒テレビ・電気洗濯機・電気冷蔵庫という3つの家庭電化製品が普及し，岩戸景気(1958～1961年)，オリンピック景気(1963～1964年)，いざなぎ景気(1965～1970年)の好景気が出現した。またこの時期には東京オリンピック(1964年10月10日～10月24日)や札幌オリンピック(1972年2月3日～2月13日)が開催され，日本経済の復興と発展が世界に知られるようになった。他方，長野でオリンピックが開催されたのは1998年2月7日～2月22日なので，高度経済成長期のことではない。

問12 2015年に第21回気候変動枠組条約締約国会議(COP21)がフランス(地図上の③)のパリで開催され，パリ協定が採択された。この協定は京都議定書(1997年)以来の気候変動に関する国際的な枠組みであり，気候変動枠組条約に加盟している196ヵ国すべてが参加し，先進国だけでなくすべての国が温室効果ガスの排出削減に向けて努力することが決められ，2020年以降の地球温暖化対策が定められている。なお，地図上の①はスペイン，②はイギリス，④はドイツである。

問13 (あ)・(う) 直接請求権の中で条例の制定・改廃を求めるには，その自治体の有権者の50分の1以上の署名を集めることが必要で，その請求先は首長になる。 (い) 直接請求権の中で議員の解職を求めるには，その自治体の有権者の3分の1以上の署名を集めることが必要で，その請求先は選挙管理委員会になる。

Ⅱ　(総合―横浜から見た諸問題)

問1　(あ)の文禄年間(1592～1596年)に起きた地震は慶長伏見地震(1596年)，(い)の嘉永年間(1848～1855年)に起きた地震は嘉永の大地震(1854年)，(う)の宝永年間(1704～1711年)に起きた地震は宝永地震(1707年)である。したがって，これらの出来事を古い順に並べると，(あ)→(う)→(い)となる。

重要　問2　日本の標準時子午線は東経135度なので，地図中の経線Aは東経135度となり，横浜の日時はこの経線を基準としている。地図中の経線は15度おきに引かれていることから，地図中の経線Bは西経120度となり，シアトルの日時はこの経線を基準としている。これらのことから横浜とシアトルの経度差は255(135＋120)度あり，経度15度で1時間の時差が生じることから，両地点の時差は17時間となる。また時間の経過は東側にある横浜の方がシアトルより早いことから，横浜が2月4日午前10時の時，シアトルの日時はそれより17時間遅いことになり，その時のシアトルは2月3日午後5時(選択肢②)となる。

問3　西アジアには多くのイスラム教徒がいるので，イスラム教徒の女性が身に着けている衣服は，ペルシア語でチャドル(選択肢③)と呼ばれる衣服である。この衣服は主に外出する時に着るもので，主に黒い一枚の布で頭から足先までを覆って，顔だけを出すものが一般的である。なお，①は漢民族の女性が身に着けるチャイナドレス，②は南アジア(インド・ネパールなど)のヒンドゥー教徒の女性が身に着けるサリー，④は朝鮮民族の女性が身に着けるチマ・チョゴリである。

問4　纏向遺跡は奈良県桜井市の三輪山の北西麓の一帯にある，弥生時代末期から古墳時代前期(2世紀末～4世紀前半)にかけての遺跡である。この遺跡には最古の巨大な前方後円墳である箸墓古墳やそれより古い5つの纏向型の前方後円墳があり，邪馬台国の最有力候補地ともされている。なお，①の吉野ヶ里遺跡は佐賀県にある弥生時代の大規模な環濠集落跡，③の三内丸山遺跡は青森県にある縄文時代前期～中期の大規模な集落遺跡，④の板付遺跡は福岡県にある縄文時代晩期から弥生時代後期の複合遺跡である。

問5　豊臣秀吉は，1587年に九州を平定した後にキリスト教宣教師の国外退去を命じるバテレン追放令を出した。この法令はキリスト教の勢いが強くなると国内統一の妨げになると考えた豊臣秀吉が宣教師に対して20日以内に国外退去することを命じたものであるが，他方で外国船の来航は奨励したので，キリスト教の取り締まりは徹底しなかった。したがって，ポルトガルやスペインの宣教師が日本を訪れ，豊臣秀吉から長崎を領地として与えられ，キリスト教の布教をおこなったということはない。

基本　問6　江戸時代の終わりに日本がアメリカと結んだ条約について，条約文中に関税に関することや日本人に対して法をおかしたアメリカ人は領事裁判所で取り調べ，アメリカの法律で罰することという領事裁判権の規定があることから，この条約は1858年に結ばれた日米修好通商条約である。

問7　『上毛かるた』に「日本の機どころ」と詠まれ，古くから生糸や絹織物が生産されていた群馬県にある都市は桐生(選択肢④)市である。桐生市は群馬県南東部にあり，伝統工芸品の桐生織を生産する機業都市であり，市内には多くの産業遺産もある。なお，①の足利は栃木県南西部にある都市，②の熊谷は埼玉県北部にある都市，③の益子は栃木県南東部にある町である。

問8　(あ)　この文は誤っている。町人の風俗を題材とする浮世絵を制作し，『見返り美人図』などの作品を描いたのは，喜多川歌麿(1753頃～1806年)ではなく菱川師宣(1618～1694年)である。喜多川歌麿は江戸時代後期に活躍した浮世絵師で，「ポッピンを吹く女」などを制作した。

(い)　この文は誤っている。『東海道五十三次』で東海道にある宿場町の風景などを描いたのは，十返舎一九(1765～1831年)ではなく歌川広重(1797～1858年)である。十返舎一九は化政文化を代表する滑稽本の作者で，『東海道中膝栗毛』を著した。

やや難 問9　1929年10月24日のニューヨークのウォール街の株式市場での株価大暴落をきっかけとして，世界恐慌に連なる大不況がアメリカ合衆国で発生した。これによりアメリカ合衆国内の工業生産は減少し，企業や銀行の倒産が急増し，農産物価格も下落し，失業者数も増大した。そのような状況下で1930年に日本から輸出された生糸がアメリカ合衆国で売れなくなり，それまで主にアメリカ向けに頼っていた生糸の輸出が急激に落ち込むことになった。

問10　設問文中にある「1945年の出来事」であること，文章中の「八月八日の晩」，「機銃射撃」，「その時はソ連だってわからなかった」などの記述から，1945年8月8日のソ連の対日宣戦であることがわかる。この時にソ連は日ソ中立条約の破棄を通告し，ソ連軍が満州(中国東北部，選択肢②)，朝鮮，樺太，千島に侵入したことで，多数の居留日本人が死亡した。なお，①のビルマは現在ミャンマーと呼ばれる東南アジアのインドシナ半島西部にある国，③のグアムは太平洋のマリアナ諸島南端にある，アメリカ合衆国の準州である島，④の台湾は台湾島・ポンフー列島などを含む中国本土南東の島々である。

問11　iPS細胞の作製でノーベル賞を受賞したのは，大江健三郎(1935～2023年)ではなく，2012年にノーベル生理学・医学賞を受賞した山中伸弥(1962～)である。大江健三郎は，1994年にノーベル文学賞を受賞した小説家である。なお，①の湯川秀樹は1949年にノーベル物理学賞，②の小柴昌俊は2002年にノーベル物理学賞，④の大村智は2015年にノーベル生理学・医学賞を受賞した。

問12　1956年に日本の鳩山一郎首相がソビエト連邦を訪問し，モスクワで同国のブルガーニン首相との間で日ソ共同宣言が調印された。これによってソ連との国交が回復され，日本の国際連合加盟が実現した。　①　田中角栄首相が中華人民共和国を訪問し，国交が正常化したのは1972年のことである。　②　佐藤栄作首相がニクソン大統領と会談し，沖縄の返還が実現したのは1972年のことである。　④　小泉純一郎首相が北朝鮮を訪れ，国交正常化に向けた宣言に署名したのは2002年のことである。

重要 問13　1935年から1970年までの時期に自給率が20%を下回る程までに低下し，2020年でも自給率が20%をやや下回る程度(15%)で，輸出量の上位の国がロシア・アメリカ合衆国・カナダである穀物は小麦(選択肢②)である。なお，2020年の①の米の自給率は97%，③の大豆は6%，④のさつまいも(いも類)は73%である。

問14　設問の文章中で，「バッタの仲間でからだは緑色や茶色」，「イネを食べることからこの名前がつけられた」，「食べるときには，佃煮にされることが多い」などの記述から，この昆虫はイナゴである。イナゴは稲を食べる害虫とされるとともに，古くから長野県や群馬県などの海産物が少ない山間部では，水田から得られる重要なタンパク源として食用にもされてきた。

問15　日本初の月面調査を目指す探査機などを搭載した，国産のH2Aロケットは2023年9月7日に鹿児島県の種子島宇宙センターから打ち上げられ，成功した。2001年から運用されているH2Aロケットは，打ち上げの成功率が約98%に及んでいる。　①　政府は2030年までにすべての照明をLED照明や有機ELにするという目標をたてているが，新築のビルやマンションにLED照明の利用を義務づけていることはない。　②　現在の日本の原子力発電所は56基あり，その多くは運転を停止しているが，すべての原子力発電所の運転が停止しているのではなく，関西電力大飯原発3号機などの10基の原発が運転されている(2023年1月現在)。　③　日本での電気自動車の普及率は1.66% (2023年)で，普及率が60%を超えたということはない。

★ワンポイントアドバイス★

大問2題とも地理・歴史・政治の各分野の総合問題であり，問題文のテーマに関して様々な視点から問われるので，一定の分野にとらわれることなく，幅拾い知識を身につけるようにしよう。

＜国語解答＞《学校からの正答の発表はありません。》

Ⅰ　問1　a　伝授　b　節目　c　独特　d　敬愛　e　方針　問2　ア
問3　ウ→イ→エ→ア　問4　エ　問5　イ　問6　エ　問7　ウ
問8　B（語）エ　（意味）イ　C（語）イ　（意味）コ　問9　ウ　問10　ア
問11　ア　問12　エ　問13　a　コ　b　サ　c　ア　d　ウ　e　ク　f　カ

Ⅱ　問1　エ　問2　ウ　問3　a　イ　b　ク　c　オ　d　ア　問4　A　オ　B　イ
C　ア　問5　ア　問6　エ　問7　ア　問8　エ　問9　エ　問10　⑧　オ
⑨　ア　⑩　イ　問11　E　エ　F　ウ　G　オ　H　ア　問12　a　オ
b　ケ　c　エ　d　コ　e　イ　f　カ

○推定配点○
Ⅰ　問3　4点(完答)　問8　各3点×2(B・C各完答)　他　各2点×20
Ⅱ　問11　4点(完答)　他　各2点×23　計100点

＜国語解説＞

Ⅰ　(論説文－要旨・論理展開・細部表現の読み取り，空欄補充，慣用表現，漢字の書き取り)

基本　問1　a　わざや方法などを教え伝えること。秘密にしていて，特別の人にだけ教えることは「秘伝」という。　b　ものごとの区切り目のこと。人生の大切な区切り目を「人生の節目」という。学校の卒業，就職，結婚などを，人生の節目ということもある。　c　ほかにはない，それだけの特徴のこと。「独得」と表現される場合もある。　d　尊敬して，親しみの気持ちを持つこと。　e　目指すべき方向や原則のこと。「基本方針」「教育方針」などと，この言葉は用いる。

問2　傍線①直前には「教育は一見すると……一方的に伝授すればすむことのように思えます」とある。保育士や先生が一方的に幼児に教え込めば，教育の目的は果たされるということである。「園児たちが先生の指示に従って言われたとおりのことをこなし」「教育の目的は十分に達成されると思われている」とある，アが解答になる。イは「自由な発想に先生の創意工夫が加わる」とあるが，おかしい。すべてをお膳立てしているという状態に合わない。ウは「園児たちの健やかな成長が妨げられてしまっているかのように」とあるが，傍線部分は，そこまでの説明はしていない。エは「園児たちが本当に望んでいることだとは限らない」とあるが，そのようなことに関して説明されていない。

重要　問3　次のように考えると，文のつながりが正確になる。
(文章)　教員が目指すのは，「ポジティブ・ケイパビリティ」→(ウ)簡単に言えば，「問題解決のための教育」→(イ)その「問題解決」には時間を費やしてはいけない→(エ)「電光石火」のように，すばやく→(ア)「早く早く」は学校だけでもなく，家庭にも浸透→(文章)わが子に対して，「早く早く」を母親が口にすることが多くなる。それぞれの選択肢の中の表現に目を向けて，つながりを考え，解き進めていきたい。

問4 「ここ」とは，傍線④直前にある「高齢者に，『早く早く』と言うのは，『早く死ね』と言うのと同じ」を指している。迅速さを求めて，「早く早く」ということで，結果的に「早く死ね」と言っている意味になるのだ。死をせまる意味合いで言っているのではないが，そういう意味を含んでしまうとある，エが解答になる。アは「死を心待ちにする気持ち」とあるが，死を心待ちにする気持ちで「早く早く」と言っているわけではない。イは「息子や娘のストレス発散でしかない」とあるが，ストレス発散だと読み取れる部分はない。ウは「……することによって結果的に物事を早く進めることができる」とあるが，「迅速さの落とし穴」の説明になっていない。

問5 「こうなると解答は……」の指示語の部分が指している内容をふまえて，解答を選ぶ。「早く早く」と問題解決を急ぐことが求められている。だから，問題を平易化して，早い解決を目指している。すると，問題は複雑さをそぎ落とされるので，現実の世界から遊離したものになる。現実の世界から遊離した問題に取り組んでいるので，解答も机上の空論，つまり現状から離れたものになってしまうとの文脈である。以上のような説明が進んでいることをおさえる。「現実の複雑さから目をそむけて問いを設定」「問いそのものが的外れ」「その答えも見当違い」とある，イが解答になる。アは「身近な問題ばかり取り上げることになってしまい」とあるが，傍線③を含む文脈に合わない。ウは「問いについてじっくり考えることが軽視されてしまい」とあるが，そのものを平易化してしまうことについて述べられていない。エは「ありきたりな答えが導かれる問いにばかり接しているため」とあるが，エも問題そのものを平易化してしまうことについて述べられていない。

問6 傍線④よりも前の状況では，教わる子供も，教える側も，急いで解決するための問題がない。それが土俵としての問題設定がないということになる。子供は，意味も分からず学んでいる。教える側も，敬愛は抱いているが，充分には分かっていない可能性もある。「早急に解決すべき問題は存在せず」「何のために学んでいるのかわからないような状態」とある，エが解答になる。アは「共有する知性が身についておらず」とあるが，「問題設定」の話ではない。イは「重要性を認識せず」とあるが，敬愛しているとあり，その点では重要性を意識している。ウは「純粋に作品のすばらしさを味わいたい意欲」とあるが，すばらしいかどうかも，まだ充分にわかっていない可能性もある。

問7 問題に対して早急に解答を出す姿勢と反対なのである。その「素養や教養，あるいはたしなみ」に向き合う姿勢については，文章の最後の方でもくり返し説明されている。「論語」の芸術論の部分である。「わけのわからないもの，解決不能なものを尊び，注視し，興味をもって味わっていく態度」である。その態度を参考にすると，「生きていくうえで必要かどうかわからない事柄」「深く感じ入り，味わおうとする」とある，ウが解答になるとわかる。ア，イ，エは，わけのわからないものでも味わおうとする姿勢について述べられていない。

問8 B 子供を小学校に連れていき，予想外に預かってもらえて，驚いたのである。空欄Bにはエの「度肝」があてはまり，「度肝を抜かれました」という語になる。「度肝を抜く」の意味は，キの「とてもびっくりさせること」である。 C 空欄Cの「試験」があるため，教育が一層問題解決のための学習・勉強になってしまうという文脈である。空欄Cには，イの「輪」があてはまり，「輪をかけている」という語になる。「輪をかける」の意味は，コの「程度をいっそうはなはだしくすること」である。

問9 小学生なのに，何度も落第しているのである。落第しているのに，覚えが悪いので一年生を何度もやっていると，平然と答える。その様子に筆者は，驚くとともに，これが教育のあり方だと考え，感心する。このような場面の様子をおさえて，解答する。「恥じるようなそぶりを見せない」「日本社会からはかけ離れた価値観」「驚きつつも感じ入っている」とある，ウが解答になる。この部分の「感じ入っている」とは，感心しているという意味である。アの「危機感」，イの「心配」，エの「驚きつつもとまどっている」は，いずれも筆者が抱いた心情として誤っている。

基本 問10 マラソンの場合，遅れた走者は車が拾い，取りあえずゴールまで連れていってくれる。学習の場合も，先生が補習などを行い，取りあえず受講を終えたという形にするということ。「理解が及んでいない生徒」「補習」「必要最低限の学力を保障」とある，アが解答になる。イは「車が拾ってい(く)」が意味する，補習などの様子が書かれていない。ウは「見切りをつけさせ」とあるが，学習をやめさせるわけではない。エは「効率的に学力を上げていく」とあるが，学力を上げようとしているようには読み取れない。

問11 傍線⑩以降で，傍線部の「思惑」は「欲望」と言い換えられ，その内容が説明されている。その点に着目する。教える側は，「解答」を手早く教えてしまいたいという目標達成のため，問題を狭く設定してしまい，一定の物差しを用いて，効率的に教えてしまおうとしている。「目標を達成させたいという思い」「試験にかかわらない内容……省き」「効率を重視」とある，アが解答になる。イの「おもしろい授業を実施することばかりに気をとられ」は，傍線⑩以降の内容として読み取れない。ウの「手取り足取り教えすぎて」は，効率的に教えようとしている状況に合わない。エの「生徒の成績を高めたいという使命感」も，そのような使命感は読み取れない。

問12 空欄Dに関しては，「……ても」と続くところから，「たとえ」や「かりに」などの言葉があてはまり，何かを仮定している文脈であることが予想できる。空欄Eに関しては「見たからにはあの峰に辿りついてみたい。それが……学びの力」という表現が，空欄Eの後で，「答えの出ない問題を探し続ける挑戦こそが教育の真髄」と言い換えられている。「つまり」などの言葉があてはまるとわかる。さらに空欄Fに関しては，音楽や美術には問題設定などもないので，空欄F以降の，「解決できない宙ぶらりん」の方が好ましい状態であることがわかる。二つのうち，こちらが良いという文脈で用いる，「むしろ」があてはまるとわかる。以上より，Dが「たとえ」，Eが「つまり」，Fが「むしろ」になる。

やや難 問13 a 傍線⑦よりも後の部分に着目する。「今日の教育は画一的です」とある。画一的だから，マラソンのような状況になり，落ちこぼれも優等生も生まれるのである。 b 傍線④直後にあるように，「解決できない問題があっても，じっくり耐えて，熟慮する」姿勢を養わないといけないのである。「姿勢を養うこと」とある，サをあてはめると文脈が通る。 c 傍線②のあたりに着目する。問題解決のために，問題そのものを平易化しているのである。そこで得られる解答は「机上の空論」とある。アの「安易な解答」があてはまる。 d 文章最後の部分に着目する。芸術によって，「崇高なもの，魂」にふれることができるのである。空欄dの場合，直前に「世界の奥深さ」と書かれている。空欄dにウの「感動する可能性」をあてはめると，「世界の奥深さに感動する」となり，意味が合う。 e 知識を身につけてすばやく問題を解決する能力ではなく，先行き不透明で将来の予測が困難な時代を生きる時に必要な力なのである。空欄eには，クの「答えの出ない事態」があてはまる。 f 文章の最後の段落には，人生の本質が論理を超越した宙ぶらりんのところにあるということが書かれている。空欄fには，人生の本質と同じ意味の言葉があてはまる。カの「人生の醍醐味」になる。

Ⅱ (物語文 - 主題・心情・論理展開・細部表現の読み取り，空欄補充，ことばの用法)

問1 遥香は入口の前の様子をテレビで見た。瑞音は西武の写真展の様子をテレビで見た。それぞれ，「わたし」がしている異なる行動を見た。だが，テレビに映った同じような状況を組み合わせて考えていくと，「わたし」がしていることの意図がわかってしまう。そういうことに「わたし」は気づいたのだ。「断片と断片をつなぎ合わせる」「おおよその全体像が見えてくる」とある，エが解答になる。アは「広まったうわさを打ち消すことは難しい」とあるが，遥香と瑞音の話を聞いて気付いたこととしてはおかしい。イの「服装など身なりを気をつけて観察すれば」，ウの「過去の事例」「この先どうなるのかを予想」も，傍線①直後の「パズルのように組み合わせれば……バレてしまう」という表現に結びつく内容ではない。

重要 問2 傍線②直前の状況をふまえる。全身から西武愛を発信している成瀬ではなく，私服姿の遥香と瑞音がレポーターに話しかけられた。遥香と瑞音は興奮気味になる。「わたし」は二人との間に分厚いアクリル板のようなものを感じる。つまり，二人に対して否定的な感情を抱く。この流れにピタリと合うのは，「遥香と瑞音が，成瀬を差し置いてインタビューを受け」「浮かれている」「憎らしくなってきた」とある，ウである。アは，成瀬を差し置いてインタビューを受けた様子についてふれていない。イは，成瀬ではなく，「わたし」がマイクを向けられなかったことに対する不満になっている。エは，「番組のリポーターから歓迎されていない」とあるが，そこまでの状況は読み取れない。

問3 a 「この子，何者って感じです」という表現が解答の手がかりになる。よほど変な格好なのである。イの「奇天烈な少女」があてはまる。「奇天烈」とは，きわめて風変わりな様子を意味する。 b 空欄aの「奇天烈な少女」を言いかえたような表現があてはまる。変わった格好なのである。クの「一癖ある風体」があてはまる。「風体」とは，外見上の様子やみなりを意味する。 c 変な格好をしている人物にマイクを向けたとき，どのような結果が恐れられるのかを考える。オの「場違いな発言」があてはまる。 d 空欄dより前の「いかにも女子中学生らしい感想」を言いかえた表現があてはまる。アの「月並みな表現」が解答になる。「月並み」とは，新鮮味がなく，平凡な様子。リポーターは，女子中学生として平凡な発言を求めていたのである。

問4 A 物語の最初の方に，「番組が十七時五十五分からはじまる」とある。十七時五十分になると気付くのは，「もうすぐ」ぐるりんワイドが始まるだろうということである。空欄Aには，オの「もうすぐ」があてはまる。 B この場面でぐるりんワイドを観る目的は，成瀬の姿を確認すること。そして，成瀬は映っていた。「しっかり」映っていたのである。イの「しっかり」があてはまる。 C 空欄Cから後ろの部分に「だろう」とある。「おそらく……だろう」と，成瀬の行動を予想している。アの「おそらく」があてはまる。

問5 嫌になって，自ら中継に行くことをやめた。その後，成瀬に「構わない。これまで付き合ってくれてありがとう」と言われ，成瀬から離れてしまったような思いを抱いた。だが，傍線④以降の西武戦を観ている様子から，成瀬の行動に加わることに対して，「わたし」が未練を抱き続け，中継に行かないことにさびしさを感じていることもわかる。「自分から……やめた」「成瀬が……距離を置いた」「さびしいような気持ちになっている」とある，アが解答になる。イは「成瀬の態度に，『わたし』はあきれる」とあるが，「付き合ってくれてありがとう」という成瀬の言葉に対してあきれている様子は読み取れない。ウの「イライラしている」，エの「ちょっと腹立たしい」は，この場面の「わたし」の感情の読み取りが誤っている。

問6 直前に登場する五歳ぐらいの女の子が「わたし」に差し出した紙には同じ服装の二人の人物が描かれていた。片方が青い帽子で，片方はかぶっていない。文章中のいくつかの箇所から分かるように，成瀬と「わたし」は西武ライオンズのユニフォームを着ている。そして，成瀬はライオンズの帽子もかぶっている。女の子は，成瀬と「わたし」の絵を描いたのだ。「テレビでいつも見てるんです」という母親らしき人物の言葉と，女児の「ばいばーい」から，絵には応援の気持ちが込められていることも読み取れる。応援の気持ちに，成瀬は目を潤ませたのだ。「好意や声援」「成瀬は心からうれしい」とある，エが解答になる。アは，女の子と母親の好意や声援にふれていない。エと比較して「最も適当」とはいえない。イも，女の子と母親の成瀬たちに対する好意や声援にふれていない。ウは,「悲しくて悲しくて」とあるが,この場面の成瀬の感情としておかしい。

問7　この後,入院中の祖母は亡くなった。この発言の時はそれほど深刻な様態ではなかったが,それでも,傍線⑪内にあるように,成瀬は祖母を意識していた。「祖母」「気がかり」とある,アが解答になる。イの「体力」,ウの「新聞に載ったこと」は,成瀬の性格から考えても,弱気の理由だとは思えない。エは「中継がなくなる」とあるが,傍線⑥を含む場面の状況に合わない。

問8　ファイナルバーゲンで商品棚がスカスカな状態。買い物客が商品を取りまくった後なのだろう。そのため,レジにはたくさんの人が購入のために押し寄せているはずである。レジにたくさんの人が並んでいる様子を意味する,エの「長蛇の列ができている」が解答になる。アの「猫の子一匹いない」は,まったく人がいない様子。イの「閑古鳥が鳴いている」も,訪れる人がほとんどいない様子。ウの「蟻のはい出る隙もない」は,ほんの少しのすき間もないほど警備が厳重である様子。

問9　突然,「おばあちゃんが死んだ」ということを成瀬に告げられた。その時「不謹慎かもしれない」と思っていることから,「祖母の葬儀が最優先」であることはわかっている。また,「ぐるりんワイドは?」と聞いていることから,中継現場に行くことを続けて欲しいという思いが「わたし」に残っていることもわかる。同時に,成瀬のぐるりんワイドに対する強い思いをわかっているにも関わらず聞いていることから,本当にあきらめるられるのかを確認したいという「わたし」の気持ちも読み取れる。だが,傍線⑦前後の表現から,「最初から無理な目標は立てるべきではなかった」と,成瀬を批判するような気持ちは読み取れない。「無理な目標は立てるべきではなかった」とある,エが適当でないものになる。

問10　⑧　傍線⑧以降の,「授業中も成瀬とぐるりんワイドのことばかり考えてしまう」という表現から考えることができる。目の前の授業に集中できず,意識が他へ向かうのである。「目の前のことに注意が向かない」とある,オが解答になる。　⑨　「万が一」とは,ここでは,可能性が低いがごくまれに起こるという意味。おばあちゃんが亡くなり,成瀬がぐるりんワイドに出られなくなったという事情がこの万が一にあたる。「思いがけないことが起きた場合」と書かれた,
基本　アが解答になる。　⑩　中継も終わるので,ライオンズ女子も見られなくなる。「目にするのが,もうこれで最後」とある,イが解答になる。

問11　E・F　合わせて考える。成瀬が謝ったのだから,Fには「ごめん」とあるウがあてはまる。ウには「そりゃあ災難だったな」とあるため,その前になるEには,災難を具体的に説明した「絡まれたの」とある,エがあてはまる。　G　「遅くなってごめん」という成瀬に対して,「ううん。来てくれて良かった」と言ったと考えられる。「ううん」は,「ごめん」という言葉に対応する。「ううん。来てくれて良かった」とある,オがあてはまる。　H　E~Fを順番にあてはめていくと,アとイの選択肢が残る。イの「来ちゃダメだって言ったのに」は「わたし」の言葉になると考えられるが,文章の内容に合わず,あてはめることができない。アの「お通夜は明日」は,お通夜は明日だから,今日も行ったほうがおばあちゃんが喜ぶとつながる。「今日も行ったほうが」とある,アがあてはまる。

やや難　問12　a　「様々な活動が制限され」とある。充実した毎日を過ごすことはできなかったのである。オの「希薄な日々」が解答になる。「希薄」とは,要素が薄いことを意味する。ここでは,充実していない状態を意味する。　b　空欄aと反対の意味の言葉があてはまる。ケの「濃密な時間」があてはまる。成瀬は「希薄な日々」になることを避けて,「濃密な時間」を過ごそうとしたのである。　c　デパートが支えてきたのであるから,エの「日々の生活」になる。　d　デパートも閉店するのである。コの「最期の時間」が解答になる。　e　傍線⑪の辺りに着目する。「祖母

の容態」を案じていたことがわかる。　f　傍線⑪よりも前の部分に着目する。祖母はぐるりんワイドを見るのを楽しみにしていたのである。つまり，成瀬は画面を通して，「祖母の病室」に毎日顔を出していたのである。

★ワンポイントアドバイス★

文章の内容をまとめ直した説明文の空欄を埋める作業が，他の設問を解く手がかりになることがある。わかりにくい設問は後回しにして，その作業を終えたのちに，見直してもよいだろう。

2023年度

★★★★★★★★★★★★★★★★★★★★★★★★

入　試　問　題

2023年度

中央大学附属中学校入試問題（第１回）

【算　数】（50分）　＜満点：100点＞

【注意】　1．コンパスと定規を使ってはいけません。

　　　　　2．円周率は，3.14を用いなさい。

1　次の問いに答えなさい。

(1)　$2\frac{5}{6}-\left(\frac{4}{3}-0.25\div\frac{1}{3}\right)\div\left(6.3-3\frac{1}{2}\right)$　を計算しなさい。

(2)　$9.42+3.14\times3-0.785\times8-157\times0.04$　を計算しなさい。

(3)　1361，1649のどちらを割っても，余りが17になるような整数のうち，最大のものを求めなさい。

(4)　ある遊園地の入園料は，大人1500円，中人1200円，小人800円です。ある日の入園者数は，大人と小人の人数比が３：２で，中人は大人より40人多く，この日の入園料の合計は，1212000円でした。中人の入園者数は何人ですか。

(5)　図のように正方形の区画でできた道があります。×の部分が通行止めのとき，ＡからＢまで遠回りせずに行く道順は何通りありますか。

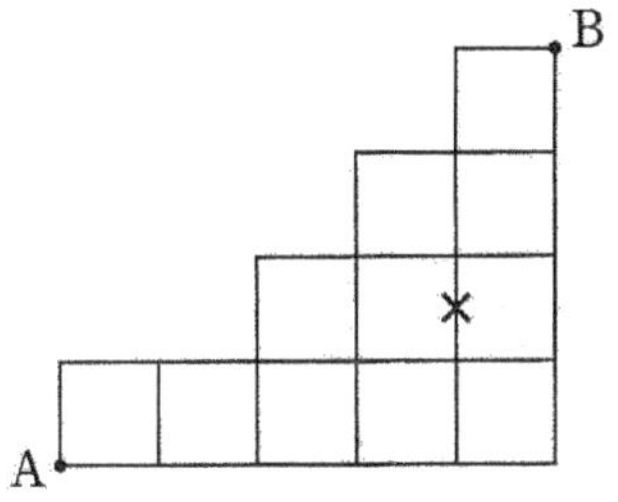

(6)　図の平行四辺形ABCDについてCD＝CEのとき，角 x は何度ですか。

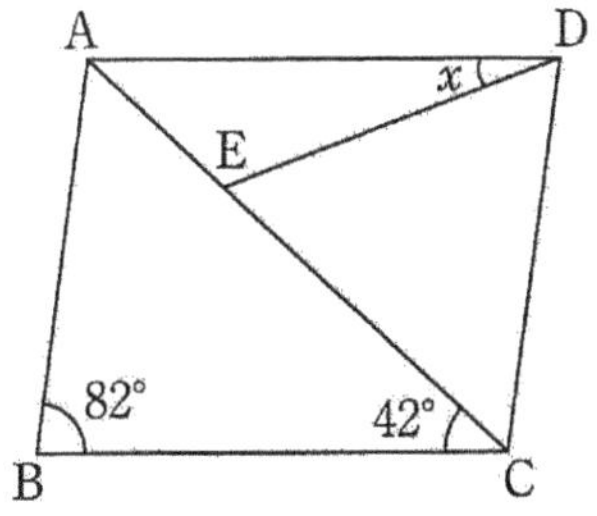

2　Ａ，Ｂ，Ｃの３人が動物園へ行きました。Ａは３人分のバス代の2700円，Ｂは３人分の弁当代，Ｃは３人分の入園料を払《はら》いました。その後，３人の払った金額を等しくするため，ＢはＡに100円，ＣはＡに550円を払いました。

(1)　３人の払った金額の合計はいくらですか。

(2)　１人分の弁当代はいくらですか。

(3)　１人分の入園料はいくらですか。

3　図のような三角形ABCについて，辺BCの中点をM，AD：DC＝２：５になる点をD，AMとBDの交点をEとする。三角形AEDの面積が16㎝^{2}のとき，次の問いに答えなさい。

(1)　三角形CDEの面積は何㎝^{2}ですか。

(2)　三角形ABEの面積は何㎝^{2}ですか。

(3)　AEとEMの長さの比を最も簡単な整数の比で表しなさい。

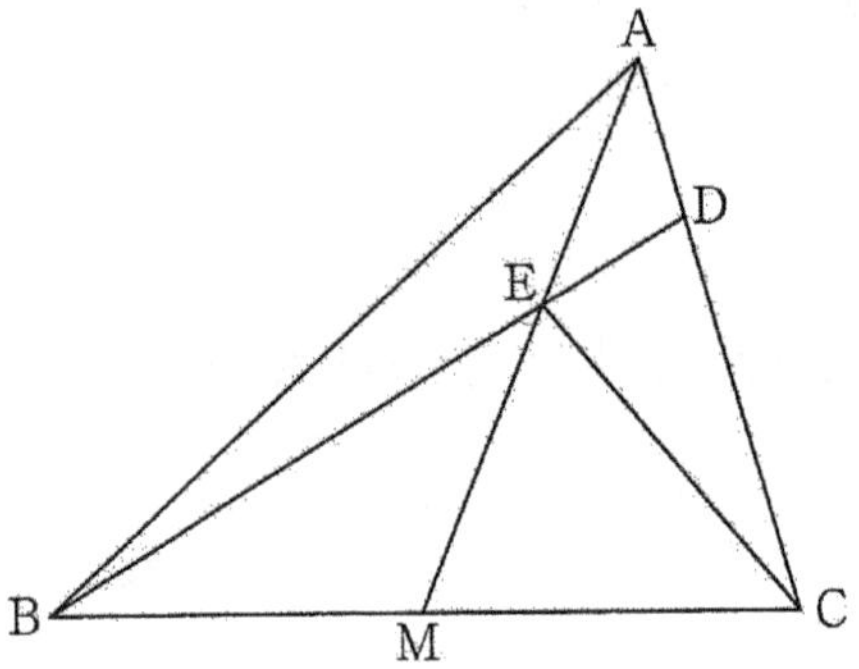

4　図のようなAB＝６㎝，AD＝AE＝３㎝の直方体があります。CP：PD＝GQ：QH＝１：２とすると，AP＝５㎝となります。
この直方体を２点P，Qを通る直線のまわりに１回転させるとき，次の問いに答えなさい。ただし，円周率は3.14を用いなさい。

(1)　辺ADが通ったあとの図形の面積は何㎝^{2}ですか。

(2)　正方形AEHDが通ったあとの立体の体積は何㎝^{3}ですか。

(3)　三角形PEFが通ったあとの立体の体積は何㎝^{3}ですか。

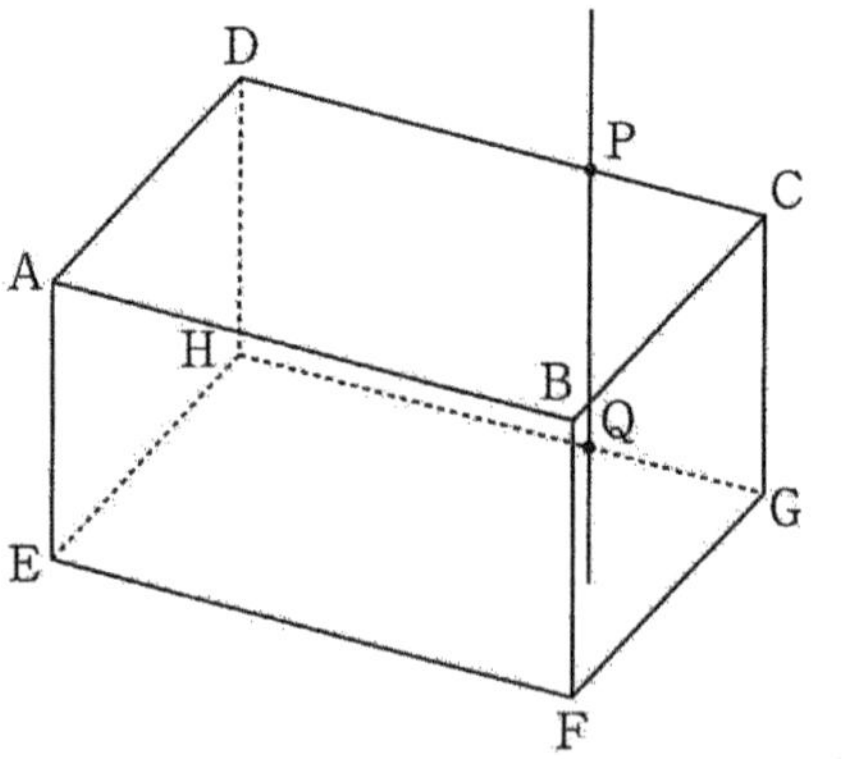

5　ある工場であめの箱詰《つ》め作業をします。作業を始める前に空箱が何箱かあり，１時間ごとに空箱が80箱運ばれてきます。４人で作業すると20時間後に空箱はなくなり，６人で作業すると12時間後に空箱はなくなります。

(1)　１時間あたり１人で何箱詰められますか。

(2)　作業を始める前に空箱は何箱ありましたか。

(3)　何人で作業すると５時間後に空箱はなくなりますか。

【理　科】（30分）　＜満点：60点＞

1　４つの乾《かん》電池Ａ～Ｄ，豆電球１つ，電流計，電圧計を用いて，電池の性質について調べました。以下の全ての実験において，乾電池ＡとＢについては回路に電流を流そうとする働きの大きさが同じであるものとし，全ての電池について実験中にその働きが弱くなることはないものとします。また，回路に流れる電流は電流計や電圧計をつけても変化しないものとします。次の文章を読み，それぞれの問いに答えなさい。

電池には回路に電流を流す働きがあります。例えば，図１のように乾電池Ａと豆電球をつないで回路を作ると，乾電池の一方から流れ出る電流が豆電球を通り，乾電池の逆側に流れこむことで回路全体に電流が流れます。これによって豆電球を光らせることができます。

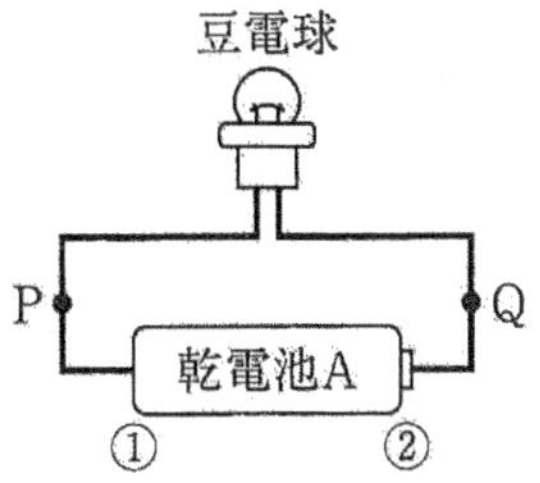

図１

〔問１〕　図１において，電流が流れ出るのは乾電池Ａの①と②のどちら側からですか。また回路の点Ｐと点Ｑの電流の大きさの関係はどうなりますか。次の（ア）～（カ）から正しいものを１つ選び，記号で答えなさい。

（ア）流れ出るのは①で，点Ｐのほうが点Ｑよりも電流は大きい。
（イ）流れ出るのは①で，点Ｐのほうが点Ｑよりも電流は小さい。
（ウ）流れ出るのは①で，点Ｐと点Ｑの電流の大きさは等しい。
（エ）流れ出るのは②で，点Ｐのほうが点Ｑよりも電流は大きい。
（オ）流れ出るのは②で，点Ｐのほうが点Ｑよりも電流は小さい。
（カ）流れ出るのは②で，点Ｐと点Ｑの電流の大きさは等しい。

図１の乾電池Ａから流れ出る電流の大きさは，図２のような電流計を用いて測ることができます。この電流計には＋端子《たんし》が１つと－端子が３つあり，－端子にはそれぞれ50mA，500mA，５Ａと書いてあります。この３つの端子をそれぞれＸ，Ｙ，Ｚとします。

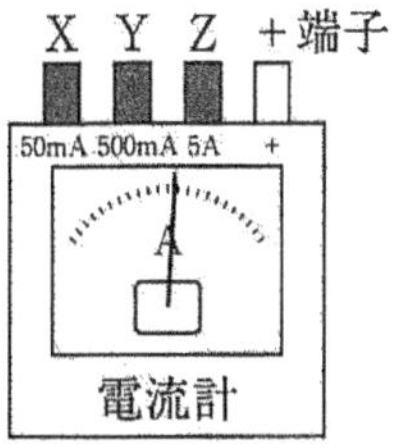

図２

〔問２〕　この電流計を回路につなぐ方法はどうなりますか。次の（ア）～（エ）から正しいものを１つ選び，記号で答えなさい。

（ア）電流計の＋端子に電流が流れこむようにつなぐ。－端子につなぐときは，Ｘ→Ｙ→Ｚの順につなぎ変える。
（イ）電流計の＋端子に電流が流れこむようにつなぐ。－端子につなぐときは，Ｚ→Ｙ→Ｘの順につなぎ変える。
（ウ）電流計の＋端子から電流が流れ出るようにつなぐ。－端子につなぐときは，Ｘ→Ｙ→Ｚの順につなぎ変える。
（エ）電流計の＋端子から電流が流れ出るようにつなぐ。－端子につなぐときは，Ｚ→Ｙ→Ｘの順につなぎ変える。

［問３］ 図１の乾電池Ａから流れ出る電流の大きさを電流計で測ったとき，－端子として図２（前のページ）のＹを使うと電流計の針は図３のようになりました。この電流は何mAですか。

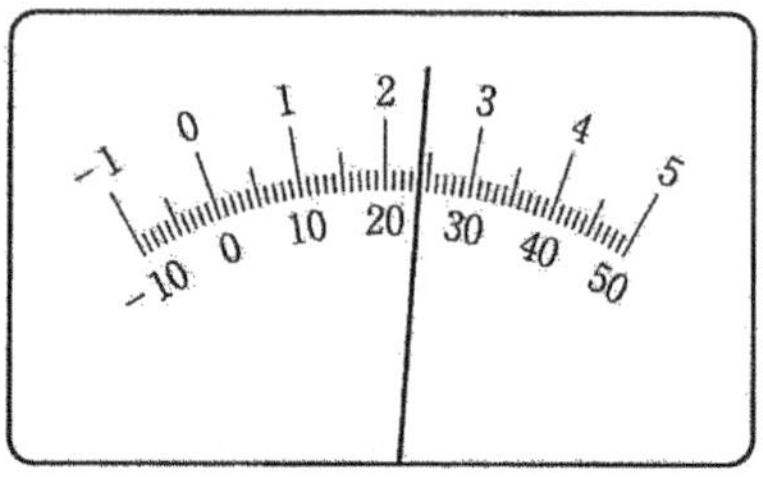

図３

電池が電流を流そうとする働きの大きさを「端子電圧」といいます。同じ豆電球を光らせるときでも，電池の端子電圧が大きいときほど回路に流れる電流が大きくなり，豆電球をより明るく光らせることができます。

乾電池の端子電圧は，図４のように乾電池の＋極と－極につけた電圧計で測ることができます。端子電圧の単位はＶ（読み「ボルト」）で，図４の回路において乾電池Ａの端子電圧を実際に測ると1.4Ｖでした。また，この回路の電池を乾電池Ｂに取りかえても同じ端子電圧であったため，豆電球は同じ明るさで光りました。次に乾電池ＡとＢを直列につないで豆電球を光らせました。このとき，図５のように２つの電池全体の端子電圧を測ると2.6Ｖになりました。よって豆電球は2.6Ｖの端子電圧によって光ることになるので，電池１つのときより明るく光ることになります。

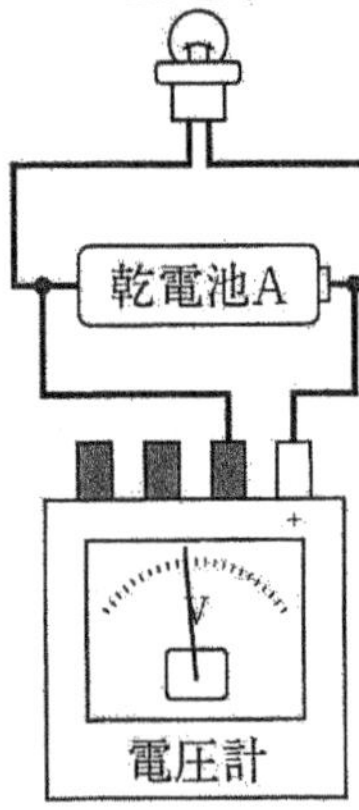

図４

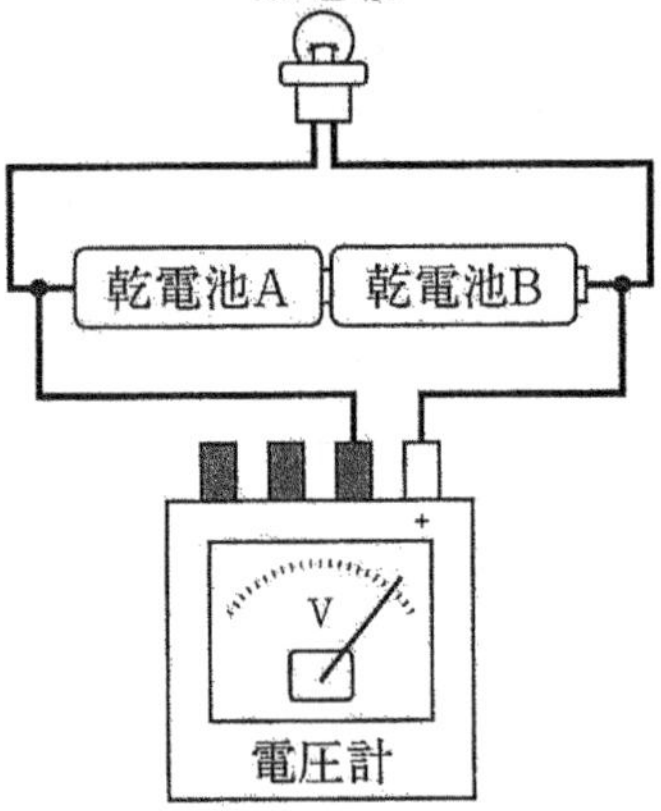

図５

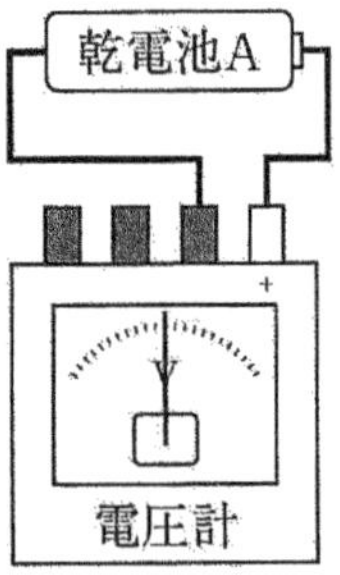

図６

ただし電池の端子電圧には，電池から流れ出る電流が大きいときほど，その電池の端子電圧が小さくなるという性質があります。この性質を調べるために，図６のように豆電球をつながずに乾電池Ａまたは乾電池Ｂだけで端子電圧を測ると，それぞれ1.5Ｖになりました。つまり，電流が流れ出ていないときの電池は，電流が流れ出ているときよりも端子電圧が大きいわけです。

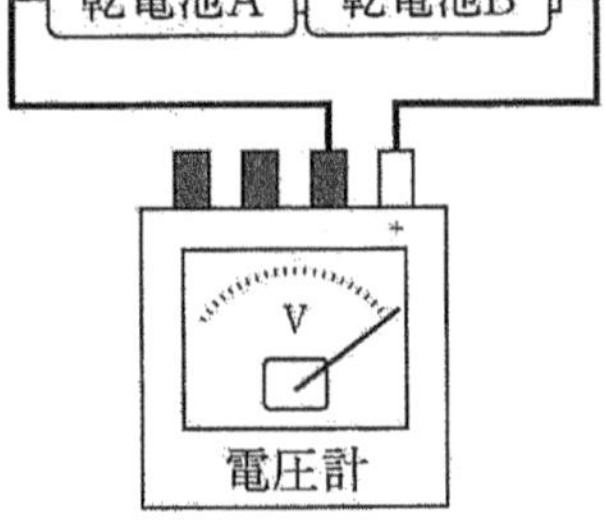

図７

同様に図７のように豆電球をつながずに乾電池ＡとＢを直列につなげると，全体の端子電圧は3.0Ｖになりました。このように，電池から電流が流れ出ていないときは，電池を直列につなぐと，全体の端子電圧は一つ一つの端子電圧の合計になります。ただし，この直列につないだ２つの電池で豆電球を光らせるときは，電池から電流が流れ出るため端子電圧が小さくなります。図４（前のページ）のように乾電池ＡまたはＢだけで豆電球を光らせるときは，それぞれの乾電池の端子電圧が1.4Ｖであるのに対し，図５（前のページ）のように乾電池Ａ，Ｂを直列につないで豆電球を光らせているときは，全体の端子電圧は1.4Ｖの２倍より小さくなります。なぜなら，図４のときより図５のときのほうが，それぞれの電池から流れ出ている電流が大きいからです。

〔問４〕以下の文章の空らん（③）と（④）に当てはまる語句の組み合わせはどうなりますか。下の表の（ア）～（カ）から正しいものを１つ選び，記号で答えなさい。

乾電池ＣとＤについて，図６（前のページ）のときと同じように回路につながないで端子電圧を測ると，それぞれ1.2Ｖであった。この２つの電池を直列につないで図７（前のページ）のときと同じように２つの電池全体の端子電圧を測ると2.4Ｖになった。また，乾電池ＣまたはＤだけで図４と同じように豆電球を光らせているとき，それぞれの電池の端子電圧は1.1Ｖであった。次に，乾電池ＣとＤを直列につなげて図５と同じように豆電球を光らせると，２つの電池全体の端子電圧は（　③　）なる。なぜなら，それぞれの乾電池だけで豆電球を光らせているときより，電池から流れ出る電流が（　④　）からである。

	③	④
（ア）	2.4Ｖより大きく	大きい
（イ）	2.4Ｖより大きく	小さい
（ウ）	2.2Ｖから2.4Ｖの間に	大きい
（エ）	2.2Ｖから2.4Ｖの間に	小さい
（オ）	2.2Ｖより小さく	大きい
（カ）	2.2Ｖより小さく	小さい

図８のように乾電池Ａ，Ｂを並列につないで豆電球を光らせると，図１（前のページ）のように乾電池ＡまたはＢだけで豆電球を光らせるときに比べて少しだけ明るく光りました。この理由を調べるために，回路の点Ｒと点Ｓの電流を電流計で測りました。

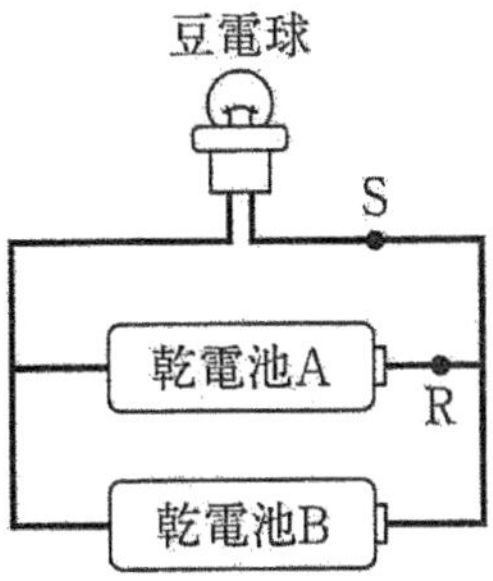

図８

〔問５〕　図８における点Ｒと点Ｓでの電流は，図３（前のページ）で示された電流の大きさに比べてどうなりますか。以下の（ア）～（エ）から正しいものを１つ選び，記号で答えなさい。

（ア）点Ｒでの電流も点Ｓでの電流も大きくなる。

（イ）点Ｒでの電流も点Ｓでの電流も小さくなる。

（ウ）点Ｒでの電流は大きくなり，点Ｓでの電流は小さくなる。

（エ）点Ｒでの電流は小さくなり，点Ｓでの電流は大きくなる。

2　次の文章を読み，それぞれの問いに答えなさい。

しょう油の主な成分は，タンパク質や炭水化物といった有機物と呼ばれるものをのぞくと，食塩と水になります。次のような実験で，しょう油から食塩を取り出しました。

【実験】

１．蒸発皿に，しょう油20ｇを入れた。

２．１の蒸発皿を，$_{\mathrm{A}}$ガスバーナーにより強く加熱した。しばらくすると，黒くこげ，けむりも出てきたが，かまわず加熱し，けむりが出なくなるまで加熱を続けた。

３．蒸発皿が冷えたら水を20cm^{3}加え，ガラス棒でよくかき混ぜた。

４．３の溶液をろ過して，こげた黒い固体をとりのぞいた。

５．４で得たろ液を新たな蒸発皿に入れ，水分がなくなるまで加熱すると，蒸発皿に白い固体（食塩）が３ｇ残った。

この実験では，しょう油を強く加熱することで，水は（　あ　）します。そのため水に溶けていた食塩は固体となって残ります。また有機物は燃えてしまうか，真っ黒な炭になって残ります。こうして得られた炭と食塩の混ざりものに水を加えて食塩をとかし出し，ろ過して炭をとりのぞいたろ液を加熱すると，食塩が取り出せるのです。

この実験とは別に，10cm^{3}のしょう油を入れたメスシリンダーの重さをはかったところ47ｇでした。なお，このメスシリンダーだけの重さは35ｇでした。

〔問１〕　空らん（あ）にあてはまる語句を漢字で答えなさい。

〔問２〕　下線部Ａについて，ガスバーナーへの点火の仕方は，次の①→②→③のような順番です。

①　ガスバーナーのガス調節ねじ，空気調節ねじが閉まっていることを確認する。その後，ガスの元栓《もとせん》につなぎ，元栓を開ける。

②　マッチをすり，マッチの火をガスバーナーの口に近づける。

③　ガスバーナーのガス調節ねじを開ける。

③の操作を②の後に行わないと危険です。その理由を説明しなさい。

〔問３〕　実験の操作５と同じように，蒸発皿に入れて水分がなくなるまで加熱したとき，蒸発皿上に固体が残るものはどれですか。次の（ア）～（エ）の中からすべて選び，記号で答えなさい。

（ア）アンモニア水　　（イ）塩酸　　（ウ）石灰水

（エ）塩酸と水酸化ナトリウム水溶液を混ぜたもの

〔問４〕　この実験結果を用いて，大さじ１杯《ぱい》（15cm^3）のしょう油にふくまれている食塩の重さが何ｇかを求めなさい。

〔問５〕　砂糖水にふくまれている砂糖の量を，この実験のやりかたで求めることはできません。その理由を説明しなさい。

3　次の文章を読み，それぞれの問いに答えなさい。

近年，地球規模の環境問題が重要な課題になっており，この問題解決への目標が国連においてかかげられています。ここでは日本の気候や自然，環境問題について考えてみましょう。

日本には四季があり，それぞれの季節の特徴が天気図にあらわれます。例えば，次のページの図１の天気図は（　ａ　）の気圧配置になっており，冬によく見られます。また，図２の天気図は

（　ｂ　）が本州の南にあり，これが本州の北に移動することで本州が夏になります。

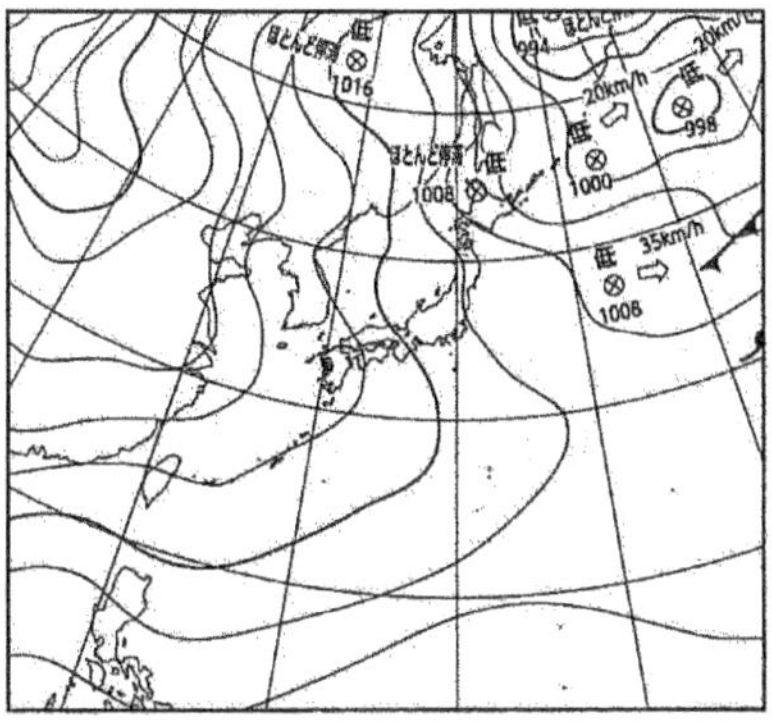

図１

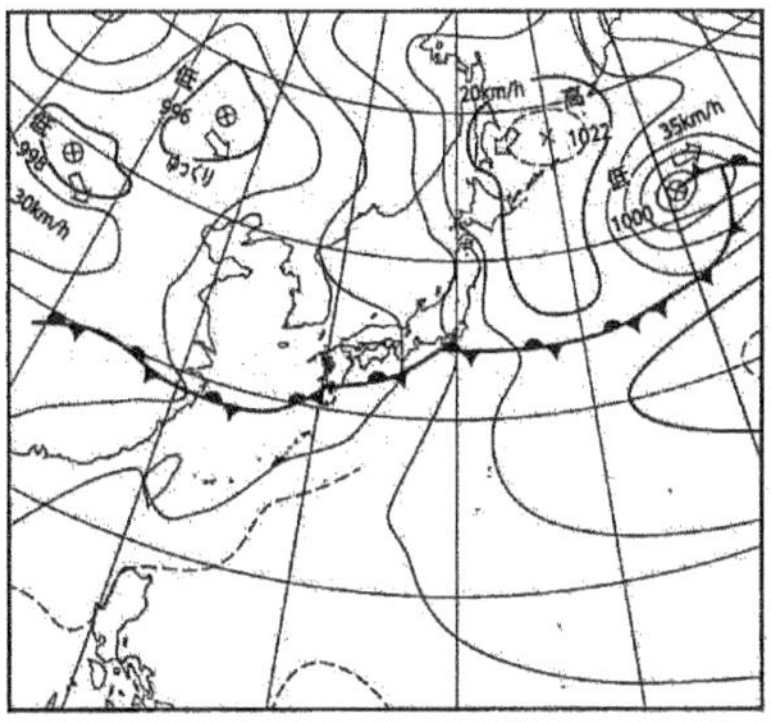

図２

〔問１〕　前の文章の空らん（ａ）と（ｂ）にはどのような語句があてはまりますか。次の（ア）～（エ）からふさわしい組み合わせを１つ選び，記号で答えなさい。

	a	b
（ア）	西高東低	梅雨前線
（イ）	西高東低	秋雨前線
（ウ）	南高北低	梅雨前線
（エ）	南高北低	秋雨前線

このような季節の変化により，日本の自然が作られています。そしてその自然の豊かさは，太陽からの光を土台にした生き物の複雑なつながりで生まれています。

〔問２〕　植物や植物プランクトンが光を使ってデンプンを作ることを何と言いますか。漢字で答えなさい。

生き物の複雑なつながりにはさまざまな種類があります。例えば，褐虫藻《かっちゅうそう》という植物プランクトンはサンゴの体に住処《すみか》をもらい，その代わりにサンゴは褐虫藻から養分をもらっています。このようにお互いが損をしないように共に生活することを共生といいます。

〔問３〕　共生の関係ではない生き物の組み合わせはどれですか。次の（ア）～（エ）からもっともふさわしいものを１つ選び，記号で答えなさい。

（ア）アブラムシとアリ　　（イ）カクレクマノミとイソギンチャク

（ウ）コバンザメとサメ　　（エ）カマキリとハリガネムシ

以上のように，豊かな自然のもとに生き物はつながりあって生きています。しかし，近年の異常気象によりこのようなつながりがこわれ，個体数が減っている生き物がいます。例えば，沖縄や九州周辺のサンゴが死んで少なくなっていますが，これは海水温の上昇によって，褐虫藻がサンゴの体からいなくなることが原因と考えられています。

［問４］ 次の生き物はいずれも，近年個体数が減っています。それぞれの生き物と減少の原因の組み合わせとして正しくないものはどれですか。次の（ア）～（エ）から１つ選び，記号で答えなさい。

	生き物	原因
（ア）	アフリカゾウ	干ばつによる水源の減少
（イ）	コアラ	森林火災による森の減少
（ウ）	ホッキョクグマ	気温の上昇による氷の減少
（エ）	クロマグロ	海水温の上昇によるプランクトンの増加

異常気象の要因の１つとして地球温暖化が指摘《してき》されています。石油やごみなどさまざまなものを燃焼することによって空気中の二酸化炭素が増加しますが，これが地球温暖化につながっているのではないかと考えられています。

［問５］ バーベキューで使うような炭《すみ》は，ほとんど炭素から出来ています。そのような炭１kgを完全に燃焼させてすべて二酸化炭素にすると，その二酸化炭素の重さはいくらになりますか。次の（ア）～（エ）からもっとも近いものを１つ選び，記号で答えなさい。

（ア）35ｇ　（イ）350ｇ　（ウ）１kg　（エ）3.5kg

【社　会】（30分）　＜満点：60点＞

Ｉ　中央大学附属中学校１年生のさくらさんとお父さんは，正月にお雑煮《ぞうに》を食べながら話をしています。この会話を読んで，あとの問いに答えなさい。

さくら：お腹すいちゃった。あれ，なんだかいいダシの匂《にお》いがする……。

お父さん：じゃーん！　さくらのために２種類のお雑煮を作ってみたよ。

さくら：あれ，お餅の形がちがうわ。

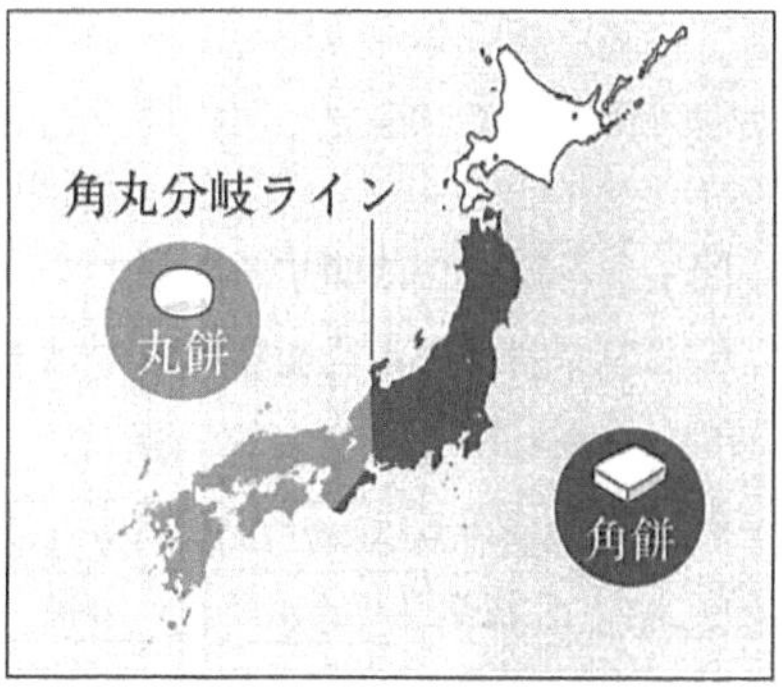

お父さん：角餅は関東風，丸餅は関西風なんだ。

さくら：関東と関西でお餅の形がちがうの？

お父さん：そう。地図を見てごらん。そこに書かれている「角丸分岐《ぶんき》ライン」より西では，餅が丸くなるんだ。**１）うどん**のつゆなども，このあたりで変わるらしいよ。

さくら：このラインは**２）関ヶ原**あたりを通っているのね。

お父さん：せっかくだし，歴史のおさらいをしよう。**３）縄文時代**の東日本はクリなどの木の実やイノシシなどの食料が豊富だった。一方，西日本はあまり食料が豊かではなかった。だから縄文時代は東日本の人口のほうが多かった。でも，大陸から稲作《いなさく》が伝わって食料が安定して確保できるようになると西日本の人口が増えてきた。

さくら：東日本と西日本は，縄文時代から環境《かんきょう》がちがったのね。

お父さん：４世紀ごろに近畿地方にできたヤマト政権は，**４）大陸の進んだ技術や文化**を取り入れて力をつけてきた。

さくら：ヤマト政権は中国をモデルに律令や**５）都**をつくったって習ったわ。

お父さん：そう。ちょうどそのころに，３つの国に関所がおかれた。そのひとつの不破関《ふわのせき》がつくられたのが，今の関ヶ原の辺りだ。そして関所より東側を，関東とか東国とよぶようになった。

さくら：関所があったから関ヶ原。関所の東側だから関東なんだ！

お父さん：やがて**６）関東平野**のあたりでは。北に住む蝦夷《えみし》とよばれる人たちに備えて，馬を育て，東国の人たちを訓練するようになった。その結果，馬に乗る「武士」が関東に成長してきたと考えられているんだ。

さくら：そういえば，関東で反乱を起こした平将門は馬を使っていたね。

お父さん：同じころに反乱を起こした**７）藤原純友**は，船を用いて戦った。西日本では，船のほうが馬より都合がいいんだ。

さくら：東日本は馬，西日本は船。いろいろちがうのね。

お父さん：そのあとの歴史も見てみよう。承久の乱に勝利した鎌倉幕府が京都においた**８）六波羅探題**は朝廷を監視《かんし》し，**９）尾張国**と加賀国より西にいる御家人を指揮したんだ。

さくら：尾張と加賀って……「角丸分岐ライン」が通る場所じゃない！　やっぱり，このラインが東日本と西日本を分けるひとつの基準なんだ。

お父さん：江戸時代には，江戸と大坂が東日本と西日本の中心になった。でも。**10）明治政府は中**

央集権国家をめざしたから，帝都東京を大きくしようとしたんだ。**11)アジア・太平洋戦争**のあとも，お父さんが生まれた**12)1975年**まで，首都東京の人口は増え続けたよ。

さ く ら：東京に人，物，富が集中しやすい時代が続いたんだね。

お父さん：さくらは東京っぽいことばを使ってるけれど，これが世の中に広がる一方で，日本には**13)消滅《しょうめつ》の危機にあることばや方言**もあるんだ。

さ く ら：東と西のちがいだけじゃなくって，いろんな文化やことばがあるって楽しいと思う。うどんのつゆだってお雑煮だって，１種類しかないなんてつまらないもん。

お父さん：そうだね。がんばってお雑煮を作ったかいがあったなあ！

本文中の地図は，「地域で違う餅の形」（農林水産省ホームページ）を一部改変

問１．下線１）に関する問題です。次の表は農産物の都道府県別の生産量を示したものです。うどんの原料となる農産物にあてはまるものを，次の①～④から１つ選びなさい。

①

都道府県	収穫量(トン)
北海道	728,400
福岡	78,100
佐賀	56,700
愛知	29,400
三重	22,800

②

都道府県	収穫量(トン)
山梨	30,400
福島	22,800
長野	10,300
山形	8,510
和歌山	6,620

③

都道府県	収穫量(トン)
鹿児島	190,600
茨城	189,200
千葉	87,400
宮崎	71,000
徳島	27,100

④

都道府県	収穫量(トン)
新潟	620,000
北海道	573,700
秋田	501,200
山形	393,800
宮城	353,400

『日本国勢図会 2022/23』（矢野恒太記念会）より作成

問２．下線２）に関する問題です。関ヶ原は古代から交通の要所でした。江戸時代，日本橋を起点として関ヶ原を通る街道について述べた文として，正しいものを次の①～④から１つ選びなさい。

① 千住を最初の宿場とする街道で，江戸幕府の初代将軍をまつった神社を参拝するために整備された。

② 板橋を最初の宿場とする街道で，内陸を通るために大部分が険しい山道であり，碓氷《うすい》峠など難所が多くあった。

③ 品川を最初の宿場とする街道で，箱根関所では鉄砲の持ち込みと女性の出入りが厳しく取りしまられた。

④ 内藤新宿を最初の宿場とする街道で，富士山に信仰をいだく人々が参拝をする通り道として利用された。

問３．下線３）に関する問題です。縄文時代に関わりがある写真としてふさわしくないものを，後の①～④から１つ選びなさい。

①

銅鏡

②

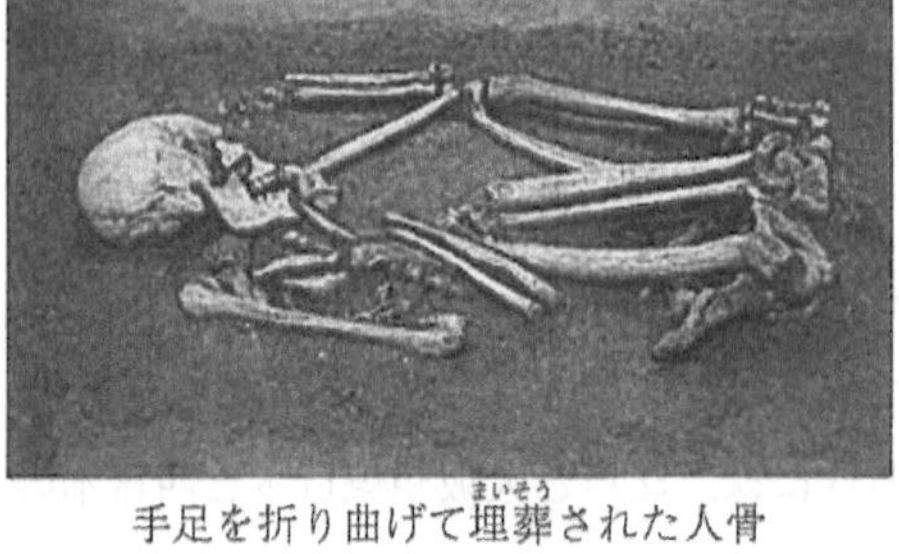

手足を折り曲げて埋葬《まいそう》された人骨

③

たて穴住居

④

土偶

問４．下線４）に関する問題です。渡来人が日本に伝えたものとして**誤っているもの**を，次の①～④から１つ選びなさい。

① 漢字　② 論語　③ 養蚕　④ 麻

問５．下線５）に関する問題です。右の地図は古代の都がおかれた場所を示しています。Ａ～Ｄについて記した文として，**誤っているもの**を下の①～④から１つ選びなさい。なお，地図中の点線は現在の府県境を示しています。

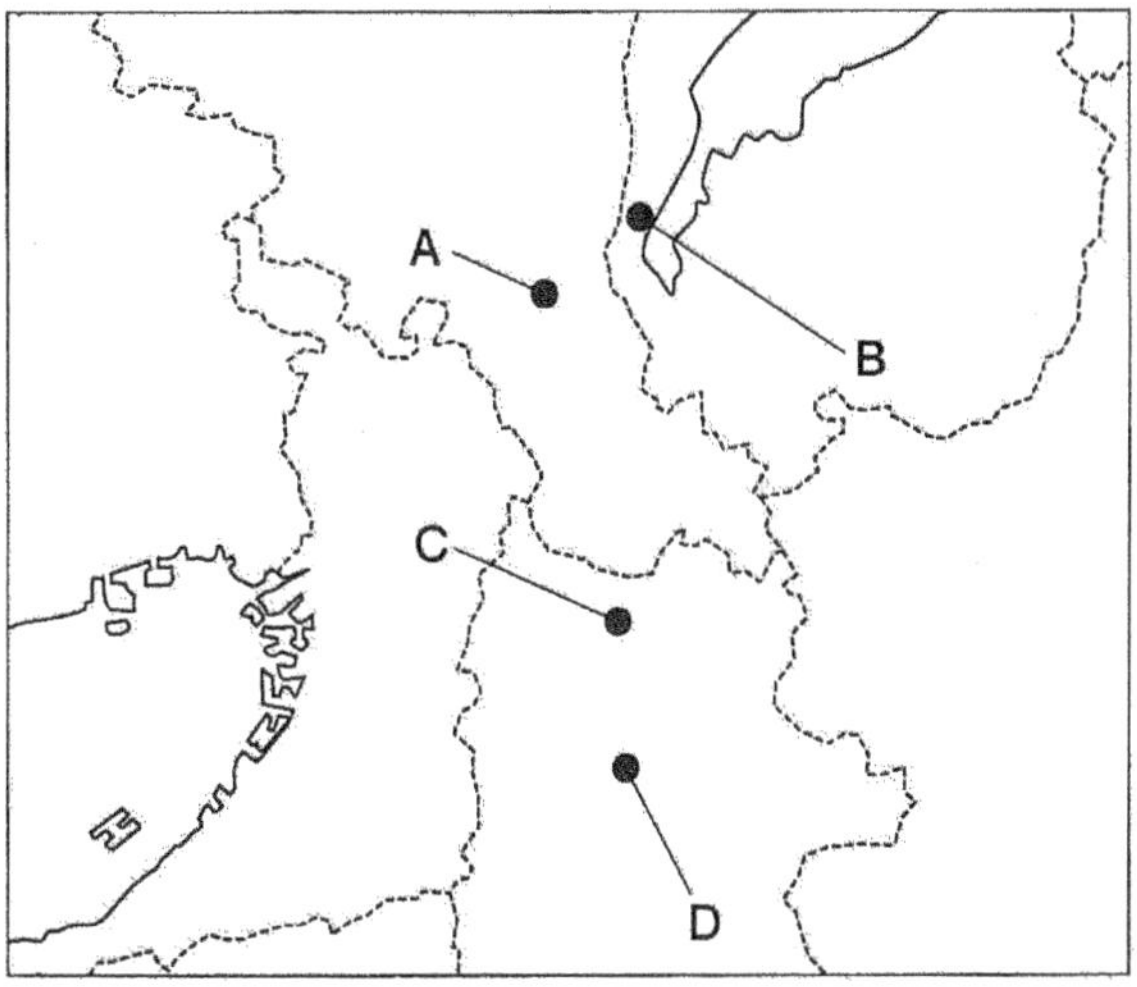

① Ａの地には桓武天皇のときに都がうつされ，以後，長く日本の都として機能した。

② Ｂの地には白村江の戦いのあとに都がおかれ，中大兄皇子はこの地で即位して天智天皇となった。

③ Ｃの地には聖武天皇のときに都がうつされ，東大寺や法隆寺などの寺院が建立された。

④ Ｄの地には推古天皇のころからたびたび都がおかれ，蘇我氏が滅《ほろ》ぼされた事件もこの地で起こった。

問６．下線６）に関する問題です。関東平野について述べた文として，正しいものを次の①～④から１つ選びなさい。

① 北西から東へと関東平野を流れる利根川は，日本で最も流域面積が広く，その本流の下流域は千葉県と東京都の県境と重なっている。

② 関東平野の北部は山地に面していて，冬に平野部に向かって「やませ」とよばれる冷たい強風が吹く。

③ 関東平野の沿岸部では，かつては，海に面した暖かい気候を利用した養蚕業がさかんであった。

④ 日本でもっとも面積の広い平野で，東京湾岸に川崎，横浜，千葉などの政令指定都市が位置している。

問７．下線７）に関する問題です。藤原純友が活動した瀬戸内海は，古くから海上交通が発達していました。瀬戸内海の海上交通について述べた文（あ）・（い）の内容について，正・誤の組み合わせとしてふさわしいものを，下の①～④から１つ選びなさい。

（あ）平清盛は大輪田泊を修築して宋との貿易をさかんにし，航海の安全を祈《いの》って厳島神社を整備した。
（い）足利義満が明と国交を結んではじめた貿易では，博多とならんで，瀬戸内海の堺も貿易港として栄えた。

①（あ）正　（い）正　　②（あ）正　（い）誤
③（あ）誤　（い）正　　④（あ）誤　（い）誤

問８．下線８）に関する問題です。初代の六波羅探題となった人物は，次のような内容の手紙を弟に送っています（わかりやすい日本語に直してあります）。この人物の名前として，正しいものを下の①～④から１つ選びなさい。

この法律は武士のみに使われるもので，公家が使っている法律を変えるものではない。

① 北条時政　② 北条義時　③ 北条泰時　④ 北条時宗

問９．下線９）に関する問題です。次の表は，日本の貿易港（空港をふくむ）の輸出品目とその割合（2020年）を示したものです。「尾張国がふくまれる都道府県」にある貿易港としてふさわしいものを，次の①～④から１つ選びなさい。

①

輸出品目	%
自動車	24.6
自動車部品	16.6
内燃機関	4.1
電気計測機器	3.4
金属加工機械	3.2

輸出総額 104,137 億円

②

輸出品目	%
半導体製造装置	8.4
金	7.6
科学光学機器	5.5
電気計測機器	3.8
集積回路	3.8

輸出総額 101,588 億円

③

輸出品目	%
自動車	15.9
プラスチック	4.7
内燃機関	4.4
自動車部品	4.3
遠心分離機	2.9

輸出総額 58,200 億円

④

輸出品目	%
自動車部品	5.8
半導体製造装置	5.2
コンピュータ部品	5.1
プラスチック	4.7
内燃機関	4.4

輸出総額 52,331 億円

『日本国勢図会 2022/23』（矢野恒太記念会）より作成

問10．下線10）に関する問題です。明治政府が行った改革について述べた文のうち，**誤っているもの**を次の①～④から１つ選びなさい。

① 身分制度を廃止《はいし》し，すべての人に名字を許し，職業を選択《せんたく》する自由を認めるようになった。

② 収穫《しゅうかく》高に応じて現物で納めさせる税を，地価に応じて現金で納めさせるようにあらためた。

③ 学問を修めて身を立てるため，すべての国民が初等教育を受けるべきだとした。

④ 納税額が少ない男子から徴兵し，ヨーロッパ諸国を手本とする近代的な軍隊をととのえた。

問11．下線11）に関する問題です。次の円グラフは，アジア・太平洋戦争が始まる前（1935年），ある資源について，それがどの国から輸入されていたかを示したものです。この資源の名前を下の①～④から１つ選びなさい。

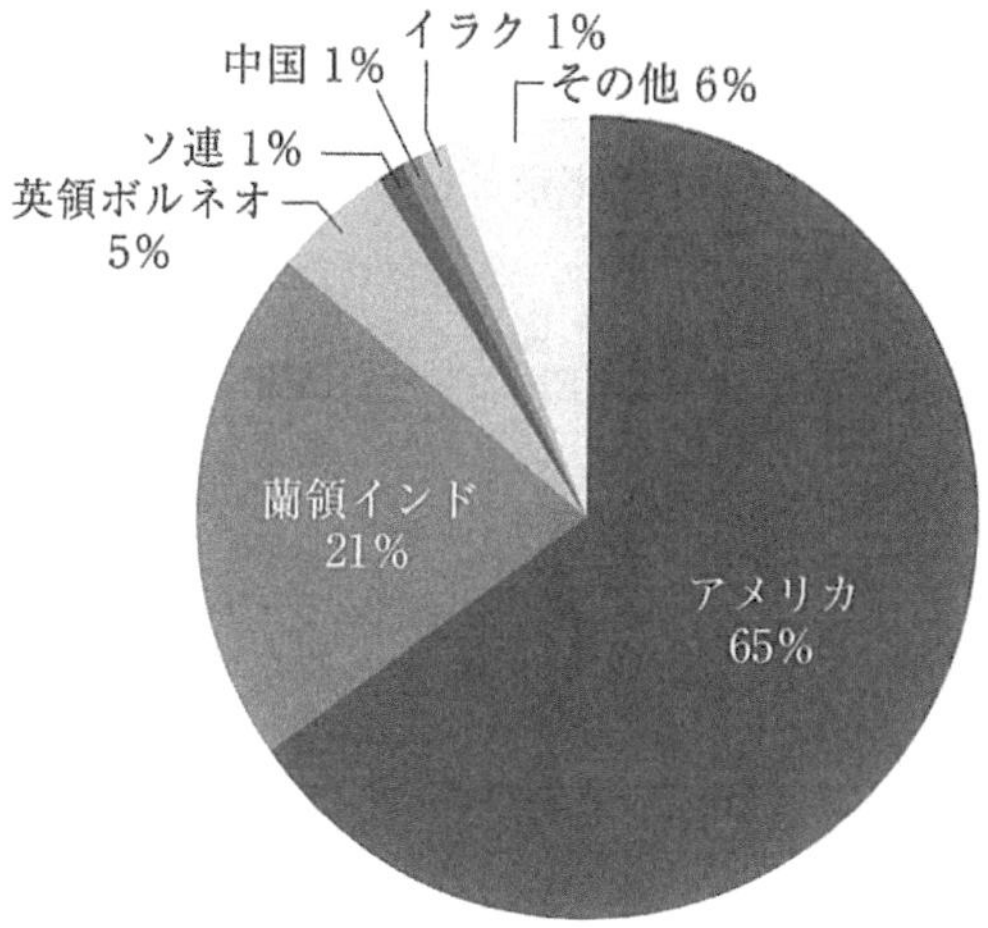

『統計要覧 2022』（二宮書店）より作成

① 石炭　② 石油　③ ボーキサイト　④ 鉄鉱石

問12．下線12）に関する問題です。次のグラフは，お父さんが生まれた1975年の日本の人口統計をもとに作成した人口ピラミッドです。このグラフが1975年ごろのものだと判断できる理由を，かんたんに説明しなさい。

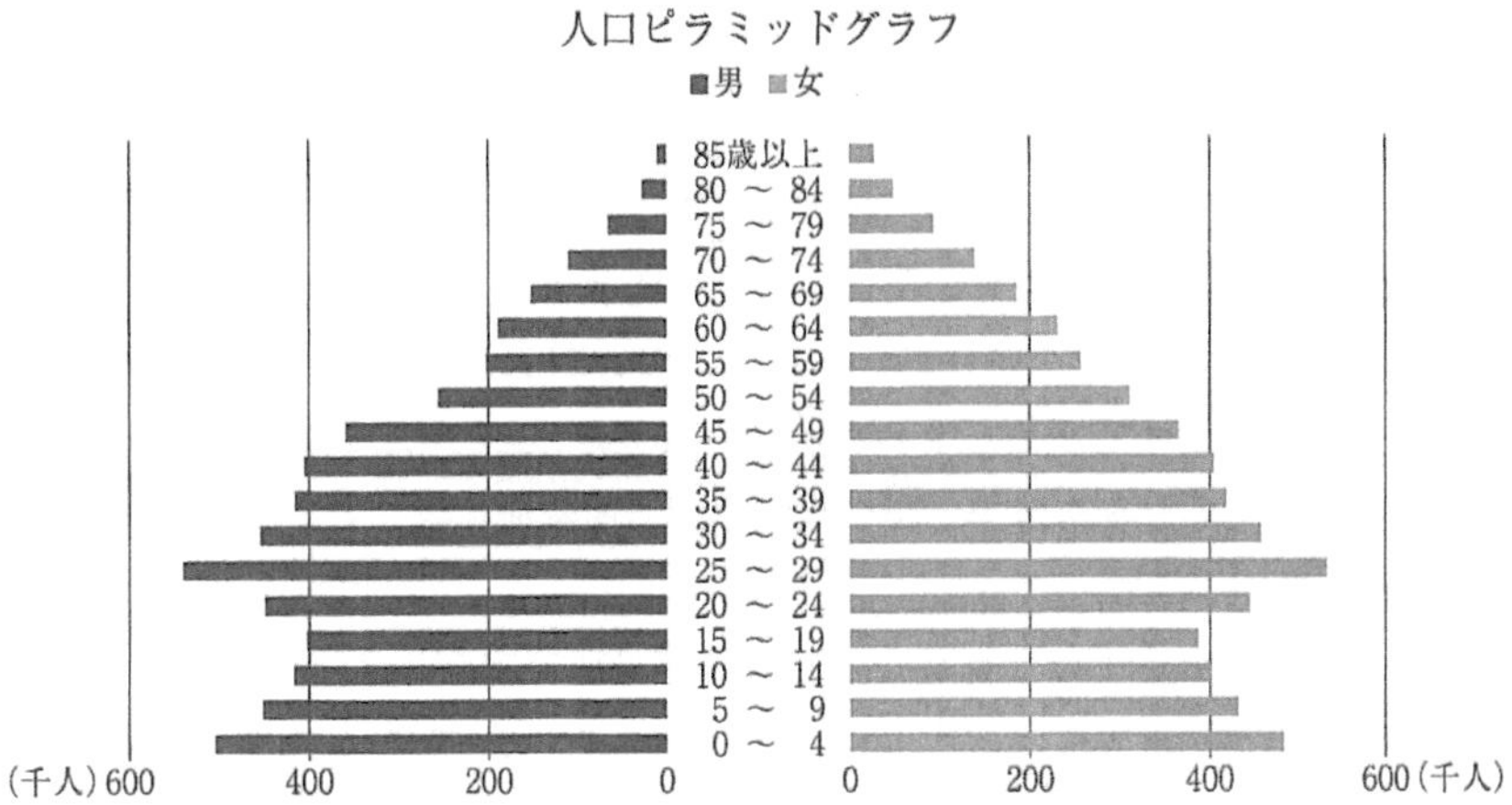

問13. 下線13）に関する問題です。2009年に，日本での「消滅《しょうめつ》の危機にある言語や方言」を発表した国際機関の名前として，正しいものを次の①～④から１つ選びなさい。

① UNESCO　② UNICEF　③ IMF　④ ILO

問14. 次の古地図は本文中の会話で話題とされている都市のものです。「御城《おしろ》」と記された場所について述べた文として，正しいものを下の①～④から１つ選びなさい。

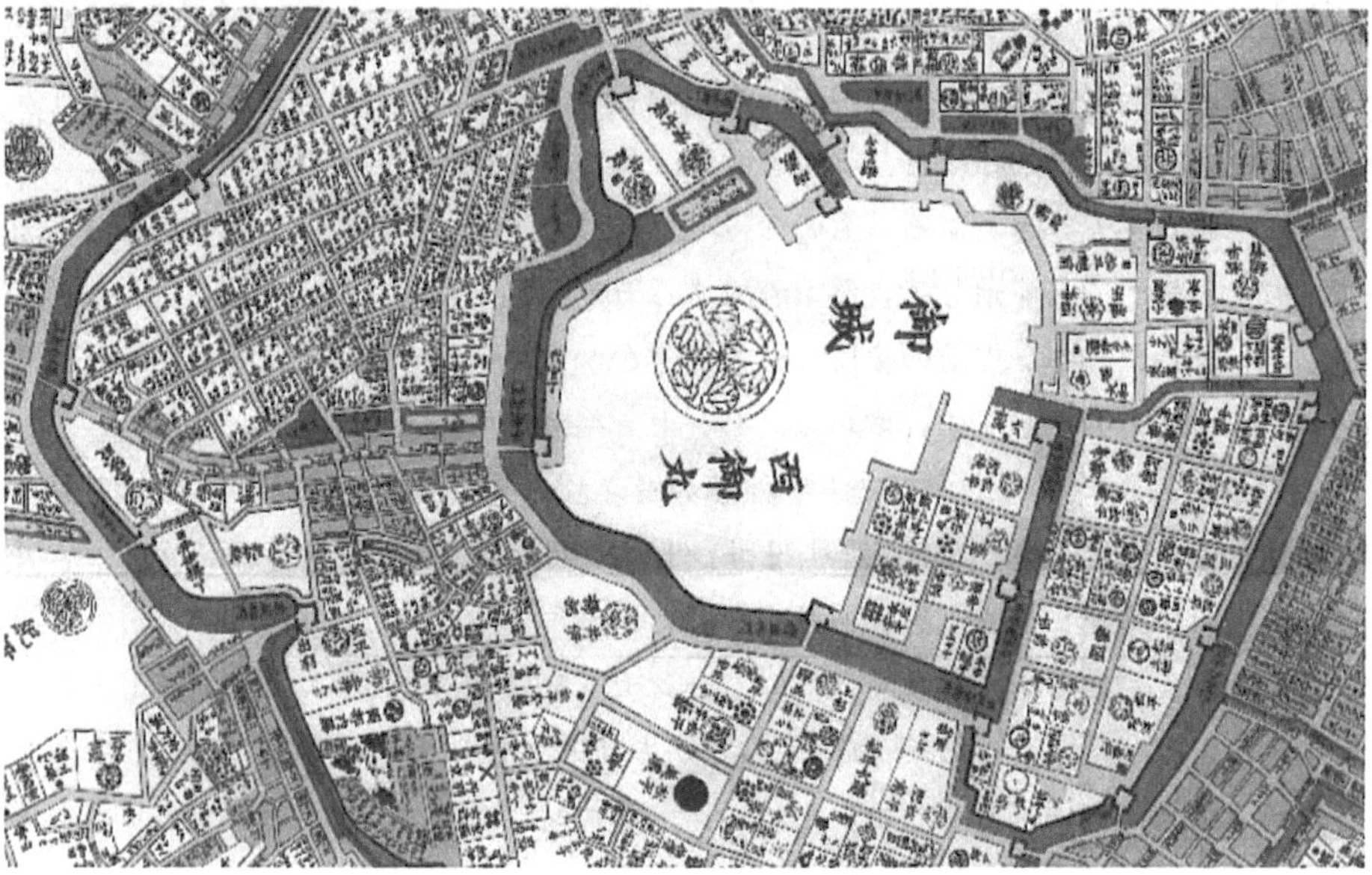

『日本城下町繪圖集』（昭和礼文社）より

① 戊辰戦争で幕府と新政府が戦った城で，榎本武揚らがたてこもった。
② 豊臣秀吉が築いた城で，豊臣氏が滅亡《めつぼう》したときに焼失した。
③ 徳川氏の将軍が代々居住した城で，現在はその跡地《あとち》に皇居がある。
④ 大政奉還が発表された城で，江戸幕府の将軍がしばしば宿泊《しゅくはく》した。

Ⅱ　日本とハンセン病にかんする次の文章を読んで，以下の問いに答えなさい。

「生きろ」――。

宮崎駿《はやお》監督のアニメ映画『もののけ姫』のキャッチコピーです。新型コロナウイルスが私たちの身近にある今日，この言葉は，私たちの胸にずしりと響《ひび》きます。

１）中世日本を舞台《ぶたい》とする『もののけ姫』には，エボシ御前《ごぜん》という人物が登場します。彼女は鉄づくりを通して自然を破壊《はかい》する一方，**２）女性**たちに活躍《かつやく》の場を用意しました。また，エボシ御前のそばには，病をかかえて全身を包帯で覆《おお》いながら，一所懸命《けんめい》に働く者たちがいます。彼らは，ハンセン病者です。

この病は，らい菌《きん》によって皮ふや神経が侵《おか》される感染病ですが，**３）20世紀後半**には治療《ちりょう》法が発達し，今では完治します。世界には古代よりハンセン病者があり，たとえば『日本書紀』にも記録があります。

仏教の教えが定着した鎌倉時代には，ハンセン病は仏による罰《ばつ》だとされました。近世に入ると，

1557年，ポルトガル人の**４）キリスト教**の伝道師が豊後に病院を設け，**５）患者《かんじゃ》の治療**にあたりました。とはいえ，江戸時代も，ハンセン病者が差別されることは変わりませんでした。

病が治ることを願う彼らは，**６）四国**にある88カ所のお寺をめぐる「お遍路《へんろ》」に向かうことも多かったといいます。けれど，宿には泊《と》めてもらえず，野宿するか，お寺の本堂の軒先《のきさき》で夜を過ごしたりすることがふつうでした。

明治時代に入って彼らを積極的に助けたのは，ふたたびキリスト教の宗教者でした。フランス出身のテストウィードは**７）静岡**に療養《りょうよう》所を建てました。**８）イギリス**出身のハンナ・リデルは**９）熊本**に病院を建て，政治家の**10）大隈重信**にも支援《しえん》を求めました。

1879年には，**11）江戸時代にたびたび日本を襲《おそ》ったコレラ**がふたたび広がりました。そんな中，明治政府は，コレラと同じく感染病であるハンセン病を社会から切り離《はな》すべきだと考えます。20世紀初めに全国に公立の療養所がつくられ，故郷《ふるさと》を追い出されたハンセン病者を収容しました。**12）1910年から正式な植民地となった朝鮮半島**にも，療養所ができました。

13）1930年代の日本政府は，強くて健康な国民をつくるべきだとの考えを強め，ハンセン病者を強制的に療養所へ入所させました。彼らは人権を侵害《しんがい》され，犯罪者のようにあつかわれることもありました。

アジア・太平洋戦争が終わったあと，国民の人権が日本国憲法ではっきり保障される時代になりました。しかし，ハンセン病者への偏見《へんけん》や差別は根強く残ります。社会では，思いやりや同情よりも偏見や差別が勝ったのです。

1996年，**14）日本政府**はそれまでの国の過《あやま》ちを認め，ハンセン病の元患者たちに謝罪しました。だからといって，**15）いったん引かれた社会の境界線**は簡単には引き直されませんでした。病が治って退所が許されても，療養所にとどまることを選ぶ人が多くいます。

「深海に生きる魚族のように，自らが燃えなければ何処《どこ》にも光はない」

かつて，ハンセン病の歌人はそう記しました。一見すると力強い決意のようですが，これは，自分以外にはだれも自分を助けてくれないのだとも読めます。

社会に生きる私たちは，このような決意を，もうだれにもさせてはいけないのではないでしょうか。

参考資料：「国立ハンセン病資料館 常設展示図録2020」「明石海人歌集」（岩波文庫）

問１．下線１）に関する問題です。室町時代の社会や文化についてのべた文として**誤っているもの**を，次の①～④から１つ選びなさい。

① 農村部では，有力な農民たちが寄合《よりあい》を開き，村のおきてを定めるなどの自治をおこなう惣村が見られた。

② 貴族と武士の文化が混ざりあう京都では，龍安寺《りょうあんじ》などに，石や砂を用いて自然の風景を表す枯山水という様式の庭園が造られた。

③ 運送業者として活躍《かつやく》した問丸は，正長の徳政一揆において農民とともに幕府へ借金の帳消しを求めた。

④ 将軍足利義満に保護された観阿弥・世阿弥の父子は，面を着けながら音楽にあわせて舞う「能」を，芸術として完成させた。

問２．下線２）に関する問題です。アメリカ航空宇宙局（NASA）を中心として，2024年に女性宇宙飛行士を初めて月面着陸させる計画があります。この計画の名前と，1969年に人類初の月面着陸を成功させた計画の名前の組み合わせとして，正しいものを次のページの①～④から１つ選びなさい。

	2024年の計画	1969年の計画
①	アルテミス計画	アポロ計画
②	アテネ計画	アルテミス計画
③	アポロ計画	アルテミス計画
④	アルテミス計画	アテネ計画

問３．下線３）に関する問題です。2022年に死去した右の写真の人物が，20世紀後半にソビエト連邦の指導者として行った内容として，**誤っているもの**を次の①～④から１つ選びなさい。

① 東ドイツと西ドイツが統一することを受け入れた。
② アメリカ大統領とマルタ島で会談して，冷戦の終結を宣言した。
③ 地中海への出口を求めて，黒海に面するクリミア半島に侵攻《しんこう》した。
④ ペレストロイカという標語《ひょうご》のもと，政治や経済を改革した。

問４．下線４）に関する問題です。1613年に，支倉常長らの慶長遣欧使節をヨーロッパへ送った仙台藩主の名前を，**漢字で**記しなさい。

問５．下線５）に関する問題です。今日，医師から十分な説明を受け，患者本人が納得・同意した上で，病気の治療は進められるべきだとされています。この考え方の名前として正しいものを，次の①～④から１つ選びなさい。

① インフォームドコンセント　② トリアージ
③ カーボンニュートラル　④ ターミナルケア

問６．下線６）に関し，次のイ）ロ）の問題に答えなさい。

イ）左下の絵は，四国のある地域で江戸時代に行われた漁のようすです。右下の写真は，今日まで続くその漁でとった魚を使った料理です。この魚の名前を記しなさい。ひらがなでもかまいません。

〈絵〉

〈写真〉

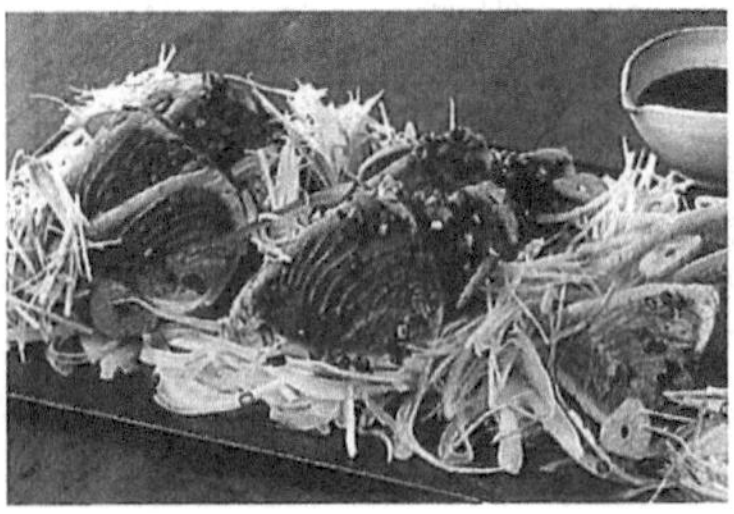

ロ）次のページの表は，四国地方の四県の面積，人口，野菜生産額，果実生産額を示したものです。徳島県にあてはまるものを，あとの①～④から１つ選びなさい。

	面積（㎢）	人口（千人）	野菜生産額(億円)	果実生産額(億円)
①	5676	1335	197	532
②	7104	692	711	111
③	1877	950	242	69
④	4147	720	352	95

「2020年生産農業所得統計」（農林水産省）、
『日本国勢図会 2022/23』（矢野恒太記念会）より作成

問７．下線７）に関する問題です。次の絵は，静岡県にある川のようすです。江戸時代には橋がかけられていなかったため，通行人の代わりに荷物をかついで川を渡る仕事がありました。明治時代に橋がかけられると，失業した人びとは近くの台地を開墾《かいこん》し，茶の栽培をするようになったといわれます。この川と台地の名前の組み合わせとして，正しいものを下の①～④から１つ選びなさい。

葛飾北斎『富嶽三十六景』より

① シラス台地 － 天竜川　② シラス台地 － 大井川
③ 牧ノ原台地 － 天竜川　④ 牧ノ原台地 － 大井川

問８．下線８）に関する問題です。イギリスでは2022年，長らく女王であったエリザベス２世が亡くなりました。彼女が女王だった時代に起きた出来事として，正しいものを１つ選びなさい。

① イギリスの植民地支配に反対する運動の指導者ガンジーが，インドで非暴力･不服従運動を展開した。

② イギリスの首相が，世界で初めて孤独《こどく》問題担当大臣を任命し，孤独をかかえる人びとを支えるようになった。

③ イギリス人のナイチンゲールらが，クリミア戦争中に傷を負った兵士を看護し，イギリス人戦死者の数が減った。

④ イギリスと清によるアヘン戦争を受けて結ばれた南京条約によって，香港島がイギリスの植民地となった。

問９．下線９）に関する問題です。熊本県にかかわりのある歴史や地理について述べた文として，**ふさわしくないもの**を次の①～④から１つ選びなさい。

① 1950年代～60年代の水俣では，化学工場から出された排水《はいすい》による水質汚濁《おだく》が原因で，水俣病が発生した。

② 江戸時代の天草では，重い年貢の取り立てに苦しんだ人びとが，天草四郎という少年のもと一揆を起こした。

③ 阿蘇には，かつて阿蘇山の噴火《ふんか》によって形成された巨大なカルデラがあり，地域一帯が世界ジオパークに指定されている。

④ 江戸時代の対馬では，いわゆる「鎖国」の下でも朝鮮との交流が続き，朝鮮通信使が立ち寄ることもあった。

問10．下線10）に関する問題です。大隈重信について述べた文（あ）・（い）の内容について，正・誤の組み合わせとしてふさわしいものを，下の①～④から１つ選びなさい。

（あ）大隈重信はいち早く国会を開くべきだと主張するなどして伊藤博文と対立し明治政府から追放された。

（い）立憲改進党を結成した大隈重信は，明治政府に反発する士族たちを率いて萩の乱を起こした。

①（あ）正（い）正　②（あ）正（い）誤

③（あ）誤（い）正　④（あ）誤（い）誤

問11．下線11）に関する問題です。1858年（安政５年）にコレラが大流行しました。この年，幕府が結んだ条約の相手国として**誤っているもの**を，次の①～④から１つ選びなさい。

① ロシア　② イギリス　③ ドイツ　④ フランス

問12．下線12）に関する問題です。次の表を見て，朝鮮半島で「三・一独立運動」が起きた時期として正しいものを，下の①～④から１つ選びなさい（A～Dは時代順にならんでいます）。

A　ポーツマス条約で，ロシアが韓国における日本の優越《ゆうえつ》を認めた。

↓

B　韓国統監を務めた伊藤博文が安重根により暗殺された。

↓

C　多くの朝鮮人が満州国へ移住した。

↓

D　広島・長崎で多くの日本人とともに朝鮮人が被爆《ひばく》した。

① AとBの間　② BとCの間　③ CとDの間　④ Dのあと

問13．下線13）に関する問題です。次のページの文章を読み，空らん（X）・（Y）・（Z）にあてはまる語の組み合わせとして正しいものを，下の①～④から１つ選びなさい。

①（X）５月15日　（Y）犬養毅　（Z）盧溝橋

②（X）２月26日　（Y）浜口雄幸　（Z）柳条湖

③（X）５月15日　（Y）犬養毅　（Z）柳条湖

④（X）２月26日　（Y）浜口雄幸　（Z）盧溝橋

世界恐慌のあと，日本では満州が「日本の生命線」とされ，満州事変が起きた。国内では軍部の発言力がいっそう高まり，1932年（　X　），右の写真にうつる（　Y　）首相が海軍軍人らに暗殺された。そして1937年，北京郊外で起きた（　Z　）事件をきっかけに，およそ８年にわたる日中戦争が始まるのである。

問14. 下線14）に関する問題です。日本政府を構成する内閣は，国会の信任をうけて成立します。憲法には，衆議院で内閣不信任決議が可決されたとき，内閣がしなければいけないことが２つ記されています。そのうちの１つは，内閣の総辞職です。もう１つは何か，かんたんに答えなさい。

問15. 下線15）に関する問題です。現代の日本社会に観察される「境界線」について述べた文として，**ふさわしくないもの**を次の①～④から１つ選びなさい。

① 日本政府は男女共同参画社会の実現をめざしているが，女性のほうが男性よりも平均賃金が低く，非正規雇用《こよう》者の割合も大きい。

② 日本国憲法は国民が「健康で文化的な最低限度の生活」を送る権利を定めるが，生活保護の受給をためらって申請《しんせい》しない人も少なくない。

③ 最高裁判所は同性どうしの結婚《けっこん》を認めておらず，地方自治体が同性カップルに関するパートナーシップ制度を設けることも禁じている。

④ 多くの地方自治体は多文化共生社会の実現をめざす一方，在日外国人には地方参政権をふくむ参政権が認められていない。

[a]～[f]に当てはまる語句を、後からそれぞれ選び、（ア）～（ク）の記号で答えなさい。ただし、**同じ記号を2度以上用いてはいけない**ものとします。

世の中がすっかり変わってしまい、職場の状況《じょうきょう》も大きく変化する中、「私」は仕事量が増えたこと以上に、[a]に苦しみを抱《だ》き、窓際《まどぎわ》から通りを見下ろしてばかりいました。そんな時、通りの向かい側の建物から突然声をかけられます。山を見上げた「私」は生徒たちの言葉を思い出し、今後登りに行くことも考えています。山に視線を向けたことは、いつも道路のアスファルトばかり見ていた「私」にとって、[b]となったのでしょう。

さらにスコーンをもらうことになった「私」は、他人との直接の会話が久しぶりだったと意識していますが、このことを通して、自分にとっての[c]にもなるのです。

届けられたスコーンは丁寧《ていねい》に包装され、それは[d]が感じられるものでした。その上で授業に向かった「私」は、生徒との対話においても、これまで失われていた部分が満たされていく感覚を抱《いだ》いたようです。「私」はここで、[e]をあらためて実感し、仕事に真摯《しんし》に向き合おうとしているといえるでしょう。

思い返せば、声をかけた側のもう一人の「私」が、山がそこにあったおかげで自転車の少年との事故をさけることができた、と感じるところから、この物語ははじまっていました。この物語に登場する二人の「私」はともに、いつも変わらずそこにある山の、[f]に気づいた、と言えるかもしれません。そのことは二人にとって、他者とのかかわり方に対する、[b]ともなっていたのです。

（ア）賞賛に値《あたい》する技量
（イ）信頼《しんらい》するに足る配慮《はいりょ》
（ウ）いつもとは違《ちが》う見え方
（エ）自分の思いをぶつける対象
（オ）他人を信用できないこと
（カ）他者とのかかわりの重要性
（キ）仕事のあり方を見つめ直すこと
（ク）気持ちの変化をもたらすきっかけ

【出典】

Ⅰ 大平健『やさしさの精神病理』（岩波新書、一九九五年）二ページ～九ページ

Ⅱ 津村記久子『水曜日の山』（『25の短編小説』朝日文庫、二〇二〇年）三〇一ページ～三一八ページ

（ウ）　喪失《そうしつ》感・恐怖《きょうふ》感　　（エ）　劣等《れっとう》感・罪悪感

【問８】　――⑧「姪《めい》が『三時のおやつに』とくれた」とありますが、この時の「私」について説明したものとして、次の中から最も適当なものを選び、（ア）～（エ）の記号で答えなさい。

（ア）　姪が作ってくれたスコーンはおいしいものではあったが、朝も昼も食べ続けてきて、さすがにもうこれ以上は食べたくないという思いが自然と高まってきている。

（イ）　スコーンを分けてくれた姪の気づかいはありがたく思うものの、その言動には社会人である自分の常識からするとずれる部分があり、少々《しょうしょう》持て余してしまっている。

（ウ）　現在の状況《じょうきょう》を考えずあまりに多くのスコーンを作っただけでなく、こちらの都合を無視して自分の思いを一方的に押《お》しつけてくる姪に、いら立ちを募《つの》らせている。

（エ）　スコーンを大量に作ってしまった姪の配慮《はいりょ》のなさにあきれる気持ちもある一方、何とかして残さないように食べきらないともったいない、と義務感にかられている。

【問９】　――⑨「私は驚《おどろ》いて、驚いた勢いで頭を上げて北を向いた」とありますが、ここでの「私」はなぜこのような反応をしたのですか。次の中から最も適当なものを選び、（ア）～（エ）の記号で答えなさい。

（ア）　窓の外を見ながら職場の状況について考えごとをしていたなか、心のどこかでずっと気になっていた山について突然《とつぜん》指摘《してき》され、「私」の気持ちが急速に揺《ゆ》れ動《うご》くことになったため。

（イ）　見知らぬ人が何の前触《まえぶ》れもなく、見慣れた山についてわかりきったことを言ってきたことにより、なぜわざわざそんなことを急に言うのか「私」はかえって混乱してしまったため。

（ウ）　見覚えのない人が親しげに話しかけてきただけでなく、山に関する発言も気心の知れた友人に向けたものであり、「私」は自分の記憶《きおく》を瞬間的《しゅんかんてき》に確かめなければならなくなったため。

（エ）　大声で突然《とつぜん》話しかけられたのみならず、窓から通りを見下ろしてばかりいた「私」にとって、これまで視界に入っていなかった山についての発言は全く想定外のものであったため。

【問10】　――⑩「でも、ないことをとにかく今は自分に許そうと思った」とありますが、どういうことですか。次の中から最も適当なものを選び、（ア）～（エ）の記号で答えなさい。

（ア）　二人が職場に戻《もど》ってきた際に、これまでの心身両面にわたる苦しみについて堂々《どうどう》と文句を言うためにも、いま目の前にある仕事をやり遂《と》げていこうと決意を固めているということ。

（イ）　現在の苦労の原因を作った二人に対する憤《いきどお》りを含《ふく》め、自分の感情のあり方や考え方に問題はないと一旦《いったん》受け入れて、当面の仕事に必死に向き合っていこうとしているということ。

（ウ）　自分に多くの負担を強《し》いた二人に対する腹立たしさに我を忘れそうになるが、その気持ちに歯止めをかけるため、はやく落ち着かなければと自分に言い聞かせているということ。

（エ）　他の二人分の仕事を背負うことになった状況に変化はないが、どうにかしてその仕事をこなす目途《めど》が立ってきたこともあり、自分の努力を自分で認めようとしているということ。

【問11】　――⑪「そう言って、私は黒板に巨大《きょだい》な円を描《えが》き、中にもう一つ円を描いた」とありますが、それに関する次のページの説明文中の

教が違う」とは、ここではどのようなことを意味していますか。次の中から最も適当なものを選び、（ア）～（エ）の記号で答えなさい。

（ア）そのつもりはなくても、互《たが》いに攻撃《こうげき》し合ってしまう、ということ。

（イ）ものの見方や、とらえ方自体に大きな隔《へだ》たりがある、ということ。

（ウ）生活を共にしていると、いら立ちが増すだけである、ということ。

（エ）自分たちの言い分を、むりやり正当化しようとする、ということ。

【問４】――④「姪《めい》は自分の言っていることにだんだん振《ふ》り回《まわ》され始めた」とありますが、この時の姪の様子を示す四字熟語として、次の中から最も適当なものを選び、（ア）～（エ）の記号で答えなさい。

（ア）自作自演　（イ）自暴自棄《じぼうじき》

（ウ）自縄自縛《じじょうじばく》　（エ）自問自答

【問５】――⑤「私の言葉に姪は、構えていたのがばからしくなるほどあっさりと同意した」とありますが、この時の「私」の様子を示す慣用句として、次の中から最も適当なものを選び、（ア）～（エ）の記号で答えなさい。

（ア）拍子抜《ひょうしぬ》けする　（イ）木で鼻をくくる

（ウ）匙《さじ》をなげる　（エ）手玉にとる

【問６】――⑥「しかし、私が一緒《いっしょ》に働いている二人に関してはその限りではない」とありますが、それに関する次の説明文中の a ～ d に当てはまる語句を、後からそれぞれ選び、（ア）～（ク）の記号で答えなさい。

自分にとって面倒《めんどう》なことを a のある真野先生と、感染《かんせん》することに対して b をしていると広言してきた印南先生。二人が休むことになり、三人分の仕事をすることになってしまった「私」は、仕事量そのものの「きつさ」ももちろんあるが、二人の普段《ふだん》の言動が現在の結果に表れていると思い、「つらさ」を抱《いだ》いている。真野先生と印南先生の二人とも、 c が大きく欠けていると感じているのだ。二人が戻《もど》ってきた時に、 d について恐《おそ》れを抱くほど、「私」の思いは強いものとなっている。

（ア）綿密な対策

（イ）無頓着《むとんちゃく》な振《ふ》る舞《ま》い

（ウ）感情を制御《せいぎょ》できなくなること

（エ）共に働く者への配慮《はいりょ》

（オ）無かったことにする癖《くせ》

（カ）ひどい扱《あつか》いを受けること

（キ）生徒たちに対する愛情

（ク）他人に押《お》しつける傾向《けいこう》

【問７】――⑦「それでも道路のアスファルトは濁《にご》った暗い川のように見えた」とありますが、この時の「私」の心情をあらわす語の組み合わせとして、後の中から最も適当なものを選び、（ア）～（エ）の記号で答えなさい。

（ア）閉塞《へいそく》感・絶望感　（イ）焦燥《しょうそう》感・敗北感

の建物の部屋と同じように静まりかえっていた。私はビニール袋をぶらさげて、誰もいない教室に帰った。スコーンは自宅に持って帰って食べようと思った。

　十六時半から、理科と数学の授業が始まった。タブレットをスタンドにセットして、私は生徒たちに挨拶《あいさつ》をする。少し咳払《せきばら》いをすると、「先生大丈夫《だいじょうぶ》？　熱出てない？」と男子の誰かが言う。たぶん水田君だと思う。

「塾へ来て測りましたが、熱はないです」

「ならよかった」

　他にちらほら、よかった、という声が聞こえる。それから空気をなでるような同意のささやきがタブレット越《ご》しに伝わってくる。

「どの人も気をつけて。でもたぶん長いことこういうのは続くだろうから、ときどきは山でも見てぼーっとして」

　山はいやだー、べつのものがいいー、という不満の声が聞こえる。じゃあ特急しなのの前面展望の動画とかね、緑のきれいな季節の！　と言うと、マニアックすぎ、と小さい笑いが起きる。ちょっとうけた、と私はほっとする。

「先生と話してると落ち着く。もっとしゃべってよ」

「授業しないといけないんで」私はできるだけ毅然《きぜん》とした態度を装《よそお》って、タブレットに向かって肩《かた》を張ってみる。「でも私もです」

⑪そう言って、私は黒板に巨大《きょだい》な円を描《えが》き、中にもう一つ円を描いた。それから中の円の線をまたぐような小さめの楕円《だえん》をいくつか描く。維管束《いかんそく》だ。双子葉《そうしよう》類の断面を描き終わると、私はその右に単子葉類の断面を描き始めた。

【問１】　――①「私は間一髪《かんいっぱつ》のところで避《よ》けた」とありますが、「私」についての以下の説明文の［ａ］～［ｃ］に当てはまる語を、本文より指定された字数で抜《ぬ》き出《だ》して答えなさい。

> この物語には、二人の「私」が登場する。物語の冒頭《ぼうとう》、車を運転しているのが［ａ（５字）］に勤務する「私」であり、後に登場するのが町の［ｂ（３字）］に勤める「私」である。二人の職場は、通りをはさんで向かいに位置する建物の中にあり、［ａ］はその建物の［ｃ（２字）］にり」にある。

【問２】　――②「私は慎重《しんちょう》に言葉を選びながら答える」とありますが、ここでの「私」について説明したものとして、次の中から最も適当なものを選び、（ア）～（エ）の記号で答えなさい。

（ア）姪《めい》の乱暴なもの言いには大きな問題があるが、彼女《かのじょ》の今後のために感情を抑《おさ》える方法を伝えることこそ自分の役割だ、と考えている。

（イ）姪の乱暴なもの言いに対しては違和感《いわかん》を覚えるが、彼女が本当に意味しようとするところをとらえなければならない、と考えている。

（ウ）姪の乱暴なもの言いには反発も感じてしまうが、その反発したくなる自分の気持ち自体に問題があるのかもしれない、と考えている。

（エ）姪の乱暴なもの言いには安易に同意できないが、彼女にはそのような言葉を口にする背景があることに配慮《はいりょ》が必要だ、と考えている。

【問３】　――③「宗教の違《ちが》う人とは一緒《いっしょ》に住めない」とありますが、「宗

感染《かんせん》拡大の収束はまだ見えないけれども、少し落ち着いたら登りに行ってもいいかもしれない、と私は思った。

あの！　と観光案内所の人はさらに声をかけてきた。スコーンいりますか!?　手作りの！　と突拍子《とっぴょうし》もないことを言ってくる。私は、この世相で手作りの食品をくれようとするの？　と疑問を感じつつ考えていると、家にいて一日八回手を洗う女の子が、マスクをして作ったやつです！　と観光案内所の人は続ける。そう言われると心が動く。

今もっともつらいのは、ウイルスの蔓延《まんえん》以上に他人が信用できないことであるような気がする。経営者と同僚《どうりょう》にそれを思い知らされたことが、長い時間塾のために働いている以上の苦しみだった。

誰《だれ》にでも良いところがあるのは知っている。安全な世界では、印南先生だって真野先生だって普通《ふつう》のいい人だ。そのことまで否定する気はなかった。でも今は。

それください！　と私は叫《さけ》んだ。

気持ち悪かったら捨ててくださっていいんで！　と観光案内所の人は大声で言う。

よく加熱します！　気持ち悪くないです！　と私は答える。

じゃあ、二十分後にそちらの建物のドアの入り口に掛《か》けておきますね！　と観光案内所の人は言って、大きく手を振《ふ》った。私も大きく手を振り、それぞれに窓を閉めた。

よく考えたら、マスクをせずにじかに人としゃべったのは久しぶりだということに気が付いて少し驚《おどろ》いた。

私は、中学一年の理科の授業のために予習をしていた教室の机に戻《もど》って、時計を見る。植物の茎《くき》にはそれぞれ師管と道管が通っている。師管を通じて葉で作られた栄養分が植物の各部位に運ばれ、道管には水や水に溶《と》けている養分が通る。師管と道管がまとまった部分は維管束《いかんそく》といって……。

他の二人が戻《もど》ってくるとして、ひどいことを言わない自信はまだなかった。⑩でも、ないことをとにかく今は自分に許そうと思った。仕事そのものの量に関しては、人生ではこんな時期もある、という見方が固まってきた。これを乗《の》り越《こ》えるのも挑戦《ちょうせん》の一つかもしれない、とも思える。そして、本当にもう限界を迎《むか》えそうになったら、自分はやれるだけのことはやりました、と真野先生にちゃんと言おうと思う。

二十分後、私は教室から出て建物の入り口に行き、観光案内所の紙袋《かみぶくろ》がドアに掛《か》けられているのを見つけた。ハンカチで取っ手を覆《おお》ってロビーに持って入り、慎重《しんちょう》に開けてみる。フリーザーバッグに入ったスコーンと、薄紙《うすがみ》に包まれた四角い布の何かが五つ、そして巨大《きょだい》で黒々としたゴシック体で印刷されたコピー用紙が、紙袋《かみぶくろ》の内側にしっかり貼《は》ってあった。取り出してさわって眺《なが》めなくてもいいように。

『フリーザーバッグは一応食器用洗剤《せんざい》で拭《ふ》いたんですが、不安ならそちらでも拭いてください。布はうちのビルの雑貨屋さんがくれたマスクカバーです。包んである紙はどの程度安全かはわかりませんが、表面を内側にして捨ててください。紙袋《かみぶくろ》の底に新品のビニール袋があります。底の方しかさわってないので、よかったら持ち運びに使ってください。紙袋はビルの前に置いといてもらえたら回収に行きます』

私は、そのメモの言うとおり、ビニール袋《ぶくろ》を取り出して開き、スコーンの入ったフリーザーバッグとマスクカバーをハンカチで持って中にしまう。そして紙袋をビルの外に出す。道路の向こうの観光案内所は、他

いという気分だけれども、出勤しているのは私一人だし、この建物に入っている店舗《てんぽ》や事務所などはすべて閉まっている。小さな税理士事務所と音楽教室、整骨院、民芸品や地元の作家の作品を売る雑貨屋などが入っている。整骨院の院長の女性は、高齢《こうれい》のためこれを機に院自体を閉めるということで、雑貨屋の店主は、今は自宅でウェブ通販《つうはん》の仕事に力を入れているそうだ。彼女《かのじょ》の最後の出勤日に、草木染めのガーゼで作ったマスクカバーをたくさんもらった。姪にも数枚あげたのだが、事務所にある分だけでも十枚あった。どうせお客さんも来ないし、と最後の出勤の数日は店にあるミシンで一日中作っていたのだという。できれば彼女にスコーンを分けたかったのだが、彼女が店を閉めたのは姪が私の家にやってくる一日前のことだった。

地元の乾燥《かんそう》食品を卸《おろ》す商社に注文票をＦＡＸで送ると暇《ひま》になったので、三か月に一度発行している、近隣《きんりん》の駅や公共施設《しせつ》に置いてもらう観光パンフレットの中身を作る作業にとりかかる。次の発行は六月だけど、七月の大きなお祭りも、八月のちょっとした音楽フェスも、今年は中止が発表された。もともと観光客はすくない場所で、この案内所の存続も毎年危《あや》ぶまれているぐらいであるため、逆に今回の国全体にわたる観光客の減少の影響《えいきょう》が少なく済んだことが、なんだか間抜《まぬ》けだけどありがたかった。

今はしいたけなんだけどな、夏はしいだけじゃないんだよな、でも秋に向けて無理矢理推《むりやりお》すか、と完全に空になってしまった乾燥しいだけの売場を眺めながら思う。最近、店頭でもウェブでもとてもよく出ている。しいたけは山で作っている。私が昨日の朝、交差点で見たあの山だ。そのおかげで、自転車の男の子を轢《ひ》かずにすんだ。

そういえばおととし、しいたけの栽培《さいばい》農家の人に小さな原木をもらって、自宅で育てたのは楽しかった。商品化はしていないのだけど、このさい考えてみてくださいよと持ちかけるのはどうか。

私は、椅子《いす》から立ち上がって窓を開け、北側を向いてみる。やはり山があった。季節柄《きせつがら》、鮮《あざ》やかな緑色で、意外と登ると厳しいんだけど見た目にはなだらかで、動かなかった。空はものすごく晴れていた。

道路を隔《へだ》てた向かいのビルの方から、同じように窓を開ける音がしたので、そちらを見ると、若い女性が窓枠《まどわく》に両腕《りょううで》を置いてうつむいていた。自分とおなじように山を見るつもりなんだろうかとも思ったのだけれど、彼女《かのじょ》はいつも以上に交通量の少ない道路をずっと見つめていた。

周りにまったく人がいなかったし、まだ高校生の姪にたずねてもちょっとあてにならないから、彼女に「自宅で育てられるしいたけの原木は欲《ほ》しいか？」ということをたずねたかったのだが、そんなことをしてもあやしまれるだけだと思い直して、私は別の言葉を口にした。

*

山が今日もきれいですね！　と道路の向こう側で窓を開けていた女性が言った。二階の観光案内所の人だと思う。知らない人だった。小さな町なので、見かけたことぐらいはあるかもしれない。

⑨私は驚《おどろ》いて、驚いた勢いで頭を上げて北を向いた。確かに、よく晴れた空の下に山があった。「あった」というのもおかしい具合に、当然のように隆起《りゅうき》していた。塾《じゅく》の生徒たちが小学校の遠足で必ず登るのだということを聞いたことがある。遠足のゴール地点には小さな滝《たき》があって、水をさわると冷たくて気持ちがよいそうだ。

だろうかということに関して、自信が持てなかった。

　ここ最近、私は窓際で通りを見下ろすことばかりしている。昨日も、休日出勤した一昨日も、その前の日も、さらにその前の日も、通りは静まりかえっていた。

　まだこういう生活になって数日なので、身を投げたりはしないと思う。もっと長引いても、私はそんなことはしないかもしれない。⑦それでも道路のアスファルトは濁《にご》った暗い川のように見えた。赤い車でも通らないかとしばらく見つめていたけれども、私が見下ろしていた信号が三回赤になるまでの間、車は一台も通過せず、自転車の男の子が一人、異常なスピードで歩道を走っていっただけだった。

＊

　朝にスコーンを食べ、昼もスコーンを食べたけれども、まだ余っていた。三時のおやつにも食べられる。家に帰ったらまだあるので、夜の食後のおやつにも食べられる。

　姪《めい》の玖実子が作ったのだった。自宅から買い置きしていたホットケーキミックスを持ち帰り、それさえ持《も》ち込《こ》めばできるだけ自室から出なくて済むように、家族と顔を合わせないように夜中の台所で作れるだけ作る、という分量で私の家でも作ってしまったので、二人で二日ほどで食べるには大量になった。明け方、山盛りのスコーンを前に驚《おどろ》いていると、そうか、家じゃなかったんだ、と姪は呟《つぶや》いていた。私が食べるかもしれないので、ということで、マスクをつけて作っていた。スコーン自体は普通《ふつう》においしい。玖実子は作ったスコーンをトングを使ってフリーザーバッグに手早く小分けにして、そのまま眠《ねむ》りに行った。

　母親や兄と遭遇《そうぐう》して言い争いになることを避《さ》けるため、姪はすっかり夜型になっていた。それで学校に戻《もど》れそう？　とたずねると、学校が始まる二日前に徹夜《てつや》をする、と姪は言っていた。二日前というのがポイントなのだという。そしたら一日前の夜にちゃんと眠《ねむ》くなるそうだ。勉強はよくしている。

　私の勤めている観光案内所は建物の二階にあって、今は完全に足が止まっている観光客以外に目指してやって来る人が少ない施設《しせつ》とはいえ、午前は五人、午後になって二時間過ぎてからは三人の訪問があった。地元の人たちのようだった。ここは食料品を取《と》り扱《あつか》っているため一応開けていてくれとのことなので出勤している。一緒《いっしょ》に働いている二人の後輩《こうはい》は電車通勤、私は自動車通勤なので、後輩たちは自宅待機で、私一人が通勤することになっている。今はどのみち暇《ひま》なので一人で間に合っている。

　乾燥《かんそう》しいたけや切り干し大根、地元の食材が入ったフリーズドライの味噌汁《みそしる》のパック、同じようなコンセプトのお茶漬《ちゃづ》けの素《もと》、炊《た》き込《こ》みご飯の素のレトルトなどがけっこう売れているため、今は追加注文の伝票を作っている。

　私は、お茶を淹《い》れ直して、パソコンの隣《となり》に置いているフリーザーバッグに入ったスコーンを眺《なが》める。子供の握《にぎ》り拳《こぶし》大のが三つ入っている。⑧姪《めい》が「三時のおやつに」とくれたものだが、喉《のど》が渇《かわ》くから今日はいつもよりたくさんお茶を淹れないとなあと思い始めた。それはそれでトイレに行く回数が増えるし困ったなと思った。というか三時のおやつは職場では食べない。

　家に帰っても食べることを考えると、今は誰《だれ》かにあげてしまってもい

ちの片方が休業したということを、教室を隔《へだ》てたウェブ通話でやりとりをするたびに愚痴《ぐち》っていた。四月からこの塾《じゅく》の三人の講師は、同じフロアの教室と自習室と職員室という三か所に分散してウェブ通話で話すことで社会的距離《きょり》を保っていた。職員室はかなり狭《せま》くて、二人入ると危機感を覚えるので、私が提案した。授業もすべてウェブ通話で実施《じっし》している。

もう片方は開いてるんですか？

そうだな。建物が壊《こわ》れたわけじゃないし、呑《の》んで騒《さわ》いでしゃべってたら辛気《しんき》くさいことは忘れちゃうよ。手は洗うけどな。感染《かんせん》したらその時はその時だ。

私は、笑っているふりをして顔を背《そむ》けた。その話をした一週間後、印南先生は熱を出して塾を休み、十日後である一週間前、真野先生から感染したらしいという連絡《れんらく》があった。

印南先生が熱を出してからは、私と真野先生で印南先生の持っている授業を手分けして受け持っていたのだが、ただでさえあまり授業をやらない真野先生が通常よりも多く授業を受け持つのは面倒《めんどう》だったらしく、誰《だれ》か代わってくれないかなあ、とタブレット越《ご》しに呟《つぶや》いているのを何度か耳にした。

そして私の携帯《けいたい》に、印南先生の感染の報告と、自分も休むと言ってきたのは五日前のことだった。奥田先生には全科目を受け持ってもらうことになるけど、まだこの時期はどの科目も滑《すべ》り出しで簡単だから、運が良かった、と真野先生は言った。

授業をさ、十分ほど短縮してもいいよ。三人の講師のうち二人が休んでいると言ったら保護者もわかってくれるだろう。手当は出すよ。

それで私は、月曜から土曜まで、三人分の授業をするために一人で学習塾《じゅく》に出勤している。一年と二年は週に四コマで各一二〇分、三年は週に五コマで各一五〇分の授業を、すべて一人でやっている。

やってみると、授業そのものはできないことはない。でも、受け持ちの数学と理科に加えて、国語と社会と英語の予習をしなければいけないことはつらかった。自宅でもほとんどの時間、深夜までどう教えるかについてのレジュメを作っている。真野先生がやっていた仕事を加算されても知れていたが、印南先生は私と同じだけ仕事をしていたので。単純に仕事量は二・五倍になった。自分の時間はないに等しかった。

人生でそういう時期もある、と考えるようにはしている。自分自身が受験生だった頃《ころ》は、もっと余裕《よゆう》がなかったしきつかったとも思う。ただ、印南先生は自分の感染《かんせん》に関して大きなヒントを残していったし、真野先生の「大事をとって」がどこまで本気かわからないのがつらかった。実態はどうであれ、疑わせない、というのも一つの礼儀《れいぎ》だと思う。

⑥しかし、私が一緒《いっしょ》に働いている二人に関してはその限りではない。

十六時半から始まる中学二年の国語と英語の授業の準備をしないといけないのに、私は、一人でいるには広い教室で急に居心地《いごこち》が悪くなって、窓際《まどぎわ》に寄って通りを見下ろしてみる。もともと、向かいの観光案内所に観光客が入っていくぐらいしか目立った人通りはない通りなのだけど、四月に入ってからは自動車の交通量も減って静まりかえっている。人間はいったいどこへ行ったのだろうという具合に。

塾に来ているすべての生徒の授業を受け持っているという以上に、他の二人が戻ってきた時に自分がまともに働いていられるだろうかということが不安だった。一言で言うと、自分が何か暴言を吐いてしまわない

あった。

「さっき自転車の男の子とぶつからなかったのは、一瞬《いっしゅん》だけ山が目に入って、あ、山と思ったからなんだけど」

「何？　よそ見？」

「なんだろ、一回左右を確認《かくにん》した後、山だな、と思ってもう一回確認するとあの子が突《つ》っ込《こ》んできてるのが目に入って、速度を落とせたんだよ」

「そうなの。偶然《ぐうぜん》だ」

「毎朝、出勤の時にあの山に向かって運転するし、職場の窓を開けて北を向くと必ず見えるから、憂鬱な眺《なが》めではあるんだけどね」

帰り道であの山に向かって運転するのであれば、どれだけ印象が違っていただろうと思う。

「小学生の時、遠足で何回か登ったな。まあそれだけだけど」

「けっこう大変だよね。見た目と違って」

「そうかな。山としては普通《ふつう》じゃないの」

今度は妹の家に寄るために右折する。左にも右にも左前方にも右前方にも猛《もう》スピードで突っ込んでくる自転車はない様子でほっとした。

「まあ嫌《きら》いじゃないけど。そこにあるだけって感じだよね。今日も明日も変わらない。何もしてくれない。病気を治してもくれない」

姪の言うことももっともだけれども、私は少しだけ反論したくなって、まあそれもそうね、と調子を合わせた後に続ける。

「たださっきはそこにいるだけで役に立ったのよね」

「それもそうか」
⑤私の言葉に姪《めい》は、構えていたのがばからしくなるほどあっさりと同意した。
じゃあ退勤の時に迎《むか》えに来るから、と言って家の前でおろすと、荷物を取ったらバスで伯母《おば》さんの家に戻《もど》ることにするよ、と姪は言った。

「公共の交通機関も怖《こわ》いんじゃないの？」

「それより家族が信頼《しんらい》できないことのほうが怖い」

姪はそう言って肩《かた》をすくめて、いったん自分の家に戻っていった。

＊

印南《いなみ》先生ね、陽性だったらしい、と塾《じゅく》の経営者の真野《まの》先生は五日前の電話で言っていた。だから当然仕事は休んでもらうんですけど、僕《ぼく》も実は咳《せき》をしていたり、ものの味がわからないことがあってね。それで奥田《おくだ》先生、僕も申し訳ないけど大事をとって……。

三人で回している中学生向けの小さな学習塾に、私は勤務している。給料は高くはないけれども、この町は家賃が安いし、子供たちを教えることはやりがいがあるので、悪くはない仕事だった。職場は自宅から近くて徒歩圏内《けんない》だった。ただ、経営者の真野先生には、ちょっと適当というか、面倒《めんどう》な仕事は雇《やと》っている講師に押《お》しつけて、自習室で個別指導と言いつつ生徒と雑談ばかりしているようなところがあって、お金を払《はら》っている立場だからそれは仕方がないのだが、かなりここぞという事態で突然《とつぜん》仕事を降りたりするのが一緒《いっしょ》に働いていて戸惑《とまど》うところだった。だからといって厳しく結果を求められたりするわけでもないので、私と同《どう》僚《りょう》の印南先生はなんとかそれをこなしていた。

印南先生は私の先輩《せんぱい》で、悪い人ではないけれども、酔《よ》うと絡《から》むのが合わなかった。私もそうだけど独身で、週に何度か行っている居酒屋のう

「そうかもしれない」

②私は慎重《しんちょう》に言葉を選びながら答える。発信者の姪《めい》も、聞き手の私もただでさえ疲《つか》れているから、姪の怒《いか》りを助長するような言葉はやめたほうがいいけれども、ちゃんと聞いてやらないのも良くない。姪は自宅で誰《だれ》も話を聞いてくれないから、私を頼《たよ》って家に来たのだ。私の甥《おい》にあたる玖実子の兄の爽太《そうた》は、高級老人ホームの施設《しせつ》管理人で、毎日外に働きに出ているのにもかかわらず、家の中のそこらじゅうを素手《すで》でさわって回り、消毒液を思いついた時に大量に使い、マスクは少し使用しただけでも洗って使い回したりはせず捨てる。私の年の離《はな》れた妹である玖実子の母親は、そのことに完全に迎合《げいごう》していて何も言わない。姪が、ドアノブの消毒と衛生用品の残りについてたずねようとすると、こんな時にうるさくしないで、気になるならあんたが買えば、と高校一年の姪に投げやりに言うだけだという。

③宗教の違《ちが》う人とは一緒《いっしょ》に住めない、と姪は言っていた。姪は新しい規律と恐怖《きょうふ》の狂信者《きょうしんしゃ》で、甥と私の妹は感染《かんせん》について鷹揚《おうよう》にしていても勝てないことはないギャンブルのようにとらえているふしがある。ウイルスを体に入れるも入れないも射幸心の対象なのかもしれない。母親、兄、妹の三人家族の中でいちばん若い姪がもっとも過敏《かびん》になっているというのも不思議な話だったが、若いということは何かを強く信じられるということでもあると考え直すと、彼女《かのじょ》の態度にも納得《なっとく》がいった。

疫病《えきびょう》下の世界で家族と宗教が違《ちが》ってしまった姪は、小学校高学年以来ほとんど行き来がなくなっていた私に電話をかけてきて、伯母《おば》さんの家にいさせてくれないか、と相談してきた。三月の終わりのことだった。一人暮らしのほうがリスクが少ないことはわかってるからすごく悪いんだけれども。私は二月から家にいても一日八回手を洗ってるし、友達とも動画の通話でしか話していないし、いつも自分の部屋にいるから感染はしていないと思う。でも症状《しょうじょう》がでないやつだったらごめん。その時は……。

④姪は自分の言っていることにだんだん振《ふ》り回《まわ》され始めた。その時は何なのだろう、と私は思ったけれども、口にはしなかった。その時は五十歳《さい》を超《こ》えている私も感染するのだろう。重い症状ならもうそこで姪ができることは何もない。死ぬほどではなくても後遺症《こういしょう》が出るような症状なら、姪は私の面倒《めんどう》を見たりするんだろうか。ぜひそうしてくれ、と私は言えないような気がした。

私にとって一方的に分が悪い相談だということを、姪もわかっていた。それでも私は、姪が声をかけてきたことがうれしかったのかもしれない。いいよ、来たら、と答えた。それで姪は私の家にやってきた。

今日は、姪は私の出勤の車に乗っていったん家に戻《もど》り、私の家に持《も》ち込《こ》みたいものを用意してから部屋にこもって過ごし、また私の退勤の時に私の車に乗って帰る予定だった。私の職場である観光案内所は、さっきの交差点の手前にあるのだが、今日は姪が家に戻るので一度職場を通り過ぎて交差点を左折した。母親である私の妹には黙《だま》って出てきたので、顔を合わせるかもしれないのが憂鬱《ゆううつ》だ、と姪は言っていた。私自身には妹から「娘《むすめ》を家に戻してよ」という連絡《れんらく》があった。私は「学校も休みなんだし本人のしたいようにさせれば」と返信した。

私としては、疫病に支配される世間よりも、妹の家族のすれ違《ちが》いよりも、さっき山を見たことで自転車の男の子と衝突《しょうとつ》せずに済んだことに今はとらわれていた。それほど怖《こわ》い出来事だったし、不思議なことでも

【問12】 本文の内容と合致《がっち》するものを、次の中から**2つ選び**、（ア）〜（カ）の記号で答えなさい。

（ア） 若者たちは、自分が傷つきたくないあまり、大人との関わりを避《さ》ける傾向《けいこう》にあるが、実は真剣《しんけん》に叱《しか》ってもらえないという物足りなさを、どこかに感じているのだろうと、筆者は分析《ぶんせき》している。

（イ） 筆者が若者たちの主張に納得《なっとく》しきれないのは、彼《かれ》らが自分たちの世代に行きわたるやさしさのあり方を、それ程《ほど》よいものだと信じていないことが、彼らの言葉から読みとれてしまうからである。

（ウ） 人びとが、人生上の悩《なや》みを相談するために精神科医を訪《おとず》れるようになったのは、家族関係すらも希薄《きはく》になってしまっている、という現代人の置かれた状況《じょうきょう》によるものなのだろうと、筆者は考えた。

（エ） 重い病状であるにもかかわらず、自分のことで人を悩《なや》ませたくないと心配しながら診察《しんさつ》に訪れる患者《かんじゃ》が現れたことは、以前には考えられなかったのであり、筆者は戸惑《とまど》いを覚えずにいられなかった。

（オ） 心を病んでいるわけでもないのに精神科を訪れる人たちを、筆者は当初遊び半分で來ているのではないかと不愉快《ふゆかい》に思っていたが、それぞれ真面目な動機で來ていることがわかり、疑っていたことを恥《は》じた。

（カ） 現在もてはやされているやさしさが、従來のやさしさのあり方と違《ちが》ったものになっているのは、人びとの関係の変化に起因しているのだろうと、筆者は患者《かんじゃ》との面談の中で考えるようになった。

Ⅱ 次の文章を読んで、以下の設問に答えなさい。

何あの子最悪、と姪《めい》の玖実子《くみこ》が眉間《みけん》にしわを寄せて歩道を振《ふ》り返《かえ》る様子がルームミラーに映っていた。自転車に乗った男の子が、自転車にしてはものすごいスピードで走っていた。たぶん小学六年ぐらいだろう。マスクをしていない。

数秒前、妹の家に向かう交差点の横断歩道の左折で、右斜め後方から車に突《つ》っ込《こ》んできた彼《かれ》を、①私は間一髪《かんいっぱつ》のところで避《よ》けた。左右確認《かくにん》をした後、私から見て右手の、交差点の直進側の山が目に入って、あ、山、と思いながら、また右手を見て左折のスピードをさらに落としたところ、走ってきた彼《かれ》が派手にハンドルを操《あやつ》ってボンネットを避け、走り去っていった。彼から見た横断歩道の信号は赤だったはずだが、町にあまりにも人も車もいないので、信号無視が普通《ふつう》になっているのかもしれない。もしかしたら、このご時世だけれども、ありえないほど急いで何かに間に合おうとしていたのかもしれない。

山を視界に入れなければ、私は彼を轢《ひ》いていたのではないかと思う。山が目に入って、ほんの〇《ゼロ》コンマ数秒、私が車の速度をゆるめなければ。同時に、もうこの界隈《かいわい》では信号を守らない子供が出てきているから、交差点の右折左折では歩道の人の動きをこれまで以上に目を懲《こ》らして見なければならない、と心に決める。

「ああいう子嫌《きら》い。あの年ぐらいからずっと嫌いだった」

「ははは」

「学校に行けないのをああやって発散してるのかな」

「そうなんだろうね」

「めちゃくちゃ頭悪いんだろうな」

（ア）やさしさとは愛ではない
（イ）やさしさに包まれたなら
（ウ）やさしくするには残酷《ざんこく》でいなくては
（エ）真の勇気とやさしさは共に手を携《たずさ》えていく

【問10】 [B] には、次の（ア）～（エ）の文が当てはまります。意味が通るように並《なら》べ替《か》え、その順番を解答欄《かいとうらん》の指示に従い（ア）～（エ）の記号で答えなさい。

（ア）その事情ゆえに若者たちは〝やさしさ〟のねじれをねじれとも感じず、ごく自然なことと感じているに違《ちが》いありません。
（イ）意味がねじれてしまうほど〝やさしさ〟をひたすら求めてしまうのには、彼らの言う理屈《りくつ》以上の事情がなにかありそうです。
（ウ）僕《ぼく》は、彼《かれ》らの〝やさしさ〟の文法を知りたいと思いました。
（エ）彼ら自身による説明は、いちおうは理解できますが、とうてい納得《なっとく》できるものではありません。

【問11】 ――⑨「考えてみると〝やさしさ〟も本来は人と人との気持ちの交流にかかわることです」とありますが、それに関する次の説明文について、[a] ～ [f] に当てはまるものを選び、それぞれ（ア）～（コ）の記号で答えなさい。ただし、**同じ記号を2度以上用いてはいけない**ものとします。

お年寄りに席をゆずらなかった少女は、自分がお年寄りに対する [a] のない人間だと周りから思われるのが嫌《いや》で、寝《ね》たふりをしたのだと言います。また、上司に謝罪する場面で、上司から発言を求められても、「言うことがないから」と黙《だま》っていた青年は、ある意味で上司を [b] にしているのだと言えるでしょう。

そんな少女と青年に、共通するもの。それは、[c] な判断にもとづいたふるまいや態度、ということではないでしょうか。

「ウチのおばあちゃん」がそうだから、「このオジイさんも年寄り扱《あつか》いしたら気を悪くするかなあ」という判断。「黙ってんのは、こっちの思いやりなのに」という主張。こうした判断や主張の中に、目の前にいる相手を思いやり、相手の身になって考えようとする [a] を感じ取れるでしょうか。

少女も青年も、むしろ目の前の相手と [d] に係《かか》わることを回避《かいひ》しているように思えてなりません。それにもかかわらず、席をゆずらないことや上司の前で黙っていることを、若い人たちが「やさしさ」だと言うのだとしたら、彼《かれ》らの「やさしさ」は「ねじれている」――本来の意味とズレていることに、筆者は [e] を覚えているのでしょう。

「やさしさ」とは本来、人と人との [f] において必要とされる、相手への配慮《はいりょ》や思いやりのことであるはずです。だとすれば、身近な人に相談もせず、いきなり精神科を訪《おとず》れる「よろず相談の患者《かんじゃ》」たちも、身近な人と [d] に係わらないことを、「やさしさ」だと主張する人たちなのではないでしょうか。

（ア）違和《いわ》感　（イ）関係性　（ウ）存在感　（エ）親切心
（オ）直接的　（カ）小意気　（キ）身勝手　（ク）高飛車
（ケ）小馬鹿　（コ）常識的

(ア) 権威《けんい》のある人物の一言によって直ちに皆《みな》を従わせること。
(イ) 相手の言い分を聞くことなくはじめから決めつけること。
(ウ) 意外なことを見て何かの間違《まちが》いではないかと感じること。
(エ) その人の性格や現在の立場から見てふさわしくないこと。
(オ) 一つの事に熱中している者は他の事を顧《かえり》みなくなること。

【問6】 ――⑤「これは〝やさしさ〟云々《うんぬん》の話ではなく、礼儀《れいぎ》の表わし方の問題なのではないか」とありますが、どういうことですか。次の中から最も適当なものを選び、(ア)～(エ)の記号で答えなさい。

(ア) 青年は上司《じょうし》に直接謝《あやま》ってはいるが、謝罪とは相手が受け入れた時にはじめて成立するものであるため、謝罪をしたことにすらなっていないと、筆者が指摘《してき》しているということ。
(イ) ひたすら頭を下げ、黙《もく》して語らないことを上司への配慮《はいりょ》だと青年は考えていたが、筆者を含《ふく》めた「オヤジ世代」は本音でぶつかることこそ真の礼儀だと思いがちだ、ということ。
(ウ) 青年は、自分が充分《じゅうぶん》な謝罪をしたつもりになっているが、筆者からすればその態度は、些細《ささい》なミスの怖《こわ》さを知る上司の忠告を理解していない振る舞いに他ならない、ということ。
(エ) 自らの非を認めて、上司の許しを請《こ》うという状況《じょうきょう》のなか、青年が結果的にその上司を怒《おこ》らせてしまったことは、敬意に欠ける振る舞いであったと、筆者は考えているということ。

【問7】 ――⑦「泥棒《どろぼう》にも三分の理」とありますが、ここではどういう意味ですか。次の中から最も適当なものを選び、(ア)～(エ)の記号で答えなさい。

(ア) 自分のはたらいた悪事は棚《たな》に上げて、身勝手な言い訳をしてしまう、ということ。
(イ) どんなことであっても正当化しようとすれば、できないことはない、ということ。
(ウ) 何事もきちんと道理を見極《みきわ》めようとしたら、短い時間では足りない、ということ。
(エ) どんな悪事をはたらく人間も、少しは人の役に立つ行いをしている、ということ。

【問8】 ――⑧「僕《ぼく》の前に坐《すわ》る女性は素直《すなお》そうで、まるでふてぶてしさとは無縁《むえん》な感じなのです」とありますが、どういうことですか。次の中から最も適当なものを選び、(ア)～(エ)の記号で答えなさい。

(ア) 親の叱《しか》り方によって、自分が悪かったという気持ちが損《そこ》なわれたことを、この女性は言い訳ではなく心から残念に思っているように、筆者には見えたということ。
(イ) 怒《いか》りの矛先《ほこさき》を親に向けているこの女性は、本当のところは、やさしく叱られなければ反省できない自分を許せないと思っているように、筆者には見えたということ。
(ウ) 朝帰りを悪いことだと思っていないこの女性は、自分の考えを疑うことなく、ただ親の叱り方が間違《まちが》っていると主張しているように、筆者には見えたということ。
(エ) この女性は、親や筆者の反応を気にせず平然と構えており、自分が年長者からどのような印象を持たれるのかを考えていないように、筆者には見えたということ。

【問9】 A に入るべき表現として、最も適当なものを次のページの中から選び、(ア)～(エ)の記号で答えなさい。

た、ということ。

(イ)　人々は、特定分野の著者による専門書よりも、アマチュアの書き手が趣味《しゅみ》でつくったような説明書を高く評価するようになった、ということ。

(ウ)　人々は、難解な知識や教養を苦労して身につけることよりも、過度な負担なく手軽に分かった気になることを好むようになった、ということ。

(エ)　人々は、開けばすぐに答えを見出《みいだ》せるものよりも、どうしてそうなるのか思考の過程を丁寧《ていねい》にたどれるものを尊ぶようになった、ということ。

【問3】　――②「皮肉ではありません」とありますが、どういうことですか。次の中から最も適当なものを選び、(ア)～(エ)の記号で答えなさい。

(ア)　まるで穏《おだ》やかな人柄《ひとがら》がほめられているかのようにも聞こえるが、そういうわけではなく、お互《たが》いに本音を言うことのできない上辺《うわべ》だけの関係性が示されている、ということ。

(イ)　てっきり好意を寄せられていると勘違《かんちが》いしてしまいかねないが、そんなつもりなど女性にはなく、ただの都合の良い男性として軽くあしらわれているにすぎない、ということ。

(ウ)　ふと口をついて出た素直《すなお》な気持ちとしてとらえてしまいがちだが、その理解は必ずしも正しいわけではなく、言葉の裏側に男性をからかう気持ちも含《ふく》まれている、ということ。

(エ)　一見すると遠回しにバカにされているようにもとれるが、そうした意図はまったくなく、文字通り思いやりがあって心づかいのできる男性として認識《にんしき》されている、ということ。

【問4】　――③「正直言って、この高校生の言葉には虚《きょ》をつかれる思いがしました」とありますが、少女の言葉を聞いて筆者はどのように感じたのだと考えられますか。次の中から最も適当なものを選び、(ア)～(エ)の記号で答えなさい。

(ア)　お年寄りに席をゆずろうかどうしようかと迷った末に、結論が出ないから寝《ね》たふりをするという解決法は、自分に対して寛大《かんだい》な若者世代特有の考えに基づいており、筆者を大いに驚かせた、ということ。

(イ)　年寄り扱《あつか》いされることを嫌《きら》うお年寄りがいるのを知ってはいたが、お年寄りに席をゆずらないことを、お年寄りに対する気《き》づかいだと主張するなんて、筆者には思いもよらない発想だった、ということ。

(ウ)　お年寄りに席をゆずろうとして拒絶《きょぜつ》された経験が筆者にもあったので、少女のように席をゆずらず、寝《ね》たふりをしてやり過ごすという対応は、筆者にとっても十分に共感できるものだった、ということ。

(エ)　年寄り扱いすることはお年寄りのためにならない、という意見や考えには一理あるにせよ、そのような意見を一人の少女が堂々《どうどう》と主張するのを聞いて、筆者は大きなショックを受けた、ということ。

【問5】　――④「柄《がら》にもない」、⑥「頭ごなし」とありますが、それぞれの意味として適当なものを次のページの中から選び、(ア)～(オ)の記号で答えなさい。

ます。どうしてそういう専門家のいる施設《しせつ》を利用しないのでしょうか？　精神科医の僕が言うのも変な話ですが、精神科よりはよほど敷居《しきい》が低いはずです。

それは、まあ、好き好きだということにしても、常識的に考えれば、医者だカウンセラーだと言う前に、家族、教師、先輩《せんぱい》、友人、上司などに相談してみるものではないでしょうか。僕ならそうします。

独特の人づき合い

もし、身近な人に相談せずに、いきなり精神科に来るということであれば〈よろず相談の患者〉は独特な人づき合いの仕方をしているのではないか、と推測することができます。⑨考えてみると〝やさしさ〟も本来は人と人との気持ちの交流にかかわることです。〝やさしさ〟のねじれが彼らに多く認められるということは、彼らが身近な人に相談しないこと、もしくは相談できないことと、あるいは深い繋《つな》がりのあることなのかもしれません。

そういえば、近年、重い病気の患者《かんじゃ》も自ら精神科を受診《じゅしん》するようになってきました。そういう例はまだ多くはないのですが、以前は精神医学の常識として「ありえないこと」だっただけに、目をひくのです。受診したことを「家族には内緒《ないしょ》にしておいて下さい」と申し出た分裂病《ぶんれつびょう》の患者がいました。国際麻薬《まやく》カルテルからつけ狙《ねら》われているので夜もおちおち眠《ねむ》れないと助けを求めて来院したのですが、家族には心配をかけたくないと言うのです。急性期の分裂病患者がこんなことを言うなんて「ありえないこと」です。僕《ぼく》は当初、診断《しんだん》をつけるのをためらったほどでした。しかし、「家族には心配をかけたくない」と言って自発的に受診すること以外は、まったく分裂病としか診断のしようのない患者が、その後もチラホラと現われるようになりました。ひとりの患者など、心配をかけないことが「家族への僕なりのやさしさですよ」と言い切ったものです。

こういう事態になったということは、もしかすると、人々《ひとびと》の人づき合いの仕方が大きく変ってきたということではないか。僕はそのように考えて、病気の患者、病気ではない〈患者〉の面接を重ねました。その結果が本書となりました。

【注】＊アッシー君、ミツグ君……一九八〇年代後半から九〇年代初期の、いわゆる「バブル景気」の時代の流行語。「アッシー君」とは、いつでもどこでも女性を車で送迎してくれる男性のことをいい、「ミツグ君」とは、女性が欲しがるものを何でも買ってくれる男性のことをいう。

＊『ハムレット』……イングランドの劇作家シェイクスピアの戯曲《ぎきょく》で、四大悲劇の一つ。

＊分裂病……精神疾患《しっかん》の一種で、現在では統合失調症《しっちょうしょう》とよばれる。

【問１】＝＝＝ⓐ～ⓔのカタカナを漢字に改めなさい（楷書《かいしょ》で、ていねいに書くこと）。

ⓐ　ザッシ　　ⓑ　ギノウ　　ⓒ　ヨネン

ⓓ　ヒョウバン　　ⓔ　ソンチョウ

【問２】――①「頭にもやさしさが求められているのです」とありますが、どういうことですか。後の中から最も適当なものを選び、（ア）～（エ）の記号で答えなさい。

（ア）　人々は、難解な問題の大まかな意味を伝えてくれる解釈《かいしゃく》よりも、細部にまで手の届く充実《じゅうじつ》した解説の方を重視するようになっ

しいって思うんです。だけど、先生、叱《しか》り方《かた》ってあると思うんですね。「バカ、アバズレ」なんて年頃《としごろ》の娘に言うことじゃありませんよね。私はたしかにあの人の娘ですけど、もう二十三ですから。子供じゃないんだから「お前にはお前のつき合いがあるだろうが、家族のルールっていうものもあるんだ」ぐらいに言ってほしいですよ。子供だって、ああいうふうに⑥頭ごなしって言うんですか、言われたら「悪かったなあ」なんて気持ち、ふっとんじゃいますよ。やっぱり、やさしく叱《しか》ってもらわないと反省する気にならないですよ」

こういう発言を聞くと、なるほど世の評論家の言うとおり「叱るな。やさしく注意せよ」でないと効果がないのかなあという気になります。娘を一喝《いっかつ》するオトウさんがまだ健在なことに心の中で拍手《はくしゅ》したい気持ちはやまやまですが、当の娘が「反省する気にならない」のでは元も子もありません。

それにしても、この患者《かんじゃ》の言い分は⑦〈泥棒《どろぼう》にも三分の理〉というやつではないでしょうか。僕《ぼく》は一瞬《いっしゅん》、屁理屈《へりくつ》や居直りもきわまったという気がしたものです。しかし、⑧僕の前に坐《すわ》る女性は素直《すなお》そうで、まるでふてぶてしさとは無縁《むえん》な感じなのです。

意味のねじれた〝やさしさ〟

僕はつくづくこうした〝やさしさ〟とは何なのかと考えこんでしまいました。電車で老人に席を譲《ゆず》らない。やさしさ、上司の前で黙《だま》りこんで返事をしない〝やさしさ〟そして〝やさしく〟叱ってほしいと思うこと。いずれも何と〝やさしさ〟の意味がねじれてしまっていることでしょう。「　A　」という＊『ハムレット』中の科白《せりふ》を思い出させるものがありますが、本人たちは皆《みな》、素直にひたすら〝やさしさ〟を求めているだけなのです。決して、シェイクスピアをまねて逆説を愉《たの》しんでいるのではありません。

B

それというのも、患者《かんじゃ》の面接をしていて、この〝やさしさ〟のねじれが患者の心のありように大きな役割を果していると、多数の例で知ったからです。数が多かっただけではありません。さまざまな種類の患者でそうでした。＊分裂病《ぶんれつびょう》、躁《そう》うつ病、神経症《しんけいしょう》……。僕が〈よろず相談の患者〉と名づけている人々《ひとびと》もここに含《ふく》まれます。

〈患者〉とはいっても〈よろず相談の患者〉に精神科の病気があるわけではありません。人生上の悩《なや》みがあって相談にやってくるのです。もちろん、病院へ来るわけですから、いちおう、症状《しょうじょう》らしいことは言います。「眠《ねむ》れない」「いらいらする」「気持ちが落ち着かない」等々《とうとう》です。しかし、よく話を聞いてみると、本当は「進学のことを考えていたら眠れなくなった」「就職をどうしたらいいか分からなくていらいらする」「結《けっ》婚《こん》に迷っているうちに気持ちが落ち着かなくなった」ということなのです。そうした悩みについて精神科医に相談にのってもらおうとするのです。

病気でもないのに彼《かれ》らはどうして精神科を受診《じゅしん》するのでしょうか？　進学であれ就職であれ結婚であれ、ほうぼうに相談室があって、カウンセラーがいるではありませんか。対人関係の悩みならば心理士がいますし、社会経済的な問題ならばソーシャル・ワーカーが知恵《ちえ》をかしてくれ

年寄りって元気な人、多いじゃないですか。ウチのおばあちゃんなんかも私たち孫以外の人がオバアさんなんて言ったら、もうプンプンだからァ、このオジイさんも年寄り扱《あつか》いしたら気を悪くするかなあ、なんて考えてたらァ、立つのやめた方がいいか、なんて考えてェ、寝《ね》たふりをしちゃったの」

　僕は精神科医ですから、患者《かんじゃ》からどんな話を聞いても驚《おどろ》かないつもりでしたが、③正直言って、この高校生の言葉には虚《きょ》をつかれる思いがしました。実は僕自身、電車で老人に席を譲《ゆず》ろうとして「いや結構！」と冷たく拒絶《きょぜつ》されたことがあったからです。僕は難しい世の中になったものだぐらいにしか考えなかったのですが、この少女によれば、席を譲らないのも〝やさしさ〟だと言うのです。相手を年寄り扱いにしないことになるからです。それでは、席を譲ろうとした僕はやさしくなかったことになるのでしょうか？　少女の返事は「そりゃそうよ。相手が（席を）空けてくれって言ったら（その時に）空けたげればいいんだから」

　理屈《りくつ》は分かりましたが、もちろん僕は釈然《しゃくぜん》としません。席を譲らなかった自分を正当化しようとしているだけのような気がするのです。少女が結局は「寝たふりをしちゃった」のがその証拠《しょうこ》ではないでしょうか？

「ちがう、ちがう。寝たふりしたのはねえ、私たちのやさしさ分かんない大人とかが、「この子、席も立たないで」みたいな目つきでジロジロ見るからなのよ」

　別の青年は、上司が自分たちの〝やさしさ〟を理解しないと、次のように不平を述べました。

「納品書を書き間違《まちが》えちゃったんですよ。オレ、すぐ気がついてェ、課長に謝《あやま》りにいったんですね。そしたらァ課長、クドクド、クドクド文句言うんですよ。（ま）ったく！　でも、何と言われようとォ、オレのやった失敗ですからァ頭下げてたんですけどォ、そしたら課長「黙《だま》ってないで何か言ってみろ」ですよ。こっちは自分で間違いに気がついて謝りにいってるんじゃないですか。もうこれ以上、何も言うことなんかないですよ。そしたら今度は「何で黙ってんだ」でしょ。だけど口が裂《さ》けてもォ「言うことがないから」なんて言えないじゃないですか。言えばァ課長が馬鹿なの指摘《してき》することになっちゃうでしょ。黙ってんのは、こっちの思いやりなのに、ホント、オヤジたちってオレたちのやさしさが分かんないんだからァ……」

　これを聞いた時「オヤジ」世代のひとりとして僕は思わず苦笑《くしょう》してしまいました。上司たる者、部下に「やさしく注意」せねばならぬと心得ているばかりに、道理を話してやろうと④柄《がら》にもない説教を垂れてうまくいかず、つい恭順《きょうじゅん》の意を示さぬ相手に腹を立ててしまう。これはたしかに「オヤジ」の悪い癖《くせ》です。しかし、口先だけでも謝れば一件落着のはずと勝手に考える若者もいけません。もし、〝やさしさ〟ということを言うのなら、謝りにいく時ぐらいは相手を逆上させないように配慮《はいりょ》してもらいたいものです。つまるところ、⑤これは〝やさしさ〟云々《うんぬん》の話ではなく、礼儀《れいぎ》の表わし方の問題なのではないか――そう僕は思いました。しかし、彼《かれ》の意見は「先生。やさしさがオレたちの礼儀なんですよ」でした。

　また別の若者は親との葛藤《かっとう》について、次のように話しました。

「父がね、私を怒《おこ》ったりするのはいいんです。親の権利ですから。それに、親としては、朝帰りする娘《むすめ》に文句のひとつでも言うのが当り前だと思うし……親のつとめっていうか、きちんと親をやろうとするのは正

【国　語】（五〇分）〈満点：一〇〇点〉

Ｉ　次の文章は、一九九五年に出版された『やさしさの精神病理』の一部です。文章を読んで、以下の設問に答えなさい。

やさしさがいっぱい

つい何年か前に、若者の間で風呂《ふろ》上がりにベビー・オイルをつけるのが流行しました。「赤ちゃんにイイものは、私たちにもイイ」「僕《ぼく》たちの肌《はだ》は意外とデリケート」と若者向けのⓐザッシも推奨《すいしょう》していたものです。その後、ふと気がついてみると、胃にやさしい食べ物、お肌にやさしい石鹸《せっけん》、足にやさしい靴《くつ》……とさまざまなやさしいモノが街にあふれています。すべてがベビー用品の転用というわけではありません。老人向けのモノは当然のこと、むしろ壮年《そうねん》のためのモノも多いのです。今や体への〝やさしさ〟は「ヘルシー」というキャッチ・フレーズのもと、世代を超《こ》えた常識となっています。

モノばかりではありません。つるかめ算から量子力学まで（「易しく」ではなく）やさしく解説する参考書やマンガが書店にところ狭《せま》しと並べられています。教師は、歴史の流れがスラスラと頭に入るからと学習マンガをすすめますし、職場では「無理なく無駄《むだ》なく」ⓑギノウが身につくようにとマニュアル作りにⓒヨネンがありません。①頭にもやさしさが求められているのです。

ヒトに対するやさしさばかりではありません。衣服にやさしい洗剤《せんざい》や洗濯機《せんたくき》、車にやさしいエンジン・オイル添加剤《てんかざい》……。ここまで来れば、人々《ひとびと》が地球や環境《かんきょう》にやさしい暮らしをと心がけるのもなるほどとうなずけます。

人どうしのつき合いにも、〝やさしさ〟は行きわたりました。つい数年前のことなのに、*アッシー君、ミツグ君となかば軽蔑《けいべつ》のニュアンスをこめて呼ばれた若者たちがいた時代など、ひと昔も前のことのように思えます。彼《かれ》らの末裔《まつえい》は、今では、「〇〇君ってホントーにやさしいのね」と称《たた》えられています。②皮肉ではありません。

厳しい親、こわい教師、叱《しか》る上司はⓓヒョウバンがよくありません。専門家たちは「叱るな、褒《ほ》めろ。それで駄目《だめ》なら、やさしく注意せよ」と教えています。やさしい親、やさしい教師、やさしい上司に人気があるのです。

今や〝やさしさ〟は僕たちの生活の隅々《すみずみ》にまで行きわたっています。もしかすると〝やさしさ〟は現代の〝時代の気分〟なのかもしれません。どうして〝やさしさ〟がこれほどまでに拡《ひろ》がりⓔソンチョウされるようになったのでしょうか？　いや、その前に、かくもさまざまな場面で語られる〝やさしさ〟とはいったい、何なのでしょう？

私たちのやさしさ

僕《ぼく》がこうした疑問を持つようになったのは、近年、面接室の中で「行き過ぎたやさしさ」とでも呼びうるようなことを経験することが増えてきたからです。例を挙げてみましょう。

ひとりの少女は「私たちのやさしさってのはねえ」と前置きをして、次のように話しました。

「この間、学校へ行く時、ふだんなら坐《すわ》れないのに、突然《とつぜん》、前の席が空いて坐れちゃったのね。そしたら次の次（の駅）ぐらいの時、オジイさんが私の前に立ってェ、私、立ったげようかなって思ったけど、最近の

MEMO

大切なことはメモしておこうネ！

2023年度

中央大学附属中学校入試問題（第２回）

【算　数】（50分）　＜満点：100点＞

【注意】　１．コンパスと定規を使ってはいけません。

　　　　　２．円周率は，3.14を用いなさい。

1　次の問いに答えなさい。

(1)　$19.76\times81-1976\times0.21+2.34\times22+46.8\times1.4$　を計算しなさい。

(2)　$3\div\frac{7}{2}\div(35-18)\times(234.56+102.44)\div\left(5\frac{1}{2}+3\frac{1}{3}+8\frac{1}{6}\right)$　を計算しなさい。

(3)　花子さんは父，母，兄，弟の５人家族です。「父の年齢《れい》」と「母の年齢の２倍」の和が142，「母の年齢」と「花子さんの年齢の３倍」の和が88，「父の年齢の２倍」と「兄の年齢と弟の年齢の和の３倍」の和が181のとき，５人の年齢の和はいくつですか。

(4)　155mの列車Ａが125mの列車Ｂとすれ違《ちが》うのに10秒，追い越《こ》すのに70秒かかります。列車Ａと列車Ｂの速さはそれぞれ秒速何mですか。

(5)　図の斜《しゃ》線部分の面積は何cm^2ですか。ただし，円周率は3.14を用いなさい。

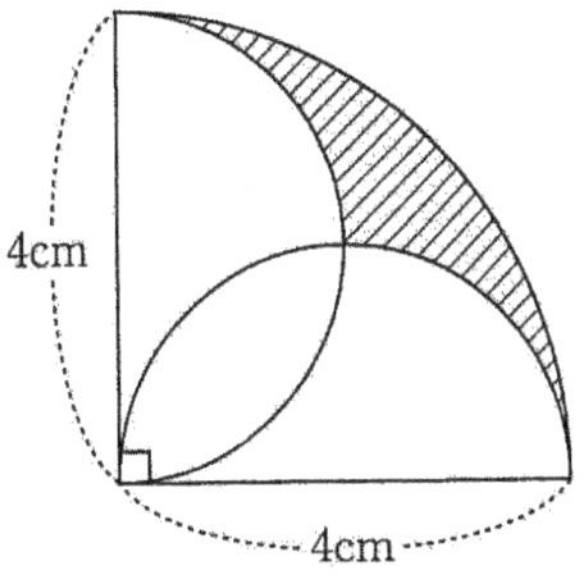

(6)　図においてAB＝DE，AC＝CDのとき，角 x の大きさは何度ですか。

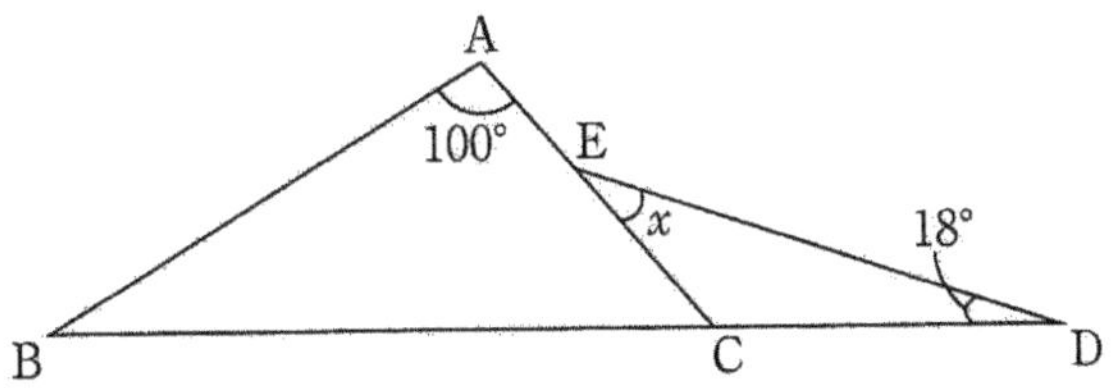

(7)　図の正六角形ABCDEFの面積が36cm^2のとき，斜《しゃ》線部分の面積は何cm^2ですか。

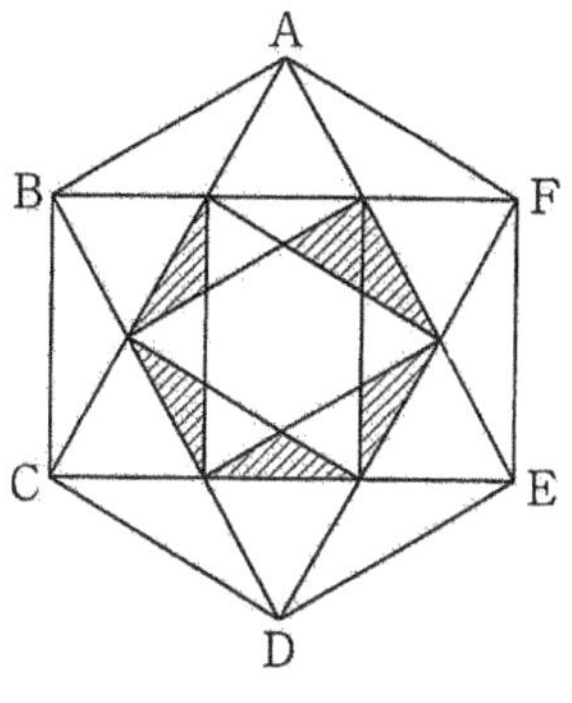

２　容器Ａには濃《こ》さがわからない食塩水が600ｇ，容器Ｂには18％の食塩水が入っています。Ａから Ｂに200ｇ移してよく混ぜたところ，Ｂの濃《のう》度は16％になりました。さらにＢからＡに200ｇもどし，Ａに水を80ｇ加えて混ぜたところ，Ａの濃度は10％になりました。

(1)　最後に容器Ａの食塩水に含《ふく》まれている食塩は何ｇですか。

(2)　はじめに容器Ａに入っていた食塩水の濃度は何％ですか。

(3)　はじめに容器Ｂの食塩水に含まれていた食塩は何ｇですか。

３　底面積が350cm^{2}の深い水そうに，底面から10cmのところまで水が入っていました。この水そうに底面積が70cm^2，高さが30cmの直方体のおもりを底に着くまでまっすぐに沈《しず》めました（図１）。

(1)　水面の高さは何cmになりましたか。

(2)　さらに，底面積が70cm^2，高さが６cmの直方体のおもりを底に着くまでまっすぐに沈めました（図２）。水面の高さは何cmになりましたか。

(3)　水そうに入っている全ての直方体のおもりを取り除き，高さ30cmの直方体のおもり１つを底に着くまでまっすぐに沈めて，(2)の水面の高さと同じにするには，底面積が何cm^{2}の直方体のおもりを沈めればよいですか。

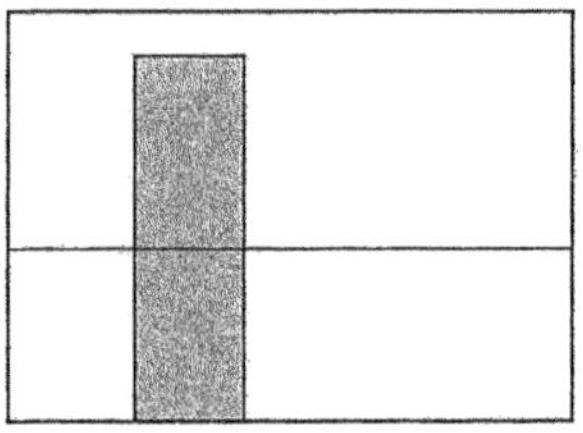

（図１）

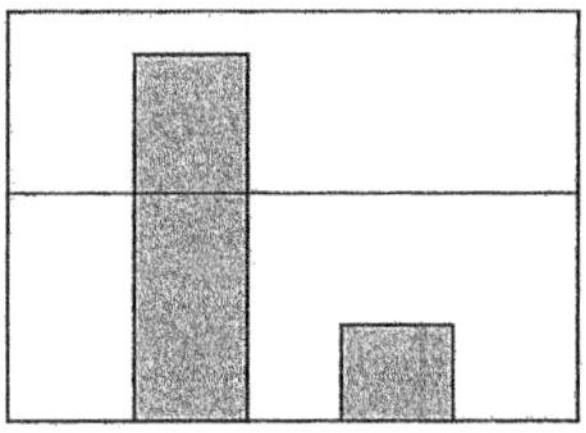

（図２）

４　２km離《はな》れた学校と駅の間を，中型バスは学校から，大型バスは駅から同時に出発し，それぞれ一定の速さで何度も往復します。２台のバスは，学校と駅でそれぞれ停車しますが，中型バスの停車時間は２分間，大型バスの停車時間は５分間です。中型バスは大型バスより速く走ります。図は，２台のバスが出発してからの時間と，２台のバスの間の距離《きょり》の関係を表したものです。

(1)　中型バスの速さは分速何ｍですか。

(2)　大型バスの速さは分速何ｍですか。

(3)　２回目に中型バスが学校から，大型バスが駅から同時に出発するのは，最初に出発してから何分後ですか。

(4)　２回目に２台のバスがすれ違《ちが》うのは，出発してから何分何秒後ですか。

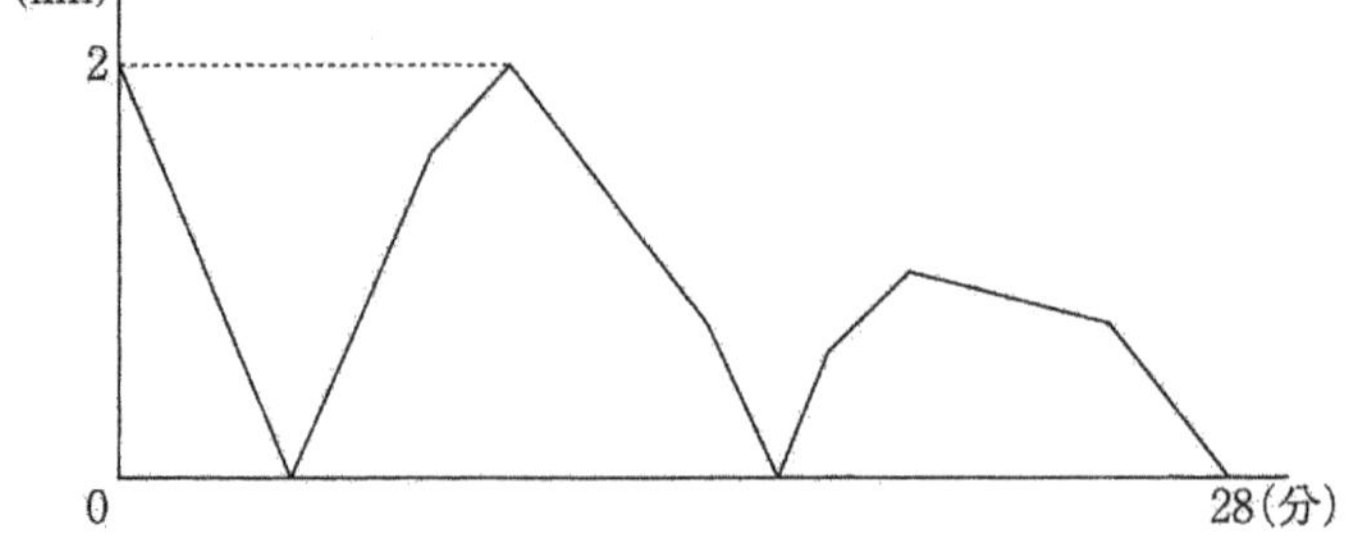

【理　科】（30分）　＜満点：60点＞

1　次の文章を読み，それぞれの問いに答えなさい。

私達の身の回りではたくさんのカメラが使われています。その種類はさまざまですが，「レンズを通して画像を記録する」という仕組みは，どのカメラもほとんど違いがありません。その仕組みは，図１に描《か》かれているように凸《とつ》レンズ，感光材料。シャッターの３つの部品からできています。それぞれの部品について説明した以下の文章を読みながら，カメラで写真を撮《と》る仕組みを考えましょう。

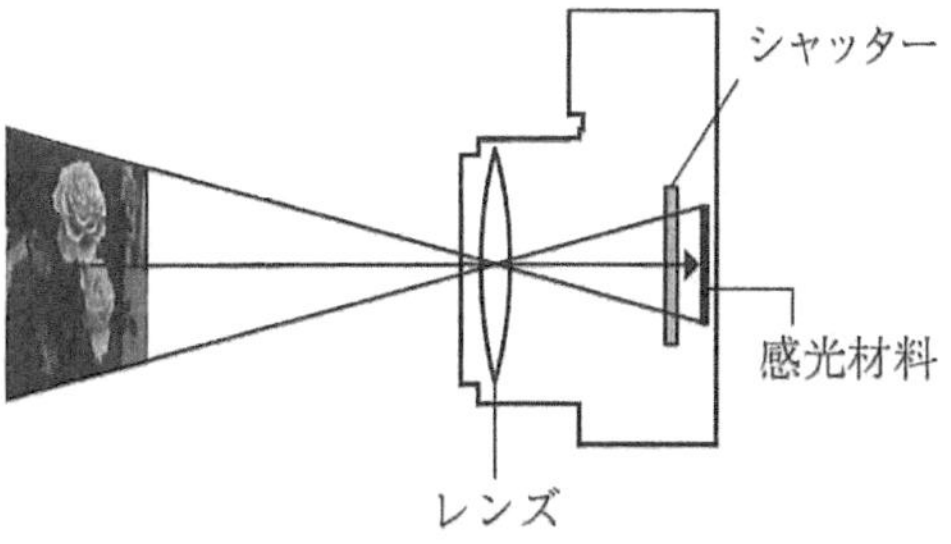

図１

凸レンズは，透《とう》明なガラスやプラスチックで作られた部品で，図２のように中心部が周囲よりも厚くなった断面を持っています。また，レンズの中心を通りレンズの面に垂直な軸《じく》をそのレンズの「光軸《こうじく》」と言います。凸レンズには，レンズを通った光を一点に集める性質がありますが，特に図２のように光軸と平行な光をレンズに入れると，光軸上の一点に光が集まります。この点を「焦《しょう》点」と言い，レンズの中心から焦点までの距離《きょり》を「焦点距離」と言います。また，図３のようにレンズの中心を通る光はそのまま直進します。

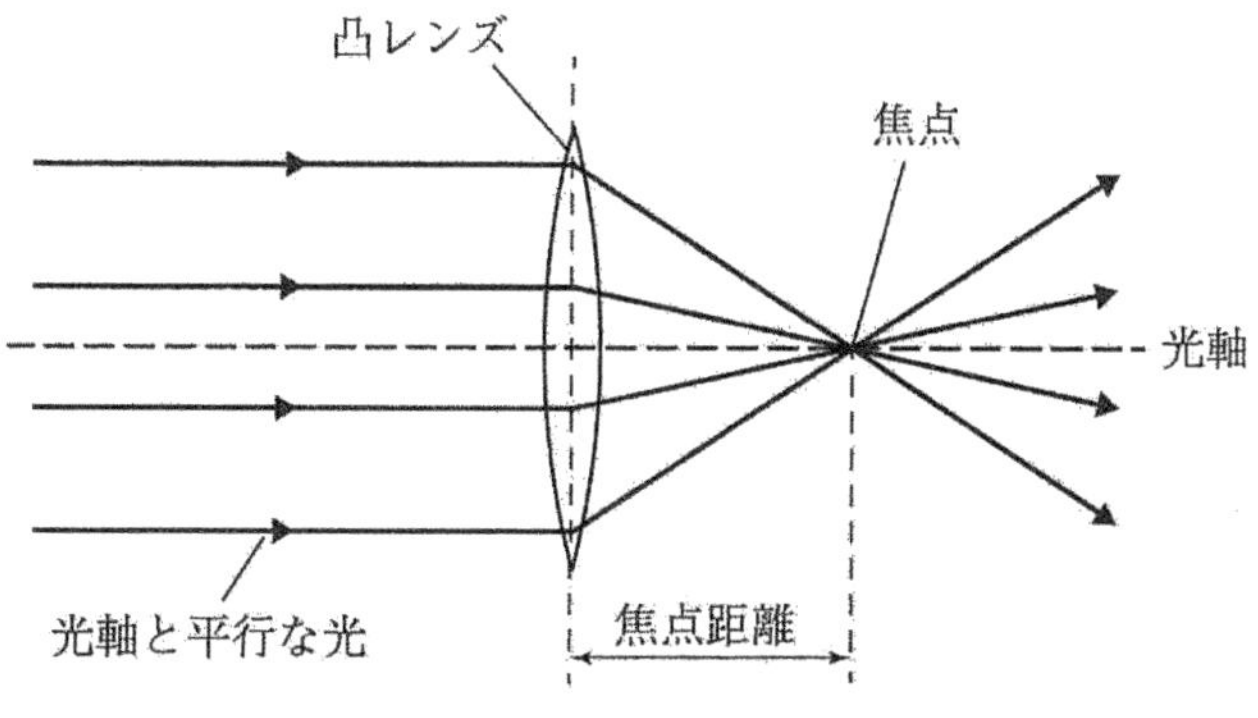

図２

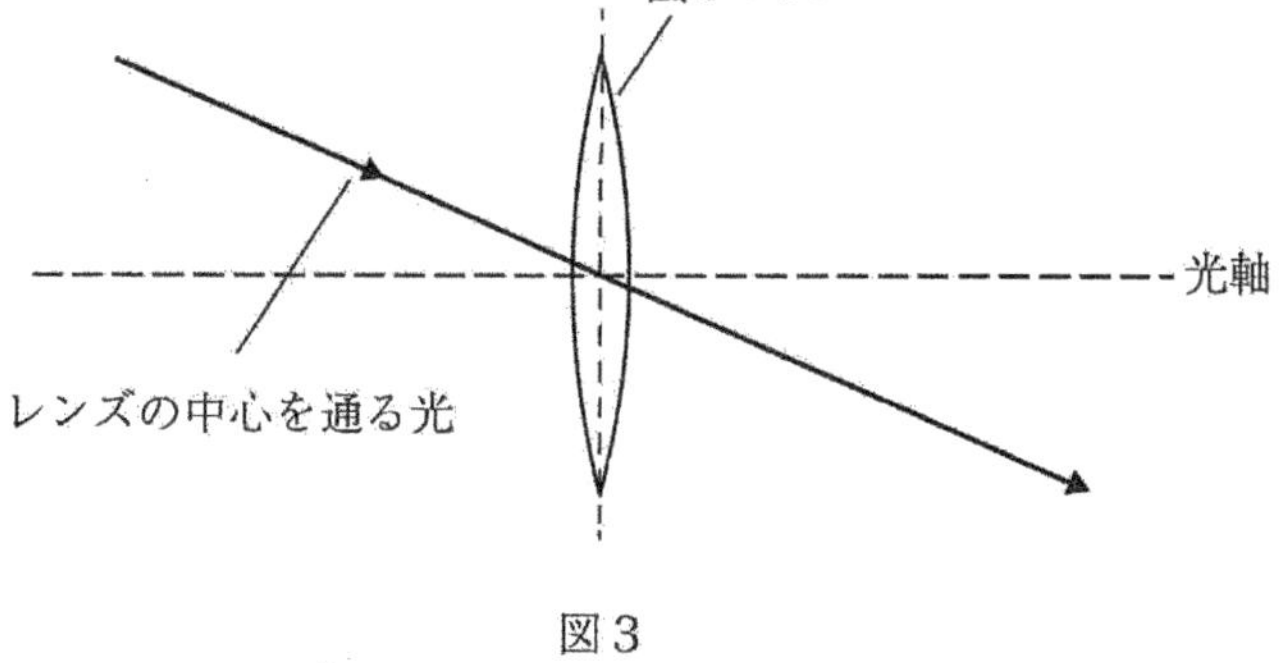

図３

〔問１〕　前のページの図２において，焦点距離を５㎝とします。ここで図２の凸レンズの右側10㎝の位置に白い画用紙を光軸と垂直に置くと，画用紙には白い円が映ることになります。この円の直径は，レンズの直径の何倍になりますか。整数または分数で答えなさい。ただし，レンズは円形で，またレンズ以外を通る光はないものと考えます。

以上のようなレンズの性質を利用して物体から出た光を集めると，あたかもそこに物体があるかのように見えることになります。これを「像」と言います。たとえば，図４のように矢印の形をした物体を考えましょう。この図では矢印の先端から出た光が，レンズを通して一点に集まる様子が表されています。するとその場所にあたかも小さな矢印の物体があるかのように見えます。これがこの矢印の物体の像になります。この像がどこにできるかは図４の２つの光線Ａ，Ｂを見るとわかります。光線Ａは光軸と平行な光なので，焦点を通る光になります。また，光線Ｂはレンズの中心を通るので直進します。よってこの２つの光線の交点から像の位置がわかります。

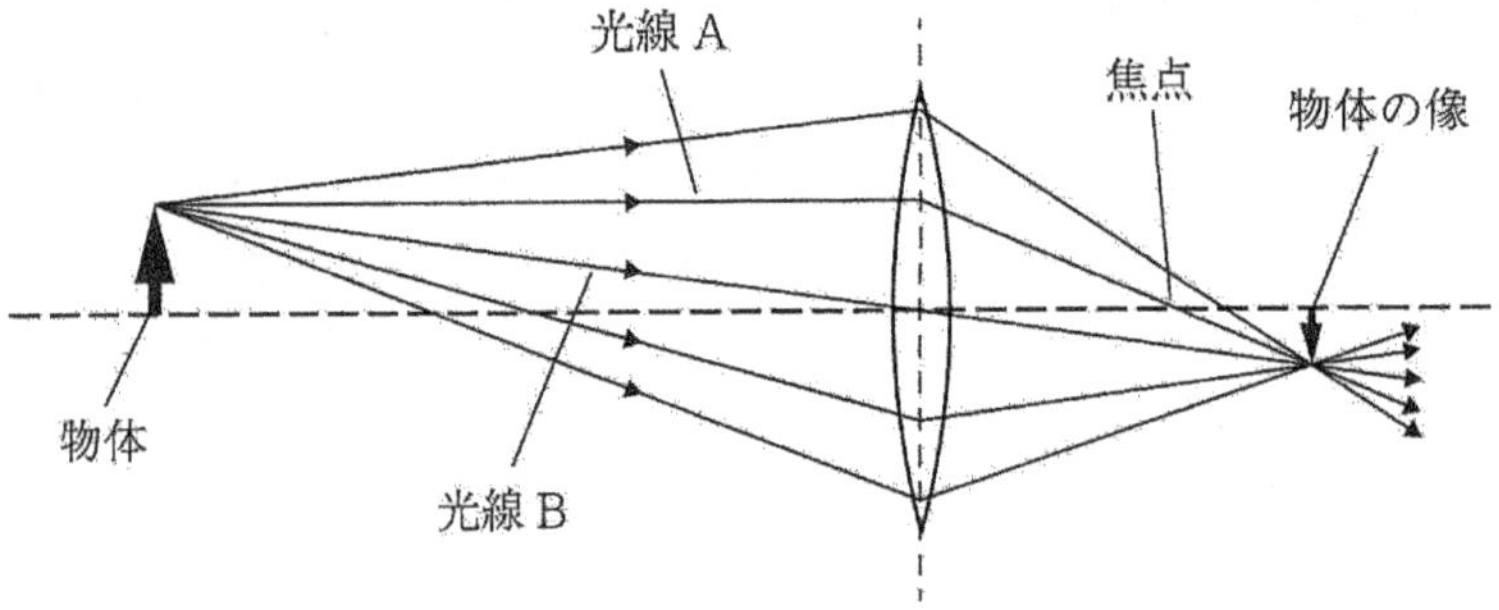

図４

カメラは，このレンズが作る物体の像の位置に感光材料を置くことで，光の明るさや色を感じ取って記録できるようにしたものです。像ができる位置は，レンズの焦点距離やレンズから物体までの距離によって変わります。そのため，写真を撮るときはレンズを前後に動かして像と感光材料の位置がぴったり合うように調節します。この操作を「ピント合わせ」と言います。ピントが合っていないと，像の輪郭《かく》がぼやけた写真になってしまいます。

〔問２〕　図５はカメラの前に物体Ａを置き，物体Ａにピントを合わせた様子を描いたものです。ただし，シャッターは省略してあります。このとき撮れた写真は図６のようになりました。

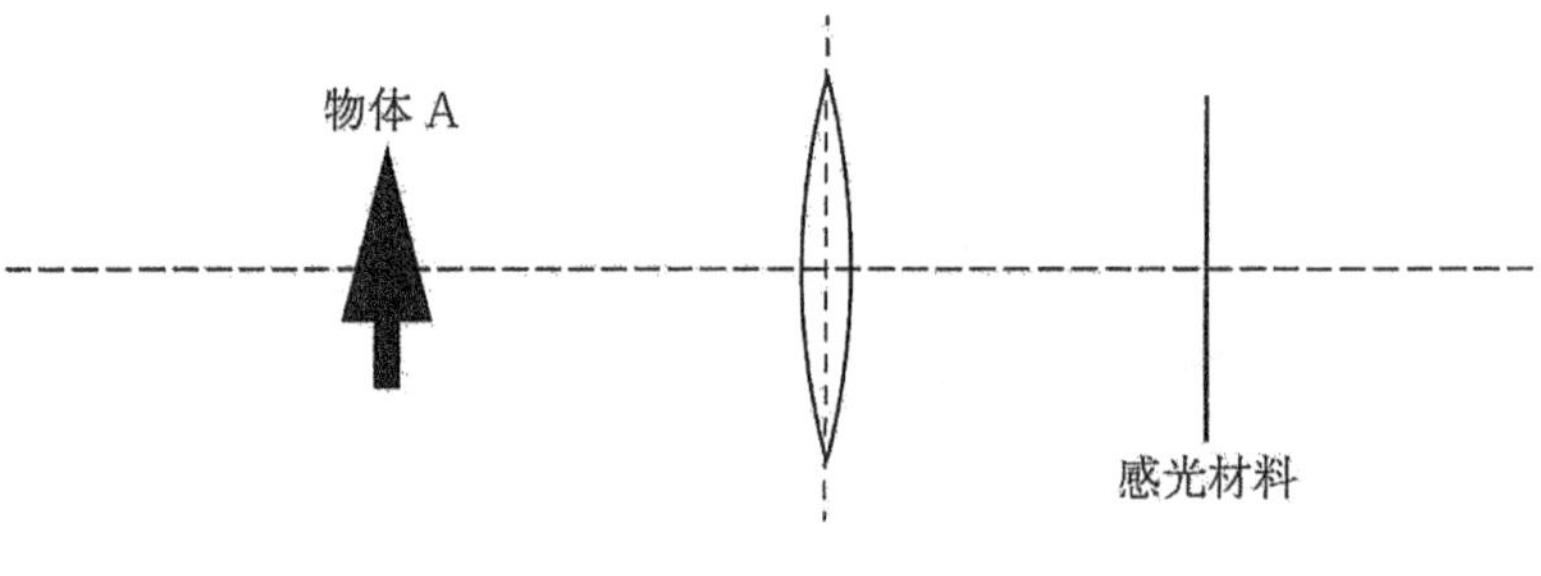

図５

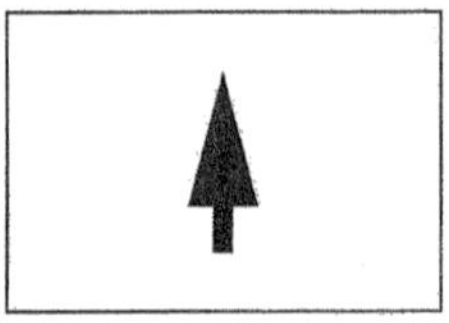

図６

図５の状態からレンズと感光材料の位置は変えずに，物体Ａを光軸に沿ってレンズから遠ざけました。このとき物体Ａは写真にどのように写りますか。もっともふさわしいものを次の（ア）～（エ）の中から１つ選び，記号で答えなさい。

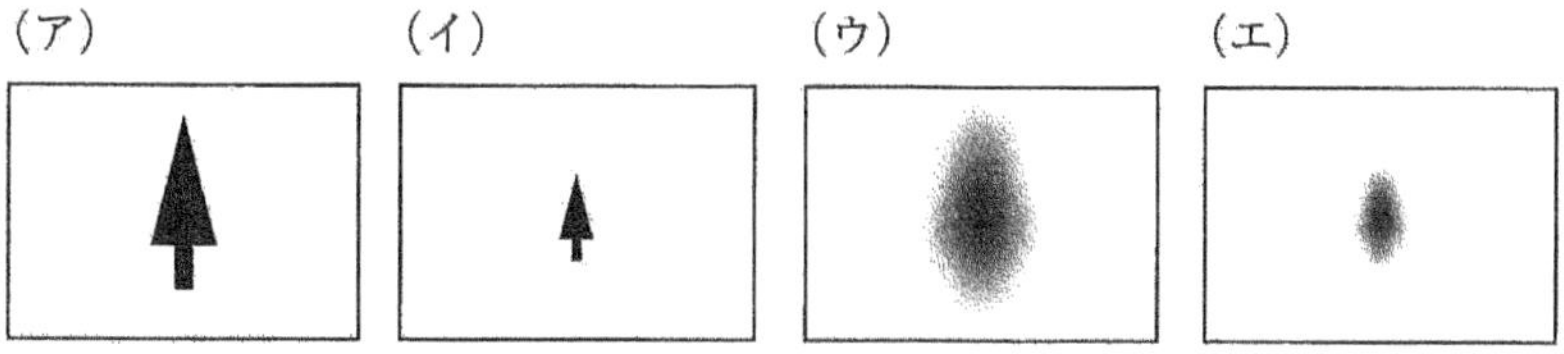

感光材料は光に反応してその明るさや色を記録できます。しかし，光が当たりっぱなしになると，せっかく記録した像に別の像が重なって記録されてしまいます。そのためカメラでは，普段はシャッターを閉じて光を遮《さえぎ》っておき，撮影のときだけシャッターを開閉することで，必要なときだけ感光材料に光を当てられるようになっています。シャッターには感光材料に当たる光の量を調整する役割もあります。光の量が足りないと感光材料が十分に反応せず像を記録できません。逆に光の量が多すぎると感光材料が記録できる限界を超えてしまい，写真全体が真っ白になってしまいます。したがって，写真を撮るときは，感光材料に「ちょうどよい」量の光が当たるようにシャッターが開く時間を調整する必要があります。このシャッターが開く時間のことを「露出《ろしゅつ》時間」と言います。

シャッターを開いている間に撮りたい物体が動くと，感光材料上の像の位置が変わるため，写真には物体がブレたように写ります。これを「被写体《ひしゃたい》ブレ」と言います。被写体ブレを抑《おさ》えるには，①露出時間をなるべく短くして物体が止まっているように写します。一方で，わざと露出時間を長くして物体が動いた様子を写真に記録するという考え方もあります。たとえば，②カメラを夜空に向けて１～２時間シャッターを開きっぱなしにすると，星の動きを線にして写すことができます。

〔問３〕　下線部①について，被写体ブレを抑えるために露出時間を短くすると，感光材料の反応が不足して写真全体が暗くなってしまいます。写真の明るさは変えずに，露出時間を短くするにはどのようにすればよいですか。もっともふさわしいものを次の（ア）～（エ）の中から１つ選び，記号で答えなさい。

（ア）レンズに白い光を当てながら撮る。
（イ）直径の大きなレンズを使って撮る。
（ウ）カメラが動かないようにしっかりと固定して撮る。
（エ）物体の動きに合わせてカメラを動かしながら撮る。

下線部②の方法を用いて，東京都内で１月25日の午前０時から露出時間を２時間に設定して星の動きを撮りました。次のページの図７は，その写真を分かりやすくスケッチしたものです。

〔問４〕　この写真はカメラをどちらの方角に向けて撮影されたものですか。もっともふさわしいものを次の（ア）～（オ）の中から１つ選び，記号で答えなさい。

（ア）東　（イ）南　（ウ）西　（エ）北　（オ）天頂

〔問５〕　図７の線Ａとして写った星の名前を答えなさい。

［問６］ 図７の線Ｂは何が動いた様子と考えられますか。もっともふさわしいものを次の（ア）～（カ）の中から１つ選び，記号で答えなさい。

（ア）恒《こう》星　（イ）惑《わく》星　（ウ）月　（エ）流星　（オ）彗《すい》星

（カ）国際宇宙ステーション

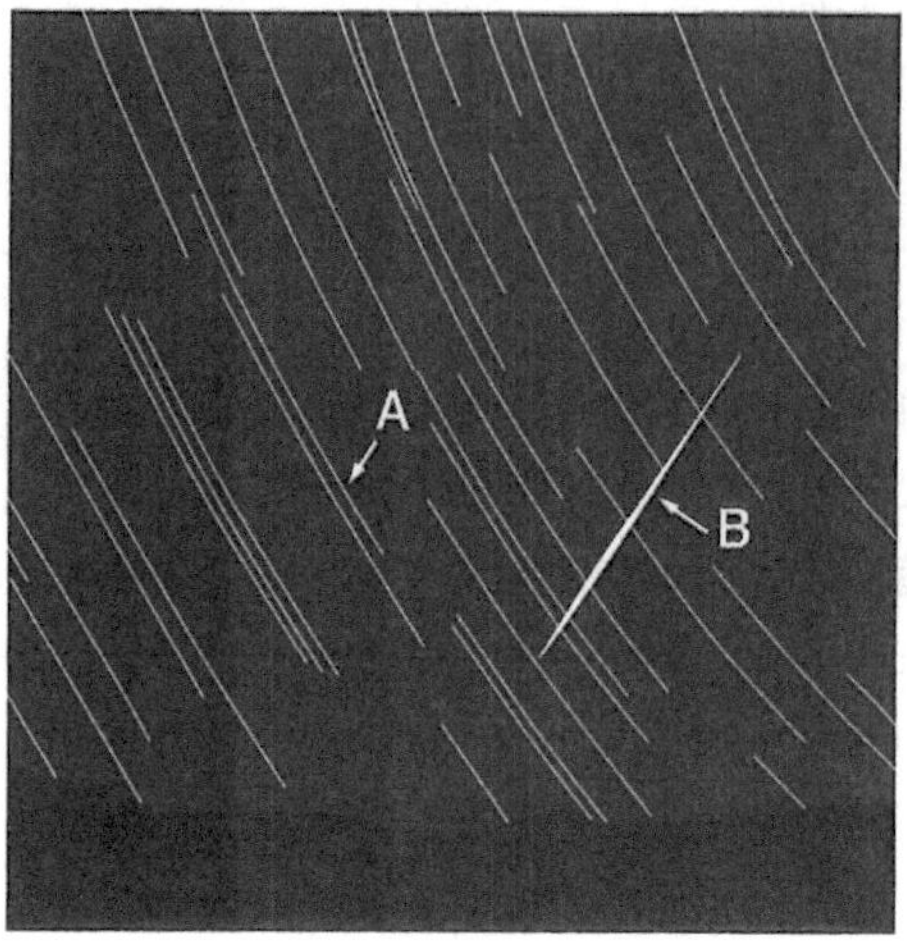

図７

2　Ａ君とＢ君が物《もの》の燃焼《ねんしょう》について話し合いながら実験を行いました。次の文章を読み，それぞれの問いに答えなさい。

Ａ：紙に火をつけるとよく燃《も》えるけど，燃えるってどういうことなの？

Ｂ：それは物が空気中の酸素と結びつくときに熱や光を出すことだね。燃焼とも言っているね。

Ａ：スチールウールに火をつけると熱が出て赤くなった部分が広がっていくよ。これも燃焼と考えていいの？

Ｂ：それも燃焼だね。酸素はいろいろな物と結びつくよ。酸素と結びつくことを酸化，酸素と結びついた物を酸化物と言うよ。

Ａ：空気中の酸素の割合は約20％だけど，もし100％にして燃やすとどうなるのかな？

［問１］ 酸素濃度を100％にしてスチールウールを燃やすと，20％の場合に比べてどうなりますか。もっともふさわしいものを（ア）～（ウ）の中から１つ選び，記号で答えなさい。

（ア）より激しく燃える。　（イ）よりおだやかに燃える。

（ウ）同じように燃える。

Ａ：物の種類を変えて燃やしてみると，燃えた後，物によって重くなったり軽くなったりするけど，どうしてなの？

Ｂ：燃えた後の方が重くなるのは，酸素の重さが加わったからだよ。

Ａ：それなら軽くなる場合はどんなときなの？

Ｂ：燃えるとき物の中の炭素や水素などが酸化されて，その酸化物が気体となって空気中に出ていく場合は軽くなるね。

Ａ：そのときどんな気体が出ていくのかな？

〔問２〕 以下の文章の（ア），（ウ）に気体の名前を，（イ）にはBTB溶液の色を入れなさい。

木炭（炭素から成る）が燃えるとき，主に（　ア　）が空気中に出ます。その（ ア ）を無色透明な石灰水に通じると白く濁《にご》ります。また，（ ア ）を緑色のBTB溶液に通じると（　イ　）色に変化します。ろうそく（炭素と水素から成る）が燃えるときは（ ア ）の他に（　ウ　）も空気中に出ます。

〔問３〕 下の（ア）～（エ）を別々にステンレス皿にのせて皿ごと重さをはかりました。次に皿にのせた物を燃やしました。その後，冷えてから再度重さをはかると，重くなるのはどれですか。もっともふさわしいものを（ア）～（エ）の中から１つ選び，記号で答えなさい。なお，ステンレス皿は熱に強く重さは変化しません。

（ア）木綿《もめん》（ガーゼ）　（イ）固形燃料　（ウ）アルコール　（エ）スチールウール

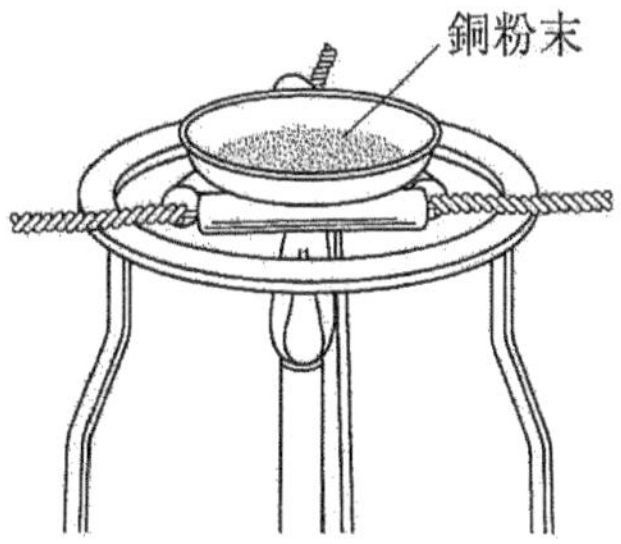

図１

A：ここに銅粉末があるけど，スチールウールのように燃えるのかな？

B：燃えないけど，強火で熱すると燃焼と同じように酸素と結びついて黒い酸化銅ができるよ。

A：銅粉末はどのように酸化されるのかな。実際に確かめる方法はないの？

B：それならステンレス皿に銅の粉末を一定量のせ，図１のようにガスバーナーで加熱して色や重さの変化を観察してみよう。

【実験１】

つやのある赤色の銅粉末（銅のみからなる）を1.60ｇはかりとり，ステンレス製の皿に広げて下からガスバーナーで加熱した。途中で加熱するのをやめて重さをはかり，よくかき混ぜて再び加熱してから重さをはかることを繰り返した。すると全体が黒い酸化銅になった。その後，加熱回数を増やしても表１の結果のように重さは変化しなくなった。ただしステンレス皿は熱に強く，加熱しても重さは変化しないものとします。

表１

加熱回数［回］	0	1	2	3	4	5
加熱後の重さ［g］	1.60	1.88	1.95	1.99	2.00	2.00

A：加熱の回数を増やすごとに重くなるけど，４回目以降は回数を増やしても一定の重さになっているのはどうしてなの？

B：加熱の回数を増やすことで，まだ酸化されていなかった銅粉末が酸素と結びついて重くなるね。そしてすべての銅粉末が酸化された後は，加熱しても一定の重さになっているよ。この酸化銅の重さは，元の銅粉末の重さと結びついた酸素の重さの合計になっているよ。

A：それなら加熱前の銅粉末の重さを変えて完全に酸化させた場合，酸化させる前と後の重さにはどんな関係があるの？

Ｂ：銅粉末の重さを変えて完全に酸化させたとき，その重さに比例して結びつく酸素の重さも変わるよ。銅粉末の重さを少しずつ変えて，銅粉末の重さと酸化銅の重さの関係を下の表２に示してみたよ。

表２

加熱前の銅粉末の重さ［ｇ］	0.20	0.40	0.60	0.80	1.20	1.60
加熱後の酸化銅の重さ［ｇ］	0.25	0.50	0.75	1.00	1.50	2.00

〔問４〕 表２の値を用いて，酸化させる前の銅粉末の重さと結びついた酸素の重さの比をもっとも簡単な整数比で示しなさい。

【実験２】

ステンレス皿の上に【実験１】で作成した酸化銅の一部と，新たな未使用の銅粉末を混ぜ合わせ，合計1.92ｇのせた。その後ガスバーナーで重さが変化しなくなるまで何度も加熱し完全に酸化させたところ，重さ2.20ｇで変化しなくなった。

〔問５〕 【実験２】について各問いに答えなさい。

⑴ 混ぜ合わせた1.92ｇを完全に酸化させたとき新たに結びついた酸素の重さは何ｇですか。

⑵ 混ぜ合わせた1.92ｇのうち，酸化銅の重さは何ｇですか。

3 次の文章を読み，それぞれの問いに答えなさい。

私たちは生きていくために食物を食べていますが，食べた食物は消化管を通ってしだいに分解・吸収され，残ったものはこう門から出されます。

〔問１〕 上の文章中の下線部について，消化管はいくつかの消化器でできています。次の（ア）～（キ）の消化器のうち，消化管に含まれるものをすべて選び，食物が通る順に答えなさい。

（ア）小腸　（イ）すい臓　（ウ）大腸　（エ）胃

（オ）食道　（カ）じん臓　（キ）かん臓

〔問２〕 消化管では水の吸収も行っています。〔問１〕の（ア）～（キ）の消化器のうち，消化管に含まれ，水の吸収を行っているものをすべて選びなさい。

食物を分解するとき，だ液や胃液などの消化液に含まれる消化酵素《こうそ》がはたらきます。私たちはさまざまな消化酵素を使い消化をしていますが，消化酵素の種類によってはたらく相手が決まっています。たとえば，だ液に含まれるアミラーゼという消化酵素はデンプンを分解し，胃液に含まれるペプシンという消化酵素はタンパク質を分解します。このような消化酵素の性質を調べるために，次のような実験をしました。

【実験１】

試験管Ａ～Ｄを用意し，それぞれにデンプンのり10mLを入れ，ＡとＢは０℃，ＣとＤは37℃の水にしばらくつけておいた。その後，試験管ＡとＣには水２mL，ＢとＤにはだ液２mLを入れて再度，試験管ＡとＢは０℃，ＣとＤは37℃の水に５分間つけておいた。その後，それぞれの試験管内にヨウ素液を２，３滴《てき》たらし，反応を観察した。

〔問３〕【実験１】の結果，試験管Ｂはうすい青紫色になりました。試験管Ａ・Ｃ・Ｄのうち，ヨウ素液の色が変化しなかった試験管を選びなさい。

【実験２】

試験管ＥとＦを用意し，それぞれにデンプンのり10mLを入れ，90℃の水にしばらくつけておいた。試験管内のデンプンのりが90℃近く温まったのを確認した後，試験管Ｅには水２mL，Ｆにはだ液２mLを入れ，再度90℃の水に５分間つけておいた。その後，それぞれの試験管にヨウ素液を２，３滴たらし，反応を観察した。その結果，どちらの試験管も青紫色に変化した。

〔問４〕【実験１】と【実験２】の結果から，試験管Ａ～Ｆでもっともデンプンの分解が進んだ試験管を１つ選びなさい。また，選んだ試験管について，もっとも分解が進んだ理由を答えなさい。

【実験３】

試験管ＧとＨを用意し，それぞれにデンプンのり10mLを入れ，試験管Ｇは０℃，Ｈは90℃の水にしばらくつけておいた。試験管内が０℃もしくは90℃近くになったことを確認した後，それぞれの試験管にだ液を２mL入れ，再度，試験管Ｇは０℃，Ｈは90℃の水に５分間つけておいた。５分後，さらにそれぞれの試験管を37℃の水に５分間つけた。その後，それぞれの試験管にヨウ素液を２，３滴たらし，反応を観察した。その結果，試験管Ｇは色の変化が見られなかったが，試験管Ｈは青紫色に変化した。

〔問５〕 以下の文章は【実験３】の結果から消化酵素の性質について述べたものです。（①）～（⑤）に当てはまる語句として，もっともふさわしい組合せを次の（ア）～（ク）から１つ選び，記号で答えなさい。

ヒトの消化酵素を含む溶液の温度を０℃近くまで下げ，その後37℃まで温度を上げた場合，消化酵素は（　①　）。また，消化酵素を含む溶液の温度を90℃近くまで上げ，その後37℃まで温度を下げた場合，消化酵素は（　②　）。これらのことから，消化酵素は一度，温度を極端《きょくたん》に（　③　）た場合，はたらきを失ってしまうことがわかる。この性質は，消化酵素の主成分がタンパク質であることが関係している。生卵の温度を極端に（　④　）た後，常温に戻しても性質に大きな変化はないが，温度を極端に（　⑤　）た後，常温に戻しても性質は元には戻らない。生卵と同じように，タンパク質を主成分とする消化酵素は温度の影響を受け，一度性質が変化してしまった場合，その性質は元に戻ることはない。

	①	②	③	④	⑤
（ア）	はたらく	はたらかない	下げ	上げ	下げ
（イ）	はたらく	はたらかない	下げ	下げ	上げ
（ウ）	はたらく	はたらかない	上げ	上げ	下げ
（エ）	はたらく	はたらかない	上げ	下げ	上げ
（オ）	はたらかない	はたらく	下げ	上げ	下げ
（カ）	はたらかない	はたらく	下げ	下げ	上げ
（キ）	はたらかない	はたらく	上げ	上げ	下げ
（ク）	はたらかない	はたらく	上げ	下げ	上げ

【社　会】（30分）　＜満点：60点＞

Ｉ　次の文章を読み，あとの問いに答えなさい。

ここは中央大学附属中学校・高等学校前の古書店「小金井湧泉堂《ゆうせんどう》」。店主の静《しずか》おじさんは，近くに住む中附中１年生中太君のお母さんの伯父《おじ》さんにあたります。中太君は，お母さんに託《たく》された晩《ばん》御飯《ごはん》を持って湧泉堂へやって来ました。

中太：こんにちは，静おじさん。今日の夕飯は**１）熊本県**産の**２）(　☆　)**だよ。

静　：馬の肉とは珍《めずら》しいな。おろしニンニクとお醤油《しょうゆ》で食べたら。最高じゃ。

中太：家族旅行のお土産で買ってきたんだ。ニンニクと醤油もあげるね。

静　：ありがとう。ところでなぜ馬肉が食べられるようになったか知っているかい？ 熊本藩主の加藤清正が**３）朝鮮に出兵**した時，食料不足で仕方なく馬を食べた。それ以降，食料とされるようになったと言われているぞ。

中太：馬と人との関わりは昔から深いんだね。友達が，九州には馬の足だけの姿をした妖怪《ようかい》もいるって教えてくれたよ。妖怪といえば，この写真を知ってる？

静　：これは**４）弘化《こうか》三年（1846年）に現れたとされるアマビエ**じゃな。肥後の海に現れ，「自分は海中に住むアマビエという者で，当年より６年の間は豊作が続くが，病気が流行するので自分の姿を写して見せるように」と告げて海中に消えたという話が伝えられているぞ。

中太：だから**５）新型コロナウイルスの感染拡大防止**を呼びかけるために，政府はこの妖怪をポスターに起用したんだね。ニュースでも取り上げられて，有名になったよ。

静　：中太は妖怪に興味があるのかい？

中太：うん。妖怪の歴史について教えてよ！

静　：よろしい。奈良時代に舎人親王らによってまとめられ，持統天皇にいたるまでの歴史・神話が記された**６）(『　▲　』)**は知っているかな？ そこには，貉《むじな》が人に化けて歌を歌っていたという記述もあるぞ。

中太：貉って何？ 初めて聞いたよ。

静　：狐《きつね》や狸《たぬき》と並んで，人を驚《おどろ》かす妖怪として知られておる。この翌年に推古天皇が亡くなったから，古代の日本においては，不可思議な現象や物の出現は，その後に起こる悪い出来事の予兆として受け入れられたんじゃ。

中太：**７）平安時代**になると，占《うらな》いで地震《じしん》，病気の兆しがないか判断していたよね。陰陽師《おんみょうじ》と呼ばれる人が活躍《かつやく》していたと聞いたこともあるよ。

静　：そうじゃ。安倍晴明のような有名な陰陽師は，占いで人々の病気の原因と考えられた鬼《おに》や**８）怨霊《おんりょう》**を見つけたんじゃ。

中太：妖怪は病の原因だと考えられて，陰陽師はそうした鬼をやっつけたんだね。

静　：鬼を退治するような物語がたくさんつくられたのは，**９）中世の時代**じゃ。多くの戦いをへて，武士は権力を持つようになったじゃろ。こうした武士たちの力を表現するために，妖怪を退治する物語がつくられたんじゃ。

中太：学校の授業で源頼政の鵺《ぬえ》退治の話を聞いたよ。でも僕が好きな妖怪のイメージとは違《ちが》うな。

10)砂かけ婆《ばばあ》や河童《かっぱ》，ろくろ首の方が親しみ深いな。

静　：そうした妖怪が増えはじめたのは，江戸時代からじゃ。**11)木版印刷**が広がると，怪談《かいだん》を集めた本がたくさん出版されるようになって，多くの人々に妖怪のイメージが定着したんじゃな。

中太：書物などのメディアが発達することで，妖怪は**12)キャラクター**のようにとらえられるようになったんだね。

静　：そうじゃな。現代だと，漫画家《まんがか》の**13)水木しげる**が，妖怪を大衆文化として人々に浸透《しんとう》させたことでも有名じゃ。

中太：知っているよ。『ゲゲゲの鬼太郎《きたろう》』の作者だ。**14)第二次世界大戦**の戦場で左腕《うで》を失って，日本に戻《もど》ってきたんだよね。

静　：うむ。よく知っているのう。帰国してからは，紙芝居《かみしばい》作家から漫画家になって，日本の妖怪ブームを引き起こしたんじゃ。1991年には，**15)天皇**から紫綬褒章《しじゅほうしょう》を授与《じゅよ》されたな。

中太：すごいや。水木さんのおかげで，妖怪が今までよりも人々にとって身近になったんだろうね。自分でも妖怪についてもっと調べてみるよ。

静　：良い心がけじゃ。その調子で中附中でいろんなことを学ぶんじゃぞ。わしは，もらった晩ごはんをいただきます。

中太：はーい！　また晩ごはんを持ってくるね。

本文中の写真は，『肥後国海中の怪（アマビエの図）』（京都大学附属図書館所蔵）を一部改変

問１．下線１）に関する問題です。次の表は，ある作物の収穫量《しゅうかくりょう》について，都道府県上位４位までを示したものです。この作物としてふさわしいものを，下の①～④から１つ選びなさい。

順位	都道府県名	収穫量（トン）
1位	**熊本**	**49,300**
2位	千葉	37,500
3位	山形	32,200
4位	新潟	17,800

「作物統計」（2021年、農林水産省）より作成

①　ピーマン　　②　スイカ　　③　レタス　　④　ネギ

問２．下線２）に関する問題です。空らん（☆）には，馬の肉を薄《うす》く切って生で食べる料理の呼び名が入ります。**ひらがな３字で**答えなさい。

問３．下線３）に関する問題です。朝鮮出兵を命じた豊臣秀吉が行ったこととして，**ふさわしくないもの**を後の①～④から１つ選びなさい。

①　ものさしや枡《ます》の単位を統一し，田畑の面積や土地の状態を調べた。

② 石山本願寺の跡地《あとち》に大坂城を築き，京都には聚楽第《じゅらくだい》を建てた。

③ 佐渡や石見などの鉱山を支配し，天正大判などの貨幣《かへい》をつくった。

④ バテレンの追放を命じるとともに，外国の商船の来航を制限した。

問4．下線4）に関する問題です。アマビエが現れたとされている弘化三年（1846年）の前後に起きた出来事について述べた文として，正しいものを次の①～④から1つ選びなさい。

① 天明の飢《き》きんが起こったのは，弘化三年より前である。

② 寛政の改革が行われたのは，弘化三年より後である。

③ ペリーが浦賀に来航したのは，弘化三年より前である。

④ 公事方御定書がつくられたのは，弘化三年より後である。

問5．下線5）に関する問題です。右のポスターを使い，感染対策を呼びかけた中央省庁の名前を**漢字で**書きなさい。なお，略称《りゃくしょう》ではなく正式名称で答えること。

問6．下線6）に関する問題です。空らん（『▲』）に当てはまる歴史書の名前として，正しいものを次の①～④から1つ選びなさい。

① 日本書紀　② 太平記　③ 古事記　④ 風土記

問7．下線7）に関する問題です。平安時代の出来事について述べた文（あ）・（い）の内容について，正・誤の組み合わせとしてふさわしいものを，下の①～④から1つ選びなさい。

（あ）藤原道長は息子の藤原頼通とともに，摂関政治のもとで大きな権力を手にし，親子で平等院鳳凰堂をつくった。
（い）遣唐使の停止を提案した菅原道真は，そののち謀反《むほん》の疑いで大宰府の地に追いやられた。

①（あ）正（い）正　②（あ）正（い）誤

③（あ）誤（い）正　④（あ）誤（い）誤

問8．下線8）に関する問題です。怨霊になったと伝えられている崇徳上皇について述べた文として，ふさわしいものを次の①～④から1つ選びなさい。

① 幼い堀河天皇に位を譲《ゆず》ったあとも実権を握《にぎ》り，院政を開始した。

② 源義朝と協力して兵をあげたが，武力にまさる平清盛に敗れた。

③ 全国の武士や僧兵たちに対して，北条氏追討《ついとう》の命令を出した。

④ 平氏や源氏の武士たちを味方につけ，弟の後白河天皇と対立した。

問9．下線9）に関する問題です。次の（あ）～（え）の文は，中世の出来事について述べています。それらを**古い順に並べたもの**として，正しいものを次のページの①～④から1つ選びなさい。

（あ）後醍醐天皇は年号を建武と改め，新しい政治を始めた。
（い）政治や裁判のよりどころを示すため，御成敗式目がつくられた。
（う）近江の馬借が幕府に徳政令を要求する，正長の土一揆が起こった。
（え）正式な貿易船の証明として勘合を使用し，日本が中国と貿易を始めた。

①（う）→（い）→（え）→（あ）　②（い）→（あ）→（え）→（う）
③（う）→（い）→（あ）→（え）　④（い）→（あ）→（う）→（え）

問10．下線10）に関する問題です。砂かけ婆は，三重県伊賀市の祭りで使用される鬼の仮面と衣装《いしょう》をもとにした妖怪だと伝えられています。三重県について述べた文として，**誤っているもの**を次の①～④から１つ選びなさい。

① 親潮が流れる熊野灘はリアス式の入り江《え》に恵《めぐ》まれ，水産業が盛んである。
② 半導体や液晶《えきしょう》パネルの工場があり，電子部品の出荷額は全国有数である。
③ 松阪市とその近郊《きんこう》で育てられた松阪牛は，全国的に有名である。
④ 森林の面積が約３分の２を占《し》め，檜《ひのき》や杉《すぎ》などの木材生産が盛んである。

問11．下線11）に関する問題です。次の風景画や妖怪画を描《えが》いたことで知られる浮世絵師の名前を，**漢字で**答えなさい。

問12．下線12）に関する問題です。右の絵は，あるイベントの公式キャラクターです。このキャラクターが使用される2025年に開催《かいさい》予定のイベントの名前を答えなさい。

問13．下線13）に関する問題です。水木しげるが従軍した太平洋戦争は，真珠湾攻撃《こうげき》とともに始まりました。太平洋戦争中の出来事や状況《じょうきょう》について述べた文として，ふさわしいものを次の①～④から１つ選びなさい。

① 中国東北部の領土を確保しながら南進を続けるために，日本はソビエト連邦との間で日ソ中立条約を結んだ。
② 連合国側が中国を支援《しえん》するルートを断ち，東南アジアの資源を獲得《かくとく》するため，日本は仏領インドシナに侵攻《しんこう》した。
③ 日本軍はインドネシア，ニューギニアなどを制圧したが，ミッドウェー海戦に敗北してからは，戦況《せんきょう》は不利になっていった。
④ 軍部の強い要求により，議会の承認がなくても人や物資を戦争に動員できる国家総動員法が制定された。

問14．下線14）に関する問題です。第二次世界大戦のナチス・ドイツの侵攻と占領《せんりょう》による損害は，約185兆円に上るとの試算を2022年10月に発表し，ドイツ政府に賠償《ばいしょう》請求をめぐる交渉《こうしょう》を求めた国の名前として，正しいものを次の①～④から１つ選びなさい。

① フランス　② オランダ　③ イタリア　④ ポーランド

問15. 下線15）に関する問題です。天皇について日本国憲法が定めている内容に関して述べた文として，正しいものを次の①～④から１つ選びなさい。

① 日本国の元首であり，日本国民を統合する主権者である。

② 国会の指名にもとづいて，内閣総理大臣を任命する権限を持つ。

③ 国事行為は国会の助言と承認を必要とし，国会がその責任を負う。

④ 紛争や災害が起こった際には，自衛隊を指揮する最終的な権限を持つ。

Ⅱ　2022年の夏の終わり，のぼる君はお父さんと一緒に旅行に出かけました。機内での二人の会話を読んで，以下の問いに答えなさい。

お父さん：いよいよ離陸《りりく》したね。久しぶりの空の旅だな。

のぼる君：飛行機に乗るのも３年ぶりだよ。あっという間に街が小さくなっていくね。小さく飛行場が見えるけど，僕らが出発した那覇空港とは違《ちが》うかなぁ？

お父さん：あれは，**１)米軍基地**だよ。本土に復帰してからちょうど50年たつけど、沖縄にはまだまだ米軍基地があちこちにあるんだ。

のぼる君：空から見ると街の様子がまた違って見えるな。

お父さん：違って見えるといえば，目の前の機内モニターに映るフライトマップは飛行ルートをいろいろな角度で見ることができるんだ。

のぼる君：そうだね。**２)紙の地図**から**３)デジタル地図**へ，時代はだんだんと変わっていくね。

お父さん：窓の景色もだんだんと変わっているぞ。見てごらん，島が見える。あの形からすると**４)屋久島**だな。その奥《おく》に長細い**５)種子島**も見える。

のぼる君：縄文杉や苔《こけ》の森で有名な屋久島だね。

お父さん：自然の豊かな屋久島では，**６)環境《かんきょう》をテーマに自然を保護しながら，地域の風土や文化を学んだりするツアー**が注目を浴びているようだ。昔と比べると，旅のスタイルも変わってきているな。

のぼる君：昔のことはわからないけど，僕《ぼく》は地域社会の貢献《こうけん》につながるような旅をしたいな。学校で**７)地産地消**という言葉を習ったから，まずはその土地の食材を使った料理を食べるところから始めようかな。

お父さん：グルメツアーのようにも聞こえるけど，でも，自分なりの旅のスタイルを考えているとは立派なもんだ。ということは，今回の旅での食事は，少し慎重《しんちょう》に選ばなければならないな。

のぼる君：ハハハ。目の前のフライトマップを見てるけど。現在ちょうど松山市の上空を飛行中だよ。このままいくと**８)岡山県**を通過して，**９)日本海**に抜《ぬ》け，福井県の**10)敦賀市**の沖合を飛んでいくようだよ。

お父さん：おお。松山市上空かぁ～，松山市といえば**11)正岡子規**だな。子規といえば，お前と同じく根っからの野球好きで，ペンネームも“のぼーる（野球）”だ。

のぼる君：のぼーるだなんて親近感がわいてくるな。子規はどのポジションを守っていたんだろう。そういえば夏休みに俳句を作る宿題が出たので，こんな俳句を作ったんだ。「夏草や関を超《こ》えたる優勝旗」なんてどう？

お父さん：夏の甲子園だね。確かに今年は感慨《かんがい》深かった。東北勢悲願の初優勝。優勝旗と選手たちを乗せた東北新幹線が，関所のあった福島県の12)（　☆　）付近を通り過ぎていくところをニュース番組で見たぞ。

のぼる君：そうそう，この地域の神社の宮司《ぐうじ》が優勝祈願《きがん》の通行手形を贈《おく》っていたという話もニュースで見たよ。いやいや野球の話をしていたら，お腹がすいてきたよ。そういえば，那覇空港で買ったおにぎりがあったよね。

お父さん：あ～，そうだったな。おにぎりは，そのエコバックの中にあるぞ。

のぼる君：あれ。このエコバックの絵柄《えがら》は**13)世界遺産**じゃないか。この建物の形がいいよね。ところでエコバックの普及率《ふきゅうりつ》ってどのくらいなんだろう？

お父さん：そうだな。２年前の**14)法律**の改正により，レジ袋《ぶくろ》が有料になったのがきっかけなのだけど，調査によると約８割の人は持っているようだぞ。

のぼる君：それだけ多くの人たちが持っていれば，無駄《むだ》にレジ袋を買うことはなくなるよね。やっぱり意識がかわることは重要だな。

お父さん：そう，意識が変われば行動も変わるとかいうからな。のぼるは環境問題にも関心をもっているんだな。それよりも早くおにぎりを食べなさい。

のぼる君：ハハハ，忘れてた。いただきま～す。わぁ，このおにぎりの**15)コメ**は美味しいな。「雪ほたか」というブランド米なんだね。おにぎりを２つ並べると雪だるまみたいだ……。

お父さん：雪だるまか……お父さんは受験の時に雪だるまを神様にみたてて願掛《がんか》けしたなあ。

のぼる君：お父さんにもそんなかわいい時代があったんだね。そうだ，雪とかけて，入試問題とく。

お父さん：お～，大喜利かい。そのこころは……。

のぼる君：とけると「春」に近づきます。

問１．下線１）に関する問題です。沖縄県の米軍基地について述べた文として，**誤っているもの**を次の①～④から１つ選びなさい。

① 普天間基地は，周囲に住宅や学校が密集していることで知られている。
② 垂直に離着陸《りちゃくりく》できる航空機「オスプレイ」を配備している基地がある。
③ 嘉手納《かでな》基地は，東アジアで最大級の規模をほこる米軍基地である。
④ 日本にある米軍専用施設《しせつ》面積の約半分を，沖縄県が占《し》めている。

問２．下線２）に関する問題です。江戸時代後期，日本全国を測量して歩き，地図を作成したことで知られる人物の名前を**漢字で**書きなさい。

問３．下線３）に関する問題です。デジタル地図は，紙の地図にはない特徴《とくちょう》をもっています。その特徴についてわかりやすく説明しなさい。なお，デジタル地図とは，Google Map《グーグル マップ》のようなスマートフォンやタブレットなどで見ることのできる地図を指します。

問４．下線４）に関する問題です。図Ａは飛行機から見えた屋久島を立体地図で表したものです。この図Ａは，図Ｂの**飛行ルート**のどの位置から見えたものですか。もっともふさわしいものを図Ｂ上の点①～④から１つ選びなさい。ただし，視線は屋久島頂上部を見ているものとします。

（図Ａ・図Ｂは次のページにあります。）

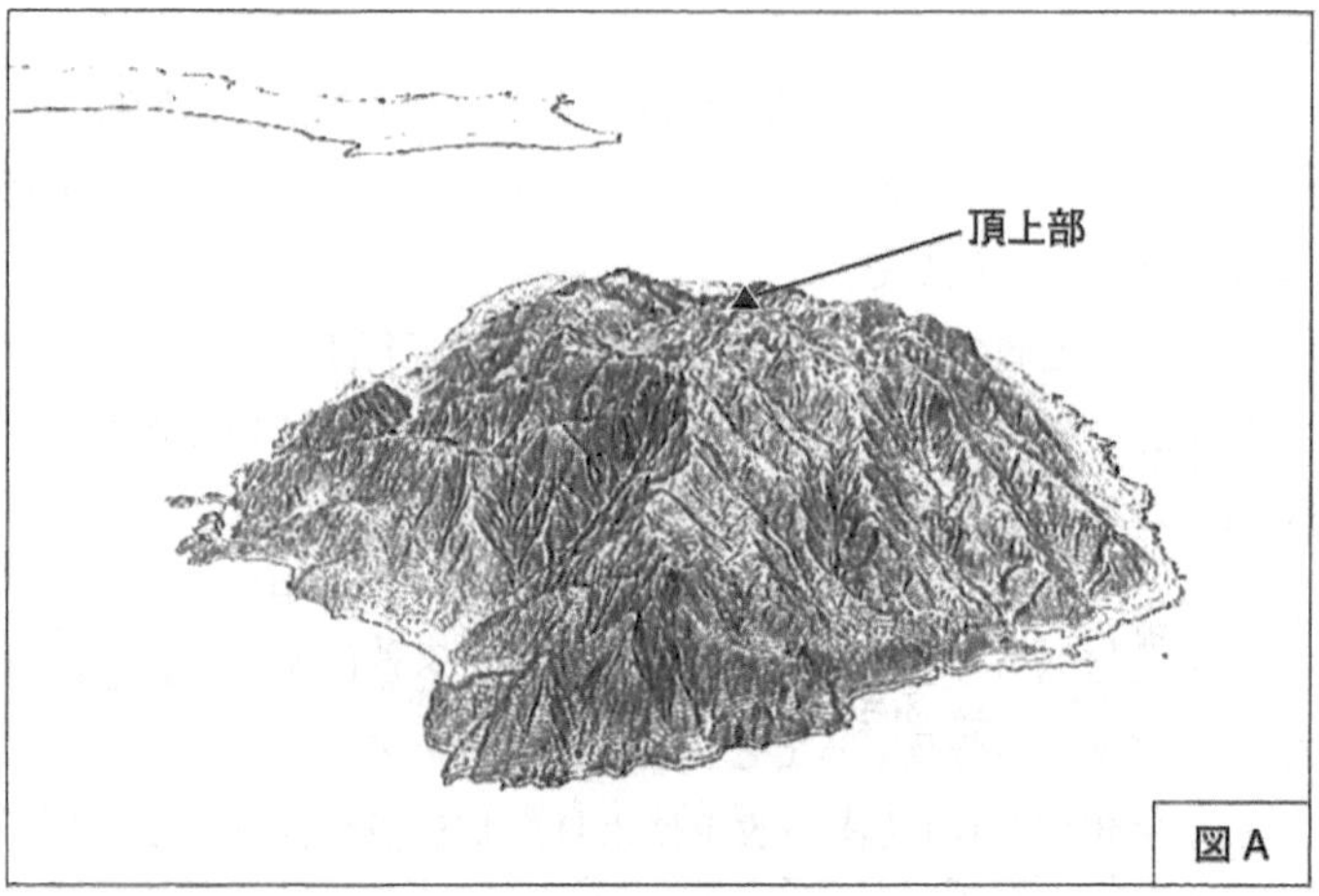

図A

※屋久島の高さは２倍に強調しています。

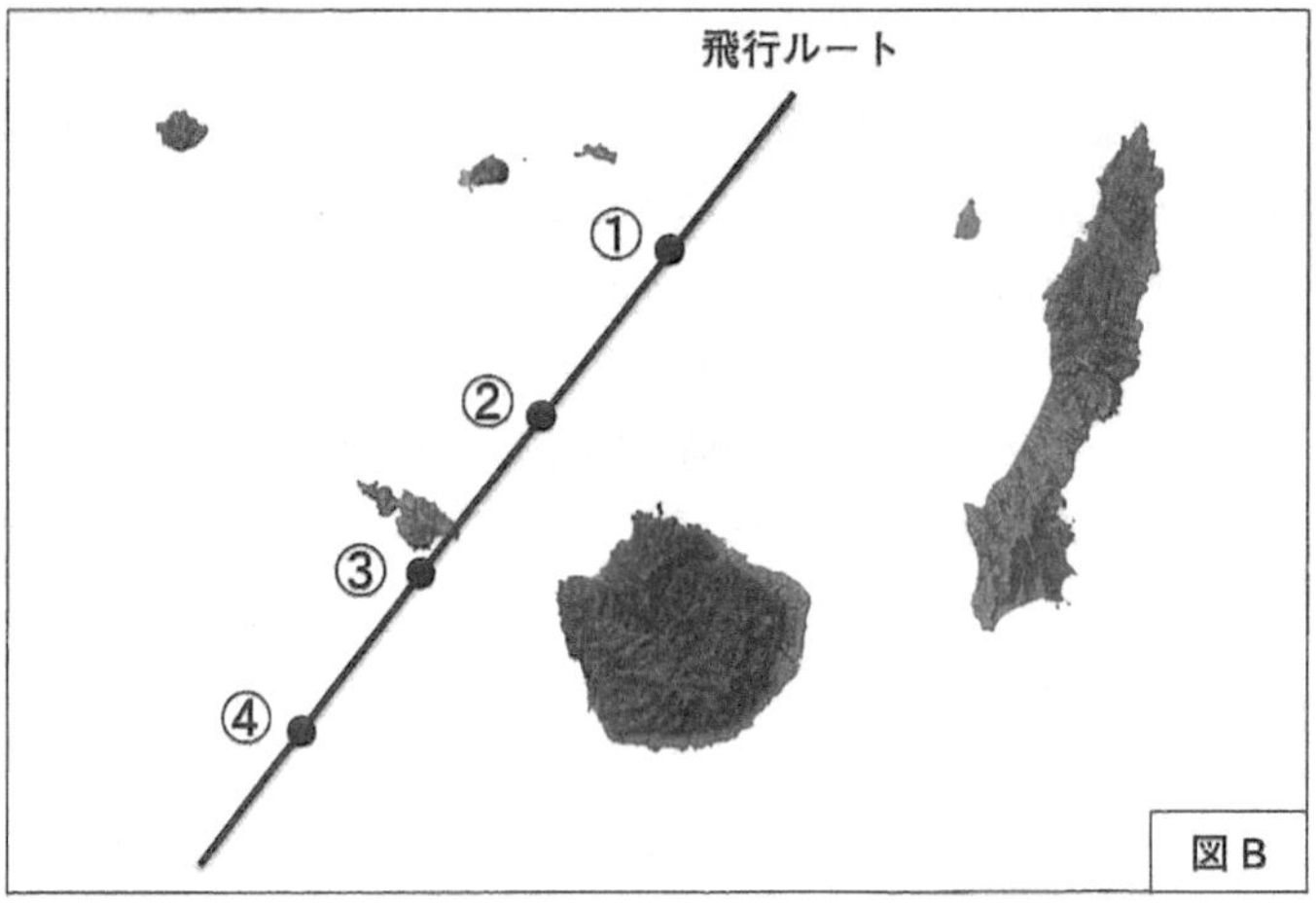

図B

問５．下線５）に関する問題です。かつて種子島に伝来した鉄砲は，織田信長が積極的に活用したことでも知られます。織田信長の行ったこととして，ふさわしくないものを次の①～④から１つ選びなさい。

① 関白の位についた後，明智光秀の裏切りによって本能寺で自害した。

② 桶狭間で今川義元を破り，姉川では浅井・朝倉の軍勢を破った。

③ 近江国に安土城を築き，商業を発展させるために楽市楽座を行った。

④ 仏教勢力と敵対し，一向宗の中心である石山本願寺を降伏《こうふく》させた。

問６．下線６）に関する問題です。このような観光のあり方を何と呼ぶか，**カタカナ７字**で答えなさい。

問７．下線７）に関する問題です。地産地消の考え方やメリット（長所）について述べた文として，ふさわしくないものを後の①～④から１つ選びなさい。

① 農産物直売所では，農家の人たちがその日に収穫《しゅうかく》した新鮮な野菜などを，そのまま買うことができる。

② 農作物の輸送にかかる費用とともに，燃料から発生する二酸化炭素の排出量《はいしゅつりょう》も抑《おさ》えることが

できる。

③ 学校給食や社内食堂などに利用されることで，大きさが多少ふぞろいな農作物であっても出荷することができる。

④ 小規模で生産しているため，大量生産された同じ商品よりも，作物当たりの生産コストを小さくできる。

問８．下線８）に関する問題です。現在の岡山県出身の吉備真備は，遣唐使として派遣された人物です。遣唐使として派遣されたことのある人物について述べた文として，**誤っているもの**を次の①～④から１つ選びなさい。

① 犬上御田鍬は，遣唐使として最初に中国に渡《わた》った人物の一人である。

② 中国で皇帝に仕えた阿倍仲麻呂は，最後まで日本に帰国できなかった。

③ 延暦寺を開いた最澄は，南無阿弥陀仏と唱えれば救われると説いた。

④ 密教である真言宗を広めた空海は，高野山に金剛峯寺を開いた。

問９．下線９）に関する問題です。日本海はかつて日露戦争の戦場になりました。日露戦争の講和会議について述べた文として，**誤っているもの**を次の①～④から１つ選びなさい。

① アメリカ大統領の仲介《ちゅうかい》により，講和会議はポーツマスで開かれた。

② 講和会議の代表者は，ロシアのウィッテと日本の陸奥宗光であった。

③ 日本側は樺太の南半分と南満州における鉄道の利権を譲《ゆず》りうけた。

④ 賠償金が得られなかったことへの不満から，日比谷では暴動が起きた。

問10．下線10）に関する問題です。福井県敦賀市は山梨県甲府市，千葉県銚子市とほぼ同緯度に位置します。次のグラフＡ～Ｃはこれら３都市の雨温図です。３都市の組み合わせとして正しいものを，下の①～④から１つ選びなさい。

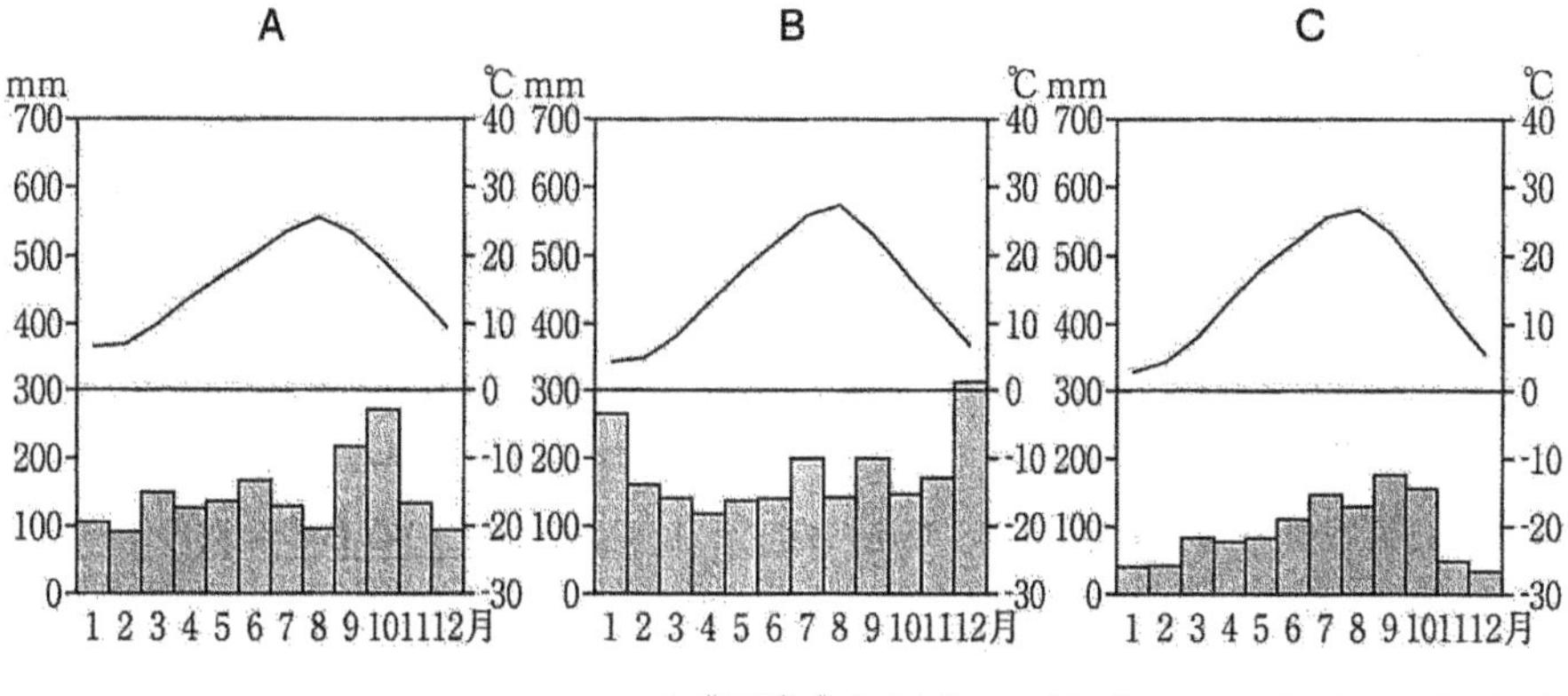

雨温図作成サイト（https://ktgis.net/service/uonzu/）で作成

	①	②	③	④
甲府	A	B	B	C
銚子	C	A	C	A
敦賀	B	C	A	B

問11. 下線11)に関する問題です。正岡子規は明治時代に活躍《かつやく》した文学者です。明治時代の文学者，および明治時代に書かれた文学作品の組み合わせとして，**誤っているもの**を次の①～④から１つ選びなさい。

① 宮沢賢治　－『注文の多い料理店』
② 二葉亭四迷 －『浮雲』
③ 森鴎外　　－『舞姫』
④ 夏目漱石　－『坊っちゃん』

問12. 下線12）に関する問題です。本文中の空らん（☆）に当てはまる地名を**漢字で**答えなさい。

問13. 下線13）に関する問題です。世界遺産に登録されているものとして**誤っているもの**を，次の①～④から１つ選びなさい。

①軍艦島

②三内丸山遺跡

③松本城

④大浦天主堂

問14. 下線14)に関する問題です。日本の国会で法律が制定される過程について述べた文(あ)・(い)の内容について，正・誤の組み合わせとしてふさわしいものを，次のページの①～④から１つ選びなさい。

（あ）法律案は，衆議院・参議院の本会議で審議される前に，あらかじめ委員会で検討される。
（い）衆議院は参議院に優越《ゆうえつ》しているため，法律案は参議院より先に衆議院で議決されなければならない。

① （あ）正（い）正　② （あ）正（い）誤
③ （あ）誤（い）正　④ （あ）誤（い）誤

問15．下線15)に関する問題です。次のグラフＡ～Ｃは1920年から2020年までの100年間における日本のコメの収穫量，コメの作付面積，10 a《アール》当たりの収量を示したものです。３つのグラフとタイトルの組み合わせとして，正しいものを下の①～④から１つ選びなさい。なお，グラフはそれぞれ，1920年の統計値を100とした場合の数値を示しています。

A

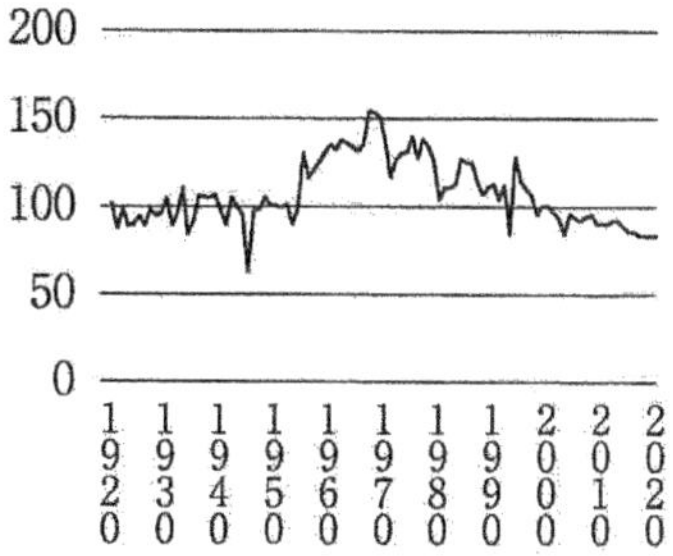

B

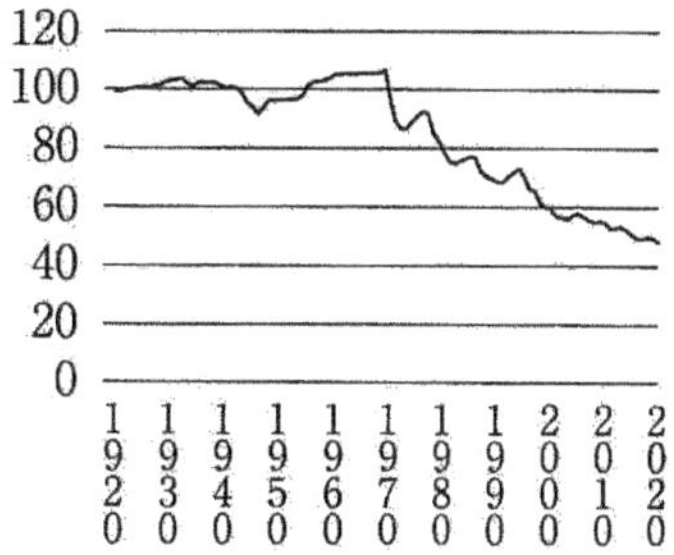

C

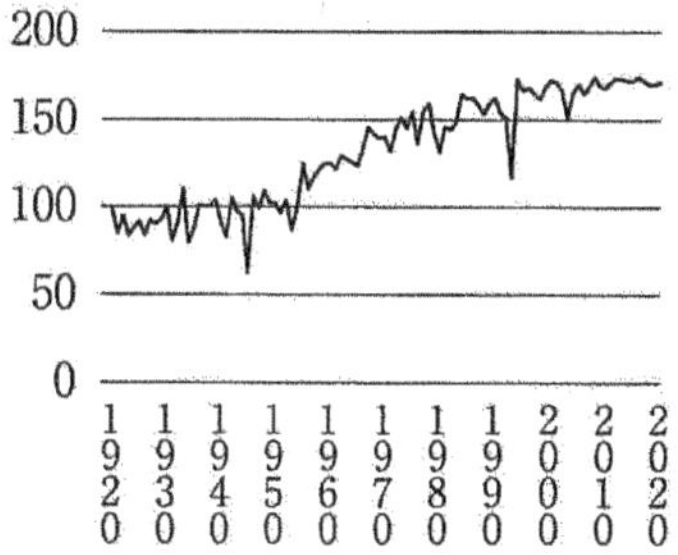

「作物統計調査」(2021年、農林水産省)より作成

	①	②	③	④
コメの作付面積	A	B	C	C
コメの収穫量	B	A	A	B
10a 当たり収量	C	C	B	A

も、このお話の時代では、尋常小学校を終えて、高等女学校に進学する女子は、およそ2割でした。その2割とは、経済的に恵《めぐ》まれた家庭に生まれ育った少女たちであり、高等女学校とは、女子エリートのために用意された進学先だったと言うこともできるのです。

（ア）不快　（イ）嫉妬《しっと》　（ウ）反発　（エ）期待
（オ）得意　（カ）愉快《ゆかい》　（キ）未練　（ク）同情
（ケ）後悔《こうかい》　（コ）失意

【出　典】

Ⅰ　國分功一郎『暇と退屈の倫理学』（新潮文庫、二〇二二年一月）
一六七ページ～一七七ページ

Ⅱ　川端康成『乙女の港』（実業之日本社文庫、二〇一一年）
二五〇ページ～二七一ページ

て、今日は、綺麗《きれい》に掃除《そうじ》したように、晴れた日」とありますが、これに関する次の説明文を読んで、[a]～[f]に当てはまる言葉を後の（ア）～（コ）より選び、それぞれ記号で答えなさい。ただし、**同じ記号を2度以上用いてはいけない**ものとします。

四月――。新しい年度が始まった時、新入生の大河原三千子を見そめた美しい上級生たちがいます。それが五年生の八木洋子であり、そして四年生の克子でした。「エス」――それは少女同士の親密な友愛のこと。洋子から、そして克子からも、三千子は「エス」の関係を結びましょうという誘《さそ》いの手紙をもらったのです。その後、三千子は洋子と「エス」の関係になり、洋子を「お姉さま」と慕《した》うようになったのでした。

運動会の日――。赤十字班に所属する洋子は、買い物競争で怪《け》我《が》をした克子の介抱《かいほう》をすることになります。そして、克子のことをあれこれと気づかう洋子は、克子と自分との関係において、自分の何が、どういけなかったのかに気づくことになるのです。

三千子という可愛《かわい》らしい「妹」を得たことで、洋子は[a]になっていましたが、それを克子はどう見ていたでしょうか。軽《かる》井沢《いざわ》で三千子と一緒《いっしょ》になった克子は、三千子に対して積極的なアプローチを試みたようです。三千子を横取りしてやろうとするかのような、克子の強引《ごういん》な振《ふ》るまい。――その裏側にあったのは、もちろん三千子に対する[b]だったでしょう。でも、それだけではないはずです。

克子の心の中には、洋子が三千子を「妹」にしたことに対する[c]の気持ちもあったに違《ちが》いありません。また、三千子を奪《うば》い取《と》って、洋子を見返してやりたいという気持ちもあったでしょう。そうした思いが、洋子に対する[d]や、いじわるなふるまいとなって現れたのだ――と洋子は理解したのです。そして、克子の気持ちに寄り添《そ》って考えることで、洋子は自分自身のあやまちにも気づきます。

洋子の心の中には、三千子を独占《どくせん》できた喜びだけでなく、克子に勝ったという優越感《ゆうえつかん》がなかったわけではありません。そんな洋子の様子や態度は、克子にとっては[e]なものであったでしょう。洋子に対する[d]や、いじわるなふるまい。克子にそのような態度やふるまいをするようにしむけたのは、自分だったのだと、洋子は気づき、そしてそのことを[f]するのです。

一方、克子も、洋子から甲斐甲斐《かいがい》しく介護《かいご》されたことで、自身のわがままを反省し、洋子を見る目が変わっていきます。そして、洋子と克子の側にいて、二人の心が解け合うのを感じる三千子。――このお話は、三人の少女の成長物語でもあるのです。

ところで、このお話は、昭和十年代前半の高等女学校を舞台《ぶたい》としています。この時代、義務教育だったのは尋常《じんじょう》小学校の六年間のみで、尋常小学校を終えた女子の進学先として用意されていたのが、高等女学校でした。ですから、高等女学校の一年生である三千子は、現代の中学一年生と同じ年齢《ねんれい》になるはずです（五年生の洋子は、現代の高校二年生と同じ年齢になるでしょう）。

また、現代の日本では、中学校までが義務教育となっていますから、小学校を卒業した後は、みんなが中学校に進学します。で

号で答えなさい。

（ア）病気になったことで、三千子が自分を心配してくれるようになり、とてもうれしく思っている。
（イ）病気になったことで、神経が研《と》ぎ澄まされ、他の人の心の中まで見通せるような気がしている。
（ウ）病気になったことで、自分の中にある良くない心が、薄《うす》まり、消えていくような気がしている。
（エ）病気になったことで、日頃《ひごろ》から敵対する洋子の世話になってしまい、それを悔《くや》しいと思っている。

【問７】２つの D には、同じ言葉が入ります。次の中から最も適当なものを選び、（ア）～（エ）の記号で答えなさい。

（ア）家　（イ）犬　（ウ）夢　（エ）胸

【問８】――⑧「病気のために、克子《かつこ》の気が折れたのかとも、三千子は思ったけれど、克子の声には、いつもとちがう、深い響《ひび》きがあった」とありますが、この時の三千子の思いはどのようなものだと考えられますか。次の説明文を読んで、（１）～（４）について適当なものを選び、それぞれ記号で答えなさい。

ふだんは（１）｛（ア）強気　（イ）気弱　（ウ）温和｝な克子が、病気のために
（２）｛（エ）意固地になっている　（オ）気が弱くなっている　（カ）無愛想になっている｝のかとも思ったのだが、
そうではなく、克子はこれまでの自分が
（３）｛（キ）向こう見ずだったこと　（ク）正直ではなかったこと　（ケ）手前勝手であったこと｝を反省し、
今、（４）｛（コ）その気持ちを素直《すなお》に打ち明けようとしている　（サ）三千子への恋慕《れんぼ》の情を断《た》ち切ろうとしている　（シ）心ならずも自分の敗北を認めようとしている｝
のだ、と三千子は感じたのである。

【問９】 E ・ F に当てはまる言葉として適当なものを次の中からそれぞれ選び、（ア）～（オ）の記号で答えなさい。

（ア）悲しい　（イ）恐《おそ》ろしい　（ウ）うれしい
（エ）恥《は》ずかしい　（オ）ねたましい

【問10】 G ～ J に当てはまる会話文を次の中から選び、（ア）～（エ）記号で答えなさい。

（ア）あのう、八木さん、どこに？
（イ）まあ、とんだことね。……八木さんは、二階のお教室だわ、多分。
（ウ）あら、三千子さんなの？　克子さん、どうなさって、およろしい？
（エ）ええ、今朝はずいぶんお元気でしたけれど、しばらく、学校はお休みらしいんですの。

【問11】――⑨「運動会の日まで、そむき合った小さい乙女心《おとめごころ》、奪《うば》い合《あ》った一つの花びら、傷つけ合った愛情、そういう鬱陶《うっとう》しい幾月《いくつき》かを越《こ》え

答えなさい。

（ア）自分の子どものことはそっちのけで、年に数度しか顔を合わせない母親同士、たがいに相手の子どもの活躍《かつやく》に熱い声援《せいえん》を送りながら、おしゃべりに花を咲《さ》かせている、ということ。

（イ）自分の子どもが競争を終えて、生徒席の方へ引き上げていくのを見送った母親たちは、今度は母親同士で、たがいに相手の子どもを優秀《ゆうしゅう》だとおだて合う競争を始めた、ということ。

（ウ）自分の子どもから目が離《はな》せない母親たちではあるが、近くにいる者同士、たがいに相手の子どものことを持ち上げ、相手をおだてるという社交辞令も忘れてはいない、ということ。

（エ）自分の子どもの出番が終わってしまった母親たちは、わが子を応援《おうえん》する代わりに、名前も知らない生徒が一所懸命《けんめい》に競争する姿に、せいいっぱいの声援を送っている、ということ。

【問３】――⑤「そのあざやかな競走振《ぶ》りに、見ている洋子も胸がすくようで、日頃《ひごろ》のことも忘れ、やはり克子《かつこ》に勝たせたい」とありますが、どういうことですか。次の中から最も適当なものを選び、（ア）～（エ）の記号で答えなさい。

（ア）ふだんは克子とぶつかったり、反目し合ったりする関係だが、今日の自分は赤十字班の一員であるのだから、中立な立場で克子の活躍《かつやく》を応援《おうえん》してあげなければいけない、ということ。

（イ）克子とは少しギクシャクした関係ではあるが、しなやかに走り、活躍する克子の姿を見ていると、何とも清々《すがすが》しい気持ちになり、おのずと克子を応援したくなってくる、ということ。

（ウ）いつもなら克子のことを悪《あ》しざまに言う洋子ではあるが、同じ色の組になった克子が、買い物競争で先頭を切って駆《か》けていく姿を見ると、思わず克子を応援したくなる、ということ。

（エ）克子を自分のライバルとして見ている洋子だからこそ、克子にだけは他の生徒に負けてほしくないと思い、軽《かろ》やかに走る克子が一等になるよう、克子を応援したくなる、ということ。

【問４】 A ～ C に当てはまる語として適当なものを、次の中からそれぞれ選び、（ア）～（オ）の記号で答えなさい。ただし、**同じ記号を２度以上用いてはいけない**ものとします。

（ア）うろうろ　（イ）ばらばら　（ウ）しぶしぶ

（エ）ぐんぐん　（オ）すれすれ

【問５】――⑥「古い壁《かべ》の隙間《すきま》から、こおろぎでも飛び出しそう――」とありますが、どのような様子を表していると考えられますか。次の中から最も適当なものを選び、（ア）～（エ）の記号で答えなさい。

（ア）運動場から聞こえてくるどよめきが、静まりかえった部屋のわびしげな様子を、よりきわだたせている。

（イ）飾《かざ》りけのない部屋には、生活感のようなものがまったく感じられなくて、なんだか不気味な感じがする。

（ウ）古い壁《かべ》にはひび割れがあり、その割れ目からは何かが飛び出てくるように思えて、恐《おそ》ろしくなってくる。

（エ）外は美しく晴れているけれど、部屋の中は一足先に秋が訪《おとず》れたようで、ひんやりした空気が漂《ただよ》っている。

【問６】――⑦「体の具合が悪いと、なんだか気持ちが澄《す》むわね」とありますが、この時の克子の気持ちはどのようなものだと考えられますか。次のページの中から最も適当なものを選び、（ア）～（エ）の記

三千子は五年のひとに、遠慮《えんりょ》しいしい尋《たず》ねた。

「［G］」

「［H］」

そのひとも、昨日の赤十字班の一人だった。

「［I］」

「［J］」

と言いながら、そのひとは自分が先《さ》きに立って、洋子を呼びに行ってくれた。

前掛《まえか》けをつけた洋子が、訝《いぶか》しそうに出て来た。三千子は黙《だま》って、人影《ひとかげ》のない廊下《ろうか》へ、洋子を誘《さそ》うと、

「お姉さま。――とっても、とても、いいお話。」

「なによ。」

「あのね、克子さんが、お姉さまにお詫びしたいんですって。」

「まあ！」

と、洋子は濃《こ》い色の眼《め》を、びっくりしたように見開いて、却《かえ》ってぼんやり突《つ》っ立っていたが、もう長い睫毛《まつげ》が、ぱちぱちと顫《ふる》えて来た。

「昨日のことをとても感謝して……。御自分《ごじぶん》がわがままだったって、お姉さまが堪忍《かんにん》して下さるか、心配してらっしゃるの。会いたいって……。それで、お迎《むか》えに来たの。」

「三千子さん、よかったわ。ありがとうよ。」

と、やっと、それだけ言った。そして洋子は、ただ幾度《いくど》も瞬《まばた》きながら、だんだん下を向いた。

三千子も、今はもう、うれしいという以上に、なにか悲しいほど、高まった気持ちだった。

言葉もなく、二人は、大きな塊《かたま》りに溶《と》け合《あ》うような、熱い思いに流されて……。

三千子が洋子から初めて手紙を渡《わた》された、この廊下《ろうか》で、二人はまた手を取り合って……。

⑨運動会の日まで、そむき合った小さい乙女心《おとめごころ》、奪《うば》い合《あ》った一つの花びら、傷つけ合った愛情、そういう鬱陶《うっとう》しい幾月《いくつき》かを越《こ》えて、今日は、綺麗《きれい》に掃除《そうじ》したように、晴れた日。

「もう、済みましたよオ。」

と、誰《だれ》かが叫《さけ》んでいる。

前掛《まえか》けを外した生徒達《たち》が、楽しそうに校庭へ出て行く。

【問１】――①「手間取る」、②「気がもめる」、③「腹をよじって」とありますが、（１）「手間取る」、（２）「気がもめる」、（３）「腹をよじる」の意味として適当なものを次の中から選び、（ア）～（キ）の記号で答えなさい。

（ア）おかしくてたまらないさま。

（イ）笑いたいのをがまんすること。

（ウ）緊張《きんちょう》して、心にゆとりがないさま。

（エ）争いが起きて、ごたごたすること。

（オ）もどかしくて、いらいらすること。

（カ）自分の力では、どうにもならないさま。

（キ）思ったより時間や労力を必要とすること。

【問２】――④「わが子の姿を目で追いながら、お互《たが》いに、よその子供の、褒《ほ》めっこの競争をしている」とありますが、どういうことですか。次のページの中から最も適当なものを選び、（ア）～（エ）の記号で

と、克子はうなずいて、清らかに微笑んだ。

「あたしね、いろんなこと、ずいぶん反省しちゃった。……御免《ごめん》なさいね。三千子さん。」

三千子はあわてて、真赤《まっか》になった。

「そんなこと、どうして?」

「どうしてって? 三千子さん、よく分ってるでしょう。私、ずいぶん我儘《わがまま》だったんですもの。」

⑧病気のために、克子の気が折れたのかとも、三千子は思ったけれど、克子の声には、いつもとちがう、深い響《ひび》きがあった。

「私ね、私なら——もしも、洋子さんが、私のようにお怪我《けが》なさったら、いい気味だと思ったかも知れないわ。それなのに、洋子さんは、親切に看《み》て下さって、直《す》ぐ三千子さんを呼んでくれたり……。私なら、三千子さんには、わざと報《しら》せないかもしれないのに……。」

「そんな話、だめよ、御病気《ごびょうき》なのに。」

と、三千子は克子の口を抑《おさ》えそうに、手を出した。

あまりほんとうのことを打ち明けられるのは、なんだか怖《こわ》い。

克子の洋子に対《たい》する気持ちが、。温《あたた》く溶《と》けたのは、ぞくぞく［E］けれど、これ以上聞くのは、なんだか［F］。

三千子の方が、きまり悪くて、まごついてしまった。

強い克子は、こんな時にも、凛々《りり》しく立派に、自分の悪いところを、すっかり発《あば》いて見せようとする。

強いというのは、自分を鞭打《むちう》つのも強く、これこそ真実の強さと云《い》えるのだろう。

三千子は、やっぱり克子を、「えらいなあ、えらいなあ。」と、思い返すのだった。

「私ね、洋子さんにお詫《わ》びしたいの。自分でよく知っていながら、洋子さんに、とても悪いことばかりしてたんですもの。許して下さるかしら。」

「ええ、お喜びになりますわ。克子さんを悪く思ってたら、昨日《きのう》だって、あんなに、お姉さま……。」

三千子は、はっと言葉を切った。克子の前で、洋子を「お姉さま」と呼んで、克子が気を悪くしないか。そう呼びなれているので、つい口に出てしまったけれど……。

「いいじゃないの。三千子さんのお姉さまなんですもの。私だって、お姉さまと呼びたいくらいよ。もし洋子さんが、呼ばせて下さるなら。」

と、克子は眼《め》を綺麗《きれい》に光らせて、

「洋子さんと三千子さんとの間が、私分らないことはなかったのよ。それなのに……。」

「お姉さまを呼んで来ますわ。」

と、三千子はじっとしていられなくて、廊下《ろうか》を小躍《こおど》りするように……。

運動会の後片づけで、三年以上は登校、一二年はお休みだった。

病院の前から電車に乗って、三千子が学校に着いた時には、もう大方整頓《せいとん》されて、昨日の装飾《そうしょく》に使った、小旗や、色とりどりのモールや、造花や、聖堂の鐘《かね》をかたどった鈴《すず》割りなども、近くの孤児院《こじいん》へ、例年通り贈《おく》るために、一纏《ひとまと》めに束ねてある。

その傍《そば》を通って、三千子が洋子を捜《さが》しに行くと、五年のひとが、モップでせっせと階段をこすっていた。

マダムが剪《き》り花を抱《かか》えて、私室へ入ってゆかれる。

三千子は上着やお弁当箱を取りに教室へ行っていた。今度は洋子も電話をかけに立って、そこにいなかった。

「三千子さん、今までいらっしゃったけれど、ちょっと……。直《す》ぐ戻《もど》ってらっしゃるでしょう。それより、もう一人の、五年の上品な方が、そりゃ御心配《ごしんぱい》下さって、お母さまを捜してくれたり、三千子さんをここへ連れて来たり、マダムにね、花までおねだりして下さったんですよ。お母さまは、ちょうどお茶をいただいていて、克子の怪我したのも知らなくて、その方達《たち》に、いろいろお世話になったらしいのよ。」

「そう。」

克子はそのまま瞼《まぶた》を閉じたが、目尻《めじり》にぽっつり涙《なみだ》が浮《うか》んで来て、

「⑦体の具合が悪いと、なんだか気持ちが澄《す》むわね。私、怪我してよかったと思うくらいなの。ねエお母さま……。」

と、しんみり話し出そうとしたところへ、洋子が看護婦と一緒《いっしょ》に迎《むか》えに来た。

「あの、お車が参りましたわ。」

克子は抱《かか》えられるようにして、自動車へ入る時に、腰《こし》を支えてくれる、洋子の白く長い指を、じいっと見ていた。

「御一緒《ごいっしょ》に行ってあげて！」

と、洋子は三千子の耳に囁《ささや》いて、そっと、車の中へ押《お》し入《い》れた。

そうして、玄関《げんかん》と教室とを行ったり来たりして、洋子は克子の荷物などを、すっかり運んでくれた。

「お大事にね。」

車が動き出してからも、気づかわしそうに立っていた。

病院へ着いて間もなく、レントゲン室へ運ばれて行こうとして、

「今度は、三千子さんが、あたしの [D] の番をして下さる？」

と、振《ふ》り返って微笑《ほほえ》んだ。

三千子の気を引き立てるために言ったのだろう。しかし、三千子はどきんとした。

——軽井沢《かるいざわ》で熱を出した、三千子の枕元《まくらもと》にいてくれて、三千子の [D] にまで、妬《ねた》みを見せたほどの、克子の激しい愛情……。克子がこんなになったのは、なんだか自分のせいのような気がする。

詳《くわ》しい診察《しんさつ》の結果、右肺強打、急性肋膜炎《ろくまくえん》になるおそれがある。額の傷も、二針縫《ぬ》った。

夕方から、またひどく熱が上かって、白い繃帯《ほうたい》の下の顔は、目立って痩《や》せたよう——。

「三千子さん、いる？」

熱に浮《うか》されながら、時々《ときどき》呼ぶので、三千子は帰ることも出来なかった。

そうかと言って、小さい三千子は、慰《なぐさ》める術《すべ》も知らず、ちょこなんと椅子《いす》に坐《すわ》って、艶《つや》のない克子の寝《ね》顔を見ていると、なんだか自分が泣き出してしまいそう——。

夕飯前に、克子のお母さまが病院へ戻《もど》ってくれた。

翌《あく》る朝、早く三千子が見舞《みまい》に行くと、克子は案外元気な顔色だった。

「お人形とお花。」

「あら、ありがとう。ちょっと見せて。」

と、克子は三千子の手から、小さい花籠《はなかご》を受け取って、

「まあ、可愛《かわい》いわね。ドライフラワー？」

「ええ、克子さんの治るまで、花も凋《しぼ》まないように——。」

「永久花ね。」

かけて、足を揉《も》みながら、休んでいるところだったが、

「あらア、お姉さま、くやしいのよ、二着。上手に転んで、お姉さまに看護して貰《もら》おうかしらと思ってるうちに、スタートを、しくじっちゃったの。駈け出すと夢中で、お姉さまのこと忘れちゃって、転びぞこなったし、二着だし、三千子つまんないわ。」

と、明るく甘《あま》えて来たが、

「まあ、お姉さまの冷たい手。どうしたの。なにか御用《ごよう》？」

「ええ。あのね、克子さんが、さっきの買い物競走で、お怪我したの。お家の方がいらしてたら、病舎へお連れしたいから、一緒《いっしょ》に捜《さが》して――。三千子さん、軽井沢《かるいざわ》で、克子さんのお家の方、知ってるわね。」

三千子も、洋子の様子にただならぬものを感じると、黙《だま》ってうなずいた。

「それからね、三千子さんが傍《そば》にいてあげたら、きっと克子さんも、喜ぶと思うの。」

「ええ。」

洋子の温《あたた》い思いやりが、細かい心づくしが、三千子の胸にしみた。

「お怪我《けが》ひどいの。」

「ううん。だけど、怪我よりも後で肋膜《ろくまく》を悪くしたりすると困るって――。胸を打ったから、心配らしいわ。」

二人は不安に追い立てられるように、見物席を廻《まわ》って歩いた。

こうして捜《さが》している間にも、克子が急に悪くなって、あの寂《さび》しい部屋で、死ぬんじゃないかしら。そんな恐怖《きょうふ》まで、心の底を通る。

「いらした、いらした、あすこの裁縫《さいほう》室の前のとこ。お母さまよ。お呼びして来るわね。」

と、三千子は人垣《ひとがき》を分けて、急いで行った。

洋子は、あたりの賑《にぎや》かな人声のなかに、ぼんやり立っていた。自分ひとりの胸の言葉を聞くように……。

今まで自分のしていたこと――三千子を自分一人の妹のように、思いきめて、楽しかった、その独占欲《どくせんよく》のひそかな喜び。克子に勝っているという内心の誇《ほこ》り。

それを洋子は、反省してみる。

洋子は克子を敵にする気はなくっても、克子にしてみれば、負けた、口惜《くちお》しい、勝ちたいで、それが克子の心を、どんなに意地悪くしていったことか……。

この春から、なにかと洋子に突《つ》っかかって来た克子――それが洋子に思い出されて、自分も悪かったと、今更《いまさら》悔《くや》まれる。

「お姉さま。」

と、三千子が、克子の母をつれて、そこへ戻《もど》って来た。

運動会もそろそろ終りの方らしく、赤い風船が幾《いく》つも、高い空を泳ぐように昇《のぼ》ってゆく。

「……三千子さん？　三千子さんも来ていて？」

克子が静かに眼《め》を開いた。

もうしばらく休んで、自動車で病院へ移るときまって、先生方は部屋を出て行った。傍に残ったのは、克子の母と、洋子だけ――。

壺《つぼ》に挿《さ》した菊《きく》の花と、軽い膝掛《ひざか》けを、マダムの使いが持って来た。

「三千子さん、いらっしゃるの？」

と、克子は低い声で、また母に尋《たず》ねた。

技に笑い興じている。

しかし、赤十字の天幕《テント》のなかは――。

克子の鼻血を拭《ふ》いたり、額の傷を消毒したりしている看護婦に、

「ことによると、肋骨《ろっこつ》をどうかしているかもしれん、ひどく胸を打ったから。」

と、校医が囁《ささや》いて、診察《しんさつ》を続けた。

マダムの顔色が変った。一人が医務室へ飛んで行った。

目立たぬように、天幕の裏口から、克子は担架《たんか》のまま、校舎の内へ移された。マダムや洋子が附《つ》き添《そ》って――。

グラウンドの赤十字の天幕が、急にからっぽになるということは、なにか不吉《ふきつ》な出来事を、人に感じさせる。折角《せっかく》の晴れの日に、来賓《らいひん》まで心配させては悪いので、校医は応急の処置を取り、しばらく安静を命じておいて、一先《ひとま》ず天幕へ戻《もど》った。マダムも代る代る見舞《みま》うことにして、洋子一人をそこに残すと、やはり出て行ってしまった。

今は傷ついた克子と、赤十字の洋子と、二人っきりで……。

灰色の、飾《かざ》りのない部屋。運動場の花やかなどよめきが聞えて来るので、尚寂《なおさび》しい。

あんなに外は美しい日なのに、このなかは薄《うす》ら冷たい秋。

⑥古い壁《かべ》の隙間《すきま》から、こおろぎでも飛び出しそう――。

洋子は、たった今の悪夢のような、ほんの一瞬《いっしゅん》の出来事を、思い返してみる。

「どう、まだ痛いの？　少しお寝《やす》みになれないかしら？」

と、やさしい言葉をかけてみても、克子は答えない。

額は繃帯《ほうたい》に巻かれ、胸に氷をあてている。少うし浅黒く輝《かがや》くような顔色が、白っぽく青い。

勝気な輪郭《りんかく》で、いつも派手に匂《にお》う唇《くちびる》も、ぱさぱさと紙のように乾《かわ》いている。

「心配なさらなくても、大丈夫《だいじょうぶ》よ。ねエ、眼《め》をつぶってよ。少しお眠《ねむ》りになると、お元気が出てよ。眼をあいてちゃ、いけないの。」

しかし、克子は虚《うつ》ろな眼を、大きく見開いて、天井《てんじょう》をみつめたっきり……。

「やっぱり、こんなに怪我《けが》してまでも、気の強い克子さんは、あたしを、敵視してらっしゃるのかしら？　あたしに介抱《かいほう》されるのが、くやしいのかしら？」

と、洋子は思って、椅子《いす》にそっと腰《こし》をかけた。

近くの木の葉に、風の音が時雨《しぐれ》のようで、窓を微《かす》かに叩《たた》いて散る葉もある。

「眼をつぶってよ。」

今度は克子も、物憂《ものう》そうに瞼《まぶた》を合せると、うとうとしはじめたようだ。

熱のためかもしれないけれど、柔《やわら》かい血の色が、ほのぼのと頬《ほお》に浮《う》き出《だ》した。いつもの克子とは、別人のよう……。

綺麗《きれい》だが、頼《たよ》りない。

マダムと受け持ちの先生が入って来た。

「どなたか、お宅から来ていられるんでしょうね。八木さん、父兄《ふけい》席へ行って、お宅の方がいらしたら、お連れして下さい。」

洋子は駈《か》け出すと、一年の控《ひか》え所《じょ》へ行って、三千子を捜《さが》した。

ちょうど、競技の終わったばかりらしい三千子は、ジャケッツを肩《かた》に

「炭屋さんは、案外スマートだったわね。籠《かご》だけ提《さ》げればいいんですもの。」

生徒たちは、こんな競走の場合にさえ、スタイルのよし悪《あ》しが、かなり気にかかる。いくら一等になっても、変な恰好《かっこう》で駈けたのは、余り褒《ほ》めない。

父兄《ふけい》席では、不断《ふだん》学校へ参観に来たこともないお父さんや、余り日光に当たったことのないお母さん達《たち》が、④わが子の姿を目で追いながら、お互《たが》いに、よその子供の、褒めっこの競争をしている。

今、スタートを切ったのは、B組――克子《かつこ》も入っている、三番目の一組。

決勝点の横の天幕《テント》には、赤十字の旗が翻《ひるがえ》っている。

そのなかには、衛生係のマダムが三人、校医、看護婦、五年の赤十字班五人、洋子《ようこ》も腕《うで》に赤い十字のマークをつけて、グラウンドを見物している。

陽《ひ》に負けて、頭痛を訴《うった》える生徒に手当てして、教室へ連れて行ったり、一等の旗を掴《つか》むと同時に、脳貧血《のうひんけつ》を起こした生徒を、担架《たんか》に載《の》せたり、洋子は凛々《りり》しく働いて、この秋日和《あきびより》に汗《あせ》ばむくらい――。

誰《だれ》かが耳もとで囁《ささや》くように、

「今度の組は、克子さんも入ってるわ。」

「そう？」

洋子はなにげなく答えながら、やはり心にかかって、天幕の外へ出て見た。

さすがに克子は、第一の封筒も、真先《まっさ》きに駈けつけて開いた。その次のメモも、素早《すばや》く買いものを選び取った。後は品物を持つだけだ。

⑤そのあざやかな競走振《ぶ》りに、見ている洋子も胸がすくようで、日頃《ひごろ》のことも忘れ、やはり克子に勝たせたい。

洋子がそう思わなくとも、当然一等にちがいない克子――百五十米を、先頭切って駈けて行く。

しかし、直《す》ぐその後から、二人、懸命《けんめい》に追って来る。 A 迫《せま》って来る。あっ、三人が B に並んだ。

と思う間もなく、克子は、パン屋の袋《ふくろ》につまずいて、前にのめった。

続いて、一人、また一人、克子の上に折り重なって倒《たお》れた。

しいんと、不気味なものが、運動場全体に拡《ひろ》がるような瞬間《しゅんかん》――。

その間にも、後から来た幾人《いくにん》かは、品物を抱えて、決勝点へ駈けて行く。けれど、倒れた克子は動かない。

「行ってみましょう。」

赤十字の洋子達は、はっと顔見合わせて、天幕から、 C 駈け出した。

近づいて見ると、後から転んだ二人は、もう塵《ちり》を払《はら》って、歩き出した。けれど、下敷《したじ》きになった克子は、ひとりでは起き上がれない。

洋子が肩《かた》を抱《だ》いて、

「どうしたの？　さあ、つかまって。」

と、うつ伏《ぶ》した克子の顔を、覗《のぞ》いた時である。

「あら、血が、大変よ。」

看護婦も手伝って、克子は、直ぐ担架《たんか》で運び去られた。

そして一方、もう次の組のスタートが切られた。少し血のついた小麦粉の袋《ふくろ》は、整理員の手で、無造作に並《なら》び替《か》えられた。

この手早い処置のために、見物席の人々《ひとびと》は余り気にしないで、次の競

してしまうと、浪費するための回路は閉じられてしまう。

（エ）浪費することが習慣化されたため、人々は浪費のもたらす満足を認識《にんしき》できなくなった。その結果、人々は必要以上のものを消費することで満足を得ようと努力するようになったのである。

（オ）狩猟《しゅりょう》採集民は一日に三時間から四時間ほどしか働いていないという。サーリンズによると、狩猟採集民の中には働く時間が増えるために生活に農業を取り入れることを拒否《きょひ》したものもいる。

（カ）人々は広告を見ることで、自身は「個性的」であらねばならないという強迫《きょうはく》観念を抱《いだ》くようになる。しかし、「個性」の実態が明らかでないために、人々の「個性」が完成することはない。

Ⅱ　次の文章を読んで、以下の設問に答えなさい。

以下は、昭和12年から13年にかけて、少女雑誌『少女の友』に連載《れんさい》された小説の一部です。――時代は昭和の初期、舞台は横浜のミッションスクール。新しい年度が始まって間もなく、新入生の大河原《おおがわら》三千子《みちこ》は、二人の美しい上級生から手紙をもらいました。五年生の八木洋子《やぎようこ》からの手紙、そして四年生の克子《かっこ》からの手紙。それらは、「エス」の関係を結ぼうと、三千子に誘《さそ》いかける手紙だったのです。「エス」とは、姉妹のような親密な間柄のこと。その後、大雨の日に、洋子の家の自動車に乗せてもらったことがきっかけで、三千子は洋子と「エス」の関係となり、洋子を「お姉さま」と慕《した》うようになったのでした。

宝石でも降って来そうな、美しい晴天。

プログラムは予定通り進んで、いよいよ四年生の買い物競走――滑稽《こっけい》な余興みたいなレエスなので、人気がある。

スタアト・ラインから、五十米《メートル》のところに、封筒《ふうとう》が置いてある。その先《さ》き五十米のところに、大きいメモが畳《たた》んである。第一の封筒には、八百屋、魚屋、肉屋、炭屋、パン屋などと、それぞれ買い物の範囲が指定してあるので、それに従って、第二のメモのところで、例えば八百屋の封筒に当たった者は、大根、人参などと書いた、メモを捜《さが》し出す。そこで、なかなか①手間取る。走るのばかり早くても、買い物の仕方が下手なら勝てない。

見物席は、競走者のあわてた捜し振りに、②気がもめるやら、可笑《おか》しいやらで、

「早くウ……。魚屋さんがもう駈《か》け出したわよオ。落ちついてエ。」

③腹をよじって、きゃっきゃっ笑いながら、それでも赤組は赤、白組は白へ、銘々《めいめい》自分の味方の応援《おうえん》は忘れない。

封筒とメモの合った者が、ほっとして駈け出すと、また五十米先きに、今度は品物がある。炭屋は切炭の入った籠《かご》。魚屋は鯛《たい》や鮭《さけ》の絵。そして、パン屋は、小麦粉と書いた、砂のつまった袋《ふくろ》を抱《かか》えて行くのだ。

つまり、全レースは二百米《メートル》だけれど、その途中《とちゅう》に三度、関所みたいなものがあるので、見物は面白《おもしろ》い。

五十米の封筒《ふうとう》まで、一番に駈《か》けつけた者が、百米のところで、八百屋のメモを捜《さが》すうちに、どん尻《じり》になり、百五十米の品物では、三番に食《く》い込《こ》み、最後の五十米の走路で、四番に落とされる――という風に、変化があって、おしまいまで興味を持たせる。

「さっきの八百屋さんの恰好《かっこう》、人参《にんじん》や菜っ葉を、なにもあんなに、大事そうに抱《かか》えこまなくたってねエ。おかしかったわ。」

が求められてきましたが、これは消費社会の批判にはなっていないと筆者は考えています。なぜなら、そうした行動をとっても消費している限り、

（２）

（エ）人々は自身の生きる意味を見出《みいだ》せず、お金を稼《かせ》いでも消費できなくなる

（オ）人々は満たされることがなく、さらなる満足を求めて消費を加速させる

（カ）人々は節約を心がけて生活するので、日用品の消費が変わることはない

からです。

ここから、消費社会のサイクルから抜け出すために、「贅沢をさせろ」という筆者の主張について、私たちなりに考えてみましょう。消費社会で人々に消費を促《うなが》すものは、広告などを通じて与えられたイメージや、最近ではＳＮＳに載《の》っている〈映《ば》える〉写真でしょう。〈映える〉写真が撮《と》れる店で食べもしないスイーツを消費する人々は、もはや自身も消費社会の中で、人々に消費を促す側に回っているのです。こうした消費社会から抜け出すには、

（３）

（キ）自身の欲望が、他者によって作り上げられたものであることを自覚すること

（ク）自ら欲望の存在を否定し、欲のない人間として生きていこうと決意すること

（ケ）自身を発信する側として、欲望をコントロールしようとする意志を持つこと

が重要です。

ここでさらに必要となるのが「贅沢」です。心ゆくまで「浪費《ろうひ》」し、思う存分「贅沢」をするときに、人々は満足を覚えることになります。すなわち、「贅沢」によって人々は、

（４）

（コ）自分自身のイメージに満足できるようになる

（サ）自身の欲望のあり方に向き合えるようになる

（シ）自分と他人の関係について考えるようになる

のです。

人々は贅沢をすることで、終わらない消費のサイクルを見つめ直すことにつながります。終わりのない消費社会を乗《の》り越《こ》えるには、質素な生活をして「贅沢を止める」ことではなく、「贅沢をする」必要があるのです。

【問11】本文における内容と**合致《がっち》しない**ものを、後の中から**２つ選び**、（ア）～（カ）の記号で答えなさい。

（ア）消費社会においては、浪費《ろうひ》と満足をつなげる回路が閉じられているため、人々《ひとびと》が浪費することで満足することは難しい。私たちは、気がつけば消費サイクルの中にいるのである。

（イ）人類は長い歴史の中で、どんな社会においても豊かさを求め、可能ならば浪費してきた。しかし、最近になって人々は、決して満足をもたらすことがない消費を始めたのである。

（ウ）浪費と消費の区別ははっきりとしており、人々はこの区別に従って浪費をするか消費をするか決定できる。しかし、一度消費

分たちの生活を守り通せるということ。

（エ）狩猟採集民は、その日暮らしの生活をしているため、先のことを考えて準備するという習慣がないからこそ、いまこの瞬間《しゅんかん》を生きることに成功しているということ。

【問９】――⑦「消費社会とは、人々が浪費するのを妨《さまた》げる社会である」とありますが、どういうことですか。次の説明文の［ａ］～［ｆ］に当てはまるものを後の（ア）～（カ）より選び、それぞれ記号で答えなさい。

> 筆者は、消費社会とは、人々が浪費するのを妨げる社会だと言います。これはどういうことでしょうか。まず、消費社会では一見、［ａ］が大量に供給されているように見えます。しかし、実は［ｂ］が供給されているに過ぎないと筆者は言います。人々が必要とする物を「浪費」することで満足できるなら、［ｃ］になりますが、実際は、人々は消費社会の中で、「消費」しつくすことができない物に囲まれながらも［ｄ］を抱え続ける状態におかれています。
>
> このような状態になる理由を、有名なレストランを例に考えてみましょう。町のレストランのシェフがコンテストで優勝したり、そこに有名人が訪《おとず》れたりすると、この店に行きたいと思う人々が増えます。なぜなら、人々が求めているのは、［ｅ］だからです。人々を消費に向かわせるのは、企業《きぎょう》による宣伝だけではありません。ＳＮＳが普及《ふきゅう》した現在では、誰《だれ》もが情報を発信することで、人々に消費を促《うなが》しています。この点で、消費者もまた消費社会の作り手になっていると言えるでしょう。このように、消費社会とは、人々が［ｆ］で成り立つ社会なのです。

（ア）商品に付与《ふよ》された意味や評判

（イ）消費する側の必要とする商品

（ウ）さらに何かを手に入れたい欲望

（エ）豊かな生活を送っていること

（オ）「満足」を追いかけ続けること

（カ）生産する側が売りたいと思う商品

【問10】――⑧「消費社会を批判するためのスローガンを考えるとすれば、それは『贅沢《ぜいたく》をさせろ』になるだろう」とありますが、これに関する次の説明文の（１）～（４）について適当なものを選び、それぞれ記号で答えなさい。

> 筆者が、「消費社会を批判するためのスローガン」として「贅沢をさせろ」と主張する理由を考えてみましょう。これまでは、消費社会を批判する際に、
>
> （１）
>
> （ア）人々《ひとびと》が無駄遣《むだづか》いをせずに、各人の欲望を抑《おさ》えて簡素な生活を送ること
>
> （イ）人々が節約を心がけつつも、たまには各自の欲望どおりに生きること
>
> （ウ）人々が精神力を鍛《きた》え上げて、どんな欲望にも打ち勝つようになること

（２）
- （エ）去年の服が、ひどく傷《いた》んでしまったからです
- （オ）去年の服には、思い出がつまっているからです
- （カ）去年の服は、もうおしゃれには見えないからです

。

これが、服を「記号」として消費するということです。つまり、人々が消費しているのは、

（３）
- （キ）その服のデザインではなく、その服の持つ着心地《きごこち》や肌《はだ》触《ざわ》りなのです
- （ク）その服の素材ではなく、その服に関わってきた人々の記憶《きおく》なのです
- （ケ）その服の品質ではなく、その服に対して人々が抱《いだ》くイメージなのです

。

そのため、翌年「新たな流行」が生まれれば、また新たな服を購《こう》入《にゅう》してしまうでしょう。つまり、

（４）
- （コ）物を「記号」として消費する時に、人々が完全に満足することはありえないのです
- （サ）満足できる「記号」を手に入れるため、より質の高い物を消費しようとするのです
- （シ）つねに新たな「記号」を追い求めることで、賢《かしこ》い消費者であろうと努力するのです

。

【問７】――⑤「消費は常に『失敗』するように仕向けられている」とありますが、どういうことですか。次の中から最も適当なものを選び、（ア）～（エ）の記号で答えなさい。

（ア）現代の大量消費社会は巨大企業《きょだいきぎょう》の思惑《おもわく》どおりに動いており、人々《ひとびと》は企業の計算どおりに行動してしまうため、人々が自分の意志で決められることはないということ。

（イ）現代の大量消費社会では、多くの企業が自社の製品を長持ちしないように作っているため、人々は新しいものを次々に購入《こうにゅう》しなければならなくなっているということ。

（ウ）現代社会において人々は新しいものを手に入れたがるが、その新しさはすぐに失われてしまうため、新たな新しさを追い続けなければならなくなってしまうということ。

（エ）現代社会では、人々は個性的になりたいと思うが、人間である限り誰《だれ》にも同じような人間らしさが備わっているため、どれだけ努力しても個性的にはなれないということ。

【問８】――⑥「狩猟《しゅりょう》採集民は何ももたないから貧乏《びんぼう》なのではなくて、むしろそれ故《ゆえ》に自由である」とありますが、どういうことですか。後の中から最も適当なものを選び、（ア）～（エ）の記号で答えなさい。

（ア）狩猟採集民の生活は、いま目の前にあるもので成り立っており、日々《ひび》の必需品《ひつじゅひん》の欠乏《けつぼう》をおそれる必要がないため、さまざまな不安や心配を抱《かか》えずにすむということ。

（イ）狩猟採集民の生活では、好きな時に住居を移動できるため、自分が所属する村の人々との人間関係に日々心を悩《なや》ますことなく、思うままに生きていけるということ。

（ウ）狩猟採集民は、生活を今よりも進歩させたいという欲望がなく、快適で便利な生活様式にあこがれを持つことがないため、自

に書くこと）。

ⓐ ニチジョウ　ⓑ イルイ　ⓒ カド
ⓓ ステ　ⓔ ヨブン

【問2】——①「贅沢とはいったいなんだろうか？」とあるが、一般に、贅沢なお金の使い方を表す次の慣用句について、□にあてはまる言葉を漢字2字で書きなさい。

金を□のように使う。

【問3】A ～ C に当てはまる語として適当なものを、次の中からそれぞれ選び、（ア）～（オ）の記号で答えなさい。ただし**同じ記号を2度以上用いてはいけない**ものとします。

（ア）しかし　（イ）ところで　（ウ）たとえば
（エ）すなわち　（オ）だからこそ

【問4】——②「十分とは十二分ではない」とありますが、どういうことですか。次の中から最も適当なものを選び、（ア）～（エ）の記号で答えなさい。

（ア）必要なものがそろっていなくとも、人々《ひとびと》は日々《ひび》のささいな幸せを通して豊かさを感じられるので、あり余るほどの量を蓄《たくわ》える必要はないということ。
（イ）必要なものがそろっていれば生きてはいけるが、それだけでは豊かさを感じることはできず、精神的な豊かさの条件を満たす必要があるということ。
（ウ）必要なものが十分な量そろっていても、質が悪いものに囲まれていては豊かさは感じられないため、質の良いものに囲まれることが大切だということ。
（エ）必要なものがそろっているだけでは備えとして不十分な状態であり、ものが余るほどたくさんあってこそ、はじめて人は豊かさを感じられるということ。

【問5】——③「しっくりこない」とありますが、ここではどのようなことを意味しますか。次の中から最も適当なものを選び、（ア）～（エ）の記号で答えなさい。

（ア）言い過ぎだ　（イ）納得しがたい
（ウ）都合がよすぎる　（エ）はっきりしない

【問6】——④「消費されるためには、物は記号にならなければならない」とありますが、これに関する次の説明文の（1）～（4）について適当なものを選び、それぞれ記号で答えなさい。

筆者は、「消費」と「浪費《ろうひ》」について次のように説明しています。まず、「浪費」について考えてみましょう。たとえば、非常に高価な食べ物が毎日食卓《しょくたく》に並んでいたとしても、

（1）｛（ア）食べたり飲んだりできる量には限界があります
（イ）おいしさに慣れると満足できなくなりがちです
（ウ）食べ過ぎが続くと健康を害することがあります｝。

これが、「浪費」の性質です。

次に、「消費」について、服を例に考えてみましょう。去年流行した服は、今年は着られないと考える人々がいます。その理由は、

である。彼らは贅沢な暮らしを営んでいる。これが重要である。ボードリヤールやサーリンズも言うように、浪費できる社会こそが「豊かな社会」である。将来への気づかいの欠如《けつじょ》と浪費性は「真の豊かさのしるし」、贅沢のしるしに他ならない。

消費社会はしばしば物があふれる社会であると言われる。物が過剰《かじょう》である、と。しかしこれはまったくのまちがいである。サーリンズを援用《えんよう》しつつボードリヤールも言っているように、現代の消費社会を特徴《とくちょう》づけるのは物の過剰《かじょう》ではなくて稀少性《きしょうせい》である。消費社会では、物がありすぎるのではなくて、物がなさすぎるのだ。

なぜかと言えば、商品が消費者の必要によってではなく、生産者の事情で供給されるからである。生産者が売りたいと思う物しか、市場に出回らないのである。消費社会とは物があふれる社会ではなく、物が足りない社会だ。

そして消費社会は、そのわずかな物を記号に仕立て上げ、消費者が消費し続けるように仕向ける。消費社会は私たちを浪費《ろうひ》ではなくて消費へと駆《か》り立てる。消費社会としては浪費されては困るのだ。なぜなら浪費は満足をもたらしてしまうからだ。消費社会は、私たちが浪費家ではなくて消費者になって、絶えざる観念の消費のゲームを続けることをもとめるのである。⑦消費社会とは、人々が浪費するのを妨《さまた》げる社会である。

消費社会において、私たちはある意味で我慢《がまん》させられている。浪費して満足したくても、そのような回路を閉じられている。しかも消費と浪費の区別などなかなか思いつかない。浪費するつもりが、いつのまにか消費のサイクルのなかに閉じ込《こ》められてしまう。

この観点は極《きわ》めて重要である。なぜならそれは、質素さの提唱とは違《ちが》う仕方での消費社会批判を可能にするからである。

しばしば、消費社会に対する批判は、つつましい質素な生活の推奨《すいしょう》を伴《ともな》う。「消費社会は物を浪費する」「人々はガマンして質素に暮らさねばならない」。日本でもかつて「清貧《せいひん》の思想」というのが流行《はや》ったがまさしくこれだ。

そうした「思想」は根本的な勘違《かんちが》いにもとづいている。消費は贅沢などもたらさない。消費する際に人は物を受け取らないのだから、消費はむしろ贅沢を遠ざけている。消費を徹底《てってい》して推《お》し進めようとする消費社会は、私たちから浪費と贅沢を奪《うば》っている。

しかも単にそれらを奪っているだけではない。いくら消費を続けても満足はもたらされないが、消費には限界がないから、それは延々と繰《く》り返される。延々と繰り返されるのに、満足がもたらされないから、消費は次第《しだい》に過激に、過剰になっていく。しかも過剰になればなるほど、満足の欠如《けつじょ》が強く感じられるようになる。

これこそが、二〇世紀に登場した消費社会を特徴づける状態に他ならない。

⑧消費社会を批判するためのスローガンを考えるとすれば、それは「贅沢をさせろ」になるだろう。

【注】＊ブルジョワ……資本や財産があり、労働者を使って事業をしている人たち
＊モデルチェンジ……製品の性能を向上させたりデザインを変えたりすること。一般《いっぱん》には、自動車の型式変更《へんこう》のこと

【問1】＝＝ⓐ～ⓔのカタカナを漢字に改めなさい（楷書《かいしょ》で、ていねい

ボードリヤール自身は消費される観念の例として、「個性」に注目している。今日、広告は消費者の「個性」を煽《あお》り、消費者が消費によって「個性的」になることをもとめる。消費者は「個性的」でなければならないという強迫《きょうはく》観念を抱《いだ》く（いまの言葉ではむしろ「オンリーワン」といったところか）。

問題はそこで追求される「個性」がいったい何なのかがだれにも分からないということである。したがって、「個性」はけっして完成しない。つまり、消費によって「個性」を追い求めるとき、人が満足に到達《とうたつ》することはない。その意味で⑤消費は常に「失敗」するように仕向けられている。失敗するというより、成功しない。あるいは、到達点がないにもかかわらず、どこかに到達することがもとめられる。こうして選択《せんたく》の自由が消費者に強制される。

消費社会を相対的に位置づけるために、それとは正反対の社会を紹介しよう。ボードリヤールも言及《げんきゅう》しているが、人類学者マーシャル・サーリンズは「原初のあふれる社会」という仮説を提示している。これは現代の狩猟《しゅりょう》採集民の研究を通じて、石器時代の経済の「豊かさ」を論証したものである。

狩猟採集民はほとんど物をもたない。道具は貸し借りする。計画的に食料を貯蔵したり生産したりもしない。なくなったら採りにいく。無計画な生活である。

彼《かれ》らはしばしば、物をもたないから困窮《こんきゅう》していると言われる。そして、それは彼らの「未来に対する洞察力《どうさつりょく》のなさ」こそが原因であると思われている。つまり、計画的に貯蔵したり生産したりする知恵《ちえ》がないために十分に物をもっていないとして、「文明人」たちから憐《あわ》れみの目で眺《なが》められている。

しかし、これは実情から著《いちじる》しくかけ離《はな》れている。彼らはすこしも困窮していない。⑥狩猟採集民は何ももたないから貧乏《びんぼう》なのではなくて、むしろそれ故《ゆえ》に自由である。「きわめて限られた物的所有物のおかげで、彼らは日々の必需品《ひつじゅひん》に関する心配からまったく免《まぬが》れており、生活を享受《きょうじゅ》しているのである」。

また、彼らが未来に対する洞察力を欠き、貯蓄《ちょちく》等の計画を知らないのは、知恵《ちえ》がないからではない。彼らのような生活では、単に未来を思い煩《わずら》う必要がないのだ。

狩猟採集生活においては少ない労力で多くの物が手に入る。彼らは何らの経済的計画もせず、貯蔵もせず、すべてを一度に使い切る大変な浪費家である。だが、それは浪費することが許される経済的条件のなかに生きているからだ。

したがって狩猟採集民の社会は、一般《いっぱん》に考えられているのとは反対に、物があふれる豊かな社会である。彼らが食料調達のために働くのは、だいたい一日三時間から四時間だという。サーリンズは、農耕民に囲まれていたけれども農業の採用を拒否《きょひ》してきた、ある狩猟採集民のことを紹介《しょうかい》している。なぜ彼らは農業の採用を拒《こば》んできたのか？「そうなればもっとひどく働かねばならない」からだそうである。

もちろん狩猟採集民をカドに理想化してはならない。狩猟採集民もうまく食料調達ができないことはあろうし、環境《かんきょう》の変化によって容易に困《こん》窮《きゅう》に陥《おちい》ることはあろう（しかし、農耕民の方がその可能性が高いとも言えるのだが……）。

重要なのは、彼らの生活の豊かさが浪費と結びついているということ

は豊かな生活に欠かせない。

浪費は満足をもたらす。理由は簡単だ。物を受け取ること、吸収することには限界があるからである。身体的な限界を超えて食物を食べることはできないし、一度にたくさんの服を着ることもできない。つまり、浪費はどこかで限界に達する。そしてストップする。

人類はこれまで絶えず浪費してきた。どんな社会も豊かさをもとめたし、贅沢が許されたときにはそれを享受《きょうじゅ》した。あらゆる時代において、人は買い、所有し、楽しみ、使った。「未開人」の祭り、封建《ほうけん》領主の浪費、一九世紀*ブルジョワの贅沢……他にもさまざまな例があげられるだろう。

しかし、人類はつい最近になって、まったく新しいことを始めた。それが消費である。

浪費はどこかでストップするのだった。物の受け取りには限界があるから。しかし消費はそうではない。消費は止まらない。消費には限界がない。消費はけっして満足をもたらさない。

なぜか？

消費の対象が物ではないからである。

人は消費するとき、物を受け取ったり、物を吸収したりするのではない。人は物に付与《ふよ》された観念や意味を消費するのである。ボードリヤールは、消費とは「観念論的な行為《こうい》」であると言っている。④消費されるためには、物は記号にならなければならない。記号にならなければ、物は消費されることができない。

記号や観念の受け取りには限界がない。だから、記号や観念を対象とした消費という行動は、けっして終わらない。

たとえばどんなにおいしい食事でも食べられる量は限られている。腹八分目という昔からの戒《いまし》めを破って食べまくったとしても、食事はどこかで終わる。いつもいつも腹八分目で質素な食事というのはさびしい。やはりたまには豪勢《ごうせい》な食事を腹一杯《はらいっぱい》、十二分に食べたいものだ。これが浪費である。浪費は生活に豊かさをもたらす。そして、浪費はどこかでストップする。

それに対し消費はストップしない。たとえばグルメブームなるものがあった。雑誌やテレビで、この店がおいしい、有名人が利用しているなどと宣伝される。人々はその店に殺到《さっとう》する。なぜ殺到するのかというと、だれかに「あの店に行ったよ」と言うためである。

当然、宣伝はそれでは終わらない。次はまた別の店が紹介《しょうかい》される。またその店にも行かなければならない。「あの店に行ったよ」と口にしてしまった者は、「えぇぇ？　この店行ったことないの？　知らないの？」と言われるのを嫌《いや》がるだろう。だから、紹介される店を延々《えんえん》と追い続けなければならない。

これが消費である。消費者が受け取っているのは、食事という物ではない。その店に付与された観念や意味である。この消費行動において、店は完全に記号になっている。だから消費は終わらない。

浪費《ろうひ》と消費の違《ちが》いは明確である。消費するとき、人は実際に目の前に出てきた物を受け取っているのではない。これは*モデルチェンジの場合と同じである。なぜモデルチェンジすれば物が売れて、モデルチェンジしないと物が売れないのかと言えば、人がモデルそのものを見ていないからである。「チェンジした」という観念だけを消費しているからである。

【国　語】〈五〇分〉　〈満点：一〇〇点〉

［I］ 次の文章を読んで、以下の設問に答えなさい。

突然《とつぜん》だが、ⓐニチジョウ的にはよく使うけれど立ち止まって考えられることのほとんどない、とある言葉を取り上げるところから始めたいと思う。

その言葉とは「贅沢《ぜいたく》」である。

①贅沢とはいったいなんだろうか？

まずはこのように言えるのではないだろうか？　贅沢は不必要なものと関わっている、と。必要の限界を超《こ》えて支出が行われるとき、人は贅沢であると感じる。［A］豪華《ごうか》な食事がなくても生命は維持《いじ》できる。その意味で、豪華な食事は贅沢と言われる。装飾《そうしょく》をふんだんに用いたⓑイルイがなくても生命は維持できる。だから、これも贅沢である。

贅沢はしばしば非難される。人が「贅沢な暮らし」と言うとき、ほとんどの場合、そこには、ⓒカドの支出を非難する意味が込《こ》められている。必要の限界を超えた支出が無駄《むだ》だと言われているのである。

だが、よく考えてみよう。たしかに贅沢は不必要と関わっており、［B］それは非難されることもある。ならば、人は必要なものを必要な分だけもって生きていけばよいのだろうか？　必要の限界を超えることは非難されるべきことなのだろうか？

おそらくそうではないだろう。

必要なものが十分にあれば、人はたしかに生きてはいける［C］、必要なものが十分あるとは、必要なものが必要な分しかないということでもある②十分とは十二分ではないからだ。

必要なものが必要な分しかない状態は、リスクが極《きわ》めて大きい状態である。何かのアクシデントで必要な物が損壊《そんかい》してしまえば、すぐに必要のラインを下回ってしまう。だから必要なものが必要な分しかない状態では、あらゆるアクシデントを排《はい》して、必死で現状を維持しなければならない。

これは豊かさからはほど遠い状態である。つまり、必要なものが必要な分しかない状態では、人は豊かさを感じることができない。必要を超えた支出があってはじめて人は豊かさを感じられるのだ。

したがってこうなる。必要の限界を超えて支出が行われるときに、人は贅沢《ぜいたく》を感じる。ならば、人が豊かに生きるためには、贅沢がなければならない。

とはいえ、これだけでは何か③しっくりこないと思うお金を使いまくったり、ものをⓓスてまくったりするのはとてもいいことだとは思えない。必要を超えたⓔヨブンが生活に必要ということは分かるし、それが豊かさの条件だということも分かる。だが、だからといって贅沢を肯定《こうてい》するのはどうなのか？

このような疑問は当然だ。

この疑問に答えるために、ボードリヤールという社会学者・哲学者《てつがくしゃ》が述べている、浪費《ろうひ》と消費の区別に注目したいと思う。贅沢が非難されるときには、どうもこの二つがきちんと区別されていないのだ。

浪費とは何か？　浪費とは、必要を超えて物を受け取ること、吸収することである。必要のないもの、使い切れないものが浪費の前提である。

浪費は必要を超えた支出であるから、贅沢の条件である。そして贅沢

第1回

2023年度

解 答 と 解 説

《2023年度の配点は解答欄に掲載してあります。》

＜算数解答＞《学校からの正答の発表はありません。》

1 (1) $2\frac{5}{8}$ (2) 6.28 (3) 96 (4) 400人 (5) 41通り (6) 20度

2 (1) 6150円 (2) 650円 (3) 500円

3 (1) 40cm² (2) 56cm² (3) 4：5

4 (1) 28.26cm³ (2) 84.78cm³ (3) 50.24cm³

5 (1) 80箱 (2) 4800箱 (3) 13人

○推定配点○

1, 2(1)・(2) 各5点×8 他 各6点×10 計100点

＜算数解説＞

1 (四則計算，数の性質，割合と比，場合の数，平面図形)

(1) $2\frac{5}{6}-\frac{7}{12}\times\frac{5}{14}=2\frac{20}{24}-\frac{5}{24}=2\frac{5}{8}$

(2) 3.14×(3＋3－2－2)＝6.28

基本 (3) 1361－17＝1344＝96×14，1649－17＝1632＝96×17
したがって，求める数は96

重要 (4) 中人40人分を引いた入園料…1212000－1200×40＝1164000(円) 大人・中人・小人がそれぞれ3人，3人，2人のときの入園料の合計…(1500＋1200)×3＋800×2＝9700(円)
中人の人数…3×1164000÷9700＋40＝400(人)

重要 (5) 右図1より，41通り

重要 (6) 角ECD…右図2より，180－(82＋42)＝56(度) 角DEC…(180－56)÷2＝62(度) したがって，角xは62－42＝20(度)

図1

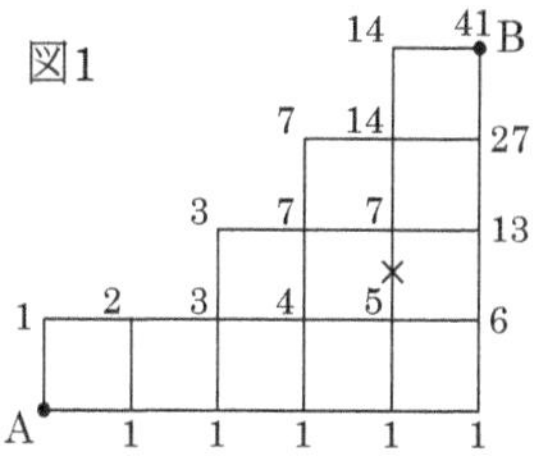

図2

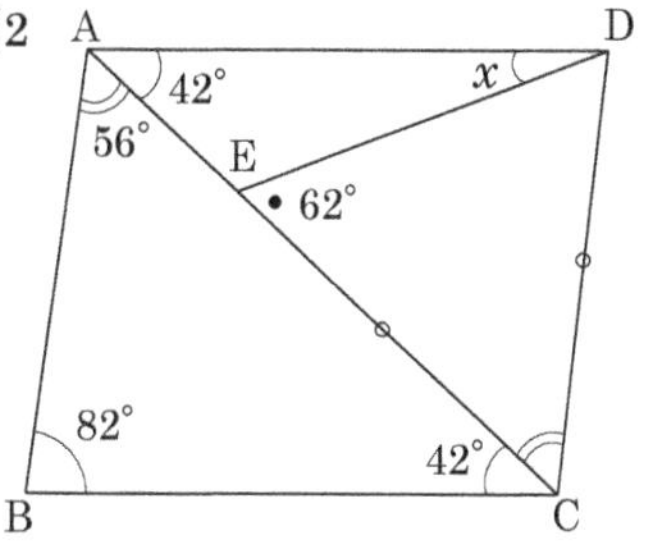

重要 2 (割合と比)

(1) {2700－(100＋550)}×3＝2050×3＝6150(円)

(2) (1)より，(2050－100)÷3＝650(円)

(3) (2050－550)÷3＝500(円)

重要 3 (平面図形，割合と比)

(1) 三角形CDE…16÷2×5＝40(cm²)

(2) 三角形ABE…(1)より，16＋40＝56(cm²)

(3) 三角形BCE…(2)より，56÷2×5＝140(cm²)
したがって，AE：EMは56：(140÷2)＝4：5
(図3参照)

図3

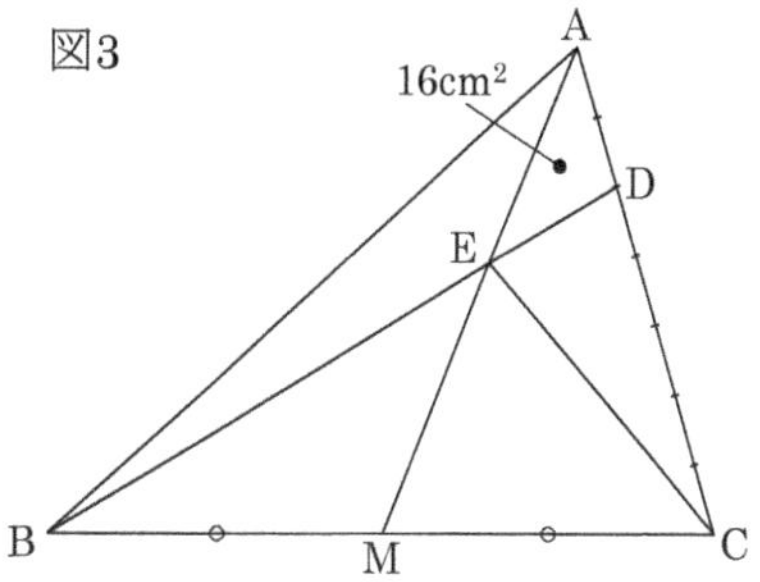

重要 4 (平面図形，図形や点の移動，立体図形)

(1) 図1…(5×5－4×4)×3.14＝9×3.14＝28.26(cm^2)

(2) (1)より，28.26×3＝84.78(cm^3)

(3) 図2・図3…(5×5－3×3)×3.14×3÷3＝16×3.14＝50.24(cm^3)

図1

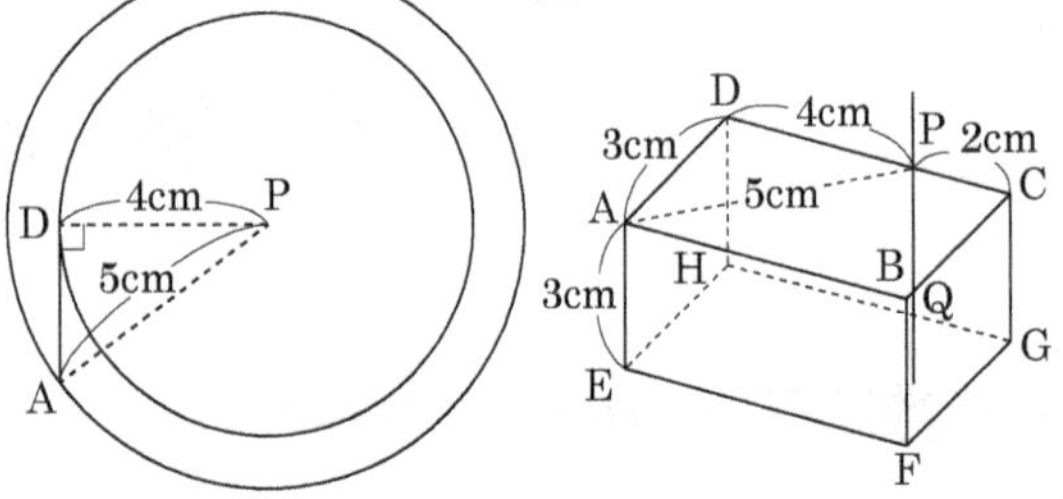

重要 5 (ニュートン算，仕事算)

(1) 4人20時間の作業量と6人12時間の作業量の差…80×(20－12)＝640(箱)

1人1時間の作業量…640÷(4×20－6×12)＝80(箱)

(2) (80×6－80)×12＝80×5×12＝4800(箱)

【別解】 (80×4－80)×20＝80×3×20＝4800(箱)

(3) (1)・(2)より，(4800÷5＋80)÷80＝13(人)

図3

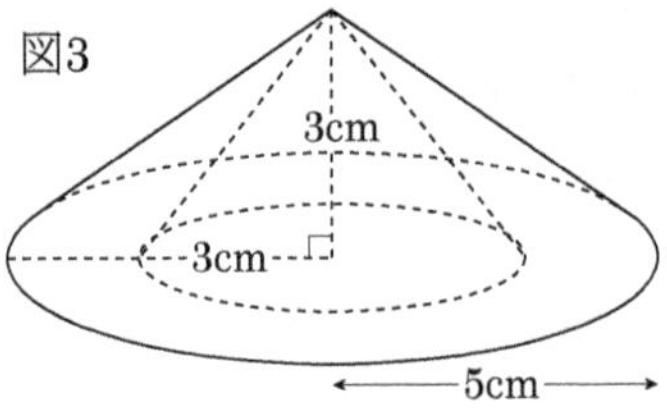

図2

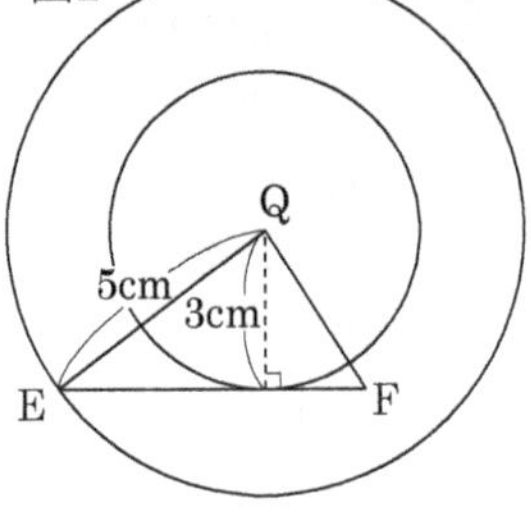

★ワンポイントアドバイス★

1(4)「入園料」の問題は簡単ではなく，(5)「通行止めがある道順」も学習していないと正解に達することが難しい。2「3人による支払い額の均等化」や，3「三角形の面積と長さの比」，4「図形や点の移動」も単純ではない。

<理科解答>《学校からの正答の発表はありません。》

1 問1 カ　問2 イ　問3 240mA　問4 オ　問5 エ

2 問1 蒸発　問2 マッチをするまでにたまったガスに引火する危険がある。

問3 ウ，エ　問4 2.7g　問5 砂糖は燃えてしまうか炭になってしまうため，もとの砂糖を取り出せない。

3 問1 ア　問2 光合成　問3 ウ　問4 エ　問5 エ

○推定配点○

各4点×15(2問3完答)　計60点

<理科解説>

1 (回路と電流―回路・端子電圧)

基本 問1 電池の＋極から電流が流れだす。直列回路では，どこでも電流の大きさは等しい。

基本 問2 電流計の＋端子に＋極をつなぐ。－端子は目盛りの大きい端子からつないでいって，その端子で測定できなければ小さい端子につなぎ変える。

基本 問3 500mAの端子につないでいるので，240mAである。

問4 豆電球を光らせているとき，乾電池CとDを直列につなぐと端子電圧は2.2Vより小さくなる。

これは，電池1個のときより電池から流れ出す電流が大きく，端子電圧が小さくなるためである。

問5　電池を並列につないだとき，乾電池AまたはBだけのときより少しだけ明るくなった。これは回路を流れる電流(点Sでの電流)が大きくなるためである。電池A，Bから出る電流が合わさって点Sでの電流になるので，点Rの電流は乾電池A1個のときより小さくなる。

2　**(物質と変化の総合―しょう油の成分)**

基本　問1　しょう油を加熱すると水分が蒸発する。

基本　問2　ガスバーナーに点火するとき，マッチをすってからガス調節ねじを開ける。先にガスを出すと，マッチをするまでの間にガスが放出され，マッチの火がこれに引火する危険があるからである。

基本　問3　アンモニア水，塩酸は気体が水に溶けたものなので水分がなくなると後に何も残らない。石灰水は水酸化カルシウムが，塩酸と水酸化ナトリウム水溶液を混ぜたものは塩化ナトリウムが固体として残る。

問4　実験では20gのしょう油を用いて，最終的に3gの食塩(塩化ナトリウム)が残った。また，10cm^{3}のしょう油は47－35＝12(g)なので，15cm^{3}のしょう油の重さは12×15÷10＝18(g)である。よってこれから生じる食塩の重さは，3×18÷20＝2.7(g)である。

基本　問5　砂糖は蒸発皿に入れて加熱すると燃えてしまって二酸化炭素や水になるか，一部が真っ黒な炭になってしまう。そのため，同様の実験を行っても砂糖を取り出すことはできない。

3　**(総合問題―気象・動物)**

基本　問1　図1は等圧線が縦に並ぶ西高東低の気圧配置で，冬の日本列島の気圧配置の特長である。図2は夏の前の停滞前線であり，梅雨前線である。

基本　問2　植物や植物プランクトンが，葉緑素により光のエネルギーを用いてデンプンをつくりだす反応を光合成という。

重要　問3　コバンザメとジンベイザメは共生の関係であるが，普通のサメとでは共生の関係にない。共生の関係にはともに利益を受ける共利共生と，一方だけが利益を受ける片利共生がある。(ア)・(イ)は共利共生であり，(エ)は片利共生の例である。

問4　クロマグロが減少した主な原因は乱獲である。乱獲を無くすように世界が協力した結果，クロマグロの数が増加してきている。

基本　問5　炭素は燃えると酸素と結びついて二酸化炭素になり，重さが重くなる。はじめより重いのは(エ)のみなので，これが答えになる。

★ワンポイントアドバイス★

基礎的な知識が問われる問題である。問題演習をしっかりと行っておきたい。問題文が長めで，要点を読み取る力が求められる。

＜社会解答＞《学校からの正答の発表はありません。》

Ⅰ　問1　①　問2　③　問3　①　問4　④　問5　③　問6　④　問7　①
問8　③　問9　①　問10　④　問11　②　問12　(例)　1947～1949年の第一次ベビーブーム世代である25～29歳の人口が男女ともに最も多く，次いで1971～1974年の第二次ベビーブーム世代である0～4歳の人口がそれに続いているから。
問13　①　問14　③

Ⅱ　問1　③　問2　①　問3　③　問4　伊達政宗　問5　①　問6　イ)　鰹[かつお]
ロ)　④　問7　④　問8　②　問9　④　問10　②　問11　③　問12　②
問13　①　問14　(例)　10日以内に衆議院を解散すること。　問15　③

○推定配点○
各2点×30　計60点

＜社会解説＞

Ⅰ　(総合―お雑煮から見た日本)

重要　問1　うどんは小麦粉を練って長く切った麺であり，その原料となる農産物は小麦である。日本における小麦の収穫量は北海道が全国の約3分の2を占め，次いで九州の福岡県，佐賀県が続き，この3道県で国内生産量の約4分の3を占めている。したがって，小麦の都道府県別の生産量を示したものは表①である。なお，表②はもも，③はかんしょ(さつまいも)，④はコメの都道府県別の収穫量を示したものである。

問2　1601年から徳川家康は五街道の整備を行い，それによって街道としての東海道が生まれた。東海道は江戸の日本橋から京都の三条大橋に至り，その区間に宿駅が53か所あり，その最初の宿場は品川の宿場であった。また箱根と新居に関所が置かれ，一里塚なども整備された。
①　江戸幕府の初代将軍をまつった神社を参拝するために整備されたのは，日光道中である。
②　板橋を最初の宿場とし，碓氷峠などの難所があったのは，中山道である。　④　内藤新宿を最初の宿場とし，富士山に信仰をいだく人々が参拝する通り道とされたのは，甲州道中である。

基本　問3　銅鏡は銅合金製の鏡で，日本では弥生時代から古墳時代の遺跡で多く発掘されている。出土する鏡は大陸からの輸入品とそれを真似た国産のものがあるが，九州北部の弥生時代の遺跡から出土する方格規矩鏡や大和を中心とした全国の前方後円墳から出土する三角縁神獣鏡などがある。したがって，銅鏡は縄文時代に関わりがあるものではない。

問4　渡来人は，主に4～6世紀にかけて大陸や朝鮮半島から日本列島に渡ってきた人々で，彼らによって養蚕(選択肢③)や機織などの技術，漢字(①)，(儒教，②)，仏教などがもたらされた。他方，麻(④)は世界最古のせんい作物とされ，そのせんいは縄文時代の遺跡から出土し，弥生時代の布はほとんどが麻である。したがって，麻は渡来人が日本に伝えたものではない。

問5　平城京(地図中のC)は710年に藤原京から移された後，784年までの都である。この都は中国の唐(618～907)の都の長安にならって，聖武天皇ではなく元明天皇(位707～715年)の時に奈良に造営された。碁盤の目のように広い道路で区切られ，北方の中央に平城宮が置かれていた。この都には北から南に向けて朱雀門から都城正門の羅城門に続く朱雀大路という大通りがあり，その東側が左京，西側が右京と呼ばれた。他方，聖武天皇(位724～749年)は，奈良時代半ばの天皇である。なお，地図中のAは平安京，Bは大津宮，Dは飛鳥地方である。

問6　関東平野は関東地方の1都6県にまたがり，関東地方の大部分を占める日本最大の平野である。その面積は約1万7000km^2で，国土面積の約5%を占めている。利根川・荒川・多摩川の流域には低地が広がっているが，武蔵野台地や相模原台地などの台地も多い。　①　利根川の本流の下流域は，千葉県と東京都ではなく，千葉県と茨城県の県境と重なっている。　②　冬に平野部に向かって吹く冷たい強風は，「やませ」ではなく「からっ風」である。「やませ」は，夏に東北地方の太平洋側に吹く冷たく湿った北東風である。　③　かつて養蚕業がさかんであったのは，関東平野の沿岸部ではなく内陸部である。

問7　(あ)　この文は正しい。大輪田泊は現在の神戸港の一部で，平清盛が宋(960～1276年)との貿易のために修築を行って，日宋貿易の拠点となった。また平清盛は，広島県廿日市市の厳島にある厳島神社を航海の安全を祈って1168年に改修した。　(い)　この文は正しい。足利義満(1358～1408年)は室町幕府第3代将軍(在1368～1394年)で，有力守護大名を抑えて幕府の権力を確立するとともに，南北朝の統一や倭寇と呼ばれた海賊を取り締まり，1401年に日明貿易を始めた。この日明貿易で博多や堺などが貿易港として栄えた。

基本　問8　設問中の「この法律は武士のみに使われるもので，公家が使っている法律を変えるものではない。」という内容の手紙を送ったのは，御成敗式目を制定した北条泰時(選択肢③)である。北条泰時(1183～1242年)は鎌倉幕府の第3代執権で，承久の乱では御家人を指揮して上皇方を破った。また1225年に評定衆を置き，1232年には御成敗式目を制定した。なお，①の北条時政は鎌倉幕府の初代執権，②の北条義時は鎌倉幕府の第2代執権，④の北条時宗は鎌倉幕府の第8代執権である。

重要　問9　「尾張国がふくまれる都道府県」とは愛知県であり，その県にある貿易港は名古屋港である。名古屋港の輸出品目には，自動車，自動車部品などの自動車関連の製品の割合が高いことが特色である。なお，表②は成田国際空港，③は横浜港，④は東京港の輸出品目である。

問10　明治政府が近代的な軍隊をととのえるために行った徴兵令は，納税額が少ない男子からではなく，満20歳以上の男子に3年間の兵役の義務を負わせた制度である。

問11　アジア・太平洋戦争前の日本の油田開発は大正時代にピークとなったが，第一次世界大戦で開発設備の輸入ができなくなったことから，生産量が減少した。そのため1920年代からは，輸入原油の精製事業が本格的に始まった。それによって，1935年の時点で日本は石油の約90%を輸入に依存するようになり，その多くはアメリカ，オランダ(蘭領インド)，イギリス(英領ボルネオ)からの輸入であった。

やや難　問12　1975年は第二次世界大戦の終結から30年後なので，1947～1949年の第1次ベビーブームの世代が20歳代後半になっており，25～29歳が男女ともに最も多くなっている。他方，第1次ベビーブームの世代の子どもである1971～1974年の第2次ベビーブームの世代が誕生し始めた時期なので，0～4歳の人口が他の世代に比べて男女ともに第1次ベビーブームの世代に続いて多くなっている。これらのことから，設問中の人口ピラミッドは1975年のものと判断できる。

問13　UNESCO(国連教育科学文化機関)は，教育・科学・文化・通信を通じて国々の結びつきを促して世界の平和と安全に努める国際連合の専門機関で，世界遺産条約に基づいて世界の文化財や自然環境の保全にも努めている。なお，②のUNICEFは国連児童基金，③のIMFは国際通貨基金，④のILOは国際労働機関である。

問14　本文中で話題とされている都市は江戸と大坂であるが，設問の図中に「御城」の文字の隣に徳川家の家紋があるので，江戸にあった江戸城である。江戸城は江戸時代には幕府の政庁と徳川将軍家の居城であったが，明治時代以降はその跡地の一部が皇居となっている。　①　戊辰戦争で幕府と新政府が戦い，榎本武揚らがたてこもったのは，函館の五稜郭である。　②　豊臣秀吉が築いた城で，豊臣氏が滅亡したときに焼失したのは大阪城である。　④　大政奉還が発表された城は，京都の二条城である。

Ⅱ (総合―日本とハンセン病に関する問題)

基本 問1 正長の土一揆は1428年に問丸ではなく，現在の滋賀県にあたる近江の馬を用いた運送業者である馬借の蜂起をきっかけとして発生した日本最初の土一揆とされる出来事である。この時，人々は室町幕府に借金帳消しのための徳政令を出すことを要求して，当時は金貸し業も行っていた酒屋や土倉などの高利貸しに押しかけて借金証文を奪った。他方，問丸は，鎌倉・室町時代に港湾や都市で荷物の積み替えや荷物の保管・輸送をしていた業者である。

問2 2024年の計画とは，アメリカ航空宇宙局(NASA)を中心として，2024年の女性宇宙飛行士を月面着陸させるアルテミス計画である。この計画はNASAとアメリカの民間宇宙飛行会社を中心に，欧州宇宙機構，カナダ宇宙庁，日本の宇宙航空研究開発機構(JAXA)なども参加している。他方，1969年の計画とは，アメリカ航空宇宙局による人類初の月への有人宇宙飛行計画であるアポロ計画である。この計画は1961年から1972年にかけて行われ，全部で6回の有人月面着陸に成功した。

問3 設問中の写真の人物はソビエト連邦及びロシアの政治家であるゴルバチョフ(1931～2022年)で，1985年から1991年までソビエト連邦共産党書記長を務めた。彼は1985年からペレストロイカ(政治・経済改革)，グラスノスチ(情報公開)の標語のもと，政治や経済を改革した(④)。また1989年にはアメリカ大統領とマルタ島で会談し，冷戦の終結を宣言した(②)。さらに1990年に東ドイツと西ドイツが統一することを受け入れた(①)。したがって，地中海への出口を求めて，黒海に面するクリミア半島に侵攻したことはない。

問4 1613年に支倉常長らの慶長遣欧使節をヨーロッパへ送った仙台藩主は，伊達政宗(1567～1636年)である。伊達政宗は出羽国と陸奥国の戦国大名で，近世大名としては仙台藩の初代藩主である。

問5 「医師から十分な説明を受け，患者本人が納得・同意した上で，病気の治療は進められるべきだ」という考え方は，インフォームドコンセントである。この考え方は，特に医療行為や臨床試験の内容について，十分に理解した上で対象者が自らの意志に基づいて医者などと方針について合意することである。なお，②のトリアージは，傷病の緊急度や重要度に応じた優先度を決めること，③のカーボンニュートラルは温室効果ガスの排出量と吸収量を等しくさせること，④のターミナルケアは治療による延命をせず，残された生活の充実を優先させることである。

重要 問6 イ) 設問中の「絵」は，現在の高知県黒潮町における江戸時代の鰹(かつお)の一本釣りの様子を示した絵馬である。黒潮町は海の恵みとともに独自の文化や風習が育まれ，特に鰹漁は400年以上の歴史があるとされる。 ロ) 四国地方の四県の中で表中の①は果実生産量が最も多いことから，みかんの栽培が多い愛媛県，②は面積が最も広く，野菜生産量が最も多いことから，野菜の促成栽培が盛んな高知県，③は面積が最も小さいので香川県となり，残りの表中の④が徳島県となる。

基本 問7 設問中の絵は，葛飾北斎の『富嶽三十六景』の中の「東海道金谷ノ不二」という題目の絵である。金谷は大井川の西側にある宿場で，この絵は大井川を金谷側から見たものである。大井川は静岡・長野・山梨の県境付近にある南アルプス南部の間ノ岳に発してからは静岡県内を流れ，赤石山脈と白根山脈の間を南下し，焼津市と榛原郡吉田町の境界で駿河湾に注いでいる。他方，牧ノ原台地は静岡県中部の大井川下流に広がる台地で，静岡県有数の茶の産地である。この台地は米作りには向かない不毛の地であったが，明治時代にこの台地に多くの士族が入植して開拓作業が行われた。その際に茶樹を植えることが奨められたので，現在のような茶畑が広がる製茶地帯となった。なお，選択肢中のシラス台地は鹿児島県から宮崎県南部にかけて広がる火山灰台地，天竜川は長野県の諏訪湖から発して，愛知県と静岡県を流れて遠州灘に注ぐ川である。

問8　エリザベス2世は，1952～2022年に在位したウィンザー朝の第4代女王である。他方，イギリスの首相が世界で初めて孤独問題担当大臣を任命したのは，2018年のことであり，当時のメイ首相が保守党のクラウチ下院議員を初代の孤独問題担当大臣に任命した。なお，①のガンジーがインドで非暴力・不服従運動を展開したのは1919～1922年，1930～1934年，③のナイチンゲールらがクリミア戦争中に負傷者を看護したのは1853～1856年，④の南京条約によって香港島がイギリスの植民地となったのは1842年のことで，いずれの出来事もエリザベス2世の時代ではない。

基本　問9　朝鮮通信使は，徳川家康が朝鮮との国交を回復した後に将軍の代がわりごとに訪れた使節団である。その際に対馬にあった対馬藩は江戸時代の鎖国下で朝鮮との外交を担当し，朝鮮との交流を認められていた。ただし，対馬は現在の熊本県ではなく長崎県に属している島である。

重要　問10　(あ)　この文は正しい。大隈重信は早期に国会を開くことを主張して伊藤博文と対立し，明治14年の政変(1881年)で明治政府から追放され，一時失脚した。　(い)　この文は誤っている。大隈重信は1882年に立憲改進党を設立したが，明治政府に反発する士族たちを率いて萩の乱(1876年)を起こしたのは，大隈重信ではなく前原一誠らである。

問11　1858年に幕府は不平等条約であった日米修好通商条約を結んだが，同様の内容の条約をオランダ，ロシア(①)，イギリス(②)，フランス(④)とも結んで，これらの条約は安政の五か国条約と呼ばれた。したがって，この年に幕府はドイツとは条約を結んでいない。

問12　年表中のAのポーツマス条約は1905年，Bの伊藤博文が安重根により暗殺されたのは1909年，Cの多くの朝鮮人が満州国に移動したのは1932年以降，Dの広島・長崎で朝鮮人が被爆したのは1945年のことである。他方，三・一独立運動は，1919年3月1日に京城(現在の韓国のソウル)で始まった反日独立運動である。日本の植民地であった朝鮮の京城で知識人や学生などが日本から独立を求める宣言を発表し，それを契機に「独立万歳」を叫ぶ運動が各地に広がった。したがって，三・一独立運動が起きた時期として正しいものは，表中のBとCの間である。

問13　(X)・(Y)　1932年5月15日(空欄X)に急進的な海軍の青年将校らの一団が，満州国の建国に反対する犬養毅(空欄Y)首相を首相官邸で殺害するとともに，日本銀行や警視庁などを襲撃した事件である五・一五事件が発生した。この事件の結果，政党内閣の時代が終わった。　(Z)　1937年に北京郊外での盧溝橋事件という日中間の軍事衝突から，約8年にわたる日中戦争が始まった。この戦争で日本は戦線を中国全土に拡大したので，戦争は長期化し，日本のポツダム宣言の受諾まで続いた。なお，選択肢X中の2月26日は1936年の二・二六事件が発生した日，選択肢Y中の浜口雄幸は1930年に東京駅で撃たれ，翌年に死亡した首相，選択肢Z中の柳条湖は1931年の満州事変の契機になった柳条湖事件が起こった場所である。

重要　問14　衆議院が内閣の不信任決議案を可決するか，信任決議案を否決した場合，内閣は総辞職するか，10日以内に衆議院を解散して総選挙を行わなければならないことが，日本国憲法第69条で規定されている。

問15　パートナーシップ制度とは，現在，同性同士の結婚が法的に認められていない日本において，地方自治体が独自にLGBTQのカップルに対して「結婚に相当する関係」とする証明書を発行して，さまざまな手続きや社会的配慮を受けやすくする制度である。この制度については，2015年に東京都渋谷区が初めて渋谷区パートナーシップ証明書を出す条例を制定し，同時期に世田谷区も同性パートナーシップ宣誓を開始した。その後，他の自治体にもパートナーシップ制度を導入する動きが広がり，2021年の時点で全国100を超える自治体でこの制度が導入されている。したがって，最高裁判所が，地方自治体が同性カップルに関するパートナーシップ制度を設けることを禁じていることはない。

★ワンポイントアドバイス★

大問2題ともに地理・歴史・政治の融合問題という点や設問数や設問の各分野の構成割合も昨年と大きく変わることはない。ただし，人口ピラミッドを使用した2行の説明問題があるので，表現力を磨いておくようにしよう。

＜国語解答＞《学校からの正答の発表はありません。》

Ⅰ　問1　ⓐ　雑誌　ⓑ　技能　ⓒ　余念　ⓓ　評判　ⓔ　尊重　問2　ウ　問3　エ
問4　イ　問5　④　エ　⑥　イ　問6　エ　問7　イ　問8　ア　問9　ウ
問10　エ→イ→ア→ウ　問11　a　エ　b　ケ　c　キ　d　オ　e　ア　f　イ
問12　エ・カ

Ⅱ　問1　a　観光案内所　b　学習塾　c　二階　問2　エ　問3　イ　問4　ウ
問5　ア　問6　a　ク　b　イ　c　エ　d　ウ　問7　ア　問8　イ　問9　エ
問10　イ　問11　a　オ　b　ク　c　キ　d　イ　e　カ　f　ウ

○推定配点○

Ⅰ　問10　4点　問12　各3点×2　他　各2点×20
Ⅱ　問1～問3・問8～問10　各3点×8　他　各2点×13　計100点

＜国語解説＞

Ⅰ　（論説文－要旨・論理展開・細部表現の読み取り，空欄補充，ことばの用法，漢字の書き取り）

基本　問1　ⓐ　さまざまな記事や読み物がまとまった出版物。毎週出版される雑誌を，「週刊誌」という。　ⓑ　物ごとを行う腕前のこと。同じ意味の言葉に「技量」がある。　ⓒ　ほかの考え。「余念がない」とは，あることに集中していてほかのことを考えられない状態。　ⓓ　ここでは世間でのうわさのこと。　ⓔ　とうといものとして，重く扱うこと。「尊」には，とうといものとして扱うという意味があり，その意味で「尊敬」「自尊」などの言葉もある。

問2　傍線①よりも前に着目する。「やさしく解説する参考書や学習マンガ」の例があるが，それは「スラスラと頭に入る」ものであり，また「無理なく無駄なく」身につくものなのである。そのようなものが今，求められている。「過度な負担なく手軽に分かった気になること」と「やさしさ」を説明して，「好む」と求められている状況を表現した，ウが解答になる。アは「細部まで手の届く充実した解説」とあるが，「スラスラ」「無駄なく無理なく」と合わない。イは「アマチュアの書き手が趣味で作ったような説明書」とあるが，おかしい。イの説明書は，気軽に内容を身につけることができるものかどうか，あやしい。エは「思考の過程が丁寧にたどれる」とあるが，おかしい。「思考の過程を丁寧にたどれる」ようなものは，スラスラに合わない。

問3　「皮肉」とは，遠回しの非難やからかいを意味する。だが，ここでは皮肉ではないのである。つまり，「アッシー君」「ミツグ君」という表現が，文字通りの意味として称えられているのだ。「文字通り思いやりがあって心づかいができる男性として認識されている」とある，エが解答になる。アの「お互いに本音を言うことができない……関係性」，イの「軽くあしらわれている」，ウの「言葉の裏側に男性をからかう気持ちも含まれている」は，「皮肉ではありません」という表現にあわない。

問4 「虚をつく」とは，油断しているところを攻めるという意味。ここには「虚をつかれる思いがしました」と書かれている。つまり，少女の話の内容を筆者は予想もしていなかったということである。具体例としてあげられた「ひとりの少女」は，オジイさんに席を譲らないことをやさしさだと考えた。老人扱いしないからである。だが筆者は，老人に席を譲ろうとして拒絶されたことはあるが，少女のその発想が驚きなのである。「年寄り扱いされることを嫌うお年寄りがいるのを知っていた」と筆者の体験にふれ，「席をゆずらないことを，お年寄りに対する気づかいだと主張」「筆者には思いもよらない発想」と少女の話に驚く筆者の様子が書かれたイが解答になる。アは「結論が出ないから寝たふりをするという解決法」とあるが，おかしい。少女は「立つのをやめた方がいい」と，その場での結論を出している。ウは「筆者にとっても十分に共感できる」とあるが，おかしい。虚をつかれて，筆者は驚いている。共感していない。エは，選択肢の中に年寄り扱いしないやさしさに関する内容がない。

問5 ④ 「柄にもない」は，身分や能力・性格などにふさわしくない状況を意味する。選択肢の中では「その人の性格や現在の立場から見てふさわしくない」とある，エが解答になる。ここでは「オヤジ」がその性格にふさわしくない説教を垂れる様子を「柄にもない」と表現している。

⑥ 「頭ごなし」とは，相手の言い分も聞かずに，初めから一方的に決めつける様子。「相手の言い分を聞くことなく」「決めつける」とある，イが解答になる。ここでは朝帰りした娘に対して，父親が一方的に「アバズレ」などと叱りつけたことが「頭ごなし」になる。「アバズレ」とは，主に女性を非難するときに用いる言葉。

問6 傍線⑤よりも前に着目する。「謝りにいく時ぐらいは相手を逆上させないように配慮してもらいたい」とある。相手に敬意を持たず，相手をいら立たせないような配慮がないため，筆者は「礼儀の表わし方」に問題があると考えたのである。「上司を怒らせてしまった」「敬意に欠ける振る舞いであった」とある，エが正解。アは「謝罪をしたことにすらなっていない」とある。筆者の主張では，謝罪をしたこと自体を否定はしていない。イは「本音でぶつかることこそ真の礼儀」とあるが，筆者の述べていることではない。ウは「些細なミスの怖さを知る」とあるが，筆者の主張と異なる。

重要 問7 「泥棒にも三分の理」とは，悪いことをする泥棒にも，悪事をするそれなりの理由があるということ。「理(ことわり)」とは，もっともな理由のこと。つまり，泥棒でも自分の行為を正当化するような理屈を持っているのであり，選択肢の中では，「どんなことであっても正当化……できないことはない」とある，イが正解。文章中では患者の少女が，オジイさんに席を譲らなかった行為を正当化していた。アは「自分の働いた悪事は棚に上げて」とあるが，おかしい。正当化する様子にあわない。ウは「道理を見極めようとしたら」とあるが，おかしい。道理を見極めている文脈ではない。エは「少しは役に立つ行いをしている」とあるが，おかしい。自分の行為の正当化に関する表現がない。

問8 傍線⑧までのこの女性の様子をおさえて，解答することができる。傍線⑥直後で，女性は「やっぱり，やさしく叱ってもらわないと反省する気にならないですよ」と主張している。その言い分は，屁理屈や居直りに感じられる。だがその女性は素直そうで，ふてぶてしくは見えないという文脈である。以上の展開をおさえて，選択肢を比較する。

「親の叱り方によって，自分が悪かったという気持ちが損なわれた」と女性の主張をおさえて，「言い訳ではなく心から残念に思っている」と素直そうでふてぶてしくは見えない女性の様子を説明している，アが正解。イは「……自分を許せない」とあるが，おかしい。「自分を許せない」

という女性の様子は読み取れない。ウは「朝帰りを悪いことだとは思っていない」とあるが,「やさしく叱ってもらわないと反省する気にならない」という発言からも,悪いとは思っている様子が感じられる。エは傍線⑧よりも前の展開をふまえていない。

問9　空欄A以降に逆説とある。この言葉が解答の手がかりになる。逆説とは,矛盾する内容が合わさって表現されている様子。矛盾している内容が合わさって表現されているのは,「やさしくするには残酷でいなくては」とある,ウである。やさしさと残酷は,明らかに合わない表現である。アの表現は,ウに比べて,明らかに矛盾しているとはいえない。イ,エの表現は,矛盾した内容が合わさっているとはいえない。

やや難　問10　エには,「彼ら自身による説明は」とある。「彼ら自身による説明」は,空欄Bよりも前に書かれている。そのため,エが先頭に来るとわかる。また,アに「その事情ゆえに……」とあり,イに「……事情がなにかありそうです」とあることから,イとアがつながることが読み取れる。さらに,空欄Bに続く部分には,「『やさしさ』のねじれが患者の心のありように大きな役割を果たしていると……知ったから」とある。「…から」で終わっているので,何かの理由が書かれているとわかる。ウには「……文法を知りたいと思いました」とある。空欄B以降の表現につなげると,「……文法を知りたいと思いました」「……知ったからです」と適切につながる。以上の点をまとめると,エ→イ→ア→ウと並ぶことがわかる。

問11　a　傍線③以降に着目する。「私たちのやさしさが分かんない大人とかが,『この子,席も立たないで』みたいな目つきでジロジロ見るからなのよ」と,少女は寝たふりした理由を語る。親切な人ではないと思われるのが嫌だったのだ。空欄aには,「親切心」とあるエがあてはまる。

b　傍線④より前に着目する。「言えばァ課長が馬鹿なのを指摘することになっちゃうでしょう」とある。黙っていた青年は,ある意味で上司を「小馬鹿」にしていたのである。　c　傍線⑦で,少女(患者)の言い分は「泥棒にも三分の理」と否定的に表現されていた。また,屁理屈や居直りとも書かれていた。少女や青年の発言を筆者は否定的にとらえている。選択肢の中では,キの「身勝手」があてはまる。　d　傍線⑨前後の表現からも考えることができる。身近な人との関りを避けているのである。特に関係のある人たちと直接関わることを避けていると言いかえることもできる。空欄dには,オの「直接的」があてはまる。　e　「やさしさ」が「ねじれている」と感じているのだから,筆者はおかしいと思っているのである。おかしいと思う気持ちに結びつくのは,アの「違和感」である。　f　「やさしさ」が必要とされる場面を考える。空欄fと前後の表現のつながりから考えると,イの「関係性」があてはまるとわかる。「やさしさ」は,人と人との関係性の中から生まれる。

重要　問12　ア　若者たちは,やさしく叱られたいのである。アは合致しない。　イ　「やさしさ」は「現代の『時代の気分』」にまでなり,尊重されている。「それ程よいものだと信じていない」とある,イは合致しない。　ウ　「家庭関係すらも希薄」になったことが原因ではなく,「やさしさの『ねじれ』」が原因だと筆者は考えている。ウは合致しない。　エ　傍線⑨以降に着目する。「重い患者も自ら精神科を受診するようになった」「以前は……『ありえないこと』だった」「目をひく」とある。以前には考えられなかったことが起こっている様子に筆者の戸惑いが読み取れる。エは合致する。　オ　「不愉快」→「恥じた」という心情の変化は読み取れない。最初は戸惑い,その後,人づき合いの変化だと,冷静に分析している。オは合致しない。　カ　文章の最後の部分に着目する。患者との面談を通して,「人々の人づき合いの仕方が大きく変わってきた」と筆者は考える。カは合致する。

Ⅱ　(物語文－主題・心情・細部表現の読み取り,空欄補充,ことばの用法)

問1　登場人物についての情報を確認して,空欄をうめる設問である。　a　傍線④以降に「私の職場である観光案内所」と書かれている。車を運転している「私」の職場は「観光案内所」である。　b　傍線⑤以降に「中学生向けの小さな学習塾に，私は勤務している」とある。「学習塾」が解答になる。　c　傍線⑦以降に「私の勤めている観光案内所は建物の二階に」とある。空欄cには「二階」という表現があてはまる。

問2　傍線②以降に，姪の抱えている悩みやいら立ちが書かれている。「私」はこのような背景を知っているから，姪の怒りを助長しないように，言葉を選んで発言しているのである。そのような状況をおさえて，選択肢を選ぶとよい。「彼女にはそのような言葉を口にする背景があることに配慮が必要」とある，エが解答になる。アは「感情を抑える方法を伝える」とあるが，おかしい。怒りを助長するような言葉を避けている場面である。感情を抑える方法を伝えようとはしていない。イは「彼女の本当に意味しようとするところをとらえなければ」とあるが，発言の真意を探ろうとしている場面ではない。ウは「自分の気持ち自体に問題があるのかもしれない」とあるが，「私」が自分自身の気持ちをふり返っている場面ではない。

問3　傍線③の前後から，感染対策に関して考えやこだわりが一致していない様子が読み取れる。「ものの見方や，とらえ方に大きな隔たりがある」と書かれた，イが解答になる。ア，ウ，エは，感染対策の考え方やこだわりの違いに関して，具体的に示されていない。

問4　姪は，感染対策に関して，あまりにも条件を出し過ぎて，その条件にしばられて，どのように安全性を主張したら良いのかわからなくなってきたのである。このような状況を表しているのは，「自分の言動が自分を束縛して，自分が悩み苦しむこと」という意味を持つ，ウの「自縄自縛」である。アの「自作自演」は，準備から実行までをすべて自分ですること。イの「自暴自棄」は，やけになって自分の身をそまつに扱うこと。エの「自問自答」は，自ら疑問を出して自ら答えること。ア，イ，エは，すべてこの状況の姪にあわない。

基本　問5　アの「拍子抜けする」は，緊張が急にぬけること。イの「木で鼻をくくる」は，無愛想な様子。ウの「匙をなげる」は，あきらめて手を引くこと。エの「手玉にとる」は，人を思い通りにすること。傍線⑤の部分で，私は姪に反論を試みている。だが姪は，傍線②にあるように，慎重に言葉を選んで話をしなければならないような相手なのである。私は当然，警戒した。そのような状況にも関わらず，姪はあっさりと「それもそうか」と発言した。だから，警戒するという緊張感が一気になくなったのである。解答はアになる。

問6　真野先生，印南先生，「私」の様子を把握して空欄a～dにあてはまる内容を選ぶ。　a　空欄aは真野先生の様子である。傍線⑤よりも後の部分に，「面倒な仕事は雇っている講師に押しつけて」とある。空欄aにはクの「他人に押しつける傾向」があてはまる。　b　空欄bは印南先生の様子である。印南先生は「手は洗うけどな。感染したらその時はその時だ」との考えで，実際に感染してしまう。空欄bにはイの「無頓着な振る舞い」があてはまる。感染に対して，無頓着だったのである。　c　傍線⑤前後の表現は，真野先生と印南先生の2人が，礼儀に欠けていると「私」がとらえている様子を表す。空欄cには二人に欠けているものが当てはまるので，エの「共に働く者への配慮」が解答になる。　d　傍線⑥以降に，二人が戻ってきた後の，「私」が予想する状況が書かれている。単純に仕事量が二倍になった「私」は，不満を抱いている。文章中には「自分が何か暴言を吐いてしまわないだろうか」と「私」の不安も書かれている。「私」は二人に対して，感情を爆発させてしまわないかと，恐れているのである。空欄dには，ウの「感情を制御できなくなること」があてはまる。

重要　問7　それぞれの言葉の意味を正確におさえて，解答を考えて欲しい。アの「閉塞感」とは，困った状況を打開することができずに，苦しむ気持ち。「絶望感」とは，すっかり望みを失う様子。イの「焦燥感」とは，あせったり，いらいらしたりする気持ち。「敗北感」とは，何かに負けたと思う気持ち。ウの「喪失感」とは，大切なものをなくした時に抱く感情。「恐怖感」とは，こわいという感情。エの「劣等感」とは，自分が劣っていると思う気持ち。「罪悪感」とは，罪の意識。この部分で，「私」はコロナ禍の状況下で，何もできず，どうしようもない気持ちになっている。そして，身を投げる，つまり，自殺のようなことも，「しないかもしれない」とは言いつ，意識する状態である。何もできず，自殺も意識するような状況であるので，「閉塞感」「絶望感」とある，アが解答になる。イは，「焦燥感」とあるが，何かにあせっている状況ではない。また，「敗北感」のように，何かに負けたという気持ちを抱いている訳ではない。ウは「喪失感」とあるが，何かを失ったと思っている様子は読み取れない。「恐怖感」とあるが，感情をコントロールできなくなることを恐れてはいる。エは「劣等感」とあるが，何かと自分を比較して，負けたと思っているような状況ではない。「罪悪感」とあるが，何か罪を犯している訳ではない。

問8　傍線⑧が含まれる場面の情報をおさえて，解答を判断したい。姪が「三時のおやつに」とくれたスコーンだが，「三時のおやつは職場では食べない」と「私」は困惑している。そして，スコーンに関しては，「家に帰って食べることを考えたり，誰かにあげることを考えたりしているのである。以上の様子をふまえて，解答を判断する。「その言動は社会人である自分の常識からするとずれる」と三時のおやつをくれた姪の様子を示し，「少々持て余ししてしまっている」とスコーンに困っている「私」の様子を示した，イが解答になる。アは「三時のおやつは職場では食べない」という部分の私の気持ちにはつながらない。ウは「いら立ちを募らせている」とあるが，募らせるほどのいら立ちは抱えていない。エは「……義務感にかられている」とあるが，そこまで義務的に何とかしようとしている訳ではない。

問9　突然話しかけられて驚いたのである。しかも，急に山のことを話されて驚いているのである。以上の様子から判断する。「突然，話しかけられた」「山についての発言は全くの想定外」とある，エが解答になる。アは「心のどこかでずっと気になっていた山」とあるが，おかしい。突然山のことで話しかけられたから，驚いているのである。イは「『私』はかえって混乱してしまった」とあるが，おかしい。混乱している様子は読み取れない。ウは「記憶を瞬間的に確かめなければならなかった」とあるが，見覚えのない人のことを記憶の中で確かめていた訳ではない。おかしい。

重要　問10　傍線⑩前後の「私」の様子をおさえて，選択肢を見比べる。「ひどいことを言わない自信はない」という気持ちを，取りあえず否定せずに受け入れたのである。その上で，仕事量に関しては「人生ではこんな時期もある」「乗り越えるのも挑戦の一つ」ととらえて，進んでいこうと決めたのである。「自分の感情のあり方や考え方……一旦受け入れて」「当面の仕事に必死に向き合っていこう」とある，イが解答になる。アは「堂々と文句を言うためにも……仕事をやり遂げていこう」とあるが，おかしい。この場面の心情を正確にはおさえていない。ウは「はやく落ち着かなければと自分に言い聞かせ」とあるが，おかしい。この場面の気持ちを受け入れて，ある意味落ち着いている。エは「自分の努力を自分で認めよう」とあるが，おかしい。「向き合っていこう」と決めた場面である。

やや難　問11　a　傍線⑥を含む場面の内容をおさえて解答する。「私」は印南先生と真野先生に対して，不信感を抱いていて，二人に向かって暴言を吐いてしまうのではないかと苦しんでいる。その点をふまえると，オの「他人を信用できないこと」があてはまる。　b　初めの空欄bでは，いつも道路を見てばかりいた「私」が視線を山に向ける。そしてその後，ゆううつな気持ちが変化していく。次の空欄bでは，声をかけた側の「私」が山を視界に入れたことで事故をさけることができた。そこで，ただそこにある山の良さに気づき，スコーンを受け取る「私」との出会いに続く。ともに，山が気持ちや思いの変化のきっかけになっている。「気持ちの変化をもたらすきっかけ」とある，クが解答になる。　c「それください」と叫んだあとの「私」の気持ちに着目する。「ひどいことを言わない自信はまだなかった」とあるが，「仕事そのものの量に関しては，人生ではこんな時期もある」という考えに変わってきている。他人との会話が，「仕事のあり方を見つめ直すこと」につながっている。cには，キがあてはまる。　d　丁寧に包装されていたのである。そのような包装から感じられる思いを考える。「信頼できる配慮」とある，イが解答になる。　e　他人との久しぶりの直接の会話，そして，生徒との関わり。このようなものから実感できることを考える。空欄eには，カの「他者との関わりの重要性」があてはまる。「他者との関りの重要性」をあらためて実感したのである。　f　二人とも，いつも変わらずにそこにある山に影響を受けて，心情の変化のきっかけを手に入れている。その意味で，ウの「いつもとは違う見え方」があてはまる。山の「いつもとは違う見え方」に影響を受けて，二人は変化したのである。

★ワンポイントアドバイス★

設問数がかなり多い。選択式問題が多いが，それぞれの選択肢の内容を素早く分析する必要がある。非常に特色ある入試問題である。傾向をおさえて，十分に対策を練っておきたい。

第2回

2023年度

解　答　と　解　説

《2023年度の配点は解答欄に掲載してあります。》

＜算数解答＞《学校からの正答の発表はありません。》

1 (1) 1302.6　(2) $\frac{2022}{2023}$　(3) 137　(4) (A秒速) 16m　(B秒速) 12m
(5) 2.28cm^2　(6) 31度　(7) 4cm^2

2 (1) 68g　(2) 9%　(3) 126g

3 (1) 12.5cm　(2) 14cm　(3) 100cm^2

4 (1) 分速250m　(2) 分速200m　(3) 60分後　(4) 16分40秒後

○推定配点○

1 各5点×8　他　各6点×10　計100点

＜算数解説＞

重要 1 (四則計算，割合と比，倍数算，速さの三公式と比，通過算，和差算，平面図形)

(1) $19.76\times(81-21)+23.4\times(2.2+2.8)=1185.6+117=1302.6$

(2) $3\times\frac{2}{7}\times\frac{1}{17}\times337\div17=\frac{2022}{2023}$

(3) 各人の年齢…父・母・兄・弟・花で表す。　父＋母×2＝142　母＋花×3＝88　父×2＋兄×3＋弟×3＝181　したがって，父＋母＋花＋兄＋弟は(142＋88＋181)÷3＝137(才)

(4) 列車A，Bの秒速の和…(155＋125)÷10＝28(m)　列車A，Bの秒速の差…280÷70＝4(m)　列車Aの秒速…(28＋4)÷2＝16(m)　列車Bの秒速…16－4＝12(m)

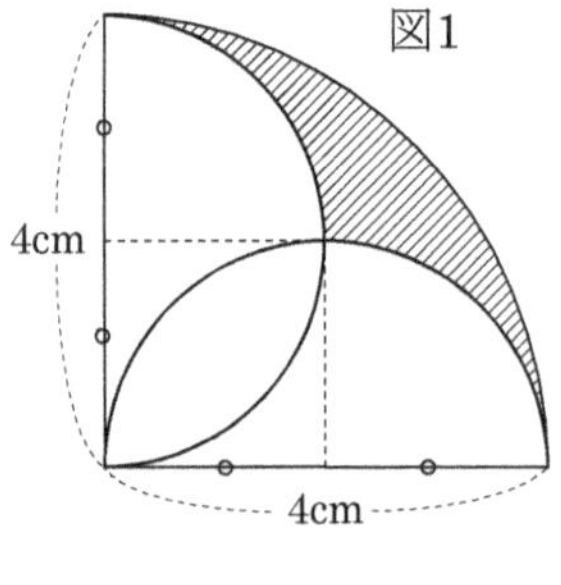

図1

(5) 図1…$4\times4\times3.14\div4-(2\times2\times3.14\div2+2\times2)=2\times3.14-4=2.28$(cm^2)

(6) 図2の下…三角形ABEは二等辺三角形　したがって，角xは$\{180-(100+18)\}\div2=31$(度)

(7) 図3…三角形アは正三角形，三角形イは二等辺三角形　正六角形GHIJKL…36÷3＝12(cm^2)　図4…斜線部は12÷18×6＝4(cm^2)

図2

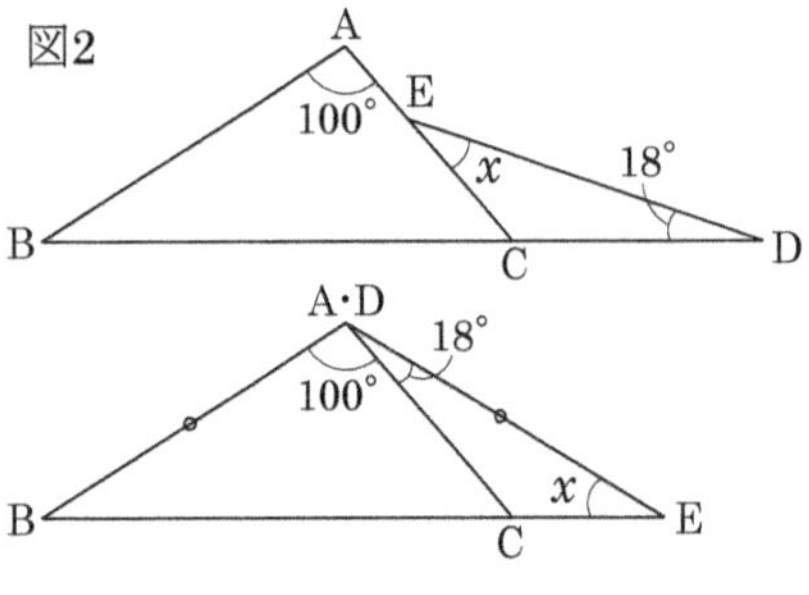

図3

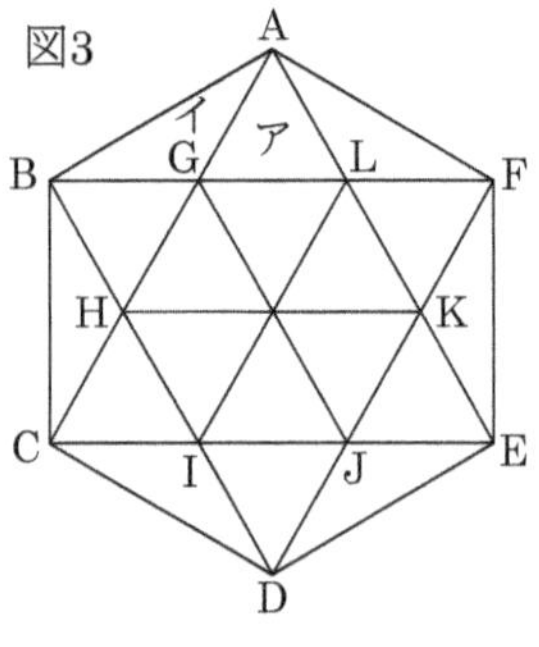

図4

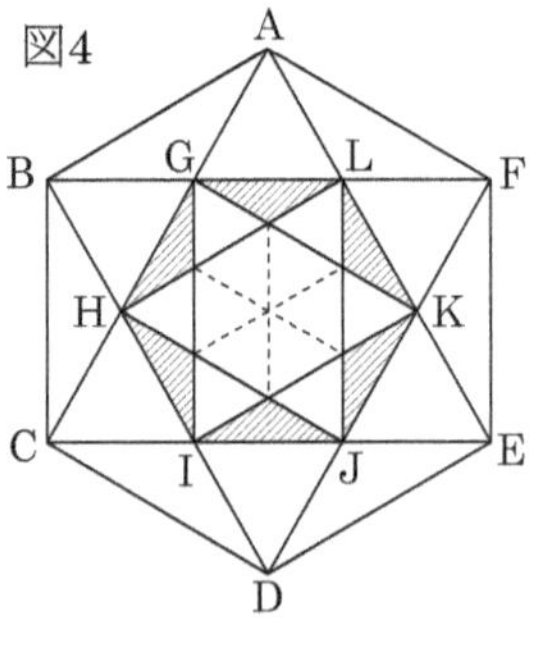

重要 [2] (割合と比，濃度)

(1) 最後の容器A内の食塩水に含まれる食塩…$(600+80)\times0.1=680\times0.1=68$(g)

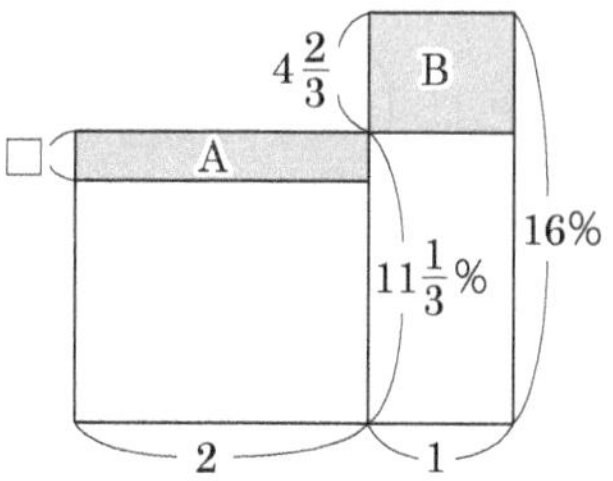

(2) 水80gを加える前の容器A内の食塩水の濃度…$10\div600\times680=11\frac{1}{3}$(%)　食塩水$600-200=400$(g)と200gの重さの比…$400:200=2:1$　したがって，右図により，色がついた部分の面積が等しく，求める濃度は，$11\frac{1}{3}-4\frac{2}{3}\div2=9$(%)

(3) 最初の容器B内の食塩水…(2)により，右図において色がついた部分の面積が等しく食塩水は，$(16-9)\times200\div(18-16)=700$(g)　したがって，最初の容器B内の食塩水に含まれる食塩は，$700\times0.18=126$(g)

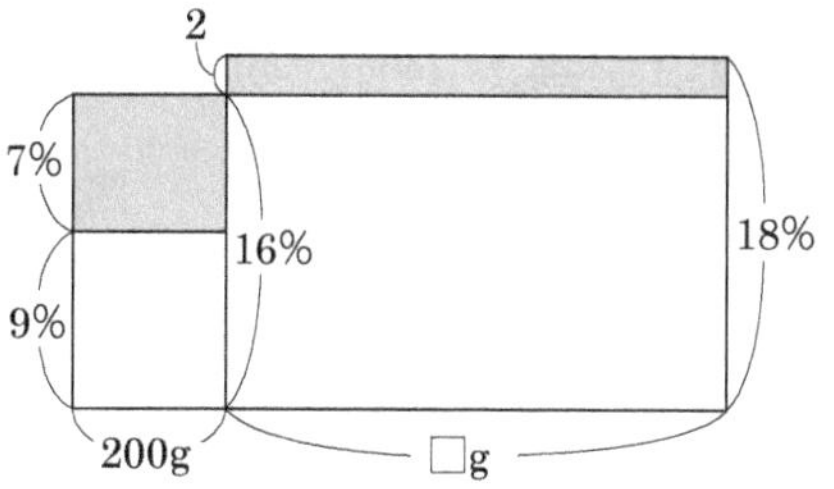

[3] (平面図形，立体図形，割合と比)

基本 (1) $350\times10\div(350-70)=12.5$(cm)

重要 (2) (1)より，$12.5+70\times6\div(350-70)=12.5+1.5=14$(cm)

(3) 直方体の底面積…□cm²とする。350－□…$350\times\frac{10}{14}=250$(cm²)　したがって，□は$350-250=100$(cm²)

[4] (速さの三公式と比，グラフ，割合と比，数の性質，単位の換算)

2台のバス間の距離…2kmの時刻に注意

重要 (1) 中型バスの片道の時間…$(28-2\times2)\div3=8$(分)　中型バスの分速…$2000\div8=250$(m)

やや難 (2) 大型バスの片道の時間…グラフより，$8+2=10$(分)　大型バスボートの分速…$2000\div10=200$(m)

(3) 中型バスの学校からの出発時刻…0分・20分・40分・～　大型バスの駅からの出発時刻…0分・30分・60分・～　したがって，2回目に同時に出発するのは60分後

(4) 下のグラフより，点Pを共有する2つの三角形…相似比は$(18-15):(25-10)=1:5$
したがって，Pの時刻は$18-(18-10)\div(1+5)=16\frac{2}{3}$(分後)すなわち16分40秒後

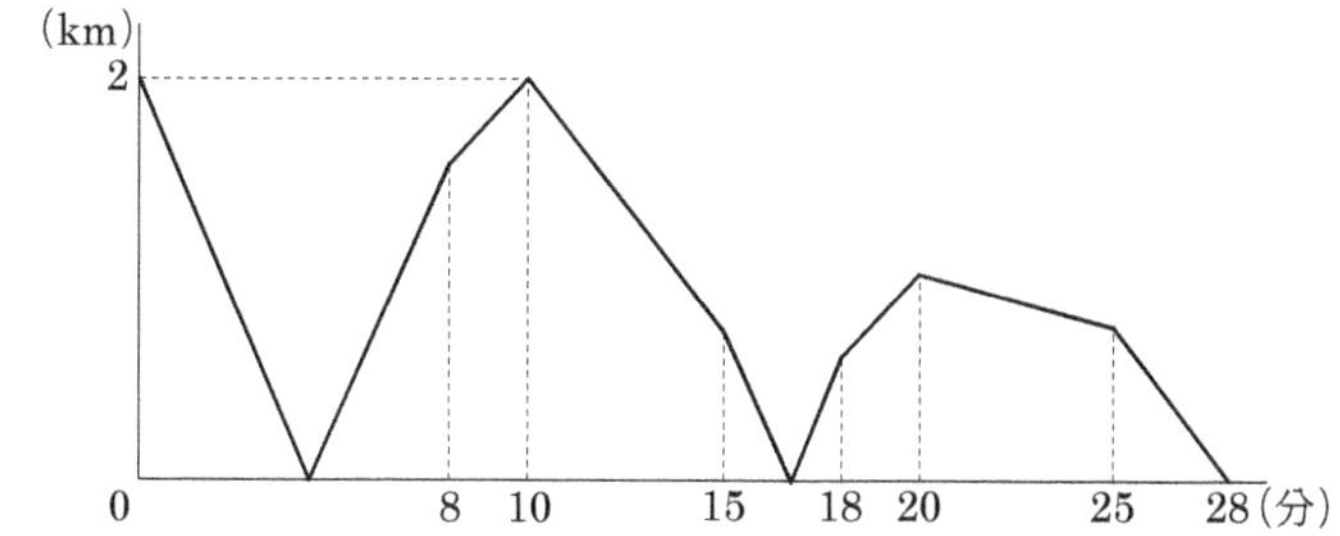

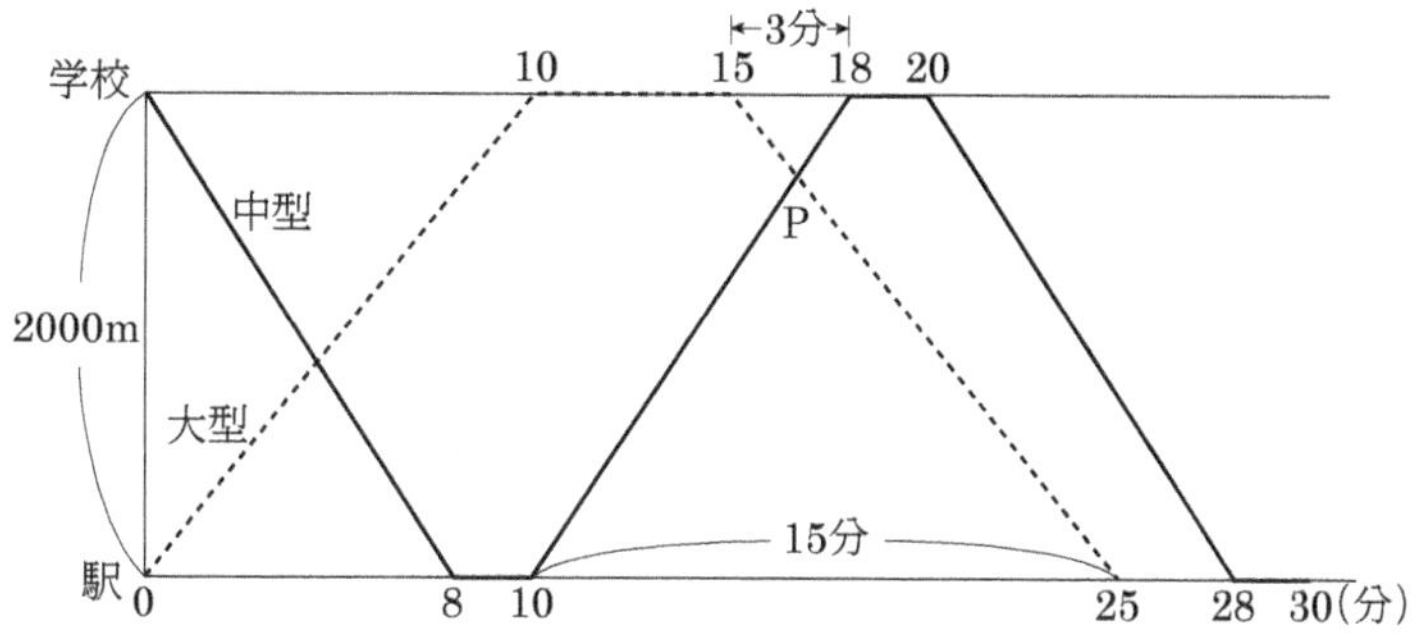

★ワンポイントアドバイス★

どの問題も簡単に解ける問題ではないが，ある意味では，どの問題も素直な問題が出題されている。4「中型バスと大型バス」の問題は,「2km離れた距離」が鍵になる。時間配分を考えて，解きやすい問題から解いていこう。

＜理科解答＞《学校からの正答の発表はありません。》

1　問1　1倍　問2　エ　問3　イ　問4　ウ　問5　ベテルギウス　問6　エ

2　問1　ア　問2　(ア)　二酸化炭素　(イ)　黄　(ウ)　水蒸気　問3　エ

問4　銅粉末：酸素＝4：1　問5　(1)　0.28g　(2)　0.80g

3　問1　ア，ウ，エ，オ　問2　ア，ウ　問3　A，C　問4　(試験管)　D

(理由)　Dはアミラーゼが最もよく働く温度に保ったため　問5　エ

○推定配点○

各3点×20(3問1～問3各完答)　計60点

＜理科解説＞

1　(総合問題―レンズ・星の動き)

問1　焦点距離が5cmであり，焦点から画用紙までの距離も5cmなので，円の直径はレンズの直径と同じ大きさになる。

問2　感光材料の位置を変えないので，像と感光材料の位置がぴったりと合わずぼやけた写真になり，大きさも小さくなる。

問3　レンズの直径を大きくすると，光の量を増やすことができるので明るい写真になる。カメラを固定すると，露出時間を長くしてもぶれないようにすることができる。

重要　問4　北極星を中心に反時計回りに星は動くように見える。写真は星が右下がりに動いているので，西の空の写真である。

問5　1月の深夜に西の空に沈んでいく明るい星であり，星Aを含む星座がオリオン座のようなので，Aはベテルギウスと推定される。

問6　光の線になって写るので，流星と思われる。国際宇宙ステーションはもっと移動速度が速いので，写真上で途中で切れた線にはならない。

2　(燃焼―いろいろな物質の燃焼)

基本　問1　酸素が多いほど燃焼が激しくなる。

基本　問2　炭素は燃焼すると二酸化炭素に変化する。二酸化炭素は水にわずかに溶け，酸性の水溶液になる。BTB溶液は黄色を示す。ろうそくは炭素と水素からできており，燃焼すると二酸化炭素のほかに水蒸気が発生する。

基本　問3　(ア)，(イ)，(ウ)は燃焼すると二酸化炭素と水蒸気が主に発生する。そのため燃焼後の重さは減少する。スチールウールは燃焼すると，鉄に酸素が結びつくので初めより重さが重くなる。

重要　問4　0.20gの銅が燃焼して0.25gの酸化銅になったので，0.05gの酸素が結合した。銅粉末と酸素の重さの比は，0.20：0.05＝4：1である。

重要　問5　(1)　1.92gの混合物が完全燃焼して2.20gになった。重さが増えた分だけ酸素が反応したので，2.20－1.92＝0.28(g)の酸素が銅と結びついた。　(2)　このとき反応した銅の重さは4×0.28＝1.12(g)である。混合物中の酸化銅の重さは，1.92－1.12＝0.80(g)である。

3 (動物—昆虫)

基本 問1　消化管に含まれる臓器は，小腸，大腸，胃，食道である。

問2　水の吸収は，大部分が小腸で行われ，残りを大腸が吸収する。

重要 問3　デンプンが残っているとヨウ素と反応して青紫色になる。試験管A，Cは消化酵素を入れていないのでデンプンは分解せず，Bはアミラーゼを入れていたが温度が低くアミラーゼが働かなかったため，デンプンが分解されなかった。Dは温度を37℃に保ったので，デンプンが分解され色が変化しなかった。

重要 問4　消化酵素は体温付近の温度で最もよく働く。試験管Dは37℃の水に5分間つけておいたので，アミラーゼによってデンプンが効果的に分解された。

重要 問5　①　試験管Gは，はじめ0℃にしその後37℃にしてデンプンが分解されたので，消化酵素が働いたことがわかる。　②　試験管Hでは，はじめ90℃にしておいてその後37℃にしたがデンプンは分解されなかった。消化酵素が働かなった。　③　これらより，消化酵素は極端に温度を上げると，その働きが失われることがわかる。　④　生卵の温度を下げたあと常温に戻しても大きな変化はない。　⑤　生卵の温度を極端に上げると卵が固まり，常温に戻してももとには戻らない。これは，卵のタンパク質が熱で変化したためである。消化酵素もタンパク質でできているので，熱により同様の変化をしてその働きを失ってしまう。

★ワンポイントアドバイス★

解答の様式が記述式の問題も出題される。問題文の長い問題が多く，文章をよく読んで要点をつかむ力が必要である。

＜社会解答＞《学校からの正答の発表はありません。》

Ⅰ　問1　②　　問2　ばさし　　問3　④　　問4　①　　問5　厚生労働省　　問6　①
問7　③　　問8　④　　問9　②　　問10　①　　問11　歌川広重
問12　2025年日本国際博覧会　　問13　③　　問14　④　　問15　②

Ⅱ　問1　④　　問2　伊能忠敬　　問3　(例)　住所や電話番号などから目的地の地図を検索したり，目的地までの距離や所要時間を調べるなどの紙の地図では難しかった作業を簡単に行うことができる。　　問4　③　　問5　①　　問6　エコツーリズム　　問7　④
問8　③　　問9　②　　問10　④　　問11　①　　問12　白河　　問13　③　　問14　②
問15　②

○推定配点○

各2点×30　　計60点

＜社会解説＞

Ⅰ　(総合—妖怪から見た日本に関する問題)

重要　問1　設問中の表の都道府県の収穫量には1位が熊本，2位が千葉，3位が山形，4位が新潟という順になっているので，この作物の収穫量はスイカの収穫量を示したものである。スイカの収穫量全国1位の熊本県は全国シェアで約16％を占めており，さらに上位3県で国内生産の約3分の1を占めている。なお，①のピーマンは1位が茨城，2位が宮崎，3位が高知，4位が鹿児島，③のレタスは1位が長野，2位が茨城，3位が群馬，4位が長崎，④のネギは1位が千葉，2位が埼玉，3位が茨城，4位が北海道である(いずれも2020年)。

問2　「ばさし」とは「馬肉の刺身」の略称で，馬の肉をうすく刺身状に切って生で食べる日本料理である。馬肉を生で食べる習慣は熊本，長野，山梨，福島，静岡などの各県にあり，これらの地域は古くからの馬の名産地であった。特に熊本県は馬の生産頭数は少ないが，屠畜後の馬肉生産量の約40％を占めており，日本一の産地である。

問3　豊臣秀吉は，1587年に九州を平定した後にキリスト教宣教師の国外退去を命じるバテレン追放令を出した。この法令はキリスト教の勢いが強くなると国内統一の妨げになると考えた豊臣秀吉が宣教師に対して20日以内に国外退去することを命じたものであるが，他方で外国船の来航は奨励したので，キリスト教の取り締まりは徹底しなかった。したがって，豊臣秀吉がバテレンの追放を命じるとともに，外国の商船の来航を制限したことはない。

重要　問4　天明の飢きんは1782～1787年に起こった江戸時代の三大飢きんの1つなので，アマビエが現れたとされる弘化三年(1846年)より前の出来事である。この飢きんは冷夏，長雨，浅間山の噴火などを原因として，東北地方や関東地方で多くの餓死者を出し，米価の高騰や打ちこわしが各地で発生した。そのため，老中であった田沼意次の失脚を早めたとされる。なお，②の寛政の改革は1787～1793年なので弘化三年より前，③のペリーが浦賀に来航したのは1853年なので弘化三年より後，④の公事方御定書がつくられたのは1742年なので弘化三年より前のことである。

問5　厚生労働省は日本の行政機関の1つで，医療，福祉，介護，雇用などに関する行政や戦没者遺族等への援護等の業務を行っている。2001年の中央省庁の再編により，当時の厚生省と労働省を統合して作られた。

基本　問6　日本書紀は全30巻の日本最初の公式の歴史書で，720年に完成した。その編纂は舎人親王や太安万侶などによって行われ，神代から持統天皇までの出来事が年代ごとに記述された。なお，②の太平記は14世紀の南北朝時代を舞台にした軍記物語，③の古事記は712年に完成した神代から推古天皇までの歴史書，④の風土記は奈良時代にまとめられた各国別の地誌である。

問7　(あ)　この文は誤っている。藤原道長(966～1027年)は甥の藤原伊周と争って政権を握り，995年に内覧に就任した。また全国各地から多くの荘園の寄進を受け，経済的な基盤とした。さらに一条・三条・後一条・後朱雀の各天皇に自分の娘を嫁がせ，自分の孫にあたる幼少の天皇の摂政として，約30年にわたって権勢を振った。しかし息子の藤原頼通とともに摂関政治を行ったことはなく，また親子で平等院鳳凰堂をつくったこともない。平等院鳳凰堂をつくったのは，藤原頼通である。　(い)　この文は正しい。菅原道真(845～903年)は，平安時代前半の学者で，かつ右大臣を務めた人物である。彼は894年に遣唐使の廃止を天皇に提案してそのことを実現させたが，901年に左大臣の藤原時平(871～909年)のはかりごとによって，謀反の疑いをかけられて失脚し，大宰府に左遷された。

問8　崇徳上皇は1156年に弟の後白河天皇と対立して，保元の乱のきっかけをつくった。この乱では上皇側と天皇側の双方が平氏や源氏の武士を味方につけて争ったが，平清盛と源義朝が味方した後白河天皇側が勝利し，崇徳上皇は讃岐に流された。　①　幼い堀河天皇に位を譲ったあとも実権を握り，院政を開始したのは白河上皇である。 ② 源義朝と協力して兵をあげたが，平清盛に敗れたのは藤原信頼である。 ③ 全国の武士や僧兵たちに対して，北条氏追討の命令を出したのは後鳥羽上皇である。

重要 問9 (あ)の後醍醐天皇が年号を建武と改め，新しい政治を始めたのは1334年，(い)の御成敗式目がつくられたのは1232年，(う)の正長の土一揆が起こったのは1428年，(え)の勘合を使用し，日本が中国と貿易を始めたのは1404年である。したがって，これらの出来事を古い順に並べると，(い)→(あ)→(え)→(う)である。

問10 熊野灘を流れているのは，親潮ではなく黒潮である。親潮は太平洋北西部を千島列島に沿って南下する寒流で，日本列島の東岸で黒潮とぶつかり，北太平洋海流となって東に流れている。

基本 問11 歌川広重(1797～1858年)は江戸時代後期の浮世絵師で，変化に富んだ日本の風景を風景版画として作製し，浮世絵の新分野を開いた。彼の代表作は，左図の「東海道五十三次内・日本橋」を含む『東海道五十三次』，『名所江戸百景』などである。

問12 設問中の絵は，2025年に開催予定の「2025年日本国際博覧会」の公式キャラクターであるミャクミャクである。2025年日本国際博覧会(通称は大阪万博)は，2025年4月13日～10月13日に大阪市此花区の夢州で開催される国際博覧会である。この国際博覧会のテーマは「いのち輝く未来社会のデザイン」で，AIやバイオテクノロジー等の科学技術の発展などの結果としての社会の変化に対し，人間の幸福な生き方を問う万博とされている。

問13 太平洋戦争は，1941年12月8日～1945年8月14日に行われた戦争である。この間に日本軍は1942年1～3月に現在のインドネシア，ニューギニアなどを制圧した。しかし1942年6月のミッドウェー海戦において，アメリカ軍との戦いで日本海軍は壊滅的な打撃を受け，それまでは有利に戦っていた戦況がしだいに不利になっていった。 ① 日本がソヴィエト連邦と日ソ中立条約を結んだのは，1941年4月のことである。 ② 日本が仏領インドシナに侵攻したのは，1940年9月～1941年8月のことである。 ④ 軍部の強い要求により，国家総動員法が制定されたのは，1938年のことである。

問14 2022年10月にポーランド(選択肢④)は，第二次世界大戦中のナチス・ドイツの侵略・占領によって受けた損害を約1億3千億ユーロ(約185兆円)として，ドイツ政府に賠償金の支払いを求めることを発表した。ただし，ドイツは賠償問題はすでに解決済みとしているので，この交渉は長引くことが予想されている。

基本 問15 日本国憲法第6条1項には，「天皇は，国会の指名に基づいて，内閣総理大臣を任命する。」とある。 ① 日本国憲法の第1条には，「天皇は，日本国の象徴であり日本国民統合の象徴であって，この地位は，主権の存する日本国民の総意に基づく。」とある。したがって，天皇は日本国の元首ではなく，日本国民を統合する主権者ではない。 ③ 国事行為は国会ではなく内閣の助言と承認を必要とし，国会ではなく内閣がその責任を負う。 ④ 自衛隊を指揮する最終的な権限を持つのは，天皇ではなく内閣総理大臣である。

Ⅱ (総合―現代日本の諸問題)

問1 沖縄県の面積は全国の約0.6%であるが，その地域に日本にある米軍専用施設の面積は約半分ではなく，約70%を占めている。同県には31の米軍専用施設があり，特に県民の約80%が生活している沖縄本島の中南部に普天間基地などの16の米軍専用施設がある。

基本 問2 伊能忠敬(1745～1818年)は，江戸時代後期の測量家・地理学者である。彼は酒造業を営んでいたが，50歳の時に江戸に出て天文学と測量術を学んだ。その後，幕府の命令によって蝦夷地の南東海岸を測量，さらに全国の沿岸を測量して地図を作製した。彼の死後，日本最初の実測図である「大日本沿海輿地全図」が完成された。

やや難 問3　デジタル地図とはパソコン上で扱えるようにデータ化された地図のことで，専用のソフトウェアやウェブサイトを通じて提供され，スマートフォンやタブレットなどで見ることができる。デジタル地図は住所・電話番号・施設名などから目的地の地図を検索することができたり，目的地までの距離や所要時間を調べたり，さらに自ら目標物を地図上に設定するなどの，これまでの紙の地図では困難であった作業を簡単に行うことができる特徴がある。

重要 問4　図Aの立体地図から，手前の岬の奥に2つの少し海側に突き出た岬があること，および屋久島の先に種子島の一部が見えることが確認できる。視線は屋久島頂上部を見ていることから，①の位置では奥に種子島の部分が映らず，②の位置では種子島の部分が映らないのとともに屋久島の湾の部分が図Aの中央になければならず，④の位置では屋久島の湾の様子が全く見えないことになる。したがって，図B中の飛行ルート上で図Aのような位置関係になるのは，飛行ルート③の位置にいる場合である。

基本 問5　織田信長は1573年に将軍・足利義昭を追放して室町幕府を滅ぼした後，1575年に長篠の戦いで武田氏を破った後，権大納言に任じられ，さらに右近衛大将の位に就いた。この権大納言や右近衛大将の就任は，かつて源頼朝が同様の役職に任じられたことにならったとされる。したがって，織田信長は関白の位にはついていない。

問6　エコツーリズムとは自然界に入り込んで，自然環境のしくみや特色を理解することを目的とする観光のあり方である。これは地域ぐるみで自然環境や歴史文化などの地域固有の魅力を観光客に伝えることで，その価値や重要さが理解され，保全につながっていくことを目指すものである。

問7　地産地消とは地域で生産されていた農産物や水産物をその地域で消費することなので，地域の農家で収穫された新鮮な野菜などを買うことができたり(①)，地域産業の活性化や輸送にかかる費用や燃料から発生する二酸化炭素の排出量を抑えたり(②)，形や大きさが多少ふぞろいな農作物でも出荷できる(③)などのメリットがある。しかし，地産地消の農家は決して小規模で生産をしているとは限らないので，大量生産された同じ商品よりも作物当たりの生産コストを小さくできるというメリットはない。

問8　延暦寺を開いた最澄は南無阿弥陀仏と唱えれば救われると説いたのではなく，法華経を経典の中心とする仏教の宗派である天台宗を広めた。南無阿弥陀仏と唱えれば救われると説いたのは，浄土宗を開いた法然(1133～1212年)である。

問9　日露戦争の講和会議(1905年)の代表者はロシア側がウィッテであるが，日本側は陸奥宗光ではなく小村寿太郎である。陸奥宗光(1844～1897年)は，第2次伊藤博文内閣の外務大臣としてイギリスとの間で日英通商航海条約(1894年)を結んで，領事裁判権(治外法権)の撤廃に成功した。また彼は，日清戦争の講和会議には伊藤博文とともに日本全権として出席した。

重要 問10　山梨県甲府市は一年を通して降水量が少なく，夏と冬の気温差が大きい内陸性の気候なので，雨温図Cがそれにあたる。千葉県銚子市は夏は気温が高めで降水量が多く，冬は気温が低めで降水量も少ない太平洋側の気候なので，雨温図Aがそれにあたる。福井県敦賀市は冬に降水量が多い日本海側の気候なので，雨温図Bがそれにあたる。

問11　明治時代は，1868～1912年である。他方，宮沢賢治(1896～1933年)の『注文の多い料理店』は，彼の児童文学の短編集であるが，1924年(大正13年)に出版された本なので，明治時代に書かれた文学作品ではない。なお，②の『浮雲』は1887～1891年，③の『舞姫』は1907年，④の『坊ちゃん』は1906～1907年の出版である。

問12　白河の関は古代日本における関所の1つで，奈良時代から平安時代にかけて都から陸奥国に至る東山道の要地に置かれた関門として，現在の東北地方である「みちのく(奥州)の玄関口」とされてきた。その所在地は現在の福島県白河市旗宿とされており，白川神社が祀られ，国の史跡に指定されている。現在も関東地方と東北地方の境界である。

基本 問13　松本城は，長野県松本市にある城である。その天守は安土桃山時代末期～江戸時代初期に建造された現存天守の1つとして国宝に指定され，城跡も国の史跡に指定されているが，世界遺産には登録されていない。なお，図①の軍艦島は2015年，②の三内丸山遺跡は2021年，④の大浦天主堂は2018年に世界遺産に登録された。

重要 問14　(あ)　この文は正しい。国会における法案審議の過程は，まず法律案が一方の議院の議長に提出され，次いで議長から関係する委員会にまわされて審議される。委員会で議決されると本会議で議決され，他の議院に送られる。他の議院でも同様の委員会での審議・議決と本会議での議決が行われ，最終的に法律案が成立する。　(い)　この文は誤っている。法律案はまず衆議院に送られるのではなく，衆議院と参議院のどちらに先に送ってもよい。衆議院の優越の対象となるのは予算の先議，法律案や予算の議決，条約の承認，内閣総理大臣の指名などであり，法律案の審議に衆議院の優越はない。したがって，法律案が参議院より先に衆議院で議決されなければならないことはない。

やや難 問15　戦後の日本のコメの生産は，食糧管理制度のもとで基本的に作付面積を増やすことなく，単位面積当たりの収穫量を増やす集約農業によって収穫量を増やしてきた。しかし日本人の食生活の変化などにより，コメの消費量が減って米が余るようになると，政府はコメの生産量を抑えるために1969年から米の生産調整(減反政策)を行い，コメの作付制限や転作をすすめるなどの政策を行った。これらのことから，グラフAは戦後の時期から1970年ごろまでは数値が上昇し，その後はしだいに数値が下がっているのでコメの収穫量を示したもの，グラフBは1970年ごろまでは数値があまり変わらず，その後は2020年に至るまで数値が半分以下に低下しているのでコメの作付面積を示したもの，グラフCは1960年ごろまでは1920年のころと大きく変化していないが，1960年ごろからは2020年まで，基本的に数値が上昇しているので，10a当たりの収量を示したものである。

★ワンポイントアドバイス★

大問2題とも地理・歴史・政治の各分野の融合問題であるが，Ⅰは主に地理・歴史，Ⅱは地理・歴史の他に政治分野が混ざっている構成であるが，時事問題も含まれているので日常のニュースには注意しよう。

＜国語解答＞《学校からの正答の発表はありません。》

Ⅰ　問1　ⓐ　日常　ⓑ　衣類　ⓒ　過度　ⓓ　捨(て)　ⓔ　余分　問2　湯水
問3　A　ウ　B　オ　C　ア　問4　エ　問5　イ　問6　(1)　ア　(2)　カ
(3)　ケ　(4)　コ　問7　ウ　問8　ア　問9　a　イ　b　カ　c　エ　d　ウ
e　ア　f　オ　問10　(1)　ア　(2)　オ　(3)　キ　(4)　サ　問11　ウ・エ

Ⅱ　問1　(1)　キ　(2)　オ　(3)　ア　問2　ウ　問3　イ　問4　A　エ　B　オ
C　イ　問5　ア　問6　ウ　問7　ウ　問8　(1)　ア　(2)　オ　(3)　ケ
(4)　コ　問9　E　ウ　F　イ　問10　G　ア　H　ウ　I　エ　J　イ
問11　a　オ　b　キ　c　イ　d　ウ　e　ア　f　ケ

○推定配点○
Ⅰ 問1・問3 各1点×8 他 各2点×21
Ⅱ 問10 4点(完答) 他 各2点×23 計100点

＜国語解説＞

Ⅰ (論説文－要旨・論理展開・細部表現の読み取り，空欄補充，ことばの意味，漢字の書き取り)

基本 問1 ⓐ 普段，日頃のこと。日常使うものを，「日常品」という。 ⓑ 身につけるもののこと。衣類のうち，特に古くから日本で用いられているものを「和服」といい，西洋から取り入れられたものを「洋服」という。 ⓒ ふつうの程度をこえていること。反対の意味の言葉は，ほどよい様子を表す，「適度」である。 ⓓ いらないからと，投げ出すこと。反対の意味の言葉は，「拾う」である。 ⓔ ここでは，あまりのこと。「余」には，あまりやのこりという意味がある。その意味で「余白」「余命」「余熱」などの言葉がある。

問2 「湯水のように使う」という表現がある。湯や水を使う時のように，惜しげもなく使う様子を表す。問2の空欄には，「湯水」があてはまる。

問3 A 「豪華な食事」という具体例が続いているのである。空欄Aには，ウの「たとえば」があてはまる。 B 空欄B直後に「非難されることもある」と書かれている。空欄Bの直前には「贅沢は不必要と関わっており」と，非難される理由が書かれている。前に理由があり,その結果としてつながる言葉が空欄Bにあてはまる。オの「だからこそ」が解答になる。 C 空欄Cより前の部分では「必要なものがあれば，人はたしかに生きてはいける」と肯定的な評価が書かれている。だが，空欄Cより後では，「必要なものが必要な分しかない」と否定的に論じている。空欄の前後で逆接の関係になっている。空欄Cには，アの「しかし」があてはまる。

重要 問4 「十二分」とは，ものが十分すぎるほどにたっぷりある様子を表す。傍線②以降の「必要なものが必要なだけ」ある状態が，十分といえるが，それはリスクが多い状態である。文章中にも「これは豊かさからはほど遠い」と書かれている。そして，十分としかいえない状態では，「人は豊かさを感じることができない」のだ。だから十二分，つまり十分すぎるほどにものが必要なのである。文章中にも「必要を超えた支出があってはじめて人は豊かさを感じられる」とある。「必要なものがそろっているだけでは……不十分」「ものが余るほどあってこそ……豊かさを感じられる」とある，エが解答になる。アは「あり余るほどの量を蓄える必要はない」とあるが，おかしい。蓄える必要はあるのだ。イは「精神的な豊かさの条件を満たす必要がある」と書かれているが，文章中に明示されている「十二分ではない」の説明にあたる内容がない。ウは「質の良いものに囲まれることが大切」とあるが，ここでは，質の良し悪しが論じられていない。

問5 傍線③直前には「したがってこうなる」という表現がある。そこで筆者は，結論のようなことを述べる。だが，その後も筆者は疑問を取り上げ，考え続けている。このような様子から，「しっくりこない」の意味をおさえる。納得できないから，考え続けているのである。イの「納得しがたい」が解答になる。「しっくり」とは，物ごとに違和感がない様子。ここでは，違和感があって納得できないから，「しっくりこない」となる。

問6 (1) 傍線④よりも前に着目する。「浪費」は必要を超えてものを受け取ることが前提となっており，そのため使いきれなくなり，「どこかで限界に達する」のである。「限界があります」と書かれた，アが解答になる。イは「満足できなくなりがち」とあるが，おかしい。傍線④よりも前に，「浪費は満足をもたらす」とある。ウは「健康を害する」とあるが，おかしい。健康について語っている部分ではない。 (2) 傍線④直前に，「『消費とは観念的な行為』である」と書かれている。「観念」とは，感じ方や考え方のこと。感じ方や考え方に結びつくのは，「もうおしゃれには見えない」とあるカである。おしゃれに見える時期は使い終わった。だから，今年は着られないという考え方になる。エは「ひどく傷んでしまった」とあるが，観念には関係がない。オは「思い出がつまっている」とあるが，「思い出がつまっている」という状況自体は，おしゃれに見える時期は使い終わったという，消費には結びつかない。　(3)　傍線④直前の「観念や意味を消費」「消費とは『観念的な行為』である」という表現に着目する。服を「記号」として消費する行動は，観念に関係する。観念は，考え方や感じ方を表す言葉。「人々が抱くイメージ」とある，ケが解答になる。キの「着心地や肌触り」は，観念には関係ない。クの「その服に関わってきた人々の記憶」は，「服に関わってきた人々」が何を指しているのか，明確ではない。(4)　傍線⑤直前には「つまり，消費によって……人が満足に到達することはない」と書かれている。「新たな流行」が生まれて新たな服を購入しても，人は満足することはない。「人々が満足することはありえない」とある，コが解答になる。サは「より質の高い物を消費しようとする」とあるが，ここでは質の向上について述べられているわけではない。シは「賢い消費者であろうと努力する」とあるが，消費者の態度が説明されているわけではない。

問7　「失敗するように仕向けられている」とは，ここでは，「個性」を追い求め続けるようにさせられていること。人々は，モデルチェンジされ続けるものを手に入れ続け，個性的であろうとして，どこかの到達点をめざし続けるのだ。「新たな新しさを追い求め続けなくてはならなくなってしまう」とある，ウが解答になる。アは「自分の意志で決められることはない」とあるが，おかしい。傍線⑤直後には，「選択の自由が消費者に強制される」とある。ある意味，自分の意志で決めることを強制されるのである。イは「長持ちしないように作っている」とあるが，おかしい。モデルチェンジがあるから，人々は新しいものを次々に購入するのである。エは，個性を追い求め続けるように仕向けられている状況を説明している内容ではない。

重要　問8　傍線⑥直前には「彼らは少しも困窮していない」とある。傍線⑥以降にもあるように，「少ない労力で多くの物が手に入る」のである。だから，日々の必需品に関する心配からまったく免れており，生活を享受してもいる。「日々の必需品の欠乏をおそれる必要がない」「不安や心配を抱えずにすむ」とある，アが解答になる。イは「人間関係に日々心を悩ますことなく」とあるが，人間関係の問題ではない。ウは傍線⑥前後の，少しの労力で多くのものが手に入るため心配がないという状況にあわない。エは，先のことを考えて準備する習慣がないから成功したという内容になっているが，傍線⑥前後の展開にあわない。

やや難　問9　a・b　aとbが対照的な関係になっていることに着目する。「一見……が供給されているように見え(る)」「実は……が供給されている」という関係である。aにイの「必要とする商品」をあてはめ，bにカの「売りたいと思う商品」をあてはめると，aとbの関係が対照的にととのう。

c　空欄cの直前には「『浪費』することで満足できる」とある。満足できているのだから，エの「豊かな生活を送っていること」が続く。　d　cからのつながりを意識して考える。「実際は」とあるが，実際には満ち足りていないのである。そのため，ウのように「さらに何かを手に入れたい欲望」を抱き続けるのである。　e　空欄eは，「消費」の話である。「消費」の際に，人々が求めるのは，傍線④直前にあるような「観念や意味」である。アの「商品に付与された意味や評判」である。　f　消費社会を成り立たせるものを考える。文章の最後の方にあるように，消費社会には「満足の欠如」が必要なのである。「『満足』を追いかけ続けること」とある，オが解答になる。

問10　(1)　傍線⑦以降の，「しばしば，消費社会に対する批判は……」で始まる段落に着目する。「つつましい質素な生活」が推奨されるのである。そのような生活は「ガマンして質素に暮らさなければならない」「清貧の思想」という言葉で表現されるようなものなのである。(1)は,「無駄遣いをせずに」「簡素な生活を送る」とある,アが解答になる。　(2)　設問の中にある文章の「消費している限り」という表現に着目する。(2)では,消費している限り起こってしまう状況を解答する。傍線⑦以降の,「しかも単にそれらを奪って……」で始まる段落には,「消費には限界がない」と書かれている。また,「延々と繰り返される」「満足がもたらされない……次第に過激に,過剰に」「満足の欠如が強く感じられるように」とも書かれている。以上から,「満たされることがなく」「さらなる満足を求めて」「消費を加速させる」とある,オが解答になる。エ,カは,「しかも単にそれらを奪って……」で始まる段落の表現にあわない。　(3)　設問の中にある文章からも考えることができる。「消費を促す側」から,消費したいという欲望が促されているのである。傍線⑧の「贅沢をさせろ」という表現から,筆者はこのような状況に対して,批判的であるとわかる。批判的であるからこそ,自分自身の欲望がもともとの自分の欲望であることに気づかせようとしているのだ。「他者によって作り上げられたもの……自覚すること」とある,キが解答になる。クの「欲のない人間として生きていこうと決意」,ケの「欲望をコントロール」は,傍線部の「贅沢をさせろ」という表現に合わない。　(4)　設問の中にある,文章も参考にする。「人々は満足を覚えることになる」とある。「満足を覚える」とは,つまり,自分自身の欲望を考えることにつながり,その意味で,自分自身の欲望のあり方に向き合うことにつながる。「自身の欲望のあり方に向き合える」とある,サが解答になる。コの「自分自身のイメージに満足」は,イメージに限定していて,おかしい。シの「自分と他人の関係」は,この部分の欲望の話に合わない。

問11　ア　例えば,傍線⑦の前後。消費社会が私たちを浪費に駆り立てる様子が書かれている。「浪費するつもりが,いつの間にか消費のサイクルのなかに閉じ込められてしまう」ともある。「気がつけば消費サイクルの中にいるのである」とある,アは合致する。　イ　傍線③から傍線④の部分に着目する。「人類はつい最近になって,まったく新しいことを始めた。それが消費である」と書かれている。もともとは浪費で満足していた人類は,最近になって消費を始めたのである。イは合致する。　ウ　ウには「消費と浪費の区別ははっきりとしており」とある。傍線⑦直後には「消費と浪費の区別などなかなか思いつかない」とある。ウは合致しない。　エ　傍線③から傍線④の部分で,筆者は「浪費は満足をもたらす」と言い切っている。「浪費のもたらす満足を認識できなくなった」とある,エは合致しない。　オ　傍線⑥以降の部分で,農業を拒否する狩猟採集民の様子が書かれている。オは合致する。　カ　傍線⑤よりも前の部分で,「個性」について述べられている。人々が「個性」を追い求めるとき,人が満足に到達することがないのだ。満足することがない点は,「人々の『個性』が完成することはない」と言い換えることができる。カは合致する。

Ⅱ　**(物語文－主題・心情・細部表現の読み取り,空欄補充,ことばの意味,慣用句)**

基本

問1　(1)　「手間取る」とは,予想以上に時間や労力がかかること。ここでは,買い物競走の作業がたいへんな様子を表している。　(2)　「気がもめる」とは,あれこれと心配で落ち着かない様子。もどかしくていらいらするとある,オが解答になる。傍線②の少し前に「買い物の仕方が下手なら勝てない」とある。競争者が買い物の仕方が下手な時,勝てないのではないかといらいらする様子を「気がもめる」と表しているのである。　(3)　「腹をよじって」とは,ひどくおかしくて大笑いする様子。競争者の買い物にとまどう様子などは,見る側からすれば大笑いの対象になる。

問2　傍線④には「わが子の姿を追いながら」とある。競技をしているしていないに関わらず,母親がわが子の様子を気にしている姿が読み取れる。また,傍線④には「お互いに,よその子どもの，褒めっこ競争をしている」とある。マナーとして，他人の子どもを意識的にほめている母親の姿が読み取れる。以上をふまえると，「自分の子どもから目が離せない母親」「たがいに相手の子どものことを持ち上げ……社交辞令」とある，ウが解答になる。アは「自分の子どものことはそっちのけ」とあるが，おかしい。目は自分の子どもを追っているのである。イは「見送った母親たちは……おだて合う競争を始めた」とあるが，おかしい。傍線④には，見送った後におだて競争を始めるのではなく，目で追いながら褒めっこ競争をしているとある。エは「子どもの出番が終わってしまった母親たちは」とあるが，おかしい。母親たちは，自分の子どもを目で追いながら褒めっこ競争をするのである。

問3　傍線⑤には，「日頃のことも忘れ」とある。洋子と克子は，三千子の件もあり，必ずしも良い関係ではない。「日頃のこと」とは，必ずしも良くない関係を意味する。だが，克子の競走振りはあざやかなものだった。そのため，洋子は胸がすくような思いを抱いた。胸がすくとは，晴れやかな気分になる様子。だから，克子を応援したくなったのである。以上の点をおさえて，選択肢を分析するとよい。「少しギクシャクした関係」と二人の仲，「しなやかに走り」と克子の走る様子，「清々しい気持ち」と洋子の気持ちを表した，イが解答になる。アは，洋子の胸のすく様子を表現していない。ウは，「いつもなら克子のことを悪しざまに言う洋子」とある。洋子と克子は必ずしも良い関係ではないが，洋子は克子をいつも悪しざまにののしっているわけではない。エも，洋子の胸のすく様子を表現していない。

問4　A　迫ってくる様子を表現する言葉は，エの「ぐんぐん」である。　B　もう少しで触れ合うほどに近い様子を表す言葉は，オの「すれすれ」である。　C　イの「ばらばら」をあてはめると，天幕からひとりひとり飛び出す様子を表現することができる。

問5　傍線⑥の直前で，「飾りのない部屋／運動場のはなやかなどよめき」「外は美しい日／なかは薄ら冷たい秋」と，対比関係になっている。傍線⑥の「古い壁の隙間から，こおろぎ」という表現は，この対比関係につながっており，部屋のみすぼらしさを強調する役割を担っていると考えられる。「部屋のわびしげな様子を，よりきわだたせている」とある，アが解答になる。

イ，ウ，エの選択肢は，傍線⑥までの対比関係を意識した内容になっていない。

問6　傍線⑦直前の展開に着目する。克子は，洋子が怪我をした自分のために動き回ってくれていたことを知るのである。そして，克子は目に涙を浮かべるが，この涙は洋子に対する感動の涙だと思われる。「澄む」とはにごりが亡くなるという意味。克子の心にあった，洋子に対するにごった気持ちは，きれいになっていったのである。以上の点をふまえて，選択肢を分析する。「自分の中にある良くない心が，薄まり，消えていく」とある，ウが解答になる。アの「うれしい」，エの「悔しい」は，この部分の「澄む」が表現している気持ちにあわない。イの「見通せるような」も，「澄む」という表現を読み誤っている。

やや難　問7　二つの空欄のつながりを意識して，解き進めるとよい。後半の空欄Dの直前に，「軽井沢で熱を出した，三千子の枕元にいて……」とある。また，その表現の後に「妬みを見せたほどの，克子の激しい愛情」とある。これらの表現から，軽井沢で三千子が熱を出して，克子が三千子の看病をしたことが読み取れる。寝ていた三千子のそばにいて，克子は三千子が見ているだろう夢に対しても妬みを見せたということである。前半の空欄D前後は，克子が寝ている様子を表しているが，今度は三千子に看病をしてもらいたいのである。それを克子は「夢の番」と表現している。空欄Dには，ウの「夢」があてはまる。

問8　(1)　傍線⑦よりも前の部分に「なにかと洋子に突っかかって来た克子」という表現がある。克子は，普段は年上である洋子に突っかかるような気の強さがあるのだ。(1)には，アの「強気」が当てはまる。　(2)　傍線⑧には「気が折れた」とある。「気が折れた」に合う表現は，オの

「気が弱く」である。エの「意固地」，カの「無愛想」は，「気が折れた」という表現にあわない。(3) 空欄F以降で，克子は「洋子さんに悪いことばかりしてた」と発言している。その部分を参考に，解答を考える。ケの「手前勝手」とは，自分の都合だけを考えて行動する様子。悪いことをしていたのだから，自分の都合を優先して，洋子にあたっていたと反省するだろう。ケの「手前勝手」が解答になる。キの「向こう見ず」は，あと先のことを考えずに行動する様子。キは，洋子に対する悪いという気持ちを表現していない。クは「正直ではなかった」とあるが，特に嘘をついていたわけではない。 (4) 傍線⑧よりも後に「あまりほんとうのことを打ち明けられるのは，なんだか怖い」とある。この場面で，克子はほんとうの気持ちを打ち明けようとしている。その点から考えると，「気持ちを素直に打ち明けよう」とある，コが解答になるとわかる。

問9 E 空欄E直前には，「克子の洋子に対する気持ちが，温かく溶けた」とある。これは，克子と洋子の関係が改善することにつながる。そのことに対する三千子の気持ちは当然，選択肢の中では，ウの「うれしい」と考えられる。 F 空欄F以降にあるように，克子は「自分の悪いところを，すっかり発いて見せよう」としているのであり，「自分を鞭打つ」ことをしているのである。目の前でそのようなことをされているので，三千子は，空欄Eよりも前に表現されているように，「怖い」という気持ちを抱いている。Fには，「怖い」と同じ意味になる，イの「恐ろしい」があてはまる。

重要 問10 G 空欄G直前に着目する。三千子は洋子を探しているのである。そして，洋子と同じ五年生を見つけて，洋子の居場所を聞こうとしているのである。「あのう，八木さん，どこに？」とある，アがあてはまる。 H 話しかけられた五年生が，三千子に気づいた様子を思い浮かべる。「あら，三千子さんなの？」と問い返すのは自然である。空欄Hには，「あら，三千子さんなの？」とある，ウがあてはまる。 I 空欄Hとのつながりで考える。「克子さん，どうなさって，およろしい？」と問われて，返事をしているのである。「……しばらく，学校はお休みらしいんですの」と克子の様子を話している，エが解答になる。 J 空欄Iとのつながりで考える。「しばらく，学校はお休み」と聞き，返事をするのである。「まあ，とんだことね」とある，イが解答になる。

重要 問11 a 傍線⑥から傍線⑦の間に，「独占欲のひそかな喜び」「克子に勝っているという内心の誇り」という表現がある。洋子は，克子に勝って三千子を手に入れることができ，得意な気持ちになっていたのである。オが解答になる。 b 克子が三千子に対してどのような気持ちを抱き続けていたのかを考える。あきらめきれなかったのであろう。キの「未練」があてはまる。

c 洋子が三千子を「妹」にしたことに対する，克子の気持ちである。恋愛関係における，やきもちと似た感情である。イの「嫉妬」があてはまる。 d 空欄dやいじわるなふるまいとなって現れたとある。克子が洋子に対して現したものを答える。ウの「反発」があてはまる。 e 克子に対して勝ったという優越感を抱く洋子。そのような洋子に対する克子の気持ちを答える。アの「不快」があてはまる。 f 空欄f直前に着目する。克子にそのような態度やふるまいをするようにしむけたのは自分だったのだと，洋子は反省している。その点をふまえる。反省と同じような意味になる，ケの「後悔」があてはまる。

★ワンポイントアドバイス★

総設問数はかなり多い。ほぼ選択式問題の設問構成だが，正解を見つけるのに時間がかかるようでは，合格は厳しくなる。解く時間を意識して，すばやく解き進めることができるように，準備を進めたい。

2022年度

入 試 問 題

2022年度

中央大学附属中学校入試問題（第1回）

【算　数】（50分）　＜満点：100点＞

【注意】 1．コンパスと定規を使ってはいけません。

　　　　 2．円周率は3.14を用いなさい。

[1] 次の問いに答えなさい。

(1) $100\div15\div3-\frac{2}{9}\div\left\{2\div\left(18.9\div1\frac{7}{20}\right)\right\}$ を計算しなさい。

(2) 次の $\square$ にあてはまる数を答えなさい。

$11\div\left(1\frac{1}{5}\div3.6+\frac{2}{5}\right)-\square=6.5$

(3) [1]，[1]，[2]，[3]，[4]の５枚のカードから３枚選んで並べてできる３けたの整数のうち，３の倍数は何個ありますか。

(4) 太郎君は10％の食塩水Ａと３％の食塩水Ｂをあわせて500ｇの食塩水を作る予定でしたが，ＡとＢの食塩水の量を逆にしてしまったため，予定より4.2％うすい食塩水ができてしまいました。もともとＡを何ｇ混ぜる予定でしたか。

(5) 右図の三角形ABCで，ADは角Ａを２等分する直線です。角Ｂと角Ｃの角度の比が５：２のとき，角 x は何度ですか。

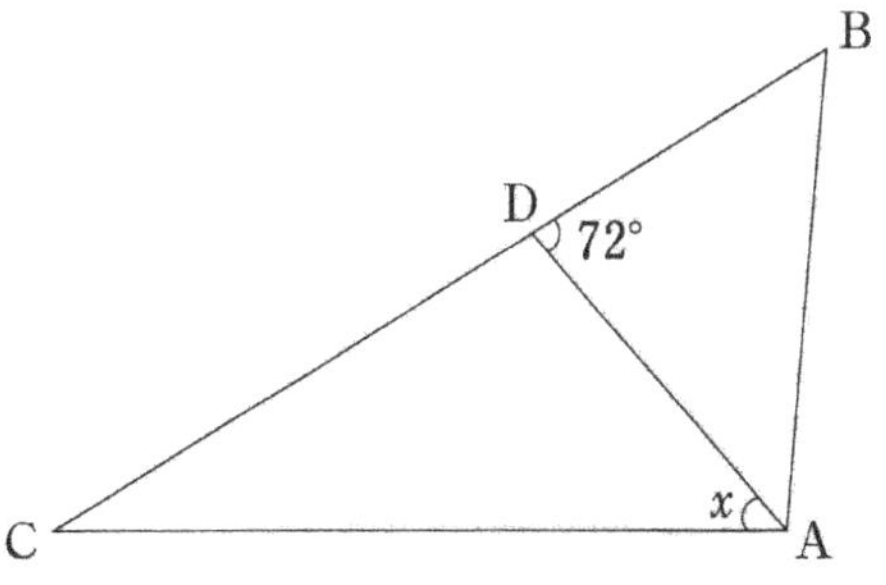

(6) 点Ｏを中心とする半径８㎝の円があります。図の斜《しゃ》線部分の面積は何㎠ですか。ただし，円周率は3.14とします。

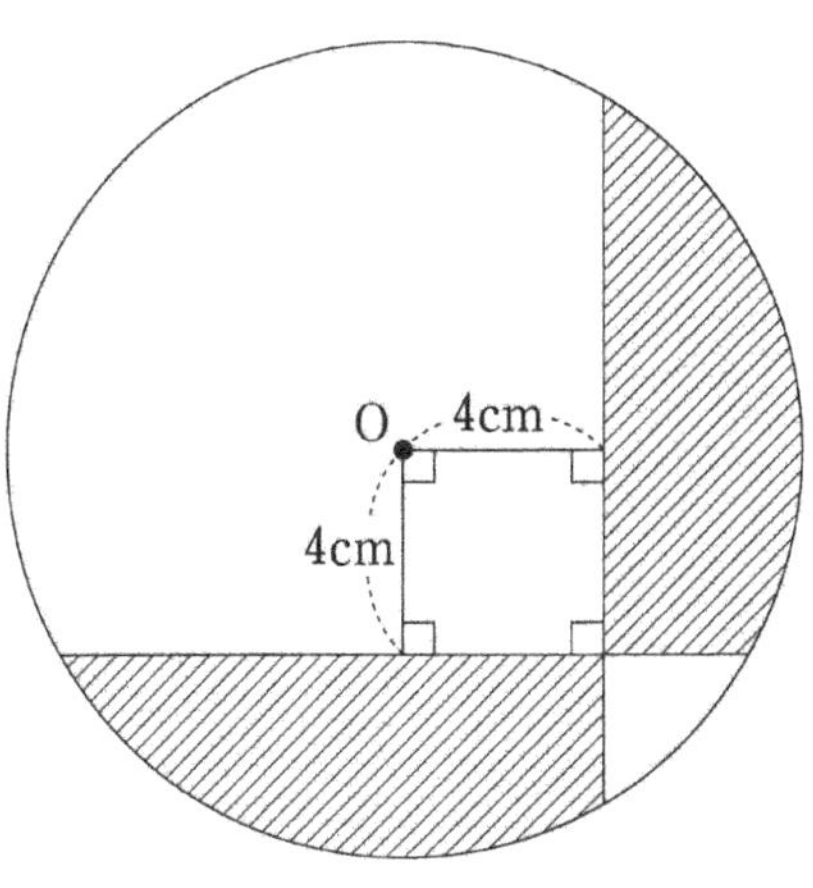

2　中附物産は1220個の同じ商品を仕入れ，仕入れ値の３割の利益を見込《こ》んで定価をつけて販《はん》売しましたが，何個か売れ残りました。そこで，定価の20％引きにして残りの商品をすべて販売したところ，利益は予定の74％にあたる81252円でした。

(1)　この商品の仕入れ値は１個何円ですか。

(2)　値引きして販売した商品は１個何円ですか。

(3)　値引きして販売した商品は何個ですか。

3　和男君はＡ駅からＢ駅に向かって歩き，途《と》中で店に立ち寄ったあと，店の前のバス停からバスに乗りました。図は，Ａ駅とＢ駅の間を時速20㎞で運行するバスと，和男君の様子を表したものです。ただし，和男君の歩く速さは一定で，バスは一定の速さで運行し，バス停に停車する時間は考えないものとします。

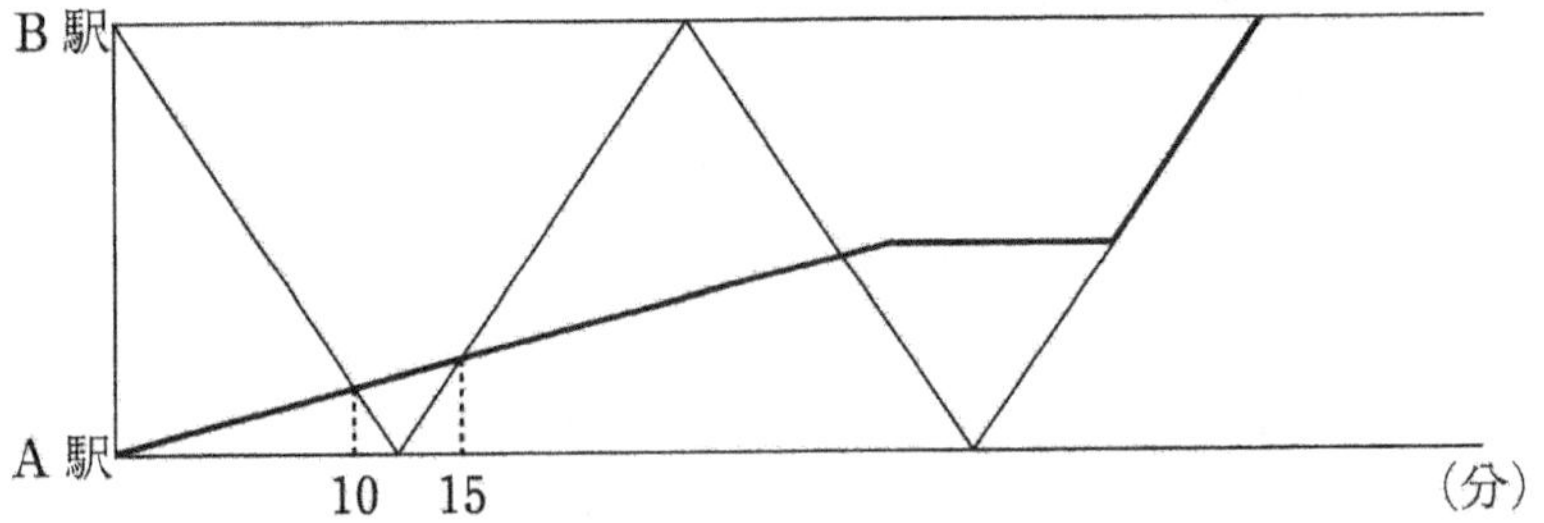

(1)　バスがＢ駅を出発してから初めてＡ駅に着くまでに何分かかりますか。

(2)　Ａ駅とＢ駅の間の距離《きょり》は何㎞ですか。

(3)　和男君が歩き出してから３回目にバスと出会うのは，和男君が歩き出してから何分後ですか。

(4)　和男君が店に立ち寄らずＢ駅まで歩いた場合何分かかりますか。

4　図のような２つの立方体を組み合わせた容器に水を入れて密閉します。容器を傾《かたむ》けると４点Ａ，Ｂ，Ｃ，Ｄは水面にありました。このとき，次のページの問いに答えなさい。ただし，容器の厚みは考えないものとします。

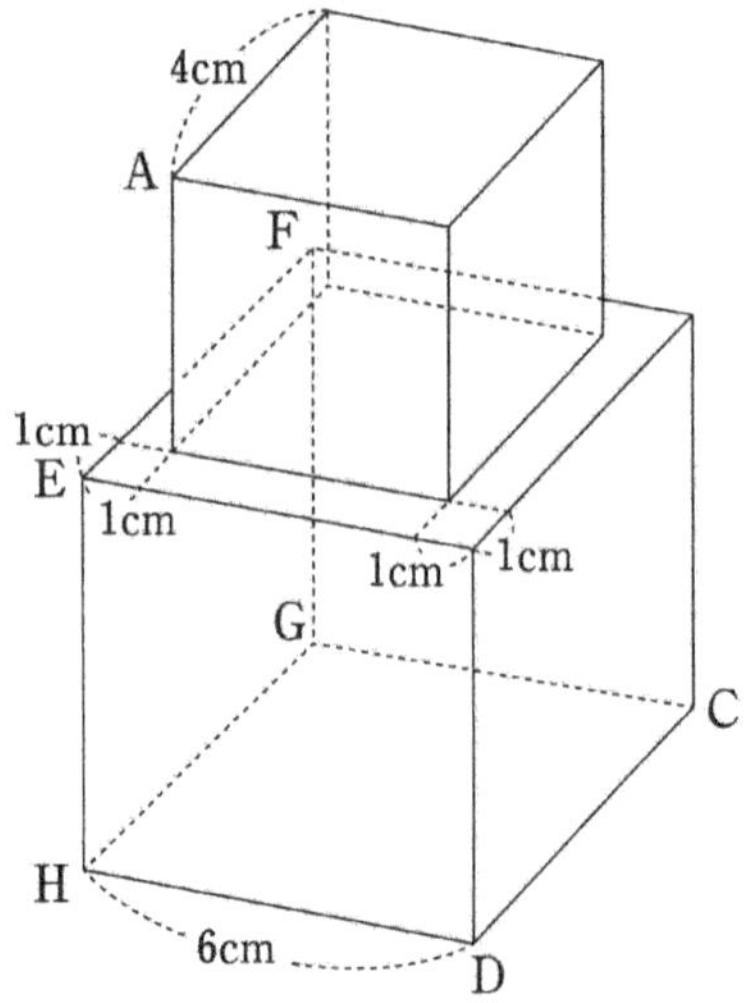

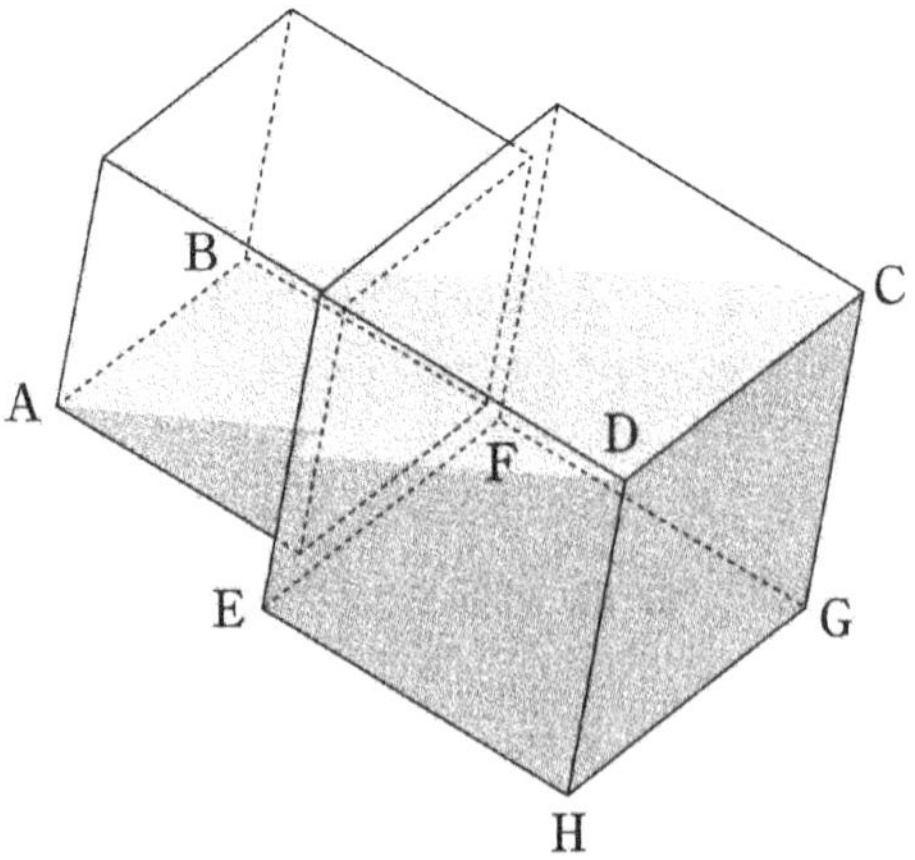

(1)　前のページの図の容器に入れた水の量は何cm^3ですか。

(2)　面EFGHが地面に接するように容器の向きを変えたとき，水面は地面から何cmの高さになりますか。

5　次のように，１段目に１から100までの数を並べ，２段目から100段目は１つ上の段のとなり合った２数の和を並べます。

１段目　1　2　3　4　5　…　98　99　100
２段目　3　5　7　9　…　197　199
３段目　8　12　16　…　396
・
・
・

また，A段目の左からB番目の数を（A，B）と表します。
例えば，(3，2）＝12です。

(1)　(6，6）はいくつですか。

(2)　奇数は何個ありますか。

(3)　320は全部で３個あります。(A，B)＝320になる（A，B）をすべて答えなさい。

【理　科】（30分）　＜満点：60点＞

1　私たちは歩くことによって，進みたい方向に移動することができます。この「歩く」という動きを，「地面」と「足」に着目し，「力」という考え方を使って理解しましょう。

まず，物体に力をかけたときの様子を考えます。図１は，平らな床に置かれた箱を手で押して右に移動させたときの様子を表しています。

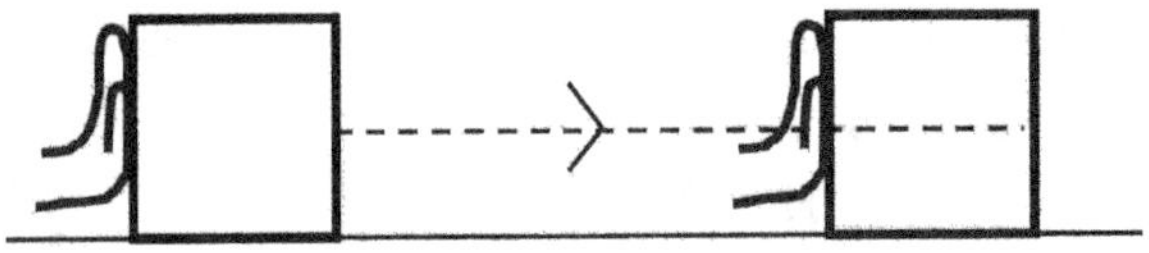

図１

また図２は，このときの箱にかかっている力を矢印で表したものです。この矢印の根元には点が打たれていますが，これは力がかかっている位置を表しています。

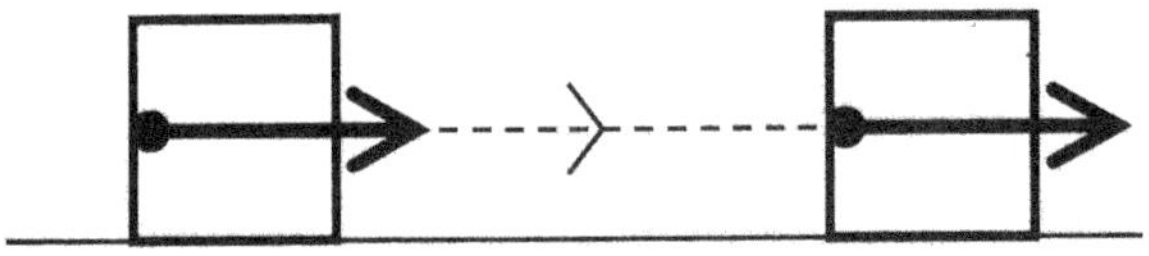

図２

このように，力を図で表すときは，力のかかっている位置に点を打ち，そこを根元にして力のかかっている方向に矢印をかきます。

さて，図２を見ると，床の上で止まっていた箱は，かかった力の方向に動き出しました。このように，止まっている物体が動き出す方向は，必ずかかった力の方向になります。このとき，何がこの物体に力をかけたのかは関係ありません。よって，図１において箱に力をかけているのが手になっていますが，この手を見なくても，箱にかかっている力さえ分かれば，箱がどのように動き出すかは分かるわけです。そのため図２では，手をかかずに，箱にかかっている力だけがかかれています。

〔問１〕図３のように，平らな床に置かれた箱に２つの取っ手Ａ，Ｂがついています。その２つの取っ手のうち，どちらか一つだけに手で力をかけたところ，箱は進み始めました。図３は，このときの力を表す矢印を示しています。このとき，力がかかった取っ手と箱が進む向きの組み合わせは，どのようになりますか。次の（ア）～（エ）の中から正しいものを１つ選び，記号で答えなさい。

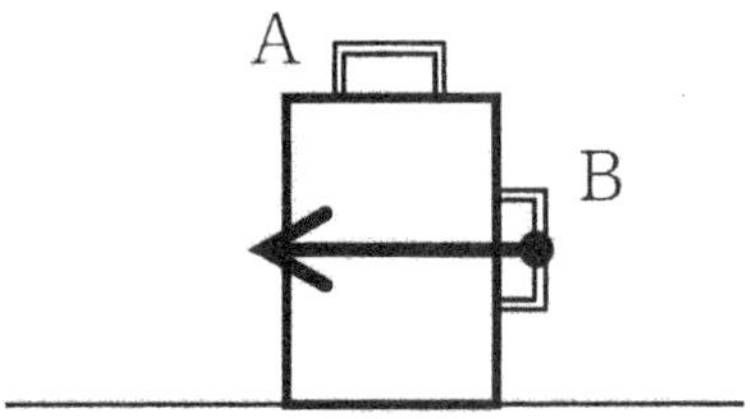

図３

（ア）力がかかっている取っ手はＡで，箱が進む向きは右向き。
（イ）力がかかっている取っ手はＡで，箱が進む向きは左向き。
（ウ）力がかかっている取っ手はＢで，箱が進む向きは右向き。
（エ）力がかかっている取っ手はＢで，箱が進む向きは左向き。

さて，前のページの図１をもう一度見てみると，手が箱を押しています。よって前のページの図２にかかれている力は，「手が箱にかけている力」と言えます。このように，力は必ず「何かが何かにかけている力」と表せます。例えば，私たちには重力という力がかかっていますが，これは，「（　Ｃ　）が私たちにかけている力」と言えます。

〔問２〕空らん（Ｃ）にあてはまる語句を漢字で答えなさい。

図１において，手が箱に力をかけており，その力は図２のように，箱にかかっている右向きの力として表されています。実はこのとき，手も箱から逆向きの力を受けることが知られています。このように，「ある物体Ｘが他の物体Ｙに力をかけているときは，必ず物体Ｙが物体Ｘに逆向きの力をかけ返す」という性質があります。図４は，図１における箱と手について，このときの力の様子を表しています。

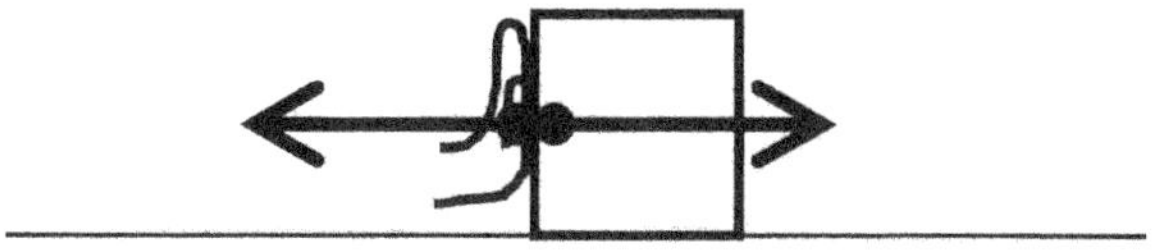

図４

〔問３〕図４において，左向きの力は，何にかかっている力ですか。次の（ア）～（エ）の中から正しいものを１つ選び，記号で答えなさい。

（ア）床　（イ）手　（ウ）箱　（エ）特にかかっているものはない

〔問４〕図５は，平らな床の上で止まっている台車に乗ったＤ君とＥ君が，お互《たが》いに押し合った様子を表しています。押し合った結果，Ｄ君とＥ君はそれぞれ進み始めました。この図において，Ｅ君が押した力の向きと，Ｅ君が進んだ向きの組み合わせは，どのようになりますか。次の（ア）～（エ）の中から正しいものを１つ選び，記号で答えなさい。

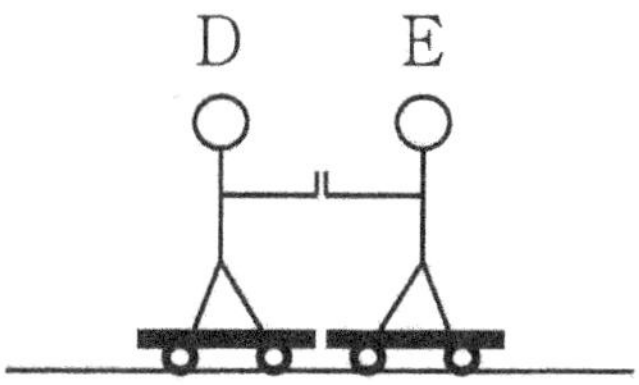

図５

（ア）Ｅ君が押した力の向きは右向きで，Ｅ君が進んだ向きも右向き。

（イ）Ｅ君が押した力の向きは右向きで，Ｅ君が進んだ向きは左向き。

（ウ）Ｅ君が押した力の向きは左向きで，Ｅ君が進んだ向きは右向き。

（エ）Ｅ君が押した力の向きは左向きで，Ｅ君が進んだ向きも左向き。

以上のことを考え合わせると，歩くことでなぜ前に進むことができるのかが理解できます。次の文章は，その理由について書かれたものです。

止まっている人が前に進もうとするとき，足で地面に（　Ｆ　）向きの力をかける。すると，地面は足に（　Ｇ　）向きの力をかけ返す。この（　Ｇ　）向きの力は，（　Ｈ　）にかかる力である。よって，人は歩くことで前に進むことができる。

〔問５〕上の空らん（Ｆ）～（Ｈ）にあてはまる語句の組み合わせはどのようになりますか。次のページの（ア）～（ク）の中から正しいものを１つ選び，記号で答えなさい。

	F	G	H
（ア）	前	前	地面
（イ）	前	後ろ	地面
（ウ）	後ろ	前	地面
（エ）	後ろ	後ろ	地面
（オ）	前	前	人
（カ）	前	後ろ	人
（キ）	後ろ	前	人
（ク）	後ろ	後ろ	人

2　ヒトの体にはいろいろな器官（臓器《ぞうき》）がありますが，それらは血管で結ばれて，血液によって栄養分や酸素あるいは体に不要な物質を運んでいます。右図は，体の中で血液の流れる経路についてかいたものです。

図をよく見て，以下の各問いに答えなさい。

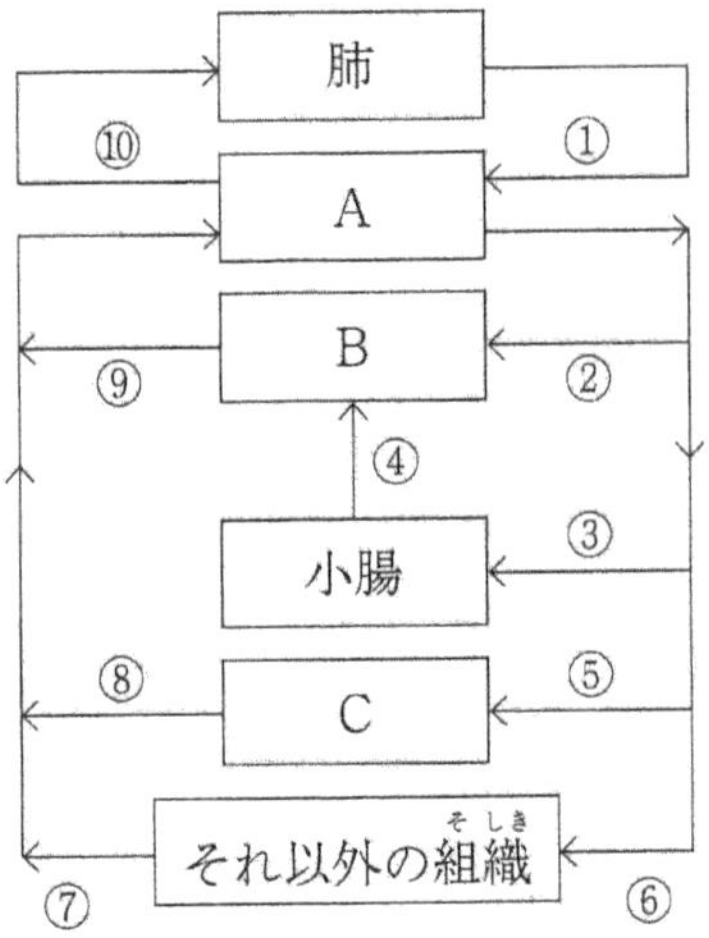

［問１］右図A，B，Cにあてはまる臓器の組み合わせはどうなりますか。次の（ア）～（キ）の中から正しいものを１つ選び，記号で答えなさい。ただし，臓器Cは体の中で不要な物質を取り除くはたらきをしています。

	A	B	C
（ア）	脳	心臓	肝臓《かんぞう》
（イ）	心臓	胃	肝臓
（ウ）	心臓	じん臓	肝臓
（エ）	心臓	肝臓	じん臓
（オ）	肝臓	すい臓	大腸
（カ）	肝臓	胃	じん臓
（キ）	肝臓	心臓	じん臓

［問２］次の（ア）と（イ）の文は，体の中でどこの血管を説明したものですか。上図の①～⑩の中から１つずつ選び，記号で答えなさい。

（ア）酸素をもっともたくさん含《ふく》んだ血液を運ぶ血管

（イ）栄養分をもっともたくさん含んだ血液を運ぶ血管

［問３］ヒトの心臓は，１回のはく動で60mLの血液を送り出しているとします。ある人のはく動を数えてみたら，15秒間で15回ありました。この人は１日に何Lの血液を送り出していますか。計算して答えなさい。

［問４］ヒトの心臓と血液の流れる方向はどのようになっていますか。ヒトの心臓を正面から見て血液の流れる方向が正しいものを，次のページの（ア）～（オ）の中から１つ選び，記号で答えなさい。

（ア）

（イ）

（ウ）

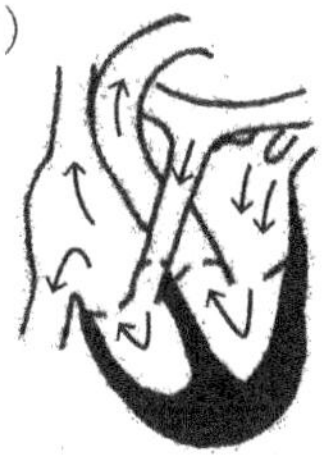

（エ）

（オ）

〔問５〕カエルやイモリなどの両生類は，幼生の時は水中生活をし，成体になると水陸の両方で生活できるようになります。カエルの呼吸方法を調べると，次のようなことがわかりました。文中の空らんＤ～Ｆにあてはまる語句を正しく組み合わせたものを，次の（ア）～（オ）の中から１つ選び，記号で答えなさい。

カエルの幼生はオタマジャクシと呼ばれています。オタマジャクシは（　Ｄ　）呼吸と（　Ｅ　）呼吸を行っており，成長にともなって一部（　Ｆ　）呼吸が行われる種類もあります。成長するにつれて（　Ｄ　）呼吸の割合が減っていき，（　Ｅ　）呼吸と（　Ｆ　）呼吸へ変化していきます。

	Ｄ	Ｅ	Ｆ
（ア）	えら	肺	皮ふ
（イ）	えら	皮ふ	肺
（ウ）	皮ふ	えら	肺
（エ）	皮ふ	肺	腸
（オ）	口	えら	皮ふ

３　ろうそくの原料であるロウと水の状態変化について，Ｔ君とＳ君が話し合いをしました。以下の問いに答えなさい。

Ｔ君：水の中に氷を入れると氷はなぜ浮《う》くのかな。
Ｓ君：同じ体積で重さを比べると，氷の方が水より軽いからだよ。
Ｔ君：温めてとかした液体のロウに固体のロウを入れるとどうなるのかな。
Ｓ君：実際にやってみたことがあるんだけど，液体のロウの中で固体のロウは完全に沈《しず》んだよ。
Ｔ君：そうか。同じ体積なら液体のロウより固体のロウの方が重いということなんだね。それなら水に固体のロウを入れたり，液体のロウに氷を入れたりするとどうなるのかな。
Ｓ君：うーん，どうなるんだろう。実験してみようか。

Ｔ君とＳ君が実験すると次のページの結果のようになりました。

結果：水に固体のロウを入れると固体のロウは浮いたが，液体のロウに氷を入れると氷は完全に沈んだ。

〔問１〕同じ体積で比べたとき，水，氷，液体のロウ，固体のロウの重さの大小関係を＞（不等号）を使って下に示しました。これまでの２人の会話と結果から正しいと判断できるのはどれですか。次の（ア）～（エ）の中から１つ選び，記号で答えなさい。

（ア）液体のロウ　＞　氷

（イ）水　＞　液体のロウ

（ウ）固体のロウ　＞　氷

（エ）氷　＞　固体のロウ

次にＴ君とＳ君は水が凍《こお》るときの様子について話をしました。

Ｔ君：水が凍って氷になったときの形はどうなるのかな。

Ｓ君：ここに－20℃に設定している大型の冷凍庫《れいとうこ》があるから，水を小型のプラスチック容器に入れて，冷凍庫内で丸一日かけて完全に凍らせてみよう。

次の日，Ｔ君とＳ君は冷凍庫の中の凍った氷を見て話し合いました。

Ｔ君：凍る前の水面に比べて氷の表面が少し盛り上がっているね。どうしてかな。

Ｓ君：①水から氷に変化すると体積は増加するよね。そのためだと思うよ。

Ｔ君：じゃあ，液体のロウが固体になるとどんな形になるのかな。

Ｓ君：②温めてとかしたロウをビーカーに入れて，室温に放置したときの様子を見てみよう。

〔問２〕下線部①で，水が氷に変化すると体積が１割増加することが分かっています。氷25mLの重さは何ｇですか。小数第一位を四捨五入して整数で答えなさい。ただし，水１mLの重さは１ｇとします。

〔問３〕下線部②で，ビーカー内のロウが完全に固体になったときの形はどうなりますか。次の（ア）～（エ）の中からもっともふさわしいものを１つ選び，記号で答えなさい。ただし点線は液体のロウを入れた時の液面の高さを，また斜線《しゃせん》はビーカー内の固体のロウを示したものです。

（ア）　（イ）　（ウ）　（エ）

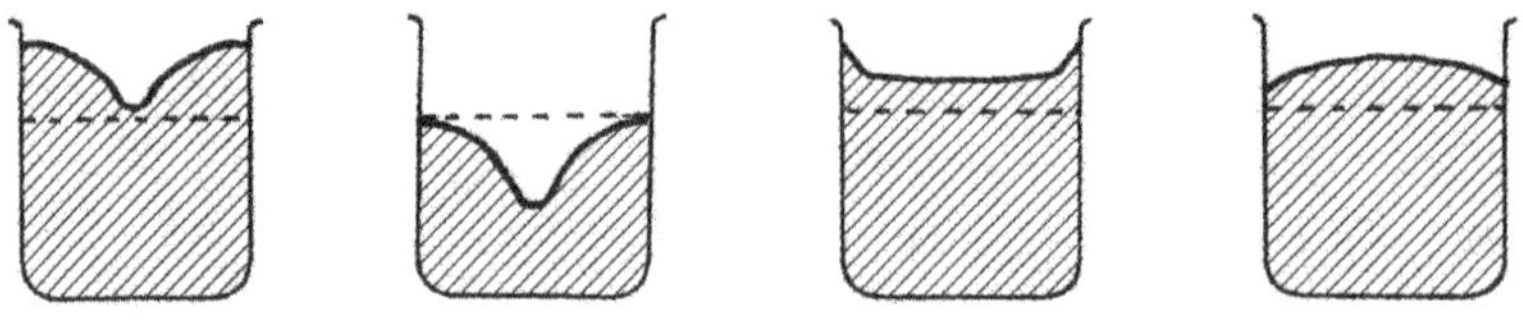

最後にＴ君とＳ君は，日常生活の中でみられる水の状態変化について話し合いました。

Ｔ君：水の状態変化はどんなときに起こっているのかな。

Ｓ君：冬休みに祖父母の家に遊びに行ったとき，外に出てみると大きな『つらら』ができていたんだけど，これは水の状態変化だよね。それと，水を入れたグラスに氷を入れると③グラスのまわりに水てきができるけど，それも状態変化だよね。

〔問４〕『つらら』には成長のしかたがいろいろあります。その成長のしかたにはどのようなものがありますか。次の（ア）～（エ）の中からふさわしいものを２つ選び，記号で答えなさい。

（ア）風で雪が樹木に吹き付けられ固まって成長

（イ）滝の近くの水しぶきが枝にかかり凍って成長

（ウ）地中の水分が細かい氷の柱となり地面に伸びて成長

（エ）屋根に積もった雪がとけその水がたれるとき凍って成長

〔問５〕下線部③のグラスのまわりに水てきができたのはなぜですか。以下の「………」の部分に句読点を含め36字以内で理由を書きなさい。

グラスのまわりに水てきができた理由は，「………………………………」

【社　会】（30分）　＜満点：60点＞

Ⅰ　三鷹さんと武蔵くんは，高層建築の歴史について話し合っています。二人の会話を読んで，以下の問いに答えなさい。

武蔵くん：このあいだ，大阪の「あべのハルカス」にのぼって来たよ。**１）生駒《いこま》山系から大阪湾《わん》までをぐるりと一望できる景色**は最高だったなぁ。

三鷹さん：あべのハルカスといえば，高さが日本一のビルね。最上階は地上300メートルだから，東京タワーの特別展望台よりも高いのよ。

武蔵くん：すごい高さで，ひざがガクガクしちゃったよ。高いタワーやビルは都市のシンボルだね。**２）1958年当時，エッフェル塔《とう》を抜《ぬ》いて世界一高い電波塔となった東京タワー**は333m，2012年に完成したスカイツリーは634m。どちらもTOKYOを象徴《しょうちょう》する建物だよ。

三鷹さん：世界一の高さのビルは知っているかしら？　ドバイのブルジュ・ハリファは828mで世界第１位。**３）ほかにも中東諸国では，クウェートやサウジアラビアで1000mを超《こ》えるビルの建設が計画されている**そうよ。

武蔵くん：１キロメートルを超える摩天楼《まてんろう》だなんて，もはや**４）「バベルの塔《とう》」の伝説**だね。世界一に向けて，プライドをかけた高さ競争だ。

三鷹さん：日本の歴史をふり返っても，プライドをかけた争いというのは当てはまりそうね。**５）古墳時代の前方後円墳だって，大きな権力を見せつけるシンボルだった**はずよ。

武蔵くん：なるほど。歴史の授業でならった高層建築といえば，ぼくはやっぱり**６）法隆寺の五重塔**が思いうかぶなぁ。りっぱな建造物をつくるには，政治的にも軍事的にも大きな力が必要だね。**７）国中からたくさんの人を集めて働かせたり，全国各地から材料を集めたりしなきゃいけない**もの。

> **《歴史的建築物と時代の変わり目》**　作成：三鷹さん
>
> **平安末期～鎌倉時代**
>
> 白河天皇が法勝寺を建てる。
>
> **鎌倉～室町時代**
>
> 足利義満が鹿苑寺金閣を建てる。
>
> **戦国～安土桃山時代**
>
> 織田信長が安土城を，豊臣秀吉が聚楽第・方広寺を築く。

三鷹さん：私が作った**８）歴史的建築物の年表**を見てくれる？　歴史研究者のなかには，**９）とくに時代の変わり目に，大きくて高い，豪華《ごうか》な建物が建てられることが多い**と主張している人たちもいるのよ。

武蔵くん：ふむ。興味深い年表だね。

三鷹さん：それから「高さ」が意味を持つのは建物だけじゃないのも，注目してみたいポイントよ。次のページの絵は，**10）幕末に外国の使節団が幕府の役人と交渉《こうしょう》をしている様子**なんだけど，ちょっと面白いことに気づかない？

武蔵くん：うーん，イスに座っている外国人と，畳《たたみ》の上に正座している日本の役人たちがいるね。もしかして，ちょっと畳が高すぎる……かなぁ？

三鷹さん：ピンポーン！　この絵は，**11)「椅子《いす》の文化」と「畳の文化」という二つの異文化が衝突《しょうとつ》したシーン**なの。その場の雰囲気《ふんいき》がリアルに伝わってこない？　イスに座っている外国人の目線よりも高い位置に目線がくるように，幕府の役人は畳を何枚も重ねて座っているのよ。

武蔵くん：なるほど。**12)「目上の人」**というくらいだから，高さは何より大事だったんだね。幕府の人たちも頭をひねって工夫したんだろうなぁ。ビルやタワーもそうだけれど，「高さ」は最大のアピールになるんだね。

三鷹さん：年表を作りながら気づいたことがあるの。こういう視点で歴史を振り返ると，たとえば織田信長が比叡山を焼き討ちした有名な事件だって。お寺が焼き払われることに象徴的な意味があったんじゃないかって思えてきたの。武蔵くんはどう考えるかな？

武蔵くん：さすがは三鷹さん，するどい見方だね。**13) 建物の高さにはシンボル性があるから，そのシンボルが失われたときには，まわりにおよぶ衝撃《しょうげき》もいちだんと大きくなる**――とっても納得できる考え方だと思うよ。歴史って，面白いね。

問１．下線１）に関する問題です。「あべのハルカス」の展望台から見える景色について記した文として，**誤っているもの**を次の①～④から１つ選びなさい。

①東側には，奈良県と大阪府の境となっている生駒山地が見えました。

②西側には，兵庫県神戸市と淡路島をむすぶ明石海峡大橋が見えました。

③南側には，仁徳天皇の墓とも伝えられる大仙古墳が見えました。

④北側には，小豆島と徳島県鳴門市をむすぶ鳴門海峡大橋が見えました。

問２．下線２）に関する問題です。完成当時，戦後復興のシンボルとなった東京タワーですが，地上150メートルを超える部分の鉄骨の材料には，朝鮮戦争で使われたアメリカ軍の戦車が再利用されたと言われています。

朝鮮戦争について述べた文として，**誤っているもの**を次の①～④から１つ選びなさい。

①朝鮮戦争の背景には，資本主義国のアメリカ合衆国と社会主義国のソビエト連邦が対立して生じた「冷戦」とよばれる国際情勢があった。

②朝鮮戦争が起きたことで，物資の輸出が増えた日本経済は，「朝鮮特需」とよばれる好景気によって回復のきっかけをつかんだ。

③朝鮮戦争の結果として，北緯38度線付近を境に，南側の大韓民国と北側の朝鮮民主主義人民共和国が分断される状況が固まった。

④朝鮮戦争が起きたことで，「陸海空軍その他の戦力は，これを保持しない」とする日本国憲法９条が修正され，保安隊が結成された。

問３．下線３）に関する問題です。次のイ）ロ）の問いに答えなさい。

イ）超高層《ちょうこうそう》ビルが競うように建設されている中東地域について述べた文として正しいものを，次の地図をふまえて，下の①～④から１つ選びなさい。

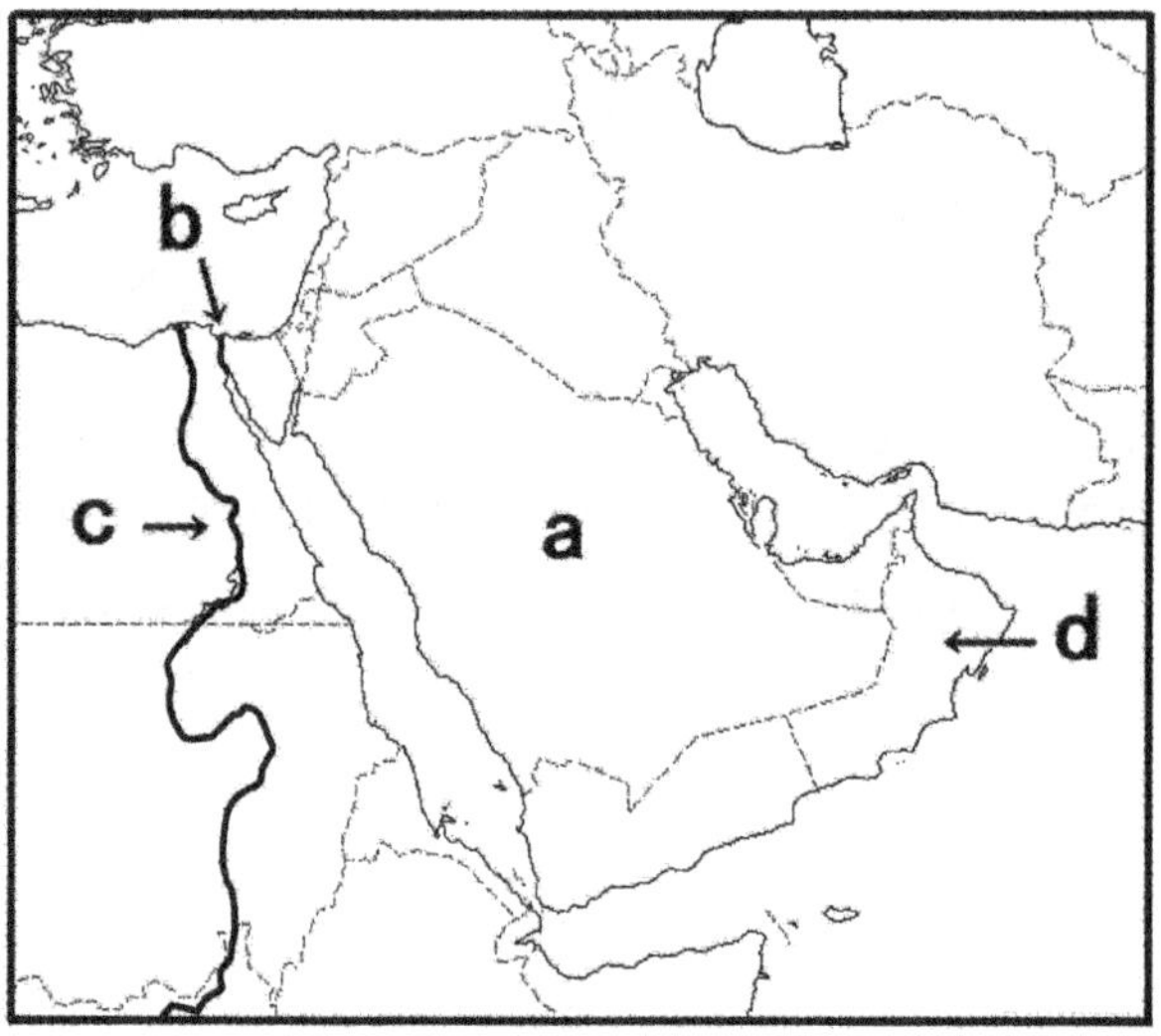

①**a**の国はサウジアラビアである。地中海とペルシア湾《わん》の両方に面しており，国民の多くは熱心なヒンズー教徒である。

②**b**はスエズ運河である。地中海と紅海を結んでおり，2021年には巨大なコンテナ船が座《ざ》礁《しょう》し，世界の物流に大きな影響《えいきょう》がおよんだ。

③**c**はアマゾン川である。エジプトを南北に流れ，流域には古代の王朝によって作られた巨大なピラミッドの遺《い》跡《せき》がある。

④**d**の国はアラブ首長国連邦《れんぽう》である。日本のおもな石油輸入相手国のひとつであり，国民の多くはペルシア語を話している。

ロ）今年，サッカーのワールドカップが行われるカタールでは，2001年に首都のドーハで，貿易自由化や途《と》上国《じょうこく》の開発をめぐって，ある国際会議が開かれました。この会議を主催《しゅさい》した国際機関として正しいものを，次の①～④から１つ選びなさい。

①GATT　②WHO　③WTO　④UNCTAD

問４．下線４）に関する問題です。「バベルの塔」の伝説とは，天に届くほどの高い塔を建てようとした人々の物語です。この物語が記されている書物とその説明としてふさわしいものを，次の①～④から１つ選びなさい。

①**『旧約聖書』**：ユダヤ教の聖典であり，「天地創造」「十戒《じっかい》」「ノアの箱舟《はこぶね》」などの物語が収められている。

②**『イソップ物語』**：古代ローマの物語集であり，「すっぱいブドウ」や「アリとキリギリス」の物語でも知られる。

③**『ヴェニスの商人』**：約400年前のイギリスの戯《ぎ》曲《きょく》で，『ハムレット』の作者であるシェイクスピアによって書かれた。

④**『グリム童話』**：約200年前のドイツで成立した物語集で，各地の昔話を収集したグリム兄弟によって編さんされた。

問５．下線５)に関する問題です。日本列島で巨大な古墳が多く作られた頃の様子を伝える出土品・遺跡について述べた文（あ)・(い）の内容について，正・誤の組み合わせとしてふさわしいものを，下の①～④から１つ選びなさい。

(あ) 埼玉県の稲荷山古墳から出土した鉄剣には「ワカタケル」の名が記されている。このことは，大和政権の大王の力が地方の豪族にもおよんでいたことを示す。 (い) 当時，百済という国があった場所には，好太王の石碑《せきひ》が残されている。そこには，倭が高句麗や新羅と争ったと記されている。

①（あ） 正 （い） 正　　②（あ） 正 （い） 誤
③（あ） 誤 （い） 正　　④（あ） 誤 （い） 誤

問６．下線６）に関する問題です。法隆寺は日本を代表する仏教建築であり，世界最古の木造建築と言われます。次のイ）ロ）の問いに答えなさい。

イ）日本への仏教伝来および仏教寺院について記した文として，正しいものを次の①～④から１つ選びなさい。

①『古事記』と『日本書紀』のどちらの歴史書にも，隋の皇帝であった聖明王から日本に仏教が伝えられたことが記されている。

②仏教の受け入れにあたっては，賛成派であった物部氏と反対派であった蘇我氏との間ではげしい対立が生じた。

③日本最古の寺院のひとつである飛鳥寺の本尊《ほんぞん》は，渡来人であった鞍作鳥によって製作された飛鳥大仏である。

④推古天皇の摂政であった聖徳太子は，みずからか天皇の位につくと，仏教中心の政治を進めるために四天王寺を建立した。

ロ）右の円グラフは，2019年の「丸太の生産量」（単位千m^3）を樹種別の割合で示したものです。このうち（☆）には，法隆寺のおもな建築木材として使用されている針葉樹が入ります。その名前を答えなさい（ひらがなでかまいません)。

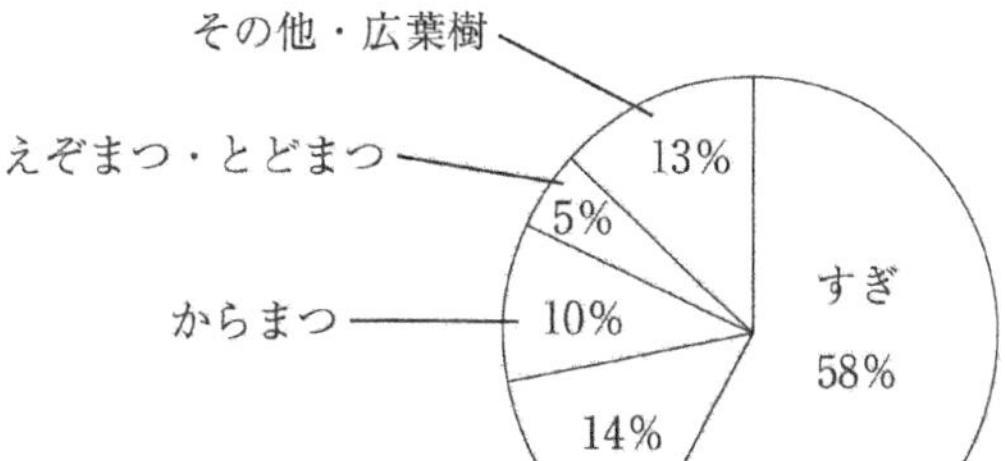

出典：林野庁「木材需給表」（2019）

問７．下線７）に関する問題です。近鉄奈良駅前には，東大寺の大仏建立に力を尽《つ》くした僧の銅像があります(右の写真)。朝廷は民衆からの広い支持を集めるため，この人物を大僧正《だいそうじょう》に任命し，事業をとりしきらせました。この僧の名前を漢字で記しなさい。

問８．下線８）に関する問題です。次の写真（あ）～（え）は，東大寺南大門，中尊寺金色堂，慈照寺銀閣，平等院鳳凰堂のいずれかです。写真の建物が創《つく》られた年の**古いものから並べた順番**として正しいものを，下の①～④から１つ選びなさい。

（あ）

（い）

（う）

（え）

①（あ）⇒（う）⇒（え）⇒（い）　②（い）⇒（え）⇒（あ）⇒（う）
③（う）⇒（あ）⇒（い）⇒（え）　④（え）⇒（い）⇒（う）⇒（あ）

問９．下線９）に関する問題です。このような見方が成り立つのはなぜだと考えられますか。あなた自身の考えをかんたんに説明しなさい。

問10．下線10）に関する問題です。次の日本列島の地図を見て，外国船の来航，および江戸幕府と外国使節との交渉について記した文として**誤っているもの**を，下の①～④から１つ選びなさい。

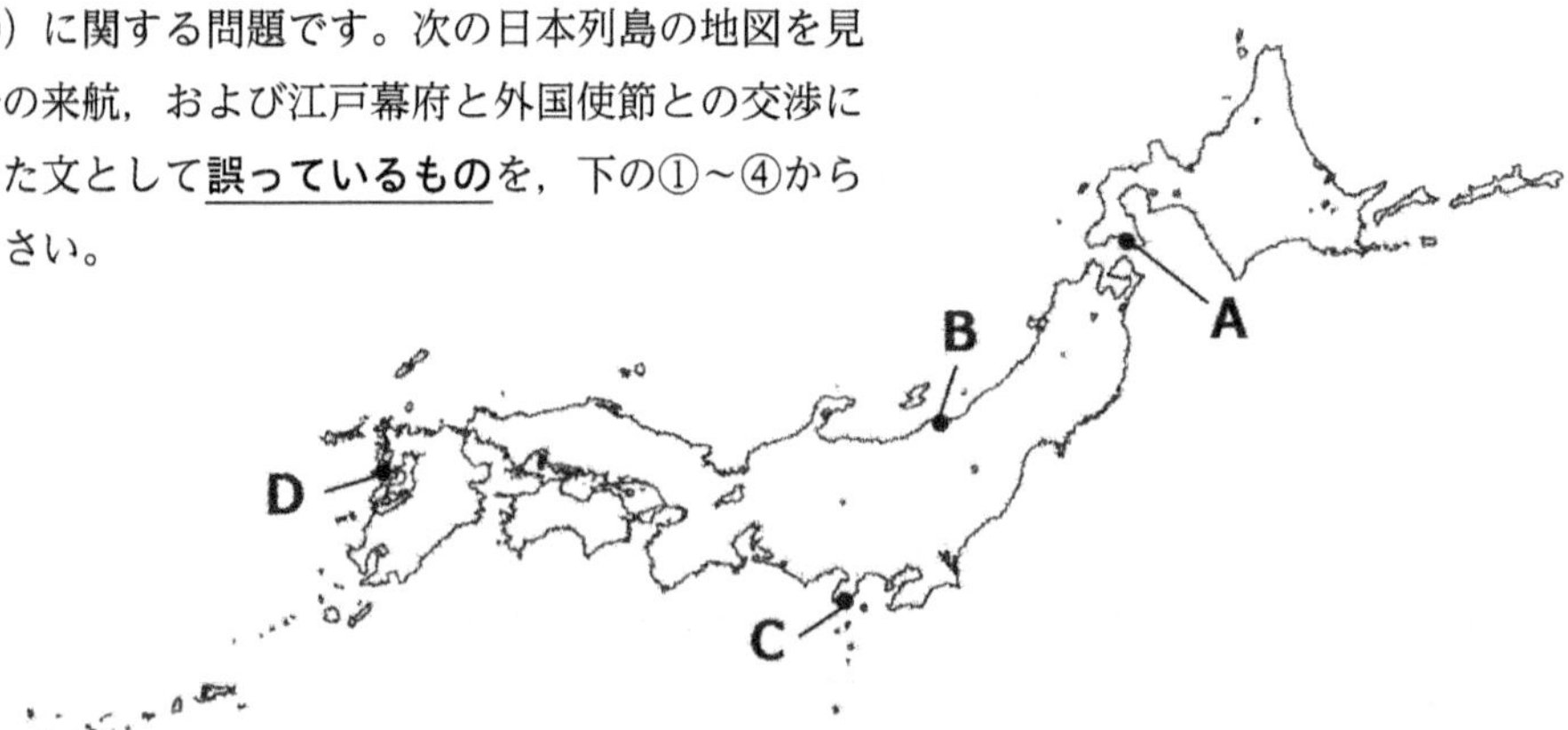

①ロシアの使節ラクスマンが，通商を求めて来航した場所はＡである。
②日米修好通商条約によって，開国が認められた港のひとつはＢである。
③日米和親条約によって，開国が認められた港のひとつはＣである。
④ロシアの使節プチャーチンが，開国を求めて来航した場所はＤである。

問11．下線11）に関する問題です。右の写真は，外務卿であった井上馨が欧化政策のもと，建築家のコンドルに設計させた建物です。

次の年表を見て，この建物が建てられた時期として正しいものを下の①～④から１つ選びなさい。Ａ～Ｄの出来事は時代順に並んでいます。

《年表》Ａ：ヨーロッパで造られた城を参考にして，五稜郭が建設された。
Ｂ：鉄の需要が高まるなかで，八幡製鉄所が設立された。
Ｃ：韓国併合をきっかけとして，朝鮮総督府が設置された。
Ｄ：関東大震災からの復興のために，同潤会アパートが建設された。

①Ａの前　②ＡとＢの間　③ＢとＣの間　④ＣとＤの間

問12．下線12）に関する問題です。次の写真は，中央大学附属中学校・高等学校にある和室です。和室において着座するときには，もっとも目上の人が「Ａの空間」を背にする席に座るマナーがあります。この「Ａの空間」は何とよばれますか（ひらがなでかまいません）。

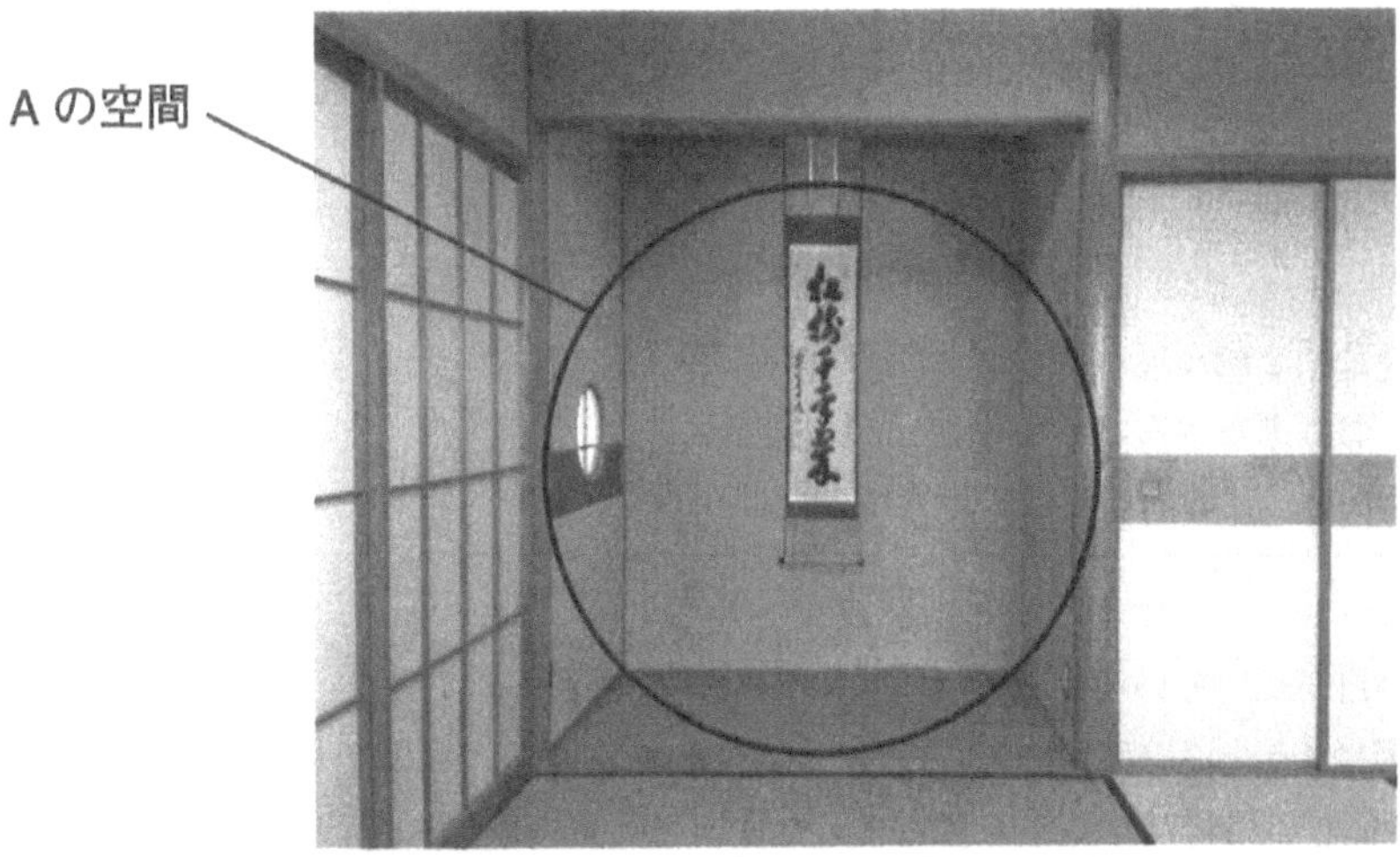

問13．下線13）に関する問題です。次のイ）ロ）の問いに答えなさい。

イ）次のページの写真の高層ビルは，約20年前にテロ攻撃《こうげき》を受け，崩《くず》れさった「世界貿易センター」のものです。その日付とこのビルがあった都市について述べた文として正しいものを，地図をふまえて，下の①～④から１つ選びなさい。

①この事件は３月11日，地図中（あ）のサンフランシスコで起きた。
②この事件は３月11日，地図中（い）のニューヨークで起きた。
③この事件は９月11日，地図中（う）のニューヨークで起きた。
④この事件は９月11日，地図中（え）のサンフランシスコで起きた。

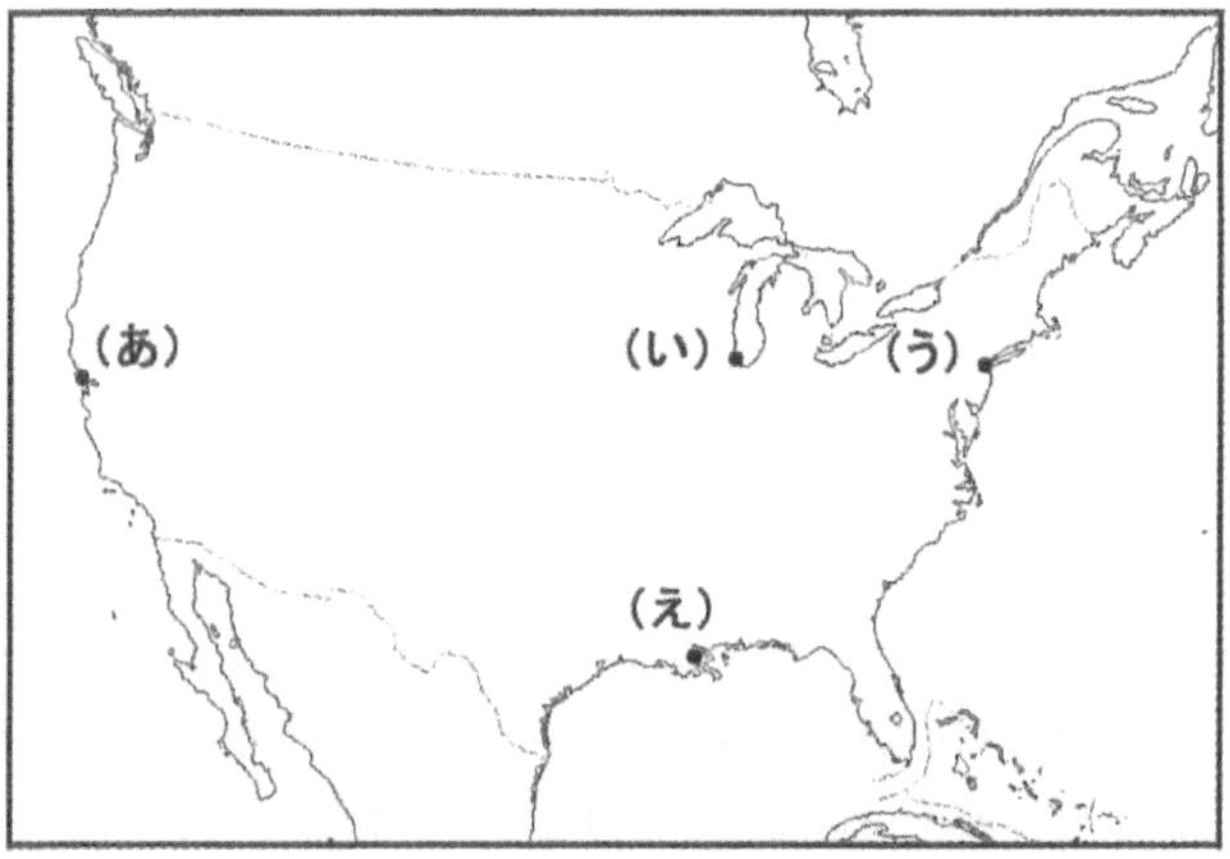

ロ）右の写真の建物は，2019年に火災で焼失した首里城の正殿《せいでん》です。この正殿は，沖縄県の本土復帰20周年を記念する事業として復元されたものでした。この正殿が完成した年として，正しいものを次の①～④から１つ選びなさい。

①1976年　②1984年

③1992年　④2005年

Ⅱ　さくらさんのもとに，山形県に住むおばあちゃんから手紙が届き，お父さんと二人で読んでいます。二人の会話を読んで，次のページの問いに答えなさい。

お父さん：おばあちゃんから手紙が届いているよ。

さくら　：えっ，この前**１）ビデオ通話**したばかりなのに！　手紙なんて，急にどうしたんだろう。

さくらへ

暑い日が続いているけど，元気にしているかい？

山形は，今年も37℃を超《こ》えるような猛暑《もうしょ》が続いて，農園での作業が大変です。今年も**２）おいしい果物がたくさん育ちましたよ**。さくらの家にも送るので，楽しみにしていてね。

３）毎年，夏は一緒《いっしょ》にお祭りに行ったね。たくさん食べて，たくさん歩いて……楽しい思い出がいっぱいあります。さくらが迷子になったこともありました。昔さくらのお父さんも，お祭りで迷子になったことがあってね。名前を呼んで探したのだけれど，**４）お祭りの掛《か》け声**にかき消されてしまって，見つけるのが大変だったんだよ。手紙を書いていたら，そんな昔話を思い出しました。来年は，一緒にお祭りに行けるといいな。

今は一緒にできないことも多いけれど，さくらが大きくなった時に，この手紙を読み返して，今年の夏を思い出して欲しいです。来年の夏こそはみんなで過ごせるようにと，**５）願いを込《こ》めて，手紙を書きました**。

今度会えるときまで，おたがい元気に過ごしましょう。

おばあちゃんより

さくら　：おばあちゃん，果物送ってくれるって！　暑いなか，農作業したって言うから，体調をくずしていないか心配だよ。

お父さん：山形の夏は，とくに暑いからね。最高気温の日本記録を2006年まで74年間も保持していたんだよ。かつて，夏にこの地を訪れた松尾芭蕉も，気温の高かった一日の終わりに，**６）「暑き日を　海に入れたり　（　★　）」と詠《よ》んだんだ**。

さくら　：夏はこんなに暑いの，冬は雪が多く降るなんて，一年間にいろんな風景が楽しめるね。

お父さん：今度は冬に山形へ行こう。蔵王《ざおう》のスキー場では，樹氷が見られるぞ。

さくら　：あ，それ，この前写真で見たよ。**７）スキー場で歩き出す怪獣《かいじゅう》のように見えて**，少し怖《こわ》かったな。

お父さん：さくらは怖がりだなぁ。お父さんにはゴジラに見えて，ワクワクしちゃうけどな。

さくら　：私はお祭りで，おいしいものを食べ歩く方がいいな。おばあちゃんの手紙に貼《は》ってある切手にも，おいしそうな果物が……！

お父さん：これは「ふるさと切手」と言って，**８）地方自治**法施行《しこう》60周年を記念して，全国で発行されたんだ。各地の特産品や名所などを紹介《しょうかい》しているよ。ほら，こっちはさくらが生まれた年の切手だよ。

さくら　：全国の名所や特産品だけじゃなくて，**９）その年にあったできごとなども切手に描《えが》かれる**んだね。

お父さん：お父さんにとって，さくらが生まれた年は何よりも特別だから，全部集めたぞ。

さくら　：私が生まれた年に**10）裁判員制度**が始まったんだ。切手を見れば，地域の特色や，時代が分かるね。

お父さん：切手って面白いんだ。さくらもいっしょに集めたくなったかい？

さくら　：う，うん……。おばあちゃんからの手紙，嬉《うれ》しかったなぁ。会いたくなってきちゃった。

お父さん：さくらも今の気持ちを手紙に書いて，おばあちゃんに送ってみたら？

さくら　：そうだね！　じゃあ，お父さんの持っている**11）今年発売された切手**を貼って，お返事を出すことにするよ。

問１．下線１）に関する問題です。近年，ビデオ通話を利用したオンラインサービスなど，デジタル化が急速に進んでいます。政府のなかでも2021年９月，デジタル庁が新しく発足しました。現在の日本の省庁のうち，「庁」について説明した文としてふさわしいものを，次の①～④から１つ選びなさい。

①気象庁　　：国土交通省に属し，天候や地震《じしん》などの自然現象を観察・予測して防災情報を発信している。

②復興庁　　：総務省に属し，東日本大震災の復興政策を担当していたが，震災から10年たった2021年３月に廃止《はいし》された。

③スポーツ庁：厚生労働省に属し，スポーツを通じた健康づくりや，オリンピックなどの国際大会の開催《かいさい》準備を担当している。

④こども庁　：文部科学省に属し，子育てや教育などの子どもに関する政策をまとめて担当している。

問２．下線２）に関する問題です。山形県は，果物の一大生産地となっています。次のイ）ロ）の問題に答えなさい。

イ）果樹園の地図記号として，正しいものを次の①～④から１つ選びなさい。

①

②

③

④

ロ）次の表は，もも，ぶどう，りんご，おうとう（さくらんぼ）の収穫量《しゅうかくりょう》について，全国５位までの都道府県を示したものです。「もも」にあてはまるものを，下の①～④から１つ選びなさい。

	①	②	③	④
１位	山梨県	山形県	山梨県	青森県
２位	長野県	北海道	福島県	長野県
３位	山形県	山梨県	長野県	岩手県
４位	岡山県	青森県	山形県	山形県
５位	北海道	秋田県	和歌山県	秋田県

農林水産省「令和２年度作況調査（果樹）」より作成

問３．下線３）に関する問題です。東北地方には，毎年夏に開催《かいさい》される有名なお祭りがいくつもあります。次の写真のうち，山形県で行われる夏祭りとしてふさわしいものを，①～④から１つ選びなさい。

①

②

③

④

問４．下線４）に関する問題です。祭りの掛け声のなかには，出陣《しゅつじん》の掛け声に由来するものがあります。東北地方で起きた戦いに関して述べた文（あ）・（い）の内容について，正・誤の組み合わせとしてふさわしいものを，下の①～④から１つ選びなさい。

（あ）陸奥《むつ》国の豪族であった安倍氏は，東国武士を率いて攻《せ》め込《こ》んだ源義朝に滅《ほろ》ぼされた。
（い）薩摩藩・長州藩などからなる新政府軍は，奥羽越列藩同盟の中心とみられていた会津藩を降伏《こうふく》させた。

①（あ）正（い）正　②（あ）正（い）誤
③（あ）誤（い）正　④（あ）誤（い）誤

問５．下線５）に関する問題です。次の手紙は，歴史的に有名な人物のあいだでやりとりされたものです。この手紙の説明として，正しいものを下の①～④から１つ選びなさい。

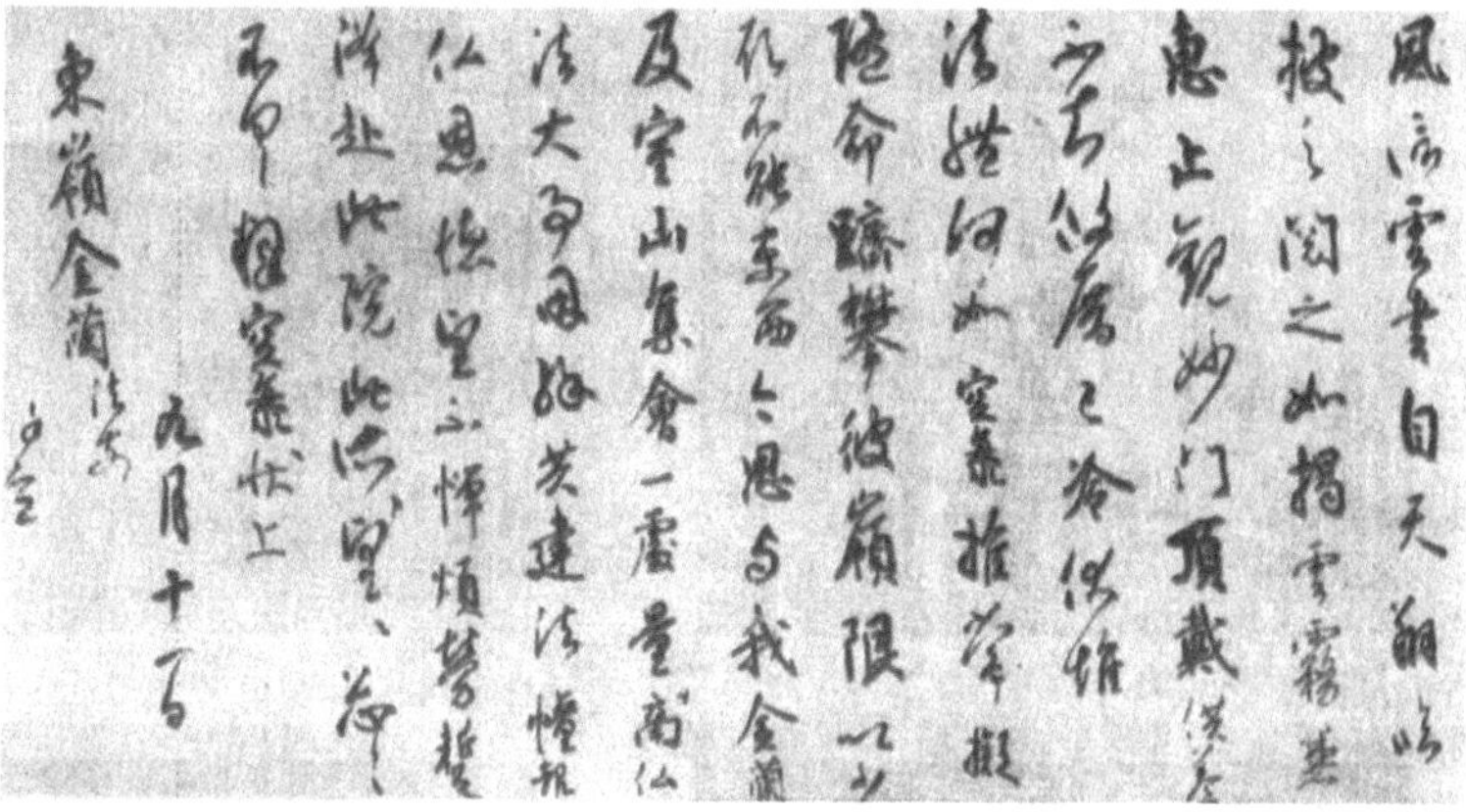

①空海が最澄に書き送った手紙　②足利義政が千利休に書き送った手紙
③細川ガラシャが天草四郎に書き送った手紙　④福沢諭吉が大塩平八郎に書き送った手紙

問６．下線６）に関する問題です。文中の（★）には，山形県の人々の暮らしと結びつきが深い河川の名前が入ります。この河川について，次のイ）ロ）の問題に答えなさい。

イ）（★）は「母なる川」と呼ばれ，山形盆地や庄内平野を流れています。昔から交通路や農業用水として利用されてきた，この河川の名前を**漢字で**答えなさい。

ロ）この河川の河口部には，江戸時代に港町として栄えた酒田市が位置しています。下の文章は，酒田市の地形図について，当時のようすを残している場所を説明したものです。読み取れることとして**誤っているもの**を，文中の①～⑤から１つ選びなさい。

（地図は次のページにあります。）

酒田市は，西廻り航路の拠点《きょてん》として栄えた港町です。商人たちの活気が，まちにあふれていました。「北の国一番の米商人」と呼ばれた旧鐙屋《あぶみや》のたてものが①**市役所**の近くにあります。また，旧鐙屋のたてものは②**史跡**《しせき》として指定されています。寿町周辺に多く建てられた③**寺院**や，いたるところにある神社では，船乗りたちの安全祈願《きがん》が行われていました。その寺院周辺には，当時のようすを伝える④**博物館**があります。日枝《ひえ》神社の近くには，⑤**記念碑**《ひ》が建てられており，この地を訪れた松尾芭蕉の文学碑も建てられました。

2万5千分の１電子地形図より作成（2021年10月調整）

問7．下線7）に関する問題です。右の写真は蔵王のスキー場で見られる光景です。樹氷は，同じ方向から運ばれてくる水滴《すいてき》（雪）が，アオモリトドマツという針葉樹林に凍《こお》りつき，固まることによってできる巨大な氷の塊《かたまり》です。このように樹氷の形には風の向きが関係します。

下の図のうち，冬の日本海側の気候に影響《えいきょう》を及《およ》ぼす風の向きとして正しいものを，①～④から１つ選びなさい。

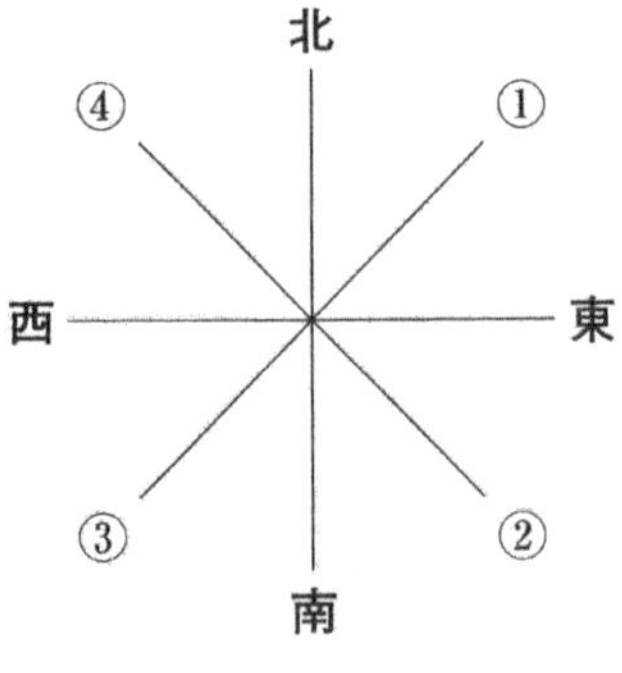

問8．下線8）に関する問題です。地方自治について，日本国憲法第94条は「地方公共団体は，その財産を管理し，事務を処理し，及《およ》び行政を執行《しっこう》する権能を有し，法律の範囲《はんい》内で（　◆　）を制定することができる」と定めています。（◆）にあてはまる言葉を漢字で書きなさい。

問９．下線９）に関する問題です。次の切手に描かれているできごとを，**古いものから並べた順番**として正しいものを，下の①～④から１つ選びなさい。なお，切手の一部は加工されています。また（い）の切手にある平和条約は，サンフランシスコで結ばれたものです。

（あ）

（い）

（う）

（え）

①（い）→（え）→（う）→（あ）　②（い）→（あ）→（え）→（う）
③（え）→（う）→（あ）→（い）　④（え）→（あ）→（う）→（い）

問10．下線10）に関する問題です。日本の裁判のしくみについて述べた文として，**誤っているもの**を次の①～④から１つ選びなさい。
①被告人《ひこくにん》は，自らの立場を守るために弁護人をつけることができる。
②地方裁判所での民事裁判では，裁判員制度が適用されることがある。
③第一審《しん》の判決に不服があるときには，上級裁判所へ控訴《こうそ》できる。
④被疑者《ひぎしゃ》には，自分の不利益になることは答えなくてよい黙秘権《もくひけん》がある。

問11．下線11）に関する問題です。昨年，「東京2020オリンピック・パラリンピック競技大会」の切手帳が発売されました。その表紙には，下のようなマークが描かれています。情報や注意をわかりやすく伝えるための，このようなマークのことを何といいますか。**カタカナ６字**で答えなさい。

（４）
（コ）日本語が何ら特殊《とくしゅ》な言語ではないこと
（サ）日本語を習得するのが容易であること
（シ）日本語の視覚情報がゆたかであること
を意味しているとも言えます。だとすれば、本文冒頭《ぼうとう》に描《えが》かれている、

（５）
（ス）現代詩の意味内容を必死で理解しようとした
（セ）音読しながら現代詩の言葉を書き写していた
（ソ）視覚的印象という面から現代詩に魅了《みりょう》された
という筆者の中学生時代のエピソードの裏側には、まさに「日本語の特殊《とくしゅ》性《せい》」の問題が潜《ひそ》んでいたと言えます。

高島氏による日本語論を読んだ筆者が「目を打たれたような気持ち」になったのは、その内容が、筆者が現代詩について感じた「衝《しょう》動《どう》」の正体を言い表すようなものだったからでしょう。筆者にとって、

（６）
（タ）表記法の違《ちが》いなどものともしない現代詩
（チ）意味をともなわなくとも成立する現代詩
（ツ）難解な意味をわかりやすく伝える現代詩
との出会いは、文字にこそ日本語の核心《かくしん》が宿るのだ、という「日本語の特殊性」を教えるものだったのです。

【出典】

Ⅰ 小川洋子「ひよこトラック」『海』（新潮文庫、二〇〇九年）九五～一一五ページ

Ⅱ 渡邉十絲子『今を生きるための現代詩』（講談社現代新書、二〇一三年）八四～九七ページ

（ア）詩全体の冷たさが表現されている
（イ）三つとも水に関連する漢字である
（ウ）一文字の漢字が横に三つ並んでいる
（エ）音読みしたときにリズムが生まれる

【問12】 ――⑥「文字のうらづけがどうしても必要な言語」とありますが、どういうことですか。最も適当なものを次の中からから選び、（ア）～（エ）の記号で答えなさい。

（ア）本来の日本語（和語）は、音声よりも文字のほうに支えられていた、ということ。
（イ）日本人の生活と思想の中心的な部分は、文字によって占《し》められている、ということ。
（ウ）現在の日本語において、言葉の意味の広がりをもたらすのは文字である、ということ。
（エ）日本語においては、同じ音を持つ事物を区別する根拠《こんきょ》を文字が担《にな》っている、ということ。

【問13】 ――⑦「こうした文章を読むと、目を打たれたような気持ちになる」とありますが、どうしてですか。これに関する次の説明文の（1）～（6）について適当なものをそれぞれ選び、記号で答えなさい。

筆者はここで、「目を打たれたような気持ち」という表現を用いて、高島俊男《としお》氏による日本語論を読んだ際の印象を述べています。なぜ筆者は高島氏の議論にそれほど感じ入ったのでしょうか。そのことを考えるために、まず高島氏の議論を確認《かくにん》してみましょう。

高島氏によれば、日本語の特性について考えるにあたって注目すべきは、明治時代、（1）
（ア）西洋語の発音が日本語の発声法に影響《えいきょう》を与《あた》えた
（イ）西洋の概念《がいねん》が漢語を用いて日本語に翻訳《ほんやく》された
（ウ）西洋語の輸入が一切《いっさい》の和語を駆逐《くちく》してしまった
という事実です。

こうしたいきさつを経《へ》たこともあって、ある時期以降の日本語は、耳で聞くだけでは理解しづらくなりました。というのも、現在の日本語においては、（2）
（エ）古来の日本語には存在しない発音が使われるからです
（オ）音声だけでは何も理解できない難解さがあるからです
（カ）音声が語の意味を識別する決め手にならないからです
。

このような性質の背後にあるのは、筆者が「貧弱」と表現した日本語の特徴《とくちょう》に他《ほか》なりません。つまり、（3）
（キ）音韻《おんいん》組織が簡単で音の種類が少ない
（ク）名詞の単数複数の区別が存在しない
（ケ）文字は音声のかげであるにすぎない
という日本語の欠点が、こうした事態をもたらしているのです。とはいえ、この欠点は一方で、

の記号で答えなさい。

（ア）詩人に対して偏見《へんけん》を持っているため、作品の「わからなさ」を詩人のせいにして、自分の読みの間違《まちが》いに気づくことのできないことが「不幸」である。

（イ）わかりやすい作品を求めるがあまり、少しでも「わからなさ」を含《ふく》んだ現代詩を読んだとき、実際以上の難しさを感じてしまうことが「不幸」である。

（ウ）作品の「わからなさ」に直面しても、自分の読解力を向上させようとしないため、いつまでたっても現代詩の楽しみを得られないことが「不幸」である。

（エ）作者の意図を探すことが重視される結果、「わからなさ」をそのまま認めることができず、現代詩はつまらないと判断してしまうことが「不幸」である。

【問６】 E に当てはまる語を本文中より見出《だ》し、**漢字２字で**答えなさい。

【問７】 F ～ I には、「のれる」「のれない」のいずれかが入ります。「のれる」が入る場合は「ア」、「のれない」が入る場合は「イ」の記号でそれぞれ答えなさい。

【問８】 J ～ L に当てはまる語の組み合わせとして最も適当なものを次の中から選び、（ア）～（エ）の記号で答えなさい。

（ア）【J】あながち　―　【K】とりわけ　―　【L】しばしば

（イ）【J】しばしば　―　【K】あながち　―　【L】ひときわ

（ウ）【J】たびたび　―　【K】ひときわ　―　【L】それほど

（エ）【J】とりわけ　―　【K】それほど　―　【L】たびたび

【問９】 ――④「安東次男の『みぞれ』は音読できないのである」とありますが、どうしてですか。最も適当なものを次の中から選び、（ア）～（エ）の記号で答えなさい。

（ア）「みぞれ」を音読するさいには、同じ表記のことばに対して、発音やイントネーションの区別が求められるから。

（イ）「みぞれ」という詩は、音読したとしても、「ふらん」と「腐爛」が同じ意味であるということが伝わらないから。

（ウ）「みぞれ」という詩は、音読して味わうものだという詩の「常識」を拒《こば》むように、難解な漢字を多用しているから。

（エ）「みぞれ」を音読してしまうと、「腐爛」と「ふらん」は別のことばであるという詩人の考えが反映されないから。

【問10】 ――⑤「紙に書かれた詩を音読のためのたんなる譜面《ふめん》としてあつかう」とありますが、どういうことですか。最も適当なものを次の中から選び、（ア）～（エ）の記号で答えなさい。

（ア）音声を表記するための手段としてのみ文字をとらえる、ということ。

（イ）文字が音読を支える大事な要素であることに気づかない、ということ。

（ウ）実際に音読するときに、言葉のリズムや強弱を度外視する、ということ。

（エ）内容ばかり気になって、読んでいる人の声に注意を向けない、ということ。

【問11】 M に当てはまる表現として最も適当なものを次の中から選び、（ア）～（エ）の記号で答えなさい。

のあとに動詞が位置するとかいった、語法上のことがらである。かれらは西洋でうまれた言語学の方法で日本語を分析《ぶんせき》するから、当然文字には着目しない。言語学が着目するのは、音韻《おんいん》と語法と意味である。

　しかし、音声が無力であるためにことばが文字のうらづけをまたなければ意味を持ち得ない、という点に着目すれば、日本語は、世界でおそらくただ一つの、きわめて特殊な言語である。〉（引用はすべて高島俊男《としお》『漢字と日本人』文春新書より）

　⑦こうした文章を読むと、目を打たれたような気持ちになる。日本語で書かれた詩を考えるうえで、日本語の特殊性《とくしゅせい》は無視できない。日本語は音声言語としてはきわめて貧弱であり、ということは、視覚情報におおきくよりかかった言語なのである。

【問１】――①「日常的な文脈の外側にあり」とありますが、どういうことですか。最も適当なものを次の中から選び、（ア）～（エ）の記号で答えなさい。

（ア）不謹慎《ふきんしん》な内容が含《ふく》まれており、常識や良識の範囲《はんい》から外れている、ということ。

（イ）わたしたちの生活の役に立つものではなく、実用性に欠けている、ということ。

（ウ）豊富な知識がなければ読めないくらい、高い教養が求められている、ということ。

（エ）語と語のつながりが、慣れ親しんだものとはまったく異なっている、ということ。

【問２】――②「とびきり奇妙《きみょう》で謎《なぞ》めいていて、あふれでるエネルギーを感じさせる」とありますが、どういうことですか。最も適当なものを次の中から選び、（ア）～（エ）の記号で答えなさい。

（ア）奇抜《きばつ》なアイディアに富んでおり、いつまでも飽《あ》きさせないような力がある、ということ。

（イ）多くの謎に満《み》ち溢《あふ》れており、その謎を解読するためにのめり込《こ》んでしまう、ということ。

（ウ）内容を把握《はあく》することはできないが、だからこそ底知れない魅力《みりょく》で迫《せま》ってくる、ということ。

（エ）最初は理解することができないものの、次第《しだい》に意味が理解できるようになる、ということ。

【問３】 A に当てはまる言葉を次の中から選び、（ア）～（エ）の記号で答えなさい。

（ア）好きな小説の続編を考えて自分だけの物語をつくる

（イ）好きな漫画《まんが》のキャラクターをまねしてノートに描《か》く

（ウ）好きなドラマのセリフを覚えて登場人物になりきる

（エ）好きなゲームの必殺技《ひっさつわざ》を練習して友人に試《ため》してみる

【問４】 B ～ D に当てはまる語の組み合わせとして最も適当なものを次の中から選び、（ア）～（エ）の記号で答えなさい。

（ア）［Ｂ］劣等感《れっとうかん》　―［Ｃ］こけおどし ―［Ｄ］さかうらみ

（イ）［Ｂ］さかうらみ ―［Ｃ］劣等感　―［Ｄ］こけおどし

（ウ）［Ｂ］劣等感　―［Ｃ］さかうらみ ―［Ｄ］こけおどし

（エ）［Ｂ］さかうらみ ―［Ｃ］こけおどし ―［Ｄ］劣等感

【問５】――③「これは不幸な読み方である」とありますが、なにが「不幸」なのですか。最も適当なものを次の中から選び、（ア）～（エ）

う考え方を認め、文字なき言語はけっして不備なものではないという。しかし、現在の日本語だけは例外であって、⑥文字のうらづけがどうしても必要な言語になってしまったことを、つぎのように述べる。

〈漢語伝来以前数千年、あるいはそれ以上にわたって、日本語は、音声のみをもってその機能を十全にはたしていたはずである。文字のうらづけなしに成り立たなくなったのは、千数百年前に漢語とその文字がはいってからのち、特に、明治維新《いしん》以後西洋の事物や観念を和製漢語に訳してとりいれ、これらの語が日本人の生活と思想の中枢《ちゅうすう》部分をしめるようになって以来である。〉

現代の日本にも、耳できけばわかることばはたくさんある。高島俊男のあげた例は「みちをあるく、やまはたかい、めをつぶる、いぬがほえる、あたまがいたい」などだ。これらは、いちいち文字を参照しなくてもすぐに意味がわかる。それは、これらの日常的で具体的な語彙《ごい》が、本来の日本語（和語）だからなのである。

ところが、やや高級な概念《がいねん》や明治以後の新事物にもちいられる漢語については、事情がちがう。高島俊男は、〈具体的、動作、形容、本来、高級、概念、以後〉などの例をあげてこういう。

〈これらの語も無論音声を持っている。けれどもその音声は、文字をさししめす符牒《ふちょう》であるにすぎない。語の意味は、さししめされた文字がになっている。たとえば「西洋」を、ひとしくセーヨーの音を持つ「静養」からわかつものは「西洋」の文字である。日本人の話（特にやや知的な内容の話）は、音声を手がかりに頭のなかにある文字をすばやく参照する、というプロセスをくりかえしながら進行する。〉

〈もとの漢語がそういう言語なのではない。漢語においては、個々の音が意味を持っている。それを日本語のなかへとりいれると、もはやそれらの音自体（セーとかケーとか、あるいはコーとかヨーとかの音自体）は何ら意味を持たず、いずれかの文字をさししめす符牒にすぎなくなるのである。

しかも日本語は音韻《おんいん》組織がかんたんであるため、漢語のことなる音が日本語ではおなじ音になり、したがって一つの音がさししめす文字が多くなる（たとえば日本語でショーの音を持つ字、小、少、庄、尚、昇、松、将、消、笑、唱、商、勝、焦、焼、証、象、照、詳、章、悄、掌、紹、訟、奨、等々。これらは漢語ではみなことなる音であり、音自体が意味をになっている。これらが日本語ではすべて「ショー」になるので、日本語の「ショー」はもはや特定の意味をつたえ得ない）。ひとつの「ショー」という音でさえこうなのだから、複数の漢字をくみあわせてつくった熟語の場合にはさらに「音の種類がすくない」ことが欠点として露呈《ろてい》する。コーソーは高層、構想、抗争、後送、広壮のどれでもありうるし、ソーコーは壮行、奏効、操行、草稿、装甲のどれとも決められない。それをわれわれ日本人は「文脈を聴《き》きとり頭のなかで文字を参照する」作業によって、かろうじて識別しているのである。

〈日本の言語学者はよく、日本語はなんら特殊《とくしゅ》な言語ではない、ごくありふれた言語である、日本語に似た言語は地球上にいくらもある、と言う。しかしそれは、名詞の単数複数の別をしめさないとか、賓語

この問題はすぐれて日本語的な問題といえる。

英語で詩を書くときに「rose」のつづりをどのように書くか悩《なや》むということは絶対にない（イタリック体で書いたとしても、つづりそのものは変化しない）。つづりが違えば別の単語になってしまうか、意味がつうじなくなるかのどちらかだ。ほかのどんな言語でもおそらく同様である。日本語以外の言語において、ひとつの語を書くときに、それを表記する文字を（何種類ものなかから）えらびとるという問題は存在しないのである。

だからこの問題は、日本語で書く者にあたえられた特権的な悩みであり、日本の詩人だけがそこでつまづくことを許された落とし穴でもあるのだ。詩が、どの言語で書くかということと密接な関係をもった（翻訳《ほんやく》の困難な）文芸である以上、日本語の詩はこの問題こそをまずはじめに悩むべきではないのか。安東次男はそのことをここで示しているのではないか。

「ふらん」という単語を、われわれは「腐爛」と区別しては発音できない。ということはこの詩は黙読《もくどく》用の詩なのであって、音読用ではないのだ。

そのことは、詩のさいごの部分に並べられた漢字を読むとき、さらにはっきりする。〈漁／泊／滑〉は、「ギョ／ハク／カツ」と発音すべきだろうか。しかしそれではなにも伝わらない。音だけ聞いても意味不明である。では、たとえば「すなどり／とまり／なめり」とでも読むべきだろうか。それはさらに問題外だろう。「　M　」ということが伝わらないからだ。

これらの漢字は、さんずい（水）という部首をもつ図像として示されているとしか考えられない。これは、音読ができないように書かれた詩なのである。

「けっして」という表記もまた、読む者の目にちいさなつまづきをあたえる。全体は現代かなづかいなので、「けっして」と書かれていれば目は素通《すどお》りしていくが、促音《そくおん》の「つ」が大きく表記されているとほんのちょっとだけひっかかる。

もっとも、この詩が書かれた時代には、促音の「つ」を小さい「っ」にはせず大きいままで表記する詩はたくさんあった。

（中略）

日本のかな文字は表音文字だと思われがちだが、けっしてそうではない（「こ・う・こ・う・せ・い」と書くのに「コーコーセー」と読むことを思いだせばわかる）。安東次男も、「薄明《はくめい》について」をふくむ詩集『六月のみどりの夜わ』の初版では、「きみらわやるだろう」（きみらはやるだろう）「腕《うで》のなかえ」（腕のなかへ）などの表記をためした（のちに現代かなづかいにあらためた）。

促音の「つ」をどう書くかというような問題も、詩人の悩《なや》むべき問題のひとつだ。

安東次男がなにと格闘《かくとう》したのかをあきらかにするために、日本語の特性を、言語学者とはことなる角度からとらえている人のことばを参照してみよう。

中国語学・中国文学の専門家であると同時に、現代日本の（世間一般《いっぱん》の）ことばの状況《じょうきょう》についての鋭《するど》い観察者でもある高島俊男《としお》は、西洋の言語学の「言語とは音声のことであり、文字はそのかげにすぎない」とい

わたしは「自転車に I 」（詩句の意味を読みとれる）ようになる前だったからこそ、「みぞれ」という詩の図像的魅力《みりょく》を感じることが容易だったのはたしかだろう。

図像としてのこの詩はかぎりなく魅力的《みりょくてき》だった。

各行の長さが絶妙《ぜつみょう》に計算されている。各行のおわりの文字を線でつなげば、絵画的で感じのよい曲線があらわれる（詩人はあまり言わないけれど、これは詩にとってたいせつなことのひとつである）。文字の部分を線でかこむと、なにかのかたちが現れるのではないかと思ったりもした。

この詩をくりかえしノートにうつしているとき、わたしは J 書きまちがえた。それは、漢字で書かれていることばと、ひらがなになっているところとをとりちがえて、無意識に書きかえてしまうのである。あとから見くらべてまちがいに気づき、こうした表記のつかいわけが非常に意識的になされていることを感じるのだった。

この詩にはさまざまな漢字がつかわれているが、それらは調和のとれた一グループを構成していると思える。つかわれた漢字すべてを抜《ぬ》きだしてならべたときに、モダンな雰囲気《ふんいき》をもった一種の調和が実現される。そういうふうにととのえられているのである。画家が、画面の色彩《しきさい》のトーンを注意深く調和させていくのとおなじ気配りである。

だから、一般的《いっぱんてき》には漢字で書くことが多いことばでも、ひらがなにしてあるところがある。「とどく」「あたためる」「ひと」「ちかい」などが、ここではひらがなで書かれている。

なかでも K 目をひくのが、「ふらん」ということばである。

これが「腐爛《ふらん》」であることは前後の感じからもすぐにわかるが、「とどく」や「ひと」が漢字で書いてもひらがなで書いても L 不自然ではないことばであるのに対して、「ふらん」はいかにもひっかかる。

わたしはこの「ふらん」にこころをうばわれた。「腐爛」ではなく「ふらん」でなければならないのだと思った。つまり、「腐爛」と「ふらん」は明確に別のことばだという、詩人の考えを感じたのである。

詩は音読して味わうものだという「常識」がある。この常識は、一般《いっぱん》の日本人の詩に対する考えかたをかなり強くしばっているが、ふだんはとくに検証《けんしょう》される機会がない。学校の教室では、無条件に、教材である詩を生徒に音読させるところから授業をはじめる。そうしない授業はほとんどありえない。

しかし、④安東次男の「みぞれ」は音読できないのである。「腐爛」と「ふらん」とを読みわけようとしてみれば、そのことはすぐにわかる。われわれは「腐爛」と「ふらん」とを異なる発音やイントネーションで区別することができない。声に出《だ》してしまえばおなじものである。

音読することを第一義に考えれば、詩は、すべてひらがなで書かれても、やたらに漢字ばかりで書かれても、あるいはローマ字表記であっても、おなじものだということになる。それは、⑤紙に書かれた詩を音読のためのたんなる譜面《ふめん》としてあつかう考え方だ。

しかし実際のところ、詩人は表記にたいへん気をつかう。「バラ」と書くのと「ばら」と書くのと「薔薇《ばら》」と書くのでは、あたえる印象がぜんぜん違《ちが》ってくるからである。安東次男も、「腐爛」とは明確に異なることばとして「ふらん」と書いたのである。

滑
泪にちかい字を無数におもいだすが
けつして泪にはならない

一九六〇年　詩集『からんどりえ』

難解な現代詩はきらいだと言う人たちは、きっとこんな詩を思いうかべてそう言うのだろう。作者の視点（比喩《ひゆ》的な意味ではなく、肉体をもった人間としての目の位置）がどこにあるのだかはっきりしないし、どんな場面をなんのために描写《びょうしゃ》しているのかも、一見したところわからない。

　わからないことをうけとめて肯定《こうてい》すればいいのに、「作者の感情なり意見なりがかならず詩のなかにかくされていて、それを発見するのがゴールだ」という考え方にとらわれていると、わからないことがゆるせない。

　そういう気持ちでこの詩を読むと、「正解に到達《とうたつ》できないのは自分の読解力がないからだ」という［B］か、その裏返しである「こんなわかりにくい書き方をした詩人がわるい」という［C］にしか行き着かない。

　いったんそうなってしまうと、〈その水からこぼれおちる魚たち／はぼくの神経痛が〉という独特の改行にしても、水と魚の超現実《ちょうげんじつ》的なふるまいにしても、すべて［D］か鼻持ちならない気どりに見えてしまうだろう。そこから「こういう詩は誰《だれ》にも伝わらないただの詩人の自慰《じい》行為《こうい》だ。現代詩はつまらない」という結論までは一直線だ。③これは不幸な読み方である。

わたしがこの不幸な道に入りこまずにすんだのは、あまりにも無知で未熟な中学生だったために、かえってわからないのを当然のこととして受けいれられたからだろう。

　一行一行の意味がわからず、一句一句まで分解してもわからない。はじめからおわりまでわからなかったからこそ、この詩を「［E］」として見るしかなかった、いや「［E］」として見ることが可能になったのである。

「知らない」「わからない」ということには独特の価値がある。

　たとえば、日本画の画家たちは、西洋の透視《とうし》図法（遠近法）を知って以来、「透視図法的に描《えが》けない」という能力をなくした、というのは画家の山口晃《あきら》の重要な指摘《してき》である。

　透視図法は写真にとったようなかたちに描けるので、そのかたちこそが「ものの真実のすがた」だと思いこみがちだが、じつは人間の目にうつるものの像は、カメラのとらえる像とはかなり異なる。たとえば人間の目は、視野の全域にピントをあわせておくことができない。だから、いま注目している小さな範囲《はんい》以外は、視野という構図のなかにあっても、ぼんやりとかすんでいるのだ。ピントをべつのところにあわせると、さきほどとは構図そのものがちがってきてしまう。

　しかしいったん透視図法が「正しい見えかた」だと信じてしまうと、それ以外のかたちでものの姿をうつしとることができなくなる。山口晃はこのことを「自転車に［F］ようになると、『自転車に［G］』ということができなくなる（自転車に［H］能力をうしなう）」と言っている。

［II］　次の文章を読んで、以下の設問に答えなさい。

意味のわからない詩を、中学生だったわたしは夢中でノートに筆写していたのだが、あのとき感じていた衝動《しょうどう》はなんだったのかと、いまになって思う。

あれは、わからない詩をわかろうとして書いていたのだろうか。読むだけでは理解できなかったことばを、書きうつすことで少しはよけいに理解できると思ったのだろうか。どうもそうではないような気がする。

当時のわたしにとって、①日常的な文脈の外側にあり、一字一句のすべてが理解を超《こ》えていた現代詩は、自分になんらかの「意味内容」を伝えてくるものではなかった。意味はもちろんあるのだろうが、自分にはまったく解読できない。だったら自分にとっては意味がないのとおなじことである。それよりも、本のページのうえに配置され、余白にとりかこまれてある文字のひとつひとつと、それらの文字のよりあつまった全体の視覚的印象を、わたしは図像として愛したのではなかったか。

意味ではなく、音でもなく、図像。それも②とびきり奇妙《きみょう》で謎《なぞ》めいていて、あふれでるエネルギーを感じさせる、きわめて格好《かっこう》いい図像。

わたしは現代詩を、そういうものとして好きになったのだろう。だからノートに書きうつしたのだ。多くの中学生が、［　A　］ように。

そういう意味では、現在、電柱や歩道橋や店舗《てんぽ》のシャッターなどに闇《やみ》にまぎれて書き散らされているあの呪文《じゅもん》めいた、図案化された、一見して読みとれないような文字群と、書くときのこころはおなじなのかもしれない（あれらはすべて「模写」のようなものであり、それを書く者にとって「このデザインの文字をいままさに自分が書いている」という行《こう》為《い》が格好いいと思える、という理由だけで書かれるものではないか。あれを動物のマーキングにたとえる人もいるが、書きつけたあとの文字はその後どうなろうともかまわないのだと思う）。

あのころのわたしが憑《つ》かれたようにたびたび筆写したのは、つぎの詩である。

みぞれ　安東次男

地上にとどくまえに
予感の
折返し点があつて
そこから
ふらんした死んだ時間たちが
はじまる
風がそこにあまがわを張ると
太陽はこの擬卵《ぎらん》をあたためる
空のなかへ逃《に》げてゆく水と
その水からこぼれおちる魚たち
はぼくの神経痛だ
通行どめの柵《さく》をやぶつた魚たちは
収拾《しゅうしゅう》のつかない白骨となつて
世界に散らばる
そのときひとは
漁
泊

[e]へと置きなおす行為だった、と言えるでしょう。

（ア）自然界の摂理《せつり》
（イ）日の当たる場所
（ウ）躍動《やくどう》する肉体の力
（エ）抜け殻それ自体の価値
（オ）分別のない幼稚《ようち》な存在
（カ）小さく可愛《かわい》らしい存在
（キ）中身のない無意味なもの
（ク）誰《だれ》にも知られない弔《とむら》いの場
（ケ）風通しのよい開かれたところ
（コ）生命の息遣《いきづか》いが込《こ》められたもの

【問11】――⑨「それはひよこたちのさえずりにかき消されることなく、いつまでも男の胸の中に響《ひび》いていた」とありますが、どういうことですか。次の説明文の（1）～（4）について適当なものをそれぞれ選び、記号で答えなさい。また、説明文中の[a]・[b]に当てはまる言葉を本文中より見出し、**それぞれ3文字で**答えなさい。

「ひよこトラック」が横転したとき、少女は
（1）
（ア）うろたえ取り乱したひよこをなだめて安心させようとした
（イ）男が運転手を助ける姿を見ておのずから勇気がわいてきた
（ウ）自分が声をあげて助けを呼ばなくてはならないと自覚した

のでしょう。少女の口からは、言葉があふれ出てきました。すなわち、言葉を失ったと周囲から思われていた少女の中に、
（2）
（エ）言葉にはならない思いが詰まっていたのです
（オ）語るべき言葉がたくさん存在していたのです
（カ）明かすことのない秘密がかくれていたのです
。

　このとき少女がひよこたちに向けて発した言葉と、男が運転手にかけた言葉には、同じ「[a]」という言葉が含まれています。その少女の言葉は「抜《ぬ》け殻《がら》」のような日々を送ってきた男をも救うものとして、彼《かれ》の耳に届いたことでしょう。だからこそ男は、その声を自分に対する「[b]」だ、と実感するのです。

　男はこれまでは
（3）
（キ）言葉がなくても少女と世界を共有することができる
（ク）いつか少女も過酷《かこく》な現実と向き合う日が来るだろう
（ケ）少女が手に入れた幸せな日々を何としても守りたい
、と考えていました。その男が、初めて聞く少女の声に、深い感動を覚えます。その声こそが、男にとって
（4）
（コ）古い抜け殻を脱ぎ捨てさせてくれるもの
（サ）自分の内側を満たすかけがえのないもの
（シ）言葉の本来の姿に気づかせてくれるもの
となったのです。

（イ）男は、会話がないことで、一方的に悩まねばならないことが多かった。しかし、どうあがいても少女の思いは分からないことに気づき、少女の本心を理解することは難しいのだと、あきらめがついたから。

（ウ）出会ったころは会話ができないことをもどかしく思ったりもした。しかし、この時は言葉を交わす必要がないため、少女の思いを傷つけずにすむし、また嘘《うそ》をつかなくてもすむことをありがたく思ったから。

（エ）男はこれまで、少女が再び声を発することができるよう努めてきた。しかし、少女に残酷《ざんこく》な未来を見せつけて少女を傷つけるくらいなら、この先も少女の声が聞こえないままであるほうがよいと思ったから。

【問９】――⑦「男は相変わらずホテルの玄関《げんかん》に立ち続けた」とありますが、これに関する次の説明文の（１）～（４）について適当なものをそれぞれ選び、記号で答えなさい。

四十年近く働き続けている男の仕事は

（１）
（ア）柔軟《じゅうなん》な対応が必要とされる繊細な内容
（イ）張り合いもなく時間をもてあますもの
（ウ）かわりばえのない単純作業の繰《く》り返《かえ》し

であり、そのうえ、共に働く若い同僚《どうりょう》たちからは

（２）
（エ）煙たがられている
（オ）軽《かろ》んじられている
（カ）一目置かれている

のでした。

また、男の方も、

（３）
（キ）自分の扱われ方に怒《いか》りを覚えずにいられなかった
（ク）自分から人とのつながりをつくってはこなかった
（ケ）自分の不器用な生き方を正そうとしてこなかった

ようです。男は長くこのホテルに勤めていながら、

（４）
（コ）うつろな存在である
（サ）厄介者《やっかいもの》とされている
（シ）必要とされていない

と言えるでしょう。

そんな「抜《ぬ》け殻《がら》」のような男の心に、変化をもたらしたのが少女の存在だったのです。

【問10】――⑧「少女はそれを救い出し、大事に掌《てのひら》に包み、男の元へ走って届けるのだ」とありますが、これに関する次の説明文を読み、文中の［ａ］～［ｅ］に当てはまる語句を後の選択肢から選び、それぞれ（ア）～（コ）の記号で答えなさい。

少女から繰《く》り返《かえ》し抜け殻を受け取るうちに、男が［ａ］に気づいていったことは、男自身に変化をもたらします。仕事中、客に関心を払《はら》ってこなかった男が、ホテルに来る子どもたちを、少女と比べて［ｂ］だと思うようになるのです。そんななか、男は、少女が抜け殻にこだわりを持つことも当然だと思うようにもなります。一般的に、抜け殻とは［ｃ］と思われがちです。しかし、少女はその抜け殻を、［ｄ］として見出《みいだ》している、と、男は感じているようです。

だからこそ男は、少女の掌から届けられた抜け殻を、窓辺に並べます。それはまさに、少女の思いがこもった大切なものを

（4）
（コ）殻《から》に閉じこもろうとする少女をいたわるように接したのです
（サ）美しく作られた抜け殻を壊《こわ》さないように大切に扱《あつか》ったのです
（シ）少女の一途《いちず》な思いを自分なりに受け止めようと考えたのです
。

【問6】――④「どうしてもそれを掌《てのひら》に載《の》せてしまうのだった」とありますが、この時の男の様子として最も適当なものを次の中から選び、（ア）～（エ）の記号で答えなさい。

（ア）贈り物として抜け殻をもらってはみたものの、この抜け殻にそれだけの価値があるとは思えず、目を引く特徴《とくちょう》がないかと探している様子。
（イ）少女にとって自分はからかいの対象なのではないかと感じ、自分もこの抜け殻のようにもてあそばれているにすぎないと思っている様子。
（ウ）この抜け殻にどういう意味が込《こ》められているかは分からないが、他ならぬあの少女がくれたものだからと、心が引き寄せられている様子。
（エ）はじめて贈り物をもらったという喜びを感じるとともに、このことをきっかけとして少女と会話ができるかもしれない、と期待する様子。

【問7】――⑤「男は抜《ぬ》け殻《がら》と同じように、少女についても次々《つぎつぎ》と発見をした」とありますが、これに関する次の説明文を読み、文中の a ～ d に当てはまる語句を後の選択肢から選び、それぞれ（ア）～（ク）の記号で答えなさい。

男は、抜け殻を a によって、それが b だ、ということに気づくのでした。
こうした抜け殻への発見と同時に、男は少女に対しても認識を改めていきます。出会った当初、男にとって少女は c だったわけですが、 a によって、少女も実は b であるということを、改めて発見するのです。その発見は男にとって d に思いを馳《は》せるきっかけともなったのでした。

（ア）ありふれた存在
（イ）自分を悩《なや》ませる存在
（ウ）懸命《けんめい》に探し出すこと
（エ）つぶさに眺《なが》めること
（オ）どこか気味の悪い存在
（カ）かつての自分自身の姿
（キ）どうせ使い捨てられるもの
（ク）繊細《せんさい》に作られた特別な存在

【問8】――⑥「少女が何も喋《しゃべ》らない子供でよかったと、その時男は初めて思った」とありますが、どうしてですか。最も適当なものを次の中から選び、（ア）～（エ）の記号で答えなさい。

（ア）「ひよこトラック」を初めてみた時、少女と話ができるかもしれないというあわい期待を抱《いだ》いた。しかし、今はひよこの悲惨《ひさん》な末路を話したところで、少女が受け止めることは難しいだろうと感じたから。

をいろいろと想像してみたものの、結局のところは見当がつかなかったから。

（ウ）男は、予想もしていなかった少女の不幸な境遇《きょうぐう》を突然《とつぜん》知らされ、目の前の少女をどのようになぐさめればよいのか分からなかったから。

（エ）男は、少女の身の上について知ってしまったがために、そこにいる少女に対して自分がどのような態度をとればよいか決めかねていたから。

【問３】 ――②「ただ、ひよこ、という名の虹《にじ》が架《か》かった」とありますが、どういうことですか。最も適当なものを次の中から選び、（ア）～（エ）の記号で答えなさい。

（ア）ひよこへの向き合い方を見て、少女の中にも色あざやかな世界が広がっていることを男が理解した、ということ。

（イ）ひよこという言葉を少女が理解したことが、後に少女が言葉を話せるようになることにつながった、ということ。

（ウ）ひよこを見たことがきっかけとなって、少女と男の間に小さいながらも特別なつながりが生まれた、ということ。

（エ）ひよこを一緒《いっしょ》に見つめていれば少女と心を通わせられると気づき、男は晴れやかな気持ちになれた、ということ。

【問４】 [A] ～ [C] に当てはまる語として、それぞれ適当なものを次の中から選び、（ア）～（カ）の記号で答えなさい。ただし、**同じ記号を２度以上用いてはいけない**こととします。

（ア）せいぜい　（イ）ますます　（ウ）だんだん
（エ）そもそも　（オ）しばしば　（カ）みすみす

【問５】 ――③「男は細心の注意を払《はら》って抜《ぬ》け殻《がら》をつまみ上げた」とありますが、これに関する次の説明文の（１）～（４）について適当なものをそれぞれ選び、記号で答えなさい。

少女からセミの抜け殻を差し出されたとき、男は、

（１）
- （ア）少女の行為《こうい》の意味をはかりかねて
- （イ）少女の態度に疑いを持ちはじめて
- （ウ）少女の生《お》い立《た》ちをおもんぱかって

様々《さまざま》に想像をめぐらしつつ、

（２）
- （エ）抜け殻の部位の一つ一つをていねいに観察するのでした
- （オ）少女の視点に立って気持ちを読み取ろうとするのでした
- （カ）少女の手の様子の細かいところまでを注視するのでした

。

その後、少女の様子を見て、

（３）
- （キ）目にすることがなかなかない貴重な抜け殻を発見できて、少女が興奮している
- （ク）少女がひたむきに、自分にとっての特別な物を受け取ってほしいと望んでいる
- （ケ）少女が、せっかくの贈《おく》り物《もの》を受け取ろうとしない態度に対していら立っている

と思い、男は少女に問いかけます。少女がうなずくのを見た男は、

少女は得意げな顔をして見せた。

うん、本当だ。

男はうなずいた。

太陽を背に、トラックの荷台は、四隅《よすみ》までわずかの隙間《すきま》もなくひよこたちの鮮《あざ》やかな羽《はね》に埋《う》め尽《つ》くされていた。たとえあと一羽《わ》でも、余分に乗せることは無理だろうと思われた。

男の目には、いつもよりトラックのスピードが遅《おそ》く、ふらついているように映った。荷台が揺《ゆ》れるたび、さえずりは更《さら》にトーンを上げ、波のようにうねりながら空の高いところまで響《ひび》き渡《わた》っていった。少女は切り株の上でジャンプしていた。

私たちにひよこを十分見せてやろうとして、わざとゆっくり走っているのだろうか。そう、男が思った時、トラックは二人の前を通り過ぎ、農道を外れ、草むらに入《はい》り込《こ》み、そのままプラタナスの木にぶつかって横転した。あっ、と声を出す暇《ひま》もない間の出来事だった。

男は慌《あわ》ててトラックに駆《か》け寄《よ》った。運転手は自力で外へ這《は》い出《だ》してきた。額から血が出ていたが意識ははっきりしていた。

「大丈夫《だいじょうぶ》か。しっかりしろよ。大家さん、大家さん。すぐに救急車を呼んで」

男は大声で家の中の未亡人に呼びかけた。それから運転手の首に巻かれていたタオルで傷口を押《お》さえ、もう片方の手で身体をさすった。

ふと、男が視線を上げると、そこはひよこたちで一杯《ぱい》だった。視界の全てをひよこが埋め尽くしていた。突然《とつぜん》荷台から放り出された彼《かれ》らは、興奮し、混乱し、やけを起こしていた。ある群れは意味もなくその場で渦巻《うずま》きを作り、ある群れは空に逃《に》げようというのか、未熟な羽をばたつかせ、またある群れは身体を寄せ合い、打《う》ち震《ふる》えていた。

その風景の中に、少女がいた。

「駄目《だめ》よ。そっちへ行っては。車が来たらはねられてしまう。そう、皆《みな》、この木陰《こかげ》に集まって。怖《こわ》がらなくてもいいのよ。大丈夫。すぐに助けが来るわ。何の心配もいらないの」

少女は彼らを誘導《ゆうどう》し、元気づけ、恐怖《きょうふ》に立《た》ち竦《すく》んでいるひよこを、胸に抱《だ》いて温めた。色とりどりの羽が舞《ま》い上《あ》がり、少女を包んでいた。

これが彼女《かのじょ》からの本当のプレゼントだと、その時男は分かった。少女が聞かせてくれた声。これこそが、自分だけに与《あた》えられたかけがえのない贈《おく》り物《もの》だ、と。

男は何度も繰《く》り返《かえ》し少女の声を耳によみがえらせた。⑨それはひよこたちのさえずりにかき消されることなく、いつまでも男の胸の中に響《ひび》いていた。

【問1】 ＝＝ⓐ～ⓔのカタカナを漢字に改めなさい（楷書《かいしょ》でていねいに書くこと）。

ⓐ ジビョウ　ⓑ シジュウ　ⓒ テハイ　ⓓ ハコニワ

ⓔ ムシン

【問2】 ――①「その場を立ち去るタイミングを逸《いっ》してしまったのだった」とありますが、どうしてですか。最も適当なものを次の中から選び、（ア）～（エ）の記号で答えなさい。

（ア） 男は、少女の過去について考えるうちに、一人ぼっちの少女をその場に残したままにしてしまってよいのか判断がつかないでいたから。

（イ） 男は、少女が口をきかなくなったことを知らされて、その理由

だんだんに男は、縁日《えんにち》で死んだひよこを飲み込んでいるような気持ちになってきた。着色され、ぎゅうぎゅう詰《づ》めにされ、遠くへ運ばれた挙句、一人ぼっちで死んでいったひよこを、自分は今弔《とむら》っているのだ。少女に気づかれないよう、そっと花園に埋葬《まいそう》しているのだ。

男は目を閉じ、最後の一滴《てき》まで、すべてを吸い尽《つ》くした。少女はベッドの上で足を揺《ゆ》らしながら拍手《はくしゅ》をした。二人の間に、白い小さな抜け殻が一個、残された。男はそれを窓辺のコレクションに加えた。卵はすぐに他の抜け殻たちと上手《うま》く馴染《なじ》んだ。少女の拍手が一段と大きくなった。

⑦男は相変わらずホテルの玄関《げんかん》に立ち続けた。自転車を四十分走らせ、ロッカーで制服に着替《きが》え、回転扉《とびら》の前に立った。タクシーが着くと、お客の手から荷物を受け取り、「本日、ご宿泊《しゅくはく》でございますか?」と尋《たず》ねた。フロントまで案内しているあいだに、もう次の新しい客が到着《とうちゃく》していた。男は一日中、ただ玄関の内と外を出たり入ったりしているだけだった。誰《だれ》も男の顔など見なかったし、名前も覚えなかった。ごくたまに、「ありがとう」と声を掛《か》けてくれる客もあったが、そのたびに男は、礼を言われるような何かを自分はしたのだろうか、という気分になった。

同僚《どうりょう》のドアマンたちは皆《みな》、男よりずっと若かった。男より力強く、ハンサムで、制服がよく似合った。食堂やロッカーで一緒《いっしょ》になっても、雑談することはなかった。彼《かれ》らが男に話《はな》し掛《か》けてくるのは、勤務のシフトを交替《こうたい》してほしい時だけだった。

新しい下宿に引《ひ》っ越《こ》してから、一つだけ変わったことがあった。子供連れの客が来ると、つい少女と比べてしまうのだ。この子は少女と同じ歳《とし》くらいだろうか。いや、熊《くま》の縫《ぬ》いぐるみなど抱《だ》いているところを見ると、少女よりは幼稚《ようち》だ。あのロビーで走り回っている子。あれはいけない。いくら子供でも分別がなさすぎる。少女ならきっと、背筋をのばし、何十分でも、もちろん静かに、ソファーに座《すわ》っていられるはずだ。こっちの子はどうだろう。身長も目方もほぼ同じくらいだが、顔は全く似ていない。少女の方がずっと可愛らしい……。こんな具合だった。

どうして少女が抜け殻を集めるのか、男は不思議に思わなかった。少女には縫いぐるみよりも抜け殻の方がよく似合っている気がした。抜け殻を求め、果樹園や用水路の水辺を探索《たんさく》している彼女の姿を思《おも》い浮《う》かべる時、男は涙《なみだ》ぐみそうになって、自分でも慌《あわ》てることがあった。少女はたった一人で辛抱強《しんぼうづよ》く、草むらをかき分け、枝を揺《ゆ》すり、泥《どろ》を掘《ほ》り返《かえ》す。白いソックスが汚《よご》れ、三つ編みが解けそうになる。ようやく少女は一個の抜け殻を発見する。ついさっきまで生き物だったのに、今では空っぽの器《うつわ》になり、見捨てられてしまった抜《ぬ》け殻。中には沈黙《ちんもく》が詰《つ》まっている。⑧少女はそれを救い出し、大事に掌《てのひら》に包み、男の元へ走って届けるのだ。

三度目の時、少女はもう、ひよこトラックについて相当の知識を蓄《たくわ》えていたので、姿が見えるずっと前にエンジン音をキャッチし、階段を駆《か》け下《お》りていった。男も後を追いかけた。少女は切り株に立ち、いつそれがやって来てもいいように、体勢を整えていた。

少女は間違《まちが》えていなかった。一本道のずっと向こうから、トラックはやって来た。

ほらね。やっぱりね。

にいた。ガタガタとしたエンジン音の響《ひび》きだけで、二人はすぐに何が近づいてきているのか分かった。男は窓を開けた。

同じように荷台は色とりどりのひよこで埋《う》まっていた。例のさえずりも聞こえてきた。少女は顔を輝《かがや》かせ、精一杯《せいいっぱい》爪先《つまさき》立《だ》ちをした。吊《つ》りスカートが持ち上がって、パンツが見えるのではないかと、男は気が気ではなかった。しかし少女はそんなことにはお構いなく、少しでもひよこに近づこうとして窓枠《まどわく》から身を乗り出した。彼女が落ちないよう、男はスカートの紐《ひも》を引っ張った。

ひよこよね。ああ、そうだ、ひよこだ。

二回めともなれば、目配せの確認《かくにん》も簡潔に済んだ。少女は手すりを握《にぎ》り締《し》め、瞬《まばた》きをするのも惜《お》しいといった様子だった。風景の中で、そのトラックの荷台だけが別格だった。光を浴びる羽毛《うもう》は花園であり、湧《わ》き上《あ》がるさえずりは歓喜《かんき》のコーラスだった。

けれど男は知っていた。着色されたひよこたちは、長生きできないということを。縁日《えんにち》の人込《ひとご》みの中、ハロゲンライトに照らされながら、彼《かれ》らは窮屈《きゅうくつ》な箱に押《お》し込《こ》められる。乱暴に首をつかまれ、足を引っ張られる。買われた先ではすぐに飽《あ》きられ、羽の色もいつしかあせ、糞《ふん》まみれになって衰弱死《すいじゃくし》する。あるいは猫《ねこ》に食べられる。売れ残ったひよこは、箱の片隅《かたすみ》で、窒息死《ちっそくし》している。

⑥少女が何も喋らない子供でよかったと、その時男は初めて思った。

もし少女に、

「ひよこたちはどこへ行くの？」

と尋《たず》ねられたら、自分はきっと答えに詰《つ》まるだろう。本当のことを言うべきか嘘《うそ》をつくべきか分からず、うろたえてしまうだろう。

しかし二人は言葉を発しないのだから、少女の黒い瞳《ひとみ》の中では、ひよこはどこへでも行けるのだ。虹《にじ》を渡《わた》った先にある楽園で、可愛《かわい》い色の羽をパタパタさせながら、いつまでも幸福に暮らすのだ。

新しいコレクションとして少女が選んだのは卵だった。彼女《かのじょ》が裁縫箱《さいほうばこ》と卵を持って二階へ上がってきた時、どういうつもりなのか意図がつかめなかった。最初は卵を孵《かえ》してひよこにしたいのかと思った。少女は裁縫箱から針を一本取り出し、それで卵をつつく真似《まね》をした。

ははあ、卵に針で穴を開けて、中身を吸い出したいんだな。なるほど。卵の殻《から》も立派な抜《ぬ》け殻だ。

早速《さっそく》男は作業に取《と》り掛《か》かった。これまでのコレクションは全部、少女が一人でどこからか見つけてきたものだった。しかし今回は二人の共同作業だ。自分の働きが大事なポイントとなる。セミやヤゴに負けない立派な抜け殻を完成させなければならない。だから男は張り切っていた。

できるだけ目立たない穴にするため、細心の注意を払《はら》って男は卵のお尻《しり》に針を突《つ》き刺《さ》し、そこに唇《くちびる》をあてがった。少女はベッドの縁に腰掛《こしか》け、じっと成り行きを見つめていた。正直なところ男は生卵があまり好きではなかったのだが、期待に満ちた少女の瞳を前に、嫌《いや》そうな表情を見せることなどできるわけがなかった。平気、平気。私に任せておきなさい、という態度を保ち続けた。

やがてぬるぬるとした生臭《なまぐさ》い粘液《ねんえき》が喉《のど》に流《なが》れ込《こ》んできた。唇に触《ふ》れる殻はひんやりとし、ざらついていた。男は気分が悪くなりそうなのをこらえ、味わう暇《ひま》を与《あた》えない勢いでそれを飲み込み続けた。すぼめた唇と殻の隙間《すきま》から息が漏《も》れ、奇妙《きみょう》な音がした。

かし静けさはまだ、夜の名残《なごり》に守られ、男の手の中にあった。抜け殻に朝日が当たるまで、もうしばらくかかりそうだった。

セミの次に少女が持ってきたのは、ヤゴの抜け殻だった。次がカタツムリの殻、ミノムシの蓑《みの》、蟹《かに》の甲羅《こうら》、と続いていった。圧巻はシマヘビの抜け殻で、直径二センチ、全長は五十センチもあり、それ一つで窓辺のスペースの半分近くを独占《どくせん》した。日に日に窓辺の抜け殻コレクションは充実《じゅうじつ》していった。

少女はそれらを眺め、満足そうな表情を見せた。二人は時折一緒《いっしょ》に、窓辺の時間を過ごすようになった。少女はコレクションの前にペタンと座《すわ》り込《こ》み、男はその折々《おりおり》で、手持《ても》ち無沙汰《ぶさた》に立っていることもあれば、彼女のためにジュースを注いでやることもあった。

最初のうち男は、こんなにも年の離《はな》れた、しかも喋《しゃべ》らない人間と、どう間を持たせたらいいのか戸惑《とまど》ったが、すぐに要領をつかんだ。つまり、抜《ぬ》け殻《がら》を眺《なが》めていればいいのだ。それで二人には何の不足もなかった。

どの抜け殻にも、眺めれば眺めるほど、新しい発見があった。男がまず驚《おどろ》いたのは、脱皮《だっぴ》した殻が実に精巧《せいこう》な作りをしていることだった。セミの腹に刻まれた皺《しわ》から、頭部の先端《せんたん》に密集する毛まで。ヤゴの透明《とうめい》な眼球から、羽《はね》に浮《う》き出す網目《あみめ》模様まで。かつて殻の中に生きていた生物の形を、克明《こくめい》に留《とど》めていた。隅々《すみずみ》まで神経が行き届いていた。どうせ脱《ぬ》ぎ捨《す》てられるものだから、といういい加減なところが微塵《みじん》もなかった。

更《さら》には、それほど精巧でありながら、綻《ほころ》びがないのだった。背中に一箇所《かしょ》、ファスナーのような切れ目がある以外、どこも破れたりクシャクシャになったりしていない。シマヘビになると、そっくりそのまま裏返しになっていて、模様が内側に広がっているという手の込《こ》みようだった。

人間でもこんなに上手に洋服を脱ぐことは不可能だ、と男は思った。間違《まちが》いなくこれは、プレゼントに値《あたい》する驚異《きょうい》だ、と一人で確信を深めたりもした。

しかし男はこうした思いのあれこれを、少女に向かって言葉にはしなかった。返事がもらえないからではなく、お互《たが》い喋らないでいる方が平等だ、という気がしたからだ。たとえ喋らなくても、少女のそばにいれば、彼女《かのじょ》が抜け殻について自分と同じような発見をしていることが、伝わってきた。

彼女はそれらを人差し指でつついたり、光にかざしたり、においをかいだりした。ちょっと考《かんが》え込《こ》んだり、口元に微笑《びしょう》を浮かべたりした。少女が動くたび、肩先《かたさき》で三つ編みの結び目も揺《ゆ》れた。全部眺め終わった後は、順番と向きを間違えないよう、男が並べていた通りに元に戻《もど》した。

⑤男は抜け殻と同じように、少女についても次々《つぎつぎ》と発見をした。小ささは手に留《とど》まらず、身体中《からだじゅう》のあらゆる部分に及《およ》んでいた。鼻も耳も背中も、ただ小さいというだけで、神様が特別丹精《たんせい》を込めた感じがした。髪《かみ》の毛《け》は甘《あま》い香《かお》りがした。瞳《ひとみ》の黒色はあまりにも深く、それが何かを見るためのものだということを、忘れそうなほどだった。自分も六つの時は、こんなふうだったのだろうかと思うだけで、訳もなく哀《かな》しくなった。

「どこにいるんだい。さあ、ご飯の支度《したく》、できたよ」

台所で未亡人が、少女を呼んでいた。

ひよこトラックが二度めに農道を通った時、少女はちょうど男の部屋

唐突《とうとつ》に少女は、男に向けて掌《てのひら》を差し出した。言葉の前置きがないために、男にとって、彼女のすることはすべてが唐突なのだった。掌には、セミの抜《ぬ》け殻《がら》が載《の》っていた。

うん、間違《まちが》いない。セミの抜け殻だ。よく目を凝《こ》らして男は確かめた。ここから何かを読み取る必要があるとすれば、これは難問に違いない。まず、もうセミが鳴く季節になりましたね、という時候の挨拶《あいさつ》と考えることができる。子供だって、時候の挨拶くらいはするだろう。あるいは、自慢《じまん》かもしれない。今年初めてのセミを見つけたのは私だと、自慢しているのだ。もしかすると、自分を驚《おどろ》かせようとしているのではあるまいか？　急に気味の悪いものを見せて、びっくりさせて、大人をからかおうという魂胆《こんたん》だ。ならばもう手遅《ておく》れではないか。自分はちっともびっくりなどしなかった。

改めてよく見れば、少女の手は本当に小さかった。男が知っている、どんなものよりも小さかった。掌は、セミの抜け殻一個で一杯《ぱい》になるほどの面積しかなく、指はどれも、これで役に立つのかと心配になる大きさで、爪《つめ》にいたっては、老眼の目にとって無いも同然だった。にもかかわらず、ちゃんと大人と同じ形を持ち、関節も動き、指紋《しもん》も手相もあることが、不思議だった。

その手の様子から、セミの抜け殻が単なる挨拶や脅《おど》かしでないことが、男にも［　C　］分かってきた。抜け殻の足先一本でも傷つけないようにしようとする緊張《きんちょう》が、掌にあふれていたし、息でどこかへ飛んでいかないよう、唇《くちびる》はしっかり閉じられていた。それは彼女《かのじょ》にとってとても大事な抜け殻なのだった。

少女はそれを、男の胸元《むなもと》に差し出した。

「私に、くれるのかい？」

少女はうなずいた。③男は細心の注意を払《はら》って抜け殻をつまみ上げた。あまりにも軽く、間違えて彼女の指をつまんでしまったのかと、錯《さっ》覚《かく》するほどだった。男が礼を口にするより前に、少女は階段を駆《か》け下《お》りていった。

男はセミの抜け殻を窓辺に飾《かざ》り、しばらくそれを眺《なが》めたあと、ベッドにもぐり込《こ》んで眠《ねむ》った。

男が窓辺で過ごす時間のなかで一番好きなのは、夜明け前だった。闇《やみ》が東の縁《ふち》から順々《じゅんじゅん》に溶《と》け出し、空が光の予感に染まりはじめる。一つずつ星が消え、月が遠ざかる。世界がこんなにも大胆《だいたん》に変化しようとしているのに、物音は一切《いっさい》しない。すべてが静けさに包まれて移り変わってゆく。

少女を真似《まね》て、男はセミの抜け殻を手に載せた。これは、プレゼント、というものなのだろうか？　夜明け前の静けさに向かって、男は問いかけた。かつて自分が誰《だれ》かから、何かをプレゼントされたことがあったかどうか、思い出してみようとした。目を閉じ、遠い記憶《きおく》を呼び覚まそうとしてみた。けれど、何一つ浮《う》かんではこなかった。

だから男には、このセミの抜け殻が本当にプレゼントなのかどうか、正しく判断できなかった。自分がプレゼントだと思い込んでいるだけで、少女の方にはちっともそのつもりがないとしたら大変なので、できるだけ抜け殻のことは考えないようにしているのだが、窓辺に腰掛《こしか》けると、④どうしてもそれを掌に載せてしまうのだった。

いつの間にか星は残らず姿を消し、朝焼けが広がろうとしていた。生まれたばかりのか細い光が、一筋、二筋、果樹園に差し込んでいた。し

言いたいことだけ言うと未亡人は、家の中へ入っていった。

その後もしばらく男は、自転車の整備をしていた。本当はさほどの整備を必要とする状態でもなかったのだが、少女の背景をわずかながら知らされた今、彼女《かのじょ》を全く無視していいのか、それはやはり礼儀《れいぎ》に反するのか、あれこれ考えているうちに、①その場を立ち去るタイミングを逸《いっ》してしまったのだった。一片《いっぺん》の雲もなく晴れ渡った昼下がりで、スモモの林はまぶしい光に包まれていた。

その時、農道の向こうから一台の軽トラックがやって来た。道の窪《くぼ》みに車輪を取られながら、大儀《たいぎ》そうにガタガタと走っていた。舞い上がる砂埃《すなぼこり》と日の光の中から、荷台に隙間《すきま》なくびっしりと積まれた、色とりどりの、ふわふわと柔《やわ》らかそうな何かが少しずつ近づいてきた。

男と少女は同時に立ち上がった。その荷台は、古ぼけたトラックの様子とは不釣合《ふつりあ》いに、ピンクや黄緑やブルーや朱色《しゅいろ》が混じり合った、愛らしいマーブル模様で彩《いろど》られていた。しかも模様はひとときもじっとしておらず、たえずうごめいていた。やがてエンジン音をかき消すほどの、にぎやかすぎるさえずりが聞こえてきた。トラックは男と少女の間を走り過ぎていった。

ひよこか……と男はつぶやいた。どこかの縁日《えんにち》で売られるのだろう。さえずりはトラックが遠ざかった後も、風に乗って耳に届いてきた。少女は切り株の上で爪先立《つまさきだ》ちをし、じっと農道の先を見つめていた。マーブル模様が小さな一点になり、とうとう見えなくなってもまだ、背伸《せの》びをし、耳を澄《す》ませていた。

あたりに静けさが戻り、砂埃が晴れ、ようやく少女が切り株から下りた時、不意打ちのように二人の視線が合った。またしても男は訳もなくうろたえ、それを悟《さと》られまいとして機械油の染《し》みたぼろ布を握《にぎ》り締《し》めた。相変わらず彼女は黙《だま》ったまま、視線を動かす気配は見せなかった。

あれは、ひよこ？　ひよこよね。ああ、そうだ。ひよこだ。やっぱりそうなのね。ひよこだったんだわ。

その瞬間《しゅんかん》、二人の間に、身振《みぶ》りでもない、もちろん言葉でもない、②ただ、ひよこ、という名の虹《にじ》が架《か》かった。得心した様子で少女は、地面の絵を運動靴《うんどうぐつ》で消し、スカートの埃《ほこり》を払《はら》い、庭を横切っていった。その後ろ姿を見送りながら男は、自分だけに聞こえる小さな音で、自転車のベルを鳴らした。

ある日、夜勤明けの男が帰宅すると、階段の中ほどに少女が座《すわ》っていた。

おはようと言っても返事が返ってこないのは分かっている。脇《わき》をすり抜《ぬ》けて二階へ上がるには、スペースが狭《せま》すぎる。お嬢《じょう》ちゃん、ちょっとすまないがどいてくれるかな、と言って無視されたら、［　A　］事態はややこしくなる。しかし［　B　］、彼女はどうしてこんな所に腰掛《こしか》けているのか？　もしかして自分を待っていたのではないだろうか。いや、待つ必要がどこにある？　こんな自分に、一体、何の用事がある？

男は自問自答を繰《く》り返《かえ》した。少女を前にすると、なぜか余計なことを考えすぎてしまった。なのに少女が何も悩《なや》んでいないように見えるのが、不公平に思えた。天窓から差《さ》し込《こ》む朝日が、ちょうど彼女の上に降り注いでいた。未亡人はもう販売所《はんばいじょ》へ出勤したらしく、家の中はしんとしていた。

【国　語】（五〇分）〈満点：一〇〇点〉

Ⅰ　次の文章を読んで、以下の設問に答えなさい。

男の新しい下宿先は、七十の未亡人が孫娘《まごむすめ》と二人で暮らす一軒家《いっけんや》の二階だった。町なかの勤め先から、自転車で四十分以上もかかる不便な場所だったが、それまで住んでいたアパートを大家とのちょっとした諍《いさか》いで追い出された事情から、贅沢《ぜいたく》は言えなかった。

そこは海老茶色《えびちゃいろ》の瓦屋根《かわらやね》に煙突《えんとつ》が目印の、古ぼけた家で、野菜畑と果樹園の間を縫《ぬ》う農道に面していた。他に下宿人はおらず、男には二階の二部屋が与《あた》えられた。南向きの窓からは、用水路の向こう側に、どこまでも続くスモモの林が見えた。

未亡人は愛想《あいそ》のないがさつな女で、すぐ近所にある組合直営の農産物販売所《はんばいじょ》に勤めていた。赤《あか》ん坊《ぼう》のようによく肥え、心臓にⓐジビョウでもあるのか、ⓑシジュウ息を切らしていた。

男は町にたった一つだけあるホテルの、ドアマンだった。十代の終わりから四十年近く、ただひたすらホテルの玄関《げんかん》に立ち続け、定年がもうすぐ間近に迫《せま》っていた。お客を出迎《でむか》え、荷物を運び、車を誘導《ゆうどう》し、玄関マットにクリーナーをかけ、回転扉《とびら》のガラスを磨《みが》き、タクシーのⓒテハイをし、トランクに荷物を積《つ》み込《こ》み、お客を見送る。それが男の仕事だった。

新しい部屋の住み心地《ごこち》はおおむね良好と言えた。以前のアパートより広々《ひろびろ》とし、風通しがよく、何より家賃が安かった。ただ一つ悩《なや》みがあるとすれば、それは未亡人の孫娘だった。

（中略）

孫娘がいつどんな時も、誰《だれ》に対しても、一言も喋《しゃべ》らないというのを知ったのは、引越《ひっこ》しから十日ほどたった頃《ころ》のことだった。

「あの子が挨拶《あいさつ》一つしなくても、私の躾《しつけ》がなってないからだなんて、思わないでおくれよ」

庭先で自転車に油を差していた男に向かい、未亡人は言った。

「昔はちゃんと喋ってたんだ。普通《ふつう》の子と同じように、アーアー、ウーウーからはじまって、マンマ、ママ、パパ、とね。もっともパパは家出しちゃって、行方《ゆくえ》知れずになっちゃっているけど。いや、普通《ふつう》以上だったかもしれない。絵本だってすらすら読んでたし、童謡《どうよう》も上手に歌ってた」

尋《たず》ねもしないのに未亡人は一人で喋《しゃべ》った。幾人《いくにん》もの人に同じ話をしてきたらしく、淀《よど》みがなかった。

「ところがちょうど一年前、あの子の母親が死んで、私が引き取ったその日から、ウンともスンとも口をきかなくなった。喉《のど》に何か詰《つ》まったのかと思って耳鼻科《じびか》にも連れて行った。児童心理何とかの先生に診《み》てもらってⓓハコニワも作った。乾布摩擦《かんぷまさつ》、指圧、鍼《はり》、飲尿、断食《だんじき》、全部駄《だ》目《め》。今年、小学校に入学はしたけど、三日登校しただけだった。もうこうなったら、本人が喋りたくなるまで待つしか、他に方法がないと思わないかい？　あの子がどんな声をしてたか、私はもう忘れてしまったよ」

未亡人はため息をつき、農道脇《わき》の切り株に座《すわ》っている孫娘《まごむすめ》を見やった。自分のことが話題にのぼっていると気づいているのかいないのか、ⓔムシンに少女は小枝で地面に絵を描《えが》いていた。

「じゃあ、今月分の家賃、そろそろ頼《たの》みますよ」

MEMO

大切なことはメモしておこうネ！

2022年度

中央大学附属中学校入試問題（第2回）

【算　数】（50分）　＜満点：100点＞

【注意】 1. コンパスと定規を使ってはいけません。

2. 円周率は3.14を用いなさい。

1　次の問いに答えなさい。

(1)　$1-\frac{8}{45}\times 4.125-\left(0.75\div 1\frac{1}{2}-1.2\times\frac{1}{3}\right)$ を計算しなさい。

(2)　次の□にあてはまる数を答えなさい。

$$\left(\frac{1}{17}-\frac{1}{34}\right)\div\left(\frac{1}{51}-\frac{1}{\square}\right)\times 2=6$$

(3)　3.6km離《はな》れたＡ地点とＢ地点の間を，兄は分速140mでＡ地点から，弟は分速100mでＢ地点から同時に出発し，往復します。２人が２回目に出会うのは出発してから何分後ですか。

(4)　アスカさんとマリさんが２人で行うと16分かかる作業があります。この作業を，はじめの10分はアスカさんだけで行い，そのあとマリさんだけで行うと，合わせて30分かかります。最初から最後までマリさんだけで行うと，何分何秒かかりますか。

(5)　図の角 x は何度ですか。

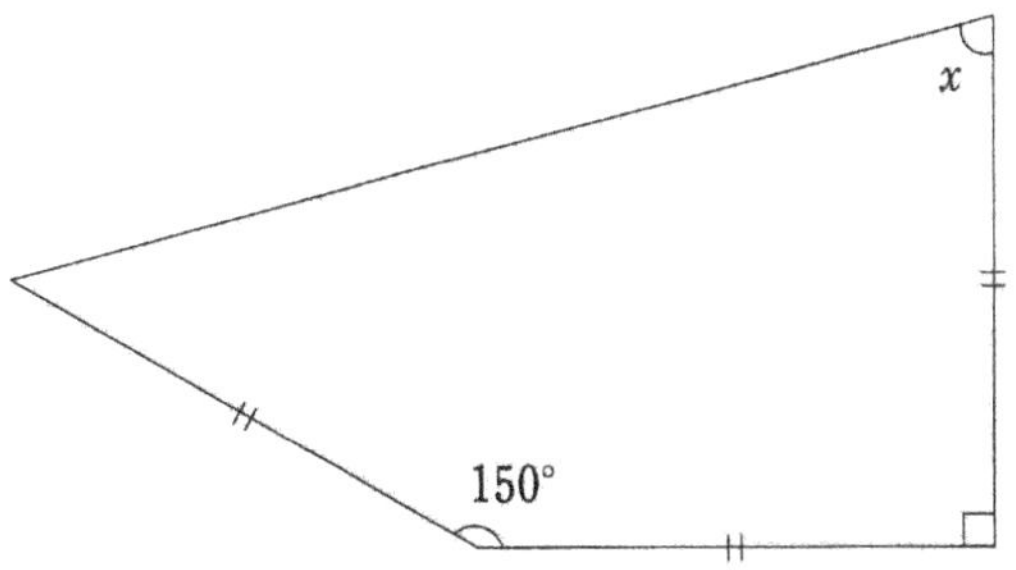

(6)　長方形ABCDがあります。図の斜《しゃ》線部分の面積は何cm²ですか。

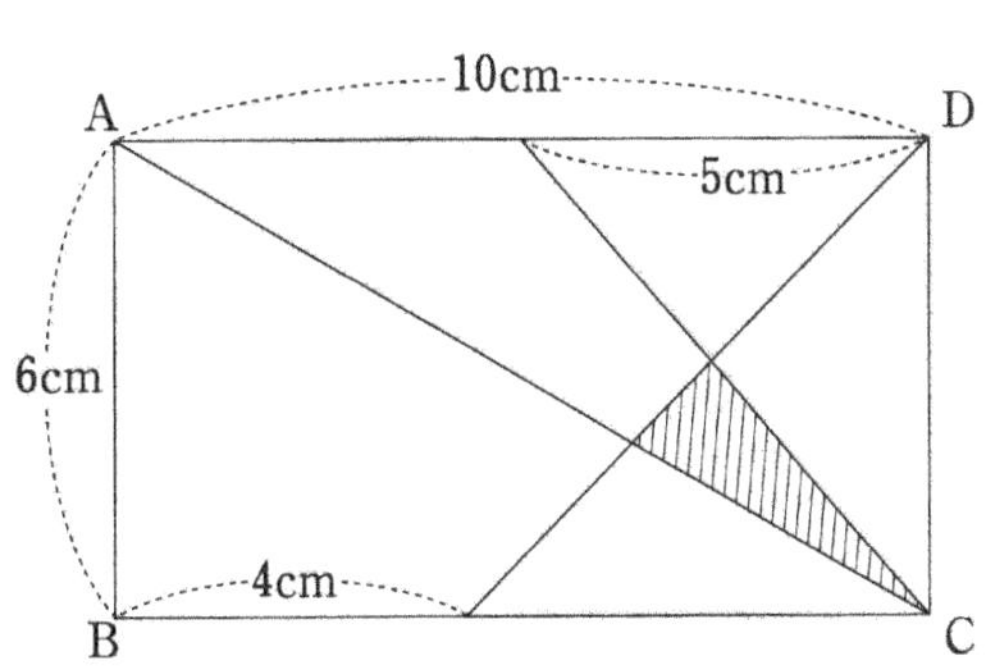

(7) 右図のような，AB＝６㎝，AD＝４㎝，AE＝３㎝の直方体があります。辺EF上にEP：PF＝２：１となる点Pをとり，この直方体を３点D，G，Pを通る平面で切って２つの立体に分けるとき，点Hを含《ふく》む方の立体の体積は何㎤ですか。

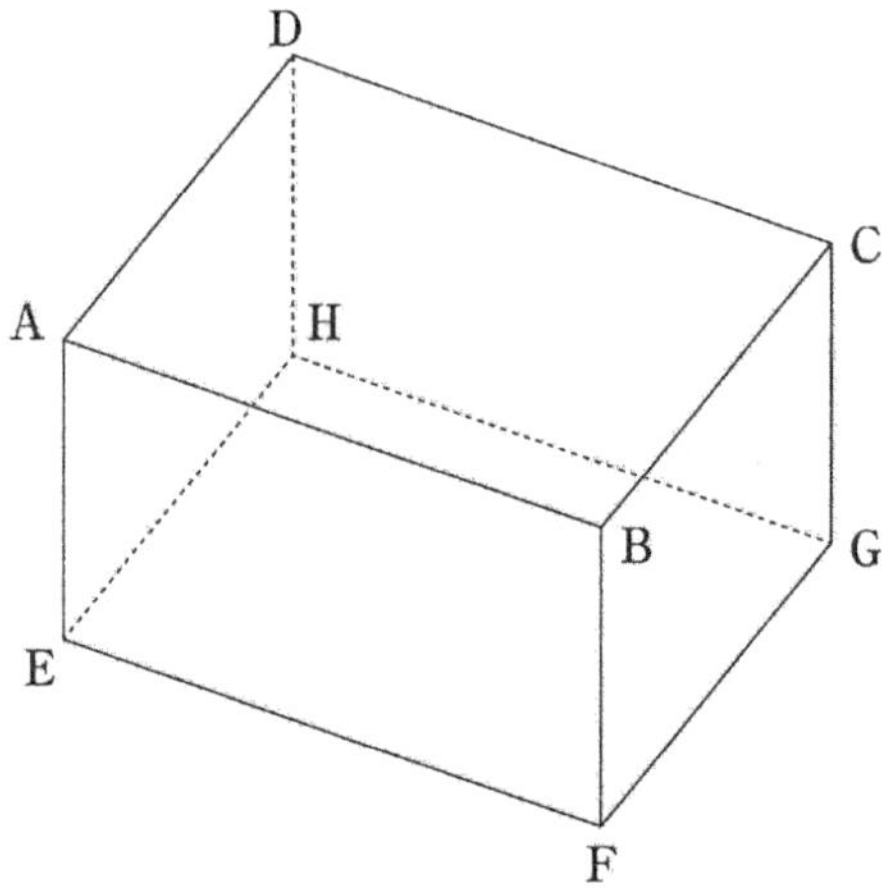

2 下の表のように，ある規則にしたがって２から2022までの偶《ぐう》数を並べました。縦３マス，横３マスの９マスを１つの組として，表の左から順に組をつくっていきます。例えば，表の太線で囲まれているのは５番目の組で，数の和は126です。

2	4	6	8	10	12	14	16	18		2016	2018
4	6	8	10	12	14	16	18	20		2018	2020
6	8	10	12	14	16	18	20	22		2020	2022

(1) 数の和が10728になるのは何番目の組ですか。

(2) 777番目の組の数の和はいくつですか。

(3) 数の和が117の倍数になる組は，全部で何組ありますか。

3 縦270㎝，横396㎝の長方形の床《ゆか》に正方形のタイルをできるだけ少ない枚数で重ならないようにすき間なく並べます。

(1) 同じ大きさのタイルしか使えないとき，タイルの１辺の長さは何㎝ですか。

(2) 同じ大きさのタイルしか使えないとき，タイルは全部で何枚必要ですか。

(3) 色々な大きさのタイルが使えるとき，タイルは全部で何枚必要ですか。

4 とおるくんはボートでＡ地点を出発し，上流のＢ地点へ向かいました。途《と》中，ボートからボールが落ちたことに，落ちてから３分40秒後に気がつき，すぐに引き返し，ボールが落ちた地点から561ｍ下流でボールを拾いました。その後すぐにＢ地点へ向かい，予定より13分遅《おく》れて着きました。このとき，次の問いに答えなさい。ただし，川の流れの速さと静水でのボートの速さはそれぞれ一定とします。

(1) 川の流れの速さは毎分何ｍですか。

(2) 静水でのボートの速さは毎分何ｍですか。

【理　科】（30分）　＜満点：60点＞

1　ふりこに関する実験についての次の文章を読んで，以下の問いに答えなさい。

ふりこの性質を調べるために，図１のような装置をつくりました。

まずスタンドにわりばしをはさんで固定し，そのわりばしに，おもりをつけたたこ糸をまきつけ，わりばしを支点としたふりこを作りました。このとき，支点からおもりの中心までの長さを「ふりこの長さ」とよぶことにします。

次に，ふりこが支点を中心にどのくらいの角度でふれているのかがわかるように，スタンドには分度器を取り付けました。ここで図２のように，おもりを位置Ａまで引き上げて，糸がたるまないように静かに手をはなすと，おもりは最下点Ｂを中心にＡ→Ｂ→Ｃ→Ｂ→Ａ→Ｂ…と，位置Ａと位置Ｃの間を行ったり来たりする運動をくり返します。このとき支点の位置をＰとすると，角BPAの大きさと角BPCの大きさは同じとなります。このような最下点からふりこが到達《とうたつ》する最高点までの角度を「ふれの角度」と呼ぶことにします。実際の「ふれの角度」は，糸，わりばし，空気などによる影響《えいきょう》で少しずつ小さくなりますが，以下の問題では小さくならないものとして考えます。

さて，このようなふりこの運動において，Ａ→Ｂ→Ｃ→Ｂ→Ａのように，１往復して元の位置にもどってくるまでの時間を「周期《しゅうき》」と呼ぶことにします。

以上のような，「ふりこの長さ」，「ふれの角度」，「周期」について＜実験１＞，＜実験２＞，＜実験３＞を行いました。

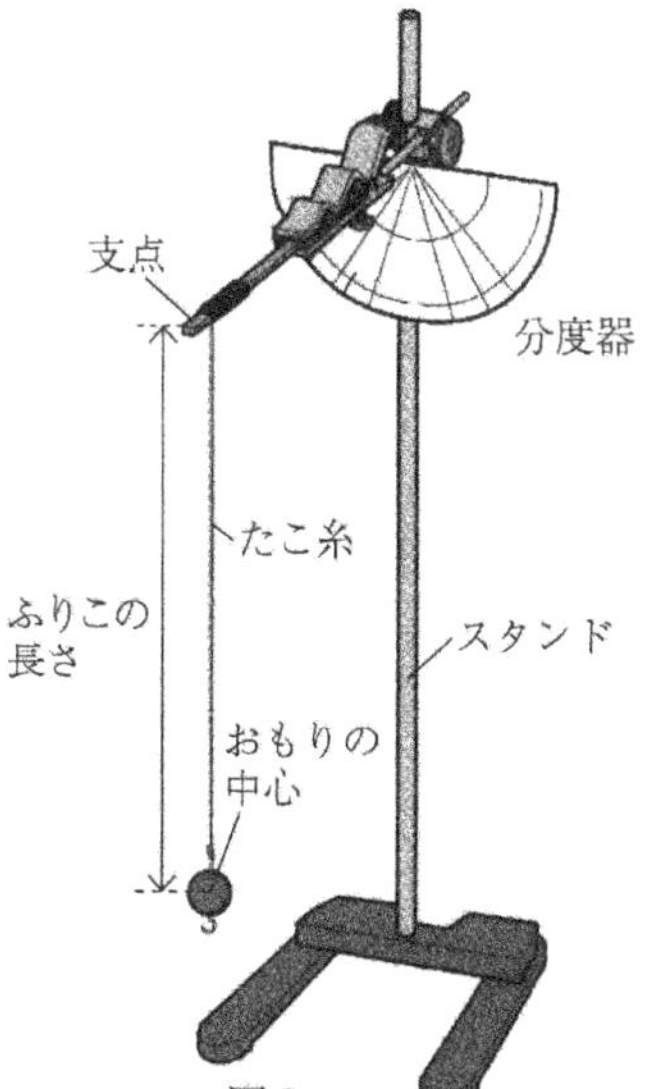

図１

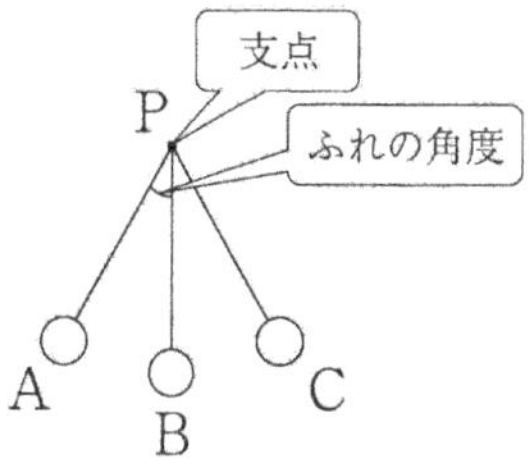

図２

＜実験１＞

ふりこの長さを変えて，ふりこの周期を測定しました。表１は，その結果です。

表１　ふりこの長さと周期の関係

ふりこの長さ（cm）	25	100	225	400
周期（秒）	1.0	2.0	3.0	4.0

表１からわかるように，ふりこにはふりこの長さが４倍になると周期は２倍になり，ふりこの長さが９倍になると周期は３倍になるというような性質があります。

〔問１〕ふりこの長さと周期について，その性質を表すグラフはどれですか。次の（ア）～（オ）の中からもっともふさわしいものを１つ選び，記号で答えなさい。

（ア）
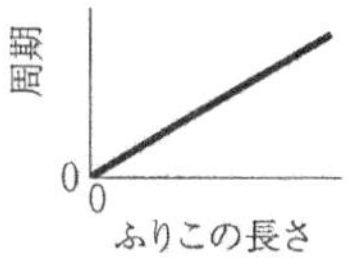

（イ）
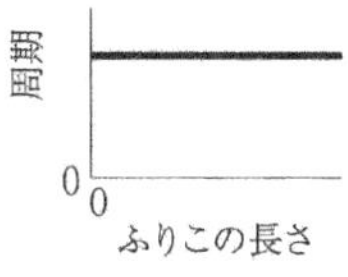

（ウ）
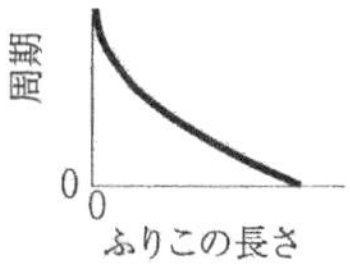

（エ）
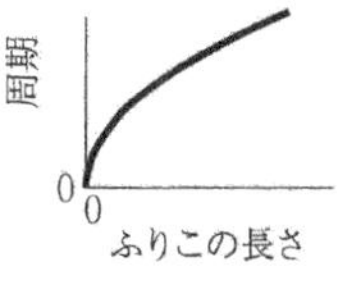

（オ）
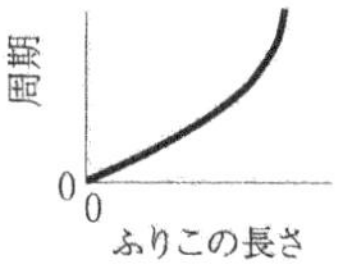

〔問２〕 前のページの図２において，ふりこのおもりの位置がA→B→C→B→Aと変化する時間（これを①とする）に比べて，ふりこのおもりの位置がB→C→B→A→Bと変化する時間（これを②とする）はどうなりますか。次の（ア）～（ウ）の中からもっともふさわしいものを１つ選び，記号で答えなさい。

（ア） ①と②はどちらも１往復の時間なので，同じ時間となる。

（イ） ①に比べ，②ではおもりが速く動いている位置Bの状態が３回あるので，時間は短くなる。

（ウ） ①に比べ，②ではおもりが位置Cと位置Aでもっともおそくなるため，時間は長くなる。

<実験２>

おもりの数を変えると，ふりこの周期がどのようになるのかを調べる実験をおこないました。

まず図３のように，100ｇのおもりを25cmの長さのたこ糸の先に取り付けて，周期を測定しました。次に図４のように，もう１個の100ｇのおもりを先ほどのおもりの下に取り付け，あわせて200ｇにして周期を測定しました。すると，周期は長くなりました。

〔問３〕 <実験２>について，ふりこの周期が長くなった理由を説明しなさい。

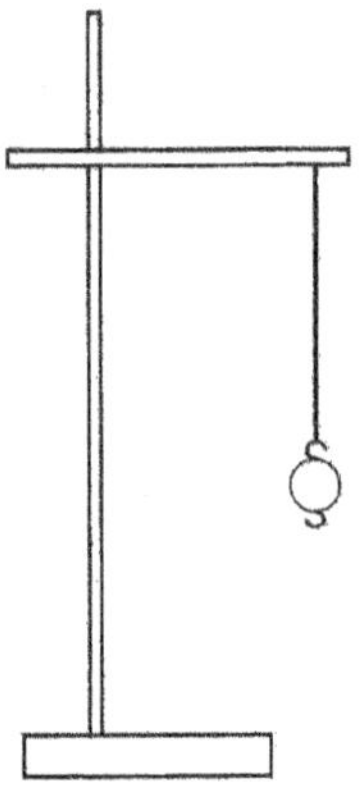

図３　おもりを１個取り付けたようす

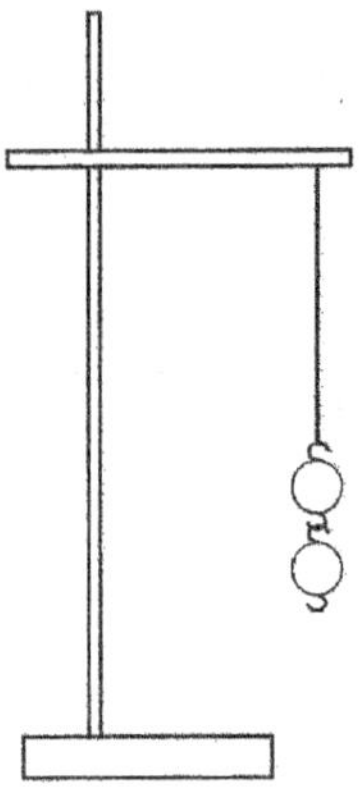

図４　おもりを２個取り付けたようす

<実験３>

図１の装置のわりばしの下に細くてかたい棒をつき出すように固定し，次のページの図５のようにしました。次に次のページの図６のようにおもりを位置Dまで引き上げて，糸がたるまないように静かに手をはなすと，おもりが最下点Eにきたときに，ふりこの糸が棒にひっかかりました。糸が棒にひっかかると，そのあとは棒を支点としたふりことなりました。そして，おもりは位置Fで最高点に到達し，再び最下点Eを通り，手をはなした位置Dに戻りました。

このようにふりこの糸が途《と》中《ちゅう》で棒にひっかかる場合，棒の位置をQとすると，手をはなした位置Dでのふれの角度（角EPD）と，糸がひっかかったあとのふりこが到達する最高点の位置Fでのふれの角度（角EQF）は異なりますが，位置Dと位置Fの高さは同じになります。

ただし，棒にふりこの糸がひっかかったことによって，糸はたるまないものとします。

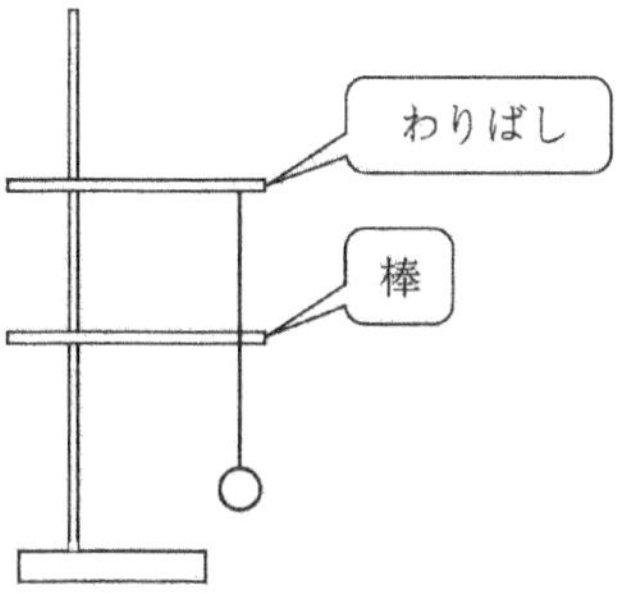

図５　横から見たようす

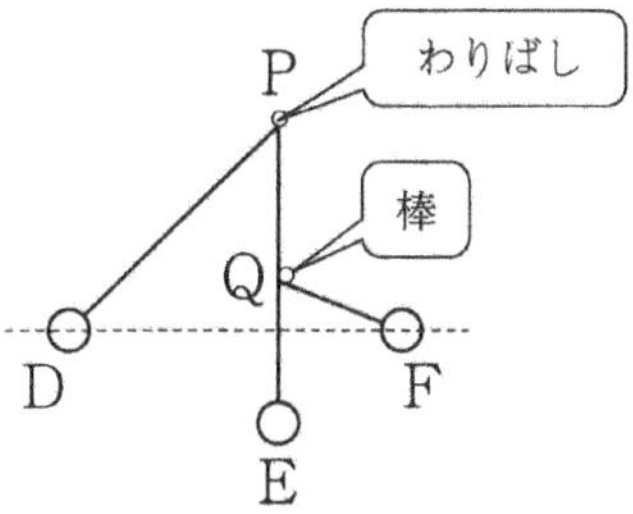

図６　前から見たようす

〔問４〕わりばしからおもりの中心までの長さが100㎝で，棒がわりばしから75㎝下の位置にあった場合，このふりこがD→E→F→E→Dと１往復して戻ってくる時間は何秒になりますか。

〔問５〕わりばしからおもりの中心までの長さが100㎝で，棒がわりばしから50㎝下の位置にあった場合，位置Ｄでふれの角度（角EPD）を60度にしたとき，位置Ｆでのふれの角度（角EQF）は何度になりますか。

2　日本は火山が多い国です。そのため，日本に住む私たちは，火山による被害《ひがい》とともに火山からのめぐみも受けています。

〔問１〕図１は火山の噴火《ふんか》のようすを表しています。Ａ～Ｃが表すものの組み合わせはどのようになりますか。下の表の（ア）～（カ）の中からもっともふさわしいものを１つ選び，記号で答えなさい。

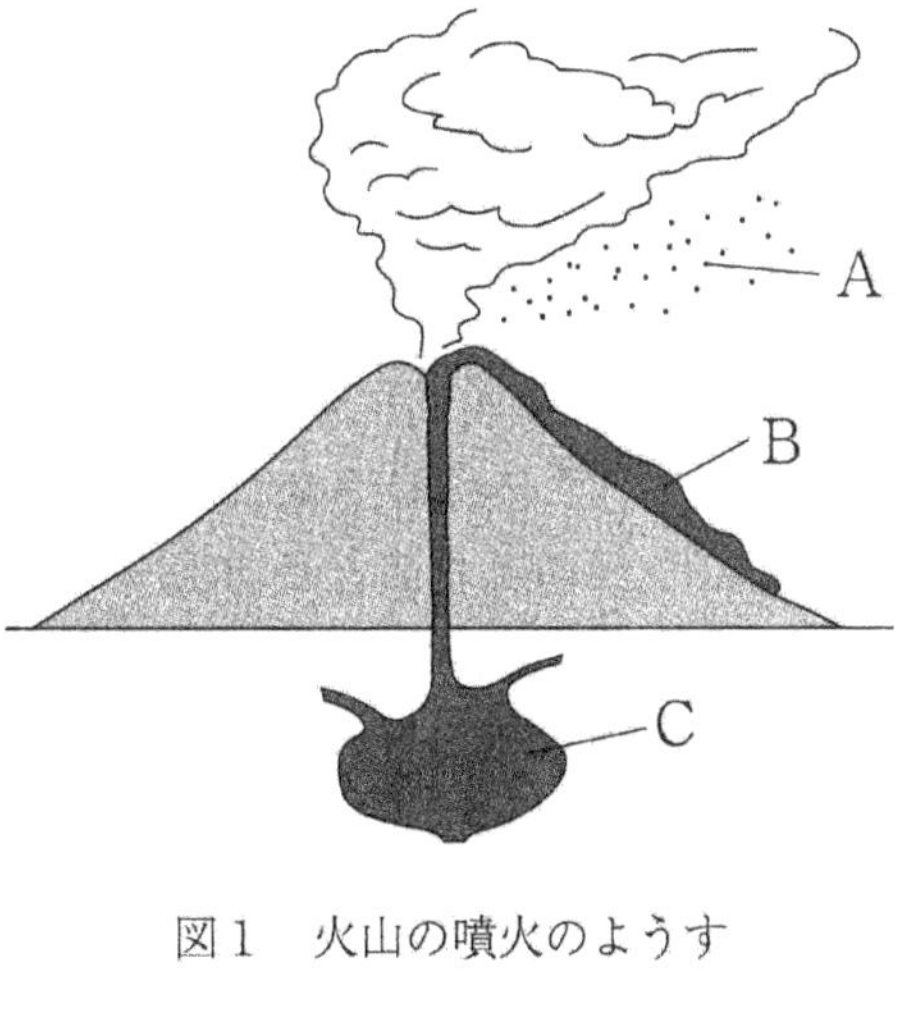

	A	B	C
（ア）	溶岩	マグマ	火山灰
（イ）	溶岩	火山灰	マグマ
（ウ）	火山灰	マグマ	溶岩
（エ）	火山灰	溶岩	マグマ
（オ）	マグマ	溶岩	火山灰
（カ）	マグマ	火山灰	溶岩

図１　火山の噴火のようす

〔問２〕火山が噴火した時に火山灰から身を守る対策としてふさわしくないものはどれですか。次の（ア）～（エ）の中から１つ選び，記号で答えなさい。

（ア）　火山灰を吸い込まないように，マスクやタオルなどで鼻や口をおおう。

（イ）　火山灰が目に入った時にすぐ洗えるように，コンタクトレンズをつけておく。

（ウ）　火山灰が直接肌《はだ》に触れないように，なるべく肌が出ない服装にする。

（エ）　道路に火山灰が積もると滑《すべ》りやすくなるため，車の運転はひかえる。

火山から受けるめぐみの一つに温泉があります。日本各地の温泉の性質を赤色リトマス試験紙と青色リトマス試験紙，BTB溶液を用いて調べてみると，地域によって温泉の性質が異なることが分かりました。次の表は，温泉の性質を調べた結果を表したものです。(D)～(Ｉ)について下の問いに答えなさい。

	赤色リトマス紙	青色リトマス紙	BTB 溶液
洞爺湖《とうやこ》温泉（北海道）	変化なし	変化なし	(D)
蔵王《ざおう》温泉（山形県）	(E)	(F)	黄色
白馬《はくば》八方《はっぽう》温泉（長野県）	青色	変化なし	(G)
都幾川《ときがわ》温泉（埼玉県）	(H)	(Ｉ)	青色

〔問３〕赤色リトマス試験紙と青色リトマス試験紙，BTB溶液を用いて調べた（D)～(Ｉ）の結果はどのようになりますか。次の（ア)～(カ）の中からもっともふさわしいものを１つ選び，記号で答えなさい。

	(D)	(E)	(F)	(G)	(H)	(Ｉ)
（ア）	黄色	変化なし	変化なし	青色	青色	変化なし
（イ）	黄色	変化なし	変化なし	緑色	変化なし	赤色
（ウ）	緑色	青色	変化なし	黄色	変化なし	赤色
（エ）	緑色	変化なし	赤色	青色	青色	変化なし
（オ）	青色	変化なし	赤色	青色	変化なし	変化なし
（カ）	青色	青色	変化なし	黄色	変化なし	変化なし

温泉の性質は，温泉周辺の環境に影響《えいきょう》をおよぼすことがあります。群馬県の草津白根山《しらねさん》の周辺は，草津温泉のような強い酸性の温泉が数多くある地域です。この地域は温泉の影響で川が強い酸性となり，魚が棲《す》めません。そこで，川の上部に石灰を入れて，魚が棲めるようにするという取り組みが行われています。

強い酸性の水溶液に石灰を入れるとどのような変化が起きるのでしょうか。たとえばうすい塩酸に石灰の主成分である炭酸カルシウムを入れると，二酸化炭素が出ることが知られています。

〔問４〕二酸化炭素について説明した文として，ふさわしいものを次の（ア)～(カ）の中からすべて選び，記号で答えなさい。

（ア）植物が呼吸するときにとり入れる。

（イ）本や紙を燃やした時にできる。

（ウ）水にとけやすく，水にとかしたものを石灰水という。

（エ）固体になったものはドライアイスである。

（オ）ものを燃やすはたらきがあるため，ロケットエンジンに使用されている。

（カ）ものを燃やすはたらきがないため，消火器に使用されている。

以下の実験は，うすい塩酸に炭酸カルシウムを加えて，二酸化炭素を発生させたときの各量の関係を調べたものです。

［実験］

５つの三角フラスコ全てにうすい塩酸を10 g ずつ入れた。次にそれぞれの三角フラスコに重さの違《ちが》う炭酸カルシウム0.5 g，1.0 g，1.5 g，2.0 g，2.5 g を加えたところ，下記の表のような結果になった。なお，炭酸カルシウムを1.5 g より多く加えると，うすい塩酸が不足し，炭酸カルシウムの一部がとけずに残った。

加えた炭酸カルシウムの重さ（g）	0.5	1.0	1.5	2.0	2.5
発生した二酸化炭素の重さ（g）	0.22	0.44	0.66	0.66	0.66
とけずに残った炭酸カルシウムの有無	無	無	無	有	有

〔問５〕とけた炭酸カルシウムの重さと発生した二酸化炭素の重さを最も簡単な比にするとどうなりますか。整数で答えなさい。

〔問６〕この実験と同じこさのうすい塩酸150 g に炭酸カルシウムを少しずつ加えていきます。そのとき炭酸カルシウムを何 g より多く加えると炭酸カルシウムがとけずに残りはじめますか。

3 小金井君とお父さんは夏休みに川沿いを歩きながら自然観察を行いました。すると，①オンブバッタやジョロウグモ，モンシロチョウ，アブラゼミ，オニヤンマなどを見ることができました。成虫以外に，アゲハチョウの②さなぎも見つけることができました。

川の浅瀬《あさせ》では子ども達がスルメを使ってアメリカザリガニを釣《つ》っていました。お父さんに聞くと，アメリカザリガニは外来生物と呼ばれ，食用のカエルのエサとして日本に輸入されたものでしたが，飼育下から逃げ出して全国で繁殖《はんしょく》してしまったと教えてくれました。小金井君は，家に帰ったら③他の外来生物についても調べてみようと思いました。

川沿いを歩いていると，自然調査を行っている人たちが，植物やチョウ，トンボなどの種類と数を計測していました。自然調査を行っている人が，④チョウは植物との関係が深いので，チョウの種類や数を計測すれば，その辺りに生えている植物の種類やその場所の環境の豊かさが分かると教えてくれました。その話を聞き終えたとき，ちょうどオニヤンマが小金井君の頭上を飛んで行きました。それを見た自然調査を行っていた人が，オニヤンマは⑤縄張りをもっていて常に縄張り内をパトロールしていることを教えてくれました。そのため同じ場所で観察していると，何度も同じオニヤンマがその場所を通るそうです。

〔問１〕下線部①について，オンブバッタ１匹《ぴき》とジョロウグモ１匹の足の本数をたすと合計何本になるか答えなさい。

〔問２〕下線部②について，幼虫→さなぎ→成虫と変化する昆《こん》虫として，ふさわしいものはどれですか。次の（ア）～（カ）の中からすべて選び，記号で答えなさい。

（ア）　ミヤマクワガタ　　（イ）　アブラゼミ　　（ウ）　オニヤンマ

（エ）　オオカマキリ　　（オ）　オンブバッタ　　（カ）　ニホンミツバチ

〔問３〕下線部③について，日本において海外由来の外来生物に指定されている生物はどれですか。次のページの（ア）～（カ）の中から３つ選び，記号で答えなさい。

（ア）　オニヤンマ　　（イ）　ウシガエル　　（ウ）　ホンドタヌキ
（エ）　サワガニ　　（オ）　ヒアリ　　（カ）　セアカゴケグモ

〔問４〕以下の文章は下線部④について述べたものです。空らん（ａ）と（ｂ）に当てはまる語句として，もっともふさわしいものはどれですか。下の語群（ア）～（オ）の中から１つずつ選び，記号で答えなさい。

チョウの幼虫は特定の植物の葉を食べて育つため，見つけたチョウの種類や数によってその地域にどのような植物がどれだけ生育しているかがわかります。例えば，アゲハチョウは（　ａ　）科の植物，モンシロチョウは（　ｂ　）科の植物に卵を産み，ふ化した幼虫は特定の植物の葉を食べて育ちます。そのため，これらのチョウを見つけた場合，その地域に（　ａ　）科の植物や（　ｂ　）科の植物が生育していることがわかります。

〔語群〕
（ア）　アブラナ　　（イ）　サトイモ　　（ウ）　ミカン　　（エ）　ウリ　　（オ）　バラ

〔問５〕下線部⑤について，下の図は縄張りの大きさによって，縄張りから得られる利益や縄張りを守るための労力がどのように変化するかを表したグラフです。たて軸《じく》は縄張りから得られる利益（食物）や縄張りを守るための労力をエネルギーという単位で表しており，横軸の（ア）～（オ）は５つの縄張りの大きさを示しています。以下の文章中の（ｃ）～（ｆ）に当てはまるものとして，もっともふさわしいものはどれですか。図中の（ア）～（オ）の中からそれぞれ選び，記号で答えなさい。

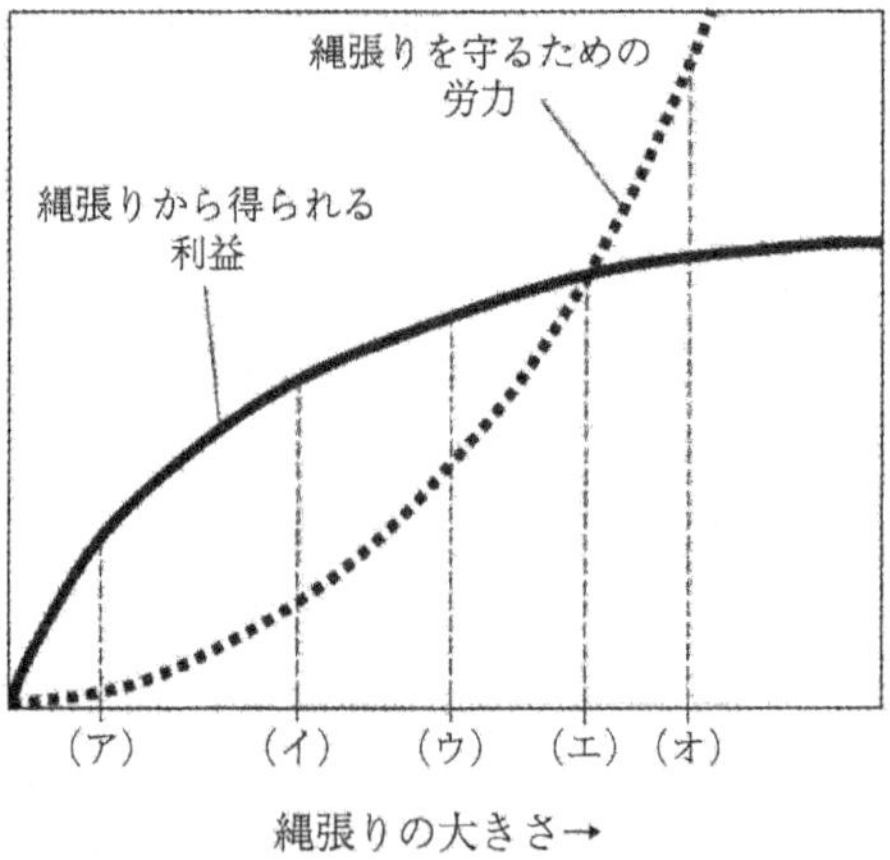

縄張りから得られる利益は食物などがあげられます。縄張りが大きくなるにつれて得られる利益も大きくなるので，５つの縄張りの大きさ（ア）～（オ）のうち最も利益の大きい縄張りは（　ｃ　）になります。ある程度の縄張りの大きさからは利益があまり増えなくなるのは，大きい利益を十分に利用することが困難になってくるからです。

縄張りが大きいほど，侵入者《しんにゅうしゃ》も多くなり，それらを縄張りから追い払《はら》ったりする労力が急激に増大します。５つの縄張りの大きさのうち最も労力が少ない縄張りは（　ｄ　）になります。

生物は利益を得るために縄張りを作ります。そのため，得られる利益よりも労力が大きくなると縄張りは成立しません。このことを考えると縄張りが成立する大きさは（　ｅ　）までになります。また，縄張りから得られる利益と縄張りを守るための労力の差が一番大きくなる縄張りの大きさは（　ｆ　）になり，この縄張りの大きさが最適な縄張りの大きさになります。

【社　会】（30分）　＜満点：60点＞

Ｉ　次の文章を読み，あとの問いに答えなさい。

ここは中央大学附属中学校・高等学校前の古書店「小金井湧泉堂《ゆうせんどう》」。店主の静《しずか》おじさんは近くに住む中附中１年生中太君のお母さんの伯父《おじ》さんにあたります。今日も中太君は，お母さんに託《たく》された晩御飯《ばんごはん》を持って湧泉堂へやってきました。

中太：こんにちは，静おじさん。今夜の夕飯は，ちゃんちゃん焼きだよ。

静　：おぉ，今日はごちそうだ。**１）大きいサケの切り身**が入っとる，野菜もたっぷりじゃの。

中太：お母さんが，**2）北海道の物産展**でいろいろと買ってきたんだよ。

静　：ほー，どうりで立派なサケじゃな。わしの子どものころは，塩ジャケか干したサケしか口にできなかった。干物《ひもの》のサケの絵を知っとるかな。

中太：干物のサケ？　ああ，教科書に載《の》っていたやつかな？　半身が切り取られて縄でぶら下がっている……。

静　：そうそう，あれは高橋由一《ゆいち》という**３）西洋の技法をいち早く取り入れた**画家の絵で，サケの絵は彼の代表作じゃ。東京では昔はああいう干物ばかりでなぁ。生のサケの切り身が買えるなんて，ここ50年くらいの話だ。でも，サケは**４）縄文時代**から食べられておった。サケやマスが豊富なおかげで**５）東日本では縄文文化が栄えた**という説があるくらいでの。アイヌの人々は「カムイチェプ」，神の魚と呼んでいたそうじゃ。

中太：それ知ってる！『ゴールデンカムイ』で読んだよ。

静　：マンガ『ゴールデンカムイ』は，日露戦争のころの北海道や樺太が舞台《ぶたい》じゃったな。北海道の開拓《かいたく》民とアイヌの人々の暮らしを丁寧《ていねい》に描《えが》いておった。アイヌの着るアットゥシは，樹皮から織《お》られていて水に強く，江戸時代から商品としても人気じゃったそうじゃ。今は**６）伝統的工芸品に指定**されておる。

中太：開拓はいつごろから始まるの？

静　：江戸時代には**７）松前藩**が渡島半島に置かれたが，北海道はずっと「蝦夷地《えぞち》」と呼ばれておった。**８）松前藩はアイヌとの交易で高い利益を上げていた**んじゃ。**９）ロシア**からの船が出没《しゅつぼつ》するようになって，伊能忠敬や**10)（　☆　）**が北海道を調査し地図を作り始めておるが，彼らの仕事はアイヌの協力がなければ無理だったろう。本格的に本州から人が渡るのは，明治に開拓使が置かれてからじゃ。

中太：ふーん，北海道はアイヌの土地だったんだね。彼らは昔，東北地方にも住んでいたんでしょ。坂上田村麻呂が蝦夷《えみし》の阿弖流為《あてるい》と戦ったって習ったよ。

静　：東北地方にもアイヌ語と関連する地名が多く残されている。はっきりとは言えんが，古代に蝦夷と呼ばれていた人たちは，アイヌと関連があるんじゃろう。**11）田村麻呂伝説も東北各地に残っておる。**

中太：田村麻呂は**12）征夷大将軍**だったんだよね。

静　：朝廷からは征伐《せいばつ》すべき相手とされてしまったが，蝦夷の人々は恵《めぐ》まれた自然の中で，自由に生活していただけではないのかなぁ。「征夷」というのは一方的な言い方じゃ。

中太：そうか。蝦夷と呼ばれた人々からの見方も必要だね。

静　：明治以後は，近代化の波の中で，ますますアイヌを遅《おく》れた文化と見下すようになってしまった。中太は「学術人類館事件」のことを知っておるかな。明治36年の内国勧業博覧会で，台湾や琉球，アイヌ，朝鮮などの人々を「人類館」に集めて，**13）展示品あつかいした事件**じゃよ。

中太：えっ！　それって人間を展示したってこと？

静　：当時，日本は西洋列強に認められようと必死じゃったからな。逆に西洋文明の外にいた人々は，遅れた，珍《めずら》しい生き物とされてしまったんじゃ。

中太：ひどいな。いろんな人々の**14）多様性を認める**ことが必要だなんて，当たり前のことだけど。

静　：今ならありえないことじゃが，当時，これをひどいと指摘《してき》した人は少なかったんじゃ。抗議《こうぎ》もあったが，展示は中止にならなかった。じゃが，気を付けないと，我々も異なる文化で生活している人々を，進んだ，遅れたといった価値観で見てしまうかもしれん。

中太：うーん。今も気をつけなきゃいけないんだね。そんなことにならないよう視野を広げないと。

静　：ほほぅ。これは頼《たの》もしい。しっかり勉強して，立派な大人になるんじゃぞ。

中太：はーい！　また晩御飯を持ってくるね。

問１．下線１）に関する問題です。サケにかかわる文として**誤っているもの**を，次の①～④から１つ選びなさい。

①サケ，イワナ，ニジマスは名前が異なるが，同じサケ科の魚である。

②サケは一生の終わりに，海から川をさかのぼって子孫を残す。

③サケの卵であるイクラは，「魚の卵」を意味するロシア語からきている。

④日本で食べられているサケの半分以上は，タイからの輸入である。

問２．下線２）に関する問題です。次の表は，北海道での収穫量《しゅうかくりょう》（単位トン）が全国１位の野菜について，３つの県の収穫量と比べたものです。（あ）（い）に入る県名として正しい組み合わせを，下の①～④から１つ選びなさい。

	ジャガイモ		ニンジン		ダイコン		カボチャ	
	順位	収穫量	順位	収穫量	順位	収穫量	順位	収穫量
北海道	1位	1,890,000	1位	194,700	1位	161,900	1位	87,800
（あ）	2位	95,000	8位	19,300	4位	93,900	2位	8,090
長崎県	3位	90,900	5位	31,100	8位	51,200	5位	5,520
（い）	5位	29,500	2位	93,600	2位	142,300	8位	3,790

「作物統計」（2019年、農林水産省）より作成

①（あ）　宮崎県　　（い）　埼玉県　　②（あ）　鹿児島県　（い）　千葉県

③（あ）　熊本県　　（い）　群馬県　　④（あ）　福岡県　　（い）　栃木県

問３．下線３）に関する問題です。明治時代には，音楽の世界でも西洋の技法を学び，多くの歌曲が作られました。次の歌詞《かし》で始まる歌曲について述べた文として正しいものを，下の①～④から１つ選びなさい。

春高楼《はるこうろう》の花の宴《えん》

めぐる盃影《さかずきかげ》さして

①土井晩翠の作詞，瀧廉太郎《たきれんたろう》の作曲である。

②北原白秋の作詞，團伊玖磨《だんいくま》の作曲である。

③竹久夢二の作詞，古関祐而《こせきゆうじ》の作曲である。

④中原中也の作詞，中山晋平《なかやましんぺい》の作曲である。

問４．下線４）に関する問題です。次の図は，今からおよそ6000～5000年前の貝塚遺跡の分布を，黒い点で現在の地図上に示したものです。この分布から読みとれる縄文時代の暮らしについて述べた文としてふさわしいものを，下の①～④から１つ選びなさい。

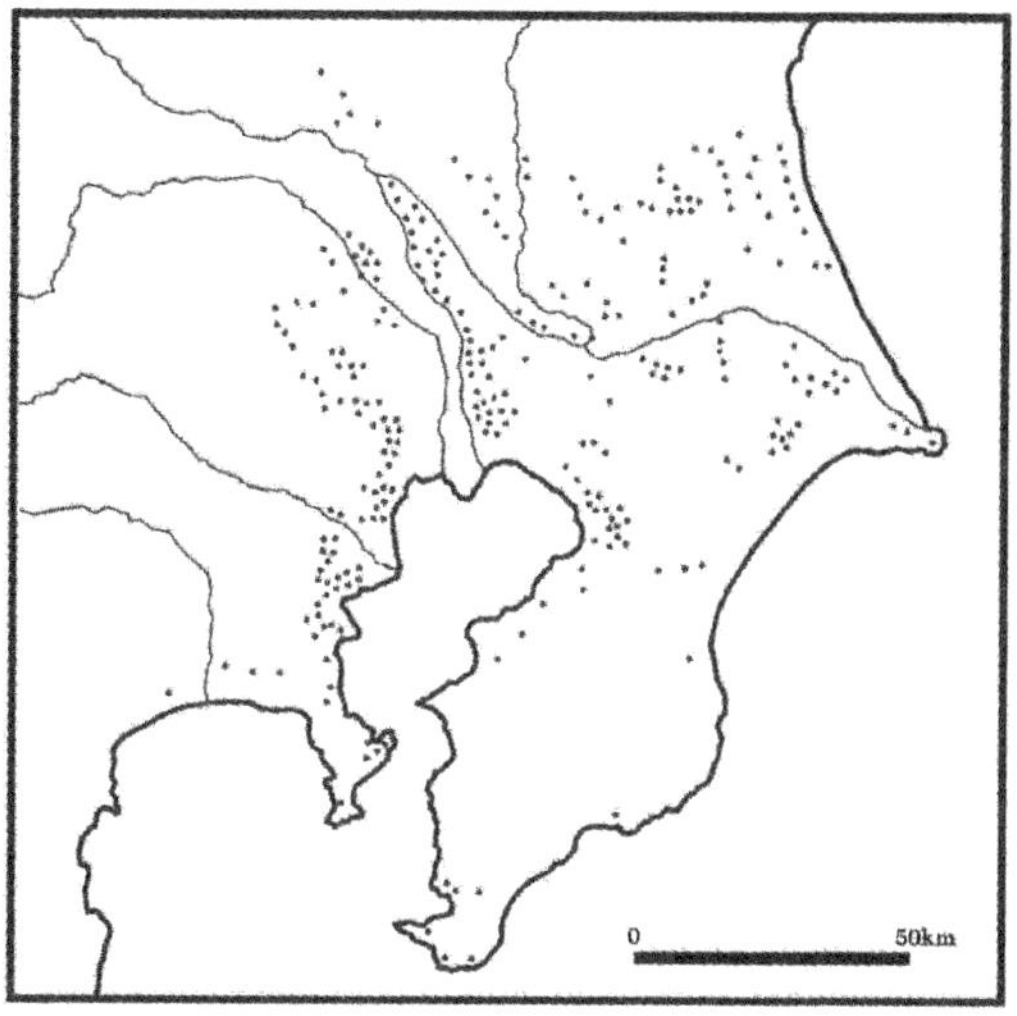

①大雨による洪水被害《こうずいひがい》の多い低地を避《さ》けて，台地上に住んでいた。

②集落同士の争いが多かったため，丘《おか》の上に砦《とりで》を築き住んでいた。

③森林を焼きはらって，畑を広げることができる丘陵《きゅうりょう》地帯に住んでいた。

④海からの食料を得やすい海岸に沿《そ》って住んでいた。

問５．下線５）に関する問題です。昨年，「北海道・北東北の縄文遺跡群」が世界遺産に登録されました。まだ正式に世界遺産に**登録されていない場所**として正しいものを，次の①～④から１つ選びなさい。

①紀伊山地の霊場《れいじょう》と参詣《さんけい》道

②石見銀山遺跡とその文化的景観《けいかん》

③飛鳥・藤原の宮都《きゅうと》とその関連資産群

④「神宿る島」宗像・沖ノ島と関連遺産群

問６．下線６）に関する問題です。「伝統的工芸品」とは，経済産業省が地域の産業を振興《しんこう》するために指定したものです。伝統的工芸品に関する次のページのイ）ロ）の問いに答えなさい。

イ）経済産業省が指定する伝統的工芸品を示すマークとして正しいものを，次の①～④から１つ選びなさい。なお，マークは白黒で印刷されています。

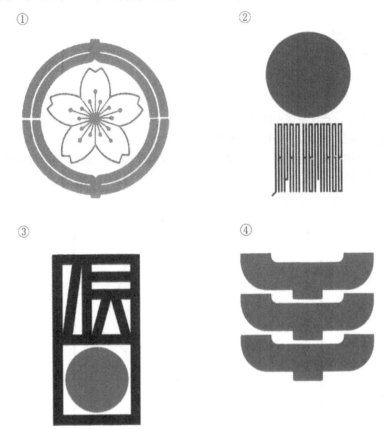

①

②

③

④

ロ）次の写真は，伝統的工芸品のひとつである南部鉄器です。南部鉄器で有名な県について述べた文として正しいものを，次のページの①～④から１つ選びなさい。

①北上川が北から南に流れ，太平洋に面してリアス海岸が広がっている。

②糸魚川静岡構造線が南北を貫《つらぬ》き，県の中央には諏訪湖がある。

③北部に鈴鹿山脈，南部に紀伊山地があり，東は伊勢湾に面している。

④島の数では日本最多であり，島原半島には活火山の雲仙普賢岳がある。

問７．下線７）に関する問題です。松前藩に由来する食べ物に松前漬《づ》けがあります。松前漬けの写真としてふさわしいものを，次の①～④から１つ選びなさい。

①

②

③

④

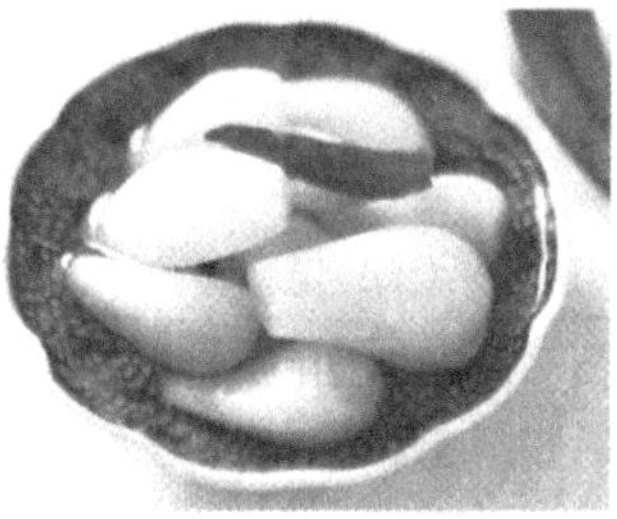

問８．下線８）に関する問題です。松前藩はアイヌとの交易で入手した昆布《こんぶ》を北前船の商人に売り，大きな利益を上げていました。江戸時代の商業について述べた文として**誤っているもの**を，次の①～④から１つ選びなさい。

①「天下の台所」と呼ばれた大坂には，大名の蔵屋敷が立ちならんだ。

②金・銀・銅（銭）の貨幣《かへい》が発行され，それを交換する両替商が発達した。

③三井高利は呉服《ごふく》を商い，「現金掛《か》け値《ね》なし」の商法で財をなした。

④出島のイギリスやオランダの商館には，全国から商人が集まった。

問９．下線９）に関する問題です。現在のロシアの大統領の写真として正しいものを，次の①～④から１つ選びなさい。

①

②

③

④

問10. 下線10）に関する問題です。空らん（☆）には，千島列島や樺太の調査を行った人物が入ります。当てはまる名前を漢字４字で答えなさい。

問11. 下線11）に関する問題です。青森のねぶた祭りではかつて，田村麻呂伝説にちなんで，ねぶたの最優秀賞《さいゆうしゅうしょう》を「田村麿《たむらまろ》賞」と呼んでいました。しかし田村麻呂の評価をめぐって議論が起こった結果，現在では「ねぶた大賞」と名前が変わっています。どのような議論が起こったと思いますか，あなたの考えを述べなさい。

問12. 下線12）に関する問題です。次の写真（A）（B）の建物と，それともっともかかわりの深い征夷大将軍（ア）～（エ）の組み合わせとしてふさわしいものを，下の①～④から１つ選びなさい。

（A）

（B）

（ア）足利義満　（イ）足利義政　（ウ）徳川吉宗　（エ）徳川慶喜

①（A）－（ア）　②（B）－（イ）　③（A）－（ウ）　④（B）－（エ）

問13. 下線13）に関する問題です。人間を展示することは，現在からみると基本的人権に反する行《こう》為《い》といえます。基本的人権について記した次の日本国憲法の条文を読み，空らん（ア）（イ）に入る言葉の組み合わせとして，正しいものを下の①～④から１つ選びなさい。

> 11条：国民は，すべての基本的人権の享有《きょうゆう》を妨《さまた》げられない。この憲法が国民に保障する基本的人権は，侵《おか》すことのできない（　ア　）権利として，現在及び将来の国民に与へられる。
>
> 12条：この憲法が国民に保障する自由及び権利は，国民の（　イ　）によつて，これを保持しなければならない。又，国民は，これを濫用《らんよう》してはならないのであつて，常に公共の福祉のためにこれを利用する責任を負ふ。

①（ア）永久の　（イ）不断の努力

②（ア）神聖な　（イ）自主的奉仕

③（ア）神聖な　（イ）不断の努力

④（ア）永久の　（イ）自主的奉仕

問14. 下線14）に関する問題です。近年，企業でも「多様性」を尊重する働き方が少しずつ広がっています。「多様性」を意味する語として正しいものを次の①～④から１つ選びなさい。

①バリアフリー

②ワークシェアリング

③ダイバーシティ

④フェアトレード

Ⅱ　女性の歴史と現代の諸問題に関する次の文章を読み，以下の問いに答えなさい。

試験を終えて家に帰って，もし元気があったら，ためしに社会（歴史）の教科書を開いてみてください。

最後のページ近くに，執筆《しっぴつ》者の名前があります。それを見ると，男性のほうが多いことに気づくでしょう。歴史上の人物のうち女性より男性のほうが思い浮かびやすいとすれば，その理由の一つは，教科書の執筆者の多くが男性だからかもしれません。

ここで世界史をふりかえってみましょう。古代エジプトには女王クレオパトラ，**１）中国（唐）**には楊貴妃，近代のイギリスにはスペイン海軍を破った女王エリザベス１世など，大きな影響《えいきょう》力を持つ女性がいました。

20世紀後半のアメリカで，**２）黒人の地位を改善する運動**を率いたのはキング牧師ですが，運動が広がるきっかけとなる抵抗《ていこう》を一人で行なったのは，ローザ・パークス（右写真）という女性でした。

「日本史の女性のことなら，もっと知ってるよ！」それでこそ将来の中附生。**３）「縄文のビーナス」**や，邪馬台国を治めた卑弥呼が思い浮かぶでしょう。飛鳥時代には，推古天皇や持統天皇といった女帝がいました。**４）平安時代の文学**は，女性を抜《ぬ》きに語れません。

鎌倉時代は，**５）北条政子**が政治的リーダーシップを発揮しました。安土・桃山時代の細川ガラシャの悲劇《ひげき》や，女歌舞伎の流行の基礎《きそ》をつくった**６）出雲阿国**も忘れられません。「お歯黒」など，近世までつづいた女性の風習も学んだでしょう。

７）明治時代以後は，**８）女性の地位を向上させる運動や，女性による創作活動**にスポットライトが当たりました。その展開は，とても彩《いろど》りゆたかなものでした。

このように，女性もまた男性と同じく，懸命《けんめい》に生きてきました。けれど，私たちが女性の活躍《かつやく》にふれるチャンスはやはり少ない。この文章中と各問題中に，小・中学校の社会（歴史）で学ぶ女性の名前はほとんど出ています。それだけ，教科書でふれられる女性の数が少ないということです。

では，現代日本と世界の女性はどうでしょう。日本では，女性の**９）国会議員**の数は圧倒《あっとう》的に少数です。**10）昨年の東京オリンピック**の前には，関係者による女性差別発言もくりかえされました。日本人だけでなく，世界の多くの人びともそうした事態に失望したのでした。

世界に目を向ければ，**11）女性の活躍**はまことにめざましい。1990年代に国連難民高等弁務官事務所のリーダーとなった緒方貞子さんは，国際派の先駆者《せんくしゃ》の一人です。生前，彼女は次のようにのべました。日本が積極的な平和主義を求めるなら，人道上の国際問題から目をそむけるべきではない――。

緒方さんもよく自覚していたとおり，日本国内の問題が国際的な問題と密接にかかわる点を忘れるわけにはいきません。たとえば，外国人技能実習生への**12）人権**侵害《しんがい》は，多数報告されています。コロナ禍《か》で，日本政府から十分サポートを受けられなかったベトナム人技能実習生たちは，**13）ベトナム**出身の女性僧侶《そうりょ》，ティック・タム・チー（右写真）のいる大恩寺に助けを求めました。

ベトナム人のことは，ベトナム人が助ければいい。彼・彼女らを働き手として招いた日本人がこうした冷たい態度をとれば，国際社会での信用を確実に失います。

14)「3. 11」から10年以上経った今，女性たちが震災《しんさい》後の避難《ひなん》所生活で味わった深刻な苦しみが，少しずつ明かされるようになりました。世相《せそう》が荒《あ》れるとき，社会的地位が定まらない人ほど苦しみやすいことははっきりしています。

過去の傷をかかえてこの世を生きる女性たち。技能実習生。コロナ感染を恐れる世間に差別されたエッセンシャルワーカーたち。そして，**15）政治や社会の混乱がつづく国々**で苦しむ人びと――苦しみの涙《なみだ》の色は，みんないっしょです。国の内と外，あるいは男女間で，ちがいはありません。

弱き者に手が差しのべられない社会だとすれば，それはとてもさびしい。では，「人の道」をまっとうする社会を築くには，どうすればよいのでしょうか。はっきりとした答えは，まだ出ていません。

あなたといっしょに社会をデザインしなおすこと。希望の聖火を引き継《つ》いでゆくこと。教室で，あなたとみんなの未来を織りなせることを，楽しみにしています。

問１．下線１）に関する問題です。中国へ遣唐使が送られた時代の出来事として**ふさわしくないもの**を，次の①～④から１つ選びなさい。

①聖武天皇のもと，盧舎那仏《るしゃなぶつ》（大仏）をまつる東大寺が建てられた。

②墾田永年私財法により，みずから開墾した土地の私有が認められた。

③何度も航海に失敗した鑑真が，ついに日本へ渡来した。

④仏教や儒教の教えのもと，十七条の憲法が制定された。

問２．下線２）に関する問題です。今日《こんにち》もなお，アメリカの黒人差別は十分に解消されていません。このため，近年，「黒人の命は大切だ」をスローガンとする社会運動がつづいています。このスローガンを略《りゃく》した言葉を**アルファベット（大文字）３字で**答えなさい。

問３．下線３）に関する問題です。長野県茅野《ちの》市で出土したこの土偶の写真としてふさわしいものを，次の①～④から１つ選びなさい。

①

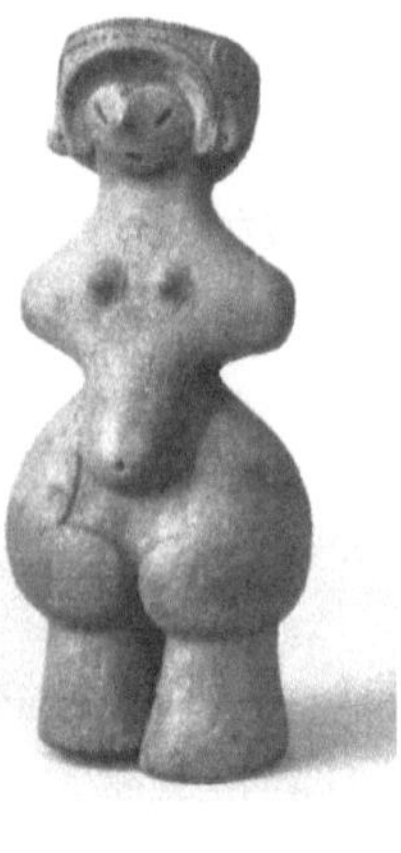

②

③

④

問４．下線４）に関する問題です。次のページの文章は，平安時代の文学について説明したものです。空らん（ア）～（ウ）に入る言葉の組み合わせとして，正しいものを次のページの①～④から１つ選びなさい。

> 平安時代には，貴族もよく歌を詠《よ》みました。権力の絶頂にあった藤原道長による，「この世をばわが世とぞ思ふ（　ア　）の欠けたることもなしと思へば」の歌は特に有名です。
> また，女性も文学史に名を残しています。たとえば，近代から今日まで多くの言語に翻訳《ほんやく》されてきた紫式部の『源氏物語』は，架空《かくう》の人物である（　イ　）の生き方を描《えが》きました。
> さらに，紀貫之の『土佐日記』は独特な作品として知られます。「（　ウ　）もすなる日記といふものを女もしてみむとするなり」の一節が有名ですね。『時をかける少女』や『君の名は。』といった映画の源流の一つは，平安文学にあると言えるかもしれません。

①（ア）望月　（イ）清和源氏　（ウ）男
②（ア）さかずき　（イ）光源氏　（ウ）みかど
③（ア）望月　（イ）光源氏　（ウ）男
④（ア）さかずき　（イ）清和源氏　（ウ）みかど

問５．下線５）に関する問題です。北条政子が活躍した時期には，幕府により六波羅探題が設置されました。設置のきっかけとなった出来事としてふさわしいものを，次の①～④から１つ選びなさい。

①源頼朝の死んだあと，北条時政が幕府の初代執権となった。
②執権の北条義時のもとで，幕府軍が後鳥羽上皇の軍に勝利した。
③執権の北条泰時のもとで，御成敗式目が制定された。
④執権の北条時宗のもとで，御家人たちが元の襲来《しゅうらい》を迎《むか》えうった。

問６．下線６）に関する問題です。出雲阿国の出身地といわれる出雲地方は，ある食べ物が名物です。次の文章はその名物の原料となる植物の説明で，グラフはその原料の都道府県別収穫《しゅうかく》量（2020年）です。この食べ物の名前をひらがなで答えなさい。

> 夏から秋にかけて，白色やピンク色の小さな花が，鈴がつらなるような形で咲《さ》きます。その実は三角すいの形をしていて，乾《かわ》くと黒っぽくなります。山間部でも栽培《さいばい》しやすく，その実を使った食べ物が各地の名物として親しまれてきました。

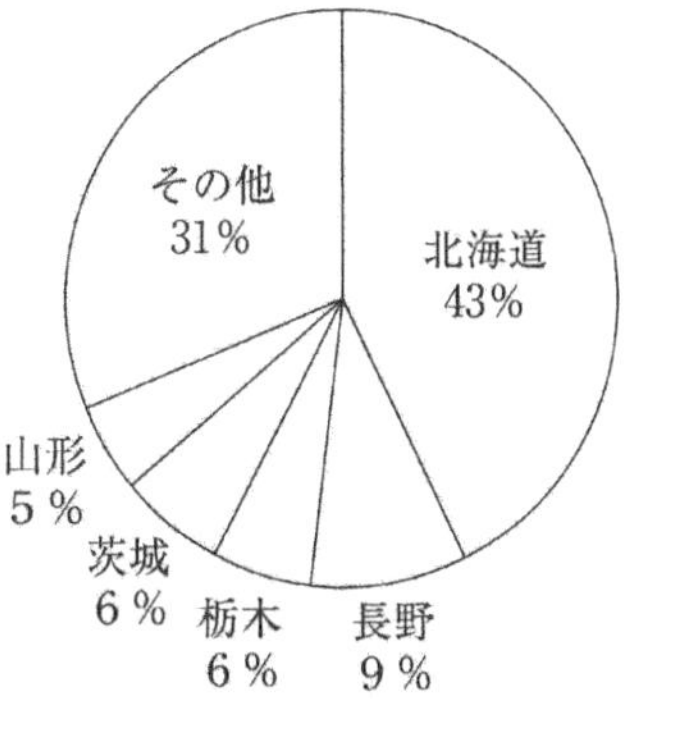

農林水産省 作況調査（令和２年）より作成

問７．下線７）に関する問題です。次のページの上の明治時代の地図は，日本初の鉄道が開業したさい，海上に線路を敷《し》くために築かれた高輪築堤《たかなわちくてい》の跡地《あとち》周辺のものです。明治時代と現在（次のページの下）を比べてわかることとして，**誤っているもの**を①～④から１つ選びなさい（両地図は同じ範囲《はんい》を表し，縮尺を調整しています）。

（※編集の都合により，85％に縮小してあります。）

①現在のＪＲ品川駅は，かつての海（干潟《ひがた》）の上に位置している。
②現在の品川ふ頭《とう》には，かつての台場の跡地を利用した部分がある。
③南・北品川宿を貫《つらぬ》く東海道は，現在，国道357号線となっている。
④地図中のＡ地点の標高は，Ｂ地点の標高よりも高い。

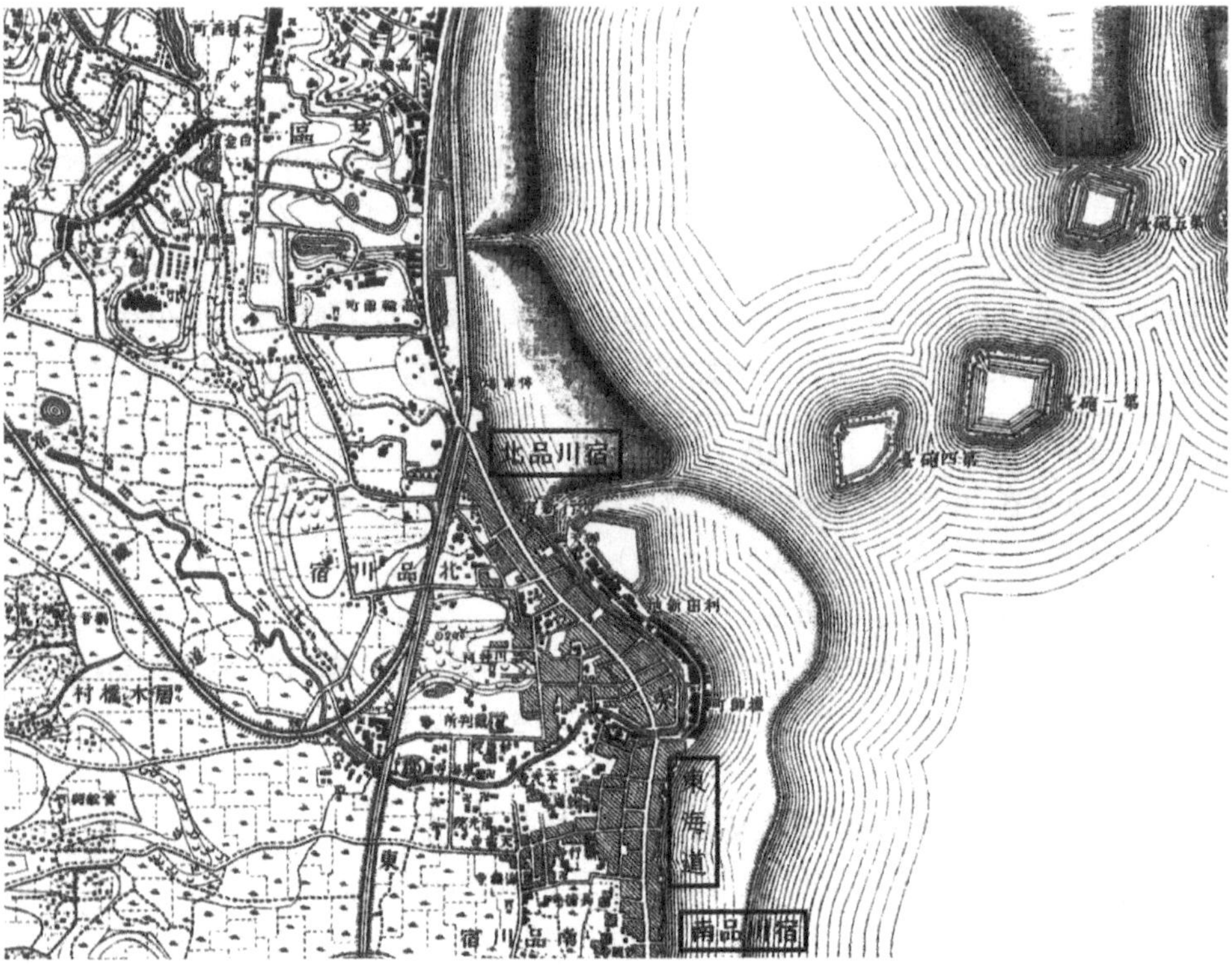

２万分の１迅速図「品川驛」（明治 24 年発行）

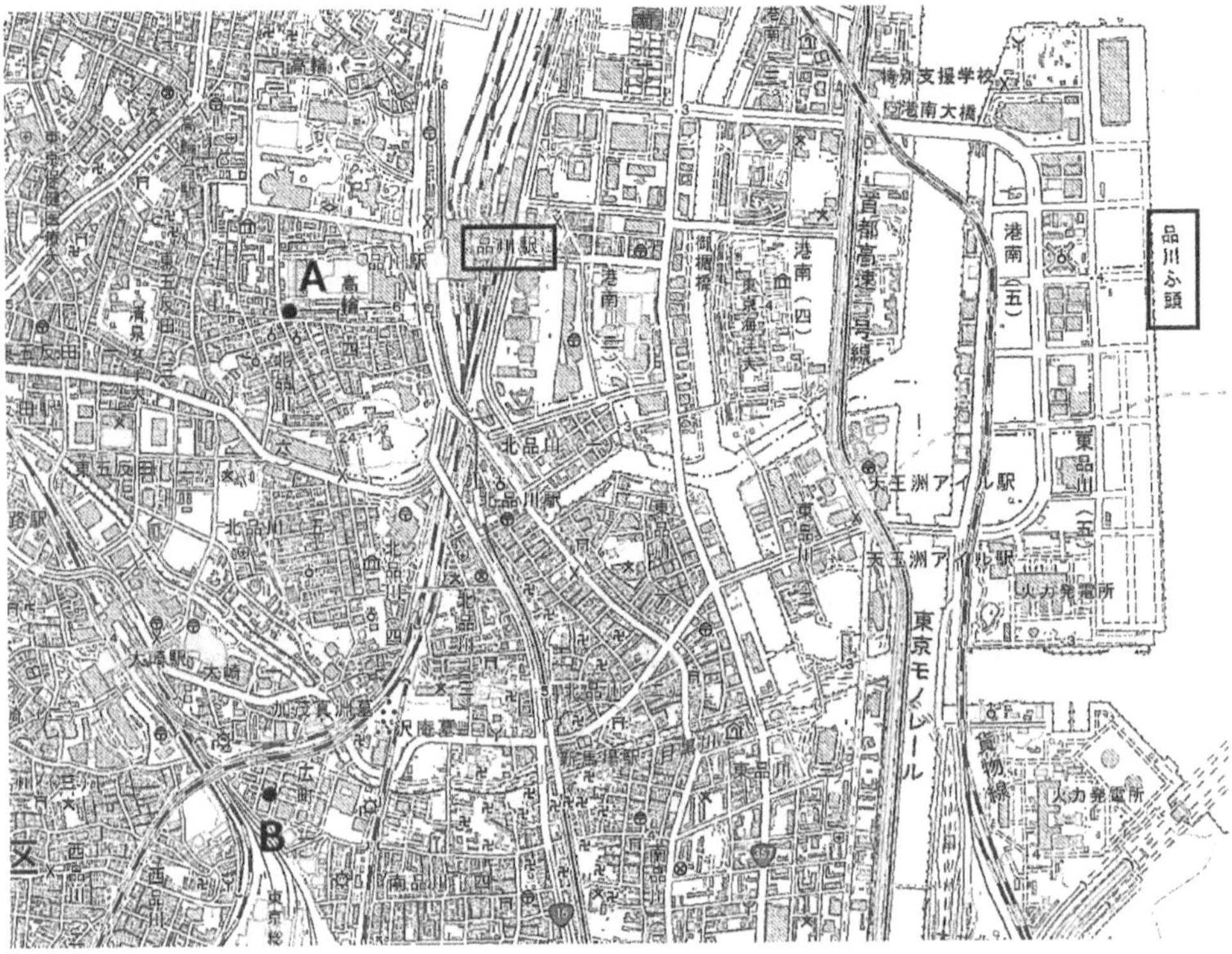

２万５千分の１電子地形図（令和３年 10 月調製）

問８．下線８）に関する問題です。次の表は，近現代の女性たちの活躍をまとめたものです。与謝野晶子が「君《きみ》死にたまふことなかれ」という詩をつくった時期として正しいものを，下の①～④から１つ選びなさい。

A　津田梅子が，６歳の留学生として岩倉使節団に同行した。
↓
B　樋口一葉が，日清戦争に前後する時期に作家として活動した。
↓
C　平塚らいてうを中心に，雑誌『青鞜』が創刊された。
↓
D　市川房枝が，参議院議員としての活動をはじめた。

①AとBの間　②BとCの間　③CとDの間　④Dのあと

問９．下線９）に関する問題です。次の表は，日本の国会についてまとめたものです。空らん（ア）～（ウ）にあてはまる数字として**用いられないもの**を，下の①～④から１つ選びなさい。

○国の唯一の立法機関である国会のうち，参議院の議員の任期は（　ア　）年である。
○通常国会は毎年１回，1月中に開かれる。臨時国会は内閣が必要と認めたとき，あるいは衆・参どちらかの議院の総議員の（　イ　）分の１以上の要求があったとき開かれることになっている。
○衆議院が内閣の不信任決議案を可決するか，信任決議案を否決した場合，内閣は総辞職するか，（　ウ　）日以内に衆議院を解散して総選挙を行なわなければならない。

①４　②６　③８　④10

問10．下線10）に関する問題です。次の写真は，昨年の東京オリンピック・パラリンピック開催《かいさい》にあたり，重要な職務に当たった女性たちです。彼女たちのそこでの役職として**ふさわしくないもの**を，下の①～④から１つ選びなさい。

①東京オリンピック・パラリンピック競技大会組織委員会会長
②日本オリンピック委員会（JOC）会長
③東京オリンピック・パラリンピック競技大会担当大臣
④東京都知事

問11. 下線11）に関する問題です。右の写真は，ある国の政界を引退した人物です。彼女の業績として正しいものを，次の①～④から１つ選びなさい。

①ドイツの首相として，EUで中心的役割を果たし，中東からの難民を積極的に国内へ受け入れた。

②アメリカの政治家として，環境《かんきょう》対策と貧困対策を両立させる「グリーン・ニューディール」を掲《かか》げた。

③ニュージーランドの首相として，新型コロナ対策を指揮して感染者数を少数に抑《おさ》えた。

④フランスの政治家として，移民の受け入れに強く反対しつつ，国民の福祉を充実《じゅうじつ》させる政策を掲げた。

問12. 下線12）に関する問題です。日本が批准《ひじゅん》（加入）している人権条約として**誤っているもの**を，次の①～④から１つ選びなさい。

①人種差別撤廃条約　②女子差別撤廃条約　③子どもの権利条約　④死刑廃止条約

問13. 下線13）に関する問題です。東南アジアの地図と，日本が衣類を輸入する国の割合を示したグラフを見て，ベトナムにあてはまる組み合わせとして正しいものを，下の①～④から１つ選びなさい。

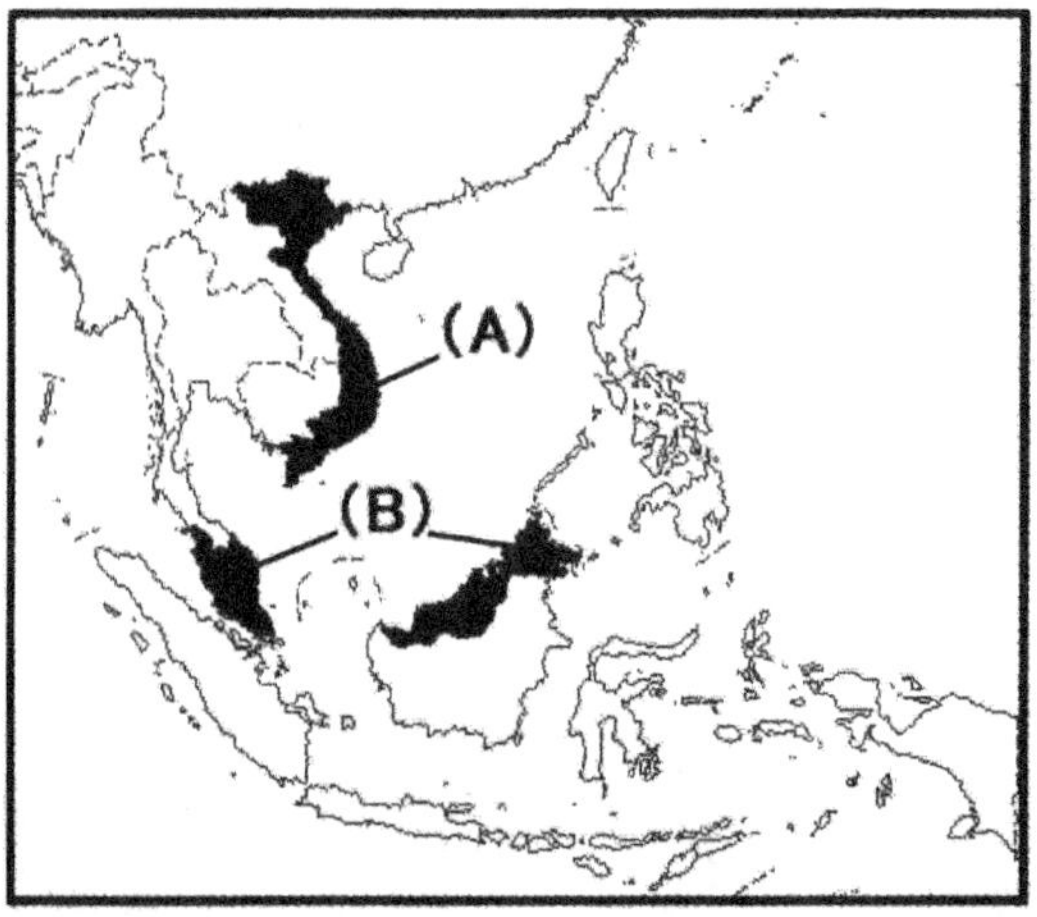

衣類と付属品の輸入先（2018 年／総額３兆 2058 億円）

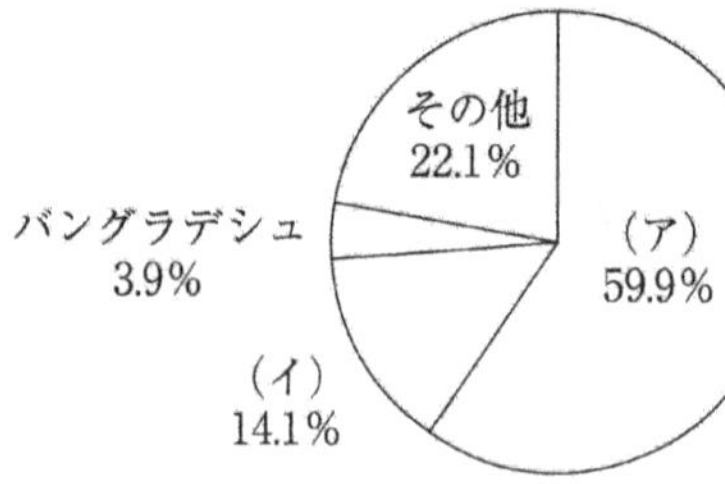

日本繊維輸入組合のホームページをもとに作成

①（A）と（ア）　②（A）と（イ）　③（B）と（ア）　④（B）と（イ）

問14. 下線14）に関する問題です。宮城県女川町《おながわちょう》は，「3.11」で大きな被害《ひがい》を受けた地域のひとつです。次のグラフは，女川港において水揚《あ》げ高が大きい上位２魚種と，その平均単価を表したものです。上位２魚種の組み合わせとしてふさわしいものを，下の①～④から１つ選びなさい。

上位２魚種の水揚げ高と平均単価（2014 ～ 2020 年）

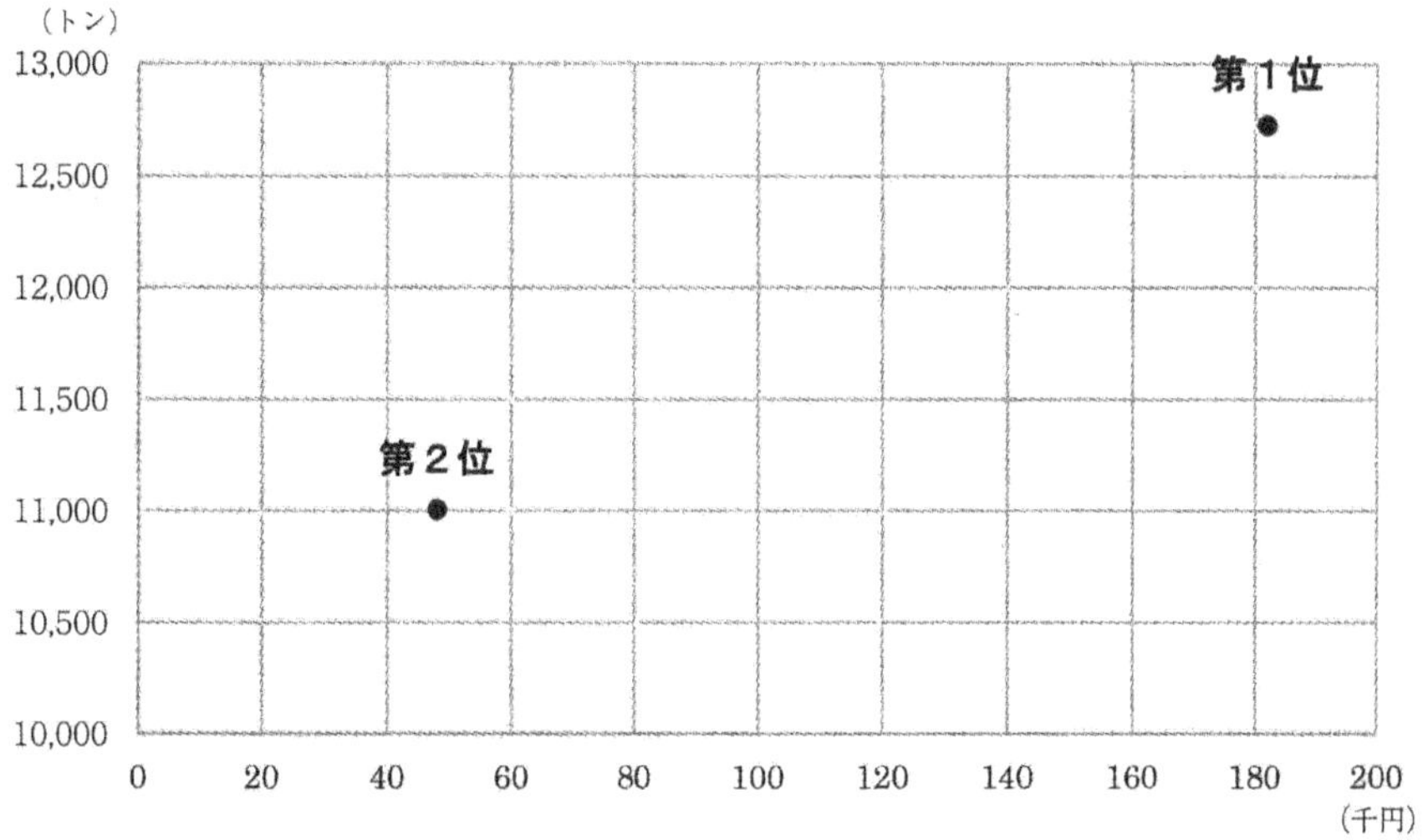

備考：平均単価は水揚げ金額（千円）÷水揚げ高（トン）
宮城県ホームページ「県内産地魚市場水揚概要」より作成

	第１位	第２位
①	まいわし	まだい
②	まいわし	さんま
③	さんま	まいわし
④	さんま	まだい

問15. 下線15）に関する問題です。近年のアジア情勢の説明として**誤っているもの**を，次の①～④から１つ選びなさい。

①アフガニスタンではイスラム教の教えをもとに活動する武装組織，アルカイダが政治の実権をにぎった。

②ミャンマーでは軍事クーデタが起き，行政の中心的役割を果たしていたアウン・サン・スー・チーが捕《とら》えられた。

③香港では民主化を求める活動家たちが次々に逮捕《たいほ》され，中国政府に批判的な新聞が廃刊《はいかん》に追いこまれた。

④フィリピンでは大統領の強引な政治が問題とされ，それを粘《ねば》り強く批判《ひはん》する女性記者が昨年のノーベル平和賞を受賞した。

を描くことにより、

（２）
（エ）見えない美しさが現実世界の底に隠《かく》れている
（オ）過去と現在とが渾然一体《こんぜんいったい》になって立ち上がる
（カ）世界と自分がひとつながりのものとしてある

ことに気づかせてくれるものなのだと言えます。

つまり、絵の世界と現実の世界とがはっきりとわけられたものとしてあるという前提に立つことなく、

（３）
（キ）鋭く細やかな感受性によってとらえられた世界を、自分もろとも描き切る
（ク）揺《ゆ》さぶられ、たゆたう水面のように、時の流れ自体に身をゆだねてしまう
（ケ）感動しているという実感にもとづき、改めて対象の美しさを発見していく

ことこそ、水墨を描くということなのです。そうであるならば、描く主体についてもとらえ直す必要が出てくるでしょう。

「僕」は、湖山先生に誘《さそ》われて何となく水墨を習いはじめた大学生に過ぎませんでした。しかし、ここに至って、自分が絵を描くということに積極的な意味を見出《みいだ》そうとしています。西濱さんの描きぶりをふまえて言えば、絵というのは、描き手が対象をとらえ、それを支配的に描き出すことを意味しません。自分が置かれている状況《じょうきょう》を受け入れ、それをあるがままに肯定《こうてい》し、筆のおもむくままに見えて実は、自らが動かされていることにこそ、水墨の本質が隠《かく》されているのです。ゆえに、

（４）
（コ）線を、僕は描く
（サ）線が、僕を描く
（シ）線で、僕が描く

のだということができるでしょう。

【出典】

Ⅰ 将基面貴巳『日本国民のための愛国の教科書』（百万年書房、二〇一九年）六～二八ページ（ただし、省略した箇所がある）

Ⅱ 砥上裕將『線は、僕を描く』（講談社、二〇一九年）一六五～一七六ページ

に、同じ場にたたずむ者として共鳴していくのです。大きな体から生まれる力をそのまま筆に込めるような西濱さんの描き方は、

（４）
（コ）水墨《すいぼく》という名の音楽に包まれているような陶酔的《とうすいてき》な感覚
（サ）魂《たましい》を手に入れた花が飛び出してくるような神秘的な感覚
（シ）美が美であることを越《こ》えていくかのような不思議な感覚

を「僕」にもたらしたのでした。

【問８】――⑩「そこでふいに僕《ぼく》はとんでもないことに気づいた」とありますが、どういうことですか。最も適当なものを次の中から選び、（ア）～（エ）の記号で答えなさい。

（ア）描《えが》く直前において内側に抱《かか》え込《こ》んだ感情の綾《あや》さえ、西濱さんの絵にはにじみ出ている。描き手の感情表現として絵を描くというのは、画面の上に自分自身を、周囲の世界から切《き》り離《はな》されたものとして表現することにつながっている。芸術家として世界と正対するというのはまさに、西濱さんのような人のことを指すのではないか、ということ。

（イ）牡丹《ぼたん》という花の命をとらえ、紙の上で再現するためには、徹底《てってい》的《てき》な観察とそれを墨《すみ》一色で描き切る力が必要になる。西濱さんは、牡丹の花としての本質を紙の上に投影《とうえい》し、あと戻《もど》りのきかないひと筆書きのようになぞっている。ならば描く前にすでに、自身の想像のうちで、命を吹き込まれた牡丹が完成していたのではないか、ということ。

（ウ）心というあやふやなものを自身で操《あやつ》り、西濱さんはまるで踊《おど》るように筆を動かしている。それは、絵を描くという姿勢を究極的に突《つ》き詰《つ》めた結果、つねに同じ水準で描ける域までたどり着いているということを意味する。他人の筆と他人の硯《すずり》であっても、自分自身の絵にしてしまうところに、西濱さんの凄味《すごみ》があるのではないか、ということ。

（エ）たった今、この瞬間《しゅんかん》における自分のありようを筆先に乗せて、西濱さんの描く絵は出来上がっている。つまり、生きていることと絵を描くこととが同じ次元で溶《と》け合《あ》い、作品に影響《えいきょう》を与《あた》えているのである。それを何気なくやってみせてしまうところに、西濱さんのたぐいまれな芸術家としての才覚があふれ出ているのではないか、ということ。

【問９】――⑪「なぜ僕《ぼく》がここにいるのか、ほんの少しだけ分かるような気がしてきた」とありますが、これに関する次の説明文の（１）～（４）について適当なものをそれぞれ選び、記号で答えなさい。

「僕」は、西濱さんの作品の制作過程を通じて、世界のありのままを描《えが》くというのは、目で見えているものだけを描くのではないのだと考えるようになりました。

つまり水墨《すいぼく》とは、対象をただ面面に写し取るのではなく、

（１）
（ア）人生で出会ってきた多くの人に対する感謝の気持ち
（イ）積み重なった技術の結晶《けっしょう》を存分に使った究極の形態
（ウ）自分の中でうごめいている心や気分も含《ふく》めたすべて

の色のみで対象を本物そっくりに描くというだけでは、作品としてすぐれていることにならないから。

（イ）完成度が高く、描かれた対象からまるで光が放たれているような斉藤さんの絵は、見る人を立ち止まらせるほどの美しさに満ちてはいるが、見る人の目に魔術《まじゅつ》のような錯覚《さっかく》をもたらしてしまう点において、水墨とは呼べないから。

（ウ）写真のように美しい斉藤さんの絵は、膨大《ぼうだい》な時間をかけて獲得《かくとく》された彼《かれ》一流の技術によって支えられているが、水墨にくわしくない鑑賞者《かんしょうしゃ》にとってはやや難解なところがあり、普遍性《ふへんせい》のある作品になっているとは言いがたいから。

（エ）まるで下絵があるかのように同じリズムで描かれていく斉藤さんの絵は、コンピューターグラフィックス（ＣＧ）を見慣れた現代の人にとってはなじみのあるものだろうが、伝統的な水墨の世界からは逸脱《いつだつ》してしまっているから。

【問６】［Ａ］～［Ｅ］に当てはまる会話文として適当なものを次の中から選び、（ア）～（オ）の記号で答えなさい。

（ア）「悪くない」

（イ）「これは何処《どこ》のお茶？」

（ウ）「西濱君、ありがとう」

（エ）「美味《おい》しいですよね」

（オ）「お待たせしました～～！」

【問７】――⑨「それは牡丹《ぼたん》よりも牡丹らしいものに見えた」とありますが、これに関する次の説明文の（１）～（４）について適当なものをそれぞれ選び、記号で答えなさい。

筆が進むにつれ、だんだん「僕《ぼく》」は西濱さんの世界に引《ひ》き込《こ》まれていきます。

確かに西濱さんの絵は

（１）
- （ア）お世辞にも上手とは言えないほど構図《こうず》がよじれて
- （イ）形式的なほころびが目立ち筆致《ひっち》の方が強く表れて
- （ウ）相手をねじふせようとする圧倒的《あっとうてき》な力にあふれて

いるように見えます。

一方で「僕」の目には、西濱さんの絵が、千瑛や斉藤さんの絵とは本質的に異なった点があると映りました。もちろん、千瑛や斉藤さんの描《えが》いた牡丹も、素晴《すば》らしい出来上がりです。

それでも二人の絵は

（２）
- （エ）手先の技法の完成にとらわれすぎている
- （オ）上手《うま》く描こうと画面を意識しすぎている
- （カ）対象をとらえるのに力が入りすぎている

と「僕」は思わざるをえません。

「僕」が惹《ひ》かれているのは、西濱さんの手によって一枚の絵が出来上がっていく過程の躍動感《やくどうかん》にあり、少しずつ

（３）
- （キ）刻み込まれていく芸術家の祈《いの》りのような熱のほとばしり
- （ク）肉づけられて華《はな》やかに浮《う》かび上《あ》がる可変的な造形の数々《かずかず》
- （ケ）白い画面に吹き込まれていく生命の息吹に似た一瞬一瞬

とありますが、それぞれの意味として適当なものを次の中から選び、（ア）～（カ）の記号で答えなさい。

（ア）こうしようという覚悟《かくご》を決めること。
（イ）いったん決めた選択《せんたく》を変えてしまうこと。
（ウ）当てがはずれてしまってぼんやりすること。
（エ）心中に何かたくらみを隠《かく》しもっていること。
（オ）何もすることがなくて、時間を持てあますこと。
（カ）他を出し抜《ぬ》いて自分だけ先に物事をなそうとすること。

【問３】――④「千瑛《ちあき》は牡丹《ぼたん》を描《えが》いていた」とありますが、「僕《ぼく》」は「千瑛」の絵をどのように受け止めたのですか。次の説明文の [a] ～ [d] に当てはまるものを選び、それぞれ（ア）～（シ）の記号で答えなさい。ただし、**同じ記号を２度以上用いてはいけない**こととします。

> 水墨画《すいぼくが》の大家である篠田湖山《しのだこざん》の孫・千瑛は、水墨画を習い始めたばかりの「僕」にとってこの分野では先輩《せんぱい》に当たります。本来であれば [a] な筆致《ひっち》を持つ彼女《かのじょ》の描き方は、「大輪の花」「大きな葉」とあるような力強さを持つ一方、墨《すみ》の色をみごとに変化させ、濃淡《のうたん》を描き分けられるだけの [b] さを持っていました。今日に限って彼女の表情は硬《かた》く、[c] ように感じられても、結果的には、[d] するような花弁の牡丹がみずみずしく画面に咲いているごとく「僕」には思えたのです。

（ア）卓逸《たくいつ》　（イ）精密《せいみつ》　（ウ）無駄《むだ》がない　（エ）感動《かんどう》
（オ）華麗《かれい》　（カ）多様《たよう》　（キ）ミスはない　（ク）爆発《ばくはつ》
（ケ）超絶《ちょうぜつ》　（コ）周到《しゅうとう》　（サ）ぎこちない　（シ）膨張《ぼうちょう》

【問４】――⑤「空気が凍《こお》り付くようなこの緊張感《きんちょうかん》」とありますが、その説明として最も適当なものを次の中から選び、（ア）～（エ）の記号で答えなさい。

（ア）普段《ふだん》ならば絵の良《よ》し悪《あ》しをまっさきに尋《たず》ねてくるはずの千瑛が、今日に限って湖山先生の出方をうかがっていて、見習い中の「僕」だけでなく、その場にいる誰《だれ》もが、作画の途中《とちゅう》でどのような致命的《ちめいてき》な失敗があったのか判断できずに動けなくなっている。
（イ）普段は優《やさ》しくて人あたりもよさそうな湖山先生が、全身の力すべてを込《こ》めたような千瑛の描きぶりを見てもまったく動じることなく、かえって興をそがれてしまったように見えるので、その場にいる誰もが湖山先生をどうなだめればいいのか困っている。
（ウ）普段とは異なる特殊《とくしゅ》な状況《じょうきょう》において描き出した千瑛の絵は、そばで見ていた「僕」から見ても決して出来がわるくはなさそうなのに、いつまでたっても湖山先生が何も言わないので、いったい何が起こるのかと、その場にいる誰もがすくみ上がっている。
（エ）普段から容姿や服装がだらしなく、年寄りじみている湖山先生が、こと水墨画のことになると急に真剣《しんけん》な態度を見せ、千瑛の絵の出来栄《できば》えをじっと見つめており、いつものことながらその切《き》り替《か》えの速さと鋭《するど》さにその場にいる誰もが驚《おどろ》きおののいている。

【問５】――⑦「湖山先生は疲《つか》れたように目頭《めがしら》を押《お》さえて、それからゆっくり首を振《ふ》った」とありますが、どうしてですか。最も適当なものを次の中から選び、（ア）～（エ）の記号で答えなさい。

（ア）無駄《むだ》な筆致がほとんどなく、墨の調節のしかたも完璧《かんぺき》に近い斉藤さんの絵は、とても写実的で非の打ちどころもないのだが、墨

「まあ、なんだかとても生き生きしているけれど、今日は何かいいことがあったの？」

　と湖山先生が笑うと、西濱さんは図星のように後頭を掻《か》いた。これはもう明らかに茜さんのことだと思い至るのに、それほど時間は掛《か》からなかった。だが、⑩そこでふいに僕はとんでもないことに気づいた。

　そんなささいな心の変化が筆にすぐに表れるほど、繊細《せんさい》な反応を西濱さんの筆は有しているのだ。西濱さんの心が現実と筆を繋《つな》いでいる。西濱さんは、その躍《おど》るような心の変化を牡丹《ぼたん》という形に変えたのだ。牡丹という花の命の在り方を通して、自分の心や命の在り方を造作もなく表現した。

　こういう技《わざ》のことをなんとたとえればいいのだろう。そもそもこれは技なのだろうか。

　湖山先生は口を開いた。

「水墨《すいぼく》というのはね、森羅万象《しんらばんしょう》を描く絵画だ」

　斉藤さんと千瑛は、これ以上ないほど真剣《しんけん》に湖山先生の話を聞いていた。湖山先生もまた二人に語り掛《か》けていた。

「森羅万象というのは、宇宙のことだ。宇宙とは確かに現象のことだ。現象とは、いまあるこの世界のありのままの現実ということだ。だがね……」

　湖山先生はそこでため息をつくように息を放った。

「現象とは、外側にしかないものなのか？　心の内側に宇宙はないのか？」

　斉藤さんの眉《まゆ》が八の字に歪《ゆが》んでいた。千瑛は何を言われたのか分からないほど、言葉に迷っていた。僕にはようやく湖山先生が何を言おうとして、⑪なぜ僕がここにいるのか、ほんの少しだけ分かるような気がしてきた。

「自分の心の内側を見ろ」

　と、湖山先生は言っていたのだ。それを外の世界へと、外の現象へと、外の宇宙へと繋《つな》ぐ術が水墨画なのだ。西濱さんの絵が答えなら、もう、そうとしか考えられなかった。

　心の内側を解き放つために、湖山先生は僕をここに呼んだのだ。

【問１】――①「一心不乱」、⑧「一気呵成《いっきかせい》」とありますが、それに関する（１）（２）の設問に答えなさい。

（１）――①「一心不乱」の意味として最も適当なものを次の中から選び、（ア）～（エ）の記号で答えなさい。

（ア）相手を恋《こ》いしたう気持ちや待ち望む気持ちが非常に強いさま。

（イ）いっさい休むことなく、勢いにのって最後までしあげるさま。

（ウ）それぞれの心と体がひとつになるほど強く結びついているさま。

（エ）ほかのことに注意をそらさず、そのことだけに集中しているさま。

（２）――⑧「一気呵成」と対《つい》になる（反対の意味になる）ものを次の中から**２つ選び**、（ア）～（オ）の記号で答えなさい。

（ア）無我夢中《むがむちゅう》　（イ）試行錯誤《しこうさくご》　（ウ）猪突猛進《ちょとつもうしん》

（エ）初志貫徹《しょしかんてつ》　（オ）沈思黙考《ちんしもっこう》

【問２】――②「間の抜《ぬ》けた」、③「手持ち無沙汰《ぶさた》」、⑥「意を決した」

僕《ぼく》は西濱さんの水墨《すいぼく》を眺《なが》めていた。

ガラスの壁《かべ》そのものが、小刻みに震《ふる》えていた。

西濱さんの一筆、一筆が真っ白い画面に刻まれるたびに、壁は震え、目は吸《す》い込《こ》まれた。

これは明らかに、美などではない。

美しさなど思いもしなかった。そうではなく、ただ心が震え、一枚の絵、一輪の花、たった一つの花びらの中に命そのものを見ていた。

西濱さんの急激に膨《ふく》らんでいく生命感が、画面の中に叩き付けられていく。筆致《ひっち》のことなどどうでもいい、ただ、その大きな空気が美以外のえたいの知れない感情を僕の中に呼び起こした。温度があり、揺《ゆ》さぶられ、そして何かを感じずにはいられなくなる。自分もこんなふうに何かを成すことができれば、という思いを掻《か》き立てられてしまう。

僕はガラスの壁に貼《は》り付《つ》いて、外の世界の西濱さんの水墨を食い入るように見ていた。

僕は感動していた。僕は感動に手が震えていた。

絵はあまりにも速く出来上がった。出来上がった絵は、千瑛や斉藤さんのものよりも乱れ、写真のようではなかったが、⑨それは牡丹《ぼたん》よりも牡丹らしいものに見えた。

何がそう見せているのか。

形も何処《どこ》か破綻《はたん》していて、形よりも筆致のほうが強く表れている面と線の応酬《おうしゅう》にどうして牡丹を感じるのか分からなかったが、その絵には、斉藤さんと千瑛の絵にはない圧倒的《あっとうてき》な存在感があった。

並べてみて、僕の目にはようやくそれが映った。湖山先生が、何が気に入らないのかもそのときに分かった。

「命だ」

西濱さんの絵には命が描《えが》かれていた。

一輪の牡丹と真剣《しんけん》に向き合い、その牡丹に命懸《いのちが》けで向き合っている西濱さんの命が、こちらにまで伝わってきた。手先の技法など無意味に思えてしまうほど、その命の気配が画面の中で濃厚《のうこう》だった。西濱さんのその気配は明らかに西濱さんの技術を超《こ》えている。技術はまるでその生命感に及《およ》ばないが、それは問題ではなかった。ただそこに生きて咲《さ》いている花がある。そのことだけはほかの絵よりも確かに伝わってきた。

それに比べれば、斉藤さんと千瑛の絵は、花を追いかけるのに力が入り過ぎている。確かに美しいが、心惹《ひ》かれる美のさらに向こう側に行けない。千瑛の情熱だけがわずかに千瑛の心の在り方や温度を伝えるくらいで、それが西濱さんのような強烈《きょうれつ》な感動を生むわけではない。だが問題は、この二つの表現はどちらかが劣《おと》っているわけではないということだ。

あまりにも高いレベルの話過ぎて、僕を含《ふく》めた大方の人間にはそれから先の想像も及ばない。ほとんど真上にあるような仰《あお》ぎ見るしかない高みを、その真下にいる人間は判じようがない。星々《ほしぼし》との距離《きょり》を僕らが測れないのと同じように、僕らには正確なところは分からない。

湖山先生には、この三枚の絵はどう見えているのだろうか。

湖山先生は相変わらずお茶を飲んでいた。

西濱さんの絵を見て、湖山先生は、

「そうだね」

とうなずいた。西濱さんは照れたように笑っていた。湖山先生は、なおもじっと見た後、

というような不思議な和《なご》やかさに包まれて話が進んでいたところで、斉《さい》藤《とう》さんが声を上げた。声は緊張《きんちょう》で震《ふる》えている。

「せ、先生、わ、私の絵は……」

それは場を締《し》め上げるような苦しげな声だった。

湖山先生は、ハッと気づいたように、元の厳しい顔に戻《もど》って、斉藤さんと千瑛を見た。二枚の絵はテーブルに隣《とな》り合《あ》って並べられている。同じ構図で雰囲気《ふんいき》がよく似ている。斉藤さんのほうは完成度が高く、千瑛のほうが情熱的だ。二枚とも僕《ぼく》にはすばらしい絵に見える。湖山先生は何が気に入らないのだろう。湖山先生は大きくまばたきして、ため息をついてから、

「西濱君」

と、それだけ言った。西濱さんは茶碗《ちゃわん》から口を離《はな》し、ハッとしたように顔を上げた。きっとさっきの一瞬《いっしゅん》は、黙《だま》って茜さんのことを考えていたのだ。茜さんの話が出たから、茜さんのことを考え続けているなんて、なんでそんなに単純なんだ、と思ったけれど、この柔《やわ》らかなところに今は救われていた。

「西濱君」

ともう一度、隠《おだ》やかに湖山先生は言って、西濱さんは、ああはいはい、と立ち上がった。

斉藤さんと千瑛の絵の前に立つと何を言うことも、思うこともなさそうに、そのまま筆を取った。

「千瑛ちゃん、これ借りていいかな?」

声を掛《か》けると、千瑛は、どうぞとうなずいた。西濱さんは当たり前のように微笑《ほほえ》んだ。良いお兄ちゃんという表情だ。描《えが》き始める前に、何かに気づいたようにもう一度筆を置いて、墨《すみ》をすって、それからいつも着ている作業着の上着を脱《ぬ》いだ。たぶんいつでもタバコを胸ポケットに入れているから、上着を着ているのだろう。西濱さんの上着はいつでも汚《よご》れていて、ところどころ泥《どろ》んこだ。だが、それを脱ぐと、隆々《りゅうりゅう》とした引《ひ》き締《し》まった体や長い腕《うで》が長袖《ながそで》のTシャツ越しに現れた。工務店のお兄ちゃんが水墨《すいぼく》画家に変身した瞬間《しゅんかん》だった。

「では、あらためて筆をお借りして」

と描き始めようとしたところで、斉藤さんは気づいたように紙を取《と》り換《か》えて、西濱さんの前に置いた。

「斉《さい》ちゃん、ありがとう」

と穏やかに言った後、西濱さんは⑧一気呵成《いっきかせい》に描き始めた。

速い。

千瑛も速いが、それよりもさらに速い。そして、速いのに余裕《よゆう》があり落ち着いている。千瑛がヴァイオリンのように筆を小刻みに身体を揺《ゆ》らしながら使うのだとすれば、西濱さんはコントラバスか、チェロのような大らかな動きで身体を使っている。筆の先は、速いが、落ち着いている。そして、画面の部分によって速く運筆する場所とゆったりと運筆している場所の差が大きい。大柄《おおがら》な体軀《たいく》から生まれる生命力をそのまま筆に込《こ》めている印象があった。描かれている絵は美しい。それは当然のことだった。

だがそれだけではない。千瑛や斉藤さんの絵とは本質的に異なっている。それは美ではない何か、だ。

僕の目は画面に吸い込まれて、それと同時に、僕は自分の心の内側にあるガラス部屋まで意識した。その場所と外の世界が繋《つな》がり、そこから

同じようにＣＧのようだった。

　同じ墨を使っているのに、薄墨《うすずみ》と濃墨《こずみ》の差が千瑛の絵よりも広がっているために、絵そのものが光を帯びているようにも感じた。明らかに目を引く美しさがあった。そして、何よりも千瑛のものよりもさらに写実的で、形に狂いがなかった。傍目《はため》で見ていても、絵ではなく写真のように描かれる画面は技術というよりも魔術《まじゅつ》に近い。何か騙《だま》されたような気さえしてしまう。

　これならばと思い、湖山先生の顔をのぞいてみるけれど、湖山先生の表情は相変わらず冷めている。斉藤さんが、筆を置いて、湖山先生を見ると、⑦湖山先生は疲《つか》れたように目頭《めがしら》を押《お》さえて、それからゆっくり首を振《ふ》った。

　斉藤さんのこれ以上、青くなりようもない顔がさらに青ざめているのを見ると、心から不吉《ふきつ》な感じがした。千瑛はその背後で、もうすぐ泣きそうだ。このときだけは、千瑛は弱々《よわよわ》しい小さな女の子のように見えた。

　湖山先生の静かなため息が聞こえて、一同が言葉を失くしているところに、

「　A　」

という、いつもの軽いノリで西濱《にしはま》さんがお茶を運んできた。手際《てぎわ》よく、皆《みな》にお茶を配ると、斉藤さんと千瑛と僕《ぼく》を席に着かせた。ナイスタイミングだとも言えるし、ちょっと間が悪すぎるともいえる微妙《びみょう》な瞬間《しゅんかん》に西濱さんはやってきて、何もかもを小休止させてしまった。湖山先生は、西濱さんを見るとやっと微笑《ほほえ》んで、

「　B　」

と、いつもの好々爺《こうこうや》にわずかに戻《もど》り、千瑛はお茶を飲みながら熱くなった瞳《ひとみ》を冷ましていた。斉藤さんだけが元のまま青く、お茶にも口をつけない。僕は緊張《きんちょう》でカラカラになった喉《のど》を潤《うるお》していた。当の西濱さんは、頭からタオルを取って、僕の横に座ってズズズとお茶を啜《すす》っていた。この沈黙《ちんもく》に響《ひび》く、なかなかいい音だった。

「　C　」

と湖山先生は言ったが、それは明らかにお茶のことだろう。

「　D　」

と西濱さんが、声を上げて、湖山先生が、

「　E　」

と子供のように訊《たず》ねると、ほとんど機嫌《きげん》はなおっていた。西濱さんは、

「今日の帰りに、翠山先生のところの茜《あかね》さんが持たせてくれたんですよ。お裾分《すそわ》けだそうです。翠山先生のところの息子《むすこ》さんがほら……」

「ああ、翠山《すいざん》先生のところのお婿《むこ》さんかあ。そういえば、お茶屋さんの工場に勤めておられるんだよね」

「そうそう。茜《あかね》さんのお父さんです。湖山先生にって新茶を持ってきてくれていたみたいですよ」

「なるほどね。翠山先生の家にはいつもお世話になるねえ……。西濱君、翠山先生のところにはよくよくお礼を言っておいてね。審査《しんさ》でもいつも助けられてるし」

「もちろんですよ、先生。翠山先生にも茜さんにもまたお礼を伝えておきます」

「うんうん」

と湖山先生はうなずき、さっきまでの不機嫌《ふきげん》さは何だったのだろう、

するような華《はな》やかな大輪が、画面のなかでみずみずしく咲《さ》いていた。

　千瑛は、疲れ果《は》てたように筆を置いて、しばらく絵を見ていた。それから、小筆に持ちかえて、何かを描こうとして、紙の上をクルクルと回ったが、やめて筆を置いた。それで作画は終わった。

　千瑛は緊張《きんちょう》した面持《おもも》ちで、湖山先生を見、斉藤さんもふだんにはない険しい目で湖山先生を見たが、当の湖山先生は千瑛の絵を見たまま、なんてこともない白けた目をしている。

　⑤空気が凍《こお》り付《つ》くようなこの緊張感は何なのだろう？

あの好々爺《こうこうや》そのものとも思えるような湖山先生が冷たい目をすると、こんなにも怖《こわ》いものなのだろうか。

　湖山先生は何も言わないまま首を振った。そのとき、千瑛の顔にはうつむきながら暗い影《かげ》が広がった。斉藤さんの表情も渋《しぶ》くなった。湖山先生はなおも何も言わない。斉藤さんは心からこわごわと湖山先生に訊《たず》ねた。

「先生、いかがでしょうか？　良い絵だったと思いますが……」

　斉藤さんがそう言った後、しばらく湖山先生は答えなかった。その間が、あまりにも怖い。

「斉藤君は、今のが、いい絵だったと思うのかね？」

　その声も問い方もあまりにも厳しくて怖かった。千瑛はいつものような跳《は》ねっ返《かえ》りを口にすることもなく、斉藤さんでさえ押《お》しつぶされそうだ。湖山先生は、これぞ篠田《しのだ》湖山！　というような誰もが安直に思い描いてしまう大家の、あの表情で話をしている。文句をいうわけでも、不《ふ》機嫌《きげん》そうなわけでもないが、何かどうやっても曲げられないような強い意志が、言葉にも雰囲気《ふんいき》にも表れている。湖山先生を支えてきた巨大《きょだい》な精神力の前に、僕ですら息苦しくなってしまった。

　斉藤さんは何も答えられない。湖山先生は、

「斉藤君、描《えが》いてみなさい」

と、言い放った。斉藤さんの動きは固まったが、その後、⑥意を決したようにうなずいて、別室に道具を取りに行って戻《もど》ってきた。

「では……」

と、千瑛といっしょに紙を用意し、千瑛の使っていた道具や筆を退けて自分の道具を並べ始めた。筆洗の水はすぐに千瑛が換《か》えてきた。

　ポチャンと、いつもの音がすると、斉藤さんは絵を描き始めた。

　千瑛のように揺《ゆ》れはしない。だが、無駄《むだ》な筆致《ひっち》も少なく、墨《すみ》の濃度《のうど》の調整もいつものように狂《くる》いがない。調墨《ちょうぼく》だけでいえば、確かに千瑛の数段上を行っている。千瑛の絵もそれを眺《なが》めたときはみごとだと思ったけれど、斉藤さんを前にするとやはり未熟さが目立ってしまう。まるで狂いのない筆致に僕《ぼく》は驚《おどろ》いていた。斉藤さんの手は機械のように精密に動いていった。

　大筆で画面に叩《たた》き付《つ》けるように調墨をした筆の全体を使って花びらを描いていき、叩き付けた衝撃《しょうげき》で花弁の繊維《せんい》を描く。その繊維は、当然、筆の毛が画面に乗った際の繊維だが、筆の中に含《ふく》まれた墨の達人級のグラデーションが、まるでそれを輝《かがや》きや潤《うるお》いのある花びらそのものに見せてしまう。

　斉藤さんの手順は、徹底《てってい》して無駄がなく美しい。迷うことなく同じリズムで進み続ける作画は、斉藤さんがそれを身につけるまでに費《つい》やした膨大《ぼうだい》な時間を思わせた。

　出来上がった絵は、この前見たときのように完成度が高く、この前と

を、ベネディクト・アンダーソンは「想像の共同体」という言葉で表現したのである。

（エ）　ヨーロッパの国々は、フランス革命以降、急速に「国民《こくみん》」を単位とした国家に変貌《へんぼう》することができた。それは、それぞれの国が共通語というものを持ち、その言語を話す民族に共通の歴史を持っていたからである。

（オ）　声をそろえて歌うことで、歌う人々の間に連帯感が生まれる。日本の景観の美しさや軍隊の勇ましさを、生徒全員が声をそろえて歌う「唱歌」は、生徒に「日本人」という意識を植え付ける役割を担《にな》ったのである。

（カ）　日本と韓国《かんこく》と台湾《たいわん》が連合国を作ったり、北海道や沖縄が日本から独立したりする、などということが、この「現実世界」で起きるはずはない。そのような事態は、「フィクション」の中にしか存在しないのである。

Ⅱ　次の文章を読んで、以下の設問に答えなさい。

珍《めずら》しく湖山《こざん》先生は、皆《みな》が集《つど》う教室の中にいて、全員が顔を合わせた。全員というのは、僕《ぼく》と西濱《にしはま》さんと、斉藤《さいとう》さんと千瑛《ちあき》ということだが、よくよく考えれば皆が同じ場所にいるところを見たことなど一度もない。皆、それぞれいつも勝手に動いている。

二十人くらいを囲んで宴会《えんかい》のできそうな長いテーブルにいすが備え付けられていて、正面にはホワイトボードが置いてある。湖山先生はそのホワイトボードの前に陣取《じんど》って、手の届く距離《きょり》で絵を描《えが》いている千瑛を眺《なが》めている。

千瑛は①一心不乱に絵を描いているが、湖山先生の目はあまり温かくない。千瑛の左隣《ひだりどなり》で突《つ》っ立《た》ったまま千瑛の描く姿を見ているのは斉藤さんで、斉藤さんの目はいつものことだが、表情がいまいち分からない。青白く、美青年で、あまり笑わない。

西濱さんは、周りを見渡《みわた》して、

「ただいま帰りました〜！」

と、何処《どこ》か②間の抜《ぬ》けた、ただいま、を言った後、誰《だれ》にも何も言われないうちから、

「皆さん、お揃《そろ》いで……、あっ、お茶ですね〜〜」

と、ごくごく当たり前のように台所に消えてしまったし、取り残された僕は③手持ち無沙汰《ぶさた》のまま、吸《す》い込《こ》まれるように湖山先生のほうへ近づいていった。湖山先生は千瑛の描くところを見ていて、こちらにはあまり反応しない。

④千瑛は牡丹《ぼたん》を描いていた。

大輪の花、みごとなまでの花弁の調墨《ちょうぼく》の変化、大きな葉を描く線の鋭《するど》さ、それらを描き分ける墨色《すみいろ》の精密な変化……、この前、大学で描いたときよりも技法は数段、磨《みが》かれていた。

千瑛は今日も素早《すばや》く動いている。だが、表情は硬《かた》く、動きはどこかぎこちない。あの華麗《かれい》な筆致《ひっち》ではなく、恐《おそ》れを振《ふ》り払《はら》うように筆を振り回しているようにも見えた。描かれる絵は、いまのところミスはない。少なくとも僕にはそう見えた。すべてが完璧《かんぺき》な配置で描かれている。いつの間にか、半切の細長い画面に五輪の牡丹が描かれ、鋭い茎《くき》で結ばれて絵は完成していた。

墨一色で描かれているのに、何処からどう見ても牡丹に見える。爆発

【問11】 ——⑩「奇妙《きみょう》に聞こえるかもしれませんが、『国語』は明治になってから作られたものです」とありますが、どういうことですか。明治期の日本の言語状況《じょうきょう》について説明した次の文章を読んで、[a]～[d]に当てはまる言葉を選び、それぞれ（ア）～（コ）の記号で答えなさい。

江戸《えど》時代、日本の中は二百数十の藩《はん》に分かれ、さらには二六〇余年もの間、藩をまたぐ人々の移動を制限してきたために、それぞれの地域ごとに独自に発展した[a]が成立することになりました。ですから、江戸時代が終わって、明治という新しい時代が始まった時には、例えば東北の人と九州の人とでは言葉がうまく通じない、意思の疎通《そつう》がうまくいかない、という状況が存在していたのだといいます。

明治政府にとっての重要な課題は、日本全体を一つにまとめ上げ、「自分は日本という国の国民だ」という意識を持った国民から成る国家を作り上げることでした。けれども、そのような国民意識は、自然に芽ばえてくるもの、ほうっておいて自然にできあがるものではありません。

街中で小学校のクラスメイトを見かけたら、「あっ、同じクラスの○○ちゃんだ」といった[b]意識を持つことができます。でも、顔も名前も知らない他人に対しては、そうはいきません。では、見知らぬ者同士が「自分たちは同じ日本という国の人間だ」という意識を持つために、なくてはならないもの・必要なこととは何でしょうか。——それは、両者が[c]の言語を持っていることです。

そのためにも、地域ごとに[a]があって、意思の疎通がうまくいかないような状況を何とかしなければなりません。そこで、東京の山《やま》の手《て》で使われていた言葉をモデルとして、標準語＝国語が整備されていくことになるのですが、その国語を日本中の人が読み、話し、理解できるような状況を作り上げていく必要があります。この時、国語の普及《ふきゅう》に大きな役割を果たしたものが、[d]であり、メディアであったのです。

（ア）共通　（イ）習慣　（ウ）学校　（エ）国民
（オ）武士道　（カ）独自　（キ）方言　（ク）戦争
（ケ）仲間　（コ）愛国心

【問12】 本文の筆者の意見や考えと合致《がっち》するものを次の中から**２つ選び**、（ア）～（カ）の記号で答えなさい。

（ア） 畠山勇子が自決した直後、ラフカディオ・ハーンや女子教育家の巌本善治は、勇子の行動を「武士道」という文脈で捉《とら》え、評価することができた。それは、彼《かれ》らが「キリスト教」的な思考を有していたからである。

（イ） 江戸《えど》時代の日本人にとっては、自分の所属する藩が「国」であり、それ以外の藩が「よその国」であった。だから、江戸時代の日本人は、日本という大きな単位を愛するなどという意識を持ち得なかったのである。

（ウ） 人と人とは、たとえ見知らぬ者同士であっても、同じ人間として同胞《どうほう》意識を抱《いだ》くことができる。この自然に生まれてくる連帯感

（イ）　日本精神と武士道とは、深く関わるものであった。ところが、明治維新《いしん》によって武士という身分が消滅《しょうめつ》してしまったことで、明治前半の日本人の多くは、日本を愛する精神を失うことになってしまった、ということ。

（ウ）　江戸《えど》時代は鎖国《さこく》体制下にあって、日本人には西欧諸国と競《きそ》い合うという意識がなかった。その延長で、明治前半の日本人の多くは、西欧諸国に負けない日本を作り上げようという目標を持ち得なかった、ということ。

（エ）　江戸期の日本人には、自分が日本という国に属する人間だという意識がなかった。明治前半の日本人の多くも、それと同じような状態で、自分の国として日本を愛するという感覚を持ってはいなかった、ということ。

【問９】　――⑧「明治初期に日本人が愛国的になることを待望していた福沢は、明治後期には日本人の多くが愛国的すぎることを警戒《けいかい》し、愛国心自体に懐疑《かいぎ》のまなざしを向けるようになったのです」とありますが、それはなぜですか。最も適当なものを次の中から選び、（ア）～（エ）の記号で答えなさい。

（ア）　多くの日本人が熱狂的《ねっきょうてき》な愛国者となった時、福沢諭吉は、そこに日本人の行き過ぎた自国びいきと外国人に対する一方的な敵意とを見出《みいだ》し、それを不適切なものと考えるようになったから。

（イ）　十年前には愛国心の意味さえ知らなかった日本人が、急激に愛国、愛国と叫《さけ》ぶようになった時、福沢諭吉には、それが一過性のブームに過ぎないのではないか、と疑わしく感じられたから。

（ウ）　日清戦争に勝利した日本で愛国ブームがわき起こるのを見た時、福沢諭吉は地球上の支配権争いが愛国心を高揚《こうよう》させるのだと気づき、愛国心をきな臭《くさ》いものだと感じるようになったから。

（エ）　明治後期の日本人が身につけた愛国心とは、国家という大きな単位と結び付くものではないことを見て取った福沢諭吉は、日本には本当の愛国心が育たないのだと見切りをつけたから。

【問10】　――⑤「教育勅語《ちょくご》の奉読《ほうどく》と拝礼は、儀式《ぎしき》を通じて愛国的な姿勢を日本人の身体に教《おし》え込《こ》みました」とありますが、どういうことですか。次の説明文の［a］～［c］に当てはまる言葉を選び、それぞれ（ア）～（キ）の記号で答えなさい。

> 教育勅語とは、明治天皇の名のもとに発せられた教育に関する基本理念です。戦前・戦中の学校では、校長が壇上《だんじょう》で教育勅語を奉読する時、全ての生徒は［a］の姿勢で、頭を下げ、校長が読む天皇の言葉を聴《き》くように求められました。現代でも式典の時などに求められる［a］の姿勢は、多くの国の［b］において、基本的な姿勢の一つとなっています。日本は西欧《せいおう》列強からその姿勢を学び、それを学校という空間にも取り入れました。児童や生徒たちは教育勅語の奉読という儀式を通して、［a］の姿勢を取ることが、地位・階級・年齢《ねんれい》などが上の人間に対して［c］を示す身体言語となることを学んだのです。

（ア）　都市　　（イ）　親愛の情　　（ウ）　体育座《すわ》り

（エ）　一意専心　　（オ）　直立不動　　（カ）　軍隊

（キ）　尊敬の念

（ア）国家　（イ）友愛　（ウ）女気　（エ）気楽
（オ）不快　（カ）宗教　（キ）人道　（ク）正気
（ケ）本気

【問６】――⑤「勇子の自決はその先駆《さきが》けといってよいものだったのです」とありますが、どういうことですか。次の説明文の［a］～［d］に当てはまる語句を選び、それぞれ（ア）～（ク）の記号で答えなさい。

「維新《いしん》」とは、すべてが改まり、新しくなることです。明治維新によって武家社会が崩壊《ほうかい》したことで、武士道も、いったんは［a］となりました。ところが、明治23年頃《ごろ》になると、その武士道や武士道精神といったものが、ふたたび［b］になるのです。

畠山勇子が自決したのは、まだ武士道が見直され始めたばかりの頃《ころ》であり、彼女《かのじょ》の行為は、多くの日本人にとっては理解しがたいものでした。だから新聞などは、彼女を［c］として扱《あつか》ったわけです。ところが畠山勇子の死後、武士道という倫理《りんり》観《かん》・道徳観は日本全体に広がっていきます。それにともなって、勇子の行為に対する評価も変化していったのです。

たとえば、大正時代になると、命を賭《と》して日露《にちろ》の政府に訴《うった》えようとした畠山勇子は、［d］として評価されたりします。また、昭和時代になると、勇子は武士道を実践《じっせん》した女性として絶賛されたりもするのです。勇子の壮絶《そうぜつ》な最期《さいご》を、愛国心・武士道という文脈で解釈《かいしゃく》するようになったのだと言えます。同じものごとでも、時代によって受け取られ方や評価が変わってくるということの、一つの実例だと言えるでしょう。

（ア）目ざわりなもの　（イ）一介《いっかい》の年若な女性
（ウ）奇人《きじん》変人のたぐい　（エ）夢から覚めること
（オ）時代遅《おく》れなもの　（カ）手本とすべき女性
（キ）ペテン師のたぐい　（ク）脚光《きゃっこう》を浴びること

【問７】――⑥「もし仮にそうだとすれば」とありますが、「そうだ」の指し示している内容として最も適当なものを次の中から選び、（ア）～（エ）の記号で答えなさい。

（ア）愛国心を持つことは自然で当たり前のことである
（イ）愛国心を持つことは自然なことでも当たり前なことでもなかった
（ウ）自然で当たり前のことではない、という疑問が生じてきた
（エ）いつかの未来には国を愛することは自然でも当然でもないことになる

【問８】――⑦「日本人の多くが愛国的ではないどころか、そもそも愛国的であるとはどういうことかもわからない状態にあった」とありますが、どういうことですか。最も適当なものを次の中から選び、（ア）～（エ）の記号で答えなさい。

（ア）日本の近代化とは、西欧《せいおう》化であり、西洋のものは全て良いものだと考えられていた。それゆえ、明治前半の日本人の多くは、西欧諸国に強いあこがれを抱き、日本という国を軽《かろ》んじる傾向《けいこう》を持っていた、ということ。

そして、過去において愛国心を持つことが自然でも当然でもなかったのですから、未来においても永遠不変なわけがありません。

歴史の展開次第では、日本と朝鮮《ちょうせん》半島と台湾《たいわん》がひとつになって東アジア連合のようなものが出来上がるかもしれません。逆に、日本から沖縄や北海道が分離《ぶんり》して日本という国が縮小することがあるかもしれません。

これはただの思考実験で、もちろん未来は神のみぞ知るですが、現在の日本を永遠不変なものと考えるのではなく、いろいろな可能性を考えることは「日本という国に暮らす自分」「〈日本人〉である自分」への理解をさらに深めることになるでしょう。

【問１】＝＝＝ⓐ～ⓔのカタカナを漢字に改めなさい（楷書《かいしょ》で、ていねいに書くこと）。

ⓐ　シサツ　　ⓑ　コウジツ　　ⓒ　ドウテン　　ⓓ　ユライ

ⓔ　ツトめる

【問２】――①「甲斐《かい》もなく」、②「功を奏した」、③「面目《めんぼく》も丸つぶれ」とありますが、①「甲斐もない」、②「功を奏する」、③「面目丸つぶれ」の意味として適当なものを次の中から選び、それぞれ（ア）～（カ）の記号で答えなさい。

（ア）　あまりにひどくて、言葉も出ないさま。

（イ）　一つのことをして、二つの利益を得ること。

（ウ）　名誉《めいよ》や世間体《せけんてい》をひどく損《そこ》なってしまうさま。

（エ）　方策がうまくいって、結果に結びつくこと。

（オ）　何かをしただけの効き目や効果がなかったさま。

（カ）　思わぬ障害により、事の進行が妨《さまた》げられること。

【問３】［A］～［C］に当てはまる語を次の中から選び、（ア）～（オ）の記号で答えなさい。ただし、**同じ記号を２度以上用いてはいけない**こととします。

（ア）　あたかも　　（イ）　おそらく　　（ウ）　さながら

（エ）　そもそも　　（オ）　ようやく

【問４】［D］～［G］に当てはまる語の組み合わせとして適当なものを次の中から選び、（ア）～（エ）の記号で答えなさい。

（ア）　D＝さて　　E＝つまり　　F＝なぜなら　　G＝とりわけ

（イ）　D＝しかし　　E＝さらに　　F＝ところが　　G＝そこで

（ウ）　D＝さて　　E＝さらに　　F＝なぜなら　　G＝そこで

（エ）　D＝しかし　　E＝つまり　　F＝ところが　　G＝とりわけ

【問５】――④「勇子の自決に関するリアルタイムの反応は、眉《まゆ》をひそめるものと同情的なものとに二分されていました」とありますが、どういうことですか。次の説明文の［a］～［d］に当てはまる言葉を選び、それぞれ（ア）～（ケ）の記号で答えなさい。

畠山勇子が京都府庁舎の前で自決した時、有力新聞は畠山勇子という一女性の壮絶《そうぜつ》な死にざまを報ずるに際《さい》して、勇子の［a］を疑うとともに、その行為《こうい》をむしろ［b］なものとして扱《あつか》ったのでした。

それに対して、巌本善治が関与《かんよ》していた『女学雑誌』や、ギリシャ出身の小泉八雲らは、畠山勇子という一女性が［c］のために自らの命を投げ出したことを、［d］にのっとった行いとしてとらえ、勇子という女性を称賛《しょうさん》し、彼女《かのじょ》に敬意を捧《ささ》げたのです。

それは、日本人を日本という国の〈国民《ネイション》〉にするためでした。

明治維新《いしん》までの人々は、「藩」に属する存在として自分たちを理解していました。しかし明治になって、「日本」に忠誠心を持ってもらわなければ一丸となって外国に対抗《たいこう》できない。そのためには日本国民であるという意識を一人ひとりに植え付ける教育をしなければいけない。これは、ヨーロッパの国々《くにぐに》を真似《まね》して明治新政府が行った、国家的プロジェクトでした。

ヨーロッパの国々は、フランス革命（１７８９～９９年：寛政《かんせい》元年～11年）以降、〈国民《ネイション》〉を単位とする国民国家へと急速に変貌《へんぼう》しました。

それ以前のもともとのヨーロッパ諸国は、「地方」が江戸《えど》時代の「藩」のように力を持っていました。地方の貴族や聖職者が及《およ》ぼす支配力は、中央政府の支配力に十分対抗できるだけのものがありました。つまり、中央政府の政策はトップダウン式に地方へ伝えることができたのではなく、地方の有力者の協力なしには実現不可能でした。

しかも、各「地方」の文化や社会慣習は、現代とは比較《ひかく》にならないほど独自性が強く、各「地方」で話される言語すら異なっていました。

つまり標準語というものがそもそも存在しなかったのです。

そのように自律性・独自性の強かった「地方」を国家として統合するようになっていくのが、18～19世紀のヨーロッパの歴史です。

こうしてブルゴーニュ地方やノルマンディー地方といった、様々《さまざま》な地方の人々《ひとびと》がフランス国民として統合されるようになりました。学校教育や社会的プロパガンダを通じて〈国民《ネイション》〉意識が一般《いっぱん》の人々に刷《す》り込《こ》まれました。

そのために「フランス語」という国語（標準語）が作り上げられました。また、文化や社会慣習を異にする各「地方」をフランス国民というひとつの枠《わく》に収めるためには、ひとつの歴史を共有していることが必要とされました。そこで、様々な国民的英雄《えいゆう》の物語としての「国民の歴史」が人々に教え込まれたのです。

これを真似《まね》したやり方を、明治新政府もまた日本の人たちに対して行ったのです。いろいろな藩《はん》の連合体でしかなかった日本という国を、中央の政府が統一的に支配する国に改造するために、ヨーロッパで行われた〈国民《ネイション》〉形成の方法をモデルにしたのです。

まず「国語」が学校教育で教えられるようになりました。⑩奇妙《きみょう》に聞こえるかもしれませんが、「国語」は明治になってから作られたものです。

また「国史」、つまり日本の歴史が学校で教えられるようになりました。

〈日本人〉という想像の共同体を育むためには、ありとあらゆる手段が用いられましたが、中でも興味深いのは唱歌の誕生と奨励《しょうれい》です。学校で生徒全員が声を揃《そろ》えて歌う行為《こうい》は、歌うすべての人々の間に連帯感を生み出します。日本の景観の美しさや軍隊の勇ましさを歌にし、声を揃えて歌わせることで、〈日本人〉としての意識を次第《しだい》に植え付けていったのです。このように日本列島に住む人々に「自分は日本という国の〈国民《ネイション》〉である」という意識を芽生えさせる教育を施《ほどこ》し、その結果、〈日本人〉が生まれたというわけです。

ですから、日本人なら日本に対して愛国心を持つのは自然で当然だ、というのは事実として間違《まちが》っています。私たちが〈日本人〉であることを強く意識するようになったのは、明治以降の教育の結果なのです。

なかったからです。

ほとんどの日本人は、明治維新《いしん》より以前は「藩」よりも大きな単位を意識せずに生活していました。つまり藩が「国」だったのです。

ある藩に生活している人にとっての「外国」は、よその藩。その向こうの、現在の私たちが言うところの「外国」は、意識の外だったということです。

ですから「日本」なんていう大きな単位を愛するなんて、当時の日本人には想像もつかなかったわけです。

なので、当時の日本人にあったとすれば「愛藩心《あいはんしん》」のようなものだったと言えるでしょう。ただし、藩への忠誠心は、突《つ》き詰《つ》めれば「主君」への忠誠心だったので、「藩という共同体に帰属する感覚」とは異なったものだったと言えます。

ところが、１８９０年代（明治23～32年）には多くの日本人が急に「愛国」を叫《さけ》ぶようになりました。

理由はいろいろあります。

ひとつには１８９０年（明治23年）に教育勅語《ちょくご》が公布されたこと。⑨教育勅語の奉読《ほうどく》と拝礼は、儀式《ぎしき》を通じて愛国的な姿勢を日本人の身体に教《おし》え込《こ》みました。

さらに１８９４～９５年（明治27～28年）の日清戦争で、日本が勝利を収めたこと。清国《しんこく》に勝ったことは、世界の中の強国としての「日本」を日本人に強く意識させたでしょう。

その他にもいろいろな要因が絡《から》んで、多くの日本人が急激に愛国的になったと考えられますが、結局のところ日本人の多くが愛国的になった理由は、広い意味での「教育」の結果であると言ってよいでしょう。

政府や言論界が「日本人が愛国心を持つこと」の重要性を強調し、そのような教育を施《ほどこ》した結果、愛国的な日本人が生まれたのです。

先に述べた教育勅語は、その際《さい》に大きな役割を果たしました。

教育勅語を校長先生が読み上げ、生徒がこれをありがたく聞く儀式は、国と天皇に対する畏敬《いけい》の念を、若い日本人たちに植えつけました。

さらに武士道ブーム以降、武士道という倫理観《りんりかん》が日本人全員に要求されるようになりました。一般庶民《いっぱんしょみん》まで、日本人なら武士を模範《もはん》とするべしとなりました。

武士は主君（藩主《はんしゅ》）に仕える存在です。明治日本の「武士」であるべきすべての日本人は、主君＝天皇に仕える存在として読《よ》み替《か》えられました。こうして天皇を中心とする「日本」という国家への忠誠心が、教育によって刷《す》り込《こ》まれていったというわけです。

（5）〈国民〉は想像の共同体

しかし、よくよく考えてみると「日本人である」という同胞《どうほう》意識や「日本という国を愛する」という感情は不思議なものです。なぜなら、同じ日本人と言っても、親類、友人、知人を除けばほとんどの人々《ひとびと》が会ったこともない赤の他人です。そんな赤の他人に、なぜ特別な意識や感情を持つようになったのでしょうか？

ベネディクト・アンダーソンという学者は、この赤の他人との連帯感を「想像の共同体」という言葉で表現しました。つまり、見知らぬ人と「想像」の中で私たちは結びついている、というわけです。

ですが、なぜそのように赤の他人でしかないはずの「日本人」たちと「想像」の中で結びつくことが必要だと考えられたのでしょうか。

でも当然でもなかったのです。

ところが、です。そのたった7年後の１８９８年（明治31年）に、フランス出身の宣教師リギョールは、こう述べています。

「世界に国を成すもの沢山《たくさん》あり、然《しか》れども日本人程《ほど》愛国愛国と叫《さけ》ぶ者は未《いま》だ嘗《かつ》て見たることなし」　――『日本主義と世界主義』文海堂

つまり、世界にはたくさんの国々があるが、日本人ほど愛国、愛国と絶叫《ぜっきょう》する国民《こくみん》は見たことがない、というのです。

わずか7年の間に、外国人が驚《おどろ》くほど多くの日本人が熱狂的《ねっきょうてき》愛国者になったのです。

このような極端《きょくたん》な変化は、福沢諭吉《ふくざわゆきち》の言論活動を追ってもわかります。

福沢は初期の著作の中で、日本人が愛国的になることの重要性を力説していました。代表作『学問のすゝめ』（明治5～9年）にしても『文明論之概略《ぶんめいろんのがいりゃく》』（明治8年）にしても、一面において「すべての日本人に愛国心の重要性を説いた作品だ」と言えます。

「自国の権義を伸《の》ばし、自国の民《たみ》を富まし、自国の智徳《ちとく》を修め、自国の名誉《めいよ》を輝《かがや》かさんとして勉強する者」こそが福沢にとっての愛国者でした。

もともと日本人はこうした努力を、自分が属する藩《はん》、とりわけ主君のために行ってきました。福沢はこうした態度を、より大きな「日本」という単位に向けることを目指したのです。

「自国の権義を伸ばし、自国の民を富まし、自国の智徳を修め、自国の名誉を輝かさん」とする努力を国民一人ひとりが怠《おこた》らないとき、日本が西欧《せいおう》諸国に後《おく》れをとらない存在になるのだと説いて、日本人は愛国心を抱《いだ》くべきだと主張したわけです。

もちろん、福沢が愛国心の必要性を説いたのは、⑦日本人の多くが愛国的ではないどころか、そもそも愛国的であるとはどういうことかもわからない状態にあったことが背景にあります。

ところが、後に福沢は、日本人の一部が愛国的になりすぎたことに戸惑《とまど》いを覚えるようになります。１８９２年（明治25年）に「極端の愛国者」という論説を発表し、一部の愛国者は外国人に対して強硬《きょうこう》な態度をとり、外国人との間で紛争《ふんそう》が持ち上がればよく調べもしないで外国人の方が悪いと決めつける、と観察しています。その上で、愛国的であるからといって外国人を敵視する必要はない、と警告しています。

さらに１８９７年（明治30年）には、福沢は『福翁百余話《ふくおうひゃくよわ》』の中で「所謂《いわゆる》愛国心の迷」について論じ、諸国民が自国の利益ばかりを追求する世界は非情なものであることを嘆《なげ》き、自国の利益を主張し「愛国に熱する」のは「主義の高尚《こうしょう》なるもの」ではない、と断じています。

⑧明治初期に日本人が愛国的になることを待望していた福沢は、明治後期には日本人の多くが愛国的すぎることを警戒《けいかい》し、愛国心自体に懐疑《かいぎ》のまなざしを向けるようになったのです。

つまり、たった10年前までは、ほとんどの日本人が「愛国って何だ?」と言っていたにもかかわらず、１８９０年代（明治23～32年）になると、多くの日本人が急激に愛国を叫ぶようになったわけです。ものすごい変化だと思いませんか?

（4）愛国心の教育

なぜ明治初期の日本人が愛国心を持たなかったのかと言えば、そもそも大多数の日本人にとって「日本」という単位が大した意味を持ってい

かすもので「世に稀《まれ》なる烈婦《れっぷ》」だと称賛《しょうさん》されています。

それからさらに27年後の１９４２年（昭和17年）刊行の書籍『武士道散華《さんげ》』（萩原新生《はぎわらしんせい》・著）では、畠山勇子は「卑賤《ひせん》」な身分にもかかわらず「切腹武士道」の「日本精神」を実践《じっせん》した女性として紹介《しょうかい》されています。武士道を男子だけのものだと思うのは間違《まちが》いだ、と著者は畠山勇子を絶賛しているのです。

１９４２年（昭和17年）に勇子の自決が「武士道・日本精神の精華《せいか》」だと理解されたのは、当時、武士道が日本人全員にとって模範的《もはんてき》な行動ルールとなっていたからでした。しかし、それより半世紀前の１８８０年代（明治13～22年）には、武士道は「武士階級特有の倫理観《りんりかん》」と理解されていました。つまり、勇子のような一介《いっかい》の女中とは無関係なものだったのです。しかも、武士という階級は明治に入って滅《ほろ》んでいたので、武士道も過去の遺物として扱われていました。

それが１８９０年（明治23年）以降、すべての日本人が武士道を手本にするべきだという機運が徐々《じょじょ》に高まり始めました。

こうして武士道ブームが社会現象となるのですが、⑤勇子の自決はその先駆《さきが》けといってよいものだったのです。

まだまだ武士道が見直され始めて間もない頃《ころ》に、一介《いっかい》の女中にすぎない勇子が自決を果たしたこと。これがどれだけ奇怪《きかい》な事件だったか、およそ想像がつくのではないでしょうか。

（３）明治の日本人と愛国心

このように、時代が進むにつれて、畠山勇子の自決に対する評価は、変人の奇行《きこう》から、国を思う武士道・日本精神の精華へと変化しました。

しかも、今日では畠山勇子の名はほとんど忘れ去られています。

同じ事件でも、時代によって受け取られ方は大きく異なるのです。堅《かた》い言い方になりますが、これが「歴史的偶然性《ぐうぜんせい》」というものです。

つまり、歴史の中ではあらゆるものが変化し、今の私たちにとって自然だと思われている事柄《ことがら》も、過去にはそうではなかった事例がたくさんあります。だから、何かを永遠不変の真理であるかのように思《おも》い込《こ》むことには、たいてい罠《わな》があります。

あなたは現在、日本に生まれた私たちが日本という国を愛すること、つまり愛国心を持つことが自然であり当然のことだと思っていますか？

しかし、ここに「歴史的偶然性」という視点を持《も》ち込《こ》むと、どうなるでしょう。現在、愛国心を持つことは自然で当たり前のことですが、過去には必ずしもそうではなかったのではないか？　という疑問が生じてきませんか。そして、⑥もし仮にそうだとすれば、いつかの未来には国を愛することは自然でも当然でもないことになる、という可能性も出てくることになります。

実際、過去の日本ではどうだったのでしょうか。

明治（１８６８～１９１２年）に発行されていたいろいろな雑誌を読むとわかりますが、１８９０年頃《ごろ》までは、多くの言論人たちが「なぜ日本人には愛国心がないのか」「どのようにすれば日本人は愛国心を持つようになるのか」という問題を論じています。

「だいたい愛国心って何のことだ？」というのが人口の７、８割を占《し》める一般庶民《いっぱんしょみん》の受け止め方だ、と思想家・西村茂樹《にしむらしげき》も１８９１年（明治24年）の講演で述べています。

つまり、明治前半の多くの日本人にとって、愛国心を持つことは自然

[F]、明治天皇がわざわざ京都まで出かけて見舞ったのですから、皇太子がそのまま帰国してしまえば、天皇はもちろん日本国民全体の③面目《めんぼく》も丸つぶれだと考えたからです。

[G]、自分の命と引《ひ》き換《か》え嘆願《たんがん》すれば、ロシア皇太子に考えを改めてもらえるはずだと思い、彼女《かのじょ》は直ちに京都に向かいました。

こうして5月20日、この世の名残《なごり》に京都市内観光をし、日没《にちぼつ》まもない時刻に京都府庁舎へ赴《おもむ》き、その後の彼女の自刃《じじん》劇は冒頭《ぼうとう》に記したとおりです。

（2）武士道の変遷《へんせん》

自決当時の有力新聞の反応は、センセーショナルに扱《あつか》ったとはいえ、彼女の行動と動機そのものについては冷淡《れいたん》でした。

彼女は当初、雄虎《ゆうこ》という名の男性だと勘違《かんちが》いされていたようですが、女性だと判明し、いよいよ変人の奇行《きこう》だということにされてしまいました。

１８９１年（明治24年）5月23日付の「東京朝日新聞」は、ロシア皇太子の帰国を思《おも》い留《とど》まらせるために「死を決して」東京から京都へ向かったようだが、それにしても「奇《き》女子」という他はない、と書いています。

同日の「国民新聞」は、勇子の自害を「一命を賭《と》して」日露《にちろ》両国の平和を望んだ「発狂《はっきょう》心」にⓓユライすると記しています。

しかし、一部メディアには同情的な声も見られました。キリスト教思想家・巌本善治《いわもとよしはる》が編集人をⓔツトめる日本初の本格的女性雑誌「女学雑《じょがくざっ》誌《し》」は、2号連続の巻頭記事で畠山勇子を取り上げ、自決に至る経緯《けいい》を、ドラマティックな語り口で描写《びょうしゃ》しています。勇子は無宗教だったが、一命を投げ出す決心をして「人間天真の本面目」に還《かえ》り、「道心」が復活し、日本国民をひたすら思《おも》い煩《わずら》う「女流の改革者」となったと称賛《しょうさん》しています。

さらに興味深いことに、外国人たちが勇子の死に心を動かされました。

たとえば小泉八雲《こいずみやくも》、つまりラフカディオ・ハーンは勇子自決の報に接し「勇子――ひとつの追憶《ついおく》」という小文《しょうぶん》をしたため、さらに2年後には、畠山勇子のお墓参りをしたことを「京都紀行」という短いエッセイで記しています。

八雲は、新聞記者たちをありふれた動機を見つけようとする皮肉屋にすぎないと批判し、その一方で一介《いっかい》の庶民《しょみん》にすぎなかった勇子を「サムラヒの女《むすめ》」と讃《たた》えるのです。

さらに八雲は、勇子の墓に実際《じっさい》に詣《もう》で「無私なる霊《れい》に対して誠実な敬意」を捧《ささ》げたと記し、「国民の愛と忠誠の証《あかし》を立てる」という「純潔な理想」を勇子の死に見出《みいだ》しています。しかも、勇子が上流階級の麗人《れいじん》であったなら、その犠牲《ぎせい》の意味はこれほどの切実さをもって迫《せま》ってはこなかっただろうと述べ、気高い行いをする人は「平凡《へいぼん》な人であって非凡《ひぼん》な人ではない」と結んでいます。

このように、④勇子の自決に関するリアルタイムの反応は、眉《まゆ》をひそめるものと同情的なものとに二分されていました。ところが時が経《た》つにつれ、勇子は徐々《じょじょ》に偉人《いじん》として扱《あつか》われるようになっていきます。

彼女《かのじょ》の自決から24年後の１９１５年（大正4年）、畠山勇子は京都市立高等女学校が編纂《へんさん》した書籍《しょせき》『婦人のかがみ』に登場します。その中で、彼女の自決は「やや常軌《じょうき》を逸《いっ》し」ているが、その国家を思う心は人を動

【国　語】（五〇分）〈満点：一〇〇点〉

I 次の文章を読んで、以下の設問に答えなさい。

（1）烈女・畠山勇子《はたけやまゆうこ》

1891年（明治24年）、5月20日夕刻。

京都府庁舎の前で、ひとりの若い女性が自決しました。

彼女《かのじょ》の名前は、畠山勇子。享年《きょうねん》27。

彼女は地面に座《すわ》り、自らの手で両膝《りょうひざ》を合わせ固く縛《しば》り上《あ》げ、持ってきた剃刀《カミソリ》で腹を切り裂《さ》き、喉《のど》を突《つ》いたのです。

傍《かたわ》らには、日本政府とロシア政府に宛《あ》てた書簡と、母親、叔父《おじ》、兄弟に宛てた手紙がありました。発見当時まだ息はありましたが、医師が駆《か》けつけた①甲斐《かい》もなく、ほどなく出血多量で死亡。

なぜ、畠山勇子はこのような行動に出たのでしょうか？

自決の動機は、いわゆる「大津《おおつ》事件」でした。

1891年（明治24年）5月11日。来日中だった帝政《ていせい》ロシアの皇太子ニコライ・アレクサンドロビッチ（後のニコライ二世）が、滋賀《しが》県大津を通過中に、警護にあたっていた巡査《じゅんさ》からサーベルで斬《き》りつけられるという暗殺未遂《みすい》事件が起きたのです。

皇太子の車夫と、同行していた従兄弟《いとこ》のギリシャ王子ゲオルギオスが応戦し、さらにゲオルギオスの車夫も駆けつけ、巡査は取《と》り押《お》さえられました。

巡査の名は、津田三蔵《つださんぞう》。38歳。津田は取り調べに対し、〝ロシア皇太子が天皇陛下に挨拶《あいさつ》もせず日本国内を訪ね歩いているのは、無礼である。[A]日本を攻《せ》めるためのⓐシサツが目的だろう〟と述べています。

津田がこのように考えたのは、根拠《こんきょ》がなかったわけではありません。当時のロシアはシベリア鉄道建設を計画し、朝鮮《ちょうせん》半島への勢力拡大を目指していました。同じく朝鮮半島に関心を抱《いだ》いていた日本にとって、ロシアが脅威《きょうい》であったことは間違《まちが》いありません。

ですが、実際《じっさい》に日本とロシアが敵対関係に入るのはまだ先の話。当時の日本政府はロシア皇太子を国賓《こくひん》として迎《むか》えており、国を挙げての歓迎《かんげい》ムードに国民《こくみん》全体が沸《わ》きかえっていました。

しかも、ロシア皇太子は天皇に挨拶《あいさつ》をするために、九州から東京へと向かっている途上《とじょう》だったのです。

また、日本は1889年（明治22年）に大日本帝国《ていこく》憲法を発布し、近代国家として[B]第一歩を踏《ふ》み出《だ》したばかりでした。[C]大国ロシアを敵に回せるほどの国力はなかったのです。

そんなところへ発生したロシア皇太子暗殺未遂《みすい》事件。ロシアに、日本を攻撃《こうげき》する絶好のⓑコウジツを与《あた》えたようなものですから、日本政府が真っ青になったことは容易に想像がつきます。

しかし、明治天皇が自ら京都を訪《おとず》れ、ロシア皇太子を見舞《みま》い、日本側が誠意を示したことが②功を奏したのでしょうか。幸いなことに、皇太子一行が予定よりも早く離日《りにち》することになっただけで、賠償金《ばいしょうきん》を請求《せいきゅう》されることはなく、もちろん開戦に向かうわけでもなく、事態は収束に向かいました。

[D]、この大津事件の報に接し、東京で女中として働いていた畠山勇子は〝日本存亡の危機だ〟と気がⓒドウテンしました。

[E]、皇太子一行が予定を切り上げ帰国すると知り、〝どうしても一行には日本訪問を継続《けいぞく》してもらわなければならない〟と考えました。

MEMO

大切なことはメモしておこうネ！

第1回

2022年度

解　答　と　解　説

《2022年度の配点は解答欄に掲載してあります。》

＜算数解答＞《学校からの正答の発表はありません。》

1　(1)　$\frac{2}{3}$　(2)　8.5　(3)　15個　(4)　400g　(5)　48度　(6)　68.48cm^2

2　(1)　300円　(2)　312円　(3)　366個

3　(1)　12分　(2)　4km　(3)　30分後　(4)　60分

4　(1)　178cm^3　(2)　$3\frac{19}{26}$cm

5　(1)　272　(2)　149個　(3)　(3，79)(5，18)(7，2)

○推定配点○

各5点×20　計100点

＜算数解説＞

1　(四則計算，数の性質，場合の数，割合と比，消去算，平面図形)

(1)　$20\div 9-\frac{2}{9}\div(2\div 14)=\frac{20}{9}-\frac{14}{9}=\frac{2}{3}$

(2)　□$=11\div\frac{11}{15}-6.5=8.5$

重要　(3)　3枚のカードの数の和が3の倍数になる場合…(1，1，4)(1，2，3)(2，3，4)　したがって，3の倍数になる3ケタの整数は3＋3×2×1×2＝15(個)できる。

重要　(4)　それぞれの食塩水の予定した重さをA，Bで表す。A＋B＝500　A×10＋B×3＝500×(□＋4.2)＝500×□＋2100　A×3＋B×10＝500×□　A×7－B×7＝2100より，A－B＝2100÷7＝300　したがって，Aは(500＋300)÷2＝400(g)

図1

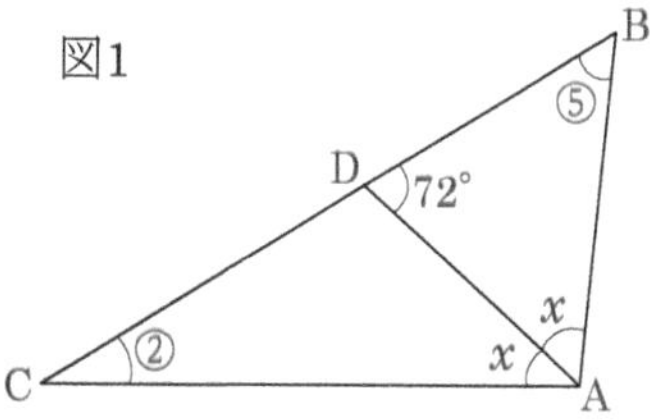

重要　(5)　右図1より，x＋②＝72，x＋⑤＝180－72＝108　⑤－②＝③が108－72＝36　したがって，角xは72－36÷3×2＝48(度)

図2

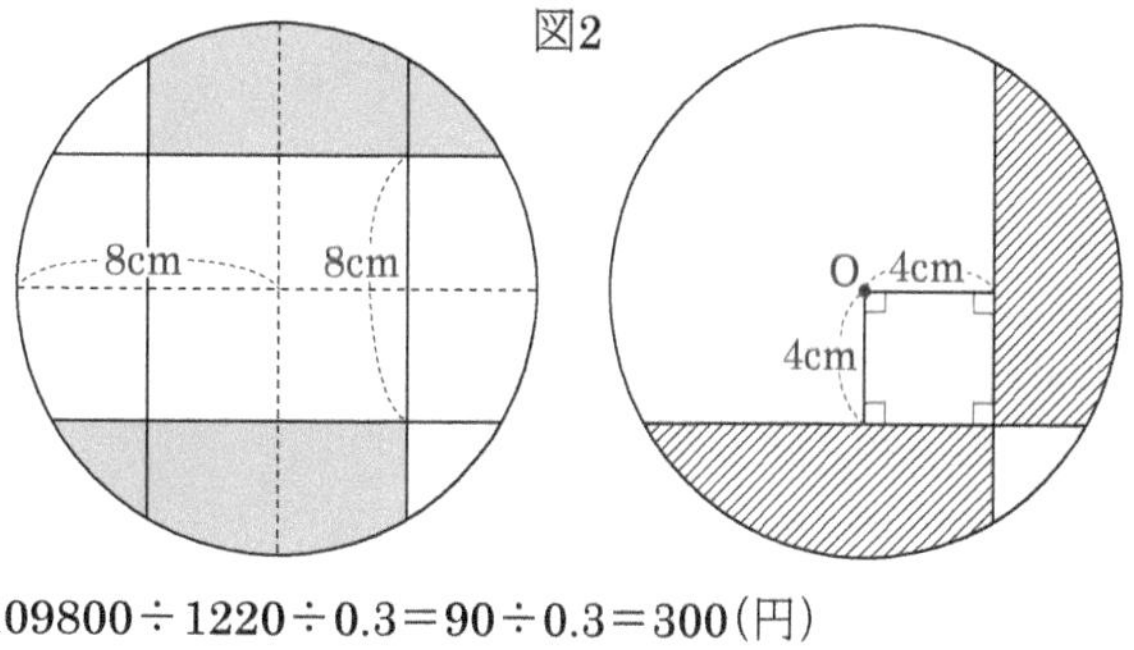

重要　(6)　右図2より，色がついた部分と斜線部分の面積は等しい。したがって，求める面積は(8×8×3.14－8×8)÷2＝32×2.14＝68.48(cm^2)

重要　2　(割合と比，鶴亀算)

(1)　予定した利益総額…81252÷0.74＝109800(円)　したがって，仕入れ値は109800÷1220÷0.3＝90÷0.3＝300(円)

(2)　(1)より，300×1.3×0.8＝312(円)

(3)　(1)より，(109800－81252)÷{90－(300－12)}＝28548÷78＝366(個)

重要　3　(割合と比，速さの三公式と比)

(1)　和男君が1回目にバスと出会うまでの時間と最初から2回目にバスと出会うまでの時間の比は

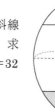

10：15＝2：3である。右図より，直角三角形アとイの相似比も2：3であり，Cの時刻は10＋(15－10)÷(2＋3)×2＝12(分)

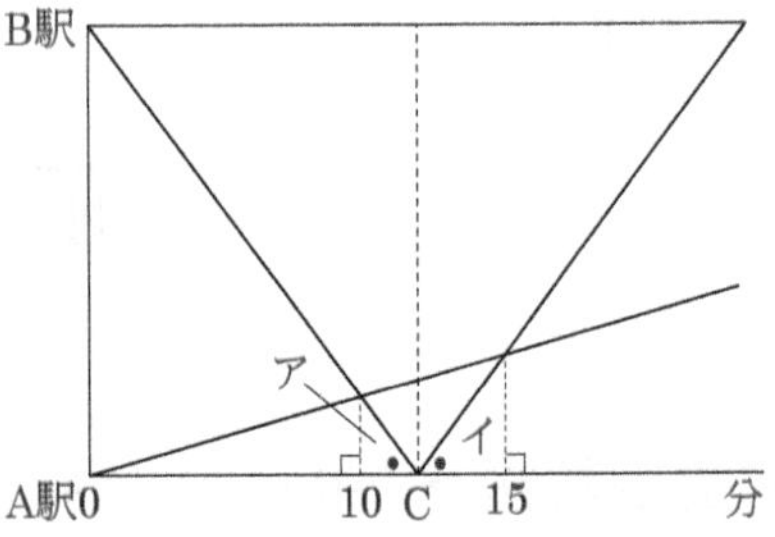

(2)　(1)より，$20\times\frac{12}{60}=4$(km)

(3)　(1)より，和男君はA駅B駅間の(12－10)÷12＝$\frac{1}{6}$を10分で歩き，10×60＝60(分)でB駅に着く。一方，バスは12×2＝24(分)でB駅に着き24＋12＝36(分)で2回目にA駅に着く。右図より，頂点Dを共有する三角形の相似比は(60－24)：36＝1：1　したがって，3回目にバスと出会うのは60÷2＝30(分後)

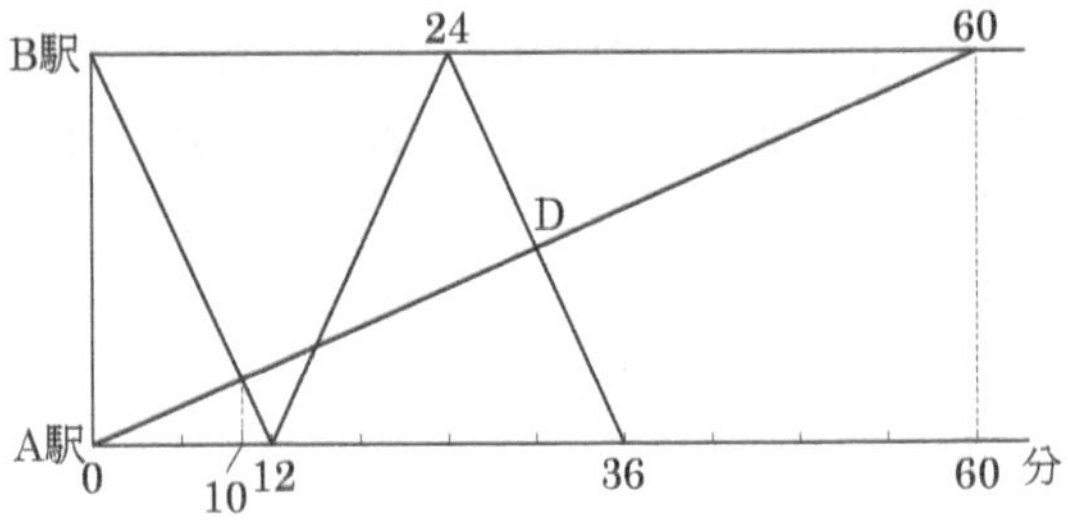

(4)　(3)より，60分

重要 4 (平面図形，相似，立体図形)

(1)　下図1より，三角形AMNとALDの相似比は4：(4＋6)＝2：5である。したがって，水の体積は2×4÷2×4＋(1＋2＋6)×6÷2×6＝178(cm^3)

(2)　下図2と(1)より，1＋(178－1×6×6)÷(4×4＋6×6)＝1＋$2\frac{19}{26}$＝$3\frac{19}{26}$(cm)

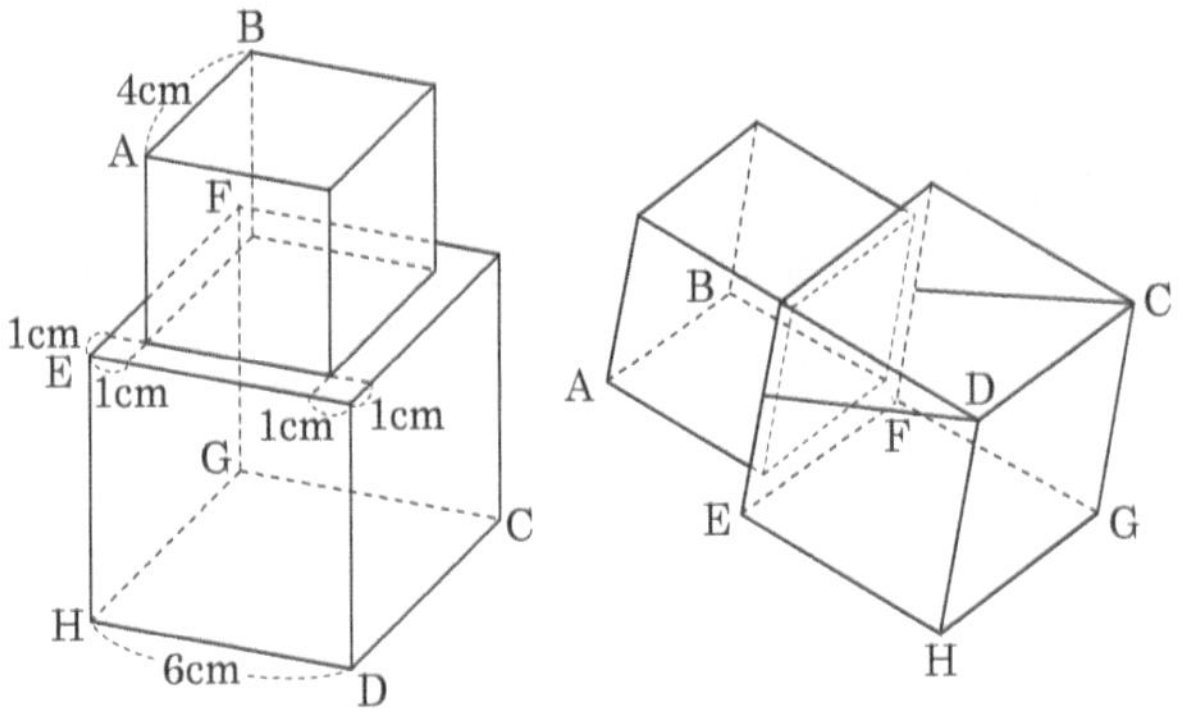

図1

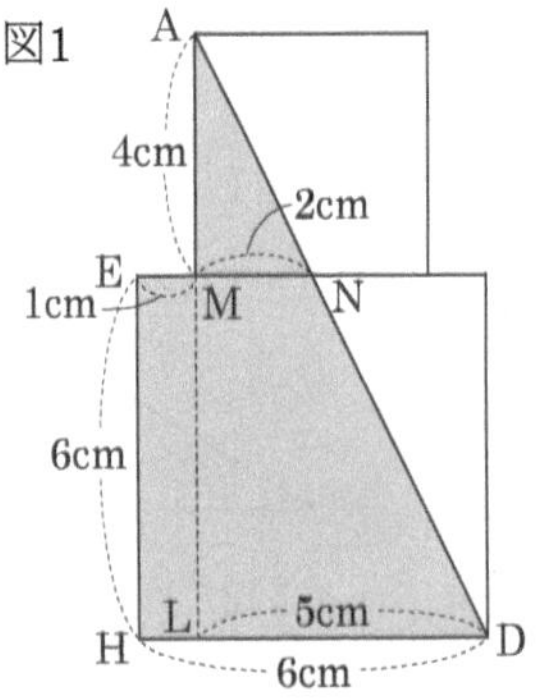

図2

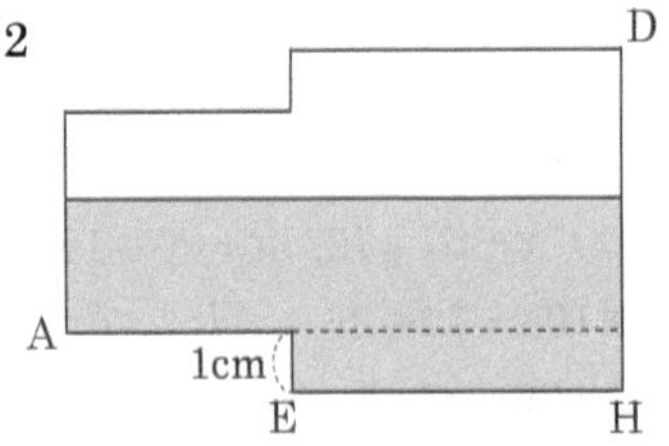

重要 5 (数の性質，規則性)

1段目	1	2	3	4	5	…	98	99	100
2段目	3	5	7	9		…	197	199	
3段目	8	12	16			…	396		
・									
・									
・									

2段目…奇数が並ぶ

3段目…4×2，4×3，4×4，～の数が並ぶ

4段目…20，28，28，～が並ぶ

5段目…48，64，80，～が並ぶ

(1)　6段目…48＋64＝112，64＋80＝144と続き，6番目は112＋(80－48)×(6－1)＝272

(2)　1段目の奇数…100÷2＝50(個)　　2段目の奇数…99個　　したがって，奇数は50＋99＝149(個)

(3)　3段目の320…320÷4－1＝79(番目)より，(3，79)　　5段目の320…(320－48)÷(64－48)＋1＝18(番目)より，(5，18)　　7段目の320…112＋144＝256，144×2＋144－112＝320より，(7，2)

★ワンポイントアドバイス★

簡単に解ける問題が少ない代わり，特に難しい問題もない。[1](6)「斜線部分の面積」は自分で図を描き直して，図形と面積の関係を把握しよう。[3](1)「バスの時間」は，10分と15分の関係を利用する。[4](2)は面をまちがえないように。

＜理科解答＞《学校からの正答の発表はありません。》

[1]　問1　エ　　問2　地球　　問3　イ　　問4　ウ　　問5　キ

[2]　問1　エ　　問2　ア　①　　イ　④　　問3　5184L　　問4　イ　　問5　イ

[3]　問1　イ　　問2　23g　　問3　イ　　問4　イ，エ　　問5　空気中の水蒸気が，氷を入れたグラスに触れて冷やされ水滴に変わるため。

○推定配点○

[1]　各4点×5　　[2]　問2　各2点×2　　他　各4点×4　　[3]　各4点×5(問4完答)
計60点

＜理科解説＞

[1]　(力のはたらきの総合―作用・反作用)

基本　問1　点の位置に力がかかるので取っ手Bに力がかかり，矢印の向きに箱は移動する。

基本　問2　重力は地球が物体を引く力である。

問3　右向きの力は手が箱を押す力で，左向きの力は箱が手を押す力である。

問4　E君は左向きにD君をおす。同じ大きさの力でE君はD君から右向きに押されるので，E君は右に進む。

重要　問5　足は地面を後ろ向きに押すので，地面から前向きの力を受ける。そのため人は前に進むことができる。

基本　[2]　(人体―血液の流れ)

問1　Aが心臓，Bが肝臓，Cがじん臓をあらわす。じん臓では血液がろ過され，不要な物質が除かれる。

問2　(ア)　酸素を最も多く含む血液は，肺から心臓に向かう血管を流れる血液である。①がこれにあたる。この血管を肺静脈という。　(イ)　栄養分は小腸から吸収されるため，小腸から肝臓に向かう血管を流れる血液が最も多くの栄養分を含む。この血管を肝門脈という。

問3　1秒間に1回の拍動があるので，1日の血液の量は24×60×60×60÷1000＝5184(L)である。

問4　体内をめぐってきた血液は右心房，右心室を通り，肺に運ばれる。肺で酸素を受け取った血液は左心房，左心室を通って全身に送り出される。図の(イ)が正しい血液の流れを示す。

問5　カエルはオタマジャクシのときにはエラ呼吸と皮膚呼吸をしている。成長するにつれて徐々にエラ呼吸の割合が減っていき，肺呼吸と皮膚呼吸に置き換わる。

[3]　(物質の状態変化―状態変化と密度)

問1　密度の大小は，氷＜水　固体のロウ＞液体のロウ　水＞固体のロウ　液体のロウ＜氷の関係にある。これより，液体のロウ＜水であることがわかる。固体のロウと氷の密度の大小は，この実験結果だけではわからない。

問2　水1mLが氷に変化すると体積は1.1mLになる。重さは1gのままなので，25mLの氷の重さは25÷1.1＝22.7≒23(g)である。

重要　問3　ロウはビーカーの壁面から固体になる。ロウは液体から固体になると体積が減少するので，中央部分がへこむ。全体の体積が初めより少なくなるので，(イ)のようになる。

問4　つららは雪や氷がいったん解けて，再び凍るときにできる。(ア)は樹氷，(ウ)は霜柱と呼ばれる。

基本　問5　グラスのまわりにできた水滴は，空気中の水蒸気が氷の入ったグラスに触れて冷やされ，水になることで生じる。このような変化を凝縮という。

★ワンポイントアドバイス★

基礎的な知識が問われる問題である。問題演習をしっかりと行っておきたい。問題文が長めで，要点を読み取る力が求められる。

＜社会解答＞《学校からの正答の発表はありません。》

[I]　問1　④　問2　④　問3　イ）②　ロ）③　問4　①　問5　②　問6　イ）③　ロ）檜[ひのき]　問7　行基　問8　②　問9　(例)　次の時代を代表する人物が，その時代を象徴するような建物を建てたから。　問10　①　問11　②
問12　床の間[とこのま]　問13　イ）③　ロ）③

[II]　問1　①　問2　イ）④　ロ）③　問3　②　問4　③　問5　①
問6　イ）最上川　ロ）④　問7　④　問8　条例　問9　①　問10　②
問11　ピクトグラム

○推定配点○

[I]　問9　4点　他　各2点×15　[II]　各2点×13　計60点

＜社会解説＞

[I]　(総合―高層建築の歴史)

基本　問1　鳴門海峡大橋という名称の橋は実際には存在せず，大鳴門橋である。また大鳴門橋は，小豆島ではなく淡路島と徳島県鳴門市をむすんでいる。なお，小豆島は香川県の北東部に位置し，瀬戸内海では淡路島に次いで2番目の面積をもつ島である。さらにこれらの島や橋は，大阪の「あべのハルカス」から見て，北側ではなく西側に位置している。

問2　朝鮮戦争(1950～1953年)が起きたことで結成されたのは，保安隊ではなく警察予備隊である。保安隊は，1950年に結成された警察予備隊から1952年に組織されたものである。また警察予備隊が結成されたのは，日本国憲法9条が修正されたからではなく，GHQの指令によるものである。

重要　問3　イ）地図中bのスエズ運河では，2021年3月23日に日本の正栄汽船が保有するコンテナ船「エヴァーギヴン」が座礁し，他の船の通航を遮る事故を起こした。それにより世界の物流に大きな影響を与えたが，同年3月29日に運航が再開された。　①　地図中aの国はサウジアラビアで，その国民の多くはヒンズー教徒ではなくイスラム教徒である。ヒンズー教徒が多い国はインドである。　③　地図中cの川は，アマゾン川ではなくナイル川である。アマゾン川は，南アメリカ大陸の北部をほぼ赤道に沿って東に流れて大西洋に注ぐ川である。　④　地図中dの国は，アラブ首長国連邦ではなくオマーンである。アラブ首長国連邦は，アラビア半島内でオマーンの北西側で国境を接している国である。　ロ)　2001年にカタールの首都のドーハでは貿易における障壁を取り除く目的で，WTO(世界貿易機関)が主催する「多角的貿易交渉」という国際会議が開催された。WTOはそれまでのGATT(関税及び貿易に関する一般協定，選択肢①)に代わって，ウルグアイで開催された多角的貿易交渉(ウルグアイ・ラウンド)で合意された成果を実施するために1995年に設立された国際機関である。なお，②のWHOは世界保健機関，④のUNCTADは国連貿易開発会議である。

問4　「バベルの塔」の物語が記されている書物は，『旧約聖書』である。『旧約聖書』はユダヤ教とキリスト教の聖典で，原則としてヘブライ語で書かれている。

問5　(あ)　この文は正しい。埼玉県の稲荷山古墳から「ワカタケル」の名前が刻まれている鉄剣が出土した。このことは大和政権の大王の権力が，地方の豪族にもおよんでいたことを示している。また「ワカタケル」大王は5世紀前半から6世紀初頭にかけて中国の宋に使いを送った倭の五王の1人で，5世紀末頃に在位した倭王武(雄略天皇)とされる。　(い)　この文は誤っている。好太王の石碑が残されているのは，百済ではなく高句麗という国があった場所である。百済(4世紀半ば～660年)は，朝鮮半島南西部にあった国である。

重要　問6　イ)　飛鳥寺は蘇我馬子が588年に造営した日本最古の寺院の1つで，その塔には鞍作止利(止利仏師)によって製作された飛鳥大仏が安置された。　①　日本に仏教を伝えた聖明王は，隋の皇帝ではなく百済の国王である。　②　仏教の受け入れにあたって，賛成派は物部氏ではなく蘇我氏，反対派は蘇我氏ではなく物部氏である。　④　聖徳太子(574～622年)は593年に推古天皇(位592～628年)の摂政となったが，その後もみずから天皇の位につくことはなかった。　ロ)　法隆寺のおもな建築木材として使用されている針葉樹は檜(ひのき)である。ひのきは，日本の建築木材としては最高品質のものとされ，その建築物には1000年を超える寿命を保っているものもある。

基本　問7　行基(668～749年)は奈良時代の僧侶で，諸国を巡って布教に努めるとともに，各地に用水・橋・道路などを造って社会事業に貢献した。また朝廷からの求めで東大寺の大仏の造立にも協力したので，大僧正に任じられた。

問8　写真(あ)の東大寺南大門が創られたのは1199年，(い)の平等院鳳凰堂が創られたのは1053年，(う)の慈照寺銀閣が創られたのは1489年，(え)の中尊寺金色堂が創られたのは1124年である。したがって，これらの建築物を創られた年の古いものから並べると，(い)→(え)→(あ)→(う)の順番になる。

やや難　問9　平安末期～鎌倉時代の時期に白河天皇は1086年に院政を開始し，法勝寺はその天皇が自ら京都に建てた，院政期の豪壮な寺院である。また，鎌倉～室町時代の時期に足利義満が建てた鹿苑寺金閣は，それまでの公家と新たに台頭した武家の文化が融合した室町文化の中の北山文化を代表する建築物である。さらに戦国～安土桃山時代の時期に織田信長が建てた安土城，豊臣秀吉が築いた聚楽第や方広寺は，新興の大名などによる豪壮で華麗な桃山文化を代表する建築物である。このように摂関家から院へ，公家から武家へ，守護大名から戦国大名へと主な政治の担い手の変わり目にその勢力を代表する人物によって，その時期を代表する大きくて豪華な建物が建てられる傾向があることがわかる。

問10　ロシアの使節ラクスマンは皇帝エカチェリーナ2世の命令で，遭難した大黒屋光太夫らを伴って，北海道の場所A(函館)ではなく根室に来航した。なお，地図中Bは新潟，Cは下田，Dは長崎である。

重要 問11　外務卿の井上馨は日本の様々な面をヨーロッパ風にして諸外国に気に入られるようとする欧化政策(1882～1887年)を進め，その舞台として鹿鳴館が1883年に建設された。他方，年表中Aの五稜郭が建設されたのは1864年，Bの八幡製鉄所が設立されたのは1901年，Cの朝鮮総督府が設置されたのは1910年，Dの同潤会アパートが建設されたのは1924年以降である。したがって，鹿鳴館が建てられたのは年表中のAとBの間の時期である。

問12　写真中の「Aの空間」は，床の間と呼ばれる空間である。床の間は日本建築の客間の座敷正面に置かれ，畳よりかまち(框)の高さだけ一段高くして畳を敷き，正面の壁に掛け軸を掛け，床畳の上に活け花などを飾った場所である。室町時代から，武家の屋敷に取り入れられた。

重要 問13　イ)　約20年前にテロ攻撃を受け，「世界貿易センター」が崩れさった事件は，2001年9月11日にアメリカ合衆国のニューヨーク(地図中の「う」)などで起こったアメリカ同時多発テロである。なお，地図中の(あ)はサンフランシスコ，(い)はシカゴ，(え)はニューオーリンズである。さらに選択肢中の3月11日は，2011年に東日本大震災が起こった日である。　ロ)　沖縄県がアメリカ合衆国から返還されたのは1972年のことである。首里城の正殿が復元されたのは沖縄県の本土復帰20周年を記念する事業なので，この正殿が完成した年は1992年となる。

Ⅱ　(総合―山形県から見た日本)

問1　気象庁は国土交通省に属し，天候や地震などの自然現象の観測・予測などの気象業務を行う行政機関である。　②　復興庁は総務省ではなく，内閣に属している。また2021年3月に廃止されたのではなく，2020年3月に設置期間が10年間延長されて2031年3月まで設置されることになった。　③　スポーツ庁が属しているのは，厚生労働省ではなく文部科学省である。　④　こども庁は，現在まで存在していない。文部科学省に属しているのは，文化庁とスポーツ庁である。

重要 問2　イ)　果樹園を示す地図記号「○」は，リンゴの形をイメージしたものが使用されている。なお，①は工場，②は広葉樹林，③は裁判所の地図記号である。　ロ)　ももの栽培は山梨県の甲府盆地，福島県の福島盆地，長野県の長野盆地で盛んである。なお，表中の①はぶどう，②はおうとう，④はりんごの収穫量の全国5位までの都道府県を示したものである。

問3　山形県で行われる夏祭りは写真②の「山形花笠まつり」で，毎年8月5日～7日に行われている。花笠まつりはスゲ笠に赤い花飾りをつけた花笠を手にして，「花笠音頭」に合わせて街を踊り練り歩くものである。なお，写真①は仙台七夕まつり，③は青森ねぶた祭，④は秋田竿灯まつりである。

基本 問4　(あ)　この文は誤っている。前九年合戦(前九年の役，1051～1062年)とは，陸奥国の豪族であった安倍氏が国司と対立して反乱を起こしたが，朝廷の命令を受けた源義朝ではなく源頼義・義家らが東国武士の清原氏の援助によってその反乱を鎮圧した出来事である。源義朝(1123～1160年)は，平治の乱(1159年)で平清盛に敗れた源氏の棟梁である。　(い)　この文は正しい。薩摩藩・長州藩などからなる新政府軍が奥羽越列藩同盟の中心とみられていた会津藩を降伏させたのは，会津戦争である。

問5　①の空海(774～835年)は真言宗を広めた僧侶，最澄(767～822年)は天台宗を広めた僧侶，②の足利義政(1436～1490年)は室町幕府第8代将軍，千利休(1522～1591年)はわび茶を大成した人物，③の細川ガラシャ(1563～1600年)は大名の細川忠興の妻，天草四郎(1621～1638年)は島原・天草一揆の総大将，④の福沢諭吉(1834～1901年)は幕末から明治にかけての思想家・教育者，大塩平八郎(1793～1837年)は大塩の乱を起こしたもと幕府の大阪町奉行与力である。手紙をとりかわすためには，互いの人物の主要な活動期間が重なっている必要がある。これらの人々の活動期間をみると，互いの人物の主要な活動期間が重なっているのは①の空海と最澄なので，この手紙は空海が最澄に書き送った手紙である。

重要 問6　イ)　最上川は，山形県をほぼ南北に貫流する全長約229kmの川である。この川は「母なる川」と呼ばれ，福島・山形両県の県境である西吾妻山に発した後は山形県内を流れ，米沢盆地を北上し，山形盆地で寒河江川などと合流し，新庄盆地を流れ，江戸時代には港町として栄えた庄内平野の酒田市で日本海に注いでいる。　ロ)　地図中の寿町にある寺院周辺にあるのは，当時のようすを伝える博物館「」ではなく図書館「」である。

基本 問7　日本海側の気候では冬に北西(図④)の季節風が中央の山地にあたり，大量の雪や雨を降らせることがある。なお，①は北東，②は南東，③は南西である。

問8　日本国憲法第94条は「地方公共団体は，その財産を管理し，事務を処理し，及び行政を執行する機能を有し，法律の範囲内で条例を制定することができる」と定めている。条例とは地方公共団体(地方自治体)の議会が制定し，その地方公共団体内だけで適用される法令のことである。それぞれの地方公共団体の実情に合わせて定めることができるが，その効力は日本の法律の枠組みを越えることはできない。また適用はその地方公共団体の住民のみではなく，その地方公共団体内にいる他県からの来訪者にも適用される。

重要 問9　(あ)の日本万国博覧会が開催されたのは1970年，(い)の平和条約が調印されたのは1951年，(う)の東海道新幹線が開通したのは1964年，(え)の国際連合に加盟したのは1956年のことである。したがって，これらのできごとを古いものから並べると，(い)→(え)→(う)→(あ)となる。

基本 問10　裁判員制度(2009年実施)は，地方裁判所における殺人や放火などの重大な刑事裁判の第一審に国民が裁判員として参加する制度である。この裁判では，3人の裁判官とともに20歳以上の国民から選ばれた6人の裁判員が判決を下す。その目的は国民が主権者として裁判に参加することをうながすとともに，国民の感覚や視点を裁判に生かすことである。したがって，裁判員制度が民事裁判で適用されることはない。

問11　ピクトグラムとは「絵文字」や「絵ことば」などと呼ばれ，表現したい物事やイメージを抽象化して誰にでもわかりやすく伝えるために表示される視覚記号(サイン)の1つである。普通は背景の「地」の部分と事項を示す「図」の部分に明度差のある2色を用いて，表したい事柄を単純な図として表現する方法が採用されている。交通標識や案内図，洗濯表示などに広く普及している。

★ワンポイントアドバイス★

2つの大問ともに各分野に分かれることなく，地理・歴史・政治の融合問題となっており，文字どおり総合力を試す形式である。説明問題も含まれ，時間の割に問題の読解量が多めなので，時間配分には注意するようにしよう。

＜国語解答＞《学校からの正答の発表はありません。》

Ⅰ　問1　a　持病　b　始終　c　手配　d　箱庭　e　無心　問2　エ　問3　ウ
問4　A　イ　B　エ　C　ウ　問5　(1)　ア　(2)　カ　(3)　ク　(4)　シ
問6　ウ　問7　a　エ　b　ク　c　イ　d　カ　問8　ウ　問9　(1)　ウ
(2)　オ　(3)　ク　(4)　コ　問10　a　エ　b　オ　c　キ　d　コ　e　イ

問11 (1) ア (2) オ (3) キ (4) サ a 大丈夫 b 贈り物

Ⅱ 問1 エ 問2 ウ 問3 イ 問4 ウ 問5 エ 問6 図像 問7 F ア G イ H イ I ア 問8 ウ 問9 エ 問10 ア 問11 ウ 問12 エ 問13 (1) イ (2) カ (3) キ (4) シ (5) ソ (6) チ

○推定配点○

Ⅰ 問11a・b 各1点×2 他 各2点×31(問4完答)

Ⅱ 各2点×18(問7完答) 計100点

＜国語解説＞

Ⅰ **(物語文－主題・心情・細部表現の読み取り，空欄補充，ことばの用法，漢字の書き取り)**

基本 問1 a 治ることがなく，いつも悩まされる病気のこと。「慢性の病気」ともいえる。 b ここでは，その動作が何度もくり返されること。いつも，ということ。 c 必要な準備などをすること。「タクシーの手配」とは，ここではお客さんのために，タクシーを呼んだこと。 d 箱の中に庭を再現した，一種の模型のこと。心理的な病気を抱えた人の治療法として，「箱庭療法」というものがある。 e 心に余計な考えがないこと。ここでは，無邪気ということもできる。

問2 傍線①直前には「少女の背景をわずかながら知らされた今，彼女を全く無視していいのか……あれこれ考えているうちに」とある。男は少女の背景を知り，あれこれと考えたため，立ち去るタイミングを逃してしまったのである。「少女の身の上について知ってしまった」「少女に対して自分がどのような態度をとればよいか決めかねていた」とある，エが解答になる。アは「少女の過去について考えるうちに」とあるが，考えたのは，少女に対する自分の態度についてである。イは少女が口を聞かなくなった理由を考えていたという内容である。この時点で男が考えている内容としてふさわしくない。ウは「どのようになぐさめれば」とあるが，なぐさめ方を考えているわけではない。

問3 傍線②より少し前の部分に「不意打ちのように二人の視線が合った」という表現がある。ひよこを見た後に視線を交わすことによって，少女と男の間に心のつながりが生まれ始めたのである。傍線部の「虹が架かった」とは，このときに生まれた少女と男のつながりを比喩で表したものだと考えることができる。「少女と男の間に小さいながらも特別なつながりが生まれた」とある，ウが解答になる。ア，イ，エは「虹が架かった」という比喩表現を適切にあらわした内容がない。

基本 問4 A 夜勤明けの男が少女をどかして二階に上がろうとする文脈である。通り抜けることができないのが面倒であり，「どいてくれるかな」と言って無視されたら，さらに面倒になるということである。空欄Aには，程度がさらに大きくなるという意味の言葉，イの「ますます」が解答になる。 B 二階に上がろうとしている男が「彼女はどうしてこんな所に腰掛けているのか」と，ことの起こりを考えている文脈である。空欄には，ことの起こりなどを表すときに使う言葉，エの「そもそも」が入る。 C 最初はわからなかった女の子がセミの抜け殻を手に載せている理由。それが少しずつ分かってきたという文脈である。空欄にはウの「だんだん」があてはまる。

問5 (1) 男は，時候の挨拶なのか，自慢なのか，驚かせようとしているのかなど，様々に考えた。「行為の意味をはかりかねて」とある，アが解答になる。「疑いを持ちはじめて」とあるイ，「少女の生い立ちをおもんばかって」とあるエは，少女の行為の意味を考えている男の様子にあわない。 (2) 「改めてよく見れば……」で始まる段落以降，男が少女の手の小ささを観察する様子をおさえる。「少女の手……注視」とある，カが解答になる。抜け殻に着目しているエと，少女の視点に立つとあるオは誤答である。　(3)　空欄C以降の「彼女にとってとても大事な抜け殻」「私に，くれるのかい？」などの表現が解答の手がかりになる。少女は自分にとって大事なものを男に送ろうとしているのである。「特別なものを受け取ってほしいと望んでいる」とある，クが解答になる。キの「少女が興奮」は，受け取りを望んでいる少女の気持ちにはふれていない。クの「いら立っている」は，少女の気持ちとしてふさわしくない。　(4)　男が抜け殻を受け取った様子を解答の手がかりにする。「少女の一途な思い……受け止めようと考えた」とある，シが解答になる。コの「殻に閉じこもろうとする少女」は抜け殻を渡そうとする動作から，殻に閉じこもろうとする様子は読み取れない。サは「壊さないように大切に」とあるが，男のそこまでの慎重さは，この部分には記されていない。

問6　傍線④よりも前の部分から，少女が本当にプレゼントしてくれたのかどうか，男が疑問を抱いている様子が読み取れる。だが，「どうしても……載せてしまう」とあるように，男は抜け殻を掌に載せる行為がやめられないのだ。その様子から，少女がくれたものに対して心を寄せている様子も読み取れる。「どういう意味……分からないが」「心が引き寄せられている」とある，ウが解答になる。アは少女がくれたものに心がひかれている様子が書かれていない。イは「からかいの対象」「抜け殻のようにもてあそばれている」は，状況を読み誤っている。エの少女との会話を期待も，この場面でただ心がひかれている男の様子にあわない。

重要　問7　a　傍線⑤までの文脈で，男が抜け殻を様々な視点から観察していたことをおさえる。空欄aには「つぶさに眺める」とある，エがあてはまる。　b 「どの抜け殻にも……」で始まる段落以降の表現に着目する。「脱皮した殻が実に精巧な作り」とある。「いい加減なところが微塵もない」「プレゼントに値する驚異」などともある。男は，抜け殻を実に素晴らしいものだと見出しているのである。「繊細に作られた特別な存在」とある，クが解答になる。　c　(中略)よりも少し前に，「ただ一つ悩みがあるとすれば……孫娘だった」とある。出会った当初，少女は悩ましい存在だったのである。イの「自分を悩ませる存在」があてはまる。　d　傍線⑤以降に「自分も六つの時は，こんなふうだったのだろうか」とある。自分の小さい頃を思い出しているのである。空欄d直後には「思いを馳せる」とある。「思いを馳せる」とは，気持ちを遠くまで至らせるという意味。ここでは，カの「かつての自分自身の姿」に思いを馳せているのである。

重要　問8 「ひよこたちは，どこに行くの？」と少女に尋ねられたら，傍線⑥よりも前にあるような，ひよこたちの悲劇的な状況を話さないといけなくなる。そして，少女をきっと傷つけることになる。だが，少女は何もしゃべらない。だから，尋ねられることもないのでよかった，という文脈である。以上の流れをおさえて，選択肢を分析する。「言葉を交わす必要がない」「少女の思いを傷つけずにすむ」「嘘をつかなくてすむ」「ありがたい」とある，ウが解答になる。アは「少女と話ができるかもしれないというあわい期待」とあるが，そのような期待は読み取れない。イの「少女の本心を理解することは難しいのだと，あきらめがついた」，エの「この先も少女の声が聞こえないままであるほうがよい」は，ひよこのできごとを前にして男が考えた内容ではない。

問9　(1)　傍線⑦の少しあとに，「ただ玄関の内と外を出たり入ったりしているだけだった」とある。「ただ～だけだった」という表現から，男の仕事が単調なものであることがわかる。「かわりばえのない単純作業の繰り返し」とある，ウが解答になる。アの「柔軟」「繊細」，イの「時間をもてあます」は，「ただ～だけだった」という表現にあわない。　(2)　文章中には，同僚のドアマンたちがみな年下で，男と雑談する様子がないことが書かれている。年上の男に対して，そのような態度であることから，男を軽く見ている様子がわかる。オの「軽んじられている」が解答になる。エの「煙たがられている」は，嫌がる様子だが，そのような態度は読み取れない。カの「一目置く」は，尊敬する様子である。同僚たちが男を尊敬する様子は読み取れない。

(3)　雑談がなかったという様子から，男の方も積極的に関わっていかなかった状況が読み取れる。「人とのつながりをつくってはこなかった」というクが解答になる。キには「怒りを覚えずにはいられなかった」とあるが，男は怒っていない。ケには「不器用な生き方を正そう」とあるが，男が生き方を直そうとする様子について，この場面では扱われていない。　(4)　仕事が単純作業の繰り返し。同僚とのつきあいも少ない。そのような職場での男の様子と，設問の文にある「抜け殻」という表現から考える。解答は「うつろな存在」とあるコになる。「うつろ」とは，中身のない様子を表したり，気がぬけてぼんやりしている様子を表したりする言葉。「抜け殻」に結びつけて表現される男の様子は，中身がなく，ぼんやりした様子なのである。サの「厄介者」，シの「必要とされていない」は，男の様子を正確に表したものではない。

問10　a　問7に関係する。男は「抜け殻」を，繊細に作られた特別な存在だと気づいた。「抜け殻それ自体の価値」とある，エがあてはまる。　b　少女と比較している場面に着目する。「少女よりは幼稚」「いくら子供でも分別がなさすぎる」などと気づいている。「分別のない幼稚な存在」とある，オが解答になる。　c　セミの抜け殻をイメージしたい。中身がなく，特に役立たないものである。キの「中身のない無意味なもの」が解答になる。　d　傍線⑧の直前に，「中には沈黙が詰まっている」とある。抜け殻の中には，かつて生き物がいたのである。そのため「沈黙が詰まっている」とは，そのときの生命活動の感触などが残っているという意味だと考えられる。少女はそのようなことを見出して抜け殻に興味を示し，男のもとに届けたのであろう。選択肢の中では，「生命の息遣いが込められた」とある，コが解答になる。　e　少女に救いだされた「抜け殻」は，コレクションとして窓辺に並べられた。窓辺とは「日の当たる場所」である。少女の行為は，中身がなくなって見捨てられてしまうかもしれないものを，日の当たる場所に救い出す作業であったのだろう。「日の当たる場所」とある，イが解答になる。

問11　(1)　少女の発言から考えることができる。「怖がらなくてもいいのよ。大丈夫……何の心配もいらないの」である。「ひよこをなだめて安心させようとした」とある，アが解答になる。イとウは，少女がひよこに向けて発した言葉の内容に結びつかない。　(2)　少女はひよこを守るために，様々な言葉でひよこをなだめようとした。「語るべき言葉がたくさん存在した」とある，オが解答になる。エは「言葉にはならない思い」とあるが少女は発言している。カの「明かすことのない秘密」は，発言した少女の様子に結びつかない。　(3)　傍線②で，男と少女には虹が架かり，男はさまざまなことを共有できていると感じていた。「言葉がなくても」「世界を共有」とある，キが解答になる。クの「過酷な現実と向き合う日が来るだろう」，ケの「幸せな
やや難
日々を何としても守りたい」は，男の少女に対する思いとしてふさわしくない。　(4)　抜け殻のような生活をしてきた男にとって，少女の言葉は心を満たすような贈り物だったのである。「内側を満たすかけがえのないもの」とある，サが解答になる。コの「古い抜け殻を脱ぎ捨てさせて」とあるが男の生活自体が抜け殻だったのである。シの「言葉の本来の姿」は，この物語の内容にあわない。　a　二人の発言を比べてみる。共通している言葉は「大丈夫」である。

b　傍線⑨の直前に着目する。少女の言葉を，男は「プレゼント」「贈り物」などと表現している。指定の字数にあうのは，「贈り物」である。

Ⅱ　(論説文－要旨・論理展開・細部表現の読み取り，空欄補充，ことばの用法)

問1　傍線①前後の内容から判断できる。傍線①よりも前に，「読むだけでは理解できなかったことば」とある。読むこと自体はできていたが，理解できない。そして傍線①直後にも「一字一句のすべてが理解を越えていた」とある。つまり，筆者が日常的に慣れ親しんできた言葉の使い方とは異なる感じだったのである。この後の「みぞれ」の詩に関しても，傍線③以降に「一行一行

の意味がわからず，一句一句まで分解してもわからない」とある。そこからも，日常的に慣れ親しんでいた言葉の使い方と「現代詩」がかけ離れていたことが読み取れる。語と語のつながりが慣れ親しんだものとはちがうとある，エが解答になる。アの「不謹慎な内容」は傍線①前後で述べられていることとは異なる。イの「実用性」も述べられていることと異なる。ウは「読めないくらい」とあるが，読めてはいるのである。読めても，理解できないのである。

問2　傍線②以降の「みぞれ」の例にもあるように，詩を完全には理解できないのである。だが，そこには「独特の価値」があり，それが魅力的なのである。「内容を把握することはできない」「底知れない魅力で迫ってくる」とある，ウが解答になる。アは「いつまでも飽きさせないような力」とあるが，きらいになる人もいる。イは「のめり込んでしまう」とあるが，「のめり込んでしまう」のは読み手の様子であり，詩の「あふれでるエネルギー」の説明になっていない。エは「次第に意味が理解できるようになる」とあるが，「あふれでるエネルギー」の内容にあわない。

重要　問3　意味はわからなくても，「きわめて格好いい図像」としてとらえて，書き写したのである。空欄Aにあてはまるのは，そのような様子と，同じ意味の表現である。解答は「好きな漫画のキャラクター」「ノートに描く」とある，イになる。その他は，そもそも図像を描くという行為とは異なる。

重要　問4　「劣等感」とは，自分が劣っていると感じる気持ち。「さかうらみ」とは，うらみに思う対象から逆にうらまれること，また，ものごとを素直に受け取らずに相手をうらむこと。「こけおどし」とは，それほどでもないのに，相手をおどかすしかけのこと。以上の意味をおさえて，考える。空欄Bには，自分ができなくてダメだという気持ちがあてはまる。つまり，「劣等感」である。空欄Cは，わかりにくい詩を書く詩人が悪いと，逆に詩人をうらむという文脈になる。理不尽な理由で，詩人をうらんでいるのだ。「さかうらみ」があてはまる。空欄Dは，「鼻持ちならない」という否定的な言葉と並んでいる。意味のわからない詩の仕かけなどたいしたことがないと，否定的な気持ちを抱いているのである。つまり，詩の仕かけを「こけおどし」だと見なしているのだ。B「劣等感」，C「さかうらみ」，D「こけおどし」となる，ウが解答になる。

問5　傍線③以降の内容をおさえて，解答する。未熟な中学生だった「わたし」は，わからないということを，当然のこととして受けいれることができた。だからこそ，「知らない」「わからない」ということの独特の価値を感じることができるようになったのである。その独特の価値に気づくことができないのが不幸なのである。以上の点をおさえて，解答する。「『わからなさ』をそのまま認めることができず」「つまらないと判断」「不幸」とある，エが解答になる。アは，自分の読みの間違いに気づくことのできないことが不幸だとあるが，不幸の内容がまちがっている。イの「実際以上の難しさを感じてしまうこと」，ウの「読解力を向上させようとしないため」なども，文章の内容を読み誤っている。

基本　問6　問3にも関連する。傍線②を含む段落で，「わたし」は意味もわからないものを図像として受け止めている。空欄Eを含む段落も，同じようなことを述べている。「図像」が解答になる。

問7　空欄F直前には，透視図法が「正しい見え方」だと信じてしまうと，他のものの写し方ができなくなると書かれている。つまり，あることができるようになると，他のものができなくなるのである。F・G・Hは，「自転車にのれる」という行動ができるようになると，「自転車にのれない」という行動ができなくなる，と考えられる。Fはア，Gはイ，Hはイとなる。また，Iに関しては，「わたし」が語句の意味を読み取れる前だったから「みぞれ」という詩の図像に魅力を感じることができたという文脈である。「読み取れる」にあう内容は，アの「のれる」である。Iはアになる。

重要　問8　Jには，「よく書きまちがえた」という意味になるような言葉があてはまると考えられる。つまり，Jにはイの「しばしば」か，ウの「たびたび」があてはまることになる。Kは「目をひく」という言葉につながるが，「特に目をひく」という意味になると考えられる。つまり，ウの「ひときわ」があてはまる。Lは「それほど」があてはまる。ひらがなで書いても，「それほど不自然ではない」となり，違和感がないことを意味する。解答は「たびたび」「ひときわ」「それほど」となる，ウである。

問9　傍線④前後の内容をもとにして，解答を考える。傍線④よりも前にあるように，「腐爛」と「ふらん」は明確に別の言葉なのである。だが，傍線④以降にあるように，「腐爛」と「ふらん」は，発音やイントネーションでは区別できないのである。声に出してしまえば，同じものなのだ。音読してしまうと，「腐爛」と「ふらん」が区別できないとある，エが解答になる。アは「同じ表記のことばに対して」とあるが，「腐爛」と「ふらん」のちがいが話題になっているのである。同じ表記ではない。イは「同じ意味であるということ」とあるが，「腐爛」と「ふらん」は異なる言葉だと定義づけられている。ウは「難解な漢字を多用」とあるが，「腐爛」と「ふらん」の区別が難しい点にふれていない。

問10　「譜面」とは，曲を弾くときのために，楽譜を単に書き記したもの。ここでは，音読のために，音声がわかるだけのものという意味で使われている。傍線⑤直前にあるように，たんに音読だけを目的にするのであれば，すべてひらがなでも，漢字ばかりでも，ローマ字表記でも，詩が単なる譜面になるのだからどうでも良いということ。「音声を表記するための手段としてのみ文字をとらえる」とある，アが解答になる。イの「文字が音声を支える大事な要素」，ウの「音読するときに，言葉のリズムや強弱を度外視」，エの「内容ばかり気になって」は，傍線⑤の「譜面」の意味につながらない。

やや難　問11　空欄M直前には，複数の読み方が記されているが，音では伝わらないのである。その点を意識して考える。「漁」「泊」「滑」は，詩の中で一文字ずつ横に並んで記されている。その点にも着目する。「一文字の漢字が横に三つ並んでいる」とある，ウが解答になる。アには「詩全体の冷たさ」とあるが，この三文字で伝わるかどうか，文章中に記されていない。イは，絶対に伝わらないとは言い切れない。エの「リズム」は，ここでの話題ではない。

問12　傍線⑥に「文字のうらづけがどうしても必要」とあるが，日本語は「音」だけでは識別できないのである。「ひとつの『ショー』という音で……」で始まる段落内にあるように，「文字を参照する」作業などを通して，識別しないといけないのである。「区別する根拠を文字が担っている」とある，エが解答になる。ア，イ，ウは「うらづけがどうしても必要」という部分，つまり，識別のために文字が必要という点について述べていない。

問13　(1)　傍線⑥以降に，明治時代のことが書かれている。「明治維新以降西洋の事物や観念を和製漢語に訳してとりいれ」とある。そのため，「西洋の概念が漢語を用いて日本語に翻訳された」とある，イが解答になる。アの「日本語の発声法に影響を与えた」，ウの「西洋語の輸入が一切の和語を駆逐」は，文章の内容にあわない。　(2)　「しかも日本語は音韻組織が……」で始まる段落に着目する。日本語では「ショー」という音を持つ文字が多数あると書かれている。続く段落には「ソーコー」の例があるが，この場合も文字が多数になる。そのために，「かろうじて識別している」とあるように，識別に苦労するのだ。「音声が語の意味を識別する決め手にならない」とある，カが解答になる。エは「古来の日本語には存在しない発音が使われる」とあるが，「日本語では同じ音になり」とある。オは「何も理解できない」とあるが，「識別できない」問題点について述べられていない。　(3)　傍線⑥から傍線⑦の部分に「音韻組織がかんたん」「音の種類がすくない」とあるため，キが解答になる。クの「名詞の単数複数の区別が存在しない」，ケの「文字は音声のかげである」は，この文章で述べられている問題点にあわない。

(4)　文章最後の部分に着目する。音声言語としてはきわめて貧弱な日本語は，「視覚情報に大きくよりかかった言語」であると述べられている。「視覚情報がゆたか」とある，シが解答になる。コの「何ら特殊な言語ではない」，サの「習得するのが容易」は，この文章で述べられている問題点にあわない。　(5)　文章の最初の方で，筆者は「図像」から現代詩に魅了された。以上の点をふまえる。「視覚的印象」「魅了された」とある，ソが解答になる。スの「意味内容を必死で理解しようとした」のではなく，わからないのを当然のこととして受けいれたのである。セの「音読」も現代詩は音読で理解することが難しいのである。　(6)　高島氏は，音声が無力であるため文字のうらづけがないと日本語が意味を持ちえないと述べていた。文章の最初の方で，筆者は図像から現代詩に魅了されていった。ともに，意味がないものを視覚で判断していったことにつながる。ここから，チの「意味をともなわなくとも成立する現代詩」が解答になるとわかる。タの「表記法の違い」，ツの「難解な意味をわかりやすく伝える」は，高島氏の話と筆者があげた例に結びつかない。

★ワンポイントアドバイス★

選択式問題が非常に多い。設問の言葉を読み，文章中の解答の手がかりをおさえて，その後，正確に正解の選択肢を見つけ出していきたい。選択式問題の攻略は，合格のために重要である。

第2回

2022年度

解　答　と　解　説

《2022年度の配点は解答欄に掲載してあります。》

＜算数解答＞《学校からの正答の発表はありません。》

1　(1)　$\frac{1}{6}$　(2)　102　(3)　45分後　(4)　26分40秒　(5)　75度　(6)　$3\frac{3}{44}\text{cm}^2$
(7)　$25\frac{1}{3}\text{cm}^3$

2　(1)　594番目　(2)　14022　(3)　77組

3　(1)　18cm　(2)　330枚　(3)　10枚　4　(1)　毎分76.5m　(2)　毎分175.5m

○推定配点○

3・4　各8点×5　他　各6点×10　計100点

＜算数解説＞

1　(四則計算，速さの三公式と比，旅人算，単位の換算，割合と比，仕事算，消去算，平面図形，相似，立体図形)

(1)　$1-\frac{33}{45}-0.1=\frac{9}{10}-\frac{11}{15}=\frac{1}{6}$

(2)　$\frac{1}{\square}=\frac{1}{51}-\frac{1}{17}\div 6=\frac{1}{102}$より，$\square=102$

重要　(3)　1回目に出会う時刻…3600÷(140＋100)＝15(分後)　したがって，2回目に出会うのは15×3＝45(分後)

重要　(4)　作業全体の量を16，30の最小公倍数240とし，アスカさん1分の作業量をA，マリさん1分の作業量をMとする。A＋M＝240÷16＝15　A×10＋M×(30－10)＝240より，A＋M×2＝24　したがって，Mは24－15＝9であり，マリさんだけで作業する時間は$240\div 9=26\frac{2}{3}$(分)より，26分40秒

やや難　(5)　下図1より，直角三角形ABCにおいてAB：ACは1：2であり，AEは辺DFの垂直二等分線である。したがって，三角形ADFは二等辺三角形であり，角xは90－(180－150)÷2＝75(度)

重要　(6)　下図2より，三角形EFDとCFHの相似比は5：6，三角形AGDとCGHの相似比は10：6＝5：3　DHが5＋6＝11と5＋3＝8の最小公倍数88の場合，DFは88÷11×5＝40，FGは88÷8×5－40＝55－40＝15，GHは88－55＝33　したがって，斜線部分は$6\times 6\div 2\div 88\times 15=\frac{135}{44}(\text{cm}^2)$

図1

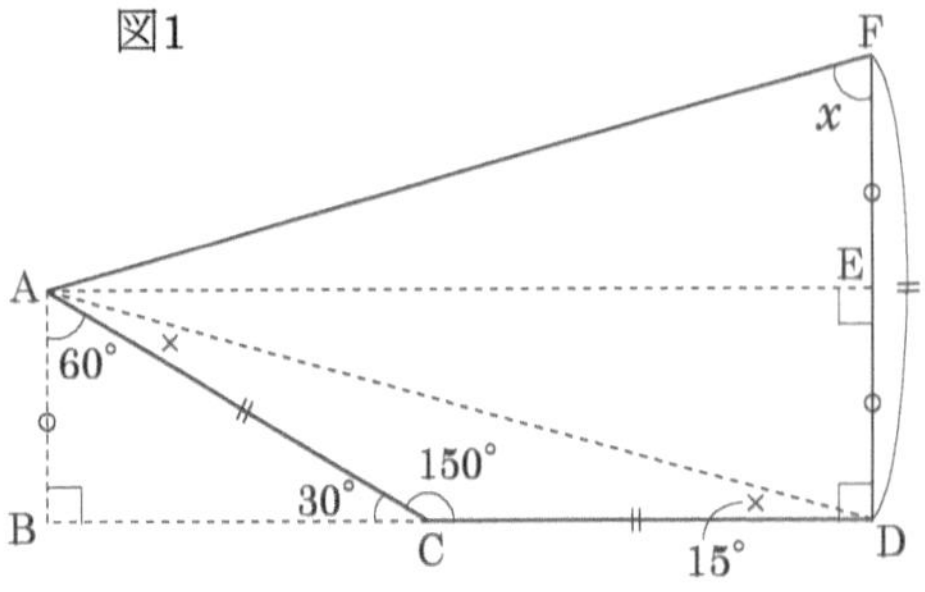

図2

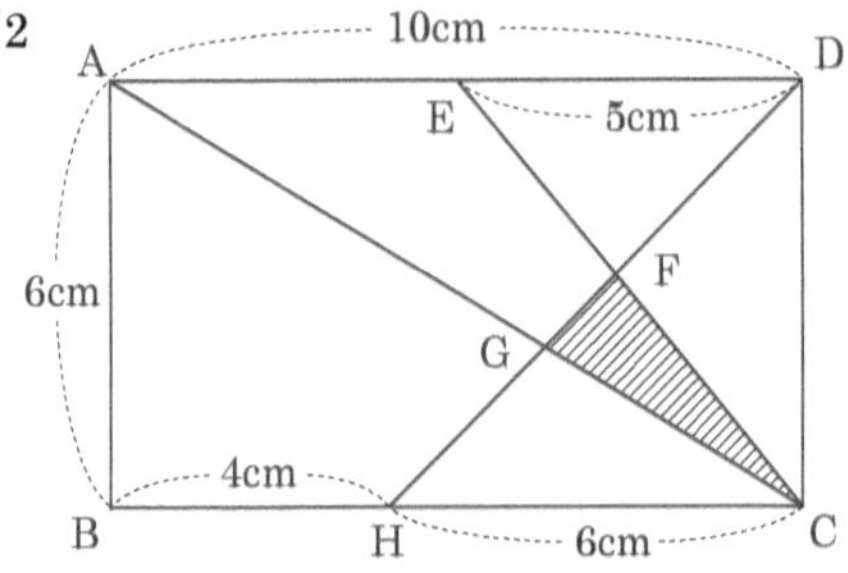

重要　(7)　右図より，三角錐O−QEPとO−DHGの相似比は2：3，体積比は8：27　したがって，求める立体の体積は$3\times6\div2\times4\times3\div3\div27\times(27-8)=\frac{76}{3}(\text{cm}^3)$

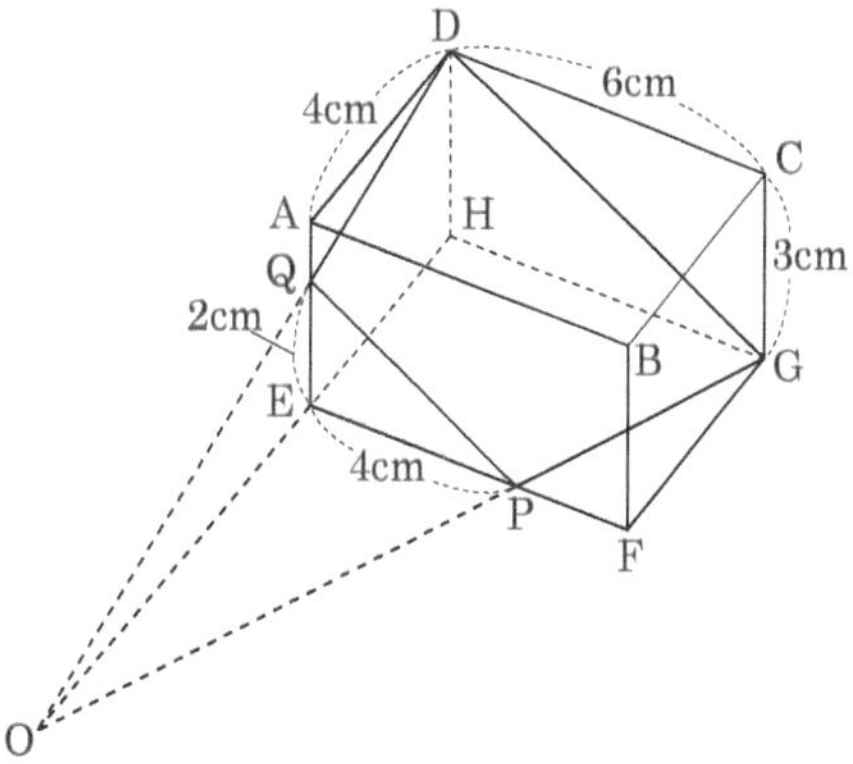

重要　2　**(数の性質，規則性)**

2	4	6	8	10	12	14	16	18		2016	2018
4	6	8	10	12	14	16	18	20		2018	2020
6	8	10	12	14	16	18	20	22		2020	2022

ア	ア+2	ア+4
ア+2	ア+4	ア+6
ア+4	ア+6	ア+8

(1)　上表より，9マスの数の和は，ア×9+(2+6)×2+4×3+8=ア×9+36　ア×9+36=10728のとき，アは(10728−36)÷9=1188　したがって，求める組は1188÷2=594(番目)

(2)　(1)より，777番目の組のアは2×777=1554　したがって，数の和は1554×9+36=14022

(3)　数の和が117×2=234のとき…アは(234−36)÷9=22　数の和が117×4=468のとき…アは(468−36)÷9=48　以下，数の和は117×2÷9=26ずつ増えていく。(2014−22)÷26=1992÷26=76…16　したがって，数の和が117の倍数になる組は77組ある。

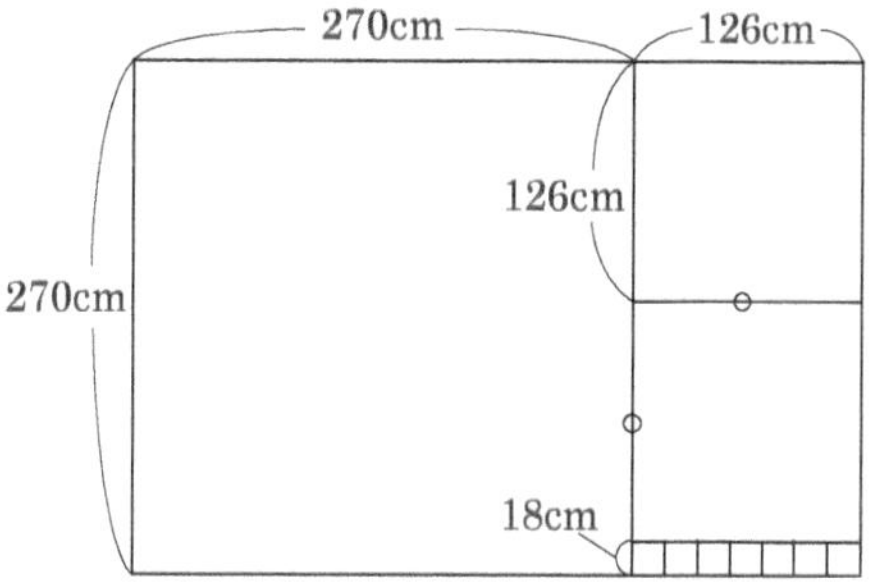

基本　3　**(数の性質)**

(1)　270，396の最大公約数は18cm

(2)　(1)より，270÷18×396÷18=330(枚)

(3)　右図より，タイルは1+2+126÷18=10(枚)必要

やや難　4　**(速さの三公式と比，流水算，割合と比)**

静水でのボートの分速を○m，流れの分速を△mとする。3分40秒$=3\frac{40}{60}$分$=3\frac{2}{3}$分$=\frac{11}{3}$(分)

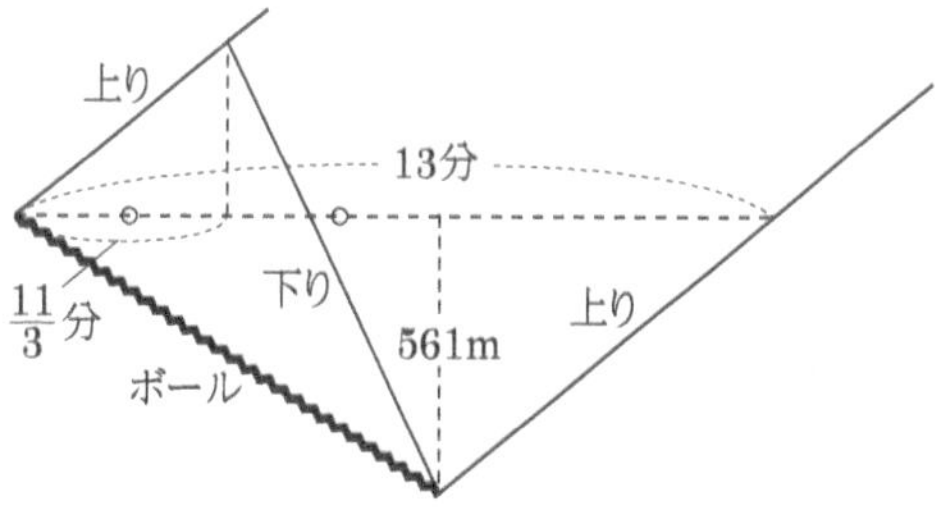

(1)　$\frac{11}{3}$分間で，ボートとボールは(○−△+△)×$\frac{11}{3}$=○×$\frac{11}{3}$(m)離れる。○×$\frac{11}{3}$(m)下流にあるボールにボートが追いつく時間…○×$\frac{11}{3}$÷(○+△−△)=$\frac{11}{3}$(分)　したがって，流れの分速は$561\div\left(\frac{11}{3}\times2\right)=561\div\frac{22}{3}=76.5$(m)

(2)　ボートの上りの分速…(1)より，$561\div\left(13-\frac{11}{3}\times2\right)=99$(m)　したがって，静水でのボートの分速は76.5+99=175.5(m)

★ワンポイントアドバイス★

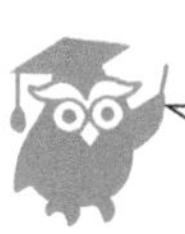

1(5)「角x」は答えを予想しやすいが，なぜそうなるのかを考えると簡単ではない。
3「タイル」の問題は基本レベルであり，4「流水算」は簡単ではないが，基本である「上り・下り・流れの速さ」の関係に気づくと解ける。

＜理科解答＞《学校からの正答の発表はありません。》

1　問1　エ　問2　ア　問3　ふりこの長さが長くなったから。　問4　1.5秒　問5　90度

2　問1　エ　問2　イ　問3　エ　問4　イ，エ，カ
　問5　炭酸カルシウム：二酸化炭素　25：11　問6　22.5g

3　問1　14本　問2　ア，カ　問3　イ，オ，カ　問4　(a)　ウ　(b)　ア
　問5　(c)　オ　(d)　ア　(e)　エ　(f)　イ

○推定配点○

1　各4点×5　2　問5　4点　他　各3点×5

3　問4・問5　各2点×6　他　各3点×3　計60点

＜理科解説＞

1　(物体の運動─ふりこ)

問1　ふりこの長さが4倍，9倍になると，周期が2倍，3倍に変化する。グラフの形は(エ)のように，横軸の増加の割合に対して縦軸の増加の割合が小さいグラフになる。

基本　問2　スタート地点が異なっても，1往復する時間なので同じ時間になる。

重要　問3　ふりこの周期はふりこの長さだけで決まり，おもりの重さは関係しない。図4で周期が長くなるのは，おもりを吊るした分ふりこの長さが長くなったためである。

問4　DE間の往復にかかる時間は周期の半分の時間の1.0秒である。EFでは，ふりこの長さが25cmになり，このときの周期が1.0秒なので，EFの往復にかかる時間は0.5秒であり全体で1.5秒かかる。

問5　角EPDが60度で，わりばしから棒までの距離は50cm，棒の長さが1mなので三角形DPQは角Qを直角とする直角三角形になる。また，Fの高さはDと同じになるので，点D，点Q，点Fは一直線上に並ぶ。よって，角EQFも90度になる。

2　(流水・地層・岩石─火山)

基本　問1　Aは火山灰，Bは溶岩，Cはマグマを示す。

問2　火山灰は吸い込んだり，眼に入ったりすると健康に害となるので，マスクやタオルで鼻や口を覆う。またメガネやゴーグルで目に入らないように予防する。コンタクトレンズをつけていて火山灰が眼に入ると，眼球に傷がつく危険がある。また，火山灰で視界が悪くなったり，滑りやすくなるので車の運転は控える。

基本　問3　(D)　リトマス紙に変化がないので中性であり，BTB溶液は緑色である。　(E)　BTB溶液が黄色なので酸性の水溶液であり，赤色リトマス紙は変化しない。　(F)　酸性では青色リトマスは赤くなる。　(G)　赤色リトマス紙が青くなるのでアルカリ性であり，BTB溶液は青色になる。　(H)　BTB溶液が青色なのでアルカリ性であり，赤色リトマス紙は青くなる。　(I)　アルカリ性では青色リトマス紙は変化しない。

基本　問4　二酸化炭素は炭素を含む物質が燃焼するときに発生する。水には溶けにくい。固体はドライアイスと呼ぶ。ものを燃やす働きはなく，消火器に使われている。

重要　問5　炭酸カルシウムの重さが1.5gより多くなっても，発生する二酸化炭素の重さは0.66gのまま変化しない。これは，うすい塩酸10gとちょうど反応する炭酸カルシウムが1.5gであることを示す。このときの値を用いて，溶けた炭酸カルシウムの重さと発生した二酸化炭素の重さの比を求めると，1.5：0.66＝25：11になる。炭酸カルシウムの重さが0.5gや1.0gのときの値から求めて

もよい。

重要 問6　うすい塩酸10gとちょうど反応する炭酸カルシウムが1.5gであるので，150gの塩酸とちょうど反応する炭酸カルシウムの重さは，10：1.5＝150：□　　□＝22.5(g)である。

3　(動物―昆虫)

基本 問1　昆虫の足は6本，クモの足は8本で，合計14本である。

基本 問2　さなぎの時期を経るものを完全変態という。ミヤマクワガタ，ニホンミツバチが完全変態である。その他は，さなぎの時期のない不完全変態の昆虫である。

問3　ウシガエルは北米原産，ヒアリは南米原産，セアカゴケグモはオーストラリア原産の外来種でる。

問4　アゲハチョウはミカン科の植物に卵を産み，モンシロチョウはアブラナ科の植物に卵を産む。

問5　(c)　縄張りから得られる利益のグラフがもっとも大きな値を示すのは(オ)である。　(d)　縄張りを守るための労力が最も少ないのは(ア)である。　(e)　グラフの実線が点線より上にくるのは(エ)まででである。よって(オ)では労力の方が利益を上回るので，縄張りが成立しない。

(f)　グラフの実線が点線より上側にあり，実線と点線の間隔が最も大きいものほど最適な縄張りの大きさといえる。(イ)が最適な大きさである。

★ワンポイントアドバイス★

解答の様式が記述式の問題も出題される。学校で扱わない内容が出題されることもあり，問題文をよく読んで対応したい。

＜社会解答＞《学校からの正答の発表はありません。》

Ⅰ　問1　④　　問2　②　　問3　①　　問4　④　　問5　③　　問6　イ)　③　　ロ)　①
問7　②　　問8　④　　問9　②　　問10　間宮林蔵　　問11　(例)　田村麻呂が青森県の地域に遠征をしたのかどうかということや地元から見ると彼は征服者であり，悪影響を及ぼしたのではないかということ。　　問12　②　　問13　①　　問14　③

Ⅱ　問1　④　　問2　BLM　　問3　①　　問4　③　　問5　②　　問6　そば　　問7　③
問8　②　　問9　③　　問10　②　　問11　①　　問12　④　　問13　②　　問14　③
問15　①

○推定配点○

各2点×30　　計60点

＜社会解説＞

Ⅰ　(総合―食物から見た日本に関する問題)

問1　日本のサケ・マスの輸入先の割合(重量ベース，2020年)の上位3か国は，チリ66.7%，ノルウェー14.8%，ロシア10.9%である。サケの輸入先は1980～1990年代前半はアメリカ合衆国が多かったが，1990年代に入ってからはチリ，ノルウェー，ロシアからの輸入が増加し，アメリカ合衆国からの輸入は減少した。特にチリからの輸入の伸びは著しく，2000年代に入ってからも増加が続いた。したがって，日本で食べられているサケの半分以上は，タイからの輸入ということはない。

重要 問2 (あ) ジャガイモとカボチャの収穫量が全国2位，ダイコンの収穫量が全国4位なので鹿児島県である。 (い) ニンジンとダイコンの収穫量が全国2位，ジャガイモの収穫量が全国5位なので千葉県である。

問3 「春高楼の花の宴　めぐる盃影さして」の歌詞で始まる歌曲は土井晩翠の作詞，滝廉太郎の作曲による『荒城の月』(1901年)である。この歌曲は七五調の歌詞と西洋音楽のメロディを融合させたもので，日本で作曲された最初の西洋音楽の歌曲とされる。なお，選択肢中の北原白秋，竹久夢二，中原中也は詩人，團伊玖磨，古関裕而，中山晋平は作曲家である。

重要 問4 今からおよそ6000～5000年前の縄文時代前期には，現在よりも少し温暖で海面が約2～3m程高くなった縄文海進という現象が起きていた。そのため関東平野では，荒川や江戸川の谷に沿って内陸部まで海が進入し，細長い内湾を形成していた。この内湾は奥東京湾と呼ばれ，荒川沿いでは現在の埼玉県川越付近，江戸川沿いでは栗橋付近まで海が入っていた。図中の貝塚遺跡の分布が比較的内陸まで広がっているのは，そのような状況の影響であり，縄文時代の人々は海からの食料を得やすい当時の海岸に沿って住んでいたことがわかる。 ① 台地上に住んでいたことは事実であるが，その理由は大雨による洪水被害を避けるためではない。 ② 縄文時代の人々は，丘の上に砦を築いて住んでいたわけではない。 ③ 縄文時代の人々は，森林を焼き払って畑を広げる焼き畑農業を行っていたわけではない。

基本 問5 飛鳥・藤原の宮都とその関連資産群は，ユネスコの世界遺産(文化遺産)暫定リストへの追加掲載が決まった奈良県飛鳥地方にある史跡等の総称である。この場所は2006年に奈良県他から「飛鳥・藤原―古代日本の宮都と遺跡群」として暫定リスト追加掲載の提案が行われ，2007年に文化庁が追加申請を認めた。しかしこの場所はまだ正式に世界遺産に登録されたわけではなく，奈良県が2024年の世界文化遺産登録に向けて努力をしている。なお，①の紀伊山地と霊場と参詣道は2004年，②の石見銀山遺跡とその文化的景観は2007年，④の「神宿る島」宗像・沖ノ島と関連遺産群は2017年に世界遺産に登録されている。

問6 イ) 伝統的工芸品を表示するために，伝産協会が発行する伝統マークを使用した証紙のことを「伝統証紙」(選択肢③)という。この表示は，経済産業大臣の認定を受けた「伝統証紙表示事業実施規程」に基づいて行うことができる。 ロ) 南部鉄器で有名な県は岩手県である。この県は全国の都道府県で2番目に面積が大きく，北上川が北から南に流れ，太平洋に面してリアス海岸が広がっている。また，北上盆地を中心に米作りが行われている。なお，②は長野県，③は三重県，④は長崎県を説明したものである。

問7 松前漬けは北海道の郷土料理で，数の子，スルメ，昆布をしょうゆで漬け込んだ保存食(写真②)である。この料理は松前藩の郷土料理が発祥で，江戸時代後期にニシンの卵の数の子にスルメと昆布を合わせ，塩で漬け込んで松前漬けが作られた。しかし，1950年代半ばには数の子が高価な食材となったので，スルメに昆布の割合が増やしたものも増えていった。なお，①はイカの沖漬け，③は銀鮭の切り身，④はらっきょうの甘酢漬けである。

基本 問8 イギリスは，1623年に商売不振のために平戸の商館を閉鎖して撤退した。他方，出島は長崎港につくられた人工島で，1641年に平戸にあったオランダ商館がここに移された。したがって，出島にイギリスの商館があることはない。

問9 現在のロシアの大統領はウラジーミル・プーチンで，彼はロシア連邦の第2・4代大統領(在2000～2008年，2012年～)である。また彼は1999～2000年と2008～2012年には首相を務めた。

なお，写真①のイギリスのジョンソン首相(在2019年～)，③はフランスのマクロン大統領(在2017年～)，④はベラルーシのルカシェンコ大統領(在1994年～)である。

基本 問10　間宮林蔵(1775～1844年)は，江戸時代後期の探検家である。彼は伊能忠敬に測量術を学んで，1808～1809年に幕府の命令で樺太(サハリン島)とその対岸を探検し，樺太が島であることを確認し，間宮海峡を発見した。

やや難 問11　青森ねぶた祭りでは，1962年につくられた「田村麿賞」が1995年に廃止され，「ねぶた大賞」に変更された。その理由は「坂上田村麻呂が青森県の地域に遠征した事実やその遠征の際にねぶたを使用したということが証明できない」，「地元の人々からみると坂上田村麻呂は征服者であって逆賊ではないか」という議論が起こり，その結果，「田村麿賞」という名称が廃止されたとされている。

問12　銀閣(写真B)は室町幕府の第8代将軍である足利義政(在1449～1474年，選択肢イ)が京都の東山の山荘に仏殿として造営した2層の建物である。足利義政を中心に発展した文化はこの銀閣に代表されるので，東山文化と呼ばれる。なお，写真Aは鎌倉にある鶴岡八幡宮，選択肢(ア)の足利義満は室町幕府の第3代将軍(在1369～1395年)，(ウ)の徳川吉宗は江戸幕府の第8代将軍(在1716～1745年)，(エ)の徳川慶喜は江戸幕府の第15代将軍(在1867～1868年)である。

重要 問13　日本国憲法第11条には，「国民は，すべての基本的人権の享有を妨げられない。この憲法が国民に保障する基本的人権は，侵すことのできない永久の権利として，現在及び将来の国民に与へられる。」とある。また日本国憲法第12条には，「この憲法が保障する自由及び権利は，国民の不断の努力によって，これを保持しなければならない。」とある。

問14　日本語で「多様性」を意味する語は，ダイバーシティである。これは企業などの組織や集団などで多様な人材を登用し，意見を取り入れたり，各人が持つ異なった能力を生かすことで組織の競争力を高めようとする試みのことである。なお，①のバリアフリーは障害者や高齢者が生活する上で障害となるものがない社会をつくろうとする考え，②のワークシェアリングは労働者1人あたりの労働時間を短くして，仕事を多くの人々で分け合うこと，④のフェアトレードは公正な報酬を払って行う貿易である。

Ⅱ　(総合―女性の歴史と現代の諸問題)

基本 問1　遣唐使は，唐の進んだ政治制度・技術・文化などを取り入れるために朝廷が派遣した使節である。630年に犬上御田鍬が派遣されて以降，894年に停止されるまで十数回にわたって派遣された。他方，十七条の憲法は，604年に仏教や儒教の教えのもとに聖徳太子が制定したものである。したがって，十七条の憲法が制定されたのは，中国へ遣唐使が送られた時代の出来事ではない。なお，①の東大寺が建てられたのは8世紀前半，②の墾田永年私財法は743年，③の鑑真の日本への渡来は753年のことである。

問2　「黒人の命は大切だ」というスローガンは英語では「BlackLivesMatter(ブラック・ライブズ・マター)」と言われ，その頭文字をとって「BLM」と略される。これは，アフリカ系アメリカ人のコミュニティから始まった黒人に対する暴力や人種差別をなくすことを求めた国際的な社会運動である。

問3　長野県茅野市で出土した「縄文のビーナス」と呼ばれた土偶は，写真①である。この土偶は縄文時代中期につくられたと考えられ，妊婦をかたどっており，高さ約27cm，重さ約2.14kgである。一般に土偶は一部が壊れた状態で発見されることが多いが，縄文のビーナスはほぼ完全な形で出土している。なお，写真の②・④は埴輪，③は遮光器土偶である。

重要 問4　(ア)　藤原道長(966～1027年)は甥の藤原伊周と争って政権を握り，995年に内覧に就任した。また全国各地から多くの荘園の寄進を受け，経済的な基盤とした。さらに一条・三条・後一条・後朱雀の各天皇に自分の娘を嫁がせ，自分の孫にあたる幼少の天皇の摂政として，約30年にわたって権勢を振った。その全盛期に彼は，「この世をば　わが世とぞ思ふ　望月の欠けたることも　なしと思へば」という「望月の歌」を詠んだ。なお，選択肢中の「さかずき」は酒を飲むための容器である。　(イ)　紫式部はかな文字を用いて『源氏物語』を著し，その中で架空の人物である光源氏の生き方を描いた。なお，選択肢中の「清和源氏」は清和天皇から出て源姓を名乗った氏族である。　(ウ)　紀貫之(？～945年)は平安時代前・中期の歌人で，『古今和歌集』の編纂者の1人である。また彼は，土佐(現在の高知県)の国司の任務を終えて京都に帰るまでの道中の出来事を記した，かなで書かれた最初の日記である『土佐日記』(935年頃)の著者としても知られている。彼は『土佐日記』の中で，「男もすなる日記といふものを女もしてみむとすなり」と書いた。なお，選択肢中の「みかど」は天皇のことである。

問5　六波羅探題が設置されたのは，承久の乱(1221年)によって幕府側が勝利した後に朝廷の監視などを行うためである。一方，北条義時(1163～1224年)は1205年に鎌倉幕府の第2代執権となり，第3代将軍の源実朝の死後は北条政子とともに政治の実権を握った。後鳥羽上皇によって討伐の対象とされたが，承久の乱で勝利して鎌倉幕府の基盤を固めた。　①　北条時政が初代執権になったのは，1203年のことである。　③　北条泰時のもとで御成敗式目が制定されたのは，1232年のことである。　④　北条時宗のもとで元の襲来を迎えうったのは，1274年と1281年である。

問6　「夏から秋にかけて，白色やピンク色の小さな花が，鈴がつらなるような形で咲き」，「山間部でも栽培しやすく，その実を使った食べ物が各地の名物として親しまれて」きた食べ物は，そばである。また設問中のグラフは，そばの都道府県別収穫量の割合を示したものである。「出雲そば」は島根県の出雲地方で広く食べられている郷土料理のそばで，「わんこそば」と「戸隠そば」とともに日本三大そばの1つである。

重要　問7　明治時代の地図中の「北品川宿」と「南品川宿」は，現在の地図中の「北品川」と「南品川」のそれぞれの地域にあたる。したがって明治時代の地図中の「北品川宿」と「南品川宿」を貫く東海道は，現在の地図中の「北品川」と「南品川」の地域を通っている国道357号線ではなく国道15号線となっている。現在の国道357号線が通っている地域は，明治時代には海の上であった。

問8　1904年8月19日に日露戦争の旅順攻囲戦が始まると，与謝野晶子は「君死にたまふことなかれ」と題する詩を書いた。これは旅順攻囲戦に参加していた弟に呼び掛けたものである。他方，Aの津田梅子が岩倉使節団に同行したのは1871年，Bの樋口一葉が作家として活動したのは1888～1896年，Cの雑誌『青鞜』が創刊されたのは1911年，Dの市川房枝が参議院議員として活動をはじめたのは1953年のことである。したがって，与謝野晶子は「君死にたまふことなかれ」と題する詩を書いたのはBとCの間である。

基本　問9　(ア)　国の唯一の立法機関である国会のうち，参議院の議員の任期は6年である。　(イ)　臨時国会は内閣が必要と認めた時，あるいは衆・参どちらかの議院の総議員の4分の1以上の要求があった時に開かれることになっている。　(ウ)　衆議院が内閣の不信任決議案を可決するか，信任決議案を否決した場合，内閣は総辞職するか，10日以内に衆議院を解散して総選挙を行わなければならない。したがって，選択肢中で数字として用いられないものは，選択肢③の「8」である。

問10　昨年(2021年)の東京オリンピック・パラリンピック開催にあたり，当時の重要な職務に当たった女性は，左側の人物が丸川珠代・東京オリンピック・パラリンピック競技大会担当大臣(在2021年1月～2021年10月，選択肢③)，真ん中の人物が橋本聖子・東京オリンピック・パラリンピック競技大会組織委員会会長(在2021年2月～，選択肢①)，右側の人物が小池百合子・東京都知事(在2016年8月～，選択肢④)である。したがって，彼女たちの役職としてふさわしくないものは，日本オリンピック委員会(JOC)会長(選択肢②)である。東京オリンピック・パラリンピック開催時の日本オリンピック委員会(JOC)会長は，山下泰裕(在2019年6月～)である。

問11　メルケルは，ドイツの第8代連邦首相(在2005～2021年)である。彼女はドイツ共和国の女性首相で，ユーロ危機，クリミア危機などでの外交対応やドイツの経済成長・健全財政の維持などで支持され，16年の長期政権を築いた。なお，②はアメリカ合衆国のサンダース上院議員，③はニュージーランドのアーダーン首相，④はフランスのゼムール氏の説明である。

問12　死刑廃止条約は1989年に国連総会で賛成59国，反対26国，棄権47国で採択されたが，日本は国民の大多数が死刑制度を支持しているという理由で，反対票を投じたので，日本は批准していない。なお，①の人種差別撤廃条約は1995年，②の女子差別撤廃条約は1985年，③の子どもの権利条約は1994年に批准した。

重要

問13　東南アジアの地図中の(A)はベトナム，(B)はマレーシアである。他方，日本の衣類と付属品の輸入先を示したグラフで，59.9%を占めるのは(ア)は中国，14.1%を占める(イ)はベトナムである。したがって，ベトナムにあてはまるのは，地図中の(A)とグラフ中の(イ)である。

問14　2014～2020年で，女川港における水揚げ高が大きい上位2魚種は，第1位がさんまで，第2位がまいわしである。他方，まだいの水揚げはあまりない。

問15　アフガニスタンでアメリカ合衆国が軍の撤退をすすめる中で，イスラム教の教えをもとに活動する武装組織であるアルカイダではなくターリバーン勢力の攻撃が活発になった。その結果，2021年8月15日にそれまでのアフガニスタン・イスラーム共和国が崩壊して，ターリバーン勢力が政治の実権をにぎった。なお，アルカイダは2001年9月11日にアメリカ同時多発テロを実行した国際テロ組織である。

★ワンポイントアドバイス★

第1回と同様に大問2題とも総合問題となっているが，いずれの分野でも通常の授業とやや異なる雑学的な知識も出題されている。また時事問題もそれなりにあるので，普段からニュースなどには注意するようにしよう。

＜国語解答＞《学校からの正答の発表はありません。》

Ⅰ　問1　a　視察　b　口実　c　動転　d　由来　e　務める　問2　①　オ　②　エ　③　ウ　問3　A　イ　B　オ　C　エ　問4　ウ　問5　a　ク　b　オ　c　ア　d　キ　問6　a　オ　b　ク　c　ウ　d　カ　問7　イ　問8　エ　問9　ア　問10　a　オ　b　カ　c　キ　問11　a　キ　b　ケ　c　ア　d　ウ　問12　イ・オ

Ⅱ　問1　(1)　エ　(2)　イ・オ　問二　②　ウ　③　オ　⑥　ア　問3　a　オ　b　イ　c　サ　d　ク　問4　ウ　問5　ア　問6　A　オ　B　ク　C　ア　D　エ　E　イ　問7　(1)　イ　(2)　カ　(3)　ケ　(4)　シ　問8　エ　問9　(1)　ウ　(2)　カ　(3)　キ　(4)　サ

○推定配点○

Ⅰ　問2・問3　各1点×6　他　各2点×26

Ⅱ　問1～問3　各1点×10　他　各2点×16　計100点

＜国語解説＞

I (論説文－要旨・論理展開・細部表現の読み取り，空欄補充，ことばの意味，漢字の書き取り)

基本 問1 a 実際の状況を見るために，現地に行くこと。敵や相手の様子をこっそり探る行為を，「偵察」ともいう。 b ここでは，言いがかりをつける材料。二重傍線bでは，皇太子が襲われたことを日本攻撃の理由にするという意味にもなる。 c 驚きあわてて，平常心を失うこと。気持ちが落ち着かず，不安な様子になることを「動揺」という。 d あるものごとがそこから起こっているということ。 e その仕事をしていること。力を尽くしていることは「努める」，会社などに雇われて働いていることを「勤める」と書き分ける。

問2 ① 医者が駆けつけるなどの努力があったが，その効果がなく，亡くなってしまったと考える。オが解答になる。 ② 天皇自ら見舞いするという誠意を示したことの成果があった。そこからも判断できる。エが正解になる。 ③ 「面目」とは，世間に対する名誉や対面のこと。それがつぶれてしまうのである。ウが正解になる。

問3 A 皇太子の来日の理由をおしはかっている文脈である。イの「おそらく」があてはまる。 B 「近代国家として……第一歩を踏み出した」という書き方から，そのようなことがやっと実現したことが読み取れる。待ち望んだ末にものごとがついに実現する様子を意味する，オの「ようやく」があてはまる。 C 空欄C直後には「大国ロシアを敵に回せるほどの国力はなかった」と続く。初めから，そのような力はなかったという文脈である。初めからという意味を持つ，エの「そもそも」があてはまる。

問4 空欄Dには，話題を変えるときに用いる言葉である，「さて」があてはまる。空欄E以降は，「日本存亡の危機だ」と気が動転した畠山勇子が，皇太子一行に日本訪問を継続してもらおうと考えたという文脈である。気が動転したという様子に加えて，空欄E以降に考えたという行動が続く。ものごとを付け加えるときに使う言葉である「さらに」があてはまる。空欄F以降には，皇太子一行に訪問を継続してもらおうと考えた理由が書かれている。「……考えたからです」という形からもわかる。「なぜなら」があてはまる。空欄G以降には，考えた結果として導かれた行動が書かれている。「そこで」があてはまる。「さて」「さらに」「なぜなら」「そこで」と順番にあてはまる。解答はウになる。

重要 問5 a 「(2) 武士道の変遷」よりも少し後には，「変人の奇行ということにされてしまいました」とある。「発狂心」とも書かれている。畠山勇子の正気が疑われたのである。クの「正気」があてはまる。 b 「奇行」「発狂心」という表現で，畠山勇子の行動を扱ったことからも読み取れる。「～なもの」とのつながりも考えて，オの「不快」をあてはめる。 c 「女学雑誌」は畠山勇子を「日本国民をひたすら思い煩う『女流の改革者』」と称賛した。小泉八雲は畠山勇子の死に，「『国民の愛と忠誠の証を立てる』という『純潔な理想』」を見出した。以上の点から考える。勇子は国のために死んだとされたのである。その意味を考えると，アの「国家」があてはまる。 d 「女学雑誌」には，「『道心』が復活し」と書かれている。小泉八雲は勇子の行動を「気高い」とたたえている。勇子は正しいことをしたのである。「人として守り行う道」という意味がある，キの「人道」があてはまる。

重要 問6 a 傍線⑤よりも少し前に「1880年代(明治13年～22年)には……武士道も過去の遺物として扱われていました」とある。空欄aは，明治23年よりも前になるのだから，オの「時代遅れなもの」があてはまる。 b 「それが1890年(明治23年)以降……」で始まる段落に着目する。武士道を手本にするべきだという機運が高まってきたのである。空欄bにあわせると，クの「脚光を浴びること」があてはまる。「脚光を浴びる」とは，注目の的になるという意味である。 c 有力新聞は「変人の奇行」と扱ったのである。「奇人変人のたぐい」とある，ウが解答になる。

d　傍線④から少し後に，大正時代の畠山勇子に対する評価が書かれている。「『切腹武士道』の『日本精神』を実践した女性」「武士道・日本精神の精華」などである。畠山勇子が高く評価されたのは，カの「手本とすべき女性」とされるようになったからだと読み取れる。

問7　傍線⑥直前の部分と傍線⑥を含む文のつながりを考えて解答する。愛国心を持つことが自然で当たり前なものでなかったならば，いつかは愛国心を持つことが自然でも当然でもなくなる可能性がある，という文脈になる。そのため，傍線⑥の「そうだ」が指すのは，「自然なことでも当たり前なことでもなかった」とある，イになる。アは「当たり前」とあるので，おかしい。ウは，そもそも愛国心について述べていない。エは「いつかの未来」のこととあり，あわない。

問8　「(4)　愛国心の教育」以降に，解答の手がかりがある。ほとんどの日本人は，明治維新より以前は，「藩」に属していて「藩」よりも大きな単位を意識して生活することがなかったのである。そのため，あったとしても「愛藩心」のようなものだったのである。「日本という国に属する人間だという意識がなかった」「自分の国として日本を愛するという感覚を持ってはいなかった」とある，エが正解になる。アの「日本という国を軽んじる傾向」，イの「日本を愛する精神を失うことになった」，ウの「西洋諸国に負けない日本を作り上げようという目標を持ちえなかった」は，「(4)　愛国心の教育」以降に説明されている内容にあわない。

問9　傍線⑦以降には，日本人の一部が愛国的になり過ぎたことに対して，福沢が戸惑いを覚えた様子が書かれている。一部の愛国者たちは外国人に対して強硬な態度を取り，外国人を敵視し始めたのだ。そのようなことがあり，福沢は「『愛国に熱する』のは『主義の高尚なるもの』ではない」と断じ始める，つまり，判断を下したのである。「日本人が熱狂的な愛国者となった」「行き過ぎた自国びいきと外国人に対する敵意」「不適切なものと考えるようになった」とある，アが解答になる。イは「一過性のブーム」とあるが，「一過性のブーム」という指摘はない。ウは「日清戦争に勝利した日本で愛国ブーム」とあるが，文章中には，1892年には愛国的になり過ぎている様子が書かれている。つまり，日清戦争よりも前である。エには「本当の愛国心」とあるが，「本当の愛国心」というものは，ここでは論じられていない。

重要　問10　a　傍線⑨よりも後に，「教育勅語を校長先生が読み上げ，生徒がこれをありがたく聞く儀式」とある。空欄aを含む文脈は同様の内容である。ありがたく聞くのだから，オの「直立不動」があてはまる。　b　直立不動の姿勢を採用しているのは，カの「軍隊」になる。　c　まとめた文の空欄c直前の「地位・階級・年齢などが上」と「直立不動の姿勢」から考える。キの「尊敬の念」があてはまる。

問11　a　独自色が強い各地方で話される言葉は，キの「方言」である。　b　空欄b直前の「同じクラスの……」が手がかりになる。ケの「仲間」があてはまる。　c　独自色が強く異なる言葉を話す見知らぬ者同士に，「同じ日本という国の人間だ」という意識を持たせたいのである。そのために必要なことは，選択肢の言葉を使うと，「共通」の言語を持たせることである。空欄cには，アの「共通」があてはまる。　d　傍線⑩直前には「『国語』が学校で教えられるようになりました」とある。国語の普及に大きな役割を果たしたのは，ウの「学校」である。

やや難　問12　ア　「キリスト教」的な思考について，述べられていない。アは合致しない。　イ　「(4)　愛国心の教育」以降に，書かれている。藩が国で，人々はそれよりも大きな単位を意識することなく生活していたのである。だから，日本を愛するという意識も持たなかった。イは合致する。　ウ　ベネディクト・アンダーソンは，「国民」意識を刷り込むことによって，赤の他人との連帯感，つまり，「想像の共同体」が生まれたと主張した。「自然に生まれてきた連帯感」とあるウは文章に合致しない。　エ　傍線⑩より前には，フランスの例が書かれているが，「フランス語」という国語を作り，「国民の歴史」が人々に教え込まれたとある。エは，文章の内容に合致しない。　オ　傍線⑩以降の部分に着目する。「唱歌」は日本人という意識を植え付けるのに役立った。オは合致する。　カ　文章の最後の方にある，「歴史の展開次第では……」で始まる段落には「日本と朝鮮半島と台湾が一つになって東アジア連合のようなものが出来上がるかもしれません」とある。カの中の「フィクション」とは，作り話という意味。カは合致しない。

Ⅱ　(物語文－主題・心情・細部表現の読み取り，空欄補充，ことばの意味，慣用句)

基本　問1　(1)　文字からも意味を考えることができる。一つのことに心を集中して，他のことで乱されないことである。　(2)　「一気呵成」とは，物ごとを一気にやってしまうこと。アの「無我夢中」とは，あることに夢中になり，われを忘れた状態になること。イの「試行錯誤」とは，さまざまな試みをくり返して，失敗を重ねながらも目的に近づくこと。ウの「猪突猛進」とは，一つのことに向かって，猛烈な勢いで突き進むこと。エの「初志貫徹」とは，最初のこころざしを貫くこと。オの「沈思黙考」は，深く考え込むこと。「一気呵成」と反対の意味になるものを探すのである。イとオが解答になる。

基本　問2　②　「間が抜けた」とは，あてがはずれてぼんやりしたり，拍子抜けしたりするときの言葉。傍線②では，西濱さんの「ただいま」が間の抜けた様子だったのである。　③　「手持ち無沙汰」とは，何もすることがなくて，暇を持てあますこと。傍線③では，「僕」が何もすることがない様子を表す。　⑥　「意を決する」とは，覚悟を決めること。傍線⑥では，斉藤さんが絵を描く覚悟を決めたということ。

問3　a　傍線④以降に着目する。この場面の千瑛の筆致について「あの華麗な筆致ではなく」と書かれている。「本来であれば　a　な筆致」にあてはまる言葉は，オの「華麗」になる。

b　ミスはなく，完璧な配置で濃淡などを書き分けているのである。イの「精密」があてはまる。

c　文章中には「緊張した面持ち」とも書かれている。サの「ぎこちない」があてはまる。　d　「墨一色で描かれているのに……」で始まる段落内に「爆発するような華やかな大輪」とある。クの「爆発」があてはまる。

問4　傍線⑤前後までの状況をおさえて，選択肢を比較する。墨一色で描かれた千瑛の牡丹を，「僕」も斉藤さんも高く評価している。だが，いつもは好々爺である湖山先生は，白けた目で千瑛の絵を見ている。湖山先生は冷たい目であり，非常に怖い。千瑛はただ緊張した面持ちでいる。傍線⑤の「空気が凍り付く」という表現からも，この場にいるみなが，恐ろしさを感じていることがわかる。このような場面の状況をおさえ，選択肢を分析する。「千瑛の絵は……出来がわるくはなさそう」「いつまでたっても湖山先生が何も言わない」「その場にいる誰もがすくみ上がっている」とある，ウが解答になる。アは「作画の致命的な失敗があったのか判断できずに動けなくなっている」とあるが，緊張した原因の読み取りが正しくない。イは「湖山先生をどうなだめればいいのか」とあるが，なだめようとはしていない。エは湖山先生の「切り替えの速さ」に驚いたという文脈になっている。文章の内容にあわない。

問5　傍線⑦までの，斉藤さんの絵に関する説明をおさえる。手順は徹底して無駄がなく美しい。出来上がった絵の完成度は高くCGのよう。このような絵でありながら，湖山先生は首を振る。つまり，斉藤さんの絵を否定するのだ。「完璧に近い斉藤さんの絵」「非の打ちどころもない」「作品として優れていることにならない」とある，アが解答になる。イの「見る人に魔術のような錯覚をもたらしてしまう」，ウの「鑑賞者にとってはやや難解」，エの「CGを見慣れた現代人にとってはなじみのあるものだろうが」などの表現は，この部分の湖山先生が首を振った理由には結びつかない。

問6　A　空欄A直後の「軽いノリ」「お茶を運んできた」という表現から，解答を考えることができる。オの「お待たせしました～～！」があてはまる。「～～！」という部分からも，軽いノリが読み取れる。　B　お茶を用意した西濱さんに湖山先生が感謝する言葉があてはまる。ウの「西濱くん，ありがとう」が解答になる。　C　空欄Cの直後に「明らかにお茶のことだろう」とある。そのため，お茶を評価した言葉があてはまると考えられる。だが，「……だろう」とあるように，明らかにお茶を評価したとはわからないのである。明らかにお茶を評価した言葉に思える，エの「美味しいですよね」はあてはまらない。アの「悪くない」が解答になる。　D　湖山先生がお茶を評価する言葉に対して，西濱さんが反応する文脈である。空欄Cにアの「悪くない」があてはまるので，空欄Dにはエの「美味しいですよね」があてはまる。　E　空欄E以降の展開を見ると，西濱さんが「茜さんが……」と，どこからお茶を持ってきたのかを答えている。「茜さんが……」という答えがつながる言葉は，イの「これは何処のお茶？」である。

重要　問7　(1)　傍線⑨直後の表現に着目する。西濱さんの絵は「形も何処か破綻していて，形よりも筆致のほうが強く表れている」のである。「形式的なほころび」「筆致の方が強く」とある，イが解答になる。アは西濱さんの絵の説明として，不十分。ウは，この部分の西濱さんの絵の見え方として，適切ではない。　(2)　傍線⑨以降，「それに比べれば……」で始まる段落に着目する。斉藤さんと千瑛の絵は，「花を追いかけるのに力が入り過ぎている」とある。カの「対象をとらえるのに力が入りすぎている」が解答になる。エとオは，西濱さんの世界に引き込まれた後に「僕」が考えた内容として，適切ではない。　(3)　設問の文中には「『僕』が惹かれているのは……」とある。そのため，文章中で「僕」が西濱さんの絵に惹かれている部分に着目する。傍線⑧以降の「僕の目は画面に吸い込まれて……」からの場面に，「西濱さんの一筆，一筆が真っ白い画面に刻まれるたびに，僕は震え，目は吸い込まれた」とある。そして，さらに「ただ心が震え……花びらの中に命そのものを見ていた」ともある。「僕」は，西濱さんが白い画面に刻む一筆一筆の一瞬に，そして，花びらから感じられる生命力に，心を惹かれていたのである。似たような内容の選択肢はケになる。キ・クは，「僕」が心を惹かれた一筆，一筆や花びらの中の命のことに触れていない。　(4)　傍線⑨より後の部分に，「西濱さんの絵には命が描かれていた」とある。そして，命が込められているからこそ，「それに比べれば……」から始まる段落に書かれているように，美のさらに向こう側に行くことができ，強烈な感動という不思議な感覚を生み出すのである。以上の点をおさえる。「美が美であることを越えていく」「不思議な感覚」とある，シが解答になる。コの「水墨という名の音楽」，サの「魂を手に入れた花が飛び出してくる」は，この部分の「僕」の感覚としてふさわしくない。

重要　問8　傍線⑩直後の内容をおさえる。西濱さんのささいな心の変化が絵に表されていたのである。西濱さんの心が現実と筆をつないでいた。西濱さんは，牡丹という花の命の在り方を通して，自分の心の在り方を造作もなく表現した。以上の点に着目する。「生きていることと絵を描くことが同じ次元で溶け合い，作品に影響を与えている」「それを何気なく」「西濱さんのたぐいまれな芸術家としての才覚」とある，エが解答になる。アには「画面の上に自分自身を，周囲の世界から切り離されたものとして」とあるが，西濱さんの絵は周囲の世界から切り離されたものではない。イは，西濱さんの心が絵に表されたという点について触れていない。ウは，「他人の筆と他人の硯であっても，自分自身の絵にしてしまうところに，西濱さんの凄みがある」とあるが，西濱さんの凄さを読み誤っている。

やや難　問9　(1)　西濱さんの心が牡丹の絵に表されている様子を見た。さらに湖山先生の「減少とは，外側にしかないものなのか？　心の内側に宇宙はないのか」という言葉を聞いた。その後の，「僕」の思いである。「心や気分も含めたすべて」とあるウが解答になる。アの「感謝」，イの「積み重なった技術」は，ここにはあわない。　(2)　湖山先生は「森羅万象というのは，宇宙のことだ」と言い，その宇宙が「心の内側」にもあると指摘している。それを描き表すのであるから，「世界と自分がひとつながり」とある，カが正解になる。エとオは，湖山先生の「宇宙」の説明にあわない。　(3)　文章最後の部分に着目する。「心の内側」を「外の世界」へと繋ぐ術が水墨画なのである。「……世界を，自分もろとも描き切る」とある，キが正解になる。ク・ケは，文章最後の部分の湖山先生の説明にあわない。　(4)　まとめた説明文の中には，「筆のおもむくままに見えて実は，自らが動かされている」とある。筆による線によって，自らが動かされているということ。そのため，サの「線が，僕を描く」が解答になる。

★ワンポイントアドバイス★

選択式問題の中で，文章中の言葉がさまざまに言い換えられている。そのため，言い換えられた言葉の意味を把握できないと，解答できない場合もある。語彙力の強化を意識したい。

データ対応

収録から外れてしまった年度の
問題・解答解説・解答用紙を弊社ホームページで公開しております。
巻頭ページ＜収録内容＞下方のQRコードからアクセス可。

※都合によりホームページでの公開ができない内容については，
次ページ以降に収録しております。

どういうことですか。これに関する次の説明文の a ～ e に当てはまる言葉として適当なものを後の（ア）～（カ）から選び、それぞれ記号で答えなさい。

　人間は成長していく過程で、生理的欲求を我慢《がまん》するようになる。その理由は、生理的欲求を満たしてよい時間や場所に関するルールを身につけるようになるからである。筆者は、これを、 a と表現するが、一方で、身体が社会規範《きはん》を習得することによって、人間は社会とつながるとも言えるだろう。失禁という事象について考察をめぐらす筆者は、 b と冷笑しつつ、社会規範からの脱線《だっせん》を、身体の一部を「他者」に喩《たと》えることで表現する。失禁は筆者の社会的なつながりを脅《おびや》かすものであり、筆者は失禁することで敗北感を覚えるのだが、しかし同時に開放感も覚えていることに、ここでは注目しよう。失禁という体験が、筆者に敗北感と開放感という相反する感覚を同時にもたらすのはなぜだろうか。

　筆者にとって失禁とは、腸との真剣《しんけん》な交渉《こうしょう》が決裂《けつれつ》し、腸の要望に負けたことを意味するとともに、生理的な不快感や衛生面における忌避《きひ》感によって、道行く人々が筆者に距離《きょり》を取ろうとすること、言《い》い換《か》えれば、それまで関わりを持っていたはずの通行人や街の喧騒《けんそう》といった c ことを意味する。こうした疎《そ》外感《がいかん》・孤独感《こどくかん》をもたらす失禁は、筆者に敗北感を味わわせるのだ。

　しかし同時に、失禁は、腸との真剣な交渉の終わりを意味する。失禁は、腸との交渉から「解放」することで筆者に疎外感をもたらしながらも、実は、地面や空気といった外なる自然や内臓という内なる自然が、筆者の身体をずっと d ことへ気づきをもたらす。

　つまり、筆者は、失禁という体験を通じて、「解放」を体験すると同時に、より大きな自然とのつながりに自らが「開放」されていたこと、そしてこれからも「開放」され続けていくことを認識《にんしき》すると言えるだろう。失禁は社会のルールに反するものだが、筆者にとってそれは、 e ことを感じさせる、うっとりとするような気持ちさを、その心身に経験させるものなのである。

（ア）外界から筆者がはぐれる
（イ）腸との交渉経験が豊かである
（ウ）「おあずけ期間」が生まれる
（エ）下から支え、上から照らしている
（オ）自己と他者とが同一化していく
（カ）自身が世界に開かれてつながっていく

【出典】

Ⅰ 鷺沢萌「涼風」『海の鳥・空の魚』（角川文庫、一九九〇年、五三～六一ページ）。

Ⅱ 能谷晋一郎『シリーズケアをひらく　リハビリの夜』（医学書院、二〇〇九年、二〇六～二一六ページ）。ただし、問題作成の都合上、一部省略したところがある。

（イ）　失禁は、便器に向かって排泄《はいせつ》するつもりが空振《からぶ》りをしてしまった運動であるとともに、社会の中で受け入れられにくい行動であるということ。

（ウ）　失禁は、行為後のあと片づけに多くの時間と労力を空費する行動であるとともに、周囲の人々も多くのエネルギーを費やす行為だということ。

（エ）　失禁は、排泄先を間違《まちが》えたために便器が空っぽになる運動であるとともに、行為者《こういしゃ》による社会規範《きはん》への挑戦《ちょうせん》を意味している行動だということ。

【問7】 [A]・[B]・[C] に当てはまる語として適当なものを次の中から選び、それぞれ（ア）～（キ）の記号で答えなさい。

（ア）　また　　（イ）　さらに　　（ウ）　しかし

（エ）　すると　　（オ）　ところで　　（カ）　それゆえ

（キ）　たとえば

【問8】 文中の[　]の各文について、意味が通るように並《なら》べ替《か》え、その順番を解答欄《らん》の指示に従って（ア）～（エ）の記号で答えなさい。

【問9】 ――⑥「その悲喜こもごもは、傍目《はため》からみると理解しにくいものだろう」とありますが、これに関する次の説明文の [a] ～ [c] に当てはまる言葉として適当なものを、指定された字数に従って本文より抜《ぬ》き出《だ》し、それぞれ書きなさい。

> 「悲喜こもごも」に至る過程は、腸がいきなり [a（4字）] をしてくることから始まる。さまざまな態度に出る腸と [b（4字）] を行う筆者の様子そばで見ると [c（10字）] を言っているようにしか見えないのである。

【問10】 ――⑦「失禁とは、腸との協応構造の回復体験であると同時に、他の多くのモノや人とのあいだに成立していた身体外協応構造にぽっかり隙間《すきま》があく体験でもある」とありますが、どういうことですか。これに関する次の説明文の [a] ～ [c] に当てはまる言葉として適当なものを後の（ア）～（オ）から選び、それぞれ記号で答えなさい。

> すでに確認《かくにん》したように、人間は便意という生理的欲求を感じたとしても、それをすぐに解消できるとは限らない。その意味で失禁とは、人間を腹痛という [a] から解放するものだと言える。便意に抗《あらが》う経験の多い筆者にとって、自身を苦しめる便意をもたらす腸は、自身とは別の人格を持つもののように感じられている。そのため、筆者にとって失禁は、腸が自身の [b] として安定を取り戻《と》《もど》すきっかけになるとも言えるだろう。
>
> 一方、失禁は、筆者を社会のルールから逸脱《いつだつ》させて、筆者が外の世界に受け入れられないことを認識《にんしき》させる経験にもなる。つまり、失禁を通じて、筆者にとっての社会は突如《とつじょ》として [c] となり、筆者は疎外感《そがいかん》を覚えるのだ。このように、筆者と社会とのあいだに隔《へだ》たりが生じることを、筆者は「隙間があく」という言葉で表しているのである。

（ア）　身体の一部　　（イ）　人格の混乱　　（ウ）　身体的苦痛

（エ）　相対する他者　　（オ）　臓器の代表例

【問11】 ――⑧「失禁には退廃的《たいはいてき》ともいえる恍惚《こうこつ》がある」とありますが、

【問５】　――④「このように考えると、世界と身体とのあいだであれ、身体の内部同士であれ、協応構造が取り結ばれていないという状態は、必ずしも未発達とか不適応といった消極的な意味合いにとどまらないことがわかる」とありますが、これに関する次の説明文を読み、（１）～（４）について適当なものをそれぞれ選び、記号で答えなさい。

「協応構造が取り結ばれていないという状態」とはどのような状態を指すのだろうか。筆者によると「協応構造」とは、

（１）
- （ア）　身体内部における各器官同士の情報伝達とそれに伴《ともな》う動き
- （イ）　身体の内側から肉体と精神のバランスをとろうとする動き
- （ウ）　自身の健康に関する情報を管理しつつ統制しようとする動き

であるとともに、

（２）
- （エ）　生き物がより長く生きるために選ぶ、住環境《じゅうかんきょう》のありよう
- （オ）　生き物が種を繁栄《はんえい》させるために行う、効果的な生《せい》殖《しょく》方法
- （カ）　生き物が生存する環境にふさわしい、安定した運動様式

を指している。

こうした「協応構造」が「取り結ばれていないという状態」は、日常のあらゆるところで見受けられるものだ。それゆえに、こうした状態を「未発達とか不適応」と意味づけることに対して、筆者は違和感《いわかん》を覚えている。人間は生まれてから外の世界に適応するまで多くの時間を費《つい》やすが、実は、その不自由な状況《じょうきょう》を強《し》いられる期間があることで、

（３）
- （キ）　言葉を用いて外の世界とのかかわり方を模索《もさく》し、様々なつながり方を発見する
- （ク）　他の種の身体と比較《ひかく》して、人間の身体が劣《おと》っている箇所《かしょ》を補う方法を見つける
- （ケ）　不自由さに身体を慣らしながら、どんな困難にも耐《た》えられる身体に鍛《きた》え上《あ》げる

ことができる。つまり、「協応構造が取り結ばれていないという状態」があるからこそ、人間は

（４）
- （コ）　新たな「協応構造」
- （サ）　高尚《こうしょう》な「目標意識」
- （シ）　強固な「自己身体」

を生み出しうると筆者は考えているのである。

【問６】　――⑤「誰《だれ》にも（便器にも）拾われることなく空を切る運動」とありますが、どういうことですか。最も適当なものを次の中から選び、（ア）～（エ）の記号で答えなさい。

（ア）　失禁は、現実の社会に生きる人々にとっては想像しがたい行動であるとともに、現実味に欠けた空想の世界に起こるような行為《こうい》だということ。

（ウ）両生類や爬虫類は、確立した動きを獲得《かくとく》したが、進化の過程に逆行する部分もあるということ。

（エ）両生類や爬虫類は、どんな環境下でも生き残るために、単純な身体構造に進化したということ。

【問2】——②「選択《せんたく》自由度が高い」とありますが、どういうことですか。最も適当なものを次の中から選び、（ア）～（エ）の記号で答えなさい。

（ア）人間は、他の動物に比べて身体構造が確立していないため、多様な動きを身につけることで、生存上必要な力を発達させられる可能性があるということ。

（イ）人間は、他の動物に比べて誕生後すぐに活動できないため、異なる種と群れを作って世界と多様な関係を結び、生存の可能性を高めてきたということ。

（ウ）人間は、生まれてすぐに環境に即《そく》して行動できない分、様々《さまざま》な方法で世界に接することになるため、生きる中で学習する余地がたくさんあるということ。

（エ）人間は、生まれた環境に適応できない場合にも、他の動物の生き方を参考にしながら、様々な生存方法を学ぶことで人生を充実《じゅうじつ》させてきたということ。

【問3】——③「隙間《すきま》が生じやすい」とありますが、これに関する次の説明文を読み、（1）～（3）について適当なものをそれぞれ選び、記号で答えなさい。

ここで筆者が述べている「隙間」とは、具体的には

（1）
（ア）尿意《にょうい》を覚えてトイレを探すことで
（イ）ぼうこうがいっぱいになることで
（ウ）身体の一部を他者と感じることで

、普段《ふだん》の安定した状態に乱れが生じることを指す。一方で、生理的欲求とは

（2）
（エ）尿意をもよおしていること
（オ）尿意を制御《せいぎょ》しようとすること
（カ）尿意に向き合おうとすること

である。人間は、生理的欲求によって気づかされる「隙間」を埋《う》めないではいられない。しかし、成長すると社会におけるルールを身につけるので、

（3）
（キ）「隙間」を埋《う》めること自体が、理想的な目標になっていることに気づくのである
（ク）たとえ「隙間」が生じても、生理的欲求に応えられない場合が出てくるのである
（ケ）自身の感覚が研《と》ぎ澄《す》まされることで「隙間」に敏感《びんかん》に反応するようになるのである

。

【問4】次の文は本文中の【あ】～【え】のいずれかにあてはまります。その場所として最も適当なものを選び、【あ】～【え】の記号で答えなさい。

自分の生理的欲求に突《つ》き動《うご》かされて行動するだけではなく、行動を保留にしながら自分の生理的欲求と向き合うことも、人間の特性の一つかもしれない。

る。

⑥その悲喜こもごもは、傍目《はため》からみると理解しにくいものだろう。友人の証言によると、奴《やつ》との交渉をしているときの私は、人から話しかけられてもまともな返事ができず、心ここにあらずの状態で、ときどき訳のわからない独り言をぶつぶつ言っているらしい。

便意という他者に襲《おそ》われ、交渉しているときの私の身体は、失禁してしまうかもしれないという緊張《きんちょう》のあまり硬直《こうちょく》している。その過剰《かじょう》な身体内協応構造は、介助者《かいじょしゃ》やトイレとの関わり合いを難しくする。その結果、最悪「失禁」という事態に陥《おちい》ることになる。

失禁は、焦燥《しょうそう》や不安が、悲しみや恥辱《ちじょく》へ、ゆるゆると溶《と》けていく過程だ。それは同時に、腹痛という生理的な苦痛からの解放でもある。直前まで硬《かた》くこわばっていた身体も、ゆっくりとほどけていき、ぐにゃりとやからかい、重ったるいような体へと変容していく。そしてこの緊張から弛緩《しかん》への移行は、屈辱《くつじょく》と同時に一抹《いちまつ》の恍惚を伴《ともな》うものだ。

失禁における恍惚というのは、先ほどまで敵対関係にあった「腸」という他者に屈《くっ》し、身をあずけていく過程であり、いわば「腸」との和解、あるいは、隙間が薄《うす》らいで「腸」との協応構造を回復し、また一つの身体に戻《もど》っていくプロセスだ。

しかし失禁には別の側面もある。それは外界からはぐれる体験でもあるのだ。なぜなら失禁をしたことによって私の身体は、もはやトイレとも、トイレを手伝ってくれる介助者とも、公共施設《しせつ》とも、友人とも関わりあいを持てずに宙に浮《う》く、「穢《けが》れた身体」になってしまったからである。

失禁した状態でそれらのモノや人にうっかり触《ふ》れたら、相手をも穢してしまうことになるから、私は手も足も出せなくなる。つまり⑦失禁とは、腸との協応構造の回復体験であると同時に、他の多くのモノや人とのあいだに成立していた身体外協応構造にぽっかり隙間があく体験でもあると言えるだろう。

失禁した私から見える世界は、その多くが、私とは関わりを持たずに動く映画のようだ。街行く通行人、楽しげな街角、忙《いそが》しい喧騒《けんそう》は、私からは遠く、スクリーンを隔《へだ》てた一枚向こう側に見える。そのかわり、これまではあまりに当たり前すぎて協応構造でつながっていることすら無自覚だった地面や空気や太陽は、くっきりとまぶしくその姿をあらわし、私の体はそちらへと開かれていく。彼《かれ》らは失禁しようがしまいが相変わらず、私を下から支え、息をすることを許し、上から照らす。

活気あふれる人の群れから離《はな》れていく疎外感《そがいかん》や、排泄規範《きはん》から脱線《だっせん》してしまった敗北感と同時に、力強くそこに存在し続ける地面や空気や太陽や内臓へと開かれていく開放感の混合。⑧失禁には退廃的《たいはいてき》ともいえる恍惚《こうこつ》がある。

【問１】――①「特に彼らの生活が不自由そうには見えない」とありますが、どういうことですか。最も適当なものを次の中から選び、（ア）～（エ）の記号で答えなさい。

（ア）両生類と爬虫類《はちゅうるい》は、周囲の環境《かんきょう》の変化に柔軟《じゅうなん》に対応できる運動機能を持っているということ。

（イ）両生類と爬虫類は、極限的な環境下においても自由で機能的な身体を保持できるということ。

るような運動すらもできなくなってしまい、便座に座《すわ》るまでの運動がしにくくなるということも生じる。

そういう理由で私は、腸の蠕動運動や便意を無視し、「排泄をする」という目標意識をぎりぎりまで持たないでいられるように、別のことに意識を散らしていなくてはならないのだ。

便意というのは、時と場所を選ばずに突然《とつぜん》やってくる。それは、食事をしているときかもしれないし、映画を見ているときかもしれないし、仕事をしているときかもしれない。

はじめ便意は、後ろからフランクに肩《かた》をたたくように、私に「よお」と声をかけてくる。私は、古くから知る地元の不良に声をかけられたときのように内心びくりとして怯《おび》えるのだが、それを奴《やつ》（便意）に悟《さと》られたら猛攻撃《もうこうげき》に転じることを知っているので、気づかないふりをして、そのときやっていることを続ける。

奴はいったん引き下がり私は束《つか》の間《ま》ほっとするのだが、またしばらくしてから、今度は先ほどよりも強い調子で「よお、聞こえてる？」とばかりに絡《から》んでくる。

（ア）そして背中にじっとり汗《あせ》をかきながら、穏《おだ》やかな説得にかかる。

（イ）そうしたら私はいったんやっていることを中断して振《ふ》り返《かえ》り、初めて奴のほうを向く。

（ウ）「今朝トイレにはちゃんと行ったはずだよ。食事もそんなにとっていないし、何かの間違《まちが》いじゃないの？　もう一度確認《かくにん》してみたらどうかな？」

（エ）絡《から》まれては無視をして引き下がる、というサイクルを何度か繰《く》り返《かえ》しているうちに、便意の頻度《ひんど》と強度は増していき、そのうち無視が通らなくなってくる。

そのような説得で引き下がってくれるときもあるのだが、たいてい交《こう》渉《しょう》は難航し、喧嘩腰《けんかごし》の言い合いにエスカレートしていく。「これは勝ち目がないな」と判断したら、私は表向き奴との口論を続けながらも、横目でトイレの場所や排泄介助者《かいじょしゃ》の存在を確認しはじめる。ゆらゆらと体を前後左右に揺《ゆ》らすが、まだ奴に対して負けを認めてはいけない。なぜなら、負けはその場での排泄＝失禁を意味するからだ。

それはまるで、私と腸との協応構造がほどけて、あいだに隙間《すきま》が生まれ、腸という私とは別の人格が現れたかのようだ。

このように腸は、私を邪魔《じゃま》するように挿入的《そうにゅうてき》に便意という自己主張をしてくるので、私は協応構造を回復するために彼《かれ》との交渉をすることになる。介助者と使いやすいトイレがそろっており、腸とのあいだにスムーズな協応構造が成り立っているならば、交渉の必要はない。バケツリレーのように腸の運動がそれに引き続く全身の排泄《はいせつ》運動に連結する。しかし協応構造に隙間《すきま》があくと、そこでくるりと百八十度向きを変えて、腸と私のあいだに対面交渉《こうしょう》が始まる。多くの人よりも腸との交渉経験が豊かな私は、「私が焦《あせ》ると調子づく」とか「無視すると引き下がる」とか、腸がさまざまな態度に出ることを知っており、便意というひとまとまりの総称《そうしょう》では語りきれない、細かな感覚の分化をしていくことにな

よう。

多数派の規範を刷《す》り込《こ》んでいくプロセスのうち、人生のかなり最初のほうに位置づけられるものの一つに「トイレトレーニング」がある。私の場合、トイレトレーニングの刷り込みについても、三十二歳《さい》現在いまだ完了《かんりょう》していない。

「トイレ以外の場所で排泄する」という運動は通常「失禁」と呼ばれ、多くの場合は、⑤誰《だれ》にも（便器にも）拾われることなく空を切る運動と言えるだろう。普通《ふつう》、排泄という規範化された運動は、腸の蠕動運動から始まって、それを便意として感受しながら引き続きトイレまで歩くという運動をし、トイレのドアを開けるという運動、ズボンや下着を脱《ぬ》ぐという運動、便座に腰掛《こしか》けるという運動、そして目標であった排泄運動によっていちおう終結する、一連の運動連結パターンである。

しかし私の場合、特に私の体と協応構造を取り結んでいるアパート以外の場所では、この排泄規範から脱線《だっせん》しないためにいろいろと厳しい条件が必要になる。

[A]トイレのある場所まで移動するのは、私の場合歩きではなく車いすだから、トイレまで至る行程に段差がないという条件が必要だ。ドアを開けるのも通常困難なので、自動ドアである必要がある。はいているものを脱いで便器に腰掛けるという運動については、便意の大きさがある程度以下で、体のコンディションがよくて、手すりの位置や便座の高さなどがちょうどよければ一人でできる可能性もあるけれど、基本的には手伝ってくれる人手＝排泄介助者《かいじょしゃ》の存在が不可欠である。つまり、腸の運動や私の運動を受け止めてくれるような、人やモノとの特殊《とくしゅ》な身体外協応構造がなければ、排泄運動は可能にならないのである。

[B]、身体外協応構造が可能になるような、これら排泄介助者や使いやすいトイレといった条件がすべてそろうという可能性は、非常に低い。特に私の場合は二四時間介助者がついているわけではないので、街の中などで急に便意に襲《おそ》われ、通行人などに声をかけて手伝ってもらうという局面も生じる。

これまでの経験から、「あの、すみません」と言って相手の目をじっと見たときに、その人の姿勢がどのように変わるかをみれば、おおよそこの人は手伝ってくれるか否《いな》かを推測できる。手が前方に出て腰《こし》をかがめ、「どうしました?」という風情《ふぜい》で一歩私のほうに身を乗り出してくる感じの人はうまくいくことが多い。逆に、手が動かなくて視線も合いにくく、距離《きょり》を保たれている感じのときにはうまくいかない。

これは、「融和的《ゆうわてき》なまなざし」があるかないかを見抜《みぬ》くポイントと言《い》い換《か》えることもできるだろう。しかし見抜けたからといって、いつでも手伝ってくれる人を見つけられるわけではない。だからどうしても私の場合、排泄《はいせつ》運動というのは脱線《だっせん》しやすく、多くの人と比べると失禁に至る可能性が相対的に高くなってしまう。

[C]私は、腸の蠕動《ぜんどう》運動や便意というものを感受すると、まずほとんど反射的にそれを押《お》さえ込《こ》もうとする習慣を持ってしまっている。いったん排泄運動に私自身がゴーサインを出してしまうと、後《うし》ろ盾《だて》を得た腸が「待ってました」とばかりに蠕動運動を強め、間に合わずに失禁してしまうことを知っているからだ。それに、「排泄をする」という目標を持ってしまうと、焦《あせ》りによって身体が硬《かた》くなり、ふだんだったらでき

【 あ 】

やがて成長するに従って排泄のルールを学び、「したくなったらいつでもどこでもする」わけにはいかなくなり、隙間が空いたままの期間が長くなる。そのため、便意という自らの生理的欲求と向き合い、それを明示的に認識《にんしき》する機会、いわば「おあずけ期間」が生まれる。つまり、「トイレ以外の場所では排泄を行いません」という排泄ルールの形で規《き》範《はん》（身体外協応構造）ができあがるにつれて、身体内協応構造の隙間（生理的欲求）に向き合うことになるのである。【 い 】

身体内協応構造にしろ、身体外協応構造にしろ、そこに空いた隙間は、つながろうとしてもなお残る、つながれなさのことである。この隙間《すきま》は、私と人のあいだにも、私とモノとのあいだにも、私と私の身体とのあいだにもある。

しかし、人間はこのつながれなさを持っているからこそ、その隙間を埋《う》めるように、他の人とつながるための言葉をつむぐのだし、外界にあるモノや自己身体との対話や手探《てさぐ》りを通して、対象のイメージを繊細《せんさい》に分節化していくのである。もしも人間につながれなさがないならば、言葉もイメージも必要なくなってしまうだろう。私の意識に捉《とら》えられる世界や自己の表象というのは、協応構造にできたそんな隙間に産み落とされると言ってもいいかもしれない。

④このように考えると、世界と身体とのあいだであれ、身体の内部同士であれ、協応構造が取り結ばれていないという状態は、必ずしも未発達とか不適応といった消極的な意味合いにとどまらないことがわかる。できるようになっていくことや、より適応していくことだけを「発達」とみなす従来の考え方には、どこか重大な落とし穴があるような気がしてならない。【 う 】

協応構造の隙間について考えるうえで、最初に述べようと思うのは、便意についてである。便意とか食欲とか、いわゆる生理的欲求と呼ばれるものは、私の運動を引き起こす身体内部からの動因として重要なものだ。実際、一人暮らしをはじめたばかりの私を最初に動かしたのは、便意だった。

身体を構成するさまざまなパーツは、各々《おのおの》ばらばらに動いているわけではない。あるパーツの動きを他のパーツが拾って応答し、その応答をさらに別のパーツが拾うといった、動きや情報の流れがある。この流れが、身体内協応構造を形作る。【 え 】

身体内協応構造が順調に流れているときには、私は特にその流れを意識することはない。しかしその流れに、衝突《しょうとつ》やよどみや隙間が生じると、私の意識はそちらのほうへ向く。便意というのも、そういった流れの隙間を私の意識が感受したものだと言える。すなわち、腸の蠕動《ぜんどう》運動は身体内協応構造の流れから来る運動だが、排泄《はいせつ》を保留するために肛門《こうもん》を閉めるという運動は、身体外協応構造（社会規範《きはん》）の流れから来る運動で、その二つが私の下腹部で互《たが》いに衝突することによって生じる。それが便意なのだ。

そしてその二つの流れが衝突する場所に空いた隙間において、便意と私とのあいだで対話や交渉《こうしょう》が行われることになる。私の場合は、他の多くの人間と比べても、よりいっそう隙間を埋《う》めにくいため、この便意との関係も複雑に分化しているようだ。その様子について述べることにし

（キ）人生の休暇《きゅうか》　（ク）片手拝み　（ケ）居心地《いごこち》よさ
（コ）強い違和感《いわかん》　（サ）新たな感情　（シ）よそもの

Ⅱ　次の文章を読んで、以下の設問に答えなさい。

十八歳《さい》くらいのときだったか、とある専門家に私の運動機能を見立ててもらったことがあった。私は絨毯《じゅうたん》の上に置かれ、指示に従ってもぞもぞと動いた。しばらく観察した後、彼《かれ》は言った。

「君の運動発達は、そうだな、両生類と爬虫類《はちゅうるい》の中間くらいかな」

面白《おもしろ》い冗談《じょうだん》を言う人だなあと思った。じゃあ私は、これから何万年もかけてリハビリをして、進化の過程をたどった末に、ようやく人間になれるということだろうか。そう思ったらなんだか可笑《おか》しくなった。

しかし少したってから、「待てよ」と思った。トカゲもイモリも、すでに確固とした彼らなりの動きを持っていて、外部環境《かんきょう》と強固《きょうこ》に協応構造を保っているではないか。①特に彼らの生活が不自由そうには見えない。

それに比べて私の体は、周囲との協応構造を取り結ぶのに困難をきたしている。私の動きを単体としてみたときには、両生類や爬虫類の動きと似ている部分があるのかもしれないけれど、環境との協応構造があるかないか、確立した運動を持っているかどうかという面で見たら、私よりも彼らのほうが、ずっと適応がよいのである。

しかしこの、環境への適応の悪さ、言《い》い換《か》えると身体外協応構造が確定しにくいという特徴《とくちょう》は、逆に言えば、周囲とどのような関係を取り結べるかの②選択《せんたく》自由度が高いともみなしうる。そして、この協応構造の自由度こそが、人間に特徴的《とくちょうてき》なものの一つだと言われている。

たしかに人間は、他の多くの生き物と違《ちが》って外界に対して不適応な状態で生まれ落ちる。生まれてすぐに寝返《ねがえ》りを打ち、数時間のうちに自立歩行ができるようになる仔馬《こうま》は、世界との協応構造を迅速《じんそく》に取り結べるが、人間はそうはいかないのである。

しかしこの不適応期間があるからこそ人間は、世界との関係の取り結び方や、動きのレパートリーを多様に分化させることができたとも言える。その関係の多様性は、馬とは比べ物にならないほど大きい。無力さや不適応こそが、人間の最大の強みでもあるのだ。

人類の歴史も、個人の発達も、他の動物に比べて多様性と変化速度が大きい背景には、この「自由度の大きさ」という特性があるのだそうだ。

身体外協応構造だけではない。人間は身体内協応構造についても、③隙間《すきま》が生じやすい。たとえば、空腹感や便意といったいわゆる生理的欲求と呼ばれるものは、「このままだと体が維持《いじ》できませんよ」というメッセージだ。それは私の身体内部に生じた恒常性《こうじょうせい》の乱れ、言いかえるなら身体内協応構造の中に生じた隙間を私が感受したときの主観的な体験である。そしてまた生理的欲求は、空いた隙間を修復するための何らかの行動を突《つ》き動《うご》かす内的動因とも言えるものだろう。

便意について考えてみると、トイレトレーニングを始める前の赤《あか》ん坊《ぼう》の場合、排便《はいべん》は「したくなったらいつでもどこでもする」ことになっている。便意という形で立ち現れた身体内協応構造の隙間は、その場ですぐに排泄《はいせつ》行動によって消失するため、便意と向き合う時間は少ない。

「悪《わり》ィ」の一言で場が収まるのです。この出来事に「笑いたくなった」茂夫は、

（４）

（コ）これまでに経験したことのなかったようなスリルと快感

（サ）あきらめかけた仕事をなんとかやり遂《と》げたという安心感

（シ）自分にとっての当たり前がものの見事に覆《くつがえ》される痛快さ

を覚えたのでしょう。

【問11】――⑨「茂夫は工場に帰ったら吉沢をオヤジと呼んでみたいと思った」とありますが、これに関する次の説明文を読み、文中の［a］～［j］に当てはまる語句として適当なものを選び、（ア）～（シ）の記号で答えなさい。

　何もしていないよりはましだという［a］で町工場に勤めることになった茂夫は、当初トラックの運転手という仕事を長く続ける気などまるでありませんでした。それゆえ、知り合って間もない工場長を、他の工員にならって「オヤジ」と呼ぶことには［b］があり、ただ一人「吉沢さん」と呼んでいたのです。

　しかし、自分の人生がおかしな方向へいってしまうように感じながらも茂夫はきちんと工場へ出勤しており、だんだんと茂夫は、工場に対して不思議な［c］を感じていきます。

　一方で、吉沢が褒《ほ》めてくれた、得意先の工場の失礼な担当者に冷静に対応できたのも、この業界において自分が［d］であるという割り切りがあったからであって、新しく求人を始めるという吉沢の話を聞いた時にも、これで夢も終わりだと感じただけであり、工場にいる時間は［e］だったと思おうとしていました。それでも茂夫は、どこか虚《むな》しさを感じており、自身の中に生まれつつある［f］に気づいていったのでしょう。

　その理由を探《さぐ》るべく、工場を「巣」に喩《たと》えてみた茂夫でしたが、同級生であり同僚《どうりょう》の秋庭からは［g］という返事しか戻《もど》ってきませんでした。それでも、秋庭の「（工場の）水に合わねえよな、あんたは」という言葉に対して、口にしそうになった「［h］」という言葉を飲みこんでいます。はっきり言葉にすることはできなかったものの、自分の中にある抑《おさ》えがたい感情のありかを、茂夫は確実につかまえていったのです。

　そんな中、川崎の工場街で起こったトラック同士のちょっとした接触事故を、［i］で片づけてしまった秋庭の姿に茂夫は信じがたい思いを抱《いだ》きつつも心を動かされます。

　トラック同士が擦《こす》り合ってでも［j］に間に合わせようとする秋庭の姿に、自分がこれまでこだわってきた考え方がほどけ、工場とそこで働くひとたちにあらためて近しさを覚えた茂夫は、工場に帰ったら吉沢を「オヤジ」と呼んでみたいと、初めて思ったのです。

（ア）あいまいさ　（イ）激しい嫌悪《けんお》　（ウ）約束の時間

（エ）心地良《ここちよ》い　（オ）わからない　（カ）軽い気持ち

工員たちは茂夫のことを、「坊《ぼっ》ちゃん」と呼んでいますが、親しみを込《こ》めつつも、

（エ）茂夫の経歴や生きてきた環境《かんきょう》が自分たちと違《ちが》う
（オ）工場長に目をかけられている茂夫がねたましい
（カ）将来を期待される茂夫に工場の未来を託《たく》したい

という思いが、こうした渾名《あだな》につながったと考えられます。

一方で、茂夫は、工場での半年間を、

（キ）身体を使って働く充実《じゅうじつ》感を得られた時間
（ク）努力の成果を感じることができない日々
（ケ）張《は》り詰《つ》めた生活からの、つかの間の解放

だったと振《ふ》り返《かえ》っています。工場を去ることが現実になろうとしているこの時になって、茂夫はなぜか喪失《そうしつ》感のようなものを抱いたのでした。

その後に、茂夫は秋庭との会話の中で、「巣」という言葉を口にします。

それは、

（コ）できるだけ目立たないように隠《かく》れ潜《ひそ》んでいる
（サ）小さな空間で人々が寄《よ》り添《そ》って暮らしている
（シ）抜《ぬ》けられない複雑なしがらみに覆《おお》われている

という漠然《ばくぜん》としたイメージからの連想ではないでしょうか。

【問9】文中の C ・ D ・ E にあてはまる会話文として適当なものをそれぞれ選び、（ア）～（オ）の記号で答えなさい。

（ア）無理だよ、秋庭……
（イ）まずいよ、早くあやまらなきゃ
（ウ）どうしよう……。バックするか
（エ）どうする、秋庭。このまま、まっすぐ進もうか
（オ）じゃあどうする。むこうも相当急いでるぜ、突《つ》っこんできてる。仕方ないよ

【問10】――⑧「茂夫は笑いたくなった」とありますが、これに関する次の説明文を読み、文中の（１）～（４）について適当なものを選び、それぞれ記号で答えなさい。

狭《せま》い道を走行する茂夫たちのトラックの前方に、もう一台のトラックが迫《せま》ってきます。茂夫にとっての「常識」からすれば、このような場合は

（１）
（ア）どちらかが道をゆずって事故を避《さ》ける
（イ）両者ともに利益を得られるよう考える
（ウ）相手にとりあえず謝罪をして和解する

のが適当な判断と言えるでしょう。しかし、前方から近づいてくる相手が

（２）
（エ）自分たちを挑発《ちょうはつ》してきている
（オ）自分たちと同じような立場だ
（カ）自分たちにとってライバルだ

と瞬時《しゅんじ》に見て取った秋庭は、

（３）
（キ）顧客《こきゃく》に指定された時間を守ること
（ク）質の高い商品を相手に届けること
（ケ）誇《ほこ》りをもって仕事に取り組むこと

を優先しました。その後、二台のトラックは直進し、どちらも損傷しますが、

理由として最も適当なものを次の中から選び、（ア）～（エ）の記号で答えなさい。

（ア）工場での日々が張りつめたものであるうえ、工員たちの奇妙《きみょう》な人間関係にいったん取《と》り込《こ》まれてしまったら二度と抜《ぬ》け出《だ》せなくなりそうで、ぼんやりとした不安を感じるから。

（イ）工場に腰《こし》を落ち着けるつもりはないのだが、このまま工場の生活になじんでしまうと、自分が本来いるべき場所に戻《もど》っていけなくなるような気がして、いらだちを覚えるから。

（ウ）工場に漂《ただよ》う雰囲気《ふんいき》に毒されて、いつしか自分が作業場の汚《よご》れた様子や工場に満ちている悪臭《あくしゅう》にも嫌悪感《けんおかん》を抱《いだ》かなくなってしまっていることが、なんだか恐《おそ》ろしく思われるから。

（エ）工場で働く人たちの、親密で、和気あいあいとした関係はうらやましくもあるが、自分は所詮《しょせん》、その仲間に加えてはもらえないのだと思うと、いたたまれない気持ちになるから。

【問６】――④「黙《だま》ってやられたんじゃ、あんたも気分悪いだろうと思って」とありますが、この時の吉沢の言動に関する説明として最も適当なものを選び、（ア）～（エ）の記号で答えなさい。

（ア）茂夫の意見を聞かないで人事をすすめれば、学歴を鼻にかけている茂夫のプライドが許さないのではないかと危《あや》ぶんでいる。

（イ）どうにかして茂夫には辞《や》めてもらいたいと思っているが、できるだけ穏便《おんびん》に事をすすめようと茂夫の反応をうかがっている。

（ウ）当人を差し置いて事をすすめれば茂夫の気持ちを傷つけるかもしれないと考えて、まず茂夫の意志を確認《かくにん》しようとしている。

（エ）茂夫が自分に対して本心を語らないことにいらだっていたため、直接話し合うことで茂夫の決心をくつがえそうとしている。

【問７】――⑤「感謝されてもあと味が悪い」とありますが、どうしてですか。その説明として最も適当なものを選び、（ア）～（エ）の記号で答えなさい。

（ア）吉沢が自分を解雇《かいこ》するつもりであると知った茂夫は、自分の仕事ぶりに対して吉沢がどれだけ感謝の言葉を口にしても、不快感を覚えるだけであったから。

（イ）すべてを失った自分を救ってくれた吉沢に感謝している茂夫は、自分の仕事ぶりを吉沢が評価するのを聞いて、工場を辞《や》めることに申し訳なさを感じたから。

（ウ）工場で与《あた》えられた仕事に対して真面目に取り組んでこなかった茂夫は、自分の仕事ぶりを吉沢が誠実だと判断しているのを聞いて、ばつの悪い思いをしたから。

（エ）取引先で出会った人たちに対して真剣《しんけん》に向き合おうとしていなかった茂夫は、自分の仕事ぶりを吉沢が誉《ほ》めるのを聞いても、素《す》直《なお》に喜ぶことはできなかったから。

【問８】――⑥「いやさ、工場のこと。巣みたいだよ、なんだか」とありますが、これに関する次の説明文を読み、文中の（１）～（４）について適当なものを選び、それぞれ記号で答えなさい。

茂夫は工場の人々が作る関係に対して、
（１）｛（ア）無関心な態度を取っている／（イ）自分から距離《きょり》を置いている／（ウ）なれ合う様子を嫌《きら》っている｝ところがありました。

「今の、接触《せっしょく》事故だよ」

「何言ってンだよ、こんなボロトラックに接触事故もクソもあるかよ」

突然《とつぜん》、⑧茂夫は笑いたくなった。工場のあの居心地《いごこち》良さの秘密が、ひとつ解《わか》ったような気がした。

三時にギリギリで間に合った。帰り道、居眠《いねむ》りをはじめた秋庭の横でハンドルを握《にぎ》りながら、⑨茂夫は工場に帰ったら吉沢をオヤジと呼んでみたいと思った。

【問１】 ＝ⓐ〜ⓔのカタカナを漢字に改めなさい（楷書《かいしょ》で丁寧《ていねい》に書くこと）。

ⓐ サッチ　ⓑ カンプ

ⓒ キイ　ⓓ マネいた

ⓔ ヒニク

【問２】 ——①「自暴自棄《じぼうじき》になっていた」、——⑦「水に合わねえ」とありますが、「自暴自棄」、「水に合わない」の意味として適当なものをそれぞれ選び、（ア）〜（ク）の記号で答えなさい。

① 自暴自棄

（ア）そばにいる人に対して遠慮《えんりょ》せずに、自分勝手な行動をとること。

（イ）周囲にいる人がすべて自分と敵対する関係となり、孤立《こりつ》すること。

（ウ）もうどうでもいいという気持ちになって、なげやりな態度をとること。

（エ）何をやってもうまくいかないのは、自分の行いが原因だと考えること。

⑦ 水に合わない

（オ）属している組織の体質になじめず、うまくいかない様子。

（カ）納得《なっとく》することができなくて、気持ちがさっぱりしない様子。

（キ）費《つい》やした労力に比べて、対価となる利益がつり合わない様子。

（ク）それまでの努力や苦労が、いっさい無駄《むだ》になってしまう様子。

【問３】 ——②「大学を卒業して町工場の納品トラックの運転手になろうとは、自分でも思ってもみなかった」とありますが、どういうことですか。その説明として最も適当なものを選び、（ア）〜（エ）の記号で答えなさい。

（ア）苦労して大学を卒業したにもかかわらず、茂夫は現在の仕事に必要な技術を身につけられなかった、ということ。

（イ）茂夫にとってこの仕事は、大学に通っていた頃《ころ》の自分が思《おも》い描《えが》いていたものとは大きく異なっている、ということ。

（ウ）大学卒業後、すぐに就職した会社が自転車操業だったので、茂夫は現在の自分の仕事に満足している、ということ。

（エ）大学に進学することが目標だった茂夫は、卒業した後に就《つ》く職業について具体的に考えていなかった、ということ。

【問４】 文中の［Ａ］・［Ｂ］にあてはまる語として適当なものをそれぞれ選び、（ア）〜（オ）の記号で答えなさい。

（ア）ぶらぶら　（イ）じりじり

（ウ）おずおず　（エ）ずるずる

（オ）しみじみ

【問５】 ——③「早くここから脱出《だっしゅつ》しようと茂夫が焦《あせ》りはじめているのも事実だった」とありますが、なぜですか。茂夫がそのように感じる

「辞めちゃうの、工場」

「次のが見つかるまではいるよ。でも、まだやりたいと思ってることもあるし……、俺は技術ないから薄給《はっきゅう》だしさ」

「そうだよな、やっぱ、⑦水に合わねえよな、あんたは」

そんなことはない、俺だって工場は――今までにいたところとは別の意味で――心地《ここち》良いよ。そう言おうとしたがやめた。言ってしまえばそのあとの説明が難しいし、秋庭の言ったことも真実《ほんとう》だった。

秋庭が腕時計《うでどけい》に目をやった。

「あと十分か……。間に合うな」

川崎の工場街の裏通りを走っていた。このあたりのややこしい細い路地も、半年のうちに覚えこんだ。普通《ふつう》のドライバーだったら徐行《じょこう》せざるを得ないような幅《はば》の狭《せま》い道も、五〇キロで走れるようになった。

三時十分前。ギリギリだが約束の三時に納品できるだろう。そう思ったときに秋庭がチッと舌打ちをした。

前方から、茂夫たちが乗っているのと同じような、古い小型トラックが近づいて来ていた。普通の乗用車でもすれ違いは困難な狭い道である。トラック同士のすれ違いはできそうにもないが、両脇《りょうわき》は工場の塀《へい》で、どちらかがひとつ手前の角までバックしなければならない。

「　C　」

茂夫が秋庭の顔を見ながら言った。

「　D　」

「馬鹿野郎《ばかやろう》、そんなことしてるヒマがあるかよ」

そう言ってギアを握《にぎ》った茂夫の手を、上から秋庭の手が押《お》さえた。

「このまま突《つ》っこめ」

「　E　」

「いいから行け」

秋庭の顔は真剣《しんけん》だった。対向車との距離《きょり》はどんどん短くなってきている。無理だ――。茂夫は思わず目をつむりそうになった。その瞬間《しゅんかん》、ガリガリとひどい音がした。

――やった。

右のミラーがひしゃげてこちら側を向いていた。左のミラーは塀で擦《こす》ってあちら側を向いている。あの音から察するに、側面もひどく擦っただろう。

あちらのトラックの運転手が、窓から身を乗り出して茂夫たちのほうを振《ふ》り返《かえ》っている。むこうのトラックのミラーも、両方あらぬ方向を向いていた。側面の擦れもかなりひどい。

秋庭があちらのトラックの運転手と同じように窓から身を乗り出した。

「悪《わり》ィ」

あちらのトラックの運転手と秋庭が、同時に片手拝みをして言った。

「走れンでしょ」

「全然大丈夫《だいじょうぶ》。そっちは？」

「大丈夫。じゃ悪いけど急いでっから」

そう言い残してトラックは後方に去った。秋庭も当然のような顔をして窓を閉め、「早く」と茂夫をせかした。茂夫はたった今起きた出来事が信じられない気がした。

「……あれで済んじゃうの？」

「あー？」

吉沢の言っている意味が判らず、茂夫は怪訝《けげん》そうな顔で聞き返した。

「いやさ、坊ちゃんは大学も出てるし、いつまでもこんな工場《とこ》にいる気はないだろ」

「はあ……」

「いずれ辞《や》める心算ならさ、もう求人はじめたいんだよね。求人難は知ってっだろ、早めにしないとさ。④黙《だま》ってやられたんじゃ、あんたも気分悪いだろうと思って」

「………」

「あんたはよくやってくれてるよ。こないだは鶴見《つるみ》の担当にⓔヒニクられても、イヤな顔ひとつしないで仕事つないでくれたしさ」

いつも無理な納期を指定してきて、ちょっとでも遅れるとネチネチやり出す鶴見の得意先の工場に平気な顔で行けるのは、何も茂夫の人間がデキているせいではなかった。こっちがひ孫請けならあっちは孫請け、所詮《しょせん》この世界の根っからの住人ではない茂夫にとって、同じような零細《れいさい》工場が僅《わず》かな差で力関係を誇示《こじ》したところで痛くも痒《かゆ》くも感じないというだけの話であった。⑤感謝されてもあと味が悪い。

工場長の吉沢と話を終えたあと、茂夫はなぜだか夢も終わりだな、と思った。六郷土手の旋盤工場で過ごした半年間は、茂夫の人生の中では特異な存在といえる。もともと茂夫のような男が旋盤工場の納品トラック運転手というのは、誰《だれ》が見てもおかしなことだった。居心地《いごこち》良いと思えたのは、高校、大学、そして就職した会社においても茂夫が持つことを当然としてきた競争心という緊張《きんちょう》が、いっとき休まされたからだろう。半年間は人生の休暇《きゅうか》、一時の夢と思えば、気持ちも楽だ。

「そうですね」

工場長の吉沢にそう答えたあと、けれどなぜか茂夫の心は虚《むな》しかった。

「巣だな……」

信号待ちの交差点で、ハンドルを握《にぎ》った茂夫の独り言に、隣《となり》の席で脚《あし》を組んでいる秋庭が変な顔をした。

「何が？」

「⑥いやさ、工場のこと。巣みたいだよ、なんだか」

「巣——？　わっかンねえなア」

秋庭は笑いながら続けた。

「昔っからわかンなかったな、俺《おれ》たちにとってあんたは」

信号が青になった。茂夫はアクセルを踏《ふ》んで秋庭の顔をちらりと見た。

「どうして？」

「勉強なんかしてないみたいなのに頭よくってさ。いい高校行って、いい大学行って、いい暮らししてるのかなアなんて思ってたら場末の酒場で酔《よ》いつぶれてやんの、あンときは笑っちったよ」

茂夫は苦笑《くしょう》した。秋庭は中学のころから不良グループの一員で、高校時代に見かけたときは髪《かみ》の毛《け》が茶色かった。工業高校を中退して旋盤工《せんばんこう》になったと聞いた。今では一歳《さい》になる女の子の父親である。

「俺《おれ》にしたって、秋庭はわかンない奴《やつ》だよ」

茂夫のことばに、秋庭は声を立てて笑った。

「俺なんてカンタンな男よ、旋盤工だもん」

秋庭の答《こたえ》に茂夫も一緒《いっしょ》に笑った。

【国　語】〈五〇分〉〈満点：一〇〇点〉

Ⅰ　次の文章を読んで、以下の設問に答えなさい。

六郷土手《とくごうどて》のそばの小さな旋盤《せんばん》工場が、今の茂夫《しげお》の職場である。勤めはじめて半年近くが経《た》とうとしている。

半年前、失業した茂夫が地元の飲み屋でくだを巻いていたところ、偶然《ぐうぜん》に中学の同級生だった秋庭《あきば》という男にでくわした。秋庭の勤めている工場で使っていた運転手兼使い走りの十八の坊主《ぼうず》が行方《ゆくえ》をくらましてしまい、オヤジ——というのは工場長のことだった——が困っているという。ヒマならばそのあとに来ないかという。

勤め先の編集プロダクションが潰《つぶ》れて①自暴自棄《じぼうじき》になっていたこともあり、ぶらぶらしているよりは運転手でも何でもやっていたほうがいいか、くらいの軽い気持ちで引き受けた。②大学を卒業して町工場の納品トラックの運転手になろうとは、自分でも思ってもみなかった。

以前勤めていた編集プロダクションは神田にあって、業界では中堅《ちゅうけん》で通っていた。学生のころから編集の仕事をしたいと思っていた茂夫にとっては、一応希望どおりの職場だったと言える。自転車操業だということは入社して一年ほどでⓐサッチしたが、まさか倒産《とうさん》するとは予想もしなかった。しかも社長とⓑカンプ社員数名はどこへ行ったのか判《わか》らなくなってしまい、残された茂夫たちは事後処理にへとへとになった。秋庭に会ったのはそのころである。

今トラックの運転手として働いている工場は、工場長を含《ふく》めて工員は六人。典型的な孫請《まごう》け、ひ孫請けの零細《れいさい》工場である。最初《はな》から給料に期待などしていなかったが、編集プロダクションにいたころとはもちろん比べものにならない。長く勤める気などまるでないが、［　A　］と半年を過ごしてしまった。

半年いても、茂夫はいまだに工場の雰囲気《ふんいき》に慣れることができないでいる。工場長をオヤジと呼ばず吉沢《よしざわ》さん、と苗字《みょうじ》で呼ぶのは茂夫だけだった。知り合って間もない六十すぎの男をオヤジと呼ぶのは茂夫にとってはⓒキイなことだった。坊《ぼっ》ちゃん——。茂夫につけられた工場での渾名《あだな》である。旋盤工《せんばんこう》たちは大抵《たいてい》が地方出身者だった。

工場《ここ》にいると自分の人生がどんどんおかしな方向へ向かっていってしまうように感じながらも、茂夫は毎朝定刻に工場へ出勤する。自分とは全く違《ちが》う世界のような気がするのに、切り子だらけの洗油臭《せんゆくさ》い工場は妙《みょう》に居心地《いごこち》が良いのだった。この居心地良さの原因は何だろうと、茂夫は時おり不思議に思ったりもする。けれど、③早くここから脱出《だっしゅつ》しようと茂夫が焦《あせ》りはじめているのも事実だった。

納品を終えて工場に戻《もど》った茂夫がガラス戸を開けると、待っていたらしい工場長の吉沢が茂夫を手でⓓマネいた。困ったような顔をしている。茂夫はどきりとした。このような孫請《まごう》け専門の工場では、一時間の納期遅《おく》れが命取りになる。給料は安くても、そういう意味で納品トラックの運転手はたいへんな仕事なのだ。

「何か……」

茂夫は［　B　］と吉沢に言った。

「いやあね、言いにくいんだけどさ……。坊ちゃんは、これからどうする心算《つもり》でいるかと思ってさ。」

「え？」

と聞いても、ルロイ修道士は「すこし疲《つか》れたのでしょう」と答えるだけだった。

　中学三年生の秋、[d]を抱《かか》えながら初めて天使園を訪《おとず》れた「わたし」を、ルロイ修道士は「もうなんの心配もいりませんよ」と力強い握手《あくしゅ》で迎《むか》え、[e]させようとしてくれた。その言葉に偽《いつわ》りはなく、彼《かれ》はいつもやさしかった。しかし、神の教えに背いたときだけは別だった。

　そんなルロイ修道士がどうして[c]を私に話してくれなかったのか。病にかかっているのではないかと予想はしていたが、まさか余命わずかだとは思いもよらず、別れ際に[f]ともとられかねない質問をしてしまった。葬式《そうしき》の場で初めて「身体《からだ》中《じゅう》が悪い腫瘍《しゅよう》の巣になっていた」ことを知らされた「わたし」は、やり場のないいらだちを隠せない。そんないらだちが、無意識のうちにルロイ修道士と同じしぐさとなってあらわれたのであろう。

（ア）失礼　（イ）好意　（ウ）体罰《ばつ》　（エ）工面
（オ）安心　（カ）不安　（キ）真実

【出典】 Ⅰ　岡田憲治『なぜリベラルは敗け続けるのか』
（集英社インターナショナル・二〇一九）所収の本文による。
Ⅱ　井上ひさし「握手」
（『ナイン』講談社文庫・一九九〇）所収の本文による。

当然覚えていますよね、と相づちを求めている。

（イ）あなたと同じつらい境遇《きょうぐう》で育った上川くんのことをまさか忘れるはずがありませんよね、といぶかしんでいる。

（ウ）あなたにはずいぶんなついていたのですから上川くんの近況《きんきょう》くらい耳に入っていますよね、と決めつけている。

（エ）あなたが親代わりとなって面倒《めんどう》を見ていた上川くんとは今でも連絡《れんらく》を取り合っていますよね、と確認《かくにん》している。

【問11】――⑪「上川君はいけない運転手です」とありますが、このときのルロイ修道士について説明したものとして、最も適当なものを選び、（ア）～（エ）の記号で答えなさい。

（ア）運転手として守るべきルールすらも無視してしまう上川君のふるまいに対し、どこか恩着せがましく感じている。

（イ）元気に働いている姿を見せたくて少々無理なことをしてしまう上川君のことを、ほほえましく思《おも》い浮《うか》べている。

（ウ）大人になった今でも心配のつきない上川君にうんざりしながらも、型にはまらない人間性には期待を寄せている。

（エ）あとさきを考えることなく図に乗った行動ばかりしてしまう上川君の性格について、あきれつつも心配している。

【問12】――⑫「ルロイ修道士はすこし赤くなって頭を掻《か》いた」とありますが、このときのルロイ修道士について説明したものとして、最も適当なものを選び、（ア）～（エ）の記号で答えなさい。

（ア）死を恐《おそ》れているかのような態度が表にあらわれてしまっていたことを恥《は》じ、神を信じてきた者として反省している。

（イ）別《わか》れ際《ぎわ》であるにもかかわらず、この場にふさわしいとは思えない話題をもちかけられて、少々機嫌《きげん》をそこねている。

（ウ）汽車の時間が迫《せま》っている中で、簡単には説明できないような質問をされ、どう答えたら良いかわからず困っている。

（エ）本当のことを伝えるつもりはなかったのに、自分の心中を悟《さと》られてしまったのかと思い、気恥《きは》ずかしくなっている。

【問13】――⑬「わたしは知らぬ間《ま》に、両手の人さし指を交差させ、せわしく打ちつけていた」とありますが、このことに関する次の説明文の a ～ f に当てはまる語をそれぞれ選び、（ア）～（キ）の記号で答えなさい。

「わたし」たちが東京に行くことができたのは、ルロイ修道士からもらった衣類や盗《ぬす》んだ鶏《にわとり》を売って費用を a したからだった。そのいきさつを聞くルロイ修道士の人さし指は、あのときもせわしく交差させて打ち付けられていた。

なぜルロイ修道士はわたしたちを打《ぶ》ったのだろうか。「汝《なんじ》、盗むなかれ」これはキリスト教の倫理規範《りんりきはん》であり、神との約束を記した「モーセの十戒《じっかい》」のいましめのひとつである。十戒は神様との約束であるから、それを破ることは神を裏切ることを意味する。だからこそ、「わたし」はあのとき、 b を受けることになったのではなかったか。

一方で、「モーセの十戒」には「偽証《ぎしょう》してはいけない」とも記されている。 c を隠《かく》して、それと違《ちが》うことを言うこともまた、神に背《そむ》く行為《こうい》なのだ。ところが、上野の西洋料理店で久々の再会を果たしたあの日、「わたし」が「どこかお悪いんですか」

さい。

> 「傲慢」はキリスト教における七つの大罪の一つである。［　a　］ことで自己の能力への過信が生じ、やがては破滅《はめつ》へと至ると考えられているからこそ、それは罪なのだ。それゆえ、ルロイ修道士はキリスト教の教えにもとづいて、「わたし」を［　b　］のである。

(ア) あおり立てる　(イ) 思いあがる　(ウ) かいかぶる
(エ) たしなめる　(オ) なぐさめる

【問7】――⑦「ラグビーのボールを押《お》し潰《つぶ》したような恰好《かっこう》のプレーンオムレツは、空気を入れればそのままグラウンドに持ち出せそうである」とありますが、これはプレーンオムレツのどのような様子を表現していると考えられますか。次の中から最も適当なものを選び、(ア)～(エ)の記号で答えなさい。

(ア) 老舗《しにせ》にふさわしいふっくらした仕上がりで、とてもおいしそうな様子。
(イ) まるで手つかずの状態で、食べたあとがほとんど見受けられない様子。
(ウ) 一人前としてはずいぶん大きくて、とても一人では食べきれない様子。
(エ) こんがりきつね色に焼けてはいても、冷めておいしくなさそうな様子。

【問8】――⑧「平手打ちよりこっちの方がこたえましたよ」とありますが、それはどうしてだと考えられますか。次の中から最も適当なものを選び、(ア)～(エ)の記号で答えなさい。

(ア) みんなはこれまでどおり楽しく暮らしているのに、自分だけがその輪の中に入れなくて疎外感《そがいかん》を覚えていたから。
(イ) 一発殴《なぐ》られれば許されると思っていたのに、陰湿《いんしつ》ないじめのような日々《ひび》が待っているとは予想もしなかったから。
(ウ) どうすれば許してもらえるのか見当もつかない中で、ルロイ修道士のご機嫌《きげん》取りをする毎日に嫌気《いやけ》がさしたから。
(エ) 身体的な痛みは時間がたてば引いていくが、そこなわれた信頼《しんらい》関係は二度と元《もと》に戻らないように感じられたから。

【問9】――⑨「さすがにそれは憚《はばか》られ、結局は平凡《へいぼん》な質問をしてしまった」とありますが、どういうことですか。次の中から最も適当なものを選び、(ア)～(エ)の記号で答えなさい。

(ア) ルロイ修道士と一緒《いっしょ》にいる時間を少しでも長引かせたくて、ごくありきたりな質問をしてしまったということ。
(イ) 余命わずかなルロイ修道士を追いつめるようなことを聞くわけにもいかず、あえて話題をそらしたということ。
(ウ) 核心《かくしん》に触《ふ》れる質問をしたいのはやまやまだが、それを差《さ》し控《ひか》えて当たりさわりのない話題を選んだということ。
(エ) 元気を取りもどしてもらうためには、楽しかったできごとを思い出《だ》してもらうのが一番だと考えたということ。

【問10】――⑩「あなたは上川くんを知っていますね」とありますが、このときのルロイ修道士について説明したものとして、最も適当なものを選び、(ア)～(エ)の記号で答えなさい。

(ア) あなたも名付け親の一人だったはずですから上川くんのことは

(ウ) 修道士らしいおごそかな言葉づかいのおかげで、いまだに威厳《いげん》をたもつことができている、ということ。

(エ) 激動の時代を生きてきたので、本音を隠《かく》した上辺だけのやり取りに終始するきらいがある、ということ。

【問２】 ――②「無邪気《むじゃき》な代物《しろもの》」とありますが、どういうことですか。その説明として最も適当なものを選び、(ア)～(エ)の記号で答えなさい。

(ア) たわいもないことばかり書かれているが、「天使」のようにご褒《ほう》美《び》を与えることで子どもたちを従わせようとする大人たちの思惑《おもわく》が見《み》え隠《かく》れするものでもあった、ということ。

(イ) 守らなければ罰《ばつ》を与《あた》えられるような厳しい規律ではなく、「天使の十戒《じっかい》」は社会に出て生活していくために知っておくべきマナーやルールをまとめたものだった、ということ。

(ウ) 大人が見るとばかばかしい決まりごとが並んでいるように思えるが、親元から離《はな》れて暮らす子どもたちにとっては「十戒」と呼ぶにふさわしい神聖なものだった、ということ。

(エ) 本来、十戒といえば絶対に守らなくてはならない教えを指すが、「天使の十戒」は天使園で生活していく上で知っておくと良いことを集めた程度のものであった、ということ。

【問３】 ――③「だが、顔をしかめる必要はなかった」とありますが、どういうことですか。その説明として最も適当なものを選び、(ア)～(エ)の記号で答えなさい。

(ア) しばらくの間は何も握《にぎ》れなくなるかもしれないと肝《きも》を冷やしたが、全くの記憶違《きおくちが》いであった、ということ。

(イ) 聖人伝にぶつけた腕《うで》はまだ痛むけれども、はれものに触《さわ》るような握手《あくしゅ》には思いやりを感じた、ということ。

(ウ) 強く手を握《にぎ》られるのではないかという一抹《いちまつ》の不安がよぎったが、それも杞憂《きゆう》に過ぎなかった、ということ。

(エ) 腹をくくって手を差し出《だ》したけれども、思いのほかやさしい握手であったために面食らった、ということ。

【問４】 ――④「□を出して」、⑤「□をとる」とありますが、「□を出《だ》す」、「□をとる」という慣用句について、それぞれの空らんに当てはまる語を選び、(ア)～(オ)の記号で答えなさい。また、それぞれの意味として適当なものを選び、(カ)～(コ)の記号で答えなさい。

語	意味
(ア) 恩	(カ) それまでの努力に応じた報《むく》いを得ること。
(イ) 元	(キ) いやなことから目をそらすこと。
(ウ) 目	(ク) 楽しくてやめられなくなること。
(エ) 精	(ケ) 諸悪の根源をたちきること。
(オ) 舌	(コ) 一所懸命《いっしょけんめい》に働くこと。

【問５】 A ・ B に当てはまる表現として適当なものをそれぞれ選び、(ア)～(オ)の記号で答えなさい。

(ア) けらけら　(イ) ぶるぶる　(ウ) くるくる

(エ) ぽつぽつ　(オ) とぼとぼ

【問６】 ――⑥「だいたい日本人を代表してものを言ったりするのは傲《ごう》慢《まん》です」とありますが、このことに関する次の説明文を読み、 a ・ b に当てはまる語をそれぞれ選び、(ア)～(オ)の記号で答えな

「あの子はいま市営バスの運転手をしています。それも天使園の前を通っている路線の運転手なのです。そこで月に一度か二度、駅から上川くんの運転するバスに乗り合せることがあるのですが、そのときはたのしいですよ。まずわたしが乗りますと、こんな合図をするんです」

ルロイ修道士は右の親指をぴんと立てた。

「わたしの癖《くせ》をからかっているんですね。そうしてわたしに運転の腕《うで》前を見てもらいたいのでしょうか、バスをぶんぶん飛ばします。最後にバスを天使園の正門前に停《と》めます。停留所じゃないのに停めてしまうんです。⑪上川くんはいけない運転手です。けれども、そういうときがわたしには一等たのしいのですね」

「一等悲しいときは……？」

「天使園で育った子が世の中に出て結婚《けっこん》しますね。子どもが生まれます。ところがそのうちに夫婦《ふうふ》の間がうまく行かなくなる。別居します。離婚《りこん》します。やがて子どもが重荷になる。そこで天使園で育った子が自分の子を、またもや天使園へ預けるために長い坂を［　B　］登ってやってくる。それを見るときが一等悲しいですね。なにも父子二代で天使園に入ることはないんです」

ルロイ修道士は壁《かべ》の時計を見上げて、

「汽車が待っています」

と言い、右の人さし指に中指をからめて掲《かか》げた。これは「幸運を祈《いの》る」、「しっかりおやり」という意味の、ルロイ修道士の指言葉だった。

上野駅の中央改札口の前で思い切って聞いた。

「ルロイ先生、死ぬのは怖《こわ》くありませんか。わたしは怖くて仕方がありませんが」

かつてわたしたちが悪戯《いたずら》を見つかったときにしたように、⑫ルロイ修道士はすこし赤くなって頭を掻《か》いた。

「天国へ行くのですからそう怖くはありませんよ」

「天国か。ほんとうに天国がありますか」

「あると信じる方がたのしいでしょうが。死ねばなにもないただむやみに淋《さび》しい所へ行くと思うよりも、にぎやかな天国へ行くと思う方がよほどたのしい。そのためにこの何十年間、神さまを信じてきたのです」

わかりましたと答えるかわりにわたしは右の親指を立て、それからルロイ修道士の手をとって、しっかりと握《にぎ》った。それでも足りずに腕を上下にはげしく振《ふ》った。

「痛いですよ」

ルロイ修道士は顔をしかめてみせた。

上野公園の葉桜が終《お》わるころ、ルロイ修道士は仙台《せんだい》の修道院でなくなった。まもなく一周忌《しゅうき》である。わたしたちに会って回っていたころのルロイ修道士は、身体中《からだじゅう》が悪い腫瘍《しゅよう》の巣になっていたそうだ。葬式《そうしき》でそのことを聞いたとき、⑬わたしは知らぬ間《ま》に、両手の人さし指を交差させ、せわしく打ちつけていた。

【問１】――①「彼《かれ》の日本語には年季が入っている」とありますが、どういうことですか。その説明として最も適当なものを選び、（ア）～（エ）の記号で答えなさい。

（ア）こなれた言いまわしも自然と口をついて出るほど、流ちょうな日本語を話すことができる、ということ。

（イ）古風な表現が混在し、すぐには理解できないところもあるが、十分に意思の疎通《そつう》は図《はか》れる、ということ。

車で仙台《せんだい》に帰った。そして待っていたのがルロイ修道士の平手打ちだった。「明後日の朝、かならず戻《もど》ります。心配しないでください。探さないでください」という書き置きを園長室の壁《かべ》に貼《は》りつけておいたのだが。

「ルロイ先生は一《ひと》月間、わたしたちに口をきいてくれませんでした。⑧平手打ちよりこっちの方がこたえましたよ」

「そんなこともありましたねえ。あのときの東京見物の費用はどうやってひねり出したんです？」

「それはあのとき白状しましたが……」

「わたしは忘れてしまいました。もう一度教えてくれませんか」

「準備に三ヵ月はかかりました。先生からいただいた純毛の靴下《くつした》だの、つなぎの下着だのを着ないでとっておき、駅前の闇市《やみいち》で売《う》り払《はら》いました。鶏舎《けいしゃ》からニワトリを五、六羽《わ》持ち出して焼鳥屋に売ったりもしました」

ルロイ修道士はあらためて両手の人さし指を交差させ、せわしく打ちつける。ただしあのころとちがって、顔は笑っていた。

「先生はどこかお悪いんですか。ちっとも召《め》しあがりませんね」

「すこし疲《つか》れたのでしょう。これから仙台の修道院でゆっくり休みます。カナダへ発《た》つころは、前のような大ぐらいに戻っていますよ」

「だったらいいのですが……」

「仕事はうまく行っていますか」

「まあまあといったところです」

「よろしい」

ルロイ修道士は右の親指を立てた。

「仕事がうまく行かないときは、このことばを思い出してください。『困難は分割《ぶんかつ》せよ』。焦《あせ》ってはなりません。問題を細かく割って一つ一つ地道に片付けて行くのです。ルロイのこのことばを忘れないでください」

冗談《じょうだん》じゃないぞ、と思った。これでは遺言《ゆいごん》を聞くために会ったようなものではないか。そういえばさっきの握手《あくしゅ》もなんだか変だった。「それはじつに穏《おだ》やかな握手だった。ルロイ修道士は病人の手でも握るようにそっと握手をした」というように感じたが、じつはルロイ修道士が病人なのではないか。もと園長はなにかの病いにかかりこの世の暇乞《いとまご》いにこうやってかつての園児を訪ねて歩いているのではないか。

「日本でお暮らしになっていて、たのしかったことがあったとすれば、それはどんなことでしたか」

先生は重い病気にかかっているのでしょう、そしてこれはお別れの儀《ぎ》式《しき》なのですね、と聞こうとしたが、⑨さすがにそれは憚《はばか》られ、結局は平《へい》凡《ぼん》な質問をしてしまった。

「それはもうこうやっているときにきまっています。天使園で育った子どもが世の中へ出て、一人前の働きをしているのを見るときが一等たのしい。なによりもうれしい。そうそう、⑩あなたは上川くんを知っていますね。上川一雄《かずお》くんですよ」

もちろん知っている。ある春の朝、天使園の正門の前に捨てられていた子だ。捨て子は春になるとぐんとふえる。陽気がいいから発見されるまで長くかかっても風邪《かぜ》を引くことはあるまいという母親たちの最後の愛情が春を選ばさせるのだ。捨て子はたいてい姓名《せいめい》がわからない。そこで中学生、高校生が智恵《ちえ》をしぼって姓名をつける。だから忘れるわけはないのである。

ら気をつけろ。ルロイ先生はいい人にはちがいないが、心の底では日本人を憎《にく》んでいる。いつかは爆発《ばくはつ》するぞ。……しかしルロイ先生はいつまでたってもやさしかった。そればかりかルロイ先生は、戦勝国の白人であるにもかかわらず敗戦国の子どものために、泥《どろ》だらけになって野菜をつくり鶏《にわとり》を育てている。これはどういうことだろう。「ここの子どもをちゃんと育ててから、アメリカのサーカスに売るんだ。だからこんなに親切なんだぞ。あとでどっと⑤［　　］をとる気なんだ」という噂も立ったが、すぐ立ち消えになった。おひたしや汁《しる》の実になった野菜がわたしたちの口に入るところを、あんなにうれしそうに眺《なが》めているルロイ先生を、ほんのすこしでも疑っては罰《ばち》が当る。みんながそう思いはじめたからである。

「日本人は先生にたいして、ずいぶんひどいことをしましたね。交換船の中止にしても国際法無視ですし、木槌で指を叩き潰すにいたっては、もうなんて言っていいか。申しわけありません」

ルロイ修道士はナイフを皿の上においてから、右の人さし指をぴんと立てた。指の先は天井《てんじょう》をさして［　A　］こまかくふるえている。また思い出した。ルロイ修道士は、「こら」とか、「よく聞きなさい」とか言うかわりに、右の人さし指をぴんと立てるのが癖《くせ》だった。

「総理大臣のようなことを言ってはいけませんよ。⑥だいたい日本人を代表してものを言ったりするのは傲慢《ごうまん》です。それに日本人とかカナダ人とかアメリカ人といったようなものがあると信じてはなりません。一人一人の人間がいる、それだけのことですから」

「わかりました」

わたしは右の親指をぴんと立てた。これもルロイ修道士の癖で、彼は、「わかった」、「よし」、「最高だ」と言うかわりに右の親指をぴんと立てる。そのことも思い出したのだ。

「おいしいですね、このオムレツは」

ルロイ修道士も右の親指を立てた。わたしはハテナと心の中で首を傾《かし》げた。おいしいと言うわりにはルロイ修道士に食欲がない。⑦ラグビーのボールを押《お》し潰《つぶ》したような恰好《かっこう》のプレーンオムレツは、空気を入れればそのままグラウンドに持ち出せそうである。ルロイ修道士はナイフとフォークを動かしているだけで、オムレツをちっとも口へ運んではいないのだ。

「それよりも、わたしはあなたを打《ぶ》ったりはしませんでしたか。あなたにひどい仕打ちをしませんでしたか。もし、していたなら、あやまりたい」

「一度だけ、打たれました」

ルロイ修道士の、両手の人さし指をせわしく交差させ、打ちつけている姿が脳裏《のうり》にうかぶ。これは危険信号だった。この指の動きでルロイ修道士は、「おまえは悪い子だ」と怒鳴《どな》っているのだ。そして次にはきっと平手打ちが飛ぶ。ルロイ修道士の平手打ちは痛かった。

「やはり打ちましたか」

ルロイ修道士は悲しそうな表情になってナプキンを折《お》り畳《たた》む。食事はもうおしまいなのだろうか。

「でも、わたしたちは打たれて当り前の、ひどいことを仕出かしたんです。高校二年のクリスマスだったと思いますが、無断で天使園を脱け出《だ》して東京へ行ってしまったのです」

翌朝、上野へ着いた。有楽町や浅草で映画と実演を見て回り、夜行列

るまでの三年半、わたしはルロイ修道士が園長をつとめる児童養護施設《しせつ》の厄介《やっかい》になっていたが、そこにはいくつかの「べからず集」があった。子どもの考え出したものであるから、べつにたいしたべからず集ではなく、「朝のうちに弁当を使うべからず（見つかると次の日の弁当がもらえなくなるから）」、「朝晩の食事は静かに食うべからず（ルロイ先生は園児がにぎやかに食事をしているのを見るのが好きだから）」、「洗濯《せんたく》場の手伝いは断わるべからず（洗濯場主任のマイケル先生は気前がいいからきっとバタ付きパンをくれるぞ）」といった式の②無邪気《むじゃき》な代物《しろもの》で、そのなかに「ルロイ先生とうっかり握手《あくしゅ》をすべからず（二、三日鉛筆《えんぴつ》が握《にぎ》れなくなっても知らないよ）」というのがあったのを思い出して、それですこしばかり身構えたのだ。この「天使の十戒」がさらにわたしの記憶《きおく》の底から、天使園に収容されたときの光景を引っ張り出《だ》した。

風呂敷包《ふろしきづつ》みを抱《かか》えて園長室に入って行ったわたしをルロイ修道士は机越《ご》しに握手《あくしゅ》で迎《むか》えて、

「ただいまからここがあなたの家です。もうなんの心配もいりませんよ」

と言ってくれたが、彼《かれ》の握力《あくりょく》は万力よりも強く、しかも腕《うで》を勢いよく上下させるものだから、こっちの肘《ひじ》が机の上に立ててあった聖人伝にぶつかって、腕がしびれた。

③だが、顔をしかめる必要はなかった。それはじつに穏《おだ》やかな握手だった。ルロイ修道士は病人の手でも握るようにそっと握手をした。それからこのケベック郊外《こうがい》の農場の五男坊は、東京で会った、かつての収容児童たちの近況《きんきょう》を熱心に語りはじめた。やがて注文した一品料理が運ばれてきた。ルロイ修道士の前にはプレーンオムレツが置かれた。

「おいしそうですね」

ルロイ修道士はオムレツの皿を覗《のぞ》き込《こ》むようにしながら両の掌《てのひら》を擦《す》り合《あわ》せる。だが、彼の掌はもうぎちぎちとは鳴らない。あのころはよく鳴ったのに。園長でありながらルロイ修道士は訪問客との会見やデスクワークを避《さ》けていた。たいていは裏の畑や鶏舎《けいしゃ》にいて、子どもたちの食料をつくることに④[　　]を出していた。そのために彼の手はいつも汚《よご》れており、掌は樫《かし》の板でも張ったように固かった。そこであのころのルロイ修道士の汚《きたな》い掌は擦り合せるたびにぎちぎちと鳴ったものだった。

「先生の左の人さし指は、あいかわらずふしぎな恰好《かっこう》をしていますね」

フォークを持つ手の人さし指がぴんとのびている。指の先の爪《つめ》は潰《つぶ》れており、鼻糞《はなくそ》をまるめたようなものがこびりついている。正常な爪はもう生えてこないのである。あのころルロイ修道士の奇妙《きみょう》な爪について天使園にはこんな噂《うわさ》が流れていた。日本にやってきて二年もしないうちに戦争がはじまり、ルロイ修道士たちは横浜《よこはま》から出帆《しゅっぱん》する最後の交換《こうかん》船でカナダに帰ることになった。ところが日本側の都合で交換船は出帆中止になってしまったのである。そして連れて行かれたところは丹沢《たんざわ》の山中。戦争が終《おわ》るまでルロイ修道士たちはここで荒地《あれち》を開墾《かいこん》し、蜜柑《みかん》と足《あし》柄《がら》茶をつくらされた。そこまではいいのだが、カトリック者は日曜日の労働を戒律《かいりつ》で禁じられているので、ルロイ修道士が代表となって監督官《かんとくかん》に、「日曜日は休ませてほしい。その埋《う》め合《あわ》せは、他の曜日にきっとする」と申し入れた。すると監督官は、「大日本帝国《ていこく》の七曜表は月月火水木金金。この国には土曜も日曜もありゃせんのだ」と叱《しか》りつけ、見せしめにルロイ修道士の左の人さし指を木槌《づち》で思い切り叩《たた》き潰《つぶ》したのだ。だか

とです。だとすれば、「政治」の議論をするときでも、自分が思う正しさを押し通すような議論ではなく、

④
（コ）意見の異なる者との連帯を目指すような議論
（サ）異なる立場の意見を最優先にするような議論
（シ）自らの決断が最善だと納得《なっとく》させるような議論

をしなければなりません。ここで重要なことは、私たちがある問題について徹底的《てっていてき》に議論をしたからといって、簡単に結論は出ないということです。というのも、現代の私たちの世界には、様々な［　a　］が存在しているため、ある決定がどのように評価されるのか予測ができません。したがって、「政治」の世界においては、正しい結論を追い求める態度は、必ずしも評価できるものではないということになります。

　このような筆者の立場からすると、二〇〇九年に成立した民主党政権は、とても頼《たよ》りないものに映ったでしょう（筆者は民主党支持だったそうです）。当時の民主党では、毎度のことのように党内で熱い議論が交《か》わされていたとのことですが、筆者からするとその議論は、自分たちの［　b　］ばかりを言《い》い募《つの》っており、現実を見ていないものでした。「政治」における議論とは、「何が正しく、何が間違《まちが》っているか」を決定するものではありません。「政治」における議論で大事なことは、それぞれの立場における［　c　］です。その目的を見失ってしまえば、それぞれの対立点が明確にならず、議論は混乱してしまうでしょう。

　このように筆者は「政治」のありかたを厳しく問い直します。この文章において前提となっているのは、「政治」の決断においては、誰《だれ》もが納得する選択《せんたく》はできないということです。その意味では、「政治」においては、きれいごとばかりは言っていられないかもしれません。

（ア）分岐点《ぶんきてん》の確認《かくにん》　（イ）民主主義の限界
（ウ）肥大化する権力　（エ）多様性の尊重
（オ）利害の絡《から》み合《あ》い　（カ）揺《ゆ》るぎない信念

Ⅱ　次の文章を読んで、以下の設問に答えなさい。

上野公園に古くからある西洋料理店へ、ルロイ修道士は時間通りにやってきた。桜の花はもうとうに散って、葉桜にはまだ間があって、そのうえ動物園はお休みで、店の中は気の毒になるぐらい空《す》いている。椅《い》子《す》から立って手を振《ふ》って居所を知らせると、ルロイ修道士は、

「呼び出したりしてすみませんね」

と達者な日本語で声をかけながらこっちへ寄ってきた。ルロイ修道士が日本の土を踏《ふ》んだのは第二次大戦直前の昭和十五年の春、それからずっと日本暮らしだから、①彼《かれ》の日本語には年季が入っている。

「こんど故郷《くに》へ帰ることになりました。カナダの本部修道院で畑いじりでもしてのんびり暮らしましょう。さよならを言うために、こうしてみなさんに会って回っているんですよ。しばらくでした」

　ルロイ修道士は大きな手を差し出してきた。その手を見て思わず顔をしかめたのは、光ケ丘《ひかりがおか》天使園の子どもたちの間でささやかれていた「天使の十戒《じっかい》」を頭にうかべたせいである。中学三年の秋から高校を卒業す

から選び、記号で答えなさい。

（ア）「議論」が、立法院から退去をするべきかそれとも占拠《せんきょ》を続けるべきか、という学生たちの意見の分岐点《ぶんきてん》を明確にしたということ。

（イ）「議論」が、立法院の占拠を続けるつもりだった学生たちの意見表明の場となり、彼《かれ》らを納得《なっとく》させるものとして機能したということ。

（ウ）立法院の占拠を続けようとした学生が、「議論」を通じて退去という決定を受け入れたことで、学生たちの結束が固まったということ。

（エ）リーダーが粘《ねば》り強《づよ》くメンバーと「議論」を続けるなかで、同じ意見の仲間を増やし、立法院からの退去という選択《せんたく》を実現させたということ。

【問９】 E ～ G に当てはまる語として適当なものを次の中から選び、それぞれ記号で答えなさい。ただし、同じ記号を２度以上用いてはいけません。

（ア）討論　（イ）持論　（ウ）総論　（エ）極論
（オ）正論　（カ）結論

【問10】 ――⑦「『政治をする』ということ」とありますが、それに関する次の説明文の①～④について適当なものをそれぞれ選び、記号で答えなさい。また、 a ～ c に当てはまる語句として適当なものを選び、それぞれ記号で答えなさい。

筆者は本文において、あらためて「政治をする」ことについて考えています。筆者の問題意識の背景には、現在の社会のありかたに対する強い危機感があるでしょう。

さて、ひと口に「政治」と言っても、その意味合いは様々《さまざま》です。そもそも私たちの社会は、

①
- （ア）社会全体を考えるブルジョアジーが一般《いっぱん》大衆を無視しながら
- （イ）一般大衆がブルジョアジーの政治参加の権利を制限しながら
- （ウ）公共への関心が必ずしも高くない一般大衆を巻《ま》き込《こ》みながら

「民主化」を進めてきた、という経緯《けいい》があります。そんな社会に生きる私たちは、したがって、「政治」に対して一定の主張なり意見なりを持っていれば十分に「政治」に関わっている、と考えるでしょう。しかし、筆者によれば、そのような態度は、

②
- （エ）「政治」に対する主張があっても行動がともなっていない
- （オ）自分が見ている範囲《はんい》のみでしか「政治」に関わっていない
- （カ）「政治」に関する自分の主張を押《お》し通《とお》そうとする覚悟《かくご》がない

という点で、不十分ということになるのです。

では、「政治」においては、どのようなことが重要なのか。筆者が「政治」において評価するのは、

③
- （キ）その人がいかに素早《すばや》く決断をしているか
- （ク）その人が実際に何を勝ち取っているのか
- （ケ）その人が自らの考えを深められているか

ということ

（ア）現代の私たちは、時間や場所にかかわらずネットを用いて政治について議論することができるから。

（イ）現代の私たちは、政治について考えたり議論したりするための知識と時間的余裕《よゆう》を備えているから。

（ウ）現代の私たちは、政治について議論するための下地を持っており、高度な政治的判断が行なえるから。

（エ）現代の私たちは、労働から解放されたことによって、公共の問題や政治に対する関心が高くなったから。

【問４】――③「この謙虚《けんきょ》さ」とありますが、どのような態度ですか。最も適当なものを、次の（ア）～（エ）から選び、記号で答えなさい。

（ア）世界を正確に分かろうと思って考え続けることには意味がないのだ、という態度。

（イ）いくら学問にいそしんでも知的な人間になることなどできないのだ、という態度。

（ウ）自分の思《おも》い込《こ》みを完全に取り除いたとしても世界は変わらないのだ、という態度。

（エ）広くて複雑な世界を前にして、人間は簡単に答えなど出せないのだ、という態度。

【問５】――④「時間は、政治というものの性格を、その意味で大きく規定するものです」とありますが、どうしてですか。最も適当なものを、次の（ア）～（エ）から選び、記号で答えなさい。

（ア）移り変わりの激しい政治の世界においては、いつどのようなタイミングで決定を下すかが重要だから。

（イ）決断という行為《こうい》が必ずともなう政治においては、いかに限られた時間のなかで判断するかが重要だから。

（ウ）色々《いろいろ》な側面から考えることが必要な政治においては、時間をかけて正確な判断に近づくことが重要だから。

（エ）議論が軽視される政治の世界においては、たとえ間違《まちが》っていたとしても瞬間的《しゅんかんてき》に判断することが重要だから。

【問６】――⑤「誠実に世界に向き合い、世界を理解しようとしている人」とありますが、どのような人ですか。最も適当なものを、次の（ア）～（エ）から選び、記号で答えなさい。

（ア）世界を知り尽《つ》くすことができないという現実の前で、自分の限界や不完全さを受け入れる人。

（イ）世界を知り尽くすことをあきらめず、それを隅々《すみずみ》まで完全に知り尽くそうと努力を続ける人。

（ウ）世界を知り尽くすことができないということを十分に自覚した上で、責任を持って決断をする人。

（エ）世界を知り尽くすことの限界を認識《にんしき》しながらも、可能な限り世界全体を正確に捉《とら》えようとする人。

【問７】 A ～ D に当てはまる語の組み合わせとして最も適当なものを選び、記号で答えなさい。

（ア）［A］なぜならば―［B］だから―［C］かりに―［D］だから

（イ）［A］というのも―［B］しかし―［C］または―［D］つまり

（ウ）［A］とはいえ　―［B］だから―［C］さらに―［D］しかし

（エ）［A］おそらく　―［B］つまり―［C］ただし―［D］しかも

【問８】――⑥「その点において」とありますが、「その点」とはどのようなことを指していますか。最も適当なものを、次の（ア）～（エ）

て、自分なりの意見を持つだけでなく、その上で「とりあえず」の決断をするプロセスに加わるということに他《ほか》なりません。

それは前に述べた「どこの党に投票するか」という問題にも通じることです。

政治においては、誰が見ても最善の手、これしかないという究極の一手というのはほとんど存在しません。それがあれば、そもそも政治的な格闘《かくとう》にならないからです。

ですから、⑦「政治をする」ということは、今の世の中の問題は要するにこれこれこういうことだと「腰《こし》だめ」で決めた上で、「エイヤッ」と蛮勇《ばんゆう》をふるって決断をするということです。その決断に対して、周囲からは野次《やじ》と怒号《どごう》、怨嗟《えんさ》と嫉妬《しっと》の光線を受けることになるのは避《さ》けられません。

それがイヤだから人は「決められない」、あるいは「決めたのは決めたけど、責任は取れない」と逃《に》げ腰《ごし》になるのです。しかし、自分が決断しなければ、誰かが代わりに決断することになり、その決断を渋々《しぶしぶ》受け止めるしかなくなります。

誤解してはならないのは、「賢明《けんめい》な判断を下せるのが大人」なのではないことです。採用した判断が本当に正しいのか、人々《ひとびと》の幸福な生活や人生に貢献《こうけん》するのか、それは最後まで分からないのです。分からないにもかかわらず、決断をするのが政治というものだと思います。

それは時として、苦悩《くのう》を伴《ともな》いますし、場合によっては他者を切り捨てるようなことも起こります。これもまた政治の持つ非情な特質です。

しかしながら、そうであるからこそ、我々《われわれ》は我々を結びつけるものとしての議論をしなければならないのです。その面倒臭《めんどうくさ》さから逃《に》げて、相手を黙《だま》らせる、最後に自分が一言モノを言って終わりにさせることを目的に議論などしていたら、私たちはいつまで経《た》っても「味方を増やす」ことはできず、「あいつの言うことは正しいんだろうが、絶対に一緒《いっしょ》に政治なんてやらねぇよ」と相手の心を閉ざさせてしまいます。

その分かれ目はひじょうに重要だと、ここで私は強調したいと思います。

【問１】 ══ⓐ「チケン」、ⓑ「クンリン」、ⓒ「ジフ」、ⓓ「イッカゲン」、ⓔ「センモン」のカタカナを漢字に改めなさい（楷書《かいしょ》で、丁寧《ていねい》に書くこと）。

【問２】 ――①「政治参加の拡大こそが『民主化』です」とありますが、筆者の言う「民主化」の説明として最も適当なものを、次の（ア）～（エ）から選び、記号で答えなさい。

（ア）「民主化」とは、より多くの国民が労働に従事することで、一丸となって社会を支えていくことである。

（イ）「民主化」とは、自分と同じ考えや意見を持っている人のことを知り、孤立《こりつ》感や無力感を癒《いや》すことである。

（ウ）「民主化」とは、限られた者にのみ与えられていた参政権が、より多くの者に与えられていく過程である。

（エ）「民主化」とは、経済的に恵《めぐ》まれていない者たちが、社会の発展とともに経済力を獲得《かくとく》していくことである。

【問３】 ――②「現代の私たちは政治参加ということに関して、かなりのレベルに達しているということになるでしょう」とありますが、なぜそのように言えるのでしょうか。最も適当なものを、次の（ア）～（エ）から選び、記号で答えなさい。

くて、少数派をも納得《なっとく》させるという工作が必要です。

数の上で負けた人たちに「我々《われわれ》の意に添《そ》わない結果になったけれども、言うべきことは言ったし、もし、今回の決断がうまく行かなかった時には自分たちの意見にスポットライトが当たる日も来る」と思ってもらえるような場を作ることが大事です。何度も言うように、政治とは仲間を作ること、集めることです。議論をすることによって、仲間を減らしていくのでは、何のために政治をしているのか分からないというものです。

⑥その点において、私が感心したのは、二〇一四年に、台湾《たいわん》で立法院（議会）を占拠《せんきょ》した学生たち（ひまわり学生運動）が最後にバリケードを解く際に、そのリーダーたちが全学生と話をし、議論をしてから決断したという事実です。

このまま占拠を続けようとした学生たちは自分たちの意見を述べる機会を与えられたことで、「退去という結論は受《う》け容《い》れがたいが、リーダーは我々の話を聞いてくれた、このことは忘れない」と述べ、静かに議場を後にしました。この時、リーダーとメンバーの議論は「どちらが正しいか」といった優劣《ゆうれつ》を決めるものではなく、議論を通じて結束を固めるために行なわれたのでした。「我々の運動は撤退《てったい》することになったけれども、しかし、立派な意義があったし、それなりに成果を残すことができた」と相互《そうご》に確認《かくにん》するための議論であったというわけです。

不毛な議論に終始した民主党政権

ところが二〇〇九年に成立した日本の民主党政権では、歳《とし》も若く、政治の修羅場《しゅらば》を経験していない「学歴優等生」がたくさんいて、議論の意味をはき違えた人たちが多かったそうです。これは実に悲しむべきことでした。彼《かれ》らは「時間をかけて討議すれば、かならず［E］が通るはずなのだから、少しも妥協《だきょう》することなく［F］を述べるべきだ」という信念で、朝まで延々と不毛な議論を続けていたそうです。

政治の場数を踏《ふ》み、たくさんの意見を取りまとめ、速《すみ》やかな決定ができるように多くの汗《あせ》をかいたことのある自治体の首長経験者などは、その光景を見て呆《あき》れたはずです。あるいは政局において裏に表に躍動《やくどう》し、泥《どろ》をかぶり、人に恨まれという道を歩んできたベテランや叩《たた》き上《あ》げの議員からすれば、「議論の優劣が簡単につかない、［G］が出ないような問題だから国政の場に現れてきてるんだよ。だから、どっちが正しいかじゃなくて、とりあえず決断した後のことまで予想した上で、ギリギリの着地点を設定することが政治なんだよ」と言いたくなったでしょう。

政治の決断においては、誰《だれ》もがいくぶんかの不満を持っているものです。しかし、いったん決定した以上は、その結果を政治家は全身で受け止めねばなりません。「行く末を完全に予見できない」ことを承知で、「今、この時においてはこれが最善の決断なのです！」と千万の言葉で説明せねばなりません。しかし、あの時の若い政治家たちはそれができませんでした。つまり、ちゃんと政治をしていなかったのです。

民主党政権の来《こ》し方について、色々《いろいろ》な角度から語られていますが、こうしたところからして民主党の蹉跌《さてつ》は始まっていたのではないかと私は思っております。

言うことをきかせる側の覚悟《かくご》

政治に参加するということは、つまり政治が抱える様々《さまざま》な問題に対し

意見を」と、メール一本書けば終了《しゅうりょう》のはずです。

しかし、多くの人たちはこの決断がなかなかできないのです。もし「勝手に予算を削るな！　長年のPTAへの貢献《こうけん》を何だと思ってるんだ！」なんてクレームをつけられたらもう「マジ死にたくなる」からです。

PTA会長である私は「いいじゃん、そんなの。後でクレーム来たら、筋道立てて話して『すみませんけどご理解ください』って言えば」とアドバイスするのですが、「PTA総会で炎上《えんじょう》でもしたらどうしよう」なんて先回りして考えるものですから、「何かあったら、会長、責任取ってくださいよ」と私のところにあらかじめ相談しにくるというわけです。「いいよ。頭下げるなんてのはタダだし、それも会長の仕事の一つだもんな」と答える私です。

議論は何のためにやるのか

二〇〇九年に成立した民主党政権の内幕をつぶさに見てきたある閣僚《かくりょう》の話を伝え聞いたことがあります。

民主党政権時代、一つの法案をどのように提出《ていしゅつ》するかで、毎度のことのように党内での大議論になって、それが夜を徹《てっ》しての会議になることも珍《めずら》しくなかったそうです。

今日のように官邸《かんてい》の言いなりでなく、党内で熱い議論をしていること自体はよいことなのですが、問題は「論議は何のためにやるのか」という、その目的を理解していない議員が多かったことです。

学術的な議論とは違《ちが》い、政治における議論とは「何が正しく、何が間《ま》違《ちが》っているか」を決定するための討議ではありませんし、ましてや「相手をたたきのめし、完膚《かんぷ》なきまでに言い負かす」ためのディベート競技でもありません。論争に勝利することで、相手に政治的ダメージを与《あた》えるということは、議論における副産物のようなもので、それ自体は目的ではありません。

政治における議論の目的とは「お互《たが》いの分岐点《ぶんきてん》を確認《かくにん》すること」であり、それと同時に「反対派の人たちに『この議論には意味があった』という気持ちを残してあげること」にあります。

議論の分岐点とは、みんなの考えがどこまで同じ道を歩み、どこから分かれてしまったのかを整理するということです。いわば議論の地図を作ることです。

たとえば、待機児童問題についての対策を議論するならば、「自分の子どもを保育園に入れたいのに、それができない家庭があるのは問題だよね」という意識がみんなで共有できているかどうかを確認することは大事なことです。「いや、そもそも、子どもを保育園に入れて働きに行くなんて、育児放棄《ほうき》でしょ」と思っている人がいたら、そこから話し合いをスタートしないと議論は支離滅裂《しりめつれつ》なものになってしまいます。

議論の結果、かりに全員が「待機児童はなくした方がいいよね」という合意ができたとしても、その次のステップとして「公的保育所を増設する」べきなのか、「増設するなんて悠長《ゆうちょう》なことはできないから、無認可保育所までを視野に入れた政策を打ち出す」べきなのかで意見が分かれるとしたら、そこが分岐点です。この分岐点をどうやっても乗《の》り越《こ》えられないのであれば、それこそ「エイヤッ」と意思決定をする必要が出てくるというわけです。

しかし、その意思決定をする時には、けっして数で押《お》し切《き》るのではな

ここで丸山が言っているとおり、「政治をする」ことにはかならず「分からないままエイヤッと決めてしまう乱暴さ」が含《ふく》まれています。それは⑤誠実に世界に向き合い、世界を理解しようとしている人にとっては、実に非良心的な振る舞いに見えます。

たとえば、保育園の待機児童の問題に直面して、大規模な財政的出動をして、バカ高い東京二三区内の土地を買い取って、八〇〇平方メートルという建設条件をクリアして保育園を三つも建設する「決断」をしたとします。

でも、この「エイヤッ」とした決定で、本当に待機児童を減らせるかは、実は分からないのです。施設《しせつ》ができたことで、〝だったら私も働こう〟という保護者たちを増やして待機児童を倍増させる可能性だってあります。はたしてどうなるかは蓋《ふた》を開けてみなければ分かりません。三月になるとたくさんの人たちが転入して来たりするからです。

だのに、自治体は保育園を三つ新設するという道を選び取ってしまいます。多額の税金を使うのに、「分からないのに決めちゃった」とは、なんといういい加減な行動でしょうか！

でも、行動しなければ今度は「あんなに住民税を払《はら》っているのに、何で役所は待機児童問題に対して何もしないんだ！」と突《つ》き上《あ》げられ、その無策をなじられることでしょう。新聞には「待機児童放置は住民自治の機能不全である」などというタイトルの論考記事も載《の》るでしょうし、ママたちに「ここは子育てしやすいって言うから引《ひ》っ越《こ》してきたのに、家賃は高いし、保育園入れないし、ありえなくない？」みたいなことをSNSに書かれて炎上《えんじょう》したら、目も当てられません。だから行動したのです。

政治家は決断しなければ文句を言われますが、決断すれば「杜撰《ずさん》だ」「拙速《せっそく》だ」と言われます。これこそが政治が持つ、切ない宿命であるのです。

まな板に載せること、さばくこと

残念ですが、私たちの世界が抱《かか》えている問題の多くは、徹底的《てっていてき》に議論したからといっても結論が出るものではありません。

［Ａ］、結論を出すというのは「正解が分かっていないけれど、とりあえず決める」ということに他《ほか》ならず、その不誠実さに多くの人たちは耐《た》えられないからです。［Ｂ］結論は出《だ》されず先送りにされます。

［Ｃ］多数決で決めるとしても、そこにはかならず反対派がいて、その人たちから「あれを決めたのはあいつらだ」と言われることになります。それで結果オーライならばいいですが、失敗した日には容赦《ようしゃ》ない糾弾《きゅうだん》と責任追及《ついきゅう》が待っているかもしれません。［Ｄ］、みんな「どうする？」と顔を見合わせて、「継続審議《けいぞくしんぎ》」にしようとします。

それは政治の世界、ビジネスの世界に限った話ではありません。

ＰＴＡの会計担当者は、実体のないパパたちのサークルに対して、それまで毎年給付してきた三〇〇〇円の予算をカットすることを迫《せま》られますが、それがなかなか言い出せません。

そんな問題は、「実体がない以上、全額予算を削《けず》って今の子どもたちの活動のための予算に組み入れます。何かご不満があれば、次の総会でご

で政治的議論を友人や未知の人たちと交《か》わしたりもしているわけで、十九世紀ロンドンの炭鉱労働者たちとは違います。

しかし、それだけで本当に私たちは「政治参加」をしていると言えるでしょうか。「政治をしている」と言えるでしょうか。

私は長い間、実は「政治をする」ということを、「政治に関して問題意識を持って考え続け、自分の信念を揺《ゆ》らぎなくすること」だと思《おも》い込《こ》んでいました。

つまり、もうすでに心の中で決めている予感や想《おも》いを、知識や情報を取り入れたりすることで「確信」に鍛《きた》え上《あ》げることこそ、政治をすることなのだと思っていたのです。しかしそれは政治の一部にすぎませんでした。なぜならばそこには「決める」ことと、「その後に起こることを覚悟《かくご》する」という部分がまったく抜《ぬ》け落《お》ちていたからです。

「エイヤッ」と物事を決めること

政治学者丸山眞男《まさお》は、現代政治において人間が自分の態度を「決める」ということの意味を明晰《めいせき》に説明しています。

専門的な語彙《ごい》と論理で書かれた丸山眞男の考えを私なりに書き改めてみると、以下のような話になります。

私たちは、世界を「見る」ことによって認識《にんしき》を作りますが、より正確に世界を捕《つか》まえるためには世界の色々な面を可能な限りとらえて、自分の事前の思い込みを取り除くことが必要です。でも世界を隅々《すみずみ》まで完全に知り尽《つ》くすことはできませんから（それができる者を「神」と呼ぶのです）、そこでの作業はまったくキリがなく、「これはどうにもやれることに限界があるな」と認めなければなりません。

でもそういう限界があることを知った上で、ちょっとでも世界や現実を正確に分かろうと思って考え続けることが、昔から重要だとされてきました。

「簡単にはイエスとノーを出《だ》さない」（「まだ知るべきことがあるはずだ」と立ち止まる）ことこそが、広い世界を前にした知的人間の「良心」なのだと言われてきたのです。

中でも学問にいそしむ人たちにとっては、③この謙虚《けんきょ》さを失わないで、安易な決断を避《さ》けようとすることが「学者らしい態度」だとされてきました。

しかし、「政治をする」ということには、分かろうとするだけでなく、「行動する」ということがかならず含まれます。なぜならば、「政治をする」人間は、決断する、決定することからけっして逃《に》げられないからです。

「まだ世界のことを知り尽くしていないかもしれない」といって、ぐずぐずと決断を後回しにしているのでは政治家とは言えません。時は人を待ってくれないのです。④時間は、政治というものの性格を、その意味で大きく規定するものです。

ですから、政治家は時間の制約の中、ある段階で「エイヤッ」と物事を決めなくてはなりません。

そうした政治家の振《ふ》る舞《ま》いは、学者から見れば「世界のことがちゃんと分かっていないのに、分からないまま選び取る」という、良心をどこかに置き忘れてきたような態度です（このことを、哲学者《てつがくしゃ》ゲーテは「行動者はつねに非良心的である」という言葉で表現しています）。

【国　語】（五〇分）〈満点：一〇〇点〉

Ⅰ　次の文章を読んで、以下の設問に答えなさい。

「政治参加」という厄介《やっかい》な言葉

「国民の政治離《ばな》れ」などと、この三十年以上ずっとマスコミは朝の挨拶《あいさつ》のように書きますが、ネット空間を見回すと、政治に関する実に立派なⓐチケンに遭遇《そうぐう》します。ＳＮＳやブログ、個人のホームページなどで開《かい》陳《ちん》される、政治や経済に対して鋭《するど》い切り口で語る論考に、「これは素晴《すば》らしい」「勉強になる」と感心することは少なくありません。

もちろん書物やマスメディアから情報を得ることも大事ですが、それ以外の様々《さまざま》なところで「政治の言葉」を知り、身につけることで、私たちは自分の孤立《こりつ》感や無力感を癒《いや》すことができます。自分と同じようなことを考え、憤《いきどお》っている人がいるということを知るのは、政治に参加するための第一歩として重要なことです。

デモクラシーは、伝統や武力、あるいは経済力を背景にⓑクンリンしてきた一部の特権階級から権力を奪《うば》い取《と》ってきた歴史の中から生まれました。

当初は王様、後には貴族、そしてブルジョアジーたちから権力を奪い取り、ついには「カネも時間もあまりないけど数だけはいて、この世を下支えしているのは俺《おれ》たちだ」とⓒジフする労働者たちにまで「主権」を拡大するという形で発展してきたのがデモクラシーです。つまり、①政治参加の拡大こそが「民主化」です。

しかし、この「政治参加」という言葉が実に厄介です。

この言葉の中には、政治に参加する「権利を持つ」ということ、政治について「意見を持つ」ということ、そして政治を「する」ということ、そういう意味が多重に含《ふく》まれています。これらをきちんと切り分けていないと、政治に参加する権利を持ち、政治についてⓓイッカゲンを持ちながらも、それでいて権力の言いなりになってしまったり、政治に参加することを怠《おこた》ったりするということになりがちです。

実際、ブルジョアジーから労働者へと政治参加の拡大が行なわれようとした時に、ブルジョアジーたちは「財産もなく、朝から晩まで働《はたら》き詰《づ》めで、仕事が終われば安酒をあおって寝《ね》るだけの庶民《しょみん》連中に、どうして公共の問題を考える動機があるのか」と問い、だから「財産と教養がある我々《われわれ》が政治をやるべきだ」と言いました。簡単に言うと「貧乏人《びんぼうにん》は政治に関《かか》わるな」ということでした。

このような葛藤《かっとう》を経《へ》ながらも、参政権の拡大が行なわれて、デモクラシーは一般《いっぱん》大衆にまで広がることになったわけですが、現代の私たちは実際のところ、どのくらい政治に参加をしているのでしょうか。

現代の私たちは毎日それなりに忙《いそが》しいですが、十九世紀イギリスの労働者たちとは違《ちが》い、いちおう土日は休みだし、ⓔセンモン的知識はないけれども、日経新聞や朝日新聞もネットで読んで「日本の社会保障費は毎年一兆円ずつ増えている」くらいのことは知っています。かつてのイギリスの労働者のほとんどは読み書きができない人たちだったことを考えると、それは大きな進歩です。

そういう風に考えれば、②現代の私たちは政治参加ということに関して、かなりのレベルに達しているということになるでしょう。参政権も獲得《かくとく》し、政治に関する知識や見識をそれなりに磨《みが》き、市井《しせい》やネット空間

(ア)日本の芸術が世界で認められるためには、技術だけでなく感性の分野についてもきちんと学ぶことが求められる。だからこそ、感性とは何なのかについての学問的研究が必要である。

(イ)一枚の絵をいつまでも見ていたいと思えるのなら、その思いこそが作品の価値を支えている。たとえ他人に理解されなくても自身の感情の揺れそれ自体は尊重されるべきはずである。

(ウ)芸術に必要なものが圧倒的《あっとうてき》に感性である。自分が持っている視野をつねに広げようと苦心しながら日々《ひび》を過ごすことによって、歴史的に価値のある作品に感動できる日がきっとくる。

(エ)鑑賞者としての水準をできるかぎり高めることが絵を見て魂《たましい》を揺さぶられることを可能にする。私たちはより多くの作品に触《ふ》れ、自分の感性をみがきつづけていかなければならない。

(オ)芸術家の手による作品は、あまたの苦労のすえにようやく形をともなっていく。目の前の作品がどのような経緯《けいい》でこのような完成形に至ったかに思いをめぐらせることが求められる。

(カ)スポーツや学問が苦行をよしとするからといって、それが芸術に当てはまるとは限らない。技術や素養に裏づけられていなくとも見る者の心を揺さぶる作品はときとして存在しうる。

【出典】

Ⅰ　角田光代「ランドセル」（『Presents』双葉文庫・二〇〇五年）より。

Ⅱ　椹木野衣『感性は感動しない——美術の見方、批評の作法』（世界思想社・二〇一八年）より。

うのは、芸術作品の価値をけがすことにつながってしまうから。

(オ)ありのままの自分で作品と向き合うことによって、初めて作品がもつ真の力に気づき、その源泉に接することが可能になるから。

【問９】 本文中の B には、次の(ア)～(カ)の文章が入ります。意味の通るように並べ替《か》えたとき、２番目と４番目に当てはまるものを、(ア)～(カ)の記号で答えなさい。

(ア)それは誰《だれ》にも肩代《かたが》わりができない、あなただけの体験だ。

(イ)結局、芸術作品は自分で見るしかない。

(ウ)そして、これがすべてなのである。

(エ)ましてや他人の感性などわかるはずがない。

(オ)言い換《か》えれば、個が全責任を負って見ることができるのが芸術だ。

(カ)他人のことは決してわからない。

【問10】 ――⑦「よくできているということ自体が、無惨《むざん》なのかもしれない」とありますが、どうしてですか。その説明として適当なものを次の中から**２つ選び**、(ア)～(オ)の記号で答えなさい。

(ア)一般的《いっぱんてき》には価値がないと思われている何気ない日常の風景を、まったく反対の清浄《せいじょう》な世界として描《えが》いてみせることこそが芸術の理想のはずだから。

(イ)作品の特徴《とくちょう》を作り手がすべて説明できてしまうようなものではなく、見る者の快・不快を含《ふく》めて揺《ゆ》さぶられるような作品を筆者は求めているから。

(ウ)精巧《せいこう》でさえあればいいという風潮に便乗する形で実際に存在する物とそっくりに作られた作品は、それ自体が小さくまとまってしまっているから。

(エ)作り手が過去の美術作品についてよく勉強しているさまは手に取るようにわかる一方、芸術そのものと向き合おうとする覚悟《かくご》が感じられないから。

(オ)世界で認められている絵はすべての人を引きつけてやまない力を持っているはずなので、どんなにその絵を見つづけても飽《あ》きることなどないから。

【問11】 ――⑧「ときに芸術作品はこの蓋《ふた》を容赦《ようしゃ》なく開けてしまう」とありますが、どういうことですか。その説明として最も適当なものを次の中から選び、(ア)～(エ)の記号で答えなさい。

(ア)作品を前にした鑑賞者《かんしょうしゃ》は、はからずも自身の内側をかいま見る機会を手にしており、そのときに動かされた感情によって、自覚していなかった新たな一面に気づかされることがある。

(イ)社会的に恵《めぐ》まれない環境《かんきょう》にある作り手が生み出した芸術には、自身を取り囲む世界に対するメッセージがふくまれているので、社会がはらんでいる矛盾《むじゅん》が明らかにされることがある。

(ウ)現実そのものを額縁《がくぶち》に収めたような作品では、写真の技術が登場して以来の人間の見方がつまびらかにされており、正確で細やかな描写《びょうしゃ》の一つ一つに人びとは感動を覚えることがある。

(エ)芸術の歴史は繰《く》り返《かえ》されてきたので、人びとの記憶《きおく》から消し去られたものであっても、後代の人間によって新たな視点を得ることができれば、その価値をよみがえらせることができる。

【問12】 本文における筆者の意見や考えとして適当なものを次の中から**２つ選び**、(ア)～(カ)の記号で答えなさい。

すか。その説明として最も適当なものを次の中から選び、（ア）～（エ）の記号で答えなさい。

（ア）感動こそが芸術の原点であり、それに共感できるかどうかが問われるということ。

（イ）大学で教えられる他分野のように、芸術も指導内容を体系化すべきだということ。

（ウ）感性重視の教育であったことが、わが国の諸分野の退潮をもたらしたということ。

（エ）教育が知識の伝達であるとすれば、芸術を教えることには限界があるということ。

【問5】――④「わかったつもり」とありますが、どういうことですか。その説明として最も適当なものを次の中から選び、（ア）～（エ）の記号で答えなさい。

（ア）一枚の絵が描《か》かれた過程を詳細《しょうさい》にたどることで解きほぐし、不明な部分がないと思ってしまうこと。

（イ）一枚の絵を見たことにより感情が揺《ゆ》さぶられ、その記憶が頭から離《はな》れない状態になってしまうこと。

（ウ）一枚の絵を見たという経験がすでに見たことのある風景と結びつき、なつかしい感情を覚えること。

（エ）一枚の絵と近接した分野について学習することによって、思いがけない結びつきに驚《おどろ》かされること。

【問6】――⑤「芸術にとって『感動』は諸悪の根源だ」とありますが、どうしてですか。その説明として最も適当なものを次の中から選び、（ア）～（エ）の記号で答えなさい。

（ア）「感動」には遠い、ネガティヴだとされる感情も、ずっと押《お》さえつけられていたなにかを解き放つきっかけになるかもしれないから。

（イ）「感動」という言葉であらゆる鑑賞行為《かんしょうこうい》をひとくくりにしてしまうことは、芸術と芸能の区別ができていないことを示しているから。

（ウ）「感動」のあまり一枚の絵がなぜだか頭からずっと離《はな》れないという経験が、人々《ひとびと》の心をうつ作品として成り立つ根源的な条件だから。

（エ）「感動」するために必要だとされる知識や技術は、作品が持つ芸術の本質をとらえる上ではむしろさまたげになる可能性があるから。

【問7】　次の一文は本文中の［ア］～［エ］のいずれかに当てはまります。最も適当な場所を選び、（ア）～（エ）の記号で答えなさい。

正直言って、そういうのは疲れます。

【問8】――⑥「芸術における感性とは、あくまで見る側の心の自由にある」とありますが、どうしてですか。その説明として適当なものを次の中から**2つ選び**、（ア）～（オ）の記号で答えなさい。

（ア）作者の経歴や作品の成り立ちなど、事前の予備知識なしに作品を見ても、浅く薄《うす》っぺらい感動しかもたらされることがないから。

（イ）自分の感性に自信が持てないからこそ、見る側は自由にその感性を高めようとたゆまぬ努力をしつづけることが必要であるから。

（ウ）目の前にある作品を特定の枠組《わくぐ》みに当てはめて鑑賞《かんしょう》することは、作品自体がもつ価値をおとしめることにつながってしまうから。

（エ）作品の価値に気づきさえすればどのような鑑賞態度でもよいとい

びや哀《かな》しみがない。怒《いか》りや晴れやかさがない。

反対に、そうした知識や技に裏付けられることがなく、まったく教育を受けたことのない者が引いた素描《そびょう》の線に、猛烈《もうれつ》に心を動かされることがある。けれども、そこで描かれた線が、とくになにかすぐれているわけではない。

ここで勘違《かんちが》いしてしまうと、そんな線を引いた者の無垢《むく》や天才を賞賛するという別の悪弊《あくへい》に陥《おちい》ってしまう。安易に子供の描く絵はみなすばらしいと言ってみたり、障害をおった者の絵を格別に賛美したりしてしまう。本当は、感性を通じて自分の心のなかを覗《のぞ》き込《こ》んでいるだけなのに、そのことに気づかない。気づこうとしない。

結局、怖いからだろう。

誰《だれ》でも、自分の心の中身を知るのは怖《こわ》い。だからふだんはそっと仕《し》舞《ま》っておく。けれども、⑧ときに芸術作品はこの蓋《ふた》を容赦《ようしゃ》なく開けてしまう。冒頭《ぼうとう》に掲《かか》げた岡本太郎の言葉にある「いろいろな条件にぶっつける」というのは、まさにそのことだ。ゴツゴツとした感触《かんしょく》がある。なにか軋轢《あつれき》が生じる。自分が壊《こわ》れそうになる。こうした生の手触《てざわ》りを感じるとき、私たちは、自分のなかで感性が音を立て蠢《うごめ》いているのを初めて知る。感性とは、どこまでも事後的にしか知れないものだからだ。

【注】＊岡本太郎……一九一一～一九九六。日本の芸術家。一九七〇年、大阪で開催《かいさい》された万国《ばんこく》博覧会のシンボルとして「太陽の塔《とう》」を制作した。

＊ドラマツルギー……演劇・戯曲《ぎきょく》に関する理論。

＊梶原一騎……一九三六～一九八七。日本の漫画原作者。代表作に『巨《きょ》人《じん》の星』『あしたのジョー』『タイガーマスク』などがある。

＊拳闘《けんとう》……ボクシングのこと。

＊ポジティヴ……肯定的《こうていてき》な様子。積極的な様子。

＊ネガティヴ……否定的な様子。消極的な様子。

【問１】 Ａ に当てはまる文として最も適当なものを次の中から選び、(ア)～(エ)の記号で答えなさい。

(ア)感性をみがくのは嘘《うそ》だ　(イ)日本人は修行《しゅぎょう》が好きだ

(ウ)努力こそ人間の本能だ　(エ)前世が現世を決定する

【問２】 ——①「敗者にさえ独特の美学を見ようとする」とありますが、これとほぼ同じ意味を表す四字熟語として最も適当なものを次の中から選び、(ア)～(エ)の記号で答えなさい。

(ア)行雲流水《こううんりゅうすい》　(イ)以心伝心《いしんでんしん》　(ウ)判官贔屓《ほうがんびいき》　(エ)多情仏心《たじょうぶっしん》

【問３】 ——②「苦行をよしとする」とありますが、どういうことですか。その説明として最も適当なものを次の中から選び、(ア)～(エ)の記号で答えなさい。

(ア)つらく骨の折れるおこないこそ、目的にかなっているとみなすこと。

(イ)苦しくても負けることなく、弱点を克服《こくふく》できうると信じていること。

(ウ)楽しいことのために、苦しいことを越《こ》えていかなければならないこと。

(エ)すぐれた結果を残すために、今があり明日があるのだと考えること。

【問４】 ——③「私が言いたいのは、もっと根源的なことだ。それは『芸術は教育可能か』という問題である」とありますが、どういうことで

う絵はもう二度と見たくない」「こんな絵を描いた人物は、きっとどこか変なのだ」といった反応をすることを、芸術は排除するべきではない。世間的にはネガティヴだとされるこうした感情も、もしかするとその人の心の奥底《おくそこ》に眠《ねむ》り、ずっと押《お》さえつけられていたなにかに気づき、それを解放するきっかけになるかもしれないからだ。

　そして、どんな絵に心が揺さぶられるかは、結局のところ、その人にしかわからない。誰《だれ》にもわかってもらえない。ましてや共有などできるはずがない。感性がみがけないというのは煎《せん》じ詰《つ》めればそういうことだ。

　つまり、⑥芸術における感性とは、あくまで見る側の心の自由にある。決して、高められるような代物《しろもの》ではない。その代わり、貶《おとし》められることもない。その人がその人であるということ、それだけが感性の根拠《こんきょ》だからだ。

　ひとたびこれをまちがえると、感性の根拠が自分のなかではなく、作られた作品や、それを作った作者の側にあるように思い込《こ》んでしまう。しかし、芸術体験にとってこれほど不幸なことはない。

B

　ところが安易にこの権利を作り手の側に渡《わた》してしまう。渡した途端《とたん》、他人のことはわからないものだから、すぐにわかりやすい理由に頼《たよ》ろうとしてしまう。この絵の描き手はどのくらい描写《びょうしゃ》の技《わざ》を持っているか、過去にどんな履歴《りれき》を積んでいるか、どんな有力な流派に属《ぞく》しているか。これでは心は動かされない。反対に心を支配されてしまう。では、そうならぬためにはどうしたらよいか。

　感性など、みがこうとしないことだ。いま書いたとおり、感性とは「あなたがあなたであること」以外に根拠《こんきょ》を置きようのないなにものかだ。一枚の絵の前に立って、いったいあなたはなにを感じるのか。たしかに、その感じ方には、当人が受けてきた教育や慣習といった様々《さまざま》な背景によって色が付いているだろう。しかし、それはそれでよいのである。芸術にはまっさらな気持ちで接するべきだとする、別のかたちの潔癖《けっぺき》主義の誘《さそ》いに乗ることはない。芸術作品とは自分がなにものであるかを映し出す鏡なのであるから、汚《よご》れた自分のままがよいのだ。むしろ自分の汚れを絵に映してしっかりと見届け、そこから先へ進んでゆく糧《かて》にすればよい。

　芸術作品には芸術作品の「分際《ぶんざい》」というものがある。最終的には、あなたの生《い》き様《ざま》に何もおよぼさないのであれば、どんなに価値が高いとされている芸術でも、ほんとうのところは粗大《そだい》ゴミも同然なのだ。

　別の言い方をすると、芸術家にとって、見る者の感性の優位には残酷《ざんこく》なところがある。作り手が、自作の価値の源泉をできあいの知識や履歴《りれき》に頼《たよ》れなくなったとき、作家は丸裸《まるはだか》にされてしまうからだ。

　職業柄《しょくぎょうがら》、よく美術館やギャラリーを訪《おとず》れるのだが、見事な技《わざ》を持ち、様々な歴史的な文脈を踏《ふ》まえ、まるで一個の構造物のようによく練られた作品に出会うことは少なくない。しかし、それでいてまったく心を動かされないのだ。

　こういう作品には、なにか無惨《むざん》なものがある。よくできていて、しかも同時に無惨なのだ。いや、⑦よくできているということ自体が、無惨なのかもしれない。つまり、知識や技の痕跡《こんせき》は垣間見《かいまみ》えても、直接、感性を呼び覚ます力がない。学習の対象にはなっても、絵を見ることの喜

ではないか。しかし美術史や美学を修めたからといって、画家がよい絵を描《か》くわけではない。彫刻家《ちょうこくか》が見事な造形をなせるわけではない。むしろ、それに絡《から》めとられ、わけがわからなくなってしまうことも少なくない。

イ

そもそも、よい絵とはなんであろうか。すぐれた美術作品とはどんなものであろうか。

答えは簡単で、見る人の心を動かすものにほかならない。哀《かな》しみでも憎《にく》しみでも喜びでも怒《いか》りでもかまわない。＊ポジティヴな感情でも＊ネガティヴなものでもかまわない。見る人の気持ちがわけもわからずグラグラと揺《ゆ》り動《うご》かされる。いても立ってもいられなくなる。一枚の絵がなぜだか頭からずっと離れない。それが、芸術が作品として成り立つ根源的な条件なのである。

芸術が生み出すこうした現象を、私たちはしばしば「感動」などとひとくくりにして④わかったつもりになってしまう。これがよくない。その意味では⑤芸術にとって「感動」は諸悪の根源だ。

感動などと言って済ませようとした瞬間《しゅんかん》に、あの苦労物語がここぞとばかり首をもたげてくる。この絵を描《か》くのに、画家がどれだけ血のにじむ努力をしたことか。どれだけ多くの人が関《かか》わり、波瀾万丈《はらんばんじょう》の道程があったことか。などなど。

こうなってくると、無理矢理《むりやり》にでも感動しなければいけない気持ちにもなってくる。感動しなければ、自分が罪深いようにさえ思えてくる。一致《いっち》団結して感動を支えるべきだ。そのためには、もっともっと勉強しなければならない。努力して感性をみがかなければならない。

ウ

ここには、「芸術に感動できる者はすぐれた感性の持ち主であり、ゆえに作品に込《こ》められた高い技芸や複雑な歴史を読み解くすぐれた感性を持つ」という偏見《へんけん》が横たわっている。

なぜ偏見かと言うと、先の美術をめぐる教育の話でも出たことだが、作る側だけでなく見る側にとっても、知識や技術は鑑賞《かんしょう》の助けにはなっても、それがあるからといって本当に心が動かされるとは限らないからだ。むしろ、それが邪魔《じゃま》になって目の前の絵に感性が届かない、ということだって起きてくる。

最近、やたらオーディオ・ガイドとやらが発達して、美術館に行くと、みなヘッドフォンを掛《か》けて絵を見ている。あれはいったい、本当に絵を見ていることになるのか。肝心《かんじん》の絵のほうが、解説を聞くためのイラスト風情《ふぜい》に成り下がっていはしないか。あんなものを付けて絵を見せられるなら、ひたすら何も考えずじっと絵を睨《にら》みつけたほうがずっといい。

エ

そうでなくても、芸術をめぐって感動の源泉を知識や技術にもとめようとすると、どうしてもわかりやすい基準に頼《たよ》りがちだ。「うまい」「きれいだ」「ここちよい」などがそれである。うまい絵、きれいな絵、ここちよい絵ほど、パッと見に判断しやすく、みなで価値を共有できるものはない。

実は、岡本太郎が真っ向から否定したものこそ、この三つの基準であった。「芸術はうまくあってはならない、きれいであってはならない、ここちよくあってはならない」と太郎は喝破《かっぱ》した。

要は、ある絵を見て、「うわ、なんてみにくい絵なんだろう」「こうい

（６）（タ）無くすことのできないたくさんの思い出がある
（チ）自分の人生が多くの人の愛情で支えられている
（ツ）今の自分の生活が多くのもので形作られている
という
ことを改めて確認《かくにん》し、笑い声をもらすのでした。

Ⅱ　次の文章を読んで、以下の設問に答えなさい。

＊岡本太郎は感性について次のように言っている。

感性をみがくという言葉はおかしいと思うんだ。
感性というのは、誰《だれ》にでも、瞬間《しゅんかん》にわき起こるものだ。
感性だけ鋭《するど》くして、みがきたいと思ってもだめだね。
自分自身をいろいろな条件にぶっつけることによって、
はじめて自分全体の中に燃えあがり、
広がるものが感性だよ。

（『強く生きる言葉』）

至極《しごく》まっとうな言葉だと思う。とくに哲学的《てつがくてき》な定義に頼《たよ》らずとも、感性に実体などないのだから、どんな道具を使ってもみがけるはずがない。

にもかかわらず、しばしば私たちは「感性をみがく」などと口に出してきた。どうしてだろう。

［　A　］。歴史物語でも伝記物でも、努力した者が高く評価される。一種の因果応報思想かもしれない。高じて①敗者にさえ独特の美学を見ようとする。むろん、それはそれで独自の＊ドラマツルギーを生み出した。＊梶原一騎《かじわらいっき》の劇画的世界などが典型だろう。

私も決して嫌《きら》いではない。が、野球や＊拳闘《けんとう》のみならず、この筋でいくと、芸術まで②苦行をよしとするようになってしまう。が、それはちょっとまずいのではないか。

スポーツや学問がある種の苦行を必要とするというのは真実だ。それは芸能でも同じであろう。たしかに芸能で修行は絶対の条件であり、技《わざ》は磨《みが》かれなければ到底《とうてい》見られたものではない。しかし芸術はどうであろうか。芸術に修行が必要だろうか。

たぶんこんな疑問が出ること自体、私たちが芸術と芸能の区別があまりできていないことを示しているのではないか。

［　ア　］

はっきり言うが、芸術に技は必ずしも必要ではない。芸術に必要なのは、圧倒的《あっとうてき》に感性である。

こんなことを書くとすぐに、いや、そのような感性重視の発想が、芸術のみならず、社会から文化に至るまで、すべてをなし崩《くず》しにしてしまったのではないか、いまこそ知識や経験を地道に積み上げる教育に戻《もど》るべきだ、という声が聞こえてきそうだ。たしかに戦後の日本、とりわけ近年のわが国の諸分野におよぶ退潮の根本的な原因に、基礎《きそ》教育の欠落があるというのは、そのとおりだろう。

けれども、ここで③私が言いたいのは、もっと根源的なことだ。それは「芸術は教育可能か」という問題である。

美術大学で教えている手前、言いにくくはあるのだが、大学で美術を教えるのはひどくむずかしい。とにかく、ほかの学問分野のようにおよそ体系といったものがない。教えられるのは、せいぜい美術の歴史をめぐる基本的な知識や、美術という制度をめぐる様々な社会的背景くらい

(ア)たくさんの出来事を経験してきたのに、まだ情報や知識が足らず、いまだに物事の本質はわからない、という思い。

(イ)人が子どもの頃に思《おも》い描《えが》く将来像は、たいてい実現不可能であるという現実を、受け入れるしかない、という思い。

(ウ)多くの知識を身につけたのに、自分は子どもの頃とまるで変わらず、どうして良いのかわからない、という思い。

(エ)多くの人びとと関わることで、自分とはまったく異なっている考え方に触《ふ》れて、とまどってしまう、という思い。

【問11】　文中の E ・ F にあてはまる言葉の組みあわせとして最も適当なものを選び、(ア)～(エ)の記号で答えなさい。

(ア)E＝空っぽになっちゃった
　F＝身軽な私に戻《もど》れたんだ

(イ)E＝これじゃ逃《に》げられないよ
　F＝逃げるわけにはいかない

(ウ)E＝こんなに小さかったんだ
　F＝もう要《い》らないものばかりだ

(エ)E＝笑っている場合じゃないな
　F＝もう泣いてなんかいられない

【問12】　物語に関する次の説明文を読み、説明文中の(1)～(6)について、適当なものをそれぞれ選び、記号で答えなさい。

大人になった「私」に母がランドセルを送ってきました。「私」は、

(1)
(ア)初めて自分のランドセルを手にした時と同じ格好で
(イ)小学生の頃《ころ》と同じようにランドセルを背負うことで
(ウ)ランドセルに入っていた過去の宝物を確かめながら
、子どもの時の自分を思い出し、

(2)
(エ)当時の自分の失敗を、情けなく思い返す
(オ)当時の自分の誤りを、深く反省していく
(カ)当時の自分の状況を、整理し直していく
のでした。そうした中で、

(3)
(キ)ランドセルにかかわった人びとの思い
(ク)ランドセルそのものの大きさやにおい
(ケ)ランドセルに対する「私」のまなざし
にも、変化が生じていました。

二十七歳《さい》の「私」は

(4)
(コ)自分には幸福になる資格なんてないのだ
(サ)自分が尽くしてもままならないことがある
(シ)幼い頃の辛《つら》い経験は自分には克服《こくふく》できない
と感じていました。落《お》ち込《こ》んだ気持ちの中、「私」は、「六歳のあのとき」と同じように自分の「全財産」を入れてみようとします。その結果、落ちこんでいた気持ちが少しは晴れてきます。

六歳の「私」は

(5)
(ス)ここには大切なものが、たくさんある
(セ)ここではないどこかに、いつでも行ける
(ソ)ここから早くとびだして、逃《に》げていこう
と考えて、「絶望」から救われていきました。一方、二十七歳の「私」は

(ウ)「私」は、「私」の行動の意図が分からずにいる母親の気持ちを察して、もう世界に絶望してはいないと伝えることで、母を安心させようとしている。

(エ)「私」は、与えられた場所に居続けなくてもよいと思えたことで、これからの生活に対する不安が薄《うす》らいでゆき、少しずつ心が軽くなってきている。

【問7】——⑥「それだけで生き延びられると私は思っていた」とありますが、どういうことですか。その説明として最も適当なものを選び、(ア)~(エ)の記号で答えなさい。

(ア)純粋だった当時の自分の思いと、大人になった現在の「私」の思いとを比べている、ということ。

(イ)幼い頃《ころ》の自分のけなげな姿を、大人になった「私」がなつかしく思い起こしている、ということ。

(ウ)希望がかなわなかったことを思い返し、大人になった「私」にむなしさが高じている、ということ。

(エ)何も知らなかった子どもの頃の自分を、大人になった「私」が恥ずかしく思っている、ということ。

【問8】——⑦「ひょっとしたら赤いランドセルは、もしくは奇妙《きみょう》なにおいのする四角い空洞《くうどう》は、私にとって扉《とびら》だったのかもしれない」とありますが、どういうことですか。その説明として最も適当なものを選び、(ア)~(エ)の記号で答えなさい。

(ア)物事に行《い》き詰《づ》まっていた幼い頃《ころ》の「私」にとって、ランドセルは、ものの見方に変化をもたらすような対象であった、ということ。

(イ)日常生活に興味をなくしていた幼い頃の「私」にとって、ランドセルは、違《ちが》う世界への入り口を象徴《しょうちょう》するものであった、ということ。

(ウ)孤独《こどく》であると感じていた幼い頃の「私」にとって、ランドセルが、「私」の幸せを願う親の愛情に気づかせてくれた、ということ。

(エ)何もできないと感じていた幼い頃の「私」にとって、ランドセルは、困難に打ち勝つ力を与《あた》えてくれる道具であった、ということ。

【問9】——⑧「かつて影《かげ》のようにひっついていた絶望という言葉は、親にばれないように捨ててしまった赤点のテスト用紙ほどに、意味のないものになった」とありますが、どういうことですか。その説明として最も適当なものを選び、(ア)~(エ)の記号で答えなさい。

(ア)人と同じことができない自分を恥《は》じていた「私」であったが、自分を変えることは難しいとあきらめたことで、何か失敗をしてもそれに苦痛を感じることはなくなった、ということ。

(イ)これまでひとりで悩《なや》んでいた「私」であったが、他の人の力を借りても良いのだと気付いたことによって、希望を持てずにいた日々をどうにか受け入れることができた、ということ。

(ウ)常に自分を否定的にとらえていた「私」であったが、小学生として当たり前の日々を送ってゆくうちに、できないことがあったとしても、必要以上に思い悩まなくなった、ということ。

(エ)以前は他人と自分とを比べてばかりいた「私」であったが、他人と競《きそ》い合うことにむなしさを感じて、成績に左右されることなく、あるがままの自分と向き合うようになった、ということ。

【問10】——⑨「大人になるってのは、こんなふうにわからなくなることなのか」とありますが、「私」の心情の説明として最も適当なものを選び、(ア)~(エ)の記号で答えなさい。

うものである、ということ。

(ウ) 幼い子どもは、未熟で生きる力も弱いので、自分が予想もしなかった事態に出会うと、大人と違って何もせずすぐにあきらめてしまうものである、ということ。

(エ) 幼い子どもは、自分の気持ちを表現する手段が大人より少ないため、少しでも辛《つら》い出来事を経験すると、苦しみを内に抱えこんでしまうものである、ということ。

【問４】 文中の［A］～［D］にあてはまる語として適当なものをそれぞれ選び、(ア)～(ク)の記号で答えなさい。ただし、同じ記号を２度用いてはなりません。

(ア) まだ　(イ) きっと　(ウ) まるで　(エ) あたかも

(オ) ふと　(カ) まさか　(キ) もはや　(ク) なんとか

【問５】 ――④「やっぱり晴れがましい気分にはなれず、どちらかというと気が重かった」とありますが、これに関する次の説明文の(１)～(４)について、適当なものをそれぞれ選び、記号で答えなさい。

小学校の入学を控《ひか》えた「私」の周りに次々と学用品が集まってきます。

ところが真新しい品々を前にして、「私」は

(１)
- (ア)その数量の多さにとまどう
- (イ)素直に喜ぶことができない
- (ウ)どこか恥《は》ずかしさを覚える

のでした。

不器用な「私」には

(２)
- (エ)自分が受け取った品物を上手に使いこなすこと
- (オ)周囲が自分の進学を喜んでくれると信じること
- (カ)順調な学校生活を送る自分の姿を想像すること

ができないのでした。

幼稚園《ようちえん》での経験を通して、「私」は

(３)
- (キ)自分などは小学校に行くことができない
- (ク)周りの人に迷惑《めいわく》ばかりかけて申し訳ない
- (ケ)どこに行っても自分の状況《じょうきょう》は変わらない

という気持ちが強くなっていたからです。

そのため「私」は

(４)
- (コ)自分の失敗を少しでも減らしていきたいと思う
- (サ)まもなく始まる新生活のことを考えておののく
- (シ)入学までに自立できるようにしようと決意する

のでした。

【問６】 ――⑤「でもね、でもおかあさん。なんかだいじょうぶな気がしてきた」とありますが、この時の「私」の思いの説明として最も適当なものを選び、(ア)～(エ)の記号で答えなさい。

(ア)「私」は、これから新しく始まる生活に可能性を感じたことで、苦痛に満ちた日々から逃《に》げだすのではなく、前向きに生きていこうと思っている。

(イ)「私」は、自分には大切にしてきた物がたくさんあったということに気付かされて、これからの日々を生きていく支えにしようと感じ始めている。

くる。昔読んでいた漫画《まんが》や本が詰《つ》めこまれている。それを取り出すと、少々黒ずんだベージュの空洞《くうどう》があらわれる。鼻をつっこんでみる。使い古した革《かわ》のにおいがした。そんな大人語を知らなかったら、過去のにおいだと私は言うだろうと思った。

私はふと思い出し、空っぽのランドセルに、自分の全財産を詰めはじめる。まず通帳にはんこ、化粧《けしょう》ポーチに下着の替《か》え。我ながら酔狂《すいきょう》だと思ったが、やっていると、ここ最近ずっと私を覆《おお》っている落ちこみムードが少し晴れた。着替《きが》えひと揃《そろ》いに、読みさしの本、好きなCD、MD、DVDにマグカップ。香水《こうすい》にタオル。けれど、ああ、なんてこと。全財産どころか、一泊《いっぱく》旅行に必要なものすら入らないじゃないか。

六歳のあのときは、なんと身軽だったのか。あれだけの荷物で、地の果てまで逃《に》げられると思っていたんだから。だらしなく中身の飛び出たランドセルを前に、私は笑い出す。笑いながら、ランドセルをひっくり返して、たった今詰めこんだ中身を全部床《ゆか》にばらまいた。

[E]。私は静かな部屋のなか、ひとりごとを言う。失ってばかりのような気がするけれど、それでも私の手にしているものは、ランドセルに詰めこめないくらいたくさんなのだ。[F]。もう少し、ここでなんとかふんばらなくては。

ランドセルを久しぶりに背負ってみようとしたら、腕《うで》が通らなかった。それでひとしきり、また笑った。静かな日曜の午後である。

【問1】 ――ⓐ～ⓔのカタカナを漢字に改めなさい（楷書《かいしょ》で、ていねいに書くこと）。

ⓐ ホウソウ　ⓑ イッキ　ⓒ リッパ　ⓓ イッセツ

ⓔ タクハイ

【問2】 ――①「私はちゃんとわかっていた」、――③「ただぼんやりと重暗い、きゅうくつな気分だけを抱《いだ》いていた」とありますが、これに関する説明として最も適当なものを選び、（ア）～（エ）の記号で答えなさい。

（ア）子どもの頃《ころ》の「私」は、自分が人の手を借りなければ何もできないことを理解していた。しかし、申し訳なさや感謝の思いを、自分で表現することはできなかった。

（イ）子どもの頃の「私」は、自分がまわりの出来事に対して手をこまねいているだけであることは理解していた。しかし、そこからどう抜け出せばいいか分からなかった。

（ウ）子どもの頃の「私」は、自分がいつも考え事ばかりしていて何も手につかない状態になっていることは理解していた。しかし、そんな自分を変えることはできなかった。

（エ）子どもの頃の「私」は、自分が手の施《ほどこ》しようがない存在であることをそれなりに理解していた。しかし、そうした状況を的確な言葉で整理して語ることはできなかった。

【問3】 ――②「絶望の色合いはうんと濃《こ》いのだ」とありますが、どういうことですか。その説明として最も適当なものを選び、（ア）～（エ）の記号で答えなさい。

（ア）幼い子どもは、大人に守られて生活をしているため、頼りにしていた人たちから裏切られると、自分の力では立ち直ることができないものである、ということ。

（イ）幼い子どもは、大人に比べて自分の居場所が限られているため、やるせない思いを抱《かか》えると、どうにも身動きがとれなくなってしま

言ってもタンマできないし、イチヌケタと言っても抜《ぬ》けられない。そんな得体の知れないものがたしかに、ある。

　そして、たとえばそんな恋でも失うことがある、ということ。

　ひとつひとつ、知らなかったことを体得してきた私は、今現在、そこのところを学んでいる最中だ。

　どうにかなっちゃうんじゃないかと思うくらい好きな人がいて、自分の時間と気持ちと余裕《よゆう》のほとんどすべてを無償《むしょう》で差しだしてきて、それでもそういう事情を、ばっさりと、思いもよらぬときに切り捨てられるときがある。早い話が、私はふられたばかりなのだ。

　こういう種類のつらさは、ほんと、知らなかった。ごはんを食べてもなんの味もしない。電車が私の前でドアを閉めてもなんとも思わない。好きなドラマを見ていても内容が頭に入ってこない。かと思うと、通りかかった薬屋から聞こえてきたどうにも馬鹿馬鹿《ばかばか》しい流行歌のⓓイッセツに、唐突《とうとつ》に落涙《らくるい》する。

　私の落ちこみようを知った友人たちが、何度も食事に連れ出してくれる。馬鹿騒《ばかさわ》ぎもしてくれる。彼《かれ》らといっしょに私も笑い、歌い、ごはんをもりもり食べ、酒をがばがば飲み、私をふった男の悪口を言ったりする。けれどそうすればするだけ、なんだか暗い穴ぼこにすとんと落ちたような感が否《いな》めなくなる。笑う友達の顔、好物ののった皿、きらめくワイングラス、すべてが薄闇《うすやみ》のずっと向こうにある。失恋《しつれん》が、こんなにこわいものだなんて、まったく。

　そうして私は、二十七歳《さい》になりながら、なんにもわかっていないことに気がつくのである。人が死ぬことがどんなことなのか、幸福のかたちが違《ちが》うことがどんなことなのか、恋《こい》が何を私にもたらしたのか、失恋が何を私から奪《うば》っていったのか、まるでわからない。すごいな。かつてはあんなにわかっていたのに、私はどんどんわからなくなる。⑨大人になるってのは、こんなふうにわからなくなることなのか。

　と、そんなことを考えながら、暗い穴ぼこ生活を送っていたところ、母からⓔタクハイ便が送られてきた。大きな段ボールが二つ。

　野菜か米かと思って開けたら、へんなものばかり続々と出てきた。アルバム数冊。作文帳。絵画に工作。私が幼稚園《ようちえん》から高校までに、作ったり書いたりもらったりした思い出の品の数々《かずかず》。桐《きり》の箱入りのへその緒《お》まであった。

　なんのつもりなんだ、と少々苛立《いらだ》ちながら中身を取り出していたら、手紙が入っていた。再婚《さいこん》することになったと手紙にはあった。あなたの思い出の品、邪魔《じゃま》だから送りつけたのではありません。あなたに、とっておいてほしいと思ったの。再婚してもあなたにはいつでも帰ってきてほしいけれど、あなたの実家はもうあなたが思うような場所ではないかもしれない。帰りたいと思っても、思うように帰る場所を見つけられないかもしれない。だからこれはあなたが持っていてください。帰りたいと思うようなときに、いつでも即座《そくざ》に帰れるように。と、手紙にはあった。手紙の最後に、おかあさんは今とてもしあわせです、と訊《き》いてもいないのに書いてあった。

　そーんなこと言って、本当は、邪魔だから送りつけたんだろう、それならそうと正直に言えばいいのに、なんてねじくれた気分で思いながら、二つ目の箱を開けると、古びたランドセルが出てきた。私はそれを取り出して、ルの字に座《すわ》って膝《ひざ》に置く。

　なんてちいさい入れものだろう。かちゃりと留め金を外してふたをめ

ちになって、わざとよろよろしてみせて、それでいっしょに笑った。おばあちゃんに電話をかけてお礼を言うときも、私はずっと笑っていた。

その四月に私は小学生になった。「ランドセルに背負われてる」と母に笑われながら、毎日、赤いランドセルを背負って小学校を目指した。

⑦ひょっとしたら赤いランドセルは、もしくは奇妙《きみょう》なにおいのする四角い空洞《くうどう》は、私にとって扉《とびら》だったのかもしれない。なぜなら私はかつてのように絶望しなくなったから。おはようと言われればおはようと返せばいい。おかしいことがあったら声を出して笑えばいい。できないことがあったらだれかに助けてと言えばいい。それでももし、世界が依然《いぜん》として私に背を向けるなら、この空洞に全財産を詰《つ》めてさっさとどこかへ逃《に》げ出《だ》せばいい。

ランドセルからつやが失われ、あちこちにかすり傷ができ、バンドに腕《うで》を通すのがきゅうくつに感じられるころには、私はごくふつうの、どこにでもいる小学生になっていた。

誕生日パーティに呼ばれ、数人の友達と秘密を共有し、秘密基地を作り、先生に怒《おこ》られ、つうしんぼにⓑイッキ一憂《いちゆう》する、ごくふつうの小学生。全財産を背負って逃げようという必死の覚悟《かくご》もすっかり忘れ、ただただ、一日一日をせわしなく過ごす。

⑧かつて影《かげ》のようにひっついていた絶望という言葉は、親にばれないように捨ててしまった赤点のテスト用紙ほどに、意味のないものになった。

さて、大人というものはどのくらい子どもなんだろう。なんでもわかったような顔をしているが、そのじつ、なんにもわかってなんかいないのだ。

ここへきて、私はなんにもわからなくなってしまった。年齢《ねんれい》でいえば私は二十七歳《さい》、ⓒリッパに大人の年齢である。幼稚園《ようちえん》のとき見ていたより、世界は格段に広くなった。知らなかったことをひとつずつ知っていった。

たとえば人が死ぬということ。ランドセルを贈《おく》ってくれたおばあちゃんは、私が十七歳のときに死んだ。今いるだれかがいなくなることがあるなんて、それまで知らなかった。けれどおばあちゃんは今やどこにもいない。

たとえば自分には叶《かな》わない何かがあるということ。私はアーティストになりたかった。斬新《ざんしん》なイラストを描《えが》くアーティストとして、早々《はやばや》と世界デビューを果たすつもりだった。けれど美大に入ったその年に、そんなこと、世界がおもてうら逆になったって無理だと思い知った。現在私は、社員五人のちいさなデザイン事務所で地味に働いている。

たとえば幸福というものが一種類ではないらしいこと。ランドセルを背負うちいさな私を見て、いっしょに笑い転げていた父と母は、二年前に離婚《りこん》した。それぞれの幸福な未来のため、だそうだ。彼《かれ》らの決断に反対はしなかったけれど、ランドセルと私の写真を馬鹿《ばか》みたいに撮《と》りまくったあの夜こそが、幸福というものだと信じている私には、なんだかちょっとショックだった。

たとえばコントロール不可能な恋《こい》というもの。それまで、恋ってなんだかふんわりした、やわらかい感触《かんしょく》のものだと思っていた。幾度《いくど》か恋をしてさえ、そう思っていた。けれど世のなかには、もっと乱暴で野蛮《やばん》な恋というものもある。喜怒哀楽《きどあいらく》のただならぬ増幅《ぞうふく》に、ちょっとタンマと

た。汚すかもしれない、忘れるかもしれない、なくすかもしれない所有物が、またきっと出てくるにちがいない。

　出てきたのはランドセルだった。赤くつやつやかに光っていた。やけに馬鹿《ばか》でかく見えた。体をうんと折り曲げれば、私自身がすっぽり入れそうだった。下部に留め金があって、開けると、かちゃりと小気味いい音がした。ふたをべろりと持ち上げてなかをのぞいた。ベージュの空洞《くうどう》があった。顔をつっこむと、不思議なにおいがした。くさいというわけではないけれど特別いいにおいでもない。なんだかなつかしいようなにおい。大人語で言えば革《かわ》のにおいだが、嗅《か》いだことのないそれは、幼稚園児でも小学生でもない私にとって、未来のにおいに思えた。

　足をルの字に折って座《すわ》り、膝《ひざ》にランドセルをのせて、私はぼんやりと、なんにも入っていないなかを眺《なが》め続けた。真四角の空洞。それはあいかわらず馬鹿でかく見え、なんだって入るように見えた。こんなものを背負って毎日学校にいくのか。こんなに馬鹿でかけりゃ、なくさなくてすむかもな。

　私はふと思いたって、大切にしているぬいぐるみのルルをランドセルに押《お》しこんでみた。入った。しかも、まだまだ余裕《よゆう》がある。気に入りの絵本を入れてみた。幼稚園で使っていた色鉛筆《いろえんぴつ》を入れてみた。台所に走っていって、漫画《まんが》の絵のついた水筒《すいとう》を持ってきて入れてみた。なんだって入った。石ころ。パラソルチョコレート。ひみつのアッコちゃんのコンパクト。スヌーピーのハンカチ。サクマドロップ。入る、入る。来年はもう無理ねと母が言っていた水着。見あたらないと絶望がいや増す水玉の靴下《くつした》。

「あらやあだ、家出用の鞄《かばん》じゃないのよ、それは」

ランドセルに身のまわりのものを全部つっこもうとしている私に気がついて、母は声をあげて笑った。そんなことわかってる。小学校は、どんなところだか知らないけれど、石ころやルルを持っていくようなところじゃないってことくらい、わかってる。⑤でもね、でもおかあさん。なんかだいじょうぶな気がしてきた。だってこの鞄、なんだって入っちゃうんだもん。

　小学校が絶望的な場所だったら、そこでまたもや自分に絶望したら、私はこのランドセルに気に入りのものを全部詰《つ》めて、それでそこから逃《に》げていこう。ハンカチや水筒の飛び出た赤いランドセルを見おろして、私はそうひらめいたのだった。どこか、絶望しないでいられる場所をさがして、たったひとり、全財産を持って、逃げよう。そうだそうだ、そうしよう。もうだいじょうぶ。

　私の全財産は、ルルでありハンカチであり水筒であり、チョコでありキャラメルでありキャンディであり、石ころであり家族で撮《と》った写真であり、さわるとガチョウが金になる絵本だった。⑥それだけで生き延びられると私は思っていた。ひとりで、どこかで、大人になるまで生きていけると。

　全財産を押しこんだランドセルにふたをして（かちゃりとまた留め金が鳴った）、両腕《りょううで》を肩《かた》バンドに差し入れて背負い、立ち上がった。背負った全財産はあまりにも重く、私はよろよろとうしろによろけた。それを見て母がまた笑った。

　その夜、父が帰ってくると、母はまた私にランドセルを背負わせて、父とともに笑った。カメラを向けたりもした。自分が笑われているのに私はなぜか怒《いか》りも泣きもしないで、なんだかおんなじように愉快《ゆかい》な気持

【国　語】（五〇分）〈満点：一〇〇点〉

Ｉ　次の文章を読んで、以下の設問に答えなさい。

子どもというのはどのくらい大人なんだろう。なんにもわかってなさそうな顔をしているが、しかし、いろんなことをわかっているものだ。

ともあれ、①私はちゃんとわかっていた。幼稚園児《ようちえんじ》のとき、私は本当になんにもできない子どもで、字も読めなけりゃはさみも使えない。何か話しかけられてもすぐに答えられないし、どこかが痛くても痛いとも言えない。おしっこという一言が言えなくて、結果、我慢《がまん》できずにいつもおもらし。廊下《ろうか》の隅《すみ》で、替《か》え用のパンツに着替《きか》えさせてもらう。濡《ぬ》れたパンツはビニール袋《ぶくろ》に入れられて、持って帰るよう渡《わた》される。

ほかの子ができることを自分はなぜかできない、ということを私はわかっていた。話しかけても黙《だま》っているから、話しかけた子が困っているのが、もう二度と話しかけてくれないのが、わかっていた。ちょっと困った子だと、先生が思っていることをわかっていた。替え用パンツはほとんど自分専用だということもわかっていたし、ビニール袋に詰《つ》められた濡れパンツの情けなさもわかっていた。

全部わかっているから、私は絶望した。幼稚園児の絶望なんてたいしたことないと思うかもしれないが、世界が狭《せま》いぶん、②絶望の色合いはうんと濃《こ》いのだ。だってそこしかいるところがないんだから。

私って、きっとずっとこんな感じなんだろうなあ、と、大人語に変換《へんかん》すればそんなようなことを、私は漠然《ばくぜん》と思っていた。だれともうまく話せなくて、だから友達もできなくて、みんなのできることはずっとできないで、なんだか格好悪くて、先生や親を困らせて、楽しいと思うようなことがあんまりない。そういう場所で、こういう具合に私はずっと生きていくんだろうなあ。いやだけど、ほかにどうしようもないもんなあ。幼稚園児の私は大人語をまだ持っていなかったので、③ただぼんやりと重暗い、きゅうくつな気分だけを抱《いだ》いていた。

ここを出ていったって世界はさほど変わらんだろうとわかっていたから、卒園式も、晴れがましい気分ではなかった。いつもよりきれいな服を着せられ、列のうしろについて、みんなが動けば遅《おく》れないように（でも遅れるが）動き、いつもとは［　A　］ちがう一日を、［　B　］やりすごした。

まだ空気の冷たい春のはじめ、［　C　］幼稚園児《ようちえんじ》でもなく、［　D　］小学生でもない私のもとに、いろんなものが続々とやってきた。学習机、真新しい体操服、運動靴《うんどうぐつ》、お道具箱、教科書、ノート、筆箱、鉛筆《えんぴつ》。そのすべてに母は名前を書いたり縫《ぬ》いつけたりした。

小学生というものは、なんとまあ所有物が多いんだろうと感心した。これ全部私のものになるんだと、子ども部屋に散らばった、真新しいそれぞれを見て私は思った。④やっぱり晴れがましい気分にはなれず、どちらかというと気が重かった。

汚《よご》れたらどうする。忘れたらどうする。なくしたらどうする。私はきっと、おそれることの全部をやらかすだろう。汚して、忘れて、最後にはなくすだろう。私の名前の書かれたさらっぴんのこれらは、みなひとつずつ、世界の隙間《すきま》に落っこちて、永遠に戻《もど》ってこないだろう。

そんなある日、大きな箱が届いた。きちんとⓐホウソウされて、リボンがついていた。おばあちゃんからだ、と母親は言った。

もう慣れっこになっていた重苦しい気分で、私はホウソウ紙を破い

るまでは分からない。しかし、決定的な失敗は避けなければならないため、行動する前に先人の目標達成の軌跡《きせき》を学んでおくとよい。

（イ）　だれもがさまざまな場面で、失敗をする可能性を秘めている。よって、失敗をした人を責めるのではなく、むしろ肯定的《こうていてき》に捉《とら》え、みんなでその人の失敗を補い、助け合っていくようにするとよい。

（ウ）　失敗はマイナスの印象が強いため、人は失敗をすると隠蔽《いんぺい》をしたくなるものである。けれども、隠蔽はかえって新たなマイナスを生むことにつながるため、積極的に知らせていくようにするとよい。

（エ）　新しいものを生み出したり新しいことをやろうとしたりすると、どうしても失敗は避けることはできない。だから、それを認識した上で、予想される失敗に対し十分に検討し、対応策を準備しておくとよい。

（オ）　小さな失敗を修正していくうちに、当初の計画とは異なるものができ上がることがある。技術の進歩というものは、そのような偶《ぐう》然《ぜん》の産物であることが多いため、小さな失敗はなるべく多く繰り返すとよい。

（カ）　技術系の現場では、致命的な失敗が起きると人命に関わる。だが、取り返しがつかないことが起こることを恐れていても技術は進歩していかないため、周囲を気にすることなくひたむきに取り組むのがよい。

【出典】

Ⅰ　畑村洋太郎『失敗学のすすめ』（講談社、二〇〇〇年）より。

Ⅱ　※問題に使用された作品の著作権者が二次使用の許可を出していないため、問題を掲載しておりません。

設計に関する三大事故のひとつに、世界初のジェット旅客機コメット機の空中爆発事故があります。今から六十年以上前のことです。イギリス政府主導で、デハビランド社が時速八〇〇キロメートルの高速化と、低振動《ていしんどう》、低騒音《ていそうおん》を実現し、当時はたいへんな脚光《きゃっこう》をあびました。ところが、就航から二年後の一月と四月に二件の空中爆発事故が起きます。多くの人命が失われるというまさに [a] な失敗です。コメット機の飛行は全面停止、そして失敗の [b] な原因究明が行われたのです。

事故原因は、当時は未知のものだった金属疲労《ひろう》の仕組みにありました。高空では機体の内外の圧力差が激しく、地上とは比較《ひかく》にならない負担が飛行機の胴体《どうたい》にかかります。デハビランド社では、実験を行ってはいましたが、実験は実際の使用状況《じょうきょう》とは異なる条件で行われていたのです。

私たちが針金を切断するとき、ペンチを使わなくても、繰《く》り返《かえ》し曲げることで針金を切ることができますが、金属疲労《ひろう》とはこの原理と同じです。金属疲労には不思議な性質があって、たとえば十の力を与えれば百万回の動きに耐《た》えられても、二十の力では百回しかもたない、というように加える力によって大きな差が生じます。つまり、デハビランド社は、実験のときに、与える力を使用時とは異なる条件で行っていたため、[c] に事故を繰り返してしまったのです。

この失敗の原因究明によって、私たちは二つのことを学びました。それによって、その後の航空機市場は、[d] な進歩を遂《と》げたのです。

問題(1) [a] ～ [d] にあてはまる語を次の中からそれぞれ選び、(ア)～(コ)の記号で答えなさい。

(ア) 致命《ちめい》的　(イ) 教育的　(ウ) 強制的　(エ) 意図的
(オ) 結果的　(カ) 一般《いっぱん》的　(キ) 飛躍《ひやく》的　(ク) 間接的
(ケ) 徹底《てってい》的　(コ) 感覚的

問題(2) ——「二つのことを学びました」とありますが、それはどのようなことですか。次の中から**2つ選び**、(ア)～(カ)の記号で答えなさい。

(ア) 失敗を乗り越えることによって技術は進歩することができる。
(イ) 実験は実際の使用状況とまったく同じ条件で行う必要がある。
(ウ) 細い針金はペンチを使わなくても手で切ることができる。
(エ) 飛行機空中爆発事故の原因究明は航空機市場を進歩させた。
(オ) 金属は大きな力をかけると少ない回数しか持ちこたえられない。
(カ) 高空での状況と同じ状況を作ることは難しいので実験は困難だ。

【問10】 ——⑦「失敗と上手につき合う方法」とありますが、筆者の考える方法として、適当なものを次の中から**2つ選び**、(ア)～(カ)の記号で答えなさい。

(ア) 失敗が決定的なものか回復することができるものかは、失敗す

（ア）　A＝陰　B＝陽　C＝陽　D＝陽
（イ）　A＝陽　B＝陰　C＝陰　D＝陰
（ウ）　A＝陽　B＝陰　C＝陽　D＝陰
（エ）　A＝陽　B＝陽　C＝陰　D＝陰

【問７】――⑤「別の大きなメリット」とありますが、これに関する次の説明文の（１）～（４）について適当なものをそれぞれ選び、記号で答えなさい。

　みなさんのおじいさん、おばあさんが小学生の時は、鉛筆《えんぴつ》は鉛筆けずりではなく、小さなナイフでけずるものでした。ですから、子どもたちの筆箱やポケットにはナイフが入っていたものです。けれども、いつごろからかナイフは危ないから気をつけろといっているうちに、いまでは学校でも家でもナイフを使う機会はほとんどなくなりました。その結果子どもたちは、ナイフを使って手を切ることはなくなり、「安全」を手に入れたのです。しかしその一方で、子どもたちは

（１）
- （ア）ナイフ一本で安全な遊び道具を作る学習の機会を失った
- （イ）ナイフで手を切るという小さな失敗をする経験を奪われた
- （ウ）ナイフという危険なものを取り扱う勇気を得られなかった

ともいえます。おそらく、ナイフで手を切ったことのない子どもは、ナイフの危険性について（２）
- （エ）不安を覚えている
- （オ）全《まった》く考えていない
- （カ）漠然《ばくぜん》と捉《とら》えている

のでしょう。何回も切り傷を作り、痛い思いをしているうちに、持ち方、力の入れ具合など、どのように扱えばナイフが危険なものになりうるのか、（３）
- （キ）畏敬《いけい》の念を抱く
- （ク）本当に理解できる
- （ケ）新しい知識を得る

ようになるに違いありません。つまり、この知識伝達は、前の人と同じ轍《てつ》を踏まないようにすると同時に、

（４）
- （コ）ナイフの本当の危険性も理解させてくれるのです。
- （サ）学び方そのものへの姿勢も改めてくれるのです。
- （シ）失敗を軽視しない社会を醸成《じょうせい》してくれるのです。

【問８】［Ｅ］～［Ｇ］にあてはまる慣用句を、次の中からそれぞれ選び、（ア）～（ク）の記号で答えなさい。

（ア）手塩にかける　（イ）とりつく島がない
（ウ）目を背《そむ》ける　（エ）さじを投げる
（オ）鼻にかける　（カ）秤《はかり》にかける
（キ）地に足がつく　（ク）一石を投じる

【問９】――⑥「失敗はたしかにマイナスの結果をもたらすものですが、その反面、失敗をうまく生かせば、将来へのおおきなプラスへ転じさせる可能性を秘《ひ》めています」とありますが、これに関する次の説明文を読み、あとの問いに答えなさい。

りの個性がないがしろにされていること。

（ウ）機械の設計をするために不可欠な要件である、自分の力で考えるための訓練をおざなりにしていること。

（エ）人から与えられた問いに対して、素早く適切な答えを導き出すことがもっとも重要だとされていること。

【問４】――③「昨日までの成功は、今日の成功を意味しません」とありますが、これに関する次の説明文の [a] ～ [f] にあてはまる適当な語を次の中からそれぞれ選び、（ア）～（シ）の記号で答えなさい。

> 「昨日までの成功」は、ある時期における、ある場所での [a] 的な成功を意味します。
> 　たとえば、二〇〇〇年代、立体的に見える３Ｄ映画が多く公開され、良好な興行成績を収めたことにより、３Ｄテレビの販売が一気に加速しました。各メーカーから今までのテレビにない３Ｄという新しい [b] をつけ加えたものが発売されたのです。二〇一〇年には、国内の主要メーカーの３Ｄテレビが出揃《でそろ》いましたが、このときは３Ｄテレビの製品化が、各メーカーにとっての成功だったと言えます。しかし、二〇一八年現在、店頭で３Ｄテレビはほとんど見なくなりました。つまり、３Ｄテレビの成功は、二〇一〇年前後という [c] と、日本国内という [d] に [a] された成功だったと言えます。[c] と [d] が違ってしまえば、それを「良い」とする評価の [e] が変わってきます。それにも関わらず、「昨日までの成功」にいつまでも [f] すると、「今日」に何が求められているのか、を見きわめることができなくなります。先行するものに追随《ついずい》することなく、自分で創造することが必要なのです。

（ア）実力　（イ）固執《こしつ》　（ウ）価値　（エ）意図
（オ）時間　（カ）部分　（キ）現代　（ク）限定
（ケ）段階　（コ）基準　（サ）空間　（シ）欲望

【問５】――④「いまの時代に求められている真の創造力」とありますが、これに関する次の説明文の [a]・[b] にあてはまる表現を本文中から指定された字数で抜き出し、答えなさい。

> 「真の創造力」とは、既成の問題に解答を出すことができても身につけることはできません。そもそも「創造」とは、存在しないものを生み出すことですから、既成の問題に答えてもすでにあるものをなぞるだけになってしまいます。では、新しいものをつくりだす「真の創造力」とは、どういうものでしょうか。それは、[a（12字）] と同じと言ってもいいかもしれません。他の人が考えもしなかった何かを成し遂げるためには、他のだれとも違う問いを立てる必要があるのです。それでは、そのために知っておきたいとは何でしょうか？　それは、[b（18字）] です。それを知ることによって、同じ失敗を避けることができるからです。

【問６】[A] ～ [D] には、「陽《よう》」か「陰《いん》」かのどちらかが入ります。その組み合わせとして、もっとも適当なものを次の中から選び、（ア）～（エ）の記号で答えなさい。

を避けることはできますが、その代わりに、その人は何もできないし、何も得ることができません。

　これとは正反対に、失敗することをまったく考えず、ひたすら突《つ》き進《すす》む生き方を好む人もいます。一見すると強い意志と勇気の持ち主のように見えますが、危険を認識《にんしき》できない無知が背景にあるとすれば、まわりの人々《ひとびと》にとっては、ただ迷惑《めいわく》なだけの生き方でしょう。

　おそらくこの人は、同じ失敗を何度も何度も繰《く》り返《かえ》すでしょう。現実に、失敗に直面しても真の失敗原因の究明を行おうとせず、まわりをごまかすための言い訳に終始する人も少なくありませんが、それではその人は、いつまでたっても成長しないでしょう。

　また人が活動する上で失敗は避けられないとはいえ、それが致命的《ちめいてき》なものになってしまっては、せっかく失敗から得たものを生かすこともできません。その意味では、予想される失敗に関する知識を得て、それを念頭に置きながら行動することで、不必要な失敗を避けるということも重要です。

　大切なのは、失敗の法則性を理解し、失敗の要因を知り、失敗が本当に致命的なものになる前に、未然に防止する術を覚えることです。これをマスターすることが、小さな失敗経験を新たな成長へ導く力にすることになります。

　さらに新しいことにチャレンジするとき、人は好むと好まざるとにかかわらず再び失敗を経験するでしょう。そこでもまた、致命的にならないうちに失敗原因を探り、対策を考え、新たな知識を得て対処すれば、必ずや次の段階へと導かれます。そして、単純に見えるこの繰り返しこそが、じつは大きな成長、発展への原動力なのです。

　人の営みが続くかぎり、これから先も失敗は続くし、事故も起こるでしょう。とすれば、これを単に忌《い》み嫌《きら》って避けているのは意味がなく、むしろ⑦失敗と上手につき合う方法を見つけていくべきなのです。

【問1】 ＝＝＝ⓐ～ⓔのカタカナを漢字に改めなさい（楷書《かいしょ》でていねいに書くこと）。

ⓐ キョウクン　ⓑ キチョウ　ⓒ ヒツゼン

ⓓ ハブき　ⓔ イギ

【問2】 ――①「最初は失敗から始まるのは当然のこと」とありますが、なぜ「当然のこと」と言えるのですか。もっとも適当なものを次の中から選び、（ア）～（エ）の記号で答えなさい。

（ア）取り返しのつかない間違いを犯《おか》してからはじめて、新たな工夫や方法を考えつくものだから。

（イ）何かしらの不都合を修正しようとすることから、新しいアイデアが生み出されるものだから。

（ウ）同じような誤りが繰り返された後に、それまでとは違う技術が必要とされるようになるから。

（エ）失敗を恐れることなく失敗を重ね続ける人だけが、見たことがないような発明ができるから。

【問3】 ――②「いまの日本の教育現場」とありますが、筆者は「いまの日本の教育現場」の問題点をどのように捉《とら》えていますか。もっとも適当なものを次の中から選び、（ア）～（エ）の記号で答えなさい。

（ア）大学を卒業してから、社会で必要とされる実用的で具体的な知識・教養を学生に教えようとしないこと。

（イ）成績優秀な人のマネをすることばかりを推奨《すいしょう》し、生徒一人ひと

最近大きな事故のニュースに接する機会が多くなっています。

一九九九年秋に問題になったＪＲ西日本のトンネルのコンクリート剥落《はくらく》事故、九月に起きた東海村でのジェー・シー・オー（ＪＣＯ）の臨界事故などに続いて、二〇〇〇年に入ってからも三月に地下鉄日比谷線の脱線《だっせん》事故が起きたりと、思わず目を覆《おお》いたくなる事故が相次いで起こりました。さらに、大きな社会問題になった六月の雪印《ゆきじるし》の食中毒事件や増える一方の医療《いりょう》ミス（これは従来隠されていたものがようやく出てきただけではないかとも思いますが）などが新聞紙上をにぎわしたりと、従来だったら考えられないような失敗が、ここにきて一気に噴き出している印象を受けます。

これらの事故に対し、

「日本の技術基盤《きばん》が崩《くず》れかかっている」

という論調もありますが、これはあまりにも一方的な見方です。いずれのケースも日常的な失敗とのつき合い方そのものに問題があり、いわば失敗とうまくつき合うことができなかったことが原因の事故だと、私自身は考えています。

人の心は意外に弱いものです。強い負のイメージがつきまとう失敗を前にすると、誰《だれ》しもつい「恥《は》ずかしいから直視できない」「できれば人に知られたくない」などと考えがちです。失敗に対するこうした見方は、残念ながらいままでは日本中のありとあらゆる場面で見受けられます。

実際、負のイメージでしか語られない失敗は、情報として伝達されるときにどうしても小さく扱《あつか》われがちで、「効率や利益」と「失敗しないための対策」を［Ｆ］と、前者が重くなるのはよくあることです。人は「聞きたくないもの」は「聞こえにくい」し、「見たくないもの」は「見えなくなる」ものです。

しかし、失敗を隠すことによって起きるのは、次の失敗、さらに大きな失敗という、より大きなマイナスの結果でしかありません。失敗から［Ｇ］あまり、結果として、「まさか」という致命的《ちめいてき》な事故がくり返し起こっているのだとすれば、失敗に対するこの見方そのものを変えていく必要があります。

すなわち、最近のような事故を防ぐ上でも、やはり失敗とのつき合い方そのものを変えていくことが大きなポイントになります。忌《い》み嫌《きら》うだけのいままでの方法には限界があることは、最近になって相次いで起こっている事故を見れば明らかです。そこから一歩進んで、失敗と上手につき合っていくことが、いまの時代では必要とされているのです。

⑥失敗はたしかにマイナスの結果をもたらすものですが、その反面、失敗をうまく生かせば、将来へのおおきなプラスへ転じさせる可能性を秘《ひ》めています。事実、人類には、失敗から新技術や新たなアイデアを生み出し、社会を大きく発展させてきた歴史があります。

これは個人の行動にも、そのままあてはまります。どうしても起こしてしまう失敗に、どのような姿勢で臨《のぞ》むかによって、その人が得るものも異なり、成長の度合いも大きく変わってきます。つまり、失敗とのつき合い方いかんで、その人は大きく飛躍《ひやく》するチャンスをつかむことができるのです。

人は行動しなければ何も起こりません。世の中には失敗を怖《おそ》れるあまり、何ひとつアクションを起こさない慎重《しんちょう》な人もいます。それでは失敗

それを知るためにも、自分が新しい企画を考えるときの様子を想像してみることにしましょう。

あなたはまず、「こうすればうまくいく」という成功話を見聞きしたいと思うかもしれません。たしかに受験勉強などで、ある決められた仕事をこなすためには、「こうすればうまくいく」話はたいへん有効です。しかしあなたはじきに、「こうすればうまくいく」話だけでは不十分だということに気づくでしょう。なぜなら「うまくいく」話をもとにつくった企画は「どこかで見聞きした企画」にすぎないからです。

ではそこで、本当に欲《ほ》しくなる話は何でしょうか。それがじつは「こうすればまずくなる」という失敗話なのです。

「こうすればうまくいく」といういわば［A］の世界の知識伝達によって新たにつくりだせるものは、結局はマネでしかありません。ところが、「こうやるとまずくなる」という［B］の世界の知識伝達によって、まずくなるⓒヒツゼン性を知って企画することは、人と同じ失敗をする時間と手間をⓓハブき、前の人よりも一ランク上の創造の次元から企画をスタートさせることができます。

この［C］の世界の知識伝達には、さらに⑤別の大きなメリットもあります。

じつは私もかつては大学の授業で、ある問題に対して決まった解を出す、「正しいやり方」のみを学生たちに指導していました。当時は、知識を身につけさせる上で、それが最短かつ効果的な方法と考えていたからです。

しかし結果として、「正しいやり方」を学んだ学生たちが身につけた知識は、表面的なものにすぎなかったのです。パターン化された既成《きせい》の問題にはきちんと対応できても、実際に新しいものを自分たちで考えさせてつくらせてみると、こうした知識はほとんど役に立ちません。それ以前の問題として、自分が新たにどういうものを生み出そうとするのか、肝心《かんじん》の課題設定さえ自分の力で行う能力が身についていない学生が数多くいました。

この問題点を解消するために、私は効果的な指導方法をいろいろと模索《もさく》したのですが、その中で予期しないことが起こり、思いどおりにならない経験から真の理解の必要性を痛感することの有効性に気づきました。

大事なことは、ひとつには学ぶ人間が自分自身で実際に「痛い目」にあうこと、もうひとつは自分で体験しないまでも、人が「痛い目」にあった体験を正しい知識とともに伝えることです。後に詳《くわ》しく触《ふ》れますが、「痛い話」というのは、「人が成功した話」よりずっとよく聞き手の頭にも入るものなのです。

このように、［D］の世界の知識、すなわち失敗経験を伝えることは、教育上大いにⓔイギのあることですが、残念なことに失敗そのものには、「回り道」「不必要なもの」「人から忌《い》み嫌《きら》われるもの」「隠《かく》すべきもの」などといった負のイメージが常につきまとっています。そのせいか、いまの日本には、失敗体験が情報として積極的に伝達されることがほとんどありません。

本来は成功を生み出す「もと」であり「母」であるはずのものが、まったく生かされていないのは、非常にもったいないことです。私が紹介《しょうかい》しようとしている「失敗学」が、いまの日本の中での失敗そのものの見方、扱《あつか》い方《かた》に［E］ものになることを切に望んでいます。

【国　語】（五〇分）〈満点：一〇〇点〉

Ⅰ　次の文章を読んで、以下の設問に答えなさい。

昔から伝わる言葉に、「失敗は成功のもと」「失敗は成功の母」という名言があります。失敗しても、それを反省して欠点をあらためていけば、必ずや成功に導くことができるという深遠な意味を含《ふく》んだⓐキョウクンです。

私は大学で機械の設計について指導していますが、設計の世界でも、「よい設計をするには経験が大切だ」などということがよくいわれます。私はその言葉を、「創造的な設計をするためには、多くの失敗が必要だ」といいかえることができると考えています。

なぜなら人が新しいものをつくりだすとき、①最初は失敗から始まるのは当然のことだからです。

人は失敗から学び、さらに考えを深めてゆきます。

これは、なにも設計者の世界だけの話ではありません。営業企画《きかく》やイベント企画、デザイン、料理、その他アイデアを必要とするありとあらゆる創造的な仕事に共通する言葉です。つまり、失敗はとかくマイナスに見られがちですが、じつは新たな創造の種となるⓑキチョウな体験なのです。

②いまの日本の教育現場を見てみますと、残念なことに「失敗は成功のもと」「失敗は成功の母」という考え方が、ほとんど取り入れられていないことに気づきます。それどころか、重視されているのは、決められた設問への解《かい》を最短で出す方法、「こうすればうまくいく」「失敗しない」ことを学ぶ方法ばかりです。

これは受験勉強にかぎりません。実社会でも通用する知識・教養を教える最高学府であるはずの大学での学習もまた同じです。失敗から学ぶ体験実習のように、自分の力で考え、失敗経験を通じて新たな道を摸索《もさく》する、創造力を培《つちか》う演習が行われる機会は、悲しいかなほとんどありません。これが、「日本人の欠点」として諸外国から指摘《してき》され、また、自らも自覚している「創造力の欠如《けつじょ》」にそのまま結びついているのではないでしょうか。

たしかに以前は、ほかの人の成功事例をマネすることが、成功への近道だった時代がありました。そうした時代には、決められた設問に正確な解《かい》を素早《すばや》く出す学習法が有効だったのは事実です。

しかし、ほかの人の成功事例をマネすることが、必ずしも自分の成功を約束するものではなくなったのがいまの時代です。③昨日までの成功は、今日の成功を意味しません。そのような時代に大切なのは、やはり創造力です。そして創造力とは新しいものをつくりだす力を意味している以上、失敗を避《さ》けて培《つちか》えるものではありません。

創造力を身につける上でまず第一に必要なのは、決められた課題に解を出すことではなく、自分で課題を設定する能力です。あたえられた課題の答えのみを最短の道のりで出していく、いまの日本人が慣れ親しんでいる学習法では、少なくとも④いまの時代に求められている真の創造力を身につけることはできません。

それでは、創造的な仕事をする場合、できれば身につけていたい知識とはなんでしょうか？

解答用紙集

○月×日　△曜日　天気（合格日和）

◆ご利用のみなさまへ

＊解答用紙の公表を行っていない学校につきましては、弊社の責任において、解答用紙を制作いたしました。

＊編集上の理由により一部縮小掲載した解答用紙がございます。

＊編集上の理由により一部実物と異なる形式の解答用紙がございます。

人間の最も偉大な力とは、その一番の弱点を克服したところから生まれてくるものである。　――カール・ヒルティ――

東京学参株式会社

中央大学附属中学校（第1回）　2024年度

◇算数◇

※ 135％に拡大していただくと，解答欄は実物大になります。

解答らん						
1	(1)		(2)		(3)	通り
	(4)	％	(5)	度	(6)	cm^2
	(7)	cm^3				
2	(1)		(2)	個	(3)	
3	(1)	毎分　　人	(2)	分	(3)	分後
4	(1)	毎分　　m	(2)	毎分　　m	(3)	m

中央大学附属中学校(第1回)　2024年度

◇理科◇

※ 133%に拡大していただくと，解答欄は実物大になります。

1

問1		問2	問3

問4	問5	問6
秒	秒	秒

2

問1			問2
A	B	C	
			cm

問3	問4	問5			
		ア	イ	ウ	エ

3

問1	問2	問3	
		向き	角度
			度

問4	問5

中央大学附属中学校（第1回）　2024年度

◇社会◇

※ 128％に拡大していただくと，解答欄は実物大になります。

Ⅰ

問1	問2	問3	問4	問5
		山脈		

問6

問7	問8		
	イ)	ロ)	ハ)

問9	問10	問11	問12	問13

Ⅱ

問1	問2	問3	問4	問5

問6		問7		問8	問9
イ)	ロ)	イ)	ロ)		

問10	問11	問12	問13
餅			

◇国語◇

中央大学附属中学校(第1回)　２０２４年度

※１３２％に拡大していただくと，解答欄は実物大になります。

Ⅰ

問1	ⓐ	ⓑ	ⓒ	ⓓ	ⓔ
		す			

問2	A	B	C

問3	a	b	c	d

問4	D	E	F	G

問5

問6

問7

問8

問9	H	I	J	K

問10	(1)	(2)	(3)	(4)

問11	(1)	(2)	(3)	(4)

問12	a	b	c	d	e	f

Ⅱ

問1	A	B	C	D

問2

問3

問4	a	b	c	d

問5	(1)	(2)	(3)

問6

問7　↓　↓　↓

問8

問9	a	b	c	d	e

問9	(1)	(2)	(3)	(4)

中央大学附属中学校(第2回)　2024年度

◇算数◇

※ 135%に拡大していただくと，解答欄は実物大になります。

解答らん						
1	(1)		(2)		(3)	
	(4)	時間　分	(5)	g	(6)	度
	(7)	cm^2				
2	(1)	回	(2)	個		
3	(1)	cm^3	(2)	cm^3		
4	(1)	時間　分	(2)	時間　分　秒	(3)	時間　分
5	(1)		(2)	毎分　m	(3)	

中央大学附属中学校（第2回）　2024年度

◇理科◇

※ 145％に拡大していただくと，解答欄は実物大になります。

1

問1	問2	問3	問4	問5
		cm	cm	

2

問1	問2	問3	問4	問5
		g	mL	倍

3

問1					問2	
a	b	c	d	e	x	y

問3		問4		問5
				色

問6					
（1）			（2）		
i	j	k	i	j	k

中央大学附属中学校（第2回）　2024年度

◇社会◇

※ 128％に拡大していただくと，解答欄は実物大になります。

Ⅰ

問1	問2	問3		問4
		イ)	ロ)	

問5	問6	問7	問8	
			イ)	ロ)

問9	問10	問11	問12	問13
	山脈			

Ⅱ

問1	問2	問3	問4	問5

問6	問7	問8
条約		

問9

問10	問11	問12	問13	問14	問15

◇国語◇

中央大学附属中学校(第２回)　２０２４年度

※１３２％に拡大していただくと，解答欄は実物大になります。

Ⅰ

問１　ⓐ　ⓑ　ⓒ　ⓓ　ⓔ

問２

問３　→　→　→

問４

問５

問６

問７

問８　B　語　意味　C　語　意味

問９

問10

問11

問12

問13　a　b　c　d　e　f

Ⅱ

問１

問２

問３　a　b　c　d

問４　A　B　C

問５

問６

問７

問８

問９

問10　⑧　⑨　⑩

問11　E　F　G　H

問12　a　b　c　d　e　f

中央大学附属中学校(第1回)　2023年度

◇算数◇

※ 141％に拡大していただくと，解答欄は実物大になります。

解答らん						
1	(1)		(2)		(3)	
	(4)	人	(5)	通り	(6)	度
2	(1)	円	(2)	円	(3)	円
3	(1)	cm^2	(2)	cm^2	(3)	AE　EM ：
4	(1)	cm^2	(2)	cm^3	(3)	cm^3
5	(1)	箱	(2)	箱	(3)	人

中央大学附属中学校(第1回)　2023年度

◇理科◇

※ 133%に拡大していただくと，解答欄は実物大になります。

1

問1	問2	問3	問4	問5
		mA		

2

問1	問2

問3	問4
	g

問5

3

問1	問2	問3	問4	問5

中央大学附属中学校（第1回）　2023年度

◇社会◇

※ 127%に拡大していただくと，解答欄は実物大になります。

Ⅰ

問1	問2	問3	問4	問5	問6	問7

問8	問9	問10	問11

問12

問13	問14

Ⅱ

問1	問2	問3	問4	問5

問6		問7	問8	問9
イ）	ロ）			

問10	問11	問12	問13

問14	問15

◇国語◇

中央大学附属中学校(第1回)　2023年度

※132%に拡大していただくと，解答欄は実物大になります。

Ⅰ

問1　ⓐ　ⓑ　ⓒ　ⓓ　ⓔ

問2

問3

問4

問5　④　⑥

問6

問7

問8

問9

問10　↓　↓　↓

問11　a　b　c　d　e　f

問12

Ⅱ

問1　a　b　c

問2

問3

問4

問5

問6　a　b　c　d

問7

問8

問9

問10

問11　a　b　c　d　e　f

中央大学附属中学校(第2回)　2023年度

◇算数◇

※ 139%に拡大していただくと，解答欄は実物大になります。

解答らん						
1	(1)		(2)		(3)	
	(4)	列車A 秒速　m		列車B 秒速　m	(5)	cm^2
	(6)	度	(7)	cm^2		
2	(1)	g	(2)	%	(3)	g
3	(1)	cm	(2)	cm	(3)	cm^2
4	(1)	分速　m	(2)	分速　m		
	(3)	分後	(4)	分　秒後		

中央大学附属中学校（第2回）　2023年度

◇理科◇

※ 135％に拡大していただくと，解答欄は実物大になります。

1

問 1	問 2	問 3	問 4
倍			

問 5	問 6

2

問 1	問 2（ア）	問 2（イ）	問 2（ウ）

問 3	問 4	問 5（1）	問 5（2）
	銅粉末：酸素 ＝　　：	g	g

3

問 1	問 2	問 3

問 4　試験管	問 4　理由	問 5

中央大学附属中学校(第2回)　2023年度

◇社会◇

※ 127%に拡大していただくと，解答欄は実物大になります。

Ⅰ

問 1	問 2	問 3	問 4

問 5	問 6	問 7	問 8

問 9	問 10	問 11

問 12	問 13	問 14	問 15

Ⅱ

問 1	問 2

問 3

問 4	問 5	問 6

問 7	問 8	問 9	問 10	問 11	問 12

問 13	問 14	問 15

◇国語◇

中央大学附属中学校(第２回)　２０２３年度

※ １３２%に拡大していただくと、解答欄は実物大になります。

Ⅰ

問1	ⓐ	ⓑ	ⓒ	ⓓ	ⓔ
				て	

問2		

問3	A	B	C

問4

問5

問6	(1)	(2)	(3)	(4)

問7

問8

問9	a	b	c	d	e	f

問10	(1)	(2)	(3)	(4)

問11		

Ⅱ

問1	(1)	(2)	(3)

問2

問3

問4	A	B	C

問5

問6

問7

問8	(1)	(2)	(3)	(4)

問9	E	F

問10	G	H	I	J

問11	a	b	c	d	e	f

中央大学附属中学校（第1回）　2022年度

◇算数◇

※ 141％に拡大していただくと，解答欄は実物大になります。

解答らん						
1	(1)		(2)		(3)	個
	(4)	g	(5)	度	(6)	cm^2
2	(1)	円	(2)	円	(3)	個
3	(1)	分	(2)	km		
	(3)	分後	(4)	分		
4	(1)	cm^3	(2)	cm		
5	(1)		(2)	個		
	(3)	（　,　）（　,　）（　,　）				

中央大学附属中学校（第1回）　2022年度

◇理科◇

※ 133％に拡大していただくと，解答欄は実物大になります。

1

問1	問2	問3	問4	問5

2

問1	問2　ア	問2　イ	問3	問4	問5
			L		

3

問1	問2	問3	問4
	g		

問5

中央大学附属中学校(第1回)　2022年度

◇社会◇

※ 127％に拡大していただくと，解答欄は実物大になります。

I

問 1	問 2	問 3		問 4	問 5
		イ)	ロ)		

問 6		問 7	問 8
イ)	ロ)		

問 9

問 10	問 11	問 12	問 13	
			イ)	ロ)

II

問 1	問 2		問 3	問 4	問 5
	イ)	ロ)			

問 6		問 7	問 8
イ)	ロ)		

問 9	問 10	問 11

◇国語◇　　　　中央大学附属中学校(第一回)　２０２２年度

※１３２％に拡大していただくと、解答欄は実物大になります。

Ⅰ

問1　ⓐ　ⓑ　ⓒ　ⓓ　ⓔ

問2

問3

問4　A　B　C

問5　(1)　(2)　(3)　(4)

問6

問7　a　b　c　d

問8

問9　(1)　(2)　(3)　(4)

問10　a　b　c　d　e

問11　(1)　(2)　(3)　(4)　a　b

Ⅱ

問1

問2

問3

問4

問5

問6

問7　F　G　H　I

問8

問9

問10

問11

問12

問13　(1)　(2)　(3)　(4)　(5)　(6)

中央大学附属中学校(第2回)　2022年度

◇算数◇

※ 139%に拡大していただくと，解答欄は実物大になります。

解答らん						
1	(1)		(2)		(3)	分後
	(4)	分　秒	(5)	度	(6)	cm^2
	(7)	cm^3				
2	(1)	番目	(2)		(3)	組
3	(1)	cm	(2)	枚	(3)	枚
4	(1)	毎分　m	(2)	毎分　m		

中央大学附属中学校(第2回)　2022年度　◇理科◇

※ 135%に拡大していただくと，解答欄は実物大になります。

1

問1	問2	問3

問4	問5
秒	度

2

問1	問2	問3	問4	問5
				炭酸カルシウム　二酸化炭素 ：

問6
g

3

問1	問2	問3
本		

問4		問5			
(a)	(b)	(c)	(d)	(e)	(f)

中央大学附属中学校(第2回)　2022年度

◇社会◇

※ 127%に拡大していただくと，解答欄は実物大になります。

I

問 1	問 2	問 3	問 4	問 5	問 6	
					イ)	ロ)

問 7	問 8	問 9	問 10

問 11

問 12	問 13	問 14

II

問 1	問 2	問 3	問 4	問 5

問 6	問 7	問 8	問 9	問 10

問 11	問 12	問 13	問 14	問 15

◇国語◇

中央大学附属中学校(第2回)　２０２２年度

※ 132%に拡大していただくと，解答欄は実物大になります。

Ⅰ

問 1

ⓐ	ⓑ	ⓒ	ⓓ	ⓔ
				める

問 2

①	②	③

問 3

A	B	C

問 4

問 5

a	b	c	d

問 6

a	b	c	d

問 7

問 8

問 9

問 10

a	b	c

問 11

a	b	c	d

問 12

Ⅱ

問 1

(1)	(2)

問 2

②	③	⑥

問 3

a	b	c	d

問 4

問 5

問 6

A	B	C	D	E

問 7

(1)	(2)	(3)	(4)

問 8

問 9

(1)	(2)	(3)	(4)

MEMO

大切なことはメモしておこうネ！

MEMO

大切なことはメモしておこうネ！

〈ダウンロードコンテンツについて〉

本問題集のダウンロードコンテンツ、弊社ホームページで配信しております。現在ご利用いただけるのは「2025年度受験用」に対応したもので、**2025年3月末日**までダウンロード可能です。弊社ホームページにアクセスの上、ご利用ください。
※配信期間が終了いたしますと、ご利用いただけませんのでご了承ください。

中学別入試過去問題シリーズ

中央大学附属中学校　2025年度

ISBN978-4-8141-3175-4

[発行所] 東京学参株式会社
〒153-0043　東京都目黒区東山2-6-4

書籍の内容についてのお問い合わせは右のQRコードから　⇒

※書籍の内容についてのお電話でのお問い合わせ、本書の内容を超えたご質問には対応できませんのでご了承ください。

2024年6月28日　初版